权威·前沿·原创

皮书系列为
“十二五”“十三五”国家重点图书出版规划项目

中国养老金融50人论坛书系成果

中国养老金融发展报告（2018）

ANNUAL REPORT ON THE DEVELOPMENT OF CHINA'S AGEING FINANCE (2018)

编　　著／中国养老金融50人论坛
主　　编／董克用　姚余栋
执行主编／孙　博

社会科学文献出版社
SOCIAL SCIENCES ACADEMIC PRESS (CHINA)

图书在版编目(CIP)数据

中国养老金融发展报告.2018 / 董克用，姚余栋主编.--北京：社会科学文献出版社，2018.10
（养老金融蓝皮书）
ISBN 978-7-5201-3479-8

Ⅰ.①中… Ⅱ.①董… ②姚… Ⅲ.①养老-金融业-研究报告-中国-2018 Ⅳ.①F832

中国版本图书馆 CIP 数据核字（2018）第215625号

养老金融蓝皮书
中国养老金融发展报告（2018）

编　　著 / 中国养老金融50人论坛
主　　编 / 董克用　姚余栋
执行主编 / 孙　博

出 版 人 / 谢寿光
项目统筹 / 张雯鑫
责任编辑 / 张　超　张雯鑫

出　　版 / 社会科学文献出版社·皮书出版分社（010）59367127
地址：北京市北三环中路甲29号院华龙大厦　邮编：100029
网址：www.ssap.com.cn
发　　行 / 市场营销中心（010）59367081　59367018
印　　装 / 三河市龙林印务有限公司

规　　格 / 开 本：787mm×1092mm　1/16
印 张：31.25　字 数：527千字
版　　次 / 2018年10月第1版　2018年10月第1次印刷
书　　号 / ISBN 978-7-5201-3479-8
定　　价 / 98.00元

皮书序列号 / PSN B-2016-583-1/1

《中国养老金融发展报告（2018）》编委会与课题组名单

课题组 边砺砚　曹卓君　陈珏婷　陈琳翰　陈漫娜
陈则玮　代林玲　董克用　费德贤　冯丽英
高　敏　高骛远　胡　兵　胡俊英　凯文·米尔恩
李宏纲　李连仁　李少杰　李志淦　刘军峰
刘　思　彭维瀚　秦　婧　沈艳芬　盛　晨
施嘉芙　苏　罡　孙　博　孙　瑜　王斯聪
王彦杰　闫化海　袁思农　姚余栋　张　栋
张　岚

编辑组 张　栋　王振振　施文凯　聂玉亮　凌　燕
杨　洋

参与单位 （按机构名称拼音排序）
长江养老保险股份有限公司
大成基金管理有限公司
富达国际（Fidelity International）
广发基金管理有限公司
和君集团有限公司
华商基金管理有限公司
华夏基金管理有限公司
汇添富基金管理股份有限公司
建信养老金管理有限责任公司
美国信安金融集团（Principal Financial Group）
平安养老保险股份有限公司
泰达宏利基金管理有限公司
天弘基金管理有限公司
天佑安康养老集团
兴业银行股份有限公司
英国标准人寿保险公司
中邮创业基金管理股份有限公司

主要编撰者简介

董克用　经济学博士、中国人民大学教授、博士生导师，中国养老金融50人论坛秘书长，研究领域为养老政策与养老金融。兼任人力资源和社会保障部特聘专家、中欧社会保障改革项目中方专家、国家开发银行专家委员会养老项目评审专家、美国密歇根大学福特公共政策学院客座教授、国家行政学院等国内多所大学兼职教授。曾任中国人民大学公共管理学院院长、劳动人事学院院长，全国MPA教育指导委员会秘书长。数十年来，同国家发展和改革委员会、财政部、人力资源和社会保障部等国家部委合作开展多项养老金融项目研究。此外，作为中国养老金国际研讨会创始人与世界养老金峰会创始人Harry Smorenberg先生合作组织了多届养老金融国际研讨会。在《管理世界》《公共管理学报》《中国工业经济》等期刊上发表文章百余篇。

姚余栋　经济学博士、研究员、博士生导师，中国养老金融50人论坛首席经济学家，主要研究领域为宏观经济与金融发展。现任大成基金副总经理、首席经济学家，中国中小银行发展论坛秘书长。兼任中国金融会计协会副会长、中国财政学会常务理事、清华大学财税研究中心特邀研究员。曾任中国人民银行金融研究所所长、国际货币基金组织经济学家、中国人民银行货币政策二司副巡视员、中国人民银行货币政策司副司长。在《经济研究》《金融研究》等期刊上发表论文百余篇。

孙　博　中国人民大学管理学博士，中国证监会、清华大学金融学博士后，中国养老金融50人论坛特邀成员，研究领域为养老金融。现供职于华夏基金养老金管理部，兼任中国人民大学人力资源与开发中心客座研究员，曾供职于中国证监会研究中心。在《清华金融评论》《金融监管研究》《公共管理学报》《中国社会保障》等期刊发表文章多篇。

中国养老金融50人论坛简介

中国养老金融50人论坛由华夏新供给经济学研究院和中国人民大学董克用教授联合多家机构共同发起，于2015年12月9日正式成立，聘请中国人民银行副行长、国家外汇管理局局长潘功胜，全国社保基金理事会原副理事长王忠民，中国人民银行原行长助理杨子强担任学术顾问，为论坛学术活动和课题研究提供学术指导。论坛成员由来自政策部门的决策人员、研究机构的专家学者和业界机构资深专业人士组成。论坛致力于成为养老金融领域的高端专业智库，旨在为政策制定提供智力支持，为行业发展搭建交流平台，向媒体大众传播专业知识。论坛的使命为：推动我国养老金融事业发展，促进我国长期资本市场完善，推进普惠养老金融建设，践行改善民生福祉的社会责任。

官方网址：www. caff50. net

联系方式：info@ caff50. net

微信公众号：CAFF50

摘　要

人口老龄化是我国将要长期面临的严峻挑战。应对人口老龄化离不开金融的媒介融通作用，由此诞生了养老金融这一领域。养老金融指的是为了应对老龄化挑战，围绕社会成员的各种养老需求所进行的金融活动的总和，包括养老金金融、养老服务金融、养老产业金融三部分内容。基于此，本报告旨在对我国养老金融行业年度发展情况进行回顾，分析存在的问题和面临的挑战，并对未来发展趋势进行研判，同时提出相关思考和建议，目的在于推动社会各界共同关注、积极参与并深入探索适应我国养老金融事业的发展道路。

本报告分为总报告、行业篇、产品篇、借鉴篇和专题篇五部分内容，其中，在总报告部分，对原有的“养老金融”概念的内涵进行拓展与辨析，以厘清概念之间的区别与联系，并在此基础上从更加宏观的视角总结中国养老金融发展现状及面临的挑战，探讨未来养老金融的发展趋势。在行业篇，分别对我国养老金金融、养老服务金融以及养老产业金融在过去一年里的发展现状、存在问题与挑战进行深入总结与剖析，并对各行业的发展趋势进行展望，也提出若干政策建议。在产品篇，一是对 2017 年度养老金产品备案、发行、规模、业绩等数据进行详细分析，指出了养老金产品的发展现状和面临的新的政策环境，探讨了养老金产品发展过程中存在的不足和问题，最后对监管新形势下养老金产品长期可持续的发展给出了政策建议。二是分析了 2017 年养老保障管理产品政策动态和养老保障管理产品市场发展现状，在此基础上总结了养老保障管理产品发展的未来挑战与趋势，并提出了养老保障管理产品发展建议。三是阐释了资管业务与银行理财产品的边界与内涵，分析了我国银行养老理财产品发展情况、资管新规下银行养老理财产品的挑战和机遇，提出了资管新规下银行养老理财产品发展趋势与思路。四是介绍了海外养老目标基金评价经验，并结合我国现状提出养老目标基金评价需遵循长期性、适当性、一致性原则，在进行明确分类、建立相应比较基准的前提下进行养老目标基金评价，包括业绩评价、风险评价、基金经理定性评价、基金公司定性评价、基金费用评价五个方面。五是从理论、实践两方面分别探讨了养老产业基金介入对企业发展的影响，同时通过相关案例对养老产业基金导入实体的路径做了简要分析，并结合养老产业政策背景及“资管新规”出台后中国金融环境的变化对养老产业基金的发展趋势进行预判。在借鉴篇，分别介绍了日本、澳大利亚、美国、加拿大、英国以及中国香港的养老金体系的构成与制度设计，着重分析了第一、二、三支柱养老金的资产管理状况，总结了其养老金资产管理特点与趋势，在此基础上为我国养老金体系建设以及养老金资产管理提出经验借鉴。在专题篇，一是介绍了海外比较典型的居家型养老、机构型养老和医疗护理行业中上市企业的运作经验，发现了我国养老服务市场存在的诸多问题，通过借鉴国外先进经验提出对策建议以推动国内养老企业的健康快速发展。二是对基金定投、个人养老金投资的概念内涵进行界定，分析了个人养老金定投的两个关键因素与基金产品选择的三方面的考量因素，并就与基金定投相关的个人养老金制度规则给出思考与建议。三是在分析国内养老金业务投资管理现状的基础上，提出结合人工智能算法来助力投资者更便捷地开展智能化资产配置，同时基于国内外智能化资产配置在个人养老金投资中的实践经验，对智能化养老金资产配置业务进行了展望。四是在辨析一站式养老金资产管理内涵的基础上，基于国内基金公司自身优势，总结和借鉴海外成熟市场养老金资产管理的业务特点，探讨适合我国基金公司开展一站式养老金资产管理业务的新模式。五是分析了年金在运营、投资、管理及监管等方面的发展现状与存在问题，尝试通过“大数据”、“AI”及“区块链”等新科技手段，为年金运营中存在的问题提供具体的解决方案。六是在对养老金第三支柱市场空间预测的前提下，探讨分析养老金第三支柱对保险、基金和银行业发展的影响，并从资管行业的角度提出迎接第三支柱的建议与思考。

虽然与发达国家相比，我国养老金融发展相对滞后，但是，过去的一年里，在国家诸多政策连续推动下，银行、基金、保险、信托等行业纷纷进行了积极探索，养老金金融、养老服务金融、养老产业金融都得到了初步发展。总体而言，我国养老金融“一体三翼”的格局已经初步形成。但是受计划生育等因素影响，我国老龄化速度远远快于其他国家，将很快步入重度老龄化乃至超老龄化阶段。在此背景下，必须全方位重视养老金融的各个方面，加快推动养老金融事业发展壮大，为我国应对老龄化挑战做好金融准备。

Abstract

Population aging is a serious challenge that China will face for a long time. Coping with aging cannot be separated from the financial media intermediation, Aging finance refers to the fiscal activities which satisfy the various needs of the members of the community in order to cope with the challenges of aging, including pension finance, pension service finance and pension Industry. Based on this, the purpose of this report is to review the annual development of China's industry of ageing finance, analyze the problems and challenges, study the future development trend, and put forward relevant thoughts and suggestions. The purpose is to promote the community shared concern, and actively participate in and explore the development of China's pension infrastructure to adapt to the road.

This report is mainly divided into five parts: General Report, Industrial Report, Product Report, Experience Report and Special Subject Report. Among them, in the general report, we expand and differentiate the connotation of the ageing finance concept in order to clarify the differences and links between the concepts. On this basis, we summarize the current situation and challenges of China's ageing finance from a more macroscopic perspective, and discuss the development trend of ageing finance in the future. In the industrial report, the paper summarizes and analyzes the status quo, existing problems and challenges of China's pension finance, pension service finance and pension industry finance in the past year, and it also prospects the development trend of various industries, and puts forward some policy suggestions. In the product report, the first part analyses the data of the pension products in the year of 2017, such as the record, issue, scale and performance, points out the development status of pension products and the new policy environment, discusses the shortcomings and problems in the development process of pension products. Finally, it gives policy recommendations for the long-term sustainable development of pension products under the supervision of the new situation. The second part analyzes the policy trends of social security management products in 2017 and the market development status of social security management products. On this basis, it summarizes the challenges and trends of the development of social security management products, and puts forward suggestions for the development of social security management products. The third part expounds the boundary and connotation of capital management business and bank financial products, analyzes the development of China's bank financial products for the aged, the challenges and opportunities of bank financial management under the new capital management regulations, and puts forward the development trend and ideas of bank financial products for the aged under the new capital management regulations. The fourth part introduces the evaluation experience of overseas pension target fund, and puts forward that the evaluation of pension target fund should follow the principles of long-term basis, appropriateness and consistency. Under the premise of clear classification and the establishment of corresponding benchmarks to evaluate the pension fund, It includes five aspects: performance evaluation, risk evaluation, fund manager qualitative evaluation, fund company qualitative evaluation and fund cost evaluation. The fifth part discusses the impact of the involvement of the pension industry fund on the development of the enterprise from both theoretical and practical aspects. At the same time, it briefly analyzes the path of the introduction of the pension industry fund through the relevant cases, and combines the background of the pension industry policy and the changes in China's financial environment after the introduction of the "New Asset Management Regulations" to predict the development trend of the pension industry fund. In the experience report, it introduces the constitution and system design of the pension system in Japan, Australia, the United States, the United Kingdom, Canada and Hong Kong respectively, emphatically analyzes the asset management status of the first, second and third pillars of pensions, and summarizes the characteristics and trends of the pension asset management. On this basis, it provides a good reference for the construction of China's pension system and the management of pension assets. In the special subject report, firstly, it mainly introduces the operating experience of listed companies in the home-based pension, institutional pension and medical care industry. It finds many problems in the old-age service market in China, and by using foreign advanced experience for reference, we put forward countermeasures and suggestions to promote the healthy and rapid development of domestic pension enterprises. Secondly, it defines the concept of connotation of fund investment and individual pension investment, analyzes the two key factors of individual pension investment and the three factors of fund product selection, and gives some thoughts and suggestions on the rules of individual pension system related to fund investment. Thirdly, on the basis of analyzing the present situation of investment management of domestic pension business, this paper puts forward that the artificial intelligence algorithm can help investors to carry out intelligent asset allocation more conveniently. At the same time, based on the practical experience of intelligent asset allocation at home and abroad in individual pension investment, It also puts forward the future prospect of intelligent Pension Asset allocation. Fourthly, on the basis of analyzing the connotation of one-stop pension assets management, combining the advantages of domestic fund companies and the characteristics of overseas mature market pension assets management, this paper discusses the new mode of one-stop pension assets management suitable for Chinese fund companies. Fifthly, it analyzes the current situation and existing problems in the operation, investment, management and supervision of annuity, and tries to provide specific solutions for the problems existing in the operation of annuity through new scientific and technological means such as "big data", "AI" and "block chain" . Sixthly, on the premise of forecasting the market space of the third pillar of pension, it discusses and analyzes the impact of the third pillar of pension on the development of insurance, funds and banking industry, and puts forward suggestions and thoughts to meet the third pillar from the perspective of capital management industry.

Although compared with developed countries, China's ageing finance development is lagging behind. But in recent years, under the continuous push of many policies, banks, funds, insurance, trust and other industries have carried out a positive exploration. Pension finance, pension service finance and pension industry have developed initially. In general, China's ageing finance initially formed a three-wing pattern. China's aging rate is much faster than other countries because of the family planning and other factors. So we will soon enter the severe aging and even ultra-aging stage. In this context, it is still necessary to pay attention to all aspects of ageing finance, accelerate the development and expansion of ageing financing, and make financial preparations for China's response to aging.

目　录

Ⅰ　总报告

Ⅱ　行业篇

Ⅲ 产品篇

Ⅳ 借鉴篇

Ⅴ 专题篇

Ⅵ　附录

皮书数据库阅读**使用指南**

CONTENTS

I General Report

II Industrial Reports

Ⅲ Product Reports

Ⅳ Experience Reports

V Special Subject Reports

VI Appendix

总 报 告

General Report

B.1 中国养老金融发展现状、挑战与趋势研判

董克用 姚余栋*

摘 要： 养老金融是包括养老金金融、养老产业金融和养老服务金融的一个系统性的概念体系。目前在政府和市场通力合作的背景下，养老金金融步入新的轨道，养老服务金融成效初显，养老产业金融持续发力。但与此同时，我国养老金融的发展依然面临着一系列挑战：在养老金金融方面，制度设计有待完善，资产管理能力仍需提升；在养老服务金融方面，多方因素制约，需求和供给不匹配；在养老产业金融方面，不确

* 董克用，中国人民大学教授、博士生导师，中国养老金融50人论坛秘书长，享受国务院政府特殊津贴，曾任中国人民大学劳动人事学院院长、公共管理学院院长，全国MPA教指委秘书长，研究领域为养老政策与养老金融；姚余栋，经济学博士，大成基金副总经理兼首席经济学家，中国养老金融50人论坛核心成员、首席经济学家，曾任中国人民银行金融研究所所长，研究领域为宏观经济与金融发展。论坛特邀成员孙博博士、青年研究员张栋博士对本文亦有贡献。

定因素增加，机遇与风险并存。尽管一系列挑战制约了我国目前养老金融的发展速度，但在我国人口老龄化将长期存在的背景下，养老需求也将持续增加，我国养老金融发展的未来前景依然广阔。未来应进一步完善养老金结构，提高养老金资产管理效率，推动养老金金融的完善；同时要不断加大政策支持力度，提高养老服务金融供需双方动力，培育和扩大养老服务金融市场；此外，还应进一步细化养老产业金融政策，提高养老产业融资效率，促进养老产业金融的快速发展。

关键词： 养老金金融　养老服务金融　养老产业金融

随着老龄化趋势加剧，养老日益成为全社会关注的话题。养老涉及多方面内容，但是都离不开金融媒介的融通作用。近年来，随着我国养老改革的不断深化以及国际上养老金融发展经验日益丰富，越来越多的学者、机构、媒体等开始关注“养老金融”话题，这不仅是深入推进经济结构调整、积极应对人口老龄化的重要举措，也是完善我国养老事业的关键渠道。然而，从总体来看，不同研究对于“养老金融”相关概念并没有清晰的内涵界定，概念之间的区别与联系也并未厘清，本文旨在辨析相关概念，并在此基础上界定“养老金融”的概念框架，探讨养老金融的发展趋势。

一　“养老金融”概念及其内涵界定

“养老金融”一词最早源于英国学者大卫·布莱克教授在《养老金金融学》中的“养老金金融”（Pension Finance）的概念，其主要研究对象是养老基金投资于金融资产、不动产、衍生工具和另类投资。中国学者在进行“养老金融”概念界定时，在“养老金金融”的基础上进行了一定的拓展，如贺强、胡继晔、杨燕绥、党俊武等均对“养老金融”进行了重新界定，但其概念核心总体上与国外的“养老金金融”概念一致，即属于养老金资产管理的范畴，仅在外延有所扩展，一是关注养老金对资本市场的影响，二是关注养老金的制度架构。从安排老年生活角度讲，养老的范畴则应更加广泛，不仅包括经济方面（制度化的养老金安排、其他类别的养老资产储备和金融消费等）的安排，还包括服务方面（各项与养老相关的服务产业）的安排，这些活动都离不开金融的大力支持。2015 年，孙博、董克用等对“养老金融”概念进行了新界定，指出养老金融是一个概念体系，对应的英文是“Ageing Finance”，指的是围绕社会成员的各种养老需求，以及应对老龄化社会的挑战，所进行的金融活动的总和，包括养老金金融、养老服务金融和养老产业金融三方面的内容。此后较多学者开始引用上述“养老金融”概念，如郑秉文、巴曙松、姚余栋、胡继晔、洪崎等，这一概念得到了较为广泛的认同。这也是本文关于“养老金融”概念的界定。

1. 养老金金融

养老金金融指的是为储备制度化的养老金进行的一系列金融活动，其对象是制度化的养老金资产，目标是通过制度安排积累养老资产，同时实现保值增值。具体而言，养老金金融主要包括两方面的内容：一是养老金制度安排，旨在在人口老龄化成为世界趋势、养老金制度体系面临越来越严峻的可持续性困境的背景下，通过政府、单位和个人责任分担建立多支柱、风险分散的养老金制度体系；二是养老金资产管理，旨在在保障养老金资产安全性的前提下实现收益最大化。

2. 养老服务金融

作为养老金融的重要组成部分之一，养老服务金融指的是除制度化的养老金以外，金融机构围绕全体社会成员与养老相关的投资、理财、消费及其他衍生需求采取的一系列有关金融产品与服务的创新金融活动，其本质是通过金融创新保障多元化的养老需求。具体而言，养老服务金融涉及两方面的服务内容，一是非制度化养老财富管理，包括工作期以养老为目标的财富积累以及老年期养老资产的管理和消费，旨在开发跨生命周期平滑消费需求的专业化金融产品，如银行业的养老理财产品、住房反向抵押贷款，基金业的养老目标基金，保险业的商业养老保险、住房反向抵押养老保险以及信托业的养老信托等；二是养老金融便捷性支持，包括适应不同年龄段人群需求的软件设计以及适老化改造等硬件设施的完善等。

3. 养老产业金融

养老产业金融指的是为与养老相关产业提供投融资支持的金融活动，其对象是养老产业，目标是满足养老产业的各种投融资需求。养老产业金融业态的产生主要是基于传统家庭养老功能弱化，社会化养老功能逐步增强，养老产业需求不断增加，但由于养老产业具有投资额度大、回报周期长等一系列特征，需要金融行业的大力支持。

总体来看，养老金金融和养老服务金融的最终目标都是为广大国民提供更高水平的养老财富，从而为实现更加体面的养老提供经济基础，养老产业金融的目标则是通过金融支持养老产业的发展，从而为国民更加体面的养老提供服务保障，满足多元化的养老需求，养老金融的内涵和外延如图 1 所示。

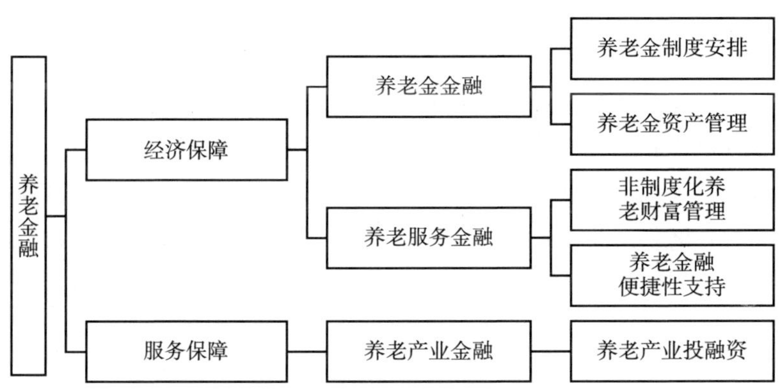

图 1　养老金融的内涵和外延

二　中国养老金融发展现状

（一）政策不断完善，养老金金融步入新的轨道

1. 政策密集出台，养老金体系改革打开了新的局面

2017 年以来，养老金制度改革持续推进，一系列政策文件密集出台，为我国养老金体系完善提供了有力支撑。2017 年 12 月 18 日，人社部、财政部联

合印发《企业年金办法》，2017 年 6 月 29 日，国务院办公厅正式印发《关于加快发展商业养老保险的若干意见》，2018 年 2 月 11 日，证监会正式发布《养老目标证券投资基金指引（试行）》，2018 年 4 月 12 日，财政部等五部门发布《关于开展个人税收递延型商业养老保险试点的通知》，一系列政策规定从不同方面为我国养老金体系的完善提供了政策支持。

第一，企业年金制度得到进一步的规范和完善。《企业年金办法》的出台，将“自愿建立”改为“自主建立”，并增加“国家鼓励企业建立企业年金”，同时增加了一系列包括企业年金关于税收及财务管理的执行依据，企业年金方案变更和终止、缴费中止和恢复，企业年金待遇领取方式等内容，此外，还降低了企业缴费和总缴费的上限，对企业缴费的分配差距进行限定，明确了企业缴费的归属机制，一系列规定使得企业年金制度得到进一步规范，更有利于维护雇主和职工的个人权益。

第二，商业保险在养老领域的作用得到进一步明确。《关于加快发展商业养老保险的若干意见》明确指出，商业养老保险是多层次养老保障体系的重要组成部分，同时，意见还确立了商业养老保险发展的目标，从四个方面具体部署推动商业养老保险发展。一是创新商业养老保险产品和服务，二是促进养老服务业健康发展，三是推进商业养老保险资金安全稳健运营，四是提升管理服务水平。

第三，公募基金行业服务个人养老投资进入了新的阶段。作为养老基金领域的纲领性文件，《养老目标证券投资基金指引（试行）》（简称《指引》）的发布标志着我国养老基金产品开始进入规范化的运作阶段，标志着公募基金行业服务个人养老投资进入了新的阶段，也意味着个人养老投资者将拥有更多、更适合的养老投资工具。《指引》从产品类型、投资策略、投资比例及运作方式、基金管理人及基金经理要求、适当性安排等方面对养老目标基金的推出进行了详细安排。

第四，第三支柱个人养老金制度正式落地。《关于开展个人税收递延型商业养老保险试点的通知》的发布，标志着酝酿十余年之久的个人税收递延型商业养老保险试点终于落地，自 2018 年 5 月 1 日起，在上海市、福建省（含厦门市）和苏州工业园区实施个人税收递延型商业养老保险试点，试点期限暂定一年。同时，通知还指出，试点结束后，根据试点情况并结合养老保险第三支柱制度建设的实际，有序扩大参与的金融机构和产品范围，将公募基金等产品纳入个人商业养老账户投资范围。

2. 基本养老金稳定发展，补充养老进入新阶段

根据《2017 年度人力资源和社会保障事业发展统计公报》数据，截至 2017 年末，全国参加城镇职工基本养老保险人数为 40293 万人，比上年末增加 2364 万人。全年城镇职工基本养老保险基金总收入 43310 亿元，比上年增长 23.5%，全年基金总支出 38052 亿元，比上年增长 19.5%。年末城镇职工基本养老保险基金累计结存 43885 亿元。与此同时，根据全国社保基金理事会统计数据，2017 年底，社保基金理事会管理的资产总额 22231.24 亿元。其中，基金权益 20716.90 亿元。在基金权益总额中，全国社保基金权益 18302.03 亿元，个人账户基金权益 1274.06 亿元，地方委托资金权益 1140.81 亿元。全国社保基金突破 2.2 万亿元，持续为应对老龄化高峰期养老金提供有力保障。总体来看，我国基本养老保险发展比较稳定。

根据《2017 年度全国企业年金基金业务数据摘要》数据，截至 2017 年底，企业年金运作资产规模超过 1.2 万亿元，较 2016 年末增加约 0.18 万亿元；运作组合达 3568 个，较 2016 年末增加 361 个。从规模增速来看，虽然 2017 年终止了连续数年的下降势头，较上年基本持平、稍有回升，增速为 16.56%，但受基数持续增加以及参保企业和职工数量增速放缓等因素的影响，企业年金已告别高速发展期，投资运作步入低增长时代，未来主要趋势仍旧为存量博弈。

3. 养老金市场化运营顺利推进，基本养老金与职业年金均有突破

自《基本养老保险基金投资管理办法》和《职业年金基金管理暂行办法》正式实施后，经过一段时间的准备，养老金市场化运营工作顺利推进。2017 年基本养老保险基金已先后在北京、安徽等 9 个省份签署了 4300 亿元的委托投资合同，2731.5 亿元资金已经到账并开始投资。江苏、浙江、甘肃、西藏 4 省份政府已审议通过委托投资计划。随着职业年金落地工作的推进，各省份正在积极研究并不断推出地区性的职业年金实施办法。2017 年 8 月，新疆维吾尔自治区发布《自治区机关事业单位职业年金管理暂行办法》，正式拉开各地职业年金地方性办法出台的序幕。随后，福建、海南、河北、山东陆续发布了当地的实施办法，在国家相关规定的基础上，分别结合本地区的实际情况，对

职业年金计划的设置及基金管理相关规定进行了完善和补充。2017 年 12 月 16 日，新疆维吾尔自治区职业年金基金管理机构评选委员会公布了新疆维吾尔自治区社会保险管理局新建职业年金计划法人受托机构招标中标结果，选出 8 家法人受托机构担任新疆维吾尔自治区职业年金的受托人。此后，中直机关央保中心和山东省，先后于 2018 年 6 月末进行了受托管理机构评选。山东省分 A、B 组公布了入围的 8 家机构，而中直机关央保中心除了 7 家正式当选受托人外，还有 1 家受托人候补机构，标志着职业年金市场化投资落地又向前迈出一步。

4. 股市慢牛行情支撑下，养老金投资收益有所回升

企业年金与社保基金收益率在 2017 年均有所回升，但社保业绩表现更加亮眼。回顾 2017 年权益市场，A 股市场在盈利支撑下出现结构性慢牛行情，大盘蓝筹股表现较好，带动指数整体上涨，指数整体呈震荡走高态势。企业年金方面，2017 年整体收益率 5. 00%，较上年整体表现有所提升，其中含权组合收益率 5. 15%，固收组合收益率 4. 30%。在 2017 年企业年金实际运作资产中，投管人管理规模 12391 亿元，受托直投 146 亿元，可见常规的组合管理仍是主流。社保基金方面，2017 年基金权益投资收益额 1846. 14 亿元，投资收益率 9. 68%。更值得关注的是，社保基金自成立以来的年均投资收益率 8. 44%，累计投资收益额 10073. 99 亿元，首次突破 1 万亿元。

5. 养老金产品快速发展，资产管理出现新动向

随着养老金资产配置重要性与日俱增，养老金产品作为吸引增量资金和实现资产配置的重要工具越来越获得投资管理人、法人受托、理事会和部分委托人的关注和重视。2017 年底，全行业已运作养老金产品 268 只，较 2016 年底新增 89 只；全市场运作养老金产品规模达到 3502 亿元，相较 2016 年底增加 1288 亿元，且养老金产品占企业年金规模的比重在上升，从 2013 年的 2. 58% 上升至 2017 年末的 27. 19%，从产品投资收益情况来看，2014 ~ 2017 年，混合型养老金产品平均年化收益率为 8. 37%，高于普通年金组合平均收益率 6. 76%，[①] 体现了养老金产品在运营效率和投资收益提升上有一定的效果。

在企业年金资产管理方面，法人受托机构的整体市场份额持续增加。2017

---

① 考虑到混合型养老金产品与普通年金组合资产配置相似，业绩具有一定可比性。

年法人受托的市场份额达到65.6%，占比近2/3。而理事会受托的市场份额从前些年的近40%，下降至2017年的34.4%。从法人受托内部情况来看，保险行业的市场集中度也进一步提高，2017年市场份额达到76.1%。与之相对，银行系份额缩减至22.80%，信托机构逐渐销声匿迹。此外，受益于多牌照优势，保险系投管人市场份额进一步提升，2017年，保险系投管人的市场规模占比接近55%，而基金行业市场份额逐步下降到37%，券商市场份额逐步缩减至不足8%。保险系管理资产份额稳步上升主要原因在于保险机构兼具受托、投管和账管业务资格，业务协同度较高，人员配置也比较充足。

（二）行业广泛探索，养老服务金融成效初显

1. 政策不断完善，养老服务金融发展路径逐步清晰

近年来，我国不断重视养老服务产业的发展，把发展养老服务金融作为其重要环节之一，相继出台了一系列有关支持养老服务金融发展的政策文件，为我国养老服务金融的规范化发展提供了相应的政策基础。2013年9月6日，国务院发布《关于加快发展养老服务业的若干意见》，该意见首次提出将老年金融服务作为养老服务业的一部分，并提出要开展老年人住房反向抵押养老保险试点，同时明确提出要引导和规范商业银行、保险公司、证券公司等金融机构开发适合老年人的理财、信贷、保险等产品，这成为国家层面首次将养老和金融结合在一起的指导文件。2016年3月21日，中国人民银行等五部门联合发布《关于金融支持养老服务业加快发展的指导意见》，不仅从国家层面阐释了金融支持养老服务的重大意义，而且从不同角度对金融支持养老服务业发展做出了具体部署和安排，被视为养老金融领域最为规范、全面的政策文件之一。此后，2016年12月7日，国务院办公厅发布《关于全面放开养老服务市场提升养老服务质量的若干意见》，2017年6月29日，国务院办公厅发布《关于加快发展商业养老保险的若干意见》，2018年2月11日，证监会发布《养老目标证券投资基金指引（试行）》，等等，一系列政策和制度的出台，初步明确了养老服务金融的发展路径，为我国养老服务金融的发展提供了目标和指引。

2. 业界广泛实践，养老服务金融产品呈多元发展趋势

在政策鼓励和支持下，金融机构加快在养老服务金融领域的探索和创新，

银行、保险、信托、基金等机构逐渐提供更加丰富多样的金融产品，养老服务金融内容不断丰富。作为拥有最为广泛的客户群体以及居民信任度最高的金融机构，银行是广大居民获取养老投资或理财产品信息的最主要渠道，而且银行存款或银行理财是大部分人进行养老投资和理财的首选，近年来银行业开发了一系列专业养老服务金融产品，如养老理财产品和住房反向抵押贷款等，为广大投资者提供了诸多优质的养老服务金融产品。同样，在风险分散和长期资金管理方面具备独特优势的保险行业在养老财富管理方面也提供了包括商业养老保险产品、养老保障管理产品和住房反向抵押养老保险等多种形式的养老服务金融产品，在个人养老保障的实现方面发挥着巨大功能。同时，基金行业在满足居民养老金融需求方面也进行了积极的探索，《养老型公开募集证券投资基金指引》的正式实施以及首批 14 只养老目标基金产品正式获批标志着基金行业的养老服务金融产品正式落地。此外，在安全和效率方面具有独特优势的信托业开辟的养老信托开始受到市场关注，为国民养老财富管理提供了更多的渠道。在各类金融机构共同发力下，养老服务金融产品多元化的趋势不断显现。

3. 服务备受关注，养老服务金融便捷性日益提高

依托于现代科技和信息技术，完善养老服务金融的发展环境，创新金融市场工具，提供便捷性的养老金融支持是养老服务金融的重要目标。中老年客户是养老服务金融的主体，其面临着出行不便、视听力受限等一系列的问题，需要通过硬件和软件的完善满足不同的服务需求。在硬件方面，针对老年群体行动不便的特征，不少金融机构进行了网点优化和适老化改造；在软件方面，在“互联网 +”等现代技术的影响下，中老年群体对于移动支付等现代化的金融服务的接受度有了较大水平的提升，通过线下实现便捷性的支付、购买养老理财等均成为中老年群体的重要选择，而且不少金融机构开始探索专门针对老年群体的金融服务技术以保障资金安全，此外，大部分金融机构开始探索综合性、一体化的养老服务金融产品以满足不同群体的多样化需求。

（三）多方协同发展，养老产业金融持续发力

1. 政府部门支持，明晰了养老产业金融发展方向

政策性支持和引导是养老产业快速发展的重要保障。近年来，各级政府不

断出台支持养老产业发展的政策性文件，在鼓励各地发展适宜的养老产业之外，一系列政策性金融工具的推出，进一步明晰了养老产业金融发展方向。一方面，通过大力激发社会资本投资活力、降低外资进入门槛，在推动市场性金融手段创新的同时，不断加强政策性金融手段的规范化进程，从而更好地为养老产业发展提供金融支持；另一方面，医养结合成为政府养老产业金融支持的重点方向，从2017年发布的各类与养老产业金融有关的政策可以看出，医养结合领域是商业养老保险、产业专项债、PPP的重点投资领域，这为养老产业金融的发展明晰了重点方向；此外，养老产业金融市场监管日渐呈现规范化趋势，金融工具的杠杆性和投资者的非理性在促进产业发展的同时，也会放大产业风险，引发企业危机，因此，政府通过一系列政策手段，如规范政策性金融工具，明确投资领域以及整顿养老产业金融市场，加强PPP项目规范管理等方式，进一步加强对养老产业金融工具的规制和管制，以促进养老产业金融良性快速发展。

2. 金融市场助力，推动养老产业金融规模化发展

从2013年养老产业元年起，经过近5年的发展，养老产业从萌芽阶段逐步走向产业化和规模化阶段。产业内成熟优质的企业和机构渐增，产业盈利增长回归正常值，社会资本逐步涌入，符合时代发展趋势的商业模式正在形成，这都意味着养老产业的成熟度不断提高，向产业成长期迈进。随着老龄化程度、消费意愿、消费能力的逐年提高，消费力将进一步释放，加之健康养老产业先行者在养老商业模式与盈利模式上的摸索逐渐清晰化，我国将逐渐走上养老产业规模化发展的快车道。在规模化连锁化过程中，大部分企业难以长期大量依靠自有资金，这就给资本方带来机遇。企业的规模化初期是金融机构进入的最佳时机，在企业探索出成熟的商业模式之后，快速通过资本的力量进行机构并购整合、品牌植入和模式推广，形成区域化甚至全国化布局之后，资本通过企业上市形成退出通道，获得资本溢价，从而实现双赢。

3. 企业谨慎布局，养老产业金融走向协同化发展

2016年养老产业并购出现热潮，经过一年发展，被并购方大部分并入并购方产业体系内，但同时也有一些并购方经过一年探索，由于没有找出养老业务与其主营业务的协同点，就丧失了持续并购动力，不再把资源和资本大量投入养老产业，转而回归主营业务，寻找其他产业方向。总结来看，多业

务集团性上市公司主要以并购方式进入养老产业，能否持续在养老产业内深入，关键是能否拥有清晰的产业布局方向，同时与其原有业务的协同性也是重要影响因素。经过产业并购高潮及其发展结局，在未来三年内大量有并购意向的企业布局将更加谨慎，大多数没有形成成熟战略的企业，将会逐渐放弃在养老产业内的摸索，大浪淘沙，留下的企业将凭借其成熟的模式、可信赖的品牌优势，通过养老业务与其主营业务的协同化发展，最终获得产业爆发的红利。

三　中国养老金融发展面临的挑战

（一）养老金金融：制度设计有待完善，资产管理能力仍需提升

1. 第三支柱个人养老金试点落地，顶层设计有待明确

2018 年《关于开展个人税收递延型商业养老保险试点的通知》的发布标志着我国第三支柱个人养老金试点正式落地。但从试点来看，仍存在着一系列的不足，如税收优惠力度有限、参与产品范围不足、产品制的设计给各方带来诸多不便等。此外，按照通知要求，基金行业、银行业都在紧锣密鼓地进行相关推进工作，但是目前由于缺乏一个统一的顶层制度设计，三个行业只能在本行业内进行探索，分别使用本行业账户和信息平台而且相关平台之间互联互通尚未建立，未来参加者同时选择保险、基金和银行理财产品时就存在诸多不便。因此，如果第三支柱顶层设计推进缓慢，未来对既有试点工作整合的难度就大。

2. 养老金投资运作逐步推进，管理模式亟待进一步厘清

在《基本养老保险基金投资管理办法》的指导下，我国基本养老保险基金投资运营已开始进入实操阶段，根据人社部披露的信息，目前已经有 14 个省份进行了基本养老金委托投资运营，期限 5 年。根据披露信息，2017 年基本养老金收益率为 5.23%，高于同年企业年金 5.00% 的收益率。尽管基本养老金安全性至上，但是各地委托投资运营的养老金是总结余的一部分，而且充分考虑了当期养老金支付需求，在此情况下，基本养老保险基金应该具有较强的风险容忍度，可以承受短期市场波动，以时间换空间来获

取长期收益，充分发挥养老金的长钱优势。但是，基本养老金采取保底保收益的模式，那么相关资产配置必须以合同期为限，投资趋于保守，实际上是牺牲了可能获得的收益来确保本金安全，不利于基金长期保值增值和积累壮大。

与此同时，随着《职业年金基金管理暂行办法》等一系列文件的出台，部分地方如新疆、福建、海南、河北、山东等开始先期探索职业年金的投资运作模式。在投资运作过程中，职业年金取消了企业年金中的理事会模式，全部采取法人受托模式，但与企业年金法人受托有所不同，一个企业年金计划对应一个受托人、一个托管人和若干个投管人，而职业年金按照省级运营，一个省可设立多个计划。那么就形成了一个省多个计划、多个托管人、多个投管人一对多模式。在这种情况下，受托人与市场上的托管人、投管人如何进行匹配，才既能保证公平竞争又能提升市场效率，就要求进一步厘清其业务管理模式。

3. 养老金产品丰富但同质化严重，难以满足客户多样性需求

经过几年的发展，养老金产品在减少投管人多账户运作、提高管理效率等方面发挥了积极的作用，但由于投管人的配置需要，产品线都呈现高度相似性，以混合型、固收型产品为主。而且由于配置其他投管人产品组合层面不收费，投管人没有外部配置动力，更倾向于完善自身产品布局，导致各家投管人之间产品的同质化。从养老金产品的需求来看，企业年金、基本养老金、职业年金都将养老金产品纳入投资范围，对养老金产品有着巨大的需求，但是三类养老金的客户和产品需求方面存在诸多差异，而目前的养老金产品同质化难以满足未来多样化个性化的客户需求，应该引起养老金产品发行人密切关注和重视。

（二）养老服务金融：多方因素制约，需求和供给不匹配

1. 国民财富积累有限，制约养老服务金融需求实现

养老服务金融的目标是满足全体国民更高水平的养老需求，这也是在全面建成小康社会背景下全体国民的共同追求，但其发展的必然前提是良好的经济基础和财富积累。新中国成立以来，我国经历了相对较长时期的计划经济时代，对职工实行的是长期的低工资制度，农民的收入也十分有限，长期内没有

积累相应的财富。随着市场经济的发展，工资逐步市场化，我国经济社会也开始步入快速发展的阶段，国民收入水平有了较大提高。尽管在经济社会的快速发展上催生了相当大一部分高收入群体，但由于我国收入分配差距长期处于高位，更大规模的国民收入尚处于一个相对较低的水平，其有限的财富积累极大地限制了养老服务金融需求的实现，在很大程度上制约了我国养老服务金融市场潜力的发挥。

2. 产品设计存在偏差，影响养老服务金融有效供给

随着经济和社会的不断发展和人们收入水平的提升，居民养老储备意识开始增强，出现了养老服务金融需求，从而推动了近年来养老服务金融产品的出现，但总体来看，养老服务金融发展还处于起步阶段，发展经验不足。一方面，养老服务金融产品同质化现象严重，养老功能名不副实，银行、保险、基金等金融机构日渐认识到老年人养老服务金融具有巨大的市场价值，并根据实际情况，开发了诸多针对老年人的专有金融产品和服务，但从本质上来看，现有养老服务金融产品没有实现养老服务金融需求导向，大多数金融机构只是在“养老”的旗帜下推出大众化金融产品；另一方面，中长期养老服务金融产品匮乏，养老长期投资优势难以发挥，从目前我国养老服务金融市场提供的产品供给来看，跨市场的养老服务金融产品的期限普遍较短，银行养老理财产品的投资期限平均为163天，基金行业推出的养老金融产品多属于开放式，信托业的养老金融产品则通常采用3＋N的模式，保险系养老理财产品为封闭式，以1～2年为主，这充分显示了我国养老服务金融市场中长期产品匮乏的事实。

3. 养老金融素养滞后，阻碍养老服务金融积累和消费

除经济基础之外，养老服务金融实现发展壮大的另一个重要前提是国民有相应的养老储备意愿和能力，但从目前来看，我国广大国民的养老金融素养相对滞后。一方面，养老金融储备意识不足，抑制了养老财富积累，尽管目前我国储蓄总量居全球首位，国民的储蓄目的却并不只是养老，其中子女教育、医疗等占据了很大比例，养老金融产品和服务数量还不太多；另一方面，养老金融专业认知有限，限制了国民养老财富积累和消费，随着我国市场经济的逐步完善，金融市场迅速发展，对广大居民的影响也逐步加强，但总体来看，广大居民的金融专业知识比较匮乏，对于金融政策法规、金融市场、金融产品和金

融风险等尚未形成良好的认知，这在很大程度上限制了广大国民对养老服务金融产品的选择。

4. 市场监管存在不足，扰乱养老服务金融正常秩序

由于目前我国没有针对养老服务金融的专门法规，现有的制度规定主要零散分布在各个部委出台的各种支持养老服务业、保险业等政策之中，相关监管机构也没有出台专门的指导规定，对其业务范围、从业机构、服务标准、业务流程等内容进行界定和规范，从而导致我国养老服务金融市场监管机制有所缺失。在此情况下，由于老年人金融知识缺乏，风险意识不足，加上近几年市场机制不健全，现有监管体系对非法融资中介机构缺乏有效监管，一些非法机构以养老理财为幌子进行非法集资等活动，导致了国民养老投资理财受骗事件逐渐多发，扰乱了养老服务金融市场的正常秩序。

（三）养老产业金融：不确定因素增加，机遇与风险并存

1. 社会资本存在非理性预期，养老产业金融风险亟须防范

防范金融风险，加强金融监管，防止金融市场发生结构性风险是未来五年金融行业的主基调。2018 年 3 月召开的中央全面深化改革委员会第一次会议审议通过了《关于规范金融机构资产管理业务的指导意见》《关于加强非金融企业投资金融机构监管的指导意见》等加强金融监管的政策法规。这意味着国家层面高度重视金融风险的防控，“强监管”是今后金融市场发展的政策环境。从养老产业金融来说，激发社会资本投资活力，鼓励 PPP、地方政府养老产业专项债、商业养老保险等各种金融手段支持养老产业发展是政府政策重点鼓励方向，但金融工具的杠杆性和投资者的非理性在促进产业发展的同时，也会放大产业风险，引发企业危机。

2. 项目管理规范性不足，养老产业金融项目质量参差不齐

作为 PPP 项目的重点投资领域，近两年大量的养老产业 PPP 项目入库，单从具体发展来看，项目质量参差不齐、项目执行规范不清晰等问题屡见不鲜，2018 年 4 月 24 日财政部发布《关于进一步加强政府和社会资本合作（PPP）示范项目规范管理的通知》，对核查存在问题的 173 个示范项目分类进行处置，其中涉及养老项目 8 个，被处置原因大都是项目融资未落实、项目未落地和合同尚未签署等项目推进搁置问题。

四　中国养老金融发展趋势研判

（一）养老金金融：养老金规模将持续扩大，资产管理将出现新的动向

1. 第三支柱个人养老金落地实施，市场发展潜力巨大

2018 年《关于开展个人税收递延型商业养老保险试点的通知》拉开了我国养老金第三支柱探索的序幕，标志着我国以个人为主导的第三支柱个人养老金正式落地，国民的制度化养老金储备又增加了新的渠道。第三支柱个人养老金计划因其灵活性的安排及税收优惠的激励，对于广大公众，尤其是无法参与到单位主导的职业养老金的非正规就业者而言，是其参加补充养老金制度的有效安排，这也是第三支柱个人养老金制度建立的初衷。在我国长期高储蓄率的背景下，第一支柱养老金保障水平有限，第二支柱职业养老金覆盖面不足，可以预见，随着国民收入的不断提高以及人口老龄化背景下国民的养老储备意识逐步增强，我国第三支柱个人养老金将有着巨大的发展潜力。此外，根据通知的安排，未来将视第三支柱发展情况，逐步放开基金、银行理财等其他养老金融产品，广大国民将拥有更多的选择，将推动第三支柱个人养老金制度更加快速地发展。

2. 第三支柱个人养老金附属功能，将为资产管理行业注入新鲜血液

根据预测，第三支柱全面落地后每年增量规模约 2000 亿元，与保险产品、公募基金和银行理财总体量相比仍然很小，但是养老金第三支柱对于资管行业的影响不容忽略。一方面，第三支柱个人养老金可能重塑国民理财行为，目前我国国民以银行储蓄和理财为主要理财工具，缺乏长期投资理念，而养老金第三支柱是一个专门账户，资金存续期长且退休前不能取出，因此参加者在投资中就能以更长视角看待，减少短期申赎，真正实现长期资金长期投资，分享基金长期回报；另一方面，第三支柱相当于国家通过税收优惠帮助金融机构锁定了一批优质的长期客户，而且以直销方式完成产品销售，有助于改变以往保险要借助营销员、基金要借助银行渠道才能获客的劣势。此外，第三支柱参加者都是中等收入阶层，财富管理需求大，可以进行二次营销和开发。

3. 基本养老金投资运营规模有限，企业年金存量竞争将日益明显

在人口老龄化逐步加深的背景下，各地基本养老金中留存保障日常待遇支付的规模也在逐步加大，从基本养老保险投资运作开始，只有部分地区的部分资金开始进行投资运营，截至2018年6月，全国基本养老金委托运营的合同总金额5850亿元，占2017年底城镇职工基本养老金结余规模4.39万亿元的比例为13.33%，规模极其有限。从未来看，委托地区进一步增加委托的规模也有限，而其他尚未委托的地区基本养老金资金体量有限。总体来看，基本养老金未来的投资运营增量空间已经比较有限，主要来源可能还是目前已经委托的15个地区进一步追加委托。

就企业年金而言，随着企业年金逐步进入低增长区间，新增企业和规模持续下降，基金规模增量主要依靠已有企业持续缴费，那么对于企业年金行业的受托人、投管人来讲，只能依靠存量市场的互相争夺来提升市场份额；同时，经过十多年发展，早期建立企业年金计划的企业都以大型央企为主，年金规模持续增长，规模在百亿级以上，同时在此过程中管理也趋于成熟专业，开始对投管人、受托人等角色进行调整优化，这也加剧了市场主体之间的竞争程度。总之，企业年金市场这种存量竞争的态势将更加明显。

（二）养老服务金融：养老需求多元，养老服务金融市场空间广阔

1. 人口老龄化快速发展，养老服务金融市场前景广阔

自2000年前后我国步入人口老龄化社会以来，我国人口老龄化速度不断加快，据预测，未来数十年间我国还会继续面临人口老龄化的加速发展。在我国的老龄化过程中，伴随着家庭小型化、高龄化、空巢化、失能化等问题日益凸显，传统的家庭养老模式受到冲击，家庭之外养老服务需求开始增长，国家层面愈发重视养老体系建设规划，养老服务业成为未来发展重点，甚至成为我国经济发展的一个重要引擎，衣食住行、生活照料、用品生产、医疗服务、文化健身娱乐等众多领域都离不开金融服务的支持，养老服务金融需求将面临爆发。同时，随着我国经济的数十年高速发展，广大公民收入也不断提高，为养老服务金融市场的发展提供了坚实的经济基础，养老服务金融市场前景广阔。

2. 金融科技持续进步，助推养老服务金融快速发展

新一代的信息技术正推动整个社会的变革，在“互联网 +”时代，金融科技也开始快速发展，传统金融与互联网金融在资金、风控技术及金融创新等方面的合作更加密切，养老服务金融发展也将步入快车道。一方面，互联网和移动支付的普及，大大提高了中老年人获取金融服务的便利性，金融机构可以通过官方网站、网上银行、手机 APP、第三方平台等互联网平台，为中老年人提供丰富多样的金融产品，普及金融理财知识，同时也降低了金融机构的成本，有效扩大客户群体；另一方面，智能投顾快速兴起，通过大数据和人工智能分析个人投资偏好，结合长期投资目标进行个性化资产配置，将助力提升养老金投资科学性和专业性；此外，区块链技术的发展，将有效提升养老服务金融的精细化和安全性。总体来看，在一系列金融科技的推动下，养老服务金融发展速度将获得进一步提升。

3. 养老服务金融产品不断创新，跨界合作将进一步深化

养老服务金融产品的创新，核心在于提供真正符合居民养老需求的金融服务，满足不同群体多元化的需求。第一，金融机构开始根据客户群体特征研发设计个性化、多元化、多层次的养老服务金融产品，满足不同群体的养老需求；第二，银行、保险、信托等金融行业机构在业务手段、产业领域、业务范围上既有很大的重合之处，又具有各自独特的优势之处，通过跨界合作，由单一产品向综合化产品方案转变，将有效推动养老服务金融产品的进一步创新，可以更好地契合养老服务金融需求；此外，通过不同业态融合推动产品创新，特别是将养老服务金融与养老产业结合发展，是跨界合作的另一重要趋势，养老产业初期投入高、投资回报低，需要长期资金的支持，而参与养老服务金融的资金也有长周期特点，因此金融机构可以开发与养老产业匹配的保险、理财、基金等新型产品，用金融联结养老供需端，有效实现双赢目标。

（三）养老产业金融：政策不断完善，养老产业金融方向日渐明晰

1. 政策性手段大力支持，养老产业金融工具将持续发力

在政府政策性手段的大力支持和倡导下，从 PPP、养老产业投资基金到养老产业专项债，以政府公信力为基础，号召社会资本大力投身养老产业。具体

来看，一方面，作为 PPP 重点支持的领域，养老 PPP 项目逐步走向规范化，减量增质是发展趋势，财政部对 PPP 项目标准进行细化，明确养老 PPP 主要支持保障型基本养老服务和改善型中端养老服务，在规范养老 PPP 项目库的同时，也缩小了营利性养老项目的融资渠道；另一方面，在 PPP 政策收紧的同时，养老产业投资基金蓬勃发展，产业基金的设立较为灵活，投资领域更加宽泛，并且有成熟的风险防范体系，是推动养老产业发展最有力的金融手段，不管是地方政府还是各大上市公司，都积极成立健康养老产业基金，基金投向涉及养老产业整个产业链的不同细分领域。

2. 养老服务需求即将爆发，养老产业连锁化规模化布局是趋势

从 2013 年开始我国养老产业逐步从萌芽阶段走向产业化和规模化阶段。产业内成熟优质的企业和机构渐增，产业盈利增长回归正常值，社会资本逐步涌入，符合时代发展的商业模式正在形成，这都意味着养老产业的成熟度不断提高，向产业成长期迈进。但总体来看，我国养老产业目前仍然处于规模化发展的初期阶段。随着老龄化程度、消费意愿、消费能力的逐年提高，消费力将进一步释放，加之健康养老产业先行者在养老商业模式与盈利模式上的摸索逐渐清晰化，我国在今后几年将逐渐走上养老产业规模化发展的快车道。企业在单一城市的单点机构很难形成规模效应，难以覆盖更多的老年群体，因此现阶段企业一般先在单个城市进行连锁化布局，探索出成熟的连锁化商业模式之后，再进行城市扩张，为实现全国性布局奠定基础。

3. 大健康备受关注，医养结合将成为养老产业的重点投资方向

医疗和养老具有天然的结合点，医养结合领域将是未来养老产业金融投资的重点。从 2017 年发布的各类与养老产业金融有关的政策可以看出，医养结合领域是商业养老保险、产业专项债、PPP 的重点投资领域，这是由于除医疗服务以外，老年人的刚性需求就在以康复护理为核心的轻医养结合领域。因此，医养结合型机构将成为未来最具盈利空间、最具资本价值的投资领域。在 2018 年政府机构改革中，“国家卫计委”更名为“国家卫健委”，同时负责全国老龄工作委员会的日常工作，进一步说明在大健康备受关注的背景下，医养结合是养老产业发展的重要趋势之一。

五　中国养老金融发展的建议与思考

（一）进一步完善养老金结构，提高养老金资产管理效率

1. 加快第三支柱个人养老金顶层设计，完善三支柱养老金体系结构

从国际发展经验来看，养老金第三支柱设计有三大核心要素，一是税收优惠，二是账户制，三是投资工具多元化。2018 年《关于开展个人税收递延型商业养老保险试点的通知》拉开了我国养老金第三支柱探索的序幕，总体来看，当前我国第三支柱个人养老金试点是基于产品制建立的，在税收优惠的实施以及操作方面都存在极大的不便。通知还指出试点结束后，根据试点情况并结合养老保险第三支柱制度建设的实际，有序扩大参与的金融机构和产品范围，将公募基金等产品纳入个人商业养老账户投资范围。因此，为更好地推动各行业协同参与第三支柱个人养老金制度建设，就必须加快第三支柱个人养老金顶层设计，在结合我国国情的基础上借鉴国际经验，明确以账户制为基础，进入专门的第三支柱账户的资金都能享受税收优惠，而不区分资金具体流向，操作和监管都比较便捷，也利于不同行业以同样的标准参与；此外还应进一步完善税收优惠的方式和力度，并将多元化的投资产品和投资工具共同纳入第三支柱个人养老金制度的建设过程中来。从而通过顶层设计的完善，推动第三支柱个人养老金制度的快速发展，以完善我国政府、单位和个人责任分担的三支柱养老金体系结构。

2. 创新养老金管理产品和模式，适当扩大养老金投资范围

随着我国养老金体系的不断完善，我国养老金积累规模将逐步扩大，养老金保值增值的压力也不断加剧，因此必须创新养老金管理产品和模式，在保障养老金资产安全性的前提下，最大限度地提高养老金的投资收益。一是要发挥养老金长期资金的优势，目前国内养老金市场化投资无论是在考核还是投资理念上都趋于短期化，不利于基金的保值增值，应借鉴国际经验通过创新养老保障管理产品、养老金产品等方式进行长周期投资，克服短期资产波动和流动性低等风险以获取长期风险溢价。二是要适当扩大企业年金和职业年金的投资范围，除了不能投资万能险与投连险外，职业年金与企业年金投资政策基本一

致。2013 年人社部 23 号文将信托、基础设施债权、银行理财、特定资产管理计划、股指期货纳入企业年金投资范围，扩展了投资品种，也显著降低了年金收益波动。在此基础上还应考虑进一步将其他一些投资品种，如非公开定向债务工具（PPN）、同业存单、港股通、资产证券化等纳入年金投资范围。

（二）加大政策支持力度，提高养老服务金融供需双方动力

1. 完善养老服务金融政策，优化养老服务金融市场环境

目前我国养老服务金融相关政策集中于宏观规划，对于具体的政策导向与配套细则尚不明确，导致养老服务金融市场发展目标不够清晰，监管制度尚不完善，因此必须进一步完善养老服务金融政策，系统推动我国养老服务金融健康发展。一方面，要完善相关法律制度，为养老服务金融业务提供法律支持和保证，确保养老服务金融市场的长期和平稳运行；另一方面，在明确养老服务金融发展方向的基础上，出台配套优惠政策，如财政贴息、专项补助资金、成立政府引导基金等，为金融机构发展养老服务金融提供良好的政策环境；此外，还应明确监管框架，养老服务金融具有典型的混业经营特征，应根据不同部门的监管职能，有针对性地制定养老服务金融的行业标准、服务流程、风险监控办法等，以促进行业健康稳定发展。

2. 提升国民养老金融素养，增加养老服务金融有效需求

国民养老金融素养的提升是保障养老服务金融有效需求实现的必经之路，包括养老金融能力的提升和养老金融意识的提升，然而，目前我国国民养老财富基础不足、传统观念根深蒂固限制了养老金融能力和意识的提升。因此应通过多方发力，提高国民养老金融素养。一方面，应调整初次分配政策，重视我国初次分配过程的公平性，逐步缩小收入差距，提高中等收入群体的比重，同时要进一步改革和完善第二、三支柱补充养老金制度，通过政府、单位和个人责任分担提高老年群体的收入水平，以此提高国民的养老财富基础，进而保障国民养老金融消费能力的提升；另一方面，应不断整合多方力量提高国民养老金融储备意识，政府应加强养老规划的引导，提高居民的养老储备意识，金融机构应通过行业协会等组织整合并发挥行业力量，加强养老服务金融知识的普及，以此增强养老服务需求方的需求意愿，从而变国民的养老服务需求为有效需求。

3. 重视养老服务金融产品开发，优化养老服务金融有效供给

在现有的养老服务金融产品创新性不足、针对性不强的背景下，金融机构应积极借鉴国际经验，充分挖掘不同群体的养老金融潜在需求，不断加强养老金融理论研究和产品创新，将产品目标导向明确指向通过增加老年收入进而提高其老年生活品质上来。第一，产品要有创新性，要根据老年群体的需求有针对性地开发养老服务金融产品，例如针对不同年龄阶段的特性，根据其风险承受能力的不同，创建不同的养老服务金融产品，满足多元化的养老服务金融需求等；第二，产品类型应多样，除了传统的储蓄、保险、贷款等业务外，还包括针对养老的理财、遗嘱信托等新业务；此外，中长期产品不可或缺，从金融市场的发展规律来看，中长期投资的收益也更加稳健更有效率，因此养老服务金融产品更适合中长期的属性，应进一步深入挖掘投资者的养老需求，开发个性化、多元化、生命周期式的养老服务金融产品，促使更多年轻人参与到这个市场中来。

（三）进一步加大政策支持力度，提高养老产业融资效率

1. 明确养老产业发展方向，提高融资效率

一方面，国家卫生健康委员会应承接相应职责，出台专门针对“医养结合”的产业政策，并联合其他部门为医养结合型养老机构提供相应的财政、税收、土地、准入等方面的政策，促进以老年人健康为中心的医养结合型机构的发展；另一方面，国家在鼓励养老企业用股权、收益权、应收账款等进行质押贷款的同时，要积极鼓励成立产业基金。在防止多层基金嵌套、降低基金投资风险基础上，降低养老产业基金进入门槛，以基金的手段推动产业发展。

2. 引导投资者理性预期，遵循产业发展规律

保护投资者的合法权益、引导投资者进行价值投资是资本市场健康稳定运行的基石，能从侧面保护资本市场的正常秩序和健康生态。养老产业与地产、医药和医疗器械等迅速盈利的行业不同，产业投资回报周期长，盈利能力稳定是养老产业的金融属性。在此产业发展阶段，机构投资者要理性看待，保持价值投资和产业生态布局的理念，用时间换盈利空间，在投资过程中，不能急于要求养老项目快速盈利，为项目运营方带来不必要的心理压力。政府要在养老产业认知和投资者教育方面担起应有职责，为养老产业金融市场提供良好的市场环境。

参考文献

董克用、姚余栋等：《中国养老金融发展报告（2017）》，社会科学文献出版社，2017。

孙博、董克用：《老龄化时代呼唤养老金融新思维》，《中国保险报》2015 年 12 月 9 日。

巴曙松、朱虹：《人口老龄化对中国金融体系的影响》，《21 世纪经济报道》2016 年 12 月 9 日。

姚余栋、王赓宇：《发展养老金融与落实供给侧结构性改革》，《金融论坛》2016 年第 5 期。

胡继晔：《养老金融：促进社会保障可持续的重要战略》，《中国党政干部论坛》2016 年第 1 期。

洪崎：《创新养老金融模式》，《中国金融》2016 年第 7 期。

郑秉文、张笑丽：《中国引入“养老金融”的政策基础及其概念界定与内容分析》，《北京劳动保障职业学院学报》2016 年第 1 期。

行 业 篇

Industrial Reports

B.2

养老金金融：三支柱模式确立，投资运营稳健推进

胡兵　孙博*

摘　要： 从政策层面来看，政府对企业年金、养老目标证券投资基金、税收递延型商业养老保险等的支持政策相继出台，从制度层面为养老金三支柱提供有力支持。从市场层面来看，2017 年社保基金规模突破 2.2 万亿元，基本养老保险基金投资运营逐步推进，企业年金规模突破 1.2 万亿元，部分地方开始职业年金先期探索，养老金产品数量与规模、养老保障管理业务持续增长。但是国内养老金市场还存在诸多问题与挑战：一是基本养老金的保底保收益模式不利于长期增值，二是职

* 胡兵，华夏基金养老金业务总监，董事总经理，研究领域为养老金资产管理；孙博，管理学博士，金融学博士后，华夏基金养老金管理部高级副总裁，中国养老金融 50 人论坛特邀成员，研究领域为养老金融。感谢华夏基金副总经理刘义先生、机构业务运营部总监郑坚博士的中肯写作建议。本文仅代表个人观点，与供职单位无关。

业年金业务模式有待进一步明晰，三是第三支柱统一的顶层设计亟须加快建立，四是养老金产品同质化。就行业发展趋势看，一支柱方面，基本养老金市场化投资运营规模低于预期；二支柱方面，企业年金存量博弈将更加激烈，未来企业年金和职业年金应该考虑扩大投资范围；三支柱方面，第三支柱将对资管行业产生深远影响。

关键词： 三支柱模式　养老金政策　养老金资产管理

一　年度政策盘点

（一）企业年金办法修订

2017 年 12 月 18 日，人社部、财政部联合印发《企业年金办法》（人力资源和社会保障部令第 36 号，以下简称《办法》）。《办法》是贯彻落实党中央、国务院关于建立多层次社会保障体系、大力发展企业年金要求的具体举措，是在我国社会保障制度不断健全和企业年金市场持续发展的基础上，对 2004 年《企业年金试行办法》（劳动和社会保障部令第 20 号，以下简称 20 号令）的修订和完善。《办法》自 2018 年 2 月 1 日起施行。总体来看，《办法》相较 20 号令，重点修订内容如下。

第一，调整企业年金定义，淡化企业自愿性质。《办法》第二条企业年金定义中，将“自愿建立”改为“自主建立”，并增加“国家鼓励企业建立企业年金”。相较 20 号令，淡化了企业年金自愿的性质，向半强制逐步过渡。

第二，降低了企业缴费和总缴费的上限。《办法》第十五条，将企业缴费上限由“本企业上年度职工工资总额的十二分之一”调整为“本企业职工工资总额的 8%”，将企业和职工个人缴费之和的上限由“本企业上年度职工工资总额的六分之一”调整为“本企业职工工资总额的 12%”，并明确具体所需费用，由企业和职工一方协商确定。这样调整主要的考虑是和职业年金对缴费水平的规定保持一致，同时给予企业个人缴费的决策空间。

第三，增加了企业年金方案变更和终止的内容。20 号令没有对企业年金方案的变更和终止作明确规定。实际操作中，企业确有变更和终止企业年金方案的需求，因此《办法》增加第十一条、第十二条、第十三条，规定“企业与职工一方可以根据本企业情况，按照国家政策规定，经协商一致，变更企业年金方案”，“企业因依法解散、被依法撤销或者被依法宣告破产等原因，致使企业年金方案无法履行的；因不可抗力等原因致使企业年金方案无法履行的；其他终止条件出现”的情况下方案终止。这与企业年金实务操作更加契合，满足了业务实际需求。

第四，增加了缴费中止和恢复的内容。考虑到企业在经营亏损、重组并购等情况下，客观上不得不中止企业年金缴费，因此《办法》第十六条中允许中止缴费并对补缴做出相应规定，既符合企业年金的运行实际，也能更好地维护职工的补充养老权益。

第五，对企业缴费的分配差距进行限定。《办法》第十八条规定，企业应当合理确定本单位当期缴费计入职工个人账户的最高额与平均额的差距，且企业当期缴费计入个人账户的最高额与平均额不得超过 5 倍。这一方面考虑了企业内部由于岗位不同、责任不同、贡献不同在企业缴费分配方面存在差距的合理性，另一方面引导企业合理控制差距。

第六，明确了企业缴费的归属机制。《办法》分别对个人账户中个人和企业的缴费及投资收益归属情况进行了明确规定，提出个人缴费及投资收益完全归属个人，企业缴费及投资收益可自始归属个人或随着工作时间逐步归属个人（归属期不超过 8 年），并增加了个人账户权益归属的情形。同时，《办法》规定了缴费资金和投资收益在未分配至个人账户或未归属职工个人的情况下，计入企业账户。这些更加符合实际操作的情形，在发挥企业调节收入分配的自主性的同时，更加保障了职工权益。

第七，增加了企业年金待遇领取方式。《办法》第二十四条将年金领取条件分为达到退休年龄或完全丧失劳动能力、出国（境）定居、死亡后三种情况。同时为了充分发挥企业年金长期养老保障的作用，建立分期领取企业年金待遇的导向，完善了职工达到退休年龄时的待遇领取方式，包括按月、分次或一次性领取，也可将本人个人账户资金全部或部分购买商业养老保险产品，依

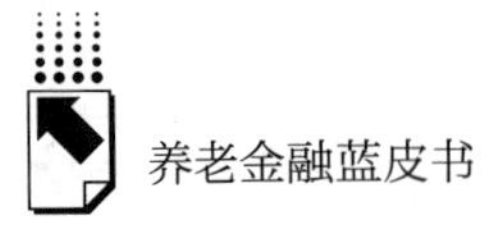

据保险合同领取待遇并享受相应继承权。总体来看，这一规定给了参加者更多的选择空间，有利于其效用最大化。

（二）加快发展商业养老保险的政策出台

2017 年 6 月 29 日，国务院办公厅正式印发《关于加快发展商业养老保险的若干意见》（以下简称《意见》）。这是继 2014 年《关于加快发展现代保险服务业的若干意见》以及《关于加快发展商业健康保险的若干意见》后，国务院再次针对保险业发布的重要文件，是进一步提升商业保险在养老领域作用的有力政策支持，《意见》的要点如下。

第一，明确商业养老保险在养老保障体系中的定位。商业养老保险是由商业保险机构提供的，以养老风险保障、养老资金管理等为主要内容的保险产品和服务，是养老保障体系的重要组成部分。发展商业养老保险，对于健全多层次养老保障体系，促进养老服务业多层次多样化发展，应对人口老龄化趋势和就业形态新变化，进一步保障和改善民生，促进社会和谐稳定等具有重要意义。

第二，确立了商业养老保险发展的目标。《意见》提出，发展商业养老保险要坚持改革创新，提升保障水平；坚持政策引导，强化市场机制；坚持完善监管，规范市场秩序。到 2020 年，基本建立运营安全稳健、产品形态多样、服务领域较广、专业能力较强、持续适度盈利、经营诚信规范的商业养老保险体系，商业养老保险成为个人和家庭商业养老保障计划的主要承担者、企业发起的商业养老保障计划的重要提供者、社会养老保障市场化运作的积极参与者、养老服务业健康发展的有力促进者、金融安全和经济增长的稳定支持者。

第三，从四个方面具体部署推动商业养老保险发展。一是创新商业养老保险产品和服务。鼓励和支持商业保险机构开发多样化商业养老保险产品，积极发展安全性高、保障性强、满足长期或终身领取要求的商业养老年金保险，积极参与个人税收递延型商业养老保险试点，为个人和家庭提供个性化、差异化养老保障。推动商业保险机构提供企业（职业）年金计划等产品和服务，面向创新创业企业就业群体需求，提供多样化养老保障选择。二是促进养老服务业健康发展。鼓励商业保险机构投资养老服务产业，为养老机构提供风险保障服务，建立和完善老年人综合养老保障计划。三是推进商业养老保险资金安全稳健运营。坚持风险可控、商业可持续原则，发挥商业养老保险资金长期投资优势，稳步有序参与国家重大战略建设实施，参与重大项目和民生工程建设，促进商业养老保险资金与资本市场协调发展，审慎开展境外投资业务。四是提升管理服务水平。加强制度建设，提升服务质量，发展专业机构，强化监督管理，实现商业养老保险资金保值及合理回报，提升保险保障水平。

（三）养老目标证券投资基金指引发布

2018 年 3 月 2 日，证监会正式发布《养老目标证券投资基金指引（试行)》（以下简称《指引》）。作为养老基金领域的纲领性文件，《指引》的发布标志着我国养老基金产品开始规范化的运作阶段，标志着公募基金行业服务个人养老投资进入了新阶段，也意味着个人养老投资者将拥有更丰富的养老投资工具。《指引》从产品类型、投资策略、投资比例及运作方式、基金管理人及基金经理要求、适当性安排等方面对养老目标基金的推出进行了详细安排。

第一，产品定义和意义。养老目标基金是以追求养老资产的长期稳健增值为目的的公募基金。作为一类新兴的以养老为主题的产品，养老目标基金进一步丰富了公募基金的种类和个人养老投资的基础资产池，也为公募基金参与三支柱养老金投资提供了有力支持。

第二，产品形式及投资策略。根据《指引》，养老目标基金应当采用基金中基金形式或中国证监会认可的其他形式运作，即主要采取 FOF 的方式进行运作。同时，《指引》也对子基金的选择进行了限制，要求高于一般 FOF 基金，“子基金运作期限应当不少于 2 年，最近两年平均季末基金净资产应当不低于 2 亿元”。此外根据规定，养老目标基金应当采用成熟稳健的资产配置策略，控制基金下行风险，追求基金长期稳健增值。投资策略包括目标日期策略、目标风险策略以及中国证监会认可的其他策略。这些设置从产品形态上对其养老属性进行了固化，更加匹配个人的养老金投资需求。

第三，投资比例及运作方式。养老目标基金要求采用定期开放或设置最短持有期限，其中封闭期、最短持有期限不短于 1 年。同时，要求根据封闭期的长短限制权益类资产配置上限：“定期开放的封闭运作期或投资者最短持有期限不短于 1 年、3 年或 5 年的，基金投资于股票、股票型基金、混合型基金和

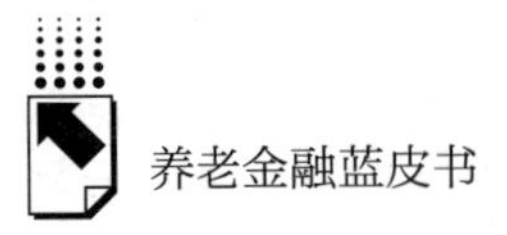

商品基金（含商品期货基金和黄金 ETF）的比例原则上不超过 30%、60%、80%”，总的原则是权益类资产比例越高，持有期越长，通过以时间换空间的方式抵御净值波动，获取长期收益。

第四，产品投资管理人及投资经理限制。《指引》在产品申报方面，对管理人成立时间、投研团队、管理规模等要求设置门槛。此外，《指引》对于养老目标基金的基金经理也有较严格的要求，要求拟任基金经理“具备 5 年以上金融行业从事证券投资、证券研究分析、证券投资基金研究评价或分析经验，其中至少 2 年为证券投资经验；或者具备 5 年以上养老金或保险资金资产配置经验”。这通过筛选资质优良的投资机构和经验丰富的投资经理，为个人养老资产投资保驾护航。

第五，明确投资者适当性要求。《指引》要求基金管理人、基金销售机构向投资人推介养老目标基金，应当符合三个要求：一是要根据投资人年龄、退休日期和收入水平，向投资人推介适合的养老目标基金，引导投资人开展长期养老投资；二是向投资人推介的目标日期基金应与其预计的投资期限相匹配；三是要符合中国证监会规定的其他要求。

此外，在费率方面，《指引》鼓励养老目标基金设置优惠费率，并通过差异化安排鼓励长期持有。《指引》还在基金名称、宣传推介材料等细节上对养老目标基金提出了具体要求。这些都充分体现了证券投资基金作为一类资产管理工具对养老金投资的责任感和专业性。

（四）税收递延型商业养老保险试点意见发布

2018 年 4 月 12 日，财政部等五部门发布《关于开展个人税收递延型商业养老保险试点的通知》（以下简称《通知》），标志着酝酿十余年之久的个人税收递延型商业养老保险试点终于落地。《通知》宣布，自 2018 年 5 月 1 日起，在上海市、福建省（含厦门市）和苏州工业园区实施个人税收递延型商业养老保险试点，试点期限暂定一年。此次试点内容主要如下。

（1）试点政策适用对象及税优标准。对于取得工资薪金、连续性劳务报酬所得的个人，其缴纳的保费准予在申报扣除当月计算应纳税所得额时予以限额据实扣除，扣除限额按照当月工资薪金、连续性劳务报酬收入的 6% 和 1000 元孰低的办法确定。取得个体工商户生产经营所得、对企事业单位的承包承租经营所得的个体工商户业主、个人独资企业投资者、合伙企业自然人合伙人和承包承租经营者，其缴纳的保费准予在申报扣除当年计算应纳税所得额时予以限额据实扣除，扣除限额按照不超过当年应税收入的6%和12000元孰低的办法确定。

此外，还约定账户资金收益暂不征税，个人领取商业养老金征税。计入个人商业养老资金账户的投资收益，在缴费期间暂不征收个人所得税。对个人达到规定条件时领取的商业养老金收入，其中25%的部分予以免税，其余75%的部分按照10%的比例税率计算缴纳个人所得税，税款计入“其他所得”项目。

（2）试点期间个人商业养老资金账户和信息平台。一是个人商业养老资金账户是由纳税人指定的，用于归集税收递延型商业养老保险缴费、收益以及资金领取等的商业银行个人专用账户，封闭运行，与居民身份证件绑定，具有唯一性。二是试点期间使用中国保险信息技术管理有限责任公司建立的信息平台（以下简称“中保信平台”）。个人商业养老资金账户在中保信平台进行登记。

（3）试点期间税收征管。一是对于缴费税前扣除，个人在购买符合规定的商业养老保险产品、享受递延纳税优惠时，以中保信平台出具的税延养老扣除凭证为扣税凭据，并应及时将相关凭证提供给扣缴单位，由扣缴单位为纳税人办理税前扣除有关事项。如果个人在试点地区范围内从两处或者两处以上取得所得的，只能选择在其中一处享受试点政策。二是当个人按规定领取商业养老金时，由保险公司代扣代缴其应缴的个人所得税。

（4）试点期间商业养老保险产品及管理。个人商业养老保险产品按稳健型产品为主、风险型产品为辅的原则选择，采取名录方式确定。试点期间的产品是指由保险公司开发，符合“收益稳健、长期锁定、终身领取、精算平衡”原则，满足参保人对养老账户资金安全性、收益性和长期性管理要求的商业养老保险产品。2018年5月7日，银保监会、财政部、人社部、国税总局下发《个人税收递延型商业养老保险产品开发指引》，在《通知》的基础上，对税延养老保险的产品设计原则、产品要素以及产品管理做出了详细要求。

（5）试点结束后相关工作安排。根据试点情况，结合养老保险第三支柱制度建设的有关情况，有序扩大参与的金融机构和产品范围，将公募基金等产品纳入个人商业养老账户投资范围，相应将中登公司平台作为信息平台，与中保信平台同步运行。第三支柱制度和管理服务信息平台建成以后，中登公司平台、中保信平台与第三支柱制度和管理服务信息平台对接，实现养老保险第三支柱宏观监管。

二　年度行业回顾

（一）企业年金规模突破1.2万亿元，增速与上年持平

截至2017年底，企业年金运作资产规模超过1.2万亿元，较2016年末增加约0.18万亿元；运作组合达3568个，较2016年末增加361个。从规模增速来看，虽然2017年终止了连续数年的下降势头，较上年稍有回升，增速为16.6%，但受基数持续增加以及参保企业和职工数量增速放缓等因素的影响，企业年金已告别高速发展期，进入稳定低增长区间，具体见图1。

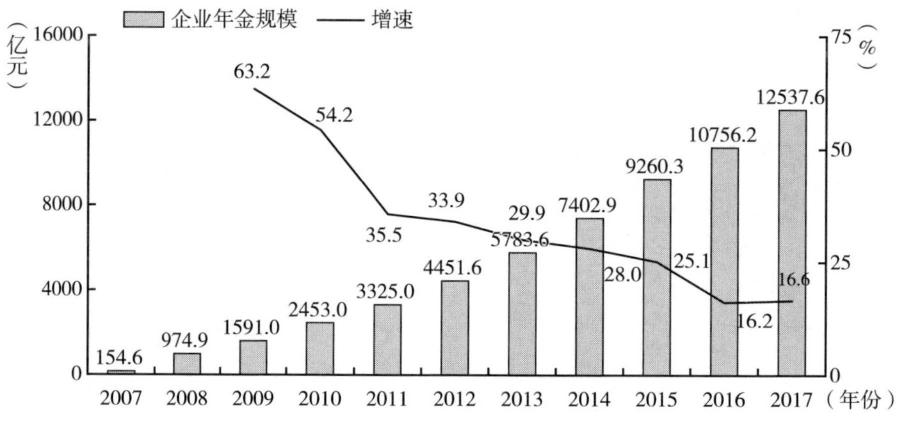

图1　企业年金运作规模与增速情况

资料来源：人社部。

（二）社保基金稳步增长，突破2.2万亿元

2017年底，全国社保管理的资产总额22231.24亿元。其中，基金权益20716.90亿元。在基金权益总额中，全国社保基金权益18302.03亿元，个人账户基金权益1274.06亿元，地方委托资金权益1140.81亿元。社保基金突破2.2万亿元，为应对老龄化高峰期养老金支付提供有力保障（见图2）。

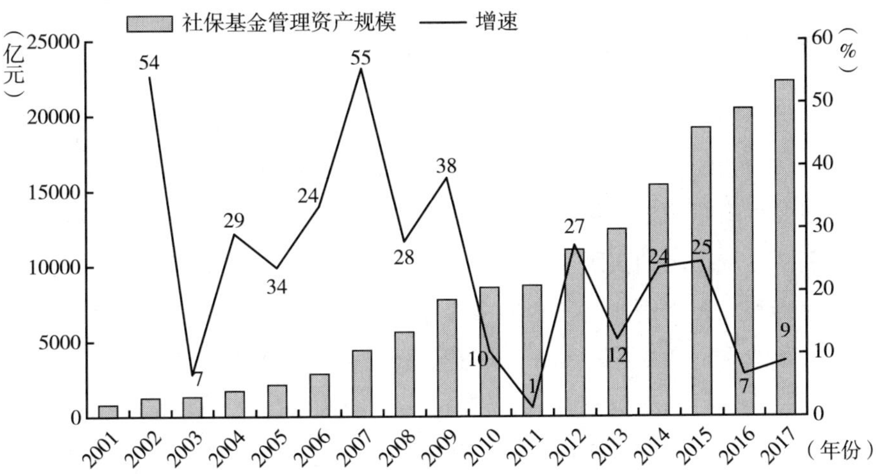

图 2　社保基金管理资产规模及增速

资料来源：全国社会保障基金理事会。

（三）基本养老保险基金投资运营逐步推进

根据人社部披露信息，截至 2018 年 6 月底，全国已有 14 个省份与全国社保基金理事会签订了基本养老金委托投资合同，分别是北京、山西、上海、江苏、浙江、安徽、河南、湖北、广西、重庆、云南、西藏、陕西、甘肃，合同总金额达到 5850 亿元，其中已经到账运营规模为 3716. 5 亿元；合同签署金额占 2017 年底城镇职工基本养老金结余规模 4. 39 万亿的比例为 13. 33%，到账运营规模占全国结余总规模的比例为 8. 45%。

从结构来看，2016 年底各省结余规模在千亿元以上的共有 9 个地区，分别为：广东（7258 亿元），北京（3524 亿元），江苏（3366 亿元），浙江（3225 亿元），山东（2306 亿元），四川（2158 亿元），上海（1848 亿元），山西（1237 亿元），安徽（1170 亿元）。除了四川外，其余地区都已经进行委托投资运营①。而四川正准备委托投资 1000 亿元，正在与全国社保基金理事会商洽签署投资合同。总体来看，结余规模越大地区委托的热情相对越高。

① 广东此前已经委托全国社保基金理事会管理基本养老金 1000 亿元。

（四）职业年金：部分地方开始先期探索

2017 年 8 月，新疆维吾尔自治区发布《自治区机关事业单位职业年金管理暂行办法》，正式拉开各地职业年金地方性办法出台的序幕。随后，福建、海南、河北、山东等地陆续发布了当地的实施办法，在国家相关规定的基础上，分别结合本地区的实际情况，对职业年金计划的设置及基金管理相关规定进行了完善和补充。例如，各地的实施办法基本都对计划整体的决策与职权机构安排、评选委员会组成、受托人职责、投管人评选条件、计划资金分配及功能安排、基金支付的流程和方式等问题做了细化的规定。总体来看，以上各省的职业年金的实施办法，体现了政府部门在基金管理思路方面的一些共识，可能会成为各地职业年金基金管理的一种趋势。

此外，2017 年 12 月 16 日，新疆维吾尔自治区职业年金基金管理机构评选委员会公布了职业年金计划法人受托机构招标中标结果，选出 8 家法人受托机构担任新疆职业年金的受托人，标志着职业年金落地又向前迈出一步。其中，共有 5 家保险机构，分别为国寿养老、平安养老、泰康养老、长江养老、太平养老，以及三家银行系机构工商银行、招商银行以及建信养老。此后，中直机关央保中心和山东省，先后于 2018 年 6 月末进行了受托管理机构评选。山东省分 A、B 组公布了入围的 8 家机构，而中直机关央保中心除了 7 家正式当选受托人外，还有 1 家受托人候补机构，具体入选机构与新疆一致。

（五）养老金产品数量与规模均持续增长

2017 年底，全行业已运作养老金产品 268 只，较 2016 年底新增 89 只；全市场运作养老金产品规模达到 3502 亿元，相较 2016 年底增加 1288 亿元，且养老金产品占企业年金规模的比重在上升，从 2013 年的 2.58% 上升至 2017 年末的 27.19%。2017 年底平均每只养老金产品的投资运作规模为 13.07 亿元，比上年同期的 12.37 亿元增加了 0.7 亿元；也高于 2017 年度企业年金投资组合 3.61 亿元的平均规模（见图 3）。

从产品类别来看，2017 年固定收益类产品增幅最大，从 1716.86 亿元，增

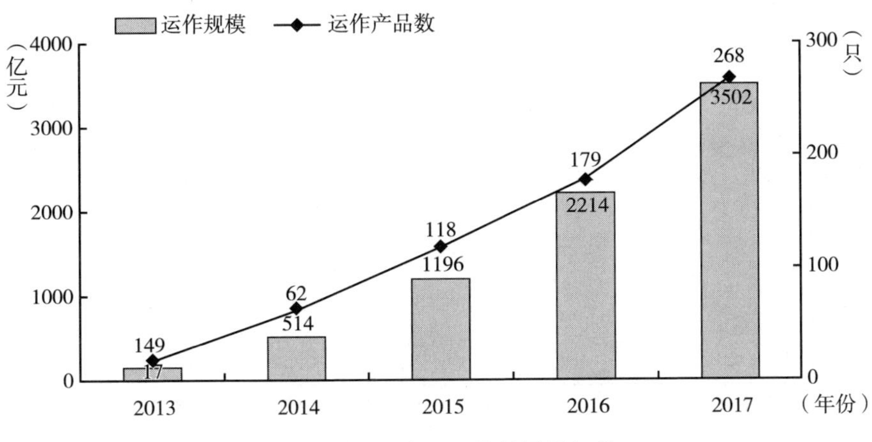

图 3　养老金产品运作数量及规模

资料来源：人社部。

加到 2789.18 亿元，增幅达 62%；权益类资产增幅次之，从 247.59 亿元增加到 372.07 亿元，增幅达 50%。

（六）养老保障管理业务借互联网“东风”，规模迅速增长

2017 年，在“严监管”形势下，养老保障管理产品和服务的风险管理工作进一步加强。监管机构就加强养老保障管理业务风险管理的相关事项召开了多次专题会议，推动养老保障管理市场健康可持续发展。与此同时，随着与互联网金融平台之间的合作更为密切和深入，养老保障管理产品特别是个人开放式产品规模迅速增长。截至 2017 年末，开展养老保障管理业务并具备一定规模的有 6 家养老保险公司和 1 家养老金管理公司。从各产品管理人的官网信息披露数据来看，全市场期末管理规模达到 4730.04 亿元，2017 年的同比增长率也从 2016 年的 70%攀升至 284%（见图 4）。

三　资产管理情况

（一）企业年金投资收益有所回升，社保基金投资成绩亮眼，基本养老金开局良好

在 2017 年企业年金实际运作资产中，投管人管理规模 12391 亿元，受托

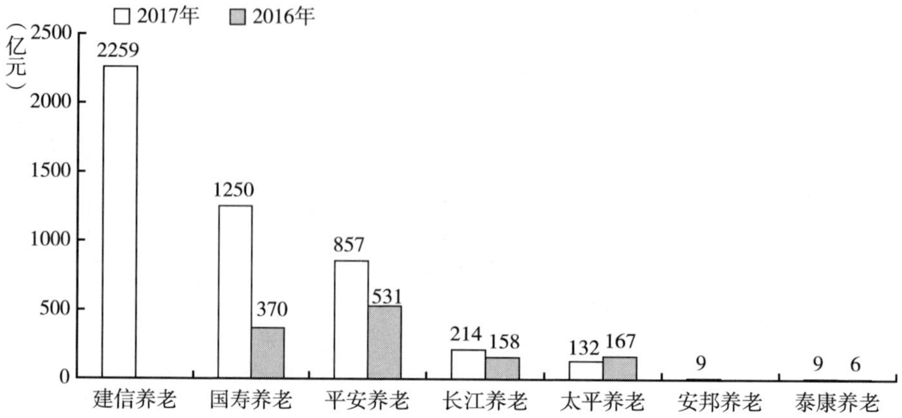

图4　各家养老保障管理业务近年管理规模

资料来源：各家机构官网年度养老保障管理业务信息披露，各家机构历年养老保障管理产品年度权益报告。

直投146亿元。从业绩来看，全行业2017年整体收益率5.00%，较上年的3.03%有明显提升，其中含权组合收益率5.15%；固收组合收益率4.30%。企业年金2007～2017年平均年化收益率为7.34%（见图5）。

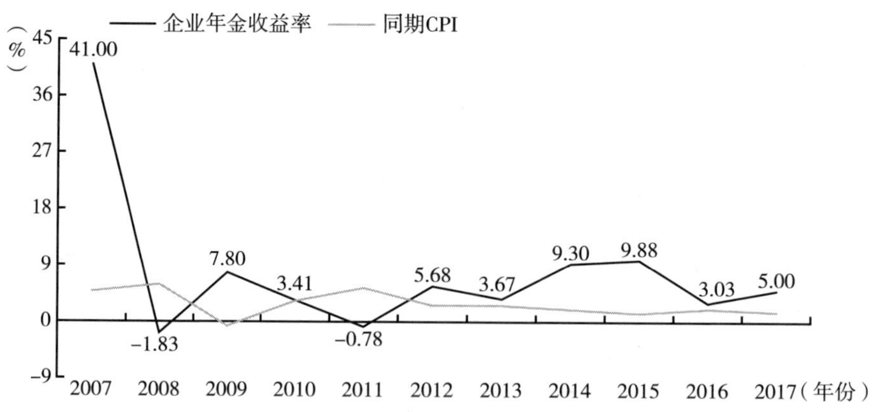

图5　企业年金历年投资收益率

资料来源：人社部，Wind资讯。

全国社保基金方面，2017年基金权益投资收益额1846.14亿元，当年投资收益率为9.68%（见图6）。更值得关注的是，社保基金自成立以来的年均投资收益率为 8.44%，累计投资收益额 10073.99 亿元，首次突破 1 万亿元。

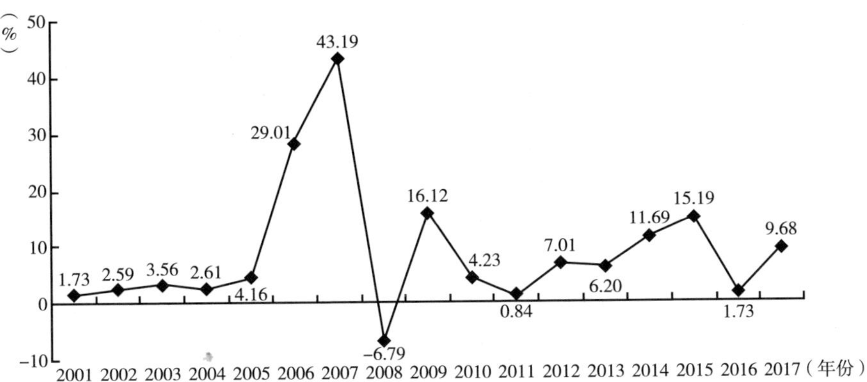

图 6　社保基金投资收益率

资料来源：全国社会保障基金理事会。

此外，根据人社部披露数据，由全国社保基金理事会委托管理的基本养老金 2017 年投资收益率为 5.23%，略高于企业年金。考虑到基本养老金更加注重安全的特点，5.23% 的收益可谓初战告捷。

回顾 2017 年权益市场，A 股在盈利支撑下出现结构性慢牛行情，大盘蓝筹股表现较好，带动指数整体上涨，指数整体呈震荡走高态势。供给侧改革下行业集中度提升引发龙头股行情，“漂亮 50” 等优质大盘蓝筹股表现抢眼，消费升级使得白酒、家电等相关个股涨势良好。在债券市场方面，2017 年外围美联储、欧央行逐步退出 QE，货币政策趋紧；国内金融去杠杆、监管政策趋严，货币政策回归稳健中性，债券市场大幅承压，国债收益率整体上行75 ~ 105BP，短端国债上行幅度较大；国开债收益率上行 115 ~ 150BP，AAA 中票上行 110 ~ 150BP。

因资产配置结构不同，企业年金投资相较于社保基金波动较小，平均回报较低。2016 年，两者投资收益率均处于低位，分别为 3.03% 和 1.73%。但 2017 年市场走出的大蓝筹、白马股行情，带动了社保基金的业绩显著上涨，2017 年社保基金权益投资收益额近 2000 亿元，投资收益率 9.68%，大幅超越同期企业年金（5.00%）及可比权益仓位下偏债混合型基金（6.38%）。其中，已实现收益额1011.97亿元（已实现收益率5.58%），交易类资产公允价值变动额834.17亿元。

（二）法人受托市场份额持续增加，保险系集中度进一步上升

一方面，法人受托的整体市场份额持续增加。2017年法人受托的市场份额达到65.6%，占比近2/3。而理事会受托的市场份额占比从前些年的近40%，下降至2017年的34.4%（见图7）。

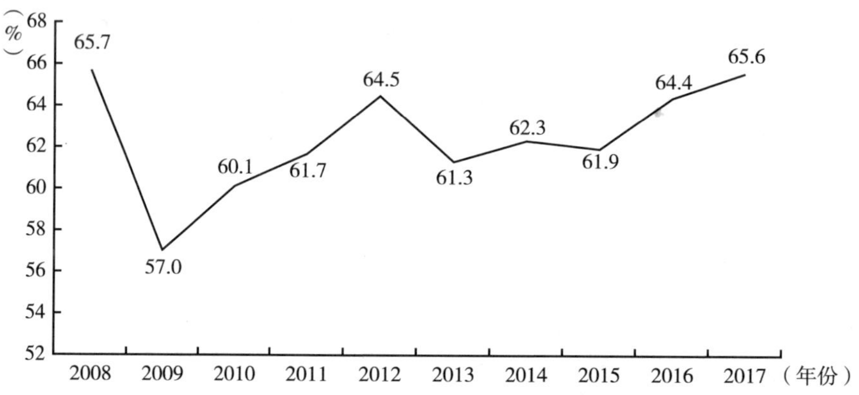

图7　企业年金基金法人受托机构管理规模占比

资料来源：人社部。

从法人受托内部情况来看，保险行业的市场集中度也进一步提高，2017年市场份额达到76.1%。与之相对，银行系份额缩减至22.80%，信托机构逐渐销声匿迹。2008年以来企业年金法人受托市场份额发展情况如图8所示。

（三）受益于多牌照优势，保险系投管人市场份额进一步提升

分析人社部自2012年以来对单一计划含权组合的业绩披露可以看到，保险系投管人近6年来的年化收益率为5.94%，低于基金行业投管人的年化收益率6.34%。且这6年中，保险系仅有2年在各行业中当年收益率第一，其余年份均由基金系投管人拔得头筹（见表1）。

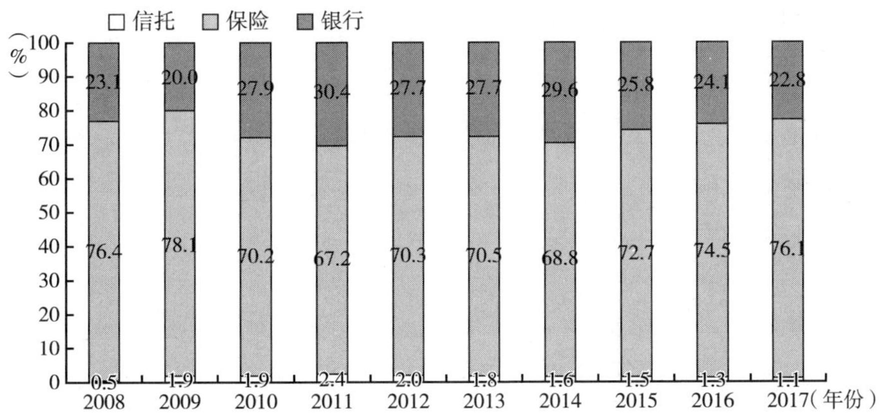

图 8　企业年金法人受托市场份额情况

资料来源：人社部。

表 1　年金投资管理人分行业收益率

单位：%

类别	2012 年	2013 年	2014 年	2015 年	2016 年	2017 年	历年平均收益率
基金投管人	6.01	3.65	9.85	10.20	2.97	5.55	6.34
保险投管人	5.45	3.88	8.93	9.85	3.09	4.61	5.94
券商投管人	5.61	2.91	9.20	9.44	2.93	5.26	5.86
银行投管人	—	—	—	—	—	5.99	5.99
行业平均	5.68	3.67	9.30	9.88	3.03	5.00	6.27

资料来源：人社部。

但是，保险系借助兼任受托人、账管人的角色优势，不断扩大在投资管理人市场份额中的占比。2017 年，保险系投管人的市场规模占比接近 55%，而基金行业市场份额下降到 36.9%，券商市场份额缩减至不足 8%。保险系管理资产份额稳步上升主要原因在于保险机构兼具受托、投管和账管业务资格，业务协同度较高，人员配置也比较充足（见图 9）。

（四）养老金产品业绩持续高于普通年金组合

2017 年养老金产品的整体投资收益率为 5.44%，其中固定收益型为 4.63%，货币型为 4.05%，混合型为 5.39%，权益型为 12.40%。考虑到混合

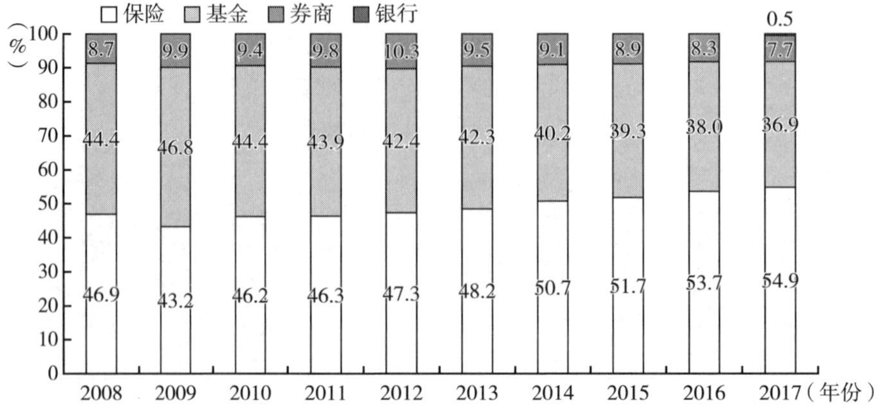

图9　年金投资管理人分行业市场份额比较

资料来源：人社部。

型养老金产品与普通年金组合资产配置相似，业绩具有一定可比性。2017 年混合型养老金产品收益率为 5.39%，高于普通年金组合的平均收益率 5.00%。拉长时间来看，2014～2017 年，混合型养老金产品平均年化收益率为 8.37%，同样高于普通年金组合平均收益率 6.76%，体现了养老金产品在运营效率和投资收益提升上的一定效果。四年间仅有 2016 年，由于二级市场波动较大，混合型养老金产品权益类资产占比相对较高，导致业绩表现不佳（见图 10）。

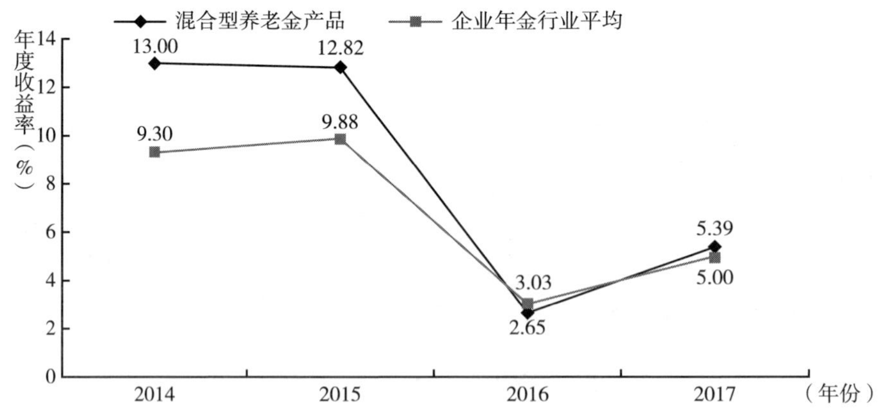

图10　混合型养老金产品与普通年金组合投资收益对比情况

资料来源：人社部。

四　存在的问题与挑战

（一）基本养老金的保底保收益模式，不利于长期增值

目前已经有 14 个省份进行了基本养老金委托投资运营，期限 5 年。根据披露信息，2017 年基本养老金收益率为 5.23%，高于同年企业年金 5.00% 的收益率。尽管基本养老金投资安全性至上，但是各地委托投资运营的养老金是总结余的一部分，而且充分考虑了当期养老金支付需求。以江苏为例，2017 年江苏省《关于归集企业职工基本养老保险基金委托投资运营资金的通知》发布，明确投资资金由留足 12 个月备付期后结余 100 亿元以上的省本级、设区市本级以及结余 50 亿元以上的县（市）筹集。其他市、县可在保证养老金及时足额发放的前提下，自愿确定是否委托投资运营。可见，各地委托给全国社保基金的资金已经充分考虑支付需要，一个合同期结束需要赎回的可能性不大。因此，基本养老金可以设定更长的合同期和考核周期，以实现更好的收益。事实上，著名的加拿大养老基金（CPPIB）的考核周期就是 10 年。

另外，各地区基本养老金委托普遍采取了保底保收益投资方式。保底收益率为委托资金到账当年，与委托期同期限的记账式国债算术平均发行利率。如前所示，由于委托部分资金已经充分考虑支付需求，因此其应该具有较强的风险容忍度，可以承受短期市场波动，以时间换空间来获取长期收益，充分发挥养老金的长钱优势。全国社保基金并未设立保底保收益的投资政策，从成立至今，平均年化收益率达到 8.44%，实现了良好回报。但是，基本养老金采取保底保收益的模式，那么相关资产配置必须以合同期为限，投资趋于保守，实际上是牺牲了可能获得的收益来确保本金安全，不利于基金长期保值增值和积累壮大。

（二）职业年金业务模式有待进一步明晰

首先，职业年金已经取消了企业年金中的理事会模式，全部采取法人受托模式。而法人受托具体方式也与企业年金不同：一个企业年金计划对应一个受

托人、一个托管人和若干个投管人，而职业年金按照省级运营，一个省可设立多个计划，那么就形成了一个省多个计划、多个托管人、多个投管人的一对多模式。

其次，从目前已经完成受托人招标的地区来看，普遍选择了 8 家受托人。而这 8 家受托人与市场上 10 家托管人如何匹配？特别是受托人如何与 22 家投管人进行匹配，既能保证公平竞争，又能提升市场效率？总体来看有两种思路，一是从一开始就鼓励充分竞争，排名靠前的受托人优先选择投管人，排名靠后的受托人后选投管人。二是从公平起步角度出发，使各个受托人选择的投管人相对均衡。未来职业年金实践具体走向哪种方式尚不清楚，而且两种思路下具体投管人遴选和匹配规则也不明晰。上述问题的具体安排都不明确，也在一定程度上影响了职业年金投资运营工作的推进。

（三）第三支柱统一的顶层设计亟须加快

众所周知，养老金第三支柱有三大核心要素，一是税收优惠，二是账户制，三是投资工具多元化。2018 年《关于开展个人税收递延型商业养老保险试点的通知》拉开了我国养老金第三支柱探索的序幕。但是比照来看，税收递延型商业养老保险在上述三方面都有一定差距。一是养老保险税收额度是 1000 元与工资 6% 的孰低者，相对于美国 IRAs 每年最高 6500 美元，约为当年社平工资的 14% 的水平来讲，我国税收优惠力度较小。二是 22 号文的税收优惠必须与特定的商业养老保险产品挂钩，未来视第三支柱发展情况，逐步放开基金、银行理财等其他养老金融产品，参加者选择余地小。三是税收递延型商业养老保险目前的税收优惠基于产品实施，给参加者带来诸多不便，与账户制相去甚远。比如目前只有在购买商业养老保险产品后才能获取税收抵扣凭证。而在账户制下，只要进入专门的第三支柱账户的资金都能享受税收优惠，而不区分资金具体流向，操作和监管都比较便捷。因此，第三支柱顶层设计必须对上述问题进行进一步论证和科学设计。

此外，由于税收递延型商业养老保险试点已经启动，按照 22 号文，基金行业、银行业都在紧锣密鼓进行相关推进工作，但是目前由于缺乏一个统一的顶层制度设计，三个行业只能在本行业内进行探索，分别使用本行业账户和信息平台，而且相关平台之间互联互通尚未建立，未来参加者同时选择保险、基金和银行理财产品时就存在诸多不便。因此，如果第三支柱顶层设计推进缓慢，未来对既有试点工作的整合的难度就大。

（四）养老金产品同质化，难以满足客户多样性需求

从供给角度来看，养老金产品设立的一个重要目的是通过产品配置减少投管人多账户运作，提高管理效率。事实上经过几年发展，上述功能发挥比较明显，但是随之而来的一个负面影响在于，由于投管人的配置需要，产品线都呈现高度相似性，以混合型、固收型产品为主。而且由于配置其他投管人产品组合层面不收费，投管人没有外部配置动力，更倾向于完善自身产品布局，导致了各家投管人之间产品的同质化。

从需求角度来看，企业年金、基本养老金、职业年金都将养老金产品纳入投资范围，基本养老金目前已超过3700亿元，职业年金每年新增规模在1500亿～2000亿元，会对养老金产品产生巨大需求。但是三类养老金具体需求又存在诸多差异：随着企业年金业务不断成熟，部分委托人已经开始配置指数增强等创新产品，基本养老金由全国社保受托管理，职业年金由法人受托机构受托管理，都是专业资产管理机构。因此，未来对于各种创新产品的需求也会更加突出，而目前的养老金产品同质化难以满足未来多样化、个性化的客户需求，应该引起养老金产品发行人密切关注和重视。

五　行业发展趋势与思考

（一）企业和职业年金应该考虑扩大投资范围

职业年金与企业年金投资政策基本一致。2013年人社部23号文将信托、基础设施债权、银行理财、特定资产管理计划、股指期货纳入企业年金投资范围，扩展了投资品种，也显著降低了年金收益波动。但是还有一些投资品种，也应考虑纳入年金投资范围。一是非公开定向债务工具（PPN）。PPN是按照成本价格估值的债券品种，作为非公开募集的债券，尽管流动性受限，但其价格波动较小，收益率较高，有助于降低投资组合的净值波动，提高静态收益率，适合年金资产长期投资，风险偏好较低。二是同业存单。同业存单2013

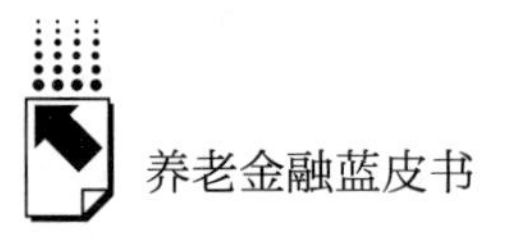

年开始运行，2015 年迅速发展。同业存单与其他利率品种或存款相比，具备流动性较强、收益率较高等特点。同时，由于有商业银行和存款保险制度双重背书，安全保障也较好，是年金良好配置品种。

除此之外，近年来我国资本市场发生了一些新变化，出现了新的投资工具。一是港股通。2014 年 11 月沪港通开闸；2016 年 12 月深港通落地，为内地投资者提供了参与香港股票的投资渠道，随后公募基金、保险资金纷纷参与港股投资，2017 年有超过 200 只公募基金参与沪港通投资，收益率超过 18%，而当年上证综指涨幅仅为 6.56%。如果年金投资参与港股投资，既能分散风险也能扩展收益来源。二是资产证券化。资产支持证券（ABS）是以基础资产现金流为本息支持的特殊债券，通过分层等信用增强措施防范控制违约风险，投资者可根据偏好持有不同层级的资产支持证券以满足其资产配置需求，选择余地较为丰富。市场已有部分 ABS 产品符合年金风险收益特征要求，对于年金投资而言是较好的配置工具。

应该说，上述几类资产已经成为公募基金、保险资金等常见投资工具，相对成熟，应该考虑将其纳入年金投资范围。

（二）第三支柱对资管行业影响深远

根据预测，第三支柱全面落地后每年增量规模约在 2000 亿元以内，尽管规模大于企业年金，但是与保险产品、公募基金和银行理财总体量相比仍然很小，对于资管行业的影响却可能远超过第二支柱的企业年金和职业年金。

首先，第三支柱参与人群广泛。第二支柱的企业年金和职业年金都以单位发起为前提。而第三支柱直接面向个人，只要个人有意愿就可参加，潜在覆盖面广。其次，由于第三支柱赋予参加者完全个人投资选择权，因此第三支柱实施能够影响到广大参加者的个人理财行为，而不像第二支柱统一管理，实际投资与个人关系不大。这个对于资管行业来说影响巨大，第一，可能重塑国民理财行为。总体而言，我国国民以银行储蓄和理财为主要理财工具，对保险和基金投资较少，特别是对基金了解更少。实际中还存在基金赚钱基民不赚钱的困境，原因是国民缺乏长期投资理念，将基金当作股票短期操作追涨杀跌。而养老金第三支柱是一个专门账户，资金存续期长且退休前不能取出，因此参加者在投资中就能以更长视角看待，减少短期申赎，真正实现长期资金长期投资，分享基金长期回报。更进一步，如果该参加者在第三支柱的某一类养老金融产品中获得了较好回报，那么其他收入要进行理财和财富管理时，自然也会优先考虑该类产品，这就是第三支柱引致的效应。第二，第三支柱相当于国家通过税收优惠帮助金融机构锁定了一批优质的长期客户，而且以直销方式完成产品销售，有助于改变以往保险要借助营销员，基金要借助银行渠道才能获客的劣势。第三，第三支柱参加者都是中等收入阶层，财富管理需求大，可以进行二次营销和开发。比如保险公司在工作期为参加者提供资产管理服务，帮助参加者的养老资产积累壮大；在退休期可为参加者提供寿险、年金保险、财险产品的销售，能够大大扩展业务空间。

（三）企业年金存量博弈将更加激烈

企业年金自 2016 年突破 1 万亿元达到 1.08 万亿元后，2017 年达到 1.25 万亿元，连续两年增长率跌破 20%，稳定在 16% ~17% 区间。如果扣除投资收益因素，2016 年和 2017 年净缴费带来的规模增长分别为 1215 亿元和 1244 亿元。从新建企业年金的企业数来看，2016 年当年新建 0.1 万家，2017 年新建 0.44 万家，尽管数量增加，但是从参加职工人数来看，2016 年新增参加职工 9 万人，2017 年新增参加职工仅有 6 万人。而从领取角度来看，2016 年领取人数 105.5 万人，领取规模 296 亿元；2017 年领取人数 127.5 万人，领取规模 345.4 亿元，数据持续增长。

上述数据充分说明企业年金已经进入了低增长区间，新增企业和规模持续下降，基金规模增量主要依靠已有企业持续缴费。那么对于企业年金行业的受托人、投管人来讲，以往的跑马圈地已经完成，只能依靠存量市场的互相争夺来提升市场份额，竞争更加短兵相接。另外，经过十多年发展，早期建立企业年金计划的企业以大型央企为主，年金规模持续增长，规模在百亿级以上。同时在此过程中管理也趋于成熟专业，开始对投管人、受托人等角色进行调整优化，这也加剧了市场主体之间的竞争程度。总之，企业年金市场这种存量竞争的态势将更加明显。

（四）基本养老金市场化投资运营规模低于预期

如前所示，截至 2018 年 6 月，全国基本养老金委托运营的合同总金额

5850 亿元，占 2017 年底城镇职工基本养老金结余规模 4.39 万亿元的比例为 13.33%。应该说，与此前社会有声音认为基本养老金约有一半可以委托出来的预期相比差距巨大。原因有两方面。

一是各地留存保障日常待遇支付的规模较大。以江苏省为例，江苏省明确委托投资的基本养老金在留足 12 个月备付期后，才进行委托。从全国来看，截至 2017 年底，职工基本养老金结余规模 4.39 万亿元。根据 2017 年全年支付 3.81 万亿元的规模，2017 年底结余一共可支付 14 个月。如果全国都按照江苏留足 12 个月的方式进行委托，那么只能有 6260 亿元可供投资，说明委托规模 5850 亿元，增长空间不大，已经趋近饱和。

二是尚未委托的地区资金体量有限。目前已经签署委托投资管理合同的 14 个地区加上此前已经委托的广东省，2016 年基本养老金结余规模合计达到 2.98 万亿元，占到当年全国基本养老金总结余的 80% 以上。其他 16 个尚未委托的地区基金结余合计仅为 7327 亿元，即便进行委托，规模也不会很大。由此可以判断，基本养老金未来的投资运营增量空间已经比较有限，主要来源可能还是目前已经委托的 15 个地区进一步追加委托。

参考文献

人力资源和社会保障部社会保险事业管理中心：《中国社会保险发展年度报告》，中国劳动社会保障出版社，2017。

董克用、姚余栋：《中国养老金融发展报告（2017）》，社会科学文献出版社，2017。

人力资源和社会保障部社会保险基金监管局：《2017 年全国企业年金基金业务数据摘要》，2018。

人力资源和社会保障部：《2017 年人力资源和社会保障统计公报》，2018。

B.3

养老服务金融：严监管背景下的跨行业探索与创新

张 栋　孙 博*

摘　要： 养老服务金融是为全体国民提供投资、理财等金融支持以满足其养老需求的创新金融活动，包括养老财富管理和养老金融便捷性支持两个方面的内容，是实现金融服务养老的有效载体。在金融市场不断完善的背景下，我国养老服务金融有了较为快速的发展，各地区、各行业均在不断探索和实践，但是总体而言，我国养老服务金融还处于初步探索阶段，尚未形成新的金融业态。一方面，国民财富积累有限，制约了养老服务金融需求实现；另一方面，产品设计针对性不强，限制了养老服务金融有效供给；同时，养老金融教育滞后，制约了养老投资素养提升；此外，养老服务金融监管不足，养老理财乱象丛生，这些问题严重制约着国民的养老金融需求的满足。面对日益多元化的老年需求，我们必须积极创新养老服务金融产品，逐步转变单纯依靠储蓄管理财富的观念，推动养老金融市场发展：一是拓展收入来源渠道，夯实养老服务金融财富基础；二是加大政策支持力度，培育和扩大养老服务金融市场；三是挖掘国民养老需求，优化养老服务金融供给；四是强化基础金融教育，提高国民养老服务金融素

* 张栋，管理学博士，清华大学社会与金融研究中心博士后，中国养老金融50人论坛青年研究员，研究领域为养老金融；孙博，管理学博士，金融学博士后，中国养老金融50人论坛特邀成员，供职于华夏基金养老金管理部，研究领域为养老金融。本文仅代表个人观点，与供职单位无关。

养；五是转变传统理财观念，强化养老服务金融监管。

关键词： 养老服务金融　养老财富管理　金融便捷性　严监管　跨行业

近年来，我国政府部门已经认识到金融机构参与养老行业发展的重要意义，出台了一系列金融支持养老服务发展的政策指导意见，不少金融机构也已经在积极探索养老服务金融的发展路径，开发了一系列带有养老概念的产品，但由于具体政策导向不明确，现有大多数养老服务金融产品并不具有真正的养老属性，导致不少金融机构的产品供给难以满足老年群体的需求，甚至不少非法机构借助巨大的养老需求，严重损害了广大国民的权益，养老服务金融在广大公民养老储备过程中发挥的作用很难体现。因此，在金融监管逐步严格的背景下，通过创新养老服务金融，开拓满足不同群体需求的多元化养老服务金融产品，是应对我国人口老龄化挑战、提升老年生活质量、助推全面建成小康社会进程的重要内容。

一　养老服务金融概述

（一）养老服务金融的内涵与概念框架

作为养老金融的重要组成部分之一，“养老服务金融”指的是金融机构围绕全体社会成员与养老相关的投资、理财、消费及其他衍生需求采取的一系列有关金融产品与服务的创新金融活动，其本质是通过金融创新保障多元化的养老需求。

养老服务金融的产生可以用生命周期理论来解释，该理论认为，人们会根据一生的全部预期收入来安排相应时期的支出，每个人和家庭在任何时刻的消费和储蓄决策都反映其生命周期阶段的理想消费分布，最终目标是实现消费效应的最大化。在理性人前提下，人们会根据其对预期寿命的判断来确定其一生各个时段中的收入用于储蓄和消费的比例，从而将一生的收入做出最好的分配，使得最终的消费额度等于一生的收入，进而实现消费效用最大化。但是，由于人的一生中消费和收入并不同步，在工作期，收入通常会大于消费，产生正储蓄；在退休期，消费则往往大于收入，产生负储蓄，因此，人们往往需要在工作期增加对养老的储蓄，进而平滑一生的消费，如图 1 所示。

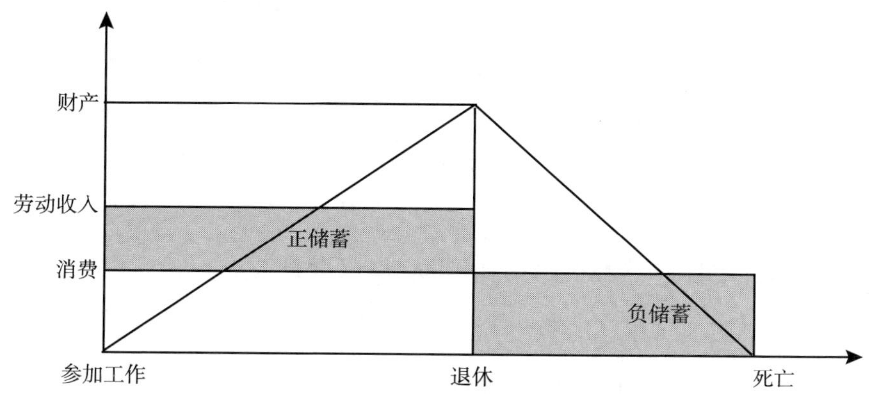

图 1　生命周期理论下收入、消费和储蓄之间的关系示意

个人通过生命周期的资产配置来获得相应的养老资产储备，可以通过多元化的渠道实现。一方面，可以通过养老金制度实现养老资产的储备和积累，即通过养老金金融提升相应的养老保障水平；另一方面，除了制度化的养老金安排之外，国民还可以通过更加自由的市场化方式（如养老理财、养老保险、养老信托、养老基金等）增加养老储备，而且还可以将自身所拥有的固定资产、权益资产等通过金融化的手段转变为养老资产（如住房反向抵押贷款/保险等），这就是养老服务金融的表现形式。

具体而言，养老服务金融涉及两方面的服务内容，一是非制度化养老财富管理，包括工作期以养老为目标的财富积累以及老年期养老资产的管理和消费，旨在开发跨生命周期平滑消费需求的专业化金融产品，如银行业的养老理财产品、住房反向抵押贷款，基金业的养老目标基金，保险业的商业养老保险、住房反向抵押养老保险以及信托业的养老信托等；二是养老金融便捷性支持，包括适应不同年龄段人群需求的软件设计以及适老化改造等硬件设施的完善等，如图 2 所示。

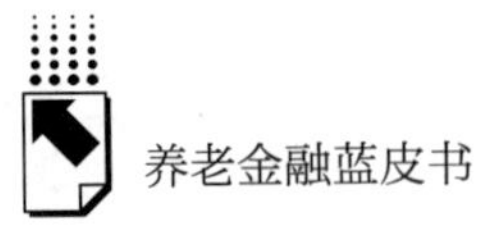

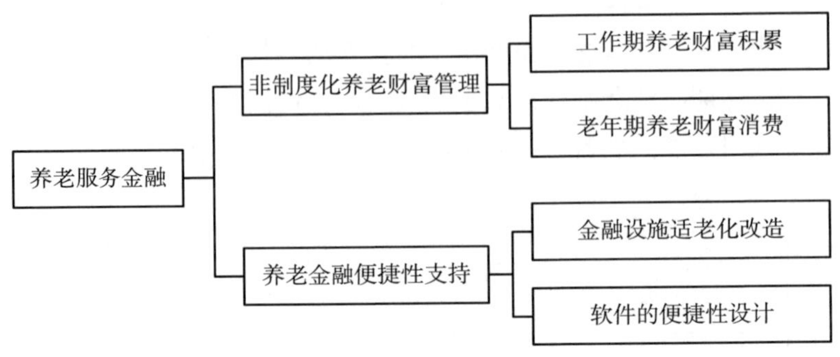

图 2　养老服务金融概念框架

（二）养老服务金融的发展机遇及其重要意义

1. 养老服务金融的发展机遇

第一，人口老龄化快速发展，多元化的养老需求爆发，为养老服务金融的发展提供了广阔的市场空间。自 2000 年前后我国步入人口老龄化社会以来，我国人口老龄化速度不断加快，据预测，未来数十年我国还会继续面临着人口老龄化的加速发展。在我国的老龄化过程中，伴随着家庭小型化、高龄化、空巢化、失能化等问题日益凸显，传统的家庭养老模式受到冲击，广大国民逐步认识到养儿防老已经难以满足老年生活需求，亟须通过金融化的养老储备来应对老龄化带来的挑战，由此产生了越来越旺盛的养老金融需求。

第二，经济社会高速发展，广大国民收入也不断提高，为养老服务金融市场的发展提供了坚实的经济基础。改革开放以来，我国提出了“三步走”的社会主义现代化国家建设的战略目标。随着我国社会主义市场经济逐步完善，经济实现了数十年的高速发展，GDP 总量持续提升，目前已经位居世界第二位，人均 GDP 也不断攀升，根据国家统计局数据，截至 2017 年底我国人均 GDP 已经达到 59502 元，居民消费水平也持续提高，2017 年全国居民人均消费支出已达到 18322 元，提前实现了总体小康的目标，为老年人多元化养老需求的满足提供了经济保障。

第三，严监管背景下金融机构面临业务转型，养老服务金融是其重要抓手。在经过相当长时期的金融自由化后，中国金融资产有了迅速的积累，但同时也面临着资金脱实向虚的问题，催生了资产泡沫，产生了巨大的金融风险，十九大报告也明确将化解重大金融风险作为2020年前三大攻坚工作之一。自2017年开始，以银监会“三三四”检查、保监会“1+4”系列文件以及央行资管新规等为代表的一系列严监管政策不断出台，给金融机构的业务转型带来了诸多的挑战。严监管的根本目的是强化金融服务实体经济的目标，在此背景下金融机构的很多业务将受到限制，但与实体经济以及与国家战略支持相关的金融服务仍然具有相当大的发展潜力。作为人口老龄化背景下的国家重要战略支持行业，养老服务金融是金融机构创新金融产品、满足广大国民需求、促进金融机构战略转型的重要抓手。

2. 养老服务金融的重要意义

第一，养老服务金融是满足国民生命周期资产配置需求、提高老年生活保障水平的重要途径。通过生命周期资产配置平滑一生的收入是每个国民实现消费效用最大化的关键，除制度化的养老金制度之外，当国民个人希望获得更高的老年生活保障时，还可以通过其他的金融资产、实物资产积累等方式优化生命周期资产配置，这就属于养老服务金融的范畴，这也是有效实现个人养老规划目标的重要选择。一方面，国民个人可以根据自己的收入情况，选择市场上多元化的养老服务金融产品，以此为自己年老后持久的消费能力储备相应的资产，从而满足其生命周期的资产配置需求；另一方面，通过养老服务金融增加养老资产储备，意味着为养老生活提供更多一层的保障，降低制度化养老金供给不足带来的风险，从而更好地提高老年生活水平。

第二，养老服务金融是通过现代信息技术实现金融服务养老的便捷性和高效性的有效手段。随着“互联网+”、人工智能等现代信息技术的快速发展，金融行业发生了巨大变化，网上银行、支付宝等便捷性的金融服务开始融入广大国民的日常生活中，大大提高了金融服务养老的便捷性和高效性。一方面，广大国民可以通过各种金融信息平台及时获取金融机构提供的养老金融产品，可以快捷地根据自身的需求选择相应的养老金融产品，既可以节约金融机构的运营成本，也可以降低消费者的时间成本和经济成本；另一方面，养老服务金融技术手段（如人脸识别等）的完善，可以有效保障养老金融的安全性，同时可以支持老年群体及时、便捷地获取相应的养老保障待遇等。

二　我国养老服务金融的政策基础与实践探索

（一）我国养老服务金融的政策基础

近年来，我国不断重视养老服务产业的发展，把发展养老服务金融作为其重要环节之一，相继出台了一系列有关支持养老服务金融发展的政策文件，为我国养老服务金融的规范化发展提供了相应的政策基础，如表1所示。

表1　养老服务金融相关政策梳理

时间	文件	主要内容
2013年9月6日	国务院《关于加快发展养老服务业的若干意见》	首次提出将老年金融服务作为养老服务业的一部分；开展老年人住房反向抵押养老保险试点；引导和规范商业银行、保险公司、证券公司等金融机构开发适合老年人的理财、信贷、保险等产品
2014年6月17日	保监会《关于开展老年人住房反向抵押养老保险试点的指导意见》	在北京、上海、广州、武汉四地开展老年人住房反向抵押养老保险试点，试点周期为2014年7月1日到2016年6月30日
2016年3月21日	中国人民银行等五部门《关于金融支持养老服务业加快发展的指导意见》	增强老年群体金融服务便利性；积极发展服务居民养老的专业化金融产品，鼓励银行、证券、信托、基金、保险等各类金融机构针对不同年龄群体的养老保障需求，积极开发可提供长期稳定收益、符合跨生命周期养老需求的差异化金融产品
2016年7月4日	保监会《关于延长老年人住房反向抵押养老保险试点期间并扩大试点范围的通知》	老年人住房反向抵押试点期间延长至2018年6月30日，并将试点范围扩大至各直辖市、省会城市（自治区首府）、计划单列市，以及江苏、浙江、山东、广东等部分地级市
2016年12月7日	国务院办公厅《关于全面放开养老服务市场提升养老服务质量的若干意见》	发展适老金融服务，规范和引导商业银行、保险公司等金融机构开发适合老年人的理财、保险产品，满足老年人金融服务需求，鼓励金融机构建设老年人无障碍设施，开辟服务绿色通道；强化老年人金融安全意识，加大金融消费权益保护力度

续表

时间	文件	主要内容
2017 年 6 月 29 日	国务院办公厅《关于加快发展商业养老保险的若干意见》	丰富商业养老保险产品供给，为个人和家庭提供个性化、差异化养老保障；针对老年人养老保障需求，坚持保障适度、保费合理、保单通俗原则，大力发展老年人意外伤害保险、老年人长期护理保险、老年人住房反向抵押养老保险等适老性强的商业保险，完善保单贷款、多样化养老金支付形式等配套金融服务
2018 年 2 月 11 日	证监会《养老目标证券投资基金指引（试行）》	养老目标基金是指以追求养老资产的长期稳健增值为目的，鼓励投资人长期持有，采用成熟的资产配置策略，合理控制投资组合波动风险的公开募集证券投资基金
2018 年 2 月 27 日	全国老龄办等 14 部门《关于开展人口老龄化国情教育的通知》	倡导全社会树立积极老龄观，积极做好全生命周期养老准备

资料来源：根据国务院、中国人民银行、证监会、保监会等政府网站资料整理。

2013 年 9 月 6 日，国务院发布《关于加快发展养老服务业的若干意见》，该意见首次提出将老年金融服务作为养老服务业的一部分，并提出要开展老年人住房反向抵押养老保险试点，同时明确提出要引导和规范商业银行、保险公司、证券公司等金融机构开发适合老年人的理财、信贷、保险等产品，这成为国家层面首次将养老和金融结合在一起的指导文件。在此文件的指导下，2014 年 6 月 17 日，保监会正式发布《关于开展老年人住房反向抵押养老保险试点的指导意见》，提出从 2014 年 7 月 1 日开始在北京、上海、广州、武汉四地开展老年人住房反向抵押养老保险试点，试点周期两年，成为养老服务金融在行业实践的第一个规范性尝试。

2016 年 3 月 21 日，中国人民银行等五部门联合发布《关于金融支持养老服务业加快发展的指导意见》，这不仅从国家层面阐释了金融支持养老服务的重大意义，而且从不同角度对金融支持养老服务业发展做出了具体部署和安排，被视为养老金融领域最为规范、全面的政策文件之一。

此后，国务院及其他政府监管部门进一步就养老金融的具体实施提出了一些指导性意见和政策。2016 年 7 月 4 日，保监会正式发布《关于延长老年人住房反向抵押养老保险试点期间并扩大试点范围的通知》，将老年人住房反向抵押试点期间延长至2018年6月30日，并将试点范围扩大至各直辖市、省会城市（自治区首府）、计划单列市，以及江苏、浙江、山东、广东等部分地级市。2016年12月7日，国务院办公厅发布《关于全面放开养老服务市场提升养老服务质量的若干意见》，明确提出发展适老金融服务，这也可以被视为对人民银行等五部门《关于金融支持养老服务业加快发展的指导意见》的深化和强调。2017年6月29日，国务院办公厅发布《关于加快发展商业养老保险的若干意见》，就丰富商业养老保险产品供给，为个人和家庭提供个性化、差异化养老保障提出了指导意见，为商业养老保险的快速发展提供了政策支撑，成为保险行业养老服务金融发展的重要指导意见。同时，证券基金行业也不断探索养老金融业务的政策支持，2018年2月11日，证监会发布了《养老目标证券投资基金指引（试行）》，对以养老为导向的证券投资基金的发展进行了明确的规范，既为证券基金行业支持养老服务的发展提供政策支持，也为广大国民养老金融需求的满足提供了规范性保障，成为证券基金行业参与养老服务金融的重要文件。此外，2018年2月27日，全国老龄办等14部门联合发布了《关于开展人口老龄化国情教育的通知》，从强化全体国民认知的角度倡导全社会树立积极老龄观，积极做好全生命周期养老准备，将为国民养老金融意识的培养提供有效保障。

（二）我国养老服务金融的实践探索

1. 养老财富管理：行业广泛参与，产品多元

（1）银行业

根据银保监会统计数据，截至2017年底，我国银行业总资产达到了252.4万亿元，占我国金融业总资产的比重为91.67%，很显然，银行占据着金融行业的核心与主体地位，其重要性不言而喻。与此同时，银行拥有最为广泛的客户群体，也是居民信任度最高的金融机构，根据《中国养老金融调查报告2017》，银行是广大居民获取养老投资或理财产品信息的最主要渠道，而且银行存款或银行理财是大部分人进行养老投资和理财的首选，由此可看出，银行业在我国养老金融领域具有巨大的优势。具体而言，银行业提供的养老财富管理服务包括养老理财产品和住房反向抵押贷款等。

养老理财产品。养老理财产品是指由商业银行设计发行，以追求养老资产长期稳健增值为目的，鼓励客户长期持有的产品。近年来，不少商业银行开始推出养老理财产品，据不完全统计，截至目前，有十余家银行发行过养老理财产品，包括交通银行、徽商银行、上海农村商业银行、上海浦东发展银行、上海银行、兴业银行、招商银行、中国工商银行、中国建设银行、中国邮政储蓄银行等，市场规模已经达到2636亿元（2016年）。[①] 根据华宝证券研究部统计数据，2017年共有6家银行发行429只养老概念的银行理财产品，大部分为封闭式预期收益型产品，只有12只产品为开放式预期收益型，2只产品为净值型。[②] 在投资门槛上，银行养老理财产品与普通的养老理财产品差异不大，一般限定为5万元或10万元；在投资期限上，银行养老理财产品的投资期限平均为163天，高于整个银行理财127天的期限，在一定程度上体现了此类产品的养老属性，因为该类产品的投资者追求相对较长时期的收益。总体来看，一方面，银行拥有数量庞大的网点和潜在的客户资源；另一方面，银行养老理财产品大都为预期收益型产品，风险低以及公众对银行本身的信任度较高，因此银行养老理财较为容易被广大投资者接受。

住房反向抵押贷款。住房反向抵押贷款是银行主导的，通过金融手段将老年人拥有的住房资源从价值上给予盘活，实现权属功能的转换，使得房产具有居住和养老的双重功能，从而为老年人养老提供经济保障。就具体流程而言，申请住房反向抵押贷款，需要由持有房产的老年人将房屋产权抵押给银行，银行根据房主的年龄、健康状况、预期寿命、房屋的现值及未来的折旧增值等因素进行综合评估，对老年人房屋的价值做出判断，老年人则可以定期从该机构取得一定数额养老金待遇，直到老年人去世后银行才能获取房屋的产权并进行相应的处置。

国内住房反向抵押贷款业务最早由中信银行于2011年在北京、上海等地开展。该项业务要求申请人年龄在55岁以上或年满18周岁的法定赡养人向银行共同提出养老贷款申请，同时还须出具拥有二套房产的证明，银行委托专业

---

① 华宝证券：《广义视角下商业养老理财市场解析——百家争鸣、群雄逐鹿》，2017年5月8日。

② 华宝证券：《大资管：变革与重构——2018中国金融产品年度报告》，2018年4月17日。

机构对房产进行评估，向申请者提供不超过房产价值60%的贷款用于养老，按月支付且每月支付额不超过2万元，贷款周期不超过10年，其间不提供利率优惠，贷款到期后必须还清本息，否则银行会处置其房产。2013年兴业银行在“安愉人生”的基础上也推出了以房养老业务，允许年满50周岁的客户或成年子女申请额度在30万元以内、期限为3年以内的房产消费贷款。两家银行开办这项业务时咨询的人数较多，在一定程度上反映了以房养老有需求，但由于限制较多、缺乏利率优惠、风险担忧等一系列原因，国内住房反向抵押贷款业务量不大。

（2）基金业

随着我国人口老龄化程度的不断提高以及金融市场的不断完善，国内基金行业在满足居民养老金融需求方面也进行了积极的探索。早在2006年汇丰晋信就发行了我国首只具有养老属性的混合型目标日期基金“汇丰晋信2016周期”，随后大成基金和工银瑞信也发行了混合型和债券型目标日期基金，2012年天弘基金推出了我国首只养老主题公募基金——天弘安康养老混合型基金，此后养老主题基金发行量逐步增多，海富通、华夏、泰达宏利等多家基金公司相继推出养老主题基金，截至2018年5月，市场上存量的带有“养老”字样的基金共有25只（A、C份额分开计算），[①] 但总体来看，由于这一阶段的养老主题基金并没有监管部门进行明文规范，仅处于行业的自主探索阶段，这类基金在市场上并没有受到广泛追捧。

2016年，人民银行等五部门联合发布《关于金融支持养老服务业加快发展的指导意见》，首次从国家政策层面提出了养老型基金产品。2017年5月，证监会发布《养老型公开募集证券投资基金指引（试行）》，公开向行业征求意见，标志着养老型公募基金即将真正落地，2017年11月，证监会制定了《养老目标证券投资基金指引（试行）》向社会公开征求意见，2018年3月3日发布正式稿进入实施阶段，标志着专门面向国民养老需求的公募基金类别在我国正式诞生。根据《养老目标证券投资基金指引（试行）》，养老目标基金是指以追求养老资产的长期稳健增值为目的，鼓励投资者长期持有的公开募集

① 王晗：《证监会要求“养老目标基金”规范化公募产品集体更名》，《北京商报》2018年5月10日，http：//fund. eastmoney. com/news/1590，20180509869419029. html。

证券投资基金，应当采用基金中基金（FOF）的形式或者中国证监会认可的其他形式运作。投资策略主要包括目标日期策略、目标风险策略等。在期限方面，要求养老目标基金定期开放的封闭运作期或者投资人最短持有期限应当不短于1年。并且，按照封闭运作期或投资人最短持有期限的不同设定不同的高风险资产投资比例，如：不短于1年、3年或5年的，基金投资于股票、股票型基金、混合型基金和商品基金（含商品期货基金和黄金ETF）等品种的比例合计原则上不超过30%、60%、80%。此外，对于开展养老目标基金产品的基金公司以及投资经理都提出了严格的任职资质要求。目前含有“养老”字样的公募基金如不符合《养老目标证券投资基金指引（试行）》要求需要在3个月内修改名称，这也就意味着，在监管认定下的真正的养老基金产品应具备三大核心要素：一是长期性，包括鼓励长期持有、长期投资，进行长期考核；二是采用成熟的大类资产配置策略；三是通过合理控制权益投资比例来降低组合波动风险，实现稳健增值。

根据证监会统计数据，自2018年4月11日起，养老目标日期基金正式开始接受申报，各大公募基金公司陆续提交申报材料，数十只养老目标基金的申请材料递交给了证监会，从申报基金的名称来看，各家公司上报的养老目标基金名称虽有差异，但主要可以分为两大类：目标风险基金（TRF）和目标日期基金（TDF）。8月6日，证监会正式批复华夏、南方、博时、广发、嘉实、中银、工银瑞信、泰达宏利、富国、万家、中欧、易方达、鹏华、银华等14家基金公司的14只基金成为首批养老目标基金产品，这也意味着我国首批养老目标基金即将登台亮相。随着广大国民养老需求的不断提升，个人养老的责任也越来越重要，在巨大的养老需求市场的推动下，可以预见，将有更多的基金公司参与到养老目标基金的开发上来。

（3）保险业

保险行业在风险分散和长期资金管理方面具备的独特优势决定了其在居民防范养老风险方面的重要作用，一直以来，保险行业都在个人养老保障的实现方面发挥着巨大作用。具体而言，保险行业在养老财富管理方面的供给包括商业养老保险产品、养老保障管理产品和住房反向抵押养老保险等多种形式。

商业养老保险产品。2014年8月，国务院发布保险业“新国十条”，其中明确规定，“商业保险要逐步成为个人和家庭商业保障计划的主要承担者、企业发起的养老健康保障计划的重要提供者、社会保险市场化运作的积极参与者。”2015 年保监会拟定《关于加快发展现代商业养老保险的若干意见》（简称《意见》），《意见》指出，现代商业养老保险是由商业保险机构提供的，以养老风险保障、养老金管理以及与养老需求相关的财富管理等为主要内容的养老金融产品和服务，要大力发展商业养老保险，2017 年 7 月，国务院办公厅发布《关于加快发展商业养老保险的若干意见》，旨在充分发挥商业保险机构在风险保障、长期资金管理等方面的专业优势，以及市场化运作的机制优势。可以看出，商业养老保险已经引起了国家管理层的充分重视，商业养老保险已经上升到了国家战略层面。

在一系列政策的支持和引导下，近年来我国商业养老保险有了较为快速的发展，但其总体的发展水平依然比较滞后，商业养老保险的密度和深度①都不高。保险密度是一个国家的人均保费收入，根据保监会统计数据，2017 年我国保费收入为 36581.01 亿元，总人口为 139008 万人，保险密度为 2631.58 元，其中寿险公司保费收入为 26039.55 亿元，即人寿保险密度为 1873.24 元，剔除 80% 的理财产品，按照商业养老保险占寿险 20% 的比例测算，② 2017 年商业养老保险收入大约为 5207.91 亿元，商业养老保险的密度为 374.65 元。保险深度则是指当年保费收入占 GDP 的比重，2017 年我国 GDP 规模为 827122 亿元，由此可以推算出 2017 年我国保险深度为 4.42%，人寿保险深度为 3.15%，商业养老保险的深度仅为 0.63%。

2018 年，财政部、国家税务总局等五部门联合发布《关于开展个人税收递延型商业养老保险试点的通知》，以税收优惠激励的方式将商业养老保险作为我国养老金体系的第三支柱的试点形式，将进一步推动我国商业养老保险的快速发展。

养老保障管理产品。根据原保监会 2015 年 7 月发布的《养老保障管理业务管理办法》，养老保障管理业务是指养老保险公司作为管理人，接受政府机关、企事业单位及其他社会组织等团体委托人和个人委托人的委托，为其提供

① 商业养老保险的密度和深度是衡量其发展水平的重要指标，其中保险密度是一个国家的人均保费收入，保险深度则是指当年保费收入占 GDP 的比重。

② 郑秉文：《第三支柱商业养老保险顶层设计：税收的作用及其深远意义》，《中国人民大学学报》2016 年第 1 期。

养老保障以及与养老保障相关的资金管理服务。与商业养老保险产品不同的是，养老保障管理业务并不提供保险功能，而更多体现出财富管理的属性。养老保障管理产品主要包括团体养老保障管理产品和个人养老保障管理产品两种主要类型，其中，团体养老保障管理产品主要是为那些不具备建立企业年金计划条件的企业或者希望提供更多的激励机制的单位量身打造的综合薪酬激励方案；个人养老保障管理产品则是面向个人消费者满足其养老财富投资增值需求的产品。2009 年，养老保障管理业务开展初期仅有团体养老保障管理产品，定位为企业年金计划的替代或补充方案，2013 年，保监会发布《养老保障管理业务管理暂行办法》明确提出允许养老保障管理产品面向个人销售，个人养老保障管理产品正式诞生，受到了市场的广泛关注。

目前，市场上开展养老保障管理业务的机构包括 6 家养老保险公司（国寿养老、平安养老、长江养老、太平养老、安邦养老、泰康养老）和一家养老金管理公司（建信养老），从各产品管理人的官网信息披露数据来看，截至 2017 年底，全市场养老保障管理业务期末管理规模超过 4500 亿元，其中建信养老规模最大，高达 2259. 39 亿元，其次分别是国寿养老和平安养老，分别占到了 1250. 45 亿元和 856. 59 亿元，三家机构养老保障管理产品的市场份额超过了 90%。在整个养老保障管理业务中，个人养老保障管理业务规模占比远高于团体养老保障管理业务，截至 2017 年底，个人养老保障管理业务期末管理规模达到 4330 亿元，占养老保障管理业务总规模的 92%。

住房反向抵押养老保险产品。住房反向抵押养老保险是一种面向老年群体、将“房产抵押”和“养老年金保险”相结合的创新型商业养老保险产品，即老年人将自己完全产权的房产抵押给养老保险公司，从养老保险公司领取养老金直到身故，在此期间老年人继续拥有房屋的使用、收益及其他经抵押权人同意的处置权，当老年人身故后，保险公司优先获得抵押房产处置权用于偿还养老年金等相关的费用，盈余部分可依法继承。

2003 年，住房反向抵押养老保险首次在我国进入公众视野，随后国务院、保监会和国家发改委等部门开始关注这一新型养老模式，并出台了一系列的指导意见。2014 年 6 月，保监会正式发布《关于开展老年人住房反向抵押养老保险试点的指导意见》（保监发〔2014〕53 号），2016 年，保监会继续发文提出将老年人住房反向抵押养老保险试点期延长至 2018 年 6 月 30 日，并扩大试点范围。试点以来，多家保险公司获得了试点资格，但仅有幸福人寿一家开展了相关业务，2015 年 3 月，幸福人寿推出的“幸福房来宝”产品正式获得保监会批准，是第一款也是目前市面上唯一在售的住房反向抵押养老保险产品。

“幸福房来宝”面向的群体主要是 60 ~ 85 周岁的老年人，主要倾向于孤寡失独老人群体，符合条件的老年人将房产抵押给幸福人寿保险公司，房产经过评估和公证之后，双方签订保险合同，老年人可以选择继续在原房屋居住，也可以将房屋委托给保险公司出租自己入住养老院两种方案，合同期间保险公司根据合约向老年人支付养老保险金，具体金额不受房价的上涨和下跌影响。老年人身故后，保险公司获得抵押房产的处分权，处分所得优先偿付养老保险相关费用，在此期间，如果房价上涨，增值部分扣除必要费用后归老年人继承人所有，如果房价下跌不足以偿付养老费用时，不足部分由保险公司承担，这一模式运作的重要前提是保险公司强大的风险分散精算技术等。根据统计，截至 2018 年 4 月底，住房反向抵押养老保险业务累计承保 130 单（93 户），其中北京、上海、广州三地的保单数占全部开展试点的八个城市总数的 80%。总体来看，受到传统观念、房价波动等一系列因素影响，该产品进展缓慢，仅是一种非常小众的补充养老方式。

（4）信托业

信托的本质是一种财富管理制度，具有信托财产独立、可实现委托人特定目的以及投资范围广泛等特征，且受托人专业，可以实现财务的连续管理，在养老方面具有其独特的优势，既可以保证养老财产的安全性，又可以解决老年人不愿或无力管理养老财产的问题，有助于养老财产的保值增值和有效利用，因此，近年来养老信托开始受到市场关注。

具体而言，养老信托指的是委托人将资产委托给受托人（通常为信托公司），受托人根据委托人的意愿对受托资产进行管理和经营，信托到期后，由受托人给委托人提供养老经济保障或者服务保障等。养老信托具有一系列的优势：一是通过资产隔离保障安全性，因为养老资产存续周期通常比较长，安全性尤为重要，信托可以很好地保障养老资产的安全性；二是可以保证特定的养老目的，通过养老信托可以实现养老理财、养老服务以及遗产分配等各种契合养老资产管理的目的。养老信托通常包括养老金融信托和养老消费信托等。

养老金融信托主要指的是养老财富的管理，即个人根据自身或家庭成员的养老需求，将相应的资产交给信托公司管理，信托公司作为受托人对资产进行投资管理以保证资产保值增值，满足受益人的养老需求，养老金融信托的门槛通常较高。国内最早的养老金融信托产品是兴业银行与专业信托公司联合推出的“安愉信托”，用于个人养老保障和传承家族财富。该产品的委托人需为30岁（含）以上的金融产品合格投资者，认购金额最低为600万元（含），一次性认购，可以灵活指定初始受益人与后备受益人，自认购3年封闭期后的任何一年开始，可选择一次性支付或按季度支付。该产品具有三大特征：一是灵活性，即委托人可灵活规划财产并在事前规定分配规则；二是安全性，每份信托独立运作，采取风险隔离的机制，可以有效防范债务、非法侵占等风险；三是增值性，即通过专业化的资产管理和低风险配置保障产品的稳定增值。

养老消费信托则主要是养老服务的供给，即信托公司与养老服务机构合作提供的养老服务金融产品，养老消费信托的门槛通常较低。以中信信托与四川晚霞合作推出的中信和信居家养老消费信托为例，其对象是采取居家养老的客户，产品期1年，可缴费1万、2万、3万元用于购买不同银卡、金卡和白金卡产品，在有效期内可以不同的折扣价享受养老服务机构提供的居家养老服务、健康管理服务和健康紧急救援服务等。在医养结合快速发展的阶段，消费信托可以为消费者提供一站式的医养消费服务，同时还能满足医养产业融资难的问题，具有重要的意义。

2. 养老金融便捷性支持：硬件软件不断完善，综合性服务水平提升

依托现代科技和信息技术，完善养老服务金融的发展环境，创新金融市场工具，提供便捷性的养老金融支持是养老服务金融的重要目标。由于中老年客户是养老服务金融的主体，其面临着出行不便、视听力受限等一系列的问题，需要通过硬件和软件的完善满足不同的服务需求。

在硬件方面，针对老年群体行动不便的特征，不少金融机构进行了网点优化和适老化改造，通过现代化技术实现柜台、座椅等智能化调节，以适应不同群体的需求；此外，还有一些金融机构开始探索完善网点布局来满足客户就近办理业务的需求，以兴业银行为例，为更好地打通金融服务最后一公里，体现“以客户为中心”的宗旨，2013年兴业银行布局了首家社区银行，随后在全国各地迅速开展了数千家社区银行网点，兴业银行社区银行的设立以便民为核心，全年365天采取“错时服务”将营业时间推迟到晚上8点，并且网点还设

立了老花镜、血压仪等诸多方便中老年群体的设备，网点还推出了集金融服务、物业服务和生活服务等为一体的智能化平台，通过网点或者线下平台就可以满足相应的需求。

在软件方面，在“互联网 +”等现代技术的影响下，中老年群体对于移动支付等现代化的金融服务的接受度有了较大水平的提升，通过线下实现便捷性的支付、购买养老理财等均成为中老年群体的重要选择。同时，在金融诈骗等风险普遍存在的情况下，广大中老年群体又表现出对资金安全性的担忧。因此不少金融机构开始探索专门针对老年群体的金融服务技术，如上海银行于2016 年开发了国内首款针对老年客户的手机银行，综合考虑老年客户的实际需求、使用特征和使用习惯等因素，重点关注“安全、简单、好用”的理念，以解决老年客户担心的“不安全”、“不会用”和“不方便”等问题，给中老年客户带来了极大的便利。

与此同时，大部分金融机构开始探索综合性、一体化的养老服务金融产品，如广发银行在行业内率先面向 50 岁以上中老年客户推出的“自在卡”，该卡集理财服务、支付结算、增值服务、商超优惠等于一体，满足了中老年客户的需求。“自在卡”中老年客户不仅可以享受网点服务专窗绿色通道，免去排队困扰，还可以享受广发银行为其提供的最高保额 10 万元的存款损失险。此外，该卡还可以为客户筛选并定制适合自己的投资理财产品，如定期存款专项利率上浮优惠、智能储蓄产品“灵活息”以及专享理财产品等金融服务等。截至 2017 年底，广发银行“自在卡”正式发行一年多，已服务超过 28 万中老年客户，为接近 10 万名中老年客户购买了存款险，法律援助月均服务客户约有 2000 人，对于客户服务、业务发展都产生了积极影响。

三　我国养老服务金融面临的问题与挑战

养老服务金融是为全体国民提供投资、理财等金融支持以满足其养老需求的创新金融活动，是实现金融服务养老的有效载体。养老服务金融的完善和发展对于应对我国人口老龄化挑战、保障多层次养老供给具有重要意义。养老服务金融在国外许多国家已经形成了比较成熟的发展模式，我国养老服务金融也在金融市场不断完善的背景下有了较为快速的发展，各地区、各行业均在不断

探索和实践，但是总体而言，我国养老服务金融还处于初步探索阶段，尚未形成新的金融业态，不能满足国民的养老金融需求。系统来看，其问题主要在于需求乏力、供给针对性不强和制度配套措施不完善等。

（一）国民财富积累有限，制约养老服务金融需求实现

新中国成立以来，我国经历了相对较长时期的计划经济时代，职工实行的是长期的低工资制度，农民的收入也十分有限，长期内没有积累相应的财富。随着市场经济的发展，工资逐步市场化，我国经济社会也开始步入快速发展的阶段，国民收入水平有了较大提高，经过多年的发展实现了温饱的目标并逐步向小康社会迈进。但根据国家统计局数据，我国收入分配差距长期处于高位，基尼系数在2008年以来经历连续7年下降之后，于2016年再次回升至0.465，连续多年超过0.4的国际警戒线水平，表明我国仍有相当一部分群体的收入严重受限。根据高盛亚洲利用中国统计局数据所做的研究来看，我国劳动人口的总量大约为77000万人，其中81%的群体都是城市普通居民或农民，其年人均收入水平均在7000美元以下，占比50%的农民群体的人均年收入则在2000美元左右，如图3所示。

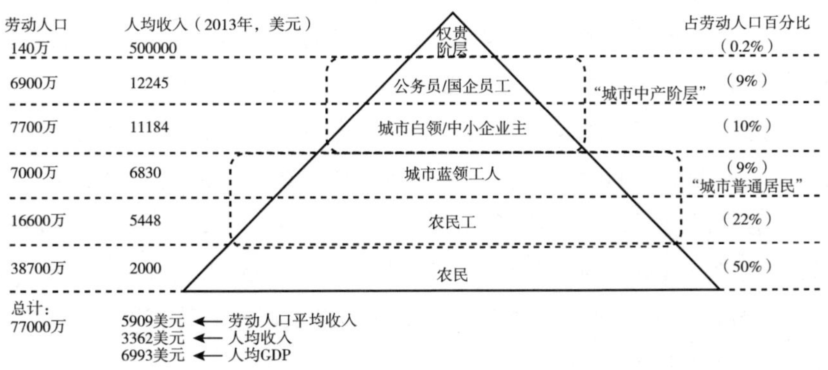

图3　中国不同阶层劳动人口数量及其收入情况

资料来源：中国统计局，高盛亚洲，搜狐财经翻译。

养老服务金融的目标是满足全体国民更高水平的养老需求，这也是在全面建成小康社会背景下全体国民的共同追求，但其发展的必然前提是良好的经济

基础和财富积累。尽管在经济社会的快速发展上催生了相当大一部分高收入群体，但更大规模的国民收入尚处于一个相对较低的水平，其有限的财富积累极大地限制了养老服务金融需求的实现，这就在很大程度上制约了我国养老服务金融市场潜力的发挥，因此亟须通过调节收入分配，提高全体国民的收入水平，为养老服务金融需求的满足提供相应的经济基础。

（二）产品设计针对性不强，限制养老服务金融有效供给

1. 养老服务金融产品同质化现象严重，养老功能名不副实

在我国人口老龄化不断深化以及养老服务金融需求快速增加的背景下，银行、保险、基金等金融机构日渐认识到老年人养老服务金融具有巨大的市场价值，并根据实际情况，开发了诸多针对老年人的专有金融产品和服务，但从本质上来看，现有养老服务金融产品没有实现养老服务金融需求导向，大多数金融机构只是在“养老”的旗帜下推出大众化金融产品。一方面，产品的同质化现象尤为严重，特别是同一行业内（如银行、基金、保险和信托行业）的养老服务金融产品与其他性质的产品差异化并不明显，以银行业产品为例，近年来不少银行开发了诸多的养老理财产品，基本上以收益保证型为主，但与其他非养老型理财产品相比，无论是从期限还是从收益的角度来看，均没有太大的差异；另一方面，养老服务金融产品的“养老”功能名不副实，目前银行、基金、保险和信托开发养老服务金融产品时均冠以“养老”的字样，但从实际运作上来看，很多产品设计并不是以养老为目标，只是以“养老”为噱头，缺乏深入的养老市场调研和需求分析，不是真正意义上的养老服务金融产品。近年来，监管部门已经开始注意到这一现象，例如，2018 年 3 月 2 日证监会发布的《养老目标证券投资基金指引（试行）》明确要求基金名称中已经包含“养老”字样的公募基金，不符合指引要求的必须修改名称，这在一定程度上可以规范养老服务金融产品的设计满足特定目标。

2. 中长期养老服务金融产品匮乏，养老长期投资难以发挥

养老储备和投资通常是一个长周期的过程，在工作期积累到退休后领取待遇，是一笔存续时间跨度大的长期资金，可以通过“时间换空间”，用长期资金化解短期操作的风险，从而实现养老资产的长期稳健和保值增值。然而，从目前我国养老服务金融市场提供的产品来看，中长期的养老服务金融产品十分

匮乏，跨市场的养老服务金融产品的期限普遍较短，银行养老理财产品的投资期限平均为163天，基金行业推出的养老服务金融产品多属于开放式，信托业的养老服务金融产品则通常采用3 + N的模式，保险系养老理财产品为封闭式，以1 ~2年为主，可以看出，养老服务金融产品中养老信托产品的期限相对较长，但由于其较高的门槛，导致其市场容量相对有限，这充分显示了我国养老服务金融市场中长期产品匮乏的事实。除此之外，当前我国养老服务金融市场的主要参与者以中老年群体为主，这也在一定程度上决定了我国养老服务金融产品以短期性为主而缺乏中长期产品。

（三）养老金融教育滞后，制约养老财富管理能力

1. 养老金融储备意识不足，抑制了养老财富积累

目前，我国储蓄总量居全球首位，国民的储蓄目的却并不只是养老，其中子女教育、医疗等占据着较大比例，养老金融产品和服务数量还不太多。根据《中国居民退休准备指数调研报告2017》，我国居民退休收入来源不仅十分单一还非常传统，而储蓄是其应用最为广泛的理财工具。储蓄率高而养老金融产品和服务发展不足的重要原因之一是受到传统观念的影响，通过自身储蓄或者家庭的方式是中国人养老的重要观念，① 而养老金融储备意识则相对不足，在这一观念的影响下，人们宁愿将金融资产存入银行接受相对较低的利率，也不敢承受发展之后的养老金融市场带来的风险，从而在很大程度上制约了养老服务金融的发展。在发达国家，人们的金融和保险意识普遍较强，每人至少拥有一张养老保险保单并且参与金融市场的信心更足。

2. 养老金融专业认知有限，限制了国民养老财富积累和消费

近年来，随着我国市场经济的逐步完善，金融市场迅速发展，对广大居民的影响也逐步加强。但总体来看，广大居民的金融专业知识比较匮乏，对于金融政策法规、金融市场、金融产品和金融风险等尚未形成良好的认知。这可能是由于，一方面，改革开放以来，我国处于一个经济发展的起步阶段，广大居民在相当长一段时间内收入不高，积累的资产有限，参与金融市场的经济基础

① 张佩、毛茜：《中国养老金融创新发展：现实障碍、经验借鉴与应对策略》，《西南金融》2014年第7期。

不足，从而影响了对金融市场专业知识了解的动力；另一方面，我国金融市场建立的时间相对较晚，发展相对不够成熟，诸多的金融市场规则尚不明朗，金融机构在宣传和推广时也不到位，影响了居民的金融专业知识积累。根据中国人民银行发布的《消费者金融素养调查分析报告（2017）》来看，消费者对于贷款知识、投资知识和保险知识较为薄弱，排在前五位的最欠缺的金融知识分别是股票基金投资、住房贷款、银行理财产品、金融纠纷解决和债权投资，这反映出我国居民对于金融市场的专业知识尚待进一步学习。养老金融作为广大居民参与金融市场的一个重要环节，在专业金融知识不足的背景下，投资能力必然受到影响，从而不利于养老金融市场的健康发展。

（四）养老服务金融监管不足，养老理财乱象丛生

目前我国没有专门针对养老服务金融的专门法规，现有的制度规定主要零散分布在各个部委出台的各种支持养老服务业、保险业等政策之中，相关监管机构也没有出台专门的指导规定，对其业务范围、从业机构、服务标准、业务流程等内容进行界定和规范，从而导致我国养老服务金融市场监管机制有所缺失。在此情况下，由于老年人金融知识缺乏，风险意识不足，加上近几年，市场机制不健全，现有监管体系对非法融资中介机构缺乏有效监管，一些非法机构以养老理财为幌子进行非法集资等活动，导致了国民养老投资理财受骗事件逐渐多发。《中国养老金融调查报告2017》显示，有30.3%的调查对象在养老金融理财和其他金融消费过程中有上当受骗的经历，且部分调查对象上当受骗的金额还相对较高，这无疑已成为一个严峻的社会问题。出现这一乱象的原因除了消费者本身的金融知识匮乏、风险意识不足之外，养老服务金融监管漏洞是最重要的原因。目前来看，大多数在金融和养老理财中受骗的人往往就是受到了高回报的吸引，这些诈骗迷惑性很强，加之消费者本身的金融风险认识不足，导致类似的事件时有发生。近年来，在打破刚性兑付等严监管政策逐步出台的背景下，消费者对于金融回报和风险等方面的认知将会进一步加强。从目前来看，包括一些真正的金融企业也打着“养老”的旗号开发各种养老服务金融产品，尽管目前证监会已经出台政策对养老属性的基金产品进行了规范，但其他行业养老性质的理财产品仍然没有得到有效监管。除此之外，当前的金融监管政策还处于宏观政策层面，缺乏针对养老金融业务具体监管的指导意

见，对相关机构的业务资质、服务标准、业务流程、申诉渠道等没有进行明确的规范，从而影响了养老服务金融的监管效率。

四　我国养老服务金融发展的思考与建议

随着经济社会的快速发展以及社会保障体系的完善，老年人的收入不断增加，对于资产和财富保值增值的需求也更加迫切。总体来看，目前由于我国养老服务金融产品创新不足以及国民传统观念的限制，储蓄依旧是大多数国民财富管理的主要方式，能够在最大程度上保障财富的安全性，却难以实现其保值增值的目标。从国际经验来看，不断创新的养老服务金融是增加老年人财产性收入的重要渠道。面对日益多元化的老年需求，我们必须积极创新养老服务金融产品，逐步转变单纯依靠储蓄管理财富的观念，推动养老服务金融市场发展。

（一）拓展收入来源渠道，夯实养老服务金融财富基础

1. 调整初次分配政策，提高广大国民收入水平

当前我国国民收入呈现金字塔型，低收入群体占主体，而中高收入群体规模相对较小，这成为我国养老服务金融需求实现的重要瓶颈。因此，必须重视我国初次分配过程中的公平，逐步缩小收入差距，提高中等收入群体的比重。[①] 有研究表明，一个稳定的社会必须是以中产阶层为主体的橄榄型社会结构。根据亚洲开发银行的估算数据，中国当前的中产阶层规模大约为 1.4 亿人，占总人口的比重约为 11%，与欧美国家 75% 的中产阶级结构还存在着巨大的差距。近年来，我国对收入分配公平性越来越重视，十八届三中全会明确指出，要规范收入分配秩序，完善收入分配调控体制机制和政策体系，增加低收入者收入，扩大中等收入者比重，努力缩小城乡、区域、行业收入分配差距，逐步形成橄榄型分配格局。这就要求多渠道发力，一方面，要保护广大国民的合法收入，也要坚决遏制非法收入蔓延；另一方面，多方位增加低收入者的收入水平；同时还应进一步完善公平竞争的市场环境；此外，要健全工资的

① 左永刚：《力促收入分配从金字塔型转为橄榄型》，《证券日报》2013 年 11 月 22 日，http：//money. 163. com/13/1122/03/9E8N71BJ00253B0H. html。

决定和增长机制。只有不断优化初次分配的政策环境，才能缩小收入分配差距，从而有效地提高广大国民的收入水平。

2. 完善养老金体系，扩大老年群体养老保障待遇

随着全面小康社会的不断推进，广大公众的养老金需求水平也在日益提升，而在人口老龄化速度急剧加快以及经济增速下降的新的转型期的影响下，养老金供给又遇到挑战。从国际经验来看，仅通过参量改革难以实现养老金的综合目标，必须通过结构性改革，加强补充养老金制度建设，充分发挥单位和个人的责任分担作用，通过强调公平的基本养老金制度保障国民的基本养老金需求，通过强调效率的补充养老金制度提高国民的养老金待遇水平，避免老年人养老需求的压力完全落在基本养老金制度建设上，从而通过多支柱的养老金体系建设实现责任分担，满足不同群体的差异化养老需求，并保障养老金体系的长期可持续发展。

就我国而言，应在借鉴国际经验的前提下，进一步改革和完善第二、三支柱补充养老金制度。就第二支柱职业养老金制度而言，我国应逐步降低第一支柱基本养老金制度的费率为第二支柱缴费提供更多的空间，且在适当的时候可以考虑探索自动加入机制并完善中小企业集合年金制度提高制度的覆盖面；同时通过完善针对单位和个人的税收优惠进一步加强政策激励，以提高制度的吸引力；此外，还要系统完善职业养老金资金的投资运作和监管体制。就第三支柱个人养老金制度而言，首先，要明确制度设计的核心思路，包括账户制的引进等等，其次，要通过完善税收优惠和财政补贴机制提高制度的吸引力，同时还应通过明确制度的运作框架和完善一系列配套机制，推动第三支柱个人养老金制度的落地和实施。

（二）加大政策支持力度，培育和扩大养老服务金融市场

1. 完善养老服务金融政策，优化养老服务金融发展路径

目前我国养老服务金融相关政策集中于宏观规划，对于具体的政策导向与配套细则尚不明确，导致养老服务金融市场发展目标不够清晰，监管制度尚不完善，因此必须进一步完善养老服务金融政策，系统推动我国养老服务金融健康发展。第一，在明确养老服务金融发展方向的基础上，出台配套政策，通过财政贴息、专项补助资金、成立政府引导基金等方式，为金融机构发展养老金

融提供良好的政策环境。第二，要完善相关法律制度，为养老金资产管理、养老产业投融资、“以房养老”等养老金融业务提供法律支持和保证，确保养老金资产的安全和保值增值，确保养老金融市场的长期和平稳运行。第三，要明确监管框架，养老服务金融具有典型的混业经营特征，而针对养老金融的监管职能，分散于银保监会和证监会等多个市场机构监管主体，还涉及人社部、民政部等部委，应不断探索适应养老金融发展的监管体系，加强市场监管和行业监管，有针对性地制定养老服务金融的行业标准、服务流程、风险监控等，以促进行业健康稳定发展。

2. 营造良好的行业环境，促进养老服务金融健康发展

在一系列因素的影响下，目前我国养老服务金融市场空间并未有效打开，供需双方能力和意愿均未得到有效发挥，因此必须营造良好的养老服务金融发展环境，有效拓展养老服务金融发展的市场空间。就养老服务金融供给方而言，应通过不断完善养老服务金融审批制度，提高金融机构进入市场的能力，推动养老服务金融形成良好的发展业态，从而优化养老服务金融的供给。就养老服务金融需求方而言，首先必须营造一个安全、便捷的养老金融市场环境，提高国民对养老服务金融的需求能力，同时，通过对养老服务金融供需双方良好环境的营造，来推动行业的健康、快速发展。

（三）挖掘国民养老需求，优化养老服务金融供给

1. 丰富养老服务金融产品，满足多元化养老需求

从养老服务金融对象来看，我国拥有全球最大的养老服务金融市场，有总数超过 6 亿的中老年服务群体，[①] 其养老金融市场体量巨大，这些实有或潜在的客户群毫无疑问会对金融机构产生巨大的吸引力。在现有的养老服务金融产品创新性不足、针对性不强的背景下，金融机构应积极借鉴国际经验，充分挖掘不同群体的养老金融潜在需求，不断加强养老金融理论研究和产品创新，将产品目标导向明确指向通过增加老年收入进而提高其老年生活品质上来。其核心是要提高养老服务金融产品的创新性、针对性和有效性，一方面，产品类别要丰富，老年人的金融需求广泛，除了传统的储蓄、保险、贷款等业务外，还

① 吴成居：《加快老龄金融创新应对老龄社会浪潮》，《福建金融》2015 年第 7 期。

包括针对养老的理财业务、遗嘱信托等新业务；另一方面，产品需要有针对性和创新性，可以通过不同年龄阶段的特性，根据其风险承受能力的不同，创建不同的养老服务金融产品，满足多元化的养老服务金融需求等。

2. 开发中长期养老服务金融产品，明确养老投资属性

从国际经验来看，养老储备是贯穿于全生命周期的过程，具有长期性的特征。从金融市场的发展规律来看，中长期投资的收益也更加稳健更有效率，因此养老服务金融产品更适合中长期的属性。我国目前的养老金融市场上中长期产品普遍缺乏，同质化现象较为严重，不利于更好地满足国民长期养老投资的需求。因此，应进一步深入挖掘投资者的养老需求，开发个性化、多元化、生命周期式的养老服务金融产品，比如目标日期型等，积极引导投资者合理优化养老资金，促使更多年轻人参与到这个市场中来。根据个人实际经济、年龄、性别、婚姻、工作、健康和教育等情况细分客户群体，对不同类型客户设计不同的期限、资产配置及风险偏好的产品，从而实现个性化的养老金融投资，也保证产品的养老投资属性，从而更好地满足国民的养老需求。

（四）强化基础金融教育，提高国民养老服务金融素养

1. 整合政府和市场力量，提高国民养老金融储备意识

从目前来看，政府主导的基本养老保险是广大国民退休养老的重要来源，除此之外，受到传统思想的约束，我国国民“养儿防老”的观念根深蒂固，对子女的依赖性还相对较高。然而，由于基本养老保险只能提供基本水平的保障，在国民养老需求越来越高的背景下难以实现充分保障，与此同时，随着家庭结构的小型化，子女的赡养压力也相对较大，难以实现持续性的、高水平的养老供给。从国外经验来看，根据一生的收入预期来安排整个生命周期的消费和储蓄是实现体面养老的重要手段，也是体现个人养老责任的重要方式。这就要求，一方面，政府应加强对养老规划的引导，提高居民的养老准备意识；另一方面，金融机构应通过行业协会等组织整合并发挥行业力量，加强养老服务金融知识的普及，以此增强养老服务需求方的需求意愿。

2. 强化投资者教育，提高国民养老金融投资能力

作为老年人养老资产管理的重要手段，我国养老服务金融发展尚处于起步阶段，在很大程度上是由于我国金融市场发展还不完善，国民金融投资的基础

知识不足。受此影响，国民在选择养老服务金融产品时往往处于弱势一方，对养老金融服务和产品缺乏深入的了解，养老金融活动参与程度低，在抗风险能力较差的情况下，传统的储蓄是国民的首选，而其他养老服务金融产品发展受到严重制约。随着我国金融市场发展的逐步完善，为更好地满足老年人多元化养老需求，应从多渠道入手，强化投资者教育：第一，监管部门应发挥其投资者教育的督导作用，开展多元化的投资者教育活动宣传，设立相应的教育平台并通过多渠道推广，增强宣传的影响力和针对性；第二，金融机构应时时不忘投资者教育的落实，投资者最直接的接触对象就是金融机构，这类群体也是投资者教育需求最强烈的群体，金融机构在推广和落实金融产品过程中，应全方位对投资者进行金融知识的宣传；第三，其他一些自律组织，如行业协会等可以进一步健全金融服务规范，开发趣味化、简明化的投教产品，打造风险揭示、模拟体验、投资者互动等多功能一体化的实体投资者教育基地等，从而提高广大国民的金融基础知识，提高国民的养老金融投资能力。

（五）转变传统理财观念，强化养老服务金融监管

各金融机构应当积极借鉴国际先进经验，结合老年人多元化的养老服务需求，不断加强优质养老服务金融产品的开发，有效引导不同年龄段的人群改变养老观念，认识到在日益深化的老龄化背景下，积极做好养老服务金融准备，不仅可以通过储蓄，还可以通过证券、保险、基金和信托等新的养老服务金融平台积攒养老财富，提高养老保障水平。同时，在养老服务金融业务不断拓展，特别是互联网金融快速推进的同时，着重强化养老服务金融监管。通常情况下，老年人金融安全防范意识不足，成为金融诈骗的最主要受害群体，需要加大对金融诈骗的打击力度，并开展老年人金融知识、产品、服务和消费者权益保护等宣传推广活动。通过提高老年人现代金融意识和风险防范能力，为老年人提供更加便利、安全、人性化的养老金融服务。

参考文献

岳磊：《养老服务金融：跨界业态下的多元化探索》，载董克用、姚余栋主编《中国

养老金融发展报告（2017）》，社会科学文献出版社，2017。

董克用、张栋：《中国养老金融：现实困境、国际经验与应对策略》，《行政管理改革》2017 年第 8 期。

董克用、张栋：《高峰还是高原？——中国人口老龄化形态及其对养老金体系影响的再思考》，《人口与经济》2017 年第 4 期。

郑秉文：《第三支柱商业养老保险顶层设计：税收的作用及其深远意义》，《中国人民大学学报》2016 年第 1 期。

张佩、毛茜：《中国养老金融创新发展：现实障碍、经验借鉴与应对策略》，《西南金融》2014 年第 7 期。

吴成居：《加快老龄金融创新应对老龄社会浪潮》，《福建金融》2015 年第 7 期。

B.4

养老产业金融：防风险背景下稳健发展成主旋律

曹卓君　秦　婧*

摘　要： 随着养老产业化进程加速，规模化、规范化基础上的提质增效成为产业发展趋势。同时，在国际局势不甚稳定的大环境下，鼓励支持与风险防范成为金融支持产业发展的主旋律。上市公司谨慎布局，协同发展，各类金融手段稳健发力，为养老产业金融带来发展新方向。

关键词： 金融风险防范　上市公司　PPP　产业引导基金

养老产业金融是养老金融的一个重要方面，指的是为养老相关产业提供投融资支持的金融活动。2017 年，随着养老产业的进一步发展，养老产业金融欣欣向荣：一方面，政府政策性手段不断，从 PPP、养老产业投资基金到养老产业专项债，以政府公信力为基础，号召社会资本大力投身养老产业；另一方面，养老产业金融市场活跃度加强，产业内并购兴起，涉足养老产业的创业板、新三板公司不断涌现，整个养老产业金融市场呈蓬勃发展趋势。2018 年，金融监管趋严，在强监管下养老产业金融将迎来新的春天。

---

* 曹卓君，和君咨询业务合伙人，和君集团·和伊咨询副总经理，和君集团健康养老研究中心副主任，国际注册管理咨询师，清华总裁发展促进会养老产业联盟顾问、客座讲师，中国养老金融 50 人论坛特邀研究员，主要研究领域为大健康养老产业；秦婧，和君咨询咨询师，和君集团健康养老研究中心研究员，主要研究领域为养老产业金融。

一　政策支持——鼓励引导与风险防范并重

防范金融风险，加强金融监管，防止金融市场发生结构性风险是未来五年金融行业的主基调。2018 年 3 月召开的中央全面深化改革委员会第一次会议审议通过了《关于规范金融机构资产管理业务的指导意见》《关于加强非金融企业投资金融机构监管的指导意见》等加强金融监管的政策法规。这意味着国家层面高度重视金融风险的防控，“强监管”是今后金融市场发展的政策环境。

从养老产业的政策趋势来看，养老服务的“放管服”将进一步加强，提高养老服务质量将是未来政府进行养老产业监管的重心。从养老产业金融来看，激发社会资本投资活力，鼓励 PPP、地方政府养老产业专项债、商业养老保险等各种金融手段支持养老产业发展是政府政策重点鼓励方向。下面将从政策鼓励支持方向和防范金融风险两方面对养老产业金融政策进行分析。

（一）养老产业金融发展政策导向

伴随着我国老龄化程度进一步加深，政府从上到下开始积极关注老龄化问题，2017 年出台各类政策促进养老产业发展。在养老产业金融政策方面，大力激发社会资本投资活力、降低外资进入门槛，在推动市场性金融手段创新的同时，不断加强政策性金融手段的规划范化进程。从养老产业金融端，推动我国养老事业和养老产业共同发展。

1. 引导社会资本向养老产业聚焦

金融依托产业生态而生，其对产业的支持通过资本聚集发力。2017 年 3 月，国务院办公厅发布《关于进一步激发社会领域投资活力的意见》，该意见奠定了国家对养老产业金融发展预期——以激发、鼓励、支持引导为主。为了防止未来房地产投资和基建投资放缓造成经济起伏，养老产业与医疗、教育、文化、体育作为新兴产业成为国家重点鼓励社会资本进入的领域。国家从放宽养老产业的行业准入、拓宽养老产业融资渠道、切实落实土地税收红利政策等多方面激发和鼓励社会资本向养老产业聚焦。基于养老产业投资回收期长但现金流稳定的行业属性，政府将通过风险补偿金等措施为养老产业增信，激发社会资本投资积极性，为养老产业发展提供金融支持。

2. 降低外资进入门槛，促进外商投资稳步增长

吸引外资进入能充分发挥外资的“鲶鱼效应”，提升国内养老产业金融竞争力。2017 年 8 月国务院公布的《关于促进外资增长若干措施的通知》就提出推进银行业、证券业、保险业对外开放。之后在 2018 年政府工作报告中也强调要促进外商投资的增长，并提出全面放开养老、医疗、教育等领域。在全球经济放缓、贸易保护主义抬头的国际环境下，以开放的态度鼓励外资进入，改善外商投资环境，是促进产业发展的利器。特别是在商业养老保险和商业健康保险方面，从机构准入的开放和经营范围的开放两个方面降低外资进入门槛，在完善养老保险市场主体结构基础上，保证行业的有序竞争。

3. 医养结合成为政府鼓励产业投资的重点领域

医疗和养老具有天然的结合点，医养结合领域将是未来养老产业金融投资的重点。从 2017 年发布的各类与养老产业金融有关的政策可以看出，医养结合领域是商业养老保险、产业专项债、PPP 的重点投资领域。同时 2018 年政府机构改革，“国家卫计委”更名为“国家卫健委”，同时负责全国老龄工作委员会的日常工作，进一步说明医养结合是养老产业发展的重要趋势之一。从产业发展现状来看，医养结合领域属于起步阶段，项目成熟度较低，政府的政策偏向也是引导产业投资者建立长期价值投资理念，对医养结合项目形成合理的回报预期，以从金融端支持养老产业，建立多层次的养老服务体系。

（二）养老产业金融风险防范

在积极鼓励金融支持养老产业发展大背景下，对于养老产业金融市场的监管和规范化是养老产业金融发展的另一政策背景。金融工具的杠杆性和投资者的非理性在促进产业发展的同时，也会放大产业风险，引发企业危机。因此，在养老产业发展向规模化迈进的阶段，政府作为产业发展的监管者，进一步加强对养老产业金融工具的规制和管制，以促进养老产业金融良性快速发展。

1. 规范政策性金融工具，明确投资领域

随着养老服务业“放管服”的深化，国家鼓励各类政策性金融工具向养老服务业倾斜，并明确规定其投资领域和投资范围，以引导社会资本投资方向。例如国务院 2017 年 6 月发布的《关于加快发展商业养老保险的若干意见》

中，明确要求商业养老保险投资领域以养老社区、养老健康服务设施和机构、研发生产老年用品为主。同年8月三部门联合发布的《关于运用政府和社会资本合作模式支持养老服务业发展的实施意见》中提出，公办养老机构、社区养老和医养健融合等保障型基本养老服务和改善型中端养老服务是PPP模式的重点应用领域。这进一步明确政策性金融工具投资领域，以点发力，发挥金融对产业的带动作用。

2. 整顿养老产业金融市场，加强PPP项目规范管理

近两年PPP项目大量入库，出现项目质量参差不齐、项目执行规范不清晰等问题，2018年4月24日财政部发布《关于进一步加强政府和社会资本合作（PPP）示范项目规范管理的通知》，对核查存在问题的173个示范项目分类进行处置，其中涉及养老项目8个，被处置原因大都是项目融资未落实、项目未落地和合同尚未签署等项目推进搁置问题，这意味着养老PPP从“扩量”到“提质”的转变。PPP养老项目中真正符合市场需求，能够通过市场运作实现盈利的项目才能充分借助PPP模式的优势继续发展。

3. 总结

盘整2017～2018年养老产业金融政策，从国家层面来看，政策导向以激发、鼓励引导为主。这和养老产业的发展阶段相吻合，养老产业正从事业化向产业化阶段迈进，养老服务体系还不完善，在此产业环境基础上，金融作为经济的血脉，是养老产业发展的强大推动力。从金融的本质属性来说，为实体经济服务、为产业发展助力是金融的天职，只有通过政策引导以激发市场活力、吸引社会力量参与，才能促进养老产业市场主体多元化发展，建立“以健康管理为基础、以养老服务为核心、以医疗服务为支撑”的全生命周期养老服务链，实现全面的养老服务体系，最终保障“健康中国”战略的落地实施。

二　产业发展——金融助力养老产业规模化发展

截至2017年，我国60岁及以上人口2.41亿人，占总人口的17.3%。同时，我国的老龄化进程正以每年新增1000万人的速度快速发展，预计2020年

65 岁及以上老年人口占比将达 14%，整体步入深度老龄化社会。根据美国、日本等发达国家发展经验，人口的深度老龄化是养老产业的产业化进程由初期步入成熟期的必要因素。

从 2013 年“养老产业元年”起，经过近 5 年的发展，养老产业从萌芽阶段逐步走向产业化和规模化阶段。产业内成熟优质的企业和机构渐增，产业盈利增长回归正常值，社会资本逐步涌入，符合时代发展的商业模式正在形成，这都意味着养老产业的成熟度不断提高，向产业成长期迈进。下面，本文将从国内外产业发展现状和国内市场情况对我国养老产业发展阶段进行进一步分析，以明确养老产业金融的产业发展环境。

（一）我国养老产业处于规模化发展初期

以美国为代表的欧美国家和日本，多在 20 世纪 80 年代之前便进入了产业化初期阶段，目前已经迈入产业成熟发展阶段，社会保障体系及保险支付机制的前行与完善，也助推了发达国家养老产业大批上市公司的涌现，多个国家的多数上市公司已经具备了 20 年以上的发展历程。

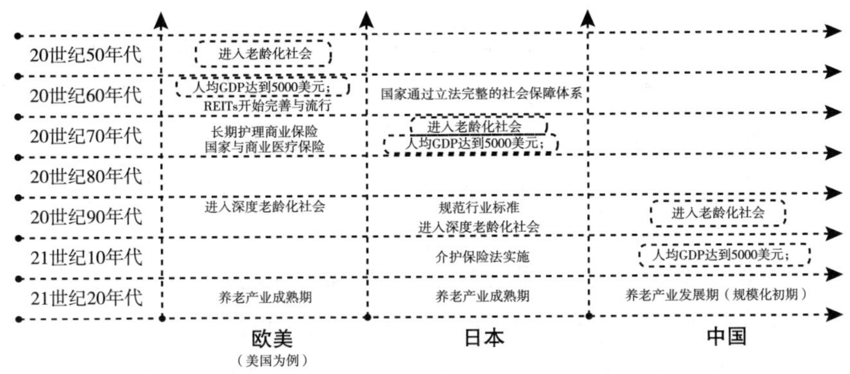

图 1　世界各国进入老龄化社会及产业成熟度对比

资料来源：和君健康养老研究中心研究成果。

反观我国目前健康养老产业的发展阶段，整体仍然处于规模化发展的初期阶段。2017 年，我国基本实现了医保的全国联网，养老的长期护理险已在 15 个城市进行试点，医养支付体系框架的关键点逐渐成形。预计到 2020 年，我国将基本实现全民医保，商业养老保险体系基本建立，且将基本形成长期护理保险制度的政策框架。同时，我国60后将步入老年，50后婴儿潮群体将步入刚需，需求端的消费数量及消费意愿小高峰将会出现。

在2020年以前，随着老龄化程度、消费意愿、消费能力的逐年提高，消费力将进一步释放，加之健康养老产业先行者在养老商业模式与盈利模式上的摸索逐渐清晰化，我国将逐渐走上养老产业规模化发展的快车道。

（二）市场涌现出连锁化、规模化发展企业

“连锁化”和“规模化”是2017年养老产业关键词，企业以单店为基础进行连锁化经营并逐步进行跨区域连锁的探索，为今后实现全国性布局奠定基础。目前来看，跨区域连锁更加考验养老服务企业的扩张与复制能力，对企业自身能力与资源获取能力要求较高，同时对区域选择也有较高的标准。

企业在单一城市的单点机构很难形成规模效应，覆盖更多的老年群体，因此，现阶段企业一般先在单个城市进行连锁化布局，探索出成熟的连锁化商业模式之后，再进行城市扩张。在大规模连锁化过程中，大部分企业难以长期大量依靠自有资金，这就给资本方带来机遇。企业的规模化初期是金融机构进入的最佳时机，在企业探索出成熟商业模式之后，快速通过资本的力量进行机构并购整合、品牌植入和模式推广，形成区域化甚至全国化布局之后，资本通过企业上市形成退出通道，获得资本溢价。

（三）总结

产融互动是和君健康养老研究中心一直坚持的观点，金融是助力产业发展的重要撬动点和加速器，通过与国际发达国家养老产业化进程进行对比，可以看出我国养老产业现阶段处于规模化发展前期，是产业爆发黎明前时点。同时我国养老服务市场上已经出现规模化的企业，2020年之前正是资本进入的最优时点，养老产业的窗口期就在近三年。选择一家优质的企业，通过社会资本在企业发展的不同阶段推动企业向更高层次迈进，最终企业上市实现资本退出。未来，随着养老产业化进程的不断加速，我国资本市场上将不断出现以养老业务为主营的上市公司，进一步深化产融互动，真正实现金融对实业的助力。

三　企业动作——谨慎布局，协同发展

（一）养老产业并购案跟踪

回顾2016年，养老产业内并购不断，经过一年发展，被并购方大部分并入并购方产业体系内。但同时，并购方经过一年探索，若难以找出养老业务与其主营业务的协同点，就丧失了持续并购动力，不再把资源和资本大量投入养老产业，转而回归主营业务，寻找其他产业方向。我们选取养老产业六大典型并购案（见表1）中两家较有代表性的企业进行分析，通过其并购布局、业务结构等方面分析，深入了解资本型企业在健康养老产业的发展方向。

表1　养老产业六大典型并购案跟踪

并购事项	被并购方后续情况	并购方后续情况
南京新百收购安康通	净利润持续提升，达千万元	持续深耕，2017年6月1.122亿元并购禾康智慧
宜华健康收购亲和源	以上海为起点，开始青岛、宁波、辽宁、杭州、海南等地的投资运营	后续收购亲和源100%股权，通过亲和源投资并购养老标的，并收购智慧养老企业壹零后
光大收购汇晨	以北京为起点，开始苏州和上海的机构服务运营	未有持续并购动作
中金收购夕悦	持续提供居家上门养老服务	由旗下佰仁堂继续在养老产业内大举并购
首开寸草公司成立	项目持续开展	增资寸草养老，未有持续并购动作
鹏瑞利收购人寿堂	项目持续开展	转向高端医养项目，以医疗业务为核心

资料来源：南京新百、光大控股、北京首开2017年年报，宜华健康2017年半年报。

1. 南京新百：运用资本实现战略转型健康养老

南京新百是一家老牌百货零售企业，公司于2015年开始战略转型，探索“现代百货+健康养老”双主业驱动的发展模式，之后通过不断的并购转型健康养老产业。2016年，公司完成安康通100%股权收购，同时进行国际并购，收购以色列居家智慧服务企业Natali以及长期护理企业A. S. Nursing，2017年

控股南京禾康智慧养老，且通过子公司 A. S. Nursing 收购以色列一家老年护理服务公司 Lotan Nursing（见表2）。① 与大部分上市公司布局领域不同，南京新百从智慧养老领域切入居家养老服务，并延伸开展居家照护服务。相较于养老服务机构，这种方式能覆盖更多的老年群体，且更适合于轻资产运营。

表 2　南京新百养老产业并购标的概况

被并购企业	业务范围	并购金额
安康通	以自主运营的云中心、自主研发的各类信息管理系统、专业化的助老助残服务团队为基础，提供以居家养老为主的健康服务型企业	5. 4 亿元
Natali	以移动互联网、智能化终端、大数据分析为手段的创新医疗服务，面向家庭及单位用户提供视频医生问诊、远程健康管理、智能居家看护等一系列全球领先的健康养老综合解决方案	4. 32 亿元
A. S. Nursing	以色列领先的居家长期护理服务公司	未披露
Lotan Nursing	以色列老年长期护理服务公司	950 万新谢克尔
禾康智慧	以“互联网 + 智慧养老”为方式布局居家社区养老服务	1. 112 亿元

从南京新百 2017 年年报来看，2017 年公司实现营业收入 179. 6 亿元，实现归属于上市公司股东的净利润 7. 36 亿元，公司大健康领域的综合收入逐年上涨，达到 12% 左右，其中安康通、Natali、A. S. Nursing 的健康养老及护理业务在 2017 年实现营收 10. 54 亿元，净利润超过 1 亿元。并且，公司健康养老板块毛利率达 37. 61%，健康护理板块毛利率达 28. 51%，远超行业平均水平。南京新百布局养老行业选择方面紧抓居家护理服务、远程医疗和养老线上系统三个端口，贴近老年人生活的身边、周边和床边，并通过养老线上开放式平台实现渠道价值。布局方式方面，通过成立产业基金方式或直接运用自有资金，按照居家养老和智慧社会两条线从国内外筛选成熟企业，全资或以持股方式并入自有业务，逐步提升产业实力，以此实现产业转型。

① 《南京新街口百货商店股份有限公司 2017 年年度报告》，巨潮资讯网，2018 年 3 月 31 日，www. cninfo. com. cn/finalpage/2018 - 03 - 31/1204559422. PDF。

2. 鹏瑞利：从养老转向医疗领域投资布局

鹏瑞利是新加坡证券交易所主板上市的综合性房地产和医疗保健公司，主要通过收购区域龙头的方式布局中国养老业务，集团2016年收购人寿堂，一方面是运用人寿堂的原有中医与中药业务与自有医疗业务产生协同，另一方面可以占领以上海为中心的长三角成熟养老市场。从人寿堂方面来说，其获得大笔股权融资，拥有强健的资金实力在上海以外地域进行扩展，同时进行产业升级，将布局重心从中低端养老服务逐步向中高端市场倾斜。

鹏瑞利以投资入股方式，选取拥有成熟品牌、运营能力与运营实体的企业进行合作，实现大健康产业快速布局（见图2）。但公开资料与数据显示，鹏瑞利并购人寿堂后集团没有在养老产业内继续深耕，而是将主要业务重心转移到医疗服务和医疗地产领域，以收购方式快速布局，实现企业由地产建设公司向健康服务公司的转型。目前鹏瑞利集团与广东博爱医疗集团设立合资企业，向后者收购广州领先的肿瘤和癌症医院，成立广州现代医院。整体来看，鹏瑞利从养老领域到医疗领域都是服务于中国品质健康服务市场需求，并通过在已有健康地产中引入相关服务商提供服务。

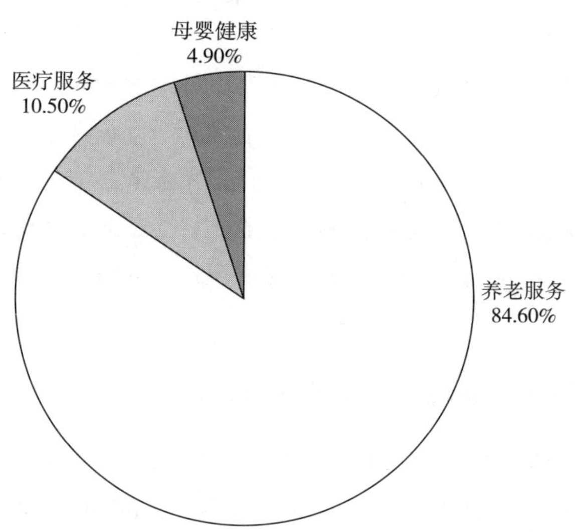

图2 鹏瑞利在中国大健康业务配比

资料来源：鹏瑞利2016年年报，2017年半年报，和君健康养老研究中心研究成果。

鹏瑞利以收购方式，快速获取地产开发公司缺乏且难以培育的运营服务能力，直接进入相关成熟市场进行业务布局。公司在大健康产业合作以选取成熟品牌为主，获取相关品牌溢价资源。并且，鹏瑞利收购人寿堂原因之一为其能够覆盖从低端到高端市场，与其他聚焦产业一端的企业形成差异化特色。

3. 总结

跟踪分析2016年产业内六大并购案，可以看出，北京首开、鹏瑞利等公司在养老产业浅尝辄止，并没有进行产业深入布局。而南京新百、宜华健康等公司，充分利用自身上市公司的资本优势，借助资本市场进行养老产业探索。从这些持续投入的上市公司并购方向可以看出，其产业布局思路清晰，沿着自有商业模式进行，而不是散乱随意布局。

南京新百以社区居家上门护理服务为核心，延伸远程医疗，运用互联网手段扩大影响范围；宜华健康在地产转型大健康后，全资收购亲和源，运用亲和源的养老服务运营能力，结合自身资源，全国布局养老服务机构；中金集团通过旗下上海佰仁健康管理公司，运用佰仁堂的品牌，快速在江浙沪地区进行并购式扩展，短短几年，已拥有50多家养老院、护理院、老年康复医院等，持有或间接持有16000张以上床位，并在江浙沪地区建成11个专业型失智照护专区，发展速度十分惊人。

总结来看，多业务集团性上市公司主要以并购方式进入养老产业，能否持续在养老产业内深入，关键在于是否拥有清晰的产业布局方向，同时与其原有业务的协同性也是重要影响因素。我们预计，在未来三年内，上市公司布局将更加谨慎，大多数没有形成成熟战略的企业，将会逐渐放弃在养老产业内的摸索，大浪淘沙，留下的企业将凭借其成熟的模式、可信赖的品牌优势，最终获得产业爆发的红利。

（二）香港集中涌现养老服务上市公司

2017年是香港本地养老服务公司集中在港交所上市的一年，其代表有松龄护老（01989HK）和恒智控股（08405HK）。反观内地A股市场，虽有126家养老概念股，其主营业务多种多样，但仅把养老服务业作为新兴业务进行试水性进入。内地真正以养老为主营业务的公司由于盈利能力稍弱，大多选择在新三板上市，典型代表有朗高养老（839367）和雅达养老（831664）。

内地老年人口基数大，增长快，消费市场广阔，并且根据《关于金融支持养老服务业加快发展的指导意见》，证监会鼓励支持处于成熟期、经营较为稳定的养老服务企业在主板市场上市，因此 A 股市场必将出现以养老护理服务为主业的上市公司。研究在港交所上市的养老服务公司，分析其上市原因和盈利能力，可以为内地养老服务公司上市提供借鉴。

1. 香港养老服务行业发展历史沿革

由于人口出生率进一步下降和人口寿命的增加，我国香港地区面临人口老龄化的社会压力。香港特区政府统计处资料显示，香港 65 岁以上老年人口在 2011 年达 94. 1 万人，占总人口比例的 13. 3%，至 2020 年，香港地区老年人口将增长至 139. 8 万人，增长率达 48. 6%，占总人口比例为 18. 2%（见图 3）。

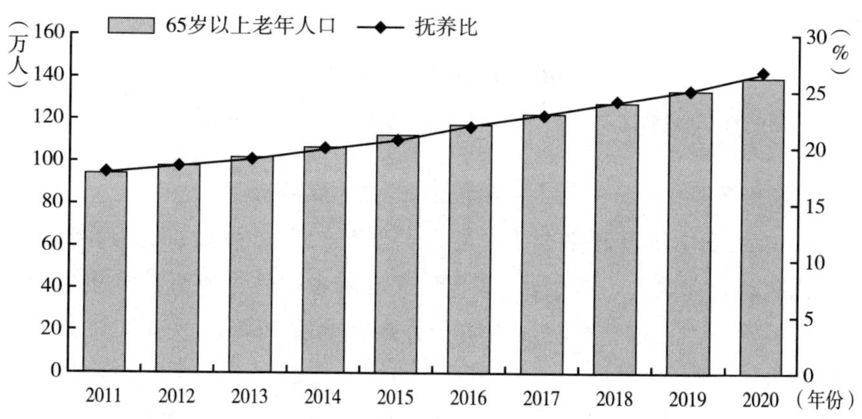

图 3　2011 ~ 2020 年香港地区老年人口数量及老年抚养比

资料来源：香港特区政府统计处，和君健康养老研究中心收集整理。

虽然面临如此巨大的人口老龄化问题，但香港地区人均收入高（见图 4），老年人支付能力强，加上政府强力的财政补贴，催生了大量私营安老院舍即民营养老机构。香港养老服务机构分为公营安老院和私营安老院，随着老龄化程度日益加深，香港特区政府于 1997 年推出“照顾长者”的政策目标，并为了缓解公营安老院供不应求、老年人排队时间过长的现象，推出“改善买位计划”（即一种政府购买服务计划），通过购买或者租赁私营安老院床位，缩短老年人的入住等候时间。为保证“改善买位计划”购置的床位符合标准，香港社会福利署于2000年推行安老服务统一评估机制，提升私营安老院服务品质。

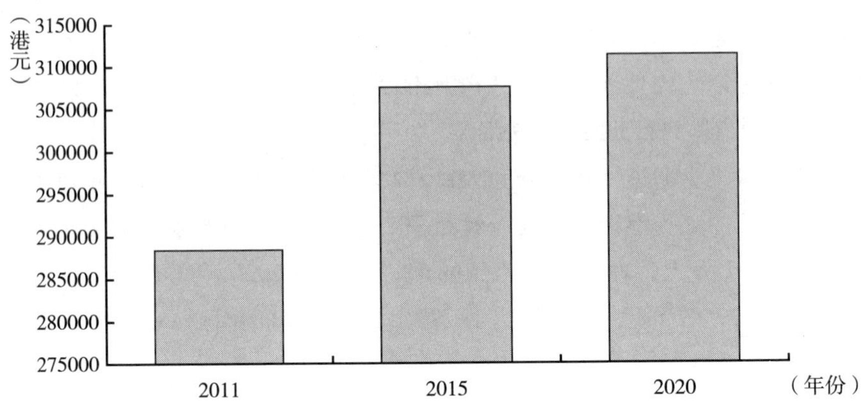

图4　2011～2020年香港人均生产总值

资料来源：香港特区政府统计处，和君健康养老研究中心收集整理。

2. 松龄护老集团——“改善买位计划”的最大受益者

松龄护老集团1989年创办于香港，经过近30年的发展，已经在香港5个区域建成9家养老院舍，共运营1218个安老院舍宿位，成为香港第二大私营安老院舍运营商，且这9家院舍均属于香港社会福利署“改善买位计划”甲级买位院舍。

松龄护老集团以提供品质型养老院舍服务著称，单床规模和护理人员配备标准均较高，保证养老服务的质量。从收入结构来看，集团2014～2016年提供安老院舍贡献的收入占总收入的85%以上，单床收费1万港元左右，且“改善买位计划”床位单床收费相比个人客户床位收费高23%。[①] 2016年集团收益达1.72亿港元，凭借其盈利能力集团于2017年2月登陆香港主板市场，上市当天大涨33%，之后股价有所回落，但总市值达7.2亿港元。

上市后，集团开始整合旗下养老机构，出售盈利能力较差的机构，积极与内地机构合作，开拓内地市场。2017年10月，集团宣布与雅达国际（香港）

① 《松龄护老集团有限公司上市申请》，东方财富网，2016年9月14日，http://pdf.dfcfw.com/pdf/H2_AN201702150342188423_1.pdf。

合资成立松龄雅达护老服务有限公司，从事养老机构运营服务。同时该合资公司将在内地成立一家子公司，以承担浙江乌镇某大型健康医疗、养老及休闲园区内的安老院的建设和运营。

3. 恒智控股——紧抓高龄刚需人群

恒智控股有限公司2006年成立于香港，是香港知名安老院舍运营商，通过旗下“Shui On 瑞安”及“Shui Hing 瑞興”两个安老院舍品牌，为老年人提供养老服务。截至2017年底恒智控股已经在香港岛、九龙及新界开设了5家安老院舍，为549位老人提供养老服务，每家机构入住率达到95%以上。①

恒智控股也是香港“改善买位计划”的受益者，但此类床位仅占比32.8%，大部分床位还是提供给社会个人老年客户。从安老院舍入住老人来看，近50%的住户是80~89岁的高龄老年人，此类住户除了要求基本的养老服务外，对护理、轻医疗等这类辅助生活类服务需求强烈，且付费意愿和付费能力高，这保证了恒智控股的整体盈利能力。

恒智控股2016年收益达3.68亿港元，于2017年7月登陆香港主板市场，发行1亿股，每股发行价厘定为0.72港元，受投资者强烈看好，公司公开发售超购37.9倍，公司根据补回机制将4000万股配售股份由配售重新分配至公开发售，以满足部分超额需求。

公司上市后开始并购香港当地安老院舍。2017年11月完成对瑞臻护老中心（油塘）100%股权的收购，收购总价为4500万港元现金。这进一步扩大了恒智控股在香港安老院舍市场中的份额，预计公司在今后的几年中将借助上市公司的融资能力进一步开展机构并购业务，扩大规模。

4. 香港上市公司对内地养老服务企业的启示

上市公司涌现是产业走向成熟的标志之一，两家香港上市公司的出现，表明香港养老服务行业已经开始向规模化发展。对内地从事养老服务业企业的启示如下。

运营模式——标准化、连锁化发展是必由之路。规模是企业盈利的前提条件之一，床位数是养老服务机构盈利的关键。松龄护老和恒智控股无不是百张

① 《恒智控股上市申请》，巨潮资讯网，2017年7月12日，www.cninfo.com.cn/finalpage/2017-07-12/1203699074.PDF。

床位以上的连锁机构，通过单体机构摸索出盈利模式，通过标准化进行连锁化扩展，扩大床位规模，提高盈利能力。

产品定位——定位高端，品质服务。两家香港上市的养老服务机构都是以品质服务取胜，从单床面积、人员配备、设备设施等方面无不是按照高端标准进行配备。为入住老人提供优质、贴心的服务，才能获得客户的认可，其每家单体机构 90% 以上的入住率就是高品质服务的结果。

客群定位——以高龄刚需群体为主要目标客户。机构养老服务同社区和居家上门服务不同，此类服务最精准的客户群体就是 80 岁以上高龄老年人，这是养老服务行业的刚性需求，老年人支付意愿强烈。只要机构定价不过于高昂，入住率能得到保障，机构盈利不是难题。

区域政府支持——积极争取政府购买服务及各类政府补贴。即使是香港的私营养老机构，也积极参与香港社会福利署的“改善买位计划”，也就是事业化和产业化并行，单体机构盈利在依靠市场的同时，还需要政府机构的大力支持。

四　养老产业金融工具持续发力

2017 年，我们对养老产业金融工具和手段进行整体梳理，对以 PPP、地方养老产业投资基金、养老产业专项债和政策性银行贷款为代表的政策性金融手段进行全面细致的分析。现在，我们选择其中的养老 PPP 项目、地方养老产业引导基金进行跟踪分析。

（一）规范化大潮下的养老 PPP 项目

养老领域是 PPP 重点支持的领域之一。2017 年财政部、民政部与人力资源和社会保障部三部门联合发布的《关于运用政府和社会资本合作模式支持养老服务业发展的实施意见》中明确指出“重点引导和鼓励社会资本通过 PPP 模式，立足保障型基本养老服务和改善型中端养老服务”，养老机构方面鼓励通过 PPP 方式将企业闲置厂房、商业设施及其他可利用的社会资源改造成养老机构，另外积极发展社区养老和医养结合业态。

养老 PPP 项目从数量上大规模减少，减量增质是发展趋势。截至 2018 年

5 月 15 日，财政部政府和社会资本中心项目库中养老 PPP 项目一共 112 个，比 2017 年减少 61.3%，这表明在养老 PPP 项目上热潮正在减退，财政部在进一步加强项目审核标准，不符合要求的项目在采购阶段被清退（见图 5）。同时，财政部 2017 年 11 月发布《关于规范政府和社会资本合作（PPP）综合信息平台项目库管理的通知》，提出进一步规范政府和社会资本合作（PPP）项目运作，防止 PPP 异化为新的融资平台，坚决遏制隐性债务风险增量。之后开始对 PPP 项目进行集中清理和清退，对不具备条件、没有规范开展“两个论证”，特别是不具备公共产品属性、资本金不到位或过度依赖政府付费的项目，要予以剔除。

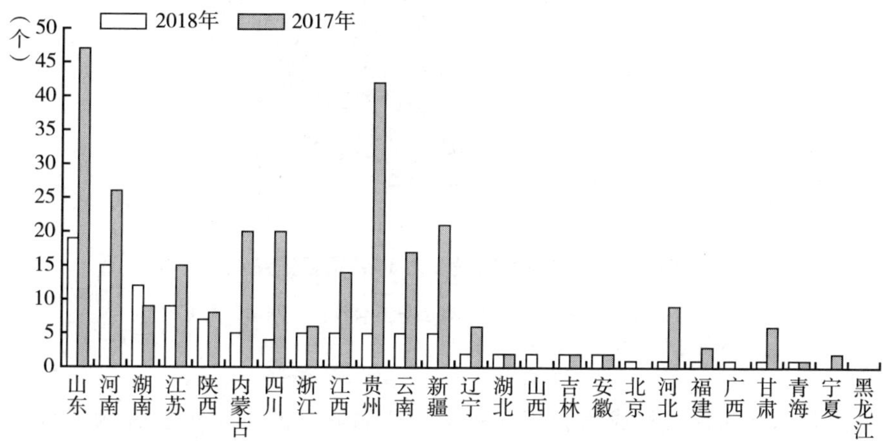

图 5　2017 年与 2018 年养老 PPP 项目数对比

资料来源：财政部政府和社会资本合作中心网站，和君健康养老研究中心收集整理。

进入执行阶段项目渐增，以托底性民生工程为主。养老 PPP 项目进入执行阶段的共 53 个项目，以社会托底的福利院、养护院为主，打着养老名义的地产项目、旅居基地项目大部分都没有通过审核，尚未进入执行阶段。这也从侧面为养老 PPP 项目树立标准和门槛，养老 PPP 项目以保障民生的基础公共设施为主，打着 PPP 旗号的中高端养老机构项目，将难以通过 PPP 方式进行建设运营。整体来说，养老 PPP 项目处于准备阶段项目 32 个，采购阶段项目 27 个，执行阶段项目 53 个，执行阶段项目第一次超过了准备阶段项目，这说明符合“保障型基本养老服务和改善型中端养老服务”的项目在快速通过政府审批，进入项目执行阶段，而不符合财政部要求的项目在大量清退（见图6）。

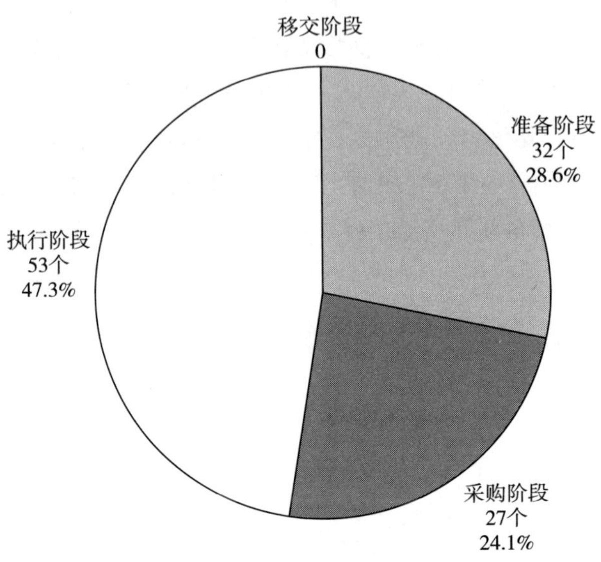

图6　2018年不同阶段养老PPP项目数量汇总

资料来源：财政部政府和社会资本合作中心网站，和君健康养老研究中心收集整理。

养老PPP项目或将成为我国闲置资产改做养老的一个重要金融工具。近年来，随着宏观用地政策的收紧，建设用地的可利用空间逐渐收窄，如何更好地利用存量用地，尤其是企业的自有用地、工业用地等建设养老项目，成为养老产业探索路径之一，破除“土地供应”限制，提升养老产业发展规模、经营模式及整体价值有效性。近年来，政府大力支持机关、企事业单位将所属的度假村、培训中心、招待所、疗养院等，通过PPP模式转型为养老机构，吸引社会资本运营管理。鼓励商业地产库存高、出租难的地方，通过PPP模式将存量厂房、商业设施及其他可利用的社会资源改造成养老机构。因此，PPP模式将成为央企国企盘活存量资产的机遇。

（二）着眼大健康领域的养老产业引导基金

各地养老产业引导基金经过2017年一整年的探索，开始积极寻找投资标的，为本省养老健康产业提供资金支持。从发展规模和发展速度上，安徽、湖南和湖北走在前列，从投资金额和投资数量看，远超其他五个省份（见表3）。

表3　八大政府产业引导资金投资项目

基金名称	基金公司	投资项目
湖南省健康养老产业投资基金	湖南健康养老产业投资基金企业（有限合伙）	湖南普亲老龄产业发展有限公司 湖南万众和社区服务管理有限公司 衡阳华程医院有限公司 长沙大德生命礼仪服务有限公司 湖南希尔天然药业有限公司 ……
甘肃省养老服务产业发展基金	甘肃省养老服务产业发展基金（有限合伙）	兰州东方养老服务产业发展有限公司 兰州金城管家家政服务有限公司 甘肃天奇健康产业集团有限公司
江西省养老服务产业发展基金	江西养老服务产业发展基金（有限合伙）	江西怡园养老服务产业开发有限公司
山东省烟台市养老产业引导基金	烟台福颐养老投资中心（有限合伙）	烟台乐康金岳养老产业有限公司 烟台慈普医疗科技有限公司 瑞康琥珀医疗产业投资（深圳）合伙企业（有限合伙）
安徽省健康养老服务产业投资基金	安徽省中安健康养老服务产业投资合伙企业（有限合伙）	宿州中安安杰健康产业有限公司 枞阳中安健康养老产业有限公司 芜湖彩虹园养老服务管理有限公司 安徽普仁医疗康复管理有限公司 安徽省众城夕彩养老产业服务有限公司 马鞍山力生集团松鹤养老产业投资发展有限公司 ……
湖北省养老服务业发展引导基金	湖北九州通高投养老产业投资基金合伙企业（有限合伙）	九州通医疗投资管理有限公司 武汉真爱妇产医院有限公司 江苏李中水上森林旅游投资有限公司 黄石广慈老年病医院有限公司 ……

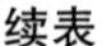

续表

基金名称	基金公司	投资项目
吉林省养老产业股权投资基金	吉林省养老服务产业基金合伙企业(有限合伙)	吉林省宜家清洁股份有限公司 北京祥颐共生养老产业投资有限公司 ……
内蒙古自治区养老产业引导基金	内蒙古财康养老服务产业基金管理中心(有限合伙)	尚未开始对外投资

资料来源：国家企业信用信息公示系统，和君健康养老研究中心收集整理。

政府产业引导基金 2018 年发展趋势与特点如下。

围绕养老产业，投资大健康领域。鉴于养老产业处于规模化前期，且现阶段老年人消费能力尚待提升，市场上优质的养老标的大都已经“名花有主”，导致政府引导型基金可选择的投资成熟标的较少。因此，各个地方政府另辟蹊径，围绕养老产业，投资大健康产业，向较为成熟的产业如医疗、医药、家政、旅游等领域寻找优质标的。在保证基金收益性的要求下，投资本省大健康领域无疑是明智的选择。

以投资本省项目为主，少量投向北京等经济发达城市。从各地养老产业引导基金投向来看，主要以支持本省产业发展为核心，投资标的大都是本省企业，少数省份的资金会投向老龄化程度高、人均 GDP 较高城市中的项目，保证基金的投资回报。这从侧面说明，地方养老产业引导基金在区域性和营利性方面会做平衡考量。

模式创新，联合上市公司进行共同投资。大多数省份的产业引导基金是由政府的城投公司全权负责，湖北省则选择与省内上市公司九州通合作，借助九州通在大健康领域多年投资经验与积累出的基金结构设计、投资标的选择标准、项目尽调等标准，对本省大健康领域企业进行全面筛查，选择成熟的投资标的，规避基金投资风险。

五　养老产业金融趋势判断

（一）长三角地区将出现以养老护理服务为主营业务的上市公司

综观发达国家和地区的资本市场，均存在以养老护理服务为主营业务的上市公司。反观我国A股上市公司，大都是“养老概念股”，并且以在医药、医疗、智慧化系统等大健康领域布局的公司为主。以养老服务为主营业务的公司大多停留在新三板或尚未上市阶段。我国养老产业已进入规模化发展前期，个别经济发展区域已经出现大型连锁化养老服务公司。

对比全国养老产业发展现状，长三角地区老年人人均支付能力高、支付意愿强，并且该区域长期护理保险政策落地和执行力度强，是全国养老服务业市场化程度最高区域之一。因此，我们判断，在2020年之前，我国长三角区域必将出现以养老护理服务为主营业务的上市公司。在这些企业浮出水面之前，政策制定和执行部门应落实相应建设补贴和税收优惠，为养老服务上市公司拓宽上市通道，降低隐形政策门槛，真正推动符合条件的养老服务企业上市。

（二）PPP助力托底性养老机构发展，产业基金将成为养老产业发展最有力的金融手段

财政部对养老PPP项目标准进行细化，明确养老PPP项目主要支持保障型基本养老服务和改善型中端养老服务，在规范养老PPP项目库的同时，也缩小了营利性养老项目的融资渠道。在PPP政策收紧的同时，养老产业基金蓬勃发展，不论是地方政府还是各大上市公司，都积极成立健康养老产业基金，基金投向涉及养老产业整个产业链的不同细分领域。

产业基金的设立较为灵活，投资领域更加宽泛，并且有成熟的风险防范体系，是推动养老产业发展最有力的金融手段。因此，国家在鼓励养老企业用股权、收益权、应收账款等进行质押贷款的同时，要积极鼓励成立产业基金。在防止多层基金嵌套、降低基金投资风险基础上，降低养老产业基金进入门槛，以基金的手段推动产业发展。

（三）大健康理念下医养结合将成为未来投资方向

老年人支付能力低制约着我国养老产业的发展。经过2017年一整年的探索，养老产业参与者逐渐认清产业现状，以活力老人为主要客户群体、提供精神文化类产品的企业逐步在市场中销声匿迹。而以“刚性人群的刚性需求”即以半失能失智、失能失智老年群体为主要客户群体的企业依旧活跃在养老服务市场中。老年人消费意愿低、消费能力低的关键原因在于企业没有抓到老年

群体的“刚需”。

除医疗服务以外，老年人的刚性需求就是以康复护理为核心的轻医养结合领域。因此，医养结合型机构将成为未来最具盈利空间、最具资本价值的投资领域。随着卫生健康委员会的挂牌成立，医养结合成为其重要机构职能之一。卫生健康委员会应承接相应职责，出台专门针对“医养结合”的产业政策，并联合其他部门为医养结合型养老机构提供相应的财政、税收、土地、准入等方面的政策，促进以老年人健康为中心的医养结合型机构的发展。

（四）投资者要有理性预期，遵循产业发展规律

保护投资者的合法权益、引导投资者进行价值投资是资本市场健康稳定运行的基石，能从侧面保护资本市场的正常秩序和健康生态。养老产业与地产、医药和医疗器械等迅速盈利的行业不同，产业投资回报周期长、盈利能力稳定是养老产业的金融属性。不管是养老服务企业还是养老产品企业，都以老年人需求及消费能力为核心。鉴于我国老年人的生命阶段和消费理念的独特性，消费需求还未爆发，养老产业链还不完善，企业盈利能力较弱，养老产业的产业化阶段尚未完成。

在此产业发展阶段，机构投资者要理性看待，保持价值投资和产业生态布局的理念，用时间换盈利空间，在投资过程中，不能急于要求养老项目快速盈利，为项目运营方带来不必要的心理压力。政府要在养老产业认知和投资者教育方面担起应有职责，为养老产业金融市场提供良好的市场环境。

产　品　篇

Product Reports

B.5

养老金产品报告：监管新形势下的养老金产品发展

冯丽英　闫化海*

摘　要： 2017 年是我国金融的强监管之年，随着资管新规等监管政策的陆续出台，养老金产品发展的监管政策环境发生较大变化。本报告首先对 2017 年养老金产品备案、发行、规模、业绩等数据进行详细分析，指出了养老金产品的发展现状和面临的新的政策环境，其次，进一步探讨了养老金产品发展过程中存在的不足和问题，最后，对监管新形势下养老金产品长期

* 冯丽英，建信养老金管理有限责任公司总裁，中国银行业协会养老金业务专业委员会常务副主任，中国社会保险学会社会保险基金投资管理委员会理事，中国养老金融 50 人论坛核心成员，国家二级心理咨询师，注册高级人力资源师，研究领域为人力资源管理、养老金资产管理；闫化海，管理学博士，金融学博士后，中国养老金融 50 人论坛特邀研究员，曾任职于平安养老战略客户部，易方达基金养老金部，泰康养老养老金投资部，现任职于建信养老金管理有限责任公司，研究领域为养老金计划管理和养老金资产管理。本文仅代表个人观点，与供职单位无关。

可持续的发展给出了政策建议。

关键词： 养老金产品 监管新形势 资管新规 产品化时代

为促进企业年金市场健康发展，提高企业年金基金投资运营效率，人社部于2013年3月22日颁布了《关于扩大企业年金基金投资范围的通知》（人社部发〔2013〕23号，简称“23号文”）、《关于企业年金养老金产品有关问题的通知》（人社部发〔2013〕24号，简称“24号文”）。23号文将养老金产品纳入企业年金基金投资的范围；24号文对养老金产品的有关问题进行了明确规定。

24号文规定：养老金产品是由企业年金基金投资管理人发行的、面向企业年金基金定向销售的企业年金基金标准投资组合。养老金产品的类型包括但不限于股票型、混合型、固定收益型、货币型，以及信托产品型、债权计划型、特定资产管理计划型等另类产品等多种形式，可以满足企业年金基金配置的需求和养老金投资的需要。

2016年10月9日，人社部、财政部发布《关于印发职业年金基金管理暂行办法的通知》（人社部发〔2016〕92号），文件第25条明确规定，养老金产品在职业年金的投资范围内。2017年11月28日，人社部在昆明召开了职业年金基金配置养老金产品的研讨会，就职业年金基金在受托计划层面配置养老金产品的可行性和必要性进行探讨。

2015年8月23日，国务院发布了《国务院关于印发基本养老保险基金投资管理办法的通知》（国发〔2015〕48号），文件第34条明确了养老金产品在基本养老保险基金的投资范围内。2017年12月28日，人社部出台了《关于基本养老保险基金投资养老金产品有关问题的通知》（人社厅发〔2017〕160号），就基本养老保险基金投资养老金产品问题进行规范。

24号文颁布实施以来，养老金产品取得了长足发展，特别是近两年养老金产品的数量和规模都呈爆发式增长，标志着养老金投资进入产品化时代。截至2017年12月31日，投管人已备案549只养老金产品，实际运作了268只养老金产品；养老金产品的规模为3502亿元，占企业年金基金市场的25.6%，养老金产品的配置有效提升了养老金的投资效率和管理效率，显示了养老金产品的强大生命力和巨大的市场潜力。

考虑到职业年金尚未正式市场化投资运作，本报告中所研究的养老金产品数据仅限于企业年金基金范畴，报告数据的截止时间为2017年12月31日。

一　2017年养老金产品发行情况

（一）产品备案发行情况

1. 产品备案情况

截至2017年12月31日，21家投管人登记备案并获得确认函的养老金产品有549只。其中2013年获得确认函的有80只产品；2014年获得确认函的有67只产品；2015年获得确认函的有79只产品；2016年获得确认函的有172只产品；2017年获得确认函的有151只产品（见表1）。

2013~2015年是养老金产品发展的探索阶段，每年备案的养老金产品的数量没有明显变化，相对稳定。2016~2017年备案的养老金产品数量急剧增加，经过前三年的市场实践和探索，投管人对养老金产品的定位及其重要性有了更深的认识和理解，加大了对养老金产品的备案和投入力度，使得近两年养老金产品的数量迅速增加。

表1　各年度备案和发行的养老金产品数量情况

单位：只

年份	备案的产品数量	发行的产品数量
2013	80	17
2014	67	45
2015	79	56
2016	172	61
2017	151	89
小计	549	268

从投管人的角度来看，截至2017年12月31日，各家投管人备案的养老金产品数量情况如表2所示。

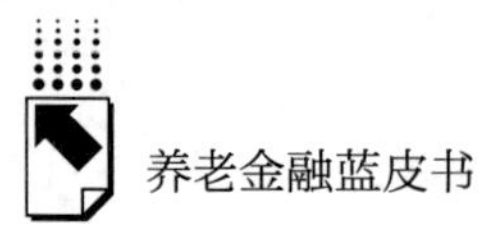

表 2　投管人备案的养老金产品数量情况

单位：只

序号	投管人	产品备案情况		
		2016 年	2017 年	增加数量
1	海富通基金	11	14	3
2	华夏基金	27	43	16
3	南方基金	12	13	1
4	易方达基金	10	26	16
5	嘉实基金	24	29	5
6	招商基金	11	32	21
7	富国基金	15	22	7
8	博时基金	19	24	5
9	银华基金	5	8	3
10	中金	19	24	5
11	中信证券	17	22	5
12	华泰资产	11	15	4
13	平安养老	40	58	18
14	太平养老	16	21	5
15	国泰基金	5	8	3
16	工银瑞信	29	38	9
17	泰康资产	31	43	12
18	人保资产	14	15	1
19	长江养老	19	23	4
20	国寿养老	56	62	6
21	建信养老	7	9	2
小计		398	549	151

2017 年各投管人备案的养老金产品数量都有大幅的增加，在 21 家投管人备案的 549 只产品中，备案数最多的是国寿养老，为 62 只，其次是平安养老，备案了 58 只养老金产品，备案数排名并列第三的是泰康资产和华夏基金，均有 43 只产品备案。前四家投管人备案了 206 只产品，占全部备案产品的 37.5%，同时，这四家投管人也是企业年金市场上投资管理规模最大的四家投管人。

备案养老金产品数量在 15 只（含）以上的投管人有 16 家，比上年度增加了 4 家，这 16 家投管人备案的养老金产品总数为 497 只，占全部备案产品数量的 90.5%。

2. 产品发行情况

截至 2017 年 12 月 31 日，21 家投管人发行的养老金产品数量情况见表 3。

表 3　投管人发行的养老金产品数量情况

单位：只

序号	投管人	2016 年	2017 年	增减变化
1	海富通基金	3	4	1
2	华夏基金	10	16	6
3	南方基金	3	6	3
4	易方达基金	7	8	1
5	嘉实基金	8	10	2
6	招商基金	2	6	4
7	富国基金	6	10	4
8	博时基金	4	11	7
9	银华基金	1	3	2
10	中金	8	10	2
11	中信证券	9	15	6
12	华泰资产	8	10	2
13	平安养老	23	35	12
14	太平养老	13	12	-1
15	国泰基金	2	3	1
16	工银瑞信	9	15	6
17	泰康资产	19	36	17
18	人保资产	7	8	1
19	长江养老	10	11	1
20	国寿养老	26	35	9
21	建信养老	1	4	3
小计		179	268	89

在 21 家投管人中，发行养老金产品数量最多的泰康资产，发行产品数达 36 只，国寿养老和平安养老都发行了 35 只养老金产品，并列排名第二。前三名投管人发行的养老金产品合计 106 只，市场占比 40%。

截至 2017 年底，发行产品数超过 10 只（含）的投管人有 13 家，比 2016

年增加7家。这13家投管人共发行了226只产品，比上年同期增加125只产品，市场占比84%。

在21家投管人中，有7家保险类投管人，包括养老保险公司和保险资产管理公司，共有147只养老金产品发行，在已发行养老金产品数量中占比为55%。管理的养老金产品的规模达2576.12亿元，占全部养老金产品规模的73.6%。

截至2017年12月31日，市场上已发行的养老金产品有268只，备案的产品数量为549只，已发行的比例为49%，不到备案数量的一半。

从资产类型角度来看，养老金产品发行情况如表4所示。

表4　按资产类型分类的产品发行数量情况

单位：只

年份	已发行的产品数量	权益类资产	固定收益类资产	流动性资产	其他投资资产
2014	62	14	44	4	—
2015	118	34	104	10	—
2016	179	56	111	12	—
2017	268	87	164	17	—

从产品类型角度来看，养老金产品发行情况如表5所示。

表5　按产品类型分类的产品发行数量情况

单位：只

年份	已发行的产品数量	股票型	混合型	固定收益型	货币型	其他型
2014	62	11	17	27	4	—
2015	118	29	30	74	10	—
2016	179	48	42	69	12	—
2017	268	79	55	109	17	—

3. 产品托管情况

从托管行托管养老金产品的视角来看产品备案和发行的情况，2017年各托管行备案和发行的养老金产品情况如表6所示。

表 6　托管行养老金产品备案和发行数量情况

单位：只

序号	托管行	备案产品数			发行产品数		
		2016 年	2017 年	增减变化	2016 年	2017 年	增减变化
1	工商银行	164	232	68	70.5	111	40.5
2	建设银行	122	139	17	57	80	23
3	中国银行	13	19	6	9	12	3
4	交通银行	16	32	16	12	14	2
5	招商银行	27	38	11	9.5	18	8.5
6	光大银行	6	7	1	4	4	0
7	中信银行	11	18	7	3	6	3
8	浦发银行	20	30	10	7	10	3
9	农业银行	10	17	7	5	7	2
10	民生银行	9	17	8	2	6	4
小计		398	549	151	179	268	89

注：有一款产品分两期发行，在两个不同的托管行进行资金托管，在此情形下，每个托管行托管的产品数计为 0.5 只。

2017 年，工商银行在备案产品数和发行产品数方面增加最多，并稳居市场第一，建设银行在上述两指标方面都居市场第二位。工商银行和建设银行作为市场排名前两名的托管行，共托管了 371 只养老金产品，遥遥领先于其他托管行，占全部市场的 67.6%。

在已发行的 268 只养老金产品中，10 家企业年金托管行中，只有建设银行和工商银行托管的养老金产品数量超过 20 只，两家银行共托管了 191 只养老金产品，占全部托管养老金产品总数的 71.3%，其市场份额与上年持平。

（二）产品类型情况

按人社部的统计分类口径，可将养老金产品分为股票型、混合型、固定收益型、货币型和其他型五大类型。截至 2017 年 12 月 31 日，在备案的 549 只养老金产品中，有 157 只权益类资产养老金产品（其中包括 133 只股票型产品、6 只股权型产品、11 只优先股型产品和 7 只股票专项型产品）、356 只固定收益类资产养老金产品（包括 117 只混合型养老金产品、239 只固定收益型养老金产品）、36 只流动性资产类养老金产品（即货币型养老金产品）（见表 7）。

表7　各年度不同类型养老金产品情况

单位：只

年份	获得备案产品数	权益类资产	固定收益类资产		流动性资产	其他型
			混合型	固定收益型	货币型	
2013	80	12	22	41	5	—
2014	67	24	12	26	5	—
2015	79	37	12	25	5	—
2016	172	55	51	61	5	
2017	151	29	20	86	16	
小计	549	157	117	239	36	—

通过数据可以看出，市场机构逐渐认识到发展养老金产品的重要作用，2017 年报备的产品数量大幅增加。随着资本市场发展变化，不同类型的养老金产品变化很大，权益类资产养老金产品的新增备案数量减少，相较于 2016 年的 55 只产品，2017 年比上年减少了 26 只；2017 年混合型养老金产品新增备案数量较上年减少了 31 只；固定收益型养老金产品新增备案数量比上年增加了 25 只；货币型养老金产品新增的备案数量大幅增加，2017 年报备了 16 只，是 2016 年备案数量的三倍多。

截至 2017 年底，在已发行的 268 只养老金产品中，实际发行数量前四位的养老金产品类型依次为股票型、普通固定收益型、混合型、信托产品型，实际发行的股票型养老金产品和普通固定收益型养老金产品都增加了 31 只，增长最为明显。这四种类型已发行的产品共有 218 只，占全部已发行产品总数量的 81.3%（见表 8）。

表8　各类型养老金产品统计情况

单位：只

资产类型	产品类型	备案产品数		发行产品数	
		2016 年	2017 年	2016 年	2017 年
权益类资产	股票型	105	133	48	79
	股权型	5	6	2	2
	优先股型	11	11	3	3
	股票专项型	7	7	3	3
	小　计	128	157	56	87

续表

资产类型	产品类型		备案产品数		发行产品数	
			2016 年	2017 年	2016 年	2017 年
固定收益类资产	混合型		97	117	42	55
	固定收益型	普通	58	87	30	61
		存款	6	17	3	5
		债券	16	18	7	7
		债券基金	4	4	—	—
		商业银行理财产品	3	7	1	2
		信托产品	35	57	17	23
		债权计划	16	33	9	9
		特定资产管理计划	14	14	1	1
		保险产品	1	2	1	1
		其他	—	—	—	—
		小　计	153	239	69	109
	小　计		250	356	111	164
流动性资产	货币型		20	36	12	17
其他投资资产	其他型		—	—	—	—
合　计			398	549	179	268

（三）产品发行方式

截至 2017 年 12 月 31 日，在已备案的 549 只养老金产品中，有 482 只养老金产品是公开发行，67 只养老金产品是非公开发行。2017 年非公开发行产品在全部备案产品中的占比 12.20%，比 2016 年同期的 8.54% 增加较多（见表 9）。

表 9　养老金产品历年发行方式情况

单位：只

年份	发行情况	
	公开发行	非公开发行
2013	72	8
2014	61	7
2015	72	6

续表

年份	发行情况	
	公开发行	非公开发行
2016	159	13
2017	118	33
小计	482	67

注：在同一产品下存在多期发行的情形下，如果同一产品下的不同期同时存在公开发行和非公开发行的情形，本研究将该产品视为非公开发行。

非公开发行的原因包括为客户定制产品、项目资源有限或仅为部分特定客户发行等。2017 年非公开发行的养老金产品涉及 16 个投管人（比 2016 年增加 7 个投管人）、12 种类型的养老金产品（比 2016 年增加 2 类养老金产品：基础设施债权计划型和理财产品型）。

非公开发行的产品类型多是另类产品，如信托型、债权计划型养老金产品，2017 年新增加的非公开发行产品中，有 12 只信托型产品、8 只债权计划型产品、2 只基础设施债权计划型产品和 1 只理财产品型。各年度非公开发行产品的类型分布情况如表 10 所示。

表 10　各年度非公开发行产品类型情况

单位：只

年份	信托型	债权计划型	股票型	混合型	优先股型	股权型	存款型	保险产品型	特定资产管理计划型	普通型	基础设施债权计划型	理财产品型
2013	4	4	—	—	—	—	—	—	—	—	—	—
2014	—	1	1	1	2	1	1	—	—	—	—	—
2015	2	1	2	—	—	—	—	1	—	—	—	—
2016	—	—	3	6	1	—	—	—	2	1	—	—
2017	12	8	3	—	—	1	1	—	—	2	2	1
小计	18	14	9	7	3	2	2	1	2	3	2	1

对于股票型和混合型养老金产品而言，非公开发行的原因可能是考虑为客户定制或向部分重要客户定向开放；对于项目类的养老金产品，如信托型、债权计划型、股权型等，主要与投管人公司所掌握或合作的项目资源有关。

截至2017年底，非公开发行产品的数量超过2只的投管人有6家（比2016年增加2家），这6家投管人共有51只（比2016年增加23只）非公开发行的养老金产品，占全部非公开发行产品的76.12%。

（四）企业年金投资进入产品化时代

24号文颁布实施以来，养老金产品快速发展，特别是2016年以来养老金产品的数量和规模都呈爆发式增长，养老金产品的规模已占企业年金基金的四分之一多，我国企业年金投资逐步进入产品化时代。

养老金投资的产品化指数=（当年养老金产品的规模/当年企业年金基金实际运作资金规模）×100%。

各年度企业年金投资的产品化指数如表11所示。

表11　各年度养老金投资的产品化指数

单位：亿元，%

年份	养老金产品规模	企业年金基金实际运作资金规模	养老金投资的产品化指数
2013	149	5783.60	2.58
2014	513.91	7402.86	6.94
2015	1195.90	9260.30	12.92
2016	2214.39	10756.22	20.59
2017	3502.44	12537.57	25.57

从表11数据可以看出，养老金投资的产品化指数呈现每年递增的趋势，随着职业年金和基本养老保险基金的市场化运作，养老金投资的产品化指数将不断增加，养老金投资的产品化程度将越来越高。

二　2017年养老金产品的投资运营情况

（一）产品规模

1. 从年度数据角度

养老金产品每年保持着非常高的增长率。2017年养老金产品的总规模为

3502 亿元，比上年增加了 58%。

各年度养老金产品的规模情况如表 12 所示。

表 12　各年度养老金产品的规模情况

单位：亿元，%

年份	养老金产品规模	增幅	年份	养老金产品规模	增幅
2013	149	—	2016	2214	85
2014	514	245	2017	3502	58
2015	1196	133			

2. 从资产类别角度

2017 年，固定收益类资产增幅最大，增幅达 62%；权益类资产增幅次之，增幅达 50%。权益类资产增幅与股市的表现有一定的相关性，养老金产品市场规模的增加更多是固定收益类资产的增加。养老金产品各资产类型的规模情况如表 13 所示。

表 13　不同资产类别养老金产品的规模情况

单位：亿元，%

资产类型	2016 年	2017 年	增幅
权益类	247. 59	372. 07	50
固定收益类	1716. 86	2789. 18	62
流动性	249. 95	341. 2	37
合计	2214. 39	3502. 44	58

3. 从产品类型角度

受 2017 年股市结构性行情的影响，股票型养老金产品的增幅最大，固定收益型养老金产品的增幅次之，货币型和混合型养老金产品的增幅较低。养老金产品各类型的规模情况如表 14 所示。

4. 从投管人的角度

截至 2017 年 12 月 31 日，管理养老金产品规模超过 100 亿元的投管人有 8 家，比上年增加 3 家，其中有 5 家为养老保险类投管人，有 3 家是基金类投管人，分别是泰康资产、平安养老、国寿养老、太平养老、长江养老、嘉实基金、

表 14　不同类型养老金产品的规模情况

单位：亿元，%

产品类型	2016 年	2017 年	增幅
股票型	120.27	235.17	96
混合型	588.64	791.75	35
固定收益型	1128.22	1997.43	77
货币型	249.95	341.2	37

华夏基金和工银瑞信。8 家投管人的养老金产品规模合计 2891.68 亿元，市场占比高达 82.56%。

养老金产品市场规模占比超过 10% 的投管人有 3 家，分别是泰康资产、平安养老和国寿养老，3 家投管人养老金产品的规模为 2073.81 亿元，市场占比为 59.22%。同时，这 3 家投管人也是企业年金基金市场上市场份额超过 10% 的 3 家投管人。

21 家投管人发行养老金产品的规模如表 15 所示。

表 15　各投管人的养老金产品规模情况

单位：万元，%

序号	投管人	养老金产品		企业年金	
		养老金产品规模	市场占比	企业年金基金规模	市场占比
1	海富通基金	695749.54	1.99	3760408.35	3.03
2	华夏基金	1117377.68	3.19	9017596.86	7.28
3	南方基金	223359.33	0.64	4768609.08	3.85
4	易方达基金	923276.46	2.64	5609790.72	4.53
5	嘉实基金	1173753.53	3.35	5422073.27	4.38
6	招商基金	300093.51	0.86	1508211.01	1.22
7	富国基金	351529.94	1.00	3077068.16	2.48
8	博时基金	242209.72	0.69	3896016.53	3.14
9	银华基金	330272.65	0.94	854876.31	0.69
10	中金	404904.34	1.16	4793821.57	3.87
11	中信证券	963885.88	2.75	4784583.69	3.86
12	华泰资产	273241.94	0.78	1240617.34	1.00
13	平安养老	7991223.14	22.82	18394546.74	14.84
14	太平养老	2808931.05	8.02	7705200.31	6.22

续表

序号	投管人	养老金产品		企业年金	
		养老金产品规模	市场占比	企业年金基金规模	市场占比
15	国泰基金	81490. 44	0. 23	982089. 43	0. 79
16	工银瑞信	1900090. 48	5. 43	6812335. 03	5. 50
17	泰康资产	7269840. 54	20. 76	17961382. 32	14. 50
18	人保资产	762445. 74	2. 18	1851725. 14	1. 49
19	长江养老	1178478. 72	3. 36	6682037. 48	5. 39
20	国寿养老	5477063. 76	15. 64	14157533. 92	11. 43
21	建信养老	555221. 06	1. 59	632622. 87	0. 51
小计		35024439. 45	100. 00	123913146. 13	100. 00

5. 从托管人的角度

10 家托管银行托管的养老金产品规模如表 16 所示。

表 16　各托管行托管的养老金产品规模情况

单位：万元，%

序号	托管行	养老金产品		企业年金基金	
		托管规模	市场占比	托管规模	市场占比
1	工商银行	13353090. 94	38. 13	47702993. 94	37. 04
2	建设银行	12117230. 93	34. 60	20394917. 10	15. 83
3	中国银行	1507413. 8	4. 30	17397807. 42	13. 51
4	交通银行	2998116. 88	8. 56	7181596. 05	5. 58
5	招商银行	783909. 34	2. 24	9537385. 92	7. 40
6	光大银行	115531. 91	0. 33	4890733. 35	3. 80
7	中信银行	907055. 75	2. 59	6193762. 92	4. 81
8	浦发银行	1767744. 14	5. 05	5048950. 30	3. 92
9	农业银行	1275459. 15	3. 64	8165003. 08	6. 34
10	民生银行	198886. 61	0. 57	2283576. 76	1. 77
小计		35024439. 45	100. 00	128796726. 84	100. 00

截至 2017 年 12 月 31 日，托管的养老金产品规模超过 100 亿元的托管行有 6 家，分别是建设银行、工商银行、交通银行、浦发银行、农业银行和中国银行，其市场份额为 94. 28%。其中养老金产品市场份额超过 10% 的托管行有 2 家，为工商银行和建设银行，两家银行的市场份额为 72. 73%，比上年同期

增加 1.45 个百分点。

6. 从单只产品规模的角度

截至 2017 年 12 月 31 日，已投资运作的 268 只养老金产品的总规模为 3502 亿元，平均每个养老金产品的投资运作规模为 13.07 亿元（比上年同期的 12.37 亿元增加了 0.7 亿元），高于 2017 年企业年金基金市场每个投资组合 3.61 亿元的平均规模。

2017 年，有规模数据的养老金产品数为 267 个（1 只产品规模数据为 0），267 只养老金产品规模的中位数是 5.2746 亿元，单只养老金产品的最大规模为 130.583 亿元，最小规模为 4.32 万元（见表 17）。

表 17　养老金产品的规模分布情况

单位：只，%

规模划分	2016 年	2017 年	增幅
大于 30 亿元	19	34	78.95
5 亿～30 亿元	71	108	52.11
1 亿～5 亿元	59	99	67.80
小于 1 亿元	30	27	-10.00
小计	179	268	49.72

本研究统计了规模超过 10 亿元的养老金产品情况，如表 18 所示。

表 18　养老金产品规模超 10 亿元的产品分布情况

单位：只，万元

序号	保险类投管人	规模大于 10 亿元的产品数	规模大于 10 亿元的产品规模	非保险类投管人	规模大于 10 亿元的产品数	规模大于 10 亿元的产品规模
1	平安养老	20	7564562.80	华夏基金	3	733894.64
2	泰康资产	16	6380183.75	易方达基金	4	723224.21
3	国寿养老	14	4713395.97	工银瑞信	9	1695936.65
4	太平养老	7	2636024.80	嘉实基金	5	1095178.82
5	长江养老	3	786514.78	招商基金	1	148377.21
6	人保资产	4	558850.53	博时基金	1	155342.92
7	华泰资产	1	104013.51	海富通基金	1	527462.52

续表

序号	保险类投管人	规模大于10亿元的产品数	规模大于10亿元的产品规模	非保险类投管人	规模大于10亿元的产品数	规模大于10亿元的产品规模
8				银华基金	1	307612.81
9				建信养老	1	476469.43
10				中信证券	4	632187.61
11				中金	2	206664.20
小计	—	65	22743546.14	—	32	6702351.02

规模超过10亿元的养老金产品数量为97只，比2016年同期增加36只，其中保险类投管人有65只产品（较上年同期的40只产品，增加了25只），非保险类投管人有32只产品（上年同期有21只产品，增加了11只）；保险类投管人管理的10亿元以上规模的产品数量是非保险类投管人的产品数量的2倍。

规模超过10亿元的97只养老金产品的总规模为2944.6亿元，占全部养老金产品市场的84.1%。其中保险类投管人的65只产品规模为2274.35亿元，占全市场的64.94%，市场占比与上年持平；非保险类投管人的32只产品规模为670.24亿元，市场占比19.14%，市场占比与上年持平。

（二）投资经理

根据公开披露数据，养老金产品的投资经理总人数从2016年的140人增加到2017年的189人，增加49人，增幅35%。大多数投管人负责养老金产品的投资经理人数在2017年度是增加的（见表19）。

表19　已投资运作产品的投资经理人数

单位：人

序号	投管人	2016年已运作产品的投资经理人数	2017年已运作产品的投资经理人数	投资经理人数增减变化
1	海富通基金	4	3	-1
2	华夏基金	9	14	5
3	南方基金	4	7	3
4	易方达基金	8	9	1
5	嘉实基金	7	6	-1

续表

序号	投管人	2016 年已运作产品的投资经理人数	2017 年已运作产品的投资经理人数	投资经理人数增减变化
6	招商基金	4	5	1
7	富国基金	7	7	0
8	博时基金	4	10	6
9	银华基金	1	3	2
10	中金	5	6	1
11	中信证券	8	9	1
12	华泰资产	5	4	-1
13	平安养老	12	18	6
14	太平养老	11	11	0
15	国泰基金	2	2	0
16	工银瑞信	9	12	3
17	泰康资产	10	19	9
18	人保资产	4	5	1
19	长江养老	9	12	3
20	国寿养老	15	23	8
21	建信养老	2	4	2
小计		140	189	49

截至 2017 年 12 月 31 日，已投资运作养老金产品的投资经理人数为 189 人。已投资运作的产品数为 268 只，可以计算得出市场上平均每个投资经理管理的养老金产品数为 1.42 只（2016 年此数据为 1.28 只），比上年度增加 10.94%。

（三）产品持有人

截至 2017 年 12 月 31 日，已有 268 只养老金产品投资运作。养老金产品的总持有人数为 15522 人，比上年同期增加 5652 人，增长 57.3%。平均每只养老金产品的持有人数为 57.92 人，持有人数比上年同期增加 5%。

2017 年养老金产品持有人的统计情况：养老金产品持有人的最大值为 590 人，最小值为 1 人，产品持有人的中位数为 20 人，比上年同期中位数减少了 2 人。

本研究统计，2017 年，持有人超过 100 人的养老金产品有 50 只，具体分布情况如表 20 所示。

表 20　养老金产品持有人超过 100 人的产品情况

单位：只

投管人	2016 年产品持有人超过 100 人的产品数	2017 年产品持有人超过 100 人的产品数	变化情况
平安养老	13	21	8
泰康资产	5	9	4
国寿养老	8	12	4
太平养老	6	7	1
工银瑞信	—	1	1
小计	32	50	18

2017 年底，产品持有人超过 100 人的养老金产品数量为 50 只，比上年增加 18 只，涉及 5 家投管人，其中工银瑞信是 2017 年新增加的，其余四家全部为保险类投管人。相比较而言，保险类投管人较非保险类投管人的优势明显，这与保险类投管人大多同时兼任受托人，受托人管理众多中小企业的集合计划及其法定的资产配置职责有关。

历年养老金产品的总产品持有人数据如表 21 所示。

表 21　历年养老金产品总持有人数

单位：人，只

年份	2013 年	2014 年	2015 年	2016 年	2017 年
总持有人数	127	2662	5685	9870	15522
运作产品数	17	62	118	179	268

随着投资运作的养老金产品的不断增加，养老金产品的总持有人数量也在快速增加。

（四）投资业绩

截至 2017 年 12 月 31 日，21 家企业年金投管人已备案的养老金产品数为 549 只，有 268 只养老金产品已经投资运作，已投资运作的养老金产品规模为 3502 亿元，2017 年度养老金产品的总体投资收益率为 5.44%。养老金产品的季度/年度投资收益情况，如表 22 所示。

表 22　养老金产品的季度/年度投资收益情况

单位：%

季度	季度收益率	年度收益率
2014 年第一季度	1.29*	8.29
2014 年第二季度	1.91	
2014 年第三季度	2.18	
2014 年第四季度	2.67*	
2015 年第一季度	3.44	10.48
2015 年第二季度	3.67	
2015 年第三季度	-0.61	
2015 年第四季度	3.66*	
2016 年第一季度	0.59	3.49
2016 年第二季度	1.25	
2016 年第三季度	1.77	
2016 年第四季度	-0.15*	
2017 年第一季度	1.18	5.44
2017 年第二季度	1.35	
2017 年第三季度	1.48	
2017 年第四季度	1.26*	

注：标 * 的收益数据为根据年度数据推算得到，保留到小数点后二位。

养老金产品的资产类别的历年收益情况，如表 23 所示。

表 23　养老金产品的资产类别收益情况

单位：%

类型	2014 年	2015 年	2016 年	2017 年
权益类资产	30.58	25.52	0.32	12.40
固定收益类资产	8.27	10.04	3.99	4.63
流动性资产	5.89	5.46	3.28	4.05

注：根据公开披露数据整理。

养老金产品的产品类别的历年收益情况，如表 24 所示。

本报告对比分析了混合型养老金产品与企业年金市场平均收益的情况。由于混合型养老金产品中有一定比例的权益资产，所以权益市场的涨跌变化，也

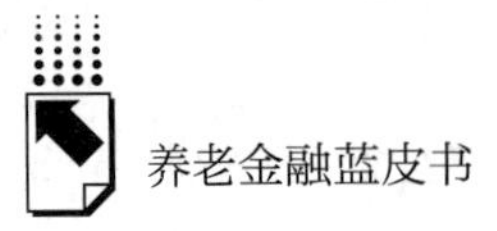

表 24　养老金产品的产品类别收益情况

单位：%

类型	2014 年	2015 年	2016 年	2017 年
股票型	30. 58	33. 20	-8. 19	18. 42
混合型	13. 00	12. 82	2. 65	5. 39
固定收益型	6. 71	8. 26	4. 83	4. 22
货币型	5. 89	5. 46	3. 28	4. 05

注：根据公开披露数据整理。

会影响混合型养老金产品的业绩表现。总体而言，2014～2015 年，混合型养老金产品的业绩好于企业年金基金的市场平均业绩，2016 年在二级市场波动较大的市场环境下，混合型养老金产品的业绩表现差强人意，2017 年在股市结构性行情下，投管人较好地把握住了市场机会，混合型养老金产品获得了高于市场平均的投资业绩（见表 25）。

表 25　混合型养老金产品的业绩与企业年金市场平均业绩比较

单位：%

年　份	混合型养老金产品	企业年金行业平均
2014	13. 00	9. 30
2015	12. 82	9. 88
2016	2. 65	3. 03
2017	5. 39	5. 00

自 2013 年 24 号文发布实施以来，养老金产品发展迅速，截至 2017 年底，已投资运作了 268 只产品，养老金产品的规模达 3502 亿元，占已投资运作企业年金基金的 25. 6%。经过多年的发展，养老金产品已经成为企业年金基金配置的有效工具。

三　养老金产品发展中存在的问题

（一）监管新形势对产品发展提出了新挑战

2017 年是中国金融行业监管发展的一个分水岭，强监管、严监管将成为常态。2017 年以来，防范系统性金融风险，就已经压过稳增长，成为中国经济的重中之重。随着十九大报告提出“守住不发生系统性金融风险的底线”，以及一系列监管新规的出台和监管部门的改革，中国金融行业迈入了“稳”字当头的强监管时代。

近年来，我国资产管理业务快速发展，但也存在部分业务发展不规范、多层嵌套、刚性兑付、规避金融监管和宏观调控等问题。资管新规的出台可以有效规范金融机构资产管理业务，统一同类资产管理产品监管标准，有效防控金融风险，引导社会资金流向实体经济，更好地支持经济结构调整和转型升级。

资产管理业务是指银行、信托、证券、基金、期货、保险资产管理机构、金融资产投资公司等金融机构接受投资者委托，对受托的投资者财产进行投资和管理的金融服务。资产管理业务是金融机构的表外业务，金融机构开展资产管理业务时不得承诺保本保收益。

资管新规要求打破刚兑、去通道、去杠杆、去资金池、去嵌套等。资管新规作为一份纲领性文件，尽管有些细则尚未出台，但该文件对我国所有资产管理业务的规范有序发展将起到至关重要的作用。

养老金产品作为仅向养老金基金定向销售的资管产品，有其特殊性，资管新规中明确规定，资产证券化产品 ABS 和养老金产品不受资管新规的约束。但在监管新形势下，养老金产品的发行机构要严格执行资管新规的相关要求，随着养老金市场的发展和监管政策的变化，养老金产品也要适应监管政策的变化，并根据政策的要求和规定进行调整和规范发展。

（二）养老金产品同质化问题

经过几年的发展，养老金产品市场中存在的产品同质化问题，不仅存在于市场上的不同投管人之间，还存在于同一投管人内部不同投资经理之间。

为提高投资效率，投管人主要通过内部归集的方式，将大量中小组合的资金分配给养老金产品，配置的养老金产品的主要类型是混合型、股票型和非标类养老金产品。投管人发行运作的产品也更多集中在这几类具有配置共性的产品上，加上目前市场上养老金产品的配置绝大多数配置自己的产品，由于上述原因，市场上不自觉地形成了各投管人之间养老金产品的较多相似性和同质性。

在公司内部不同投资经理之间的产品同质化问题，是指这样一种情形，公司为不同投资经理发行多款相似的养老金产品，用于该投资经理对日常养老金资产进行配置，大多数情况下，投资经理只配置自己管理的养老金产品，甚至从不配置公司内其他投资经理的产品。从产品类型角度来看，不同投资经理管理的产品存在同质化现象；从风险的角度来看，不利于风险的充分分散化；从产品的规模来看，更多局限于个人管理的有限养老金规模，不利于养老金产品的长期有序发展。个人认为比较理想的情形是，应根据各投资经理的自身优势和投资特点，在公司层面为投资经理合理分配管理的养老金产品类型和数量，充分发挥各投资经理的优势和特长，并在公司不同投资组合中统筹优化分配和配置。此外，不同投资经理间的产品同质化问题将会导致公司宝贵的投资资源和投资人才的低效和浪费，不利于养老金产品的可持续发展和规模扩大。

（三）受托直投业务发展缓慢

24 号文规定，可在计划层面和组合层面配置养老金产品，但是目前市场上 95% 左右的养老金产品都是在组合层面配置的，在计划层面配置的养老金产品占比低，受托直投工作严重滞后于市场的发展。

人社部公开的统计数据显示，截至 2017 年底，受托直投的养老金产品规模为 146. 26 亿元，占全部养老金产品总规模 3502. 44 亿元的 4. 2% 。

历年计划层面和组合层面配置的养老金产品的情况如表 26 所示。

表 26　计划层面和组合层面配置养老金产品情况

单位：亿元，%

年份	计划层面配置产品		组合层面配置产品	
	规模	占比	规模	占比
2015	60	5. 02	1136	94. 98
2016	83. 18	3. 76	2131. 21	96. 24
2017	146. 26	4. 18	3356. 18	95. 82

注：2015 年数据来自 2016 年养老金融蓝皮书，2016 年和 2017 年数据来自人社部披露数据。

造成受托直投工作滞后的原因包括：年金客户对受托直投有个认识和接受的过程；受托直投的收费政策不明确，目前受托人开展受托直投工作投入大、产出小，积极性不高；年金理事会作为内部受托人，目前还不能开展受托直投工作等。

（四）难以满足客户的多样化需求

目前，市场上的基本养老保险基金、企业年金基金和职业年金基金都可以投资养老金产品。2017 年底人社厅发布的 160 号文，明确了基本养老保险基金投资养老金产品的具体情况，可以直接投资标准化的养老金产品，对于要投资的非标型养老金产品，须按照要求单独履行备案程序，同时仅在组合层面收费。2017 年底，新疆启动职业年金招标工作以来，中央国家机关养老保险管理中心和山东省等各省份陆续启动职业年金招标工作。

2017 年 12 月以来，新疆、中央国家机关养老保险管理中心、山东省已经启动职业年金招标工作，其他省份的职业年金的招标工作马上启动，预计每年的新增资金量为 2500 亿元（实账 1500 亿元），累计职业年金的规模将达 6000 亿 ~7000 亿元。

庞大的市场和多样化的产品需求，为养老金产品的发展壮大提供了难得的历史机遇。

基本养老保险基金、企业年金基金和职业年金基金三类养老金的客户和产品需求方面都存在诸多差异，养老金产品的设计、投资政策和销售策略等如何满足这三类有差异需求的养老金的配置需求，将是养老金产品发行人密切关注和亟待解决的问题。

（五）养老金产品的投资者教育不足

一直以来，我国的投资者教育和金融消费者保护工作滞后于市场的发展，社会上出现了诸如 P2P 跑路、老年人被骗取巨额储蓄等。对于养老金而言，广大群众对养老金产品知之更少，甚至绝大多数金融从业人员也分不清养老金产品、社保基金、企业年金等的区别。

对于从事第二支柱职业养老金（这里指企业年金和职业年金）的相关人员而言，养老金产品也有很多人不熟悉不了解。例如企业年金的委托人、受托人和投管人方面的年金管理人员和经办人员，由于较少接触，对养老金产品的了解也仅限于知道名字而已。

举例来讲，受托直投工作进展缓慢的一大原因是养老金产品的投资者教育不足。养老金产品涵盖了市场上各种类型的产品，可以通过后端集合的形式实现投资效率的提升。同时，养老金产品的发展从最初的单一专户模式，发展到现在的专户和产品两种模式并存的时代，养老金产品已经成为养老金投资的有效配置工具。正是这些对养老金产品认识和理解上的差异，才会导致受托直投工作等推进比较缓慢。

由此可见，养老金的投资者教育工作对养老金事业的发展壮大有着至关重要的作用和影响。

四　养老金产品发展的政策建议

（一）扩大养老金的投资范围

23 号文扩大了企业年金基金的投资范围，促进了企业年金市场的发展，但随着近年资本市场和监管政策的巨大变化，现有的投资范围已不适应养老金投资所需的日益增加且多样化的产品选择需求和资产配置要求。社保基金的投资范围比企业年金宽泛，可以投资境外资产和股权投资，而企业年金基金只能投资境内资产，股权投资需要申报，监管部门一事一议。近两年随着资产证券化业务和房地产 REITs 等创新性业务不断开始出现，这类期限长，可以获得稳定现金流或收益的项目，与养老金的长期投资需求非常吻合，可以开发出相应的养老金产品，非常适合对养老金这种长期资金进行配置。

2018 年 4 月，人社部发布《关于扩大企业年金基金投资范围的通知》征求意见稿。自 2014 年启动以来，港股通已经在保险业、基金业形成了较为成熟的监管框架和运作模式。2017 年港股通交易金额约 2 万亿元人民币，较 2016 年增长约 170%；2016 年、2017 年平均收益分别为 6.14% 和 18.8%，显著高于上证综指 -12.31% 和 6.56% 的涨幅。养老金投资港股通股票，在有效控制风险的情况下，可以缓解养老金资产的配置压力，优化养老金资产配置结构，有效提升养老金的投资收益。

随着企业年金基金、职业年金基金和基本养老保险基金的不断发展，在养老金投资产品化的大趋势下，对养老金产品的多样化需求就显得尤为重要。建议在条件成熟时逐步放开港股市场的投资，同时鼓励投管人开发出适合养老金配置的以资产证券化产品和 REITs 产品为基础的多类型不同风险偏好的养老金产品。

（二）优化养老金产品的收费模式

养老金产品的收费模式是产品端单向收费，出于投管人自身利益最大化，养老金产品的配置绝大多数集中在自身养老金产品上，形成了不同投管人的“孤岛效应”，不利于养老金产品的长期可持续发展。据不完全统计，市场上 90% 以上的养老金产品配置在投管人自己的投资组合中。上述“孤岛效应”不仅发生在组合层面，同时也发生在计划层面，市场上绝大多数受托人同时兼任投管人（含受托人和投管人在同一集团内的情形），受托人从自身利益最大化角度考虑，通常仅配置自己发行或集团内投管人发行的养老金产品。

2017 年 12 月 28 日，人社部办公厅发文（160 号文）对基本养老保险基金投资养老金产品的相关事宜进行了明确和规范：“基本养老保险基金委托组合投资的非标型养老金产品，在养老金产品层面可不收取管理费，在组合层面收取管理费。”此规定改变了企业年金基金仅在产品层面收费的情况，同时还规定：“基本养老保险基金委托组合投资于投资管理机构自身管理、或以投资顾问财务顾问等名义参与管理的基础设施债权投资计划、信托产品等非标项目时，除养老金产品不收取管理费外，委托组合中涉及投资该非标项目的养老基金资产份额可不收取管理费。”

160 号文出于养老金基金收益最大化的视角，对养老金产品的收费模式进行了规定，避免了投管人收取多道费用，保障了基本养老保险基金的长期稳健保值增值。企业年金基金和职业年金基金也可借鉴基本养老保险基金的养老金产品收费模式，可在一定程度上减少和避免“孤岛效应”，促进养老金产品的长期可持续发展。

（三）大力发展受托直投业务

企业年金基金的受托直投工作自 2014 年开始起步，到 2017 年底取得了快速发展。

受托直投业务可在受托计划层面起到有效分散投资风险、平滑受托计划业绩波动等作用，但近年的发展不理想，部分原因包括：客户对受托直投业务认识有待提高，目前受托直投收费模式没有激励，受托人兼任投管人的情形下没有动力配置外部投管人的养老金产品，企业年金理事会受托模式下不能开展受托直投业务。随着企业年金基金和养老金产品市场的发展，人们对受托直投业务的认识和理解会有进一步的深入和加强，相信委托人会逐渐重视和加大受托直投业务的规模和比重，同时也相信受托人会更加公平、公正、公开地在全市场上选择养老金产品，严格履行受托人的“受人之托，忠人之事”的职责，大力发展企业年金基金的受托直投业务。

自 2017 年 12 月起，已有新疆、山东和中央国家机关养老保险管理中心启动并完成了职业年金基金受托人的招标工作。对职业年金基金而言，其治理结构不同于企业年金基金，职业年金受托人有更多的风控要求，对本受托计划的业绩承担更多的责任。同时，在选择投管人时还会面临较多的约束，是一个多管理人的多目标决策的复杂问题，这些约束将使得职业年金基金投管人的选择工作异常复杂和困难，而且选择的结果可能是次优或较差的结果。在此治理结构和约束下，受托直投作为受托人的主动投资行为，其作用就显得至关重要，受托人加大受托直投业务在受托计划中的比重，就能获得较多的主动权。

受托直投是受托人在计划层面的主动投资行为，受托直投工作将极大地增强受托人对受托计划的投资业绩和风险控制的管控能力，有利于充分分散风险、平滑受托计划业绩的波动、优化受托计划层面的资产配置，帮助受托人切实有效地履行受托职责，确保企业年金基金和职业年金基金的保值增值。人社部看到了受托直投的积极作用，并于 2017 年 11 月在昆明召开会议，专门研讨受托直投在职业年金基金投资中的作用和可行性等问题。

（四）将养老金产品纳入第三支柱的产品库

目前，养老金产品已经是养老金三支柱中第一支柱和第二支柱的可投资产品。第一支柱基本养老保险基金已经开始配置养老金产品；第二支柱的企业年金基金，2017 年底已投资的养老金产品规模达 3502 亿元；职业年金基金已有三家完成受托人招标工作，接下来启动投管人招标后就可以配置养老金产品。上述三种养老金配置养老金产品的制度和流程都已成熟完备，随着资本市场的发展，上述三类养老金和养老金产品的发展会相互促进，不断发展壮大。

目前，我国尚无严格意义上的第三支柱，即个人养老金制度。人社部和社会保险学会正在开展我国第三支柱个人养老金制度的顶层设计和相关研究工作，从第三支柱的产品供给的角度来看，养老金产品应该成为第三支柱产品库中的一种产品。支持养老金产品成为第三支柱可选产品的理由如下。

（1）养老金产品是专为养老金而设计的产品。2013 年 24 号文对养老金产品的定义是："养老金产品是由企业年金基金投资管理人发行的、面向企业年金基金定向销售的企业年金基金标准投资组合。"此后，养老金产品逐步向职业年金基金和基本养老保险基金放开投资，并在国家法规中明确。

（2）养老金产品是按照信托制度设计的类公募型产品，信托的制度安排使得养老金产品完全符合资管新规的要求，并有严格的托管制度和透明的信息披露制度，可在市场上随时申购赎回。

（3）养老金产品的发行人是人社部严格审批过的投管人，截至 2017 年底，仅有 21 家投管人可以发行养老金产品，而且这 21 家投管人都是经过过去十年牛熊转换，且具有多年企业年金、社保基金等丰富投资经验的投管人，对养老金业务的特性有深刻的理解和认识。

不过，目前养老金产品作为第三支柱可配置的产品还有一个政策障碍，根据 24 号文和相关法律法规的要求，目前养老金产品仅向机构销售，还不能向个人销售。随着第三支柱个人养老金顶层设计的完成，希望相关监管部门逐步放开养老金产品对个人的销售，并将养老金产品纳入第三支柱个人养老金业务的产品库中。

放开养老金产品对个人的销售并纳入第三支柱产品库中，将会丰富个人的投资产品选择，大大促进第三支柱个人养老金业务的发展。同时也可实现养老金产品覆盖养老金体系的一、二、三支柱。

（五）做好养老金的投资者教育工作

做好委托人的养老金投资者教育工作。养老金客户和委托人作为养老金的甲方，在养老金投资运作等方面具有较强的谈判优势和话语权。委托人对养老金特性和业务的了解程度会影响到相关业务开展的顺利程度及配合完成情况，此外企业年金和职业年金的制度设计是信托制度安排，我国的信托法实施较晚，缺失信托意识是社会普遍的现象，这在很大程度上影响对企业年金和职业年金的认识和理解，并在实际工作中形成对养老金业务理解上的偏差，增大工作难度，因此做好委托人的养老金投资者教育工作对顺利开展养老金业务的工作非常重要。

做好养老金管理机构的养老金投资者教育工作。养老金管理机构包括受托人、投资管理人、账户管理人和托管人，各机构相关人员的知识结构、年龄差异、工作岗位要求不同等因素，也会造成人们对养老金业务的理解和认识有偏差，并会影响到养老金基金的正常运作，因此养老金管理机构相关人员的养老金投资者教育也是非常必要的。

做好受益人的养老金投资者教育工作。企业年金和职业年金的受益人是广大参加企业年金和职业年金的职工和个人。由于受益人人数众多，单位普遍缺少对受益人养老金的投资者教育工作，即使参加企业年金多年的员工也许不清楚个人的积累额和权益归属情况，甚至也有职工将个人的企业年金基金等同于保险产品。上述问题的存在，说明对受益人的养老金投资者教育工作是非常必要的。

养老金的投资者教育工作是一项长期的任务，需要全社会关注和积极参与，随着我国资本市场的不断发展壮大和规范，做好养老金投资者教育工作对推动养老金体系三支柱的发展和完善，特别是对第三支柱个人养老金业务的规范和发展起到非常重要的引导和促进作用。

参考文献

人力资源和社会保障部：《2017 年度全国企业年金基金业务数据摘要》，人社部官网。

人力资源和社会保障部：《2017 年企业年金养老金产品信息一览表》，人社部官网。

董克用、姚余栋：《中国养老金融发展报告（2016）》，社会科学文献出版社，2016。

董克用、姚余栋：《中国养老金融发展报告（2017）》，社会科学文献出版社，2017。

B.6 养老保障管理产品发展动态及未来探索

苏 罡*

摘 要： 2017年，在"严监管"形势下，养老保障管理产品和服务的风险管理工作进一步加强。与之前相比，养老保障管理产品特别是个人开放式产品规模迅速增长，与互联网金融平台之间的合作更为密切和深入。当然，在业务开展过程中依旧面临着产品和政策方面的一些新旧挑战，对此，本报告分析了养老保障管理产品的发展情况，包括产品在养老保障三支柱中的功能定位、产品的久期管理和资产配置、符合生命周期管理特点的产品发展，以及与互联网融合的产品和服务体系的进一步完善，并提出了相关建议。

关键词： 养老保障管理产品 互联网合作 严监管

一 2017年养老保障管理产品政策动态

2017年，"严监管"成为常态，从全国金融工作会议到党的十九大，再到中央经济工作会议，严监管和防风险已经成为金融领域今后一段时间工作的重中之重。2018年4月，中国人民银行、中国银行保险监督管理委员会、中国

* 苏罡，金融学博士，高级经济师，中国注册会计师协会非执业会员，现任长江养老保险股份有限公司党委书记、执行董事、总经理，京沪高速铁路股份有限公司董事，中国保险资产管理业协会副会长和养老金管理专业委员会主任委员，中国保险学会常务理事，中国保险行业协会理事，华夏新供给经济学研究院副理事长，中国养老金融50人论坛核心成员，上海市金融工程研究会副理事长，研究领域为养老金资产管理。

证券监督管理委员会、国家外汇管理局联合发布《关于规范金融机构资产管理业务的指导意见》，针对资管业务跨行业、跨市场的特点，力求实现对各类金融机构开展资管业务的全面、统一的监管覆盖，整体转向防范系统性风险的要求和服务实体经济的根本目标。

养老保障管理产品作为大资管市场中的产品形态之一，在此次资管新规中并未明确提及。但在新的政策形势下，结合市场发展以及需要关注的重点问题和潜在风险不断修订和细化相关准则是一个明显的趋势，自 2015 年 7 月出台《养老保障管理业务管理办法》和 2016 年相继公布《关于强化〈养老保障管理业务管理办法〉执行有关问题》《关于进一步加强养老保障管理业务监管有关问题的通知》两项文件后，2017 年原保监会就加强养老保障管理业务风险管理的相关事项召开了多次专题会议，持续推动整个养老保障管理市场的健康可持续发展。

二　2017年养老保障管理产品市场发展现状

（一）市场需求

1. 团体养老保障企业潜在需求仍较大

2017 年 12 月，人社部、财政部联合印发《企业年金办法》，对此前 2004 年的《企业年金试行办法》进行了修订和完善，并提出鼓励企业建立企业年金。但从现实来看，企业年金门槛较高、备案流程相对烦琐、制度不够灵活的问题仍然还未能有具体有效的应对政策，对于中小企业来说建立企业年金计划的动力不足。

团体养老保障管理产品能够为企业量身打造方案，以多样化的形式为企业提供综合的薪酬递延、福利计划、账户管理、投资管理、待遇支付等服务。一方面，随着新一轮国资国企改革纵深推进，团体养老保障管理产品能够为其提供在企业年金之外的增值性服务；另一方面，各种新业态的出现也催生了一大批成长型的企业，这部分企业存在为员工提供薪酬激励的需求，但可能还不具备建立企业年金的条件，这也为团体养老保障管理产品提供了更多机会。

2. 个人养老保障的市场潜力依旧明显

随着养老保障三支柱体系的逐步完善，第三支柱个人养老金将进一步发挥补充养老的功能。一方面，第三支柱能够激励个人发挥养老责任主体的作用，通过税优激励个人账户积累，进一步鼓励中高收入人群形成长期养老规划；另一方面，灵活就业及无工作者同样也有相应的养老规划需求，第三支柱的发展将为灵活就业及无工作者参与较高水平并且形式更为灵活的养老金计划提供了制度保障。

个人税收递延型商业养老保险于2018年5月正式开展试点工作，要求产品要满足参保人对养老账户资金安全性、收益性和长期性管理要求，以稳健型产品为主、风险型产品为辅。以养老保险公司为经营主体的个人养老保障管理产品同样也具备安全稳健的特征，能够在一定程度上协助带动由储蓄养老向投资养老的理念转变，同时通过探索更多的方式服务第三支柱，推动个人进行未来长期的养老规划。

（二）市场规模

1. 养老保障管理业务规模迅速增长

目前市场开展养老保障管理业务并具备一定规模的为6家养老保险公司和1家养老金管理公司，从各产品管理人的官网信息披露数据来看，2017年养老保障管理业务期末管理规模超过4500亿元，其中建信养老、国寿养老、平安养老合计份额超过90%；长江养老和太平养老管理规模分列四、五位；安邦养老和泰康养老规模较小（见表1）。

近三年来，养老保障管理业务规模迅速增长，2016年同比增长70%，2017年同比增长284%。

表1　养老保障管理业务期末管理规模（截至2017年底）

单位：亿元，%

公司名称	期末管理规模	市场份额
建信养老	2259. 39	47. 77
国寿养老	1250. 45	26. 44
平安养老	856. 59	18. 11
长江养老	213. 56	4. 51

续表

公司名称	期末管理规模	市场份额
太平养老	132.03	2.79
安邦养老	9.40	0.20
泰康养老	8.62	0.18
合计	4730.04	100

资料来源：建信养老、国寿养老、平安养老、长江养老、太平养老、安邦养老资料来源于其官网 2017 年养老保障管理业务信息披露；泰康养老资料来源于其官网 2017 年养老保障管理产品年度权益报告，其个人养老保障管理产品未披露相关数据。

2. 养老保障管理产品市场格局有所差异

截至 2017 年底，共有 6 家养老保险公司和 1 家养老金管理公司在市场上提供团体和个人养老保障管理产品，其中，长江养老、建信养老、国寿养老和太平养老在团体养老保障管理业务中合计份额占比 92%；建信养老、国寿养老和平安养老在个人养老保障管理业务中合计份额占比近 96%。

团体和个人养老保障管理产品市场格局的不同，与各家公司的自身战略规划布局和业务发展的模式有关。比如长江养老从企业年金业务起步，团体养老保障管理产品作为类年金的业务，能够有效满足更多企业客户的需求，也因此较个人养老保障管理产品先获得了较快发展。再比如建信养老作为银行系的养老金管理公司，具备一定的个人客户基础和面向个人客户发行理财产品的相关经验，因此在业务的发展上会更加聚焦于个人养老保障管理产品的发展。

3. 个人养老保障管理产品发展迅速

在整个养老保障管理业务中，个人养老保障管理业务规模占比远高于团体养老保障管理业务。截至 2017 年底，个人养老保障管理业务期末管理规模达到 4330 亿元，占养老保障管理业务总规模的 92%（见图 1 和图 2）。

各家机构开始业务转型，探索并发行了更多灵活申赎的开放式个人养老保障管理产品，以其高于货币基金的稳定收益获得了个人消费者的欢迎。从 2017 年底的数据来看，开放式个人养老保障管理产品的销售规模已经远远超过封闭式，个人养老保障管理业务市场份额集中度很高。以占主要份额的建信养老、国寿养老和平安养老为例，建信养老开放式个人养老保障管理业务期末

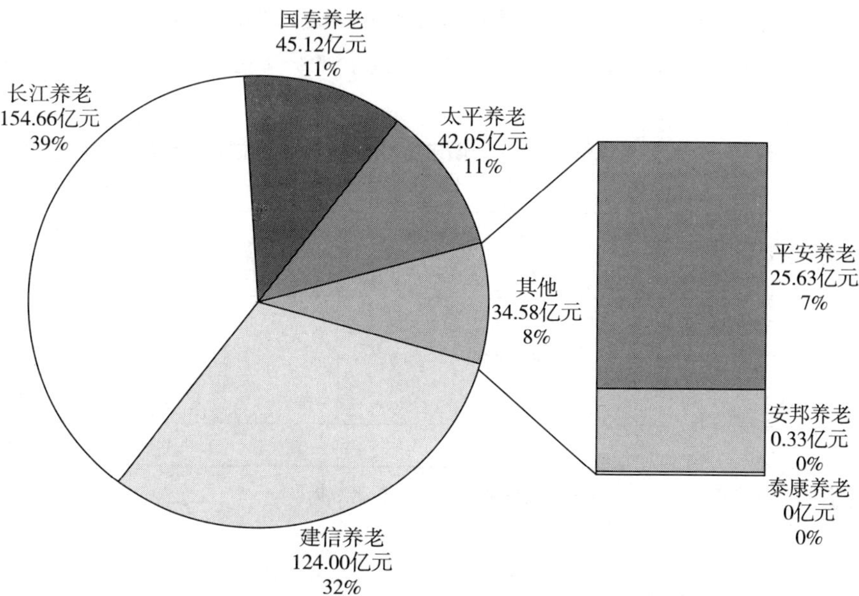

图 1　团体养老保障管理业务期末管理规模（截至 2017 年底）

资料来源：各家公司 2017 年度养老保障管理产品信息披露数据。

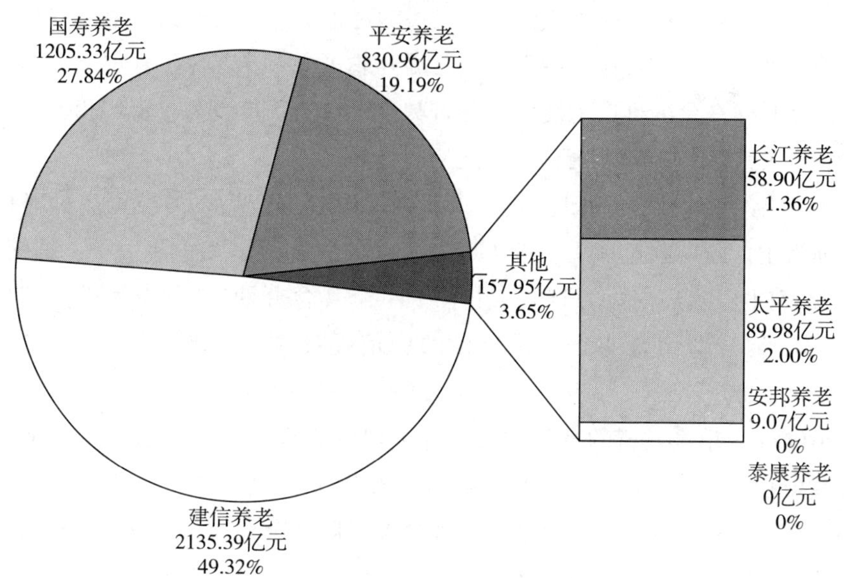

图 2　个人养老保障管理业务期末管理规模（截至 2017 年底）

资料来源：各家公司 2017 年度养老保障管理产品信息披露数据。

管理规模近 2000 亿元，仅这三家公司的开放式个人养老保障管理业务期末管理规模就占据个人养老保障管理业务总规模的 82% （见表 2）。

表 2　个人养老保障管理业务期末管理规模对比（截至 2017 年底）

单位：亿元

公司名称	开放式个人养老保障管理业务期末管理规模	封闭式个人养老保障管理业务期末管理规模
建信养老	1930. 43	204. 96
国寿养老	902. 55	302. 78
平安养老	736. 27	94. 69
合计	3569. 25	602. 43

资料来源：各家公司 2017 年度养老保障管理信息披露数据。

（三）产品发展

从市场规模可以看到，个人养老保障管理产品的推出，受到了市场的广泛关注，并且开放式产品成为主流。在发展的过程中，这类产品与第三方互联网金融平台展开了深入合作，特别是主流的开放式个人养老保障管理产品的发行规模与互联网平台的推广力度以及是否契合平台场景投资需求密切相关。

1. 个人养老保障管理产品分布特征

2017 年，市场发行的封闭式个人养老保障管理产品以另类资产型对接信托计划为主，预期收益率集中在 4. 8% ~5. 6% ，期限多为 1 年以下。据统计，2017 年第四季度新运作的封闭式组合共 47 个（含分期），其中另类资产型组合 43 个，混合型组合 4 个，投资标的中信托计划占 90% 以上（见图 3 和图 4）。

2017 年，市场发行的开放式个人养老保障管理产品以摊余成本法估值的混合型 T + N 产品为主。截至 2017 年末正在运作的开放式组合中，以 T + 1 和 T + 30 的开放式产品为主，超过 70% 通过互联网平台代销，部分通过银行、柜面代销和官网平台直销（见图 5 和图 6）。

2. 互联网销售平台合作情况

从 2017 年整体情况来看，个人养老保障管理产品的销售渠道仍然包括直

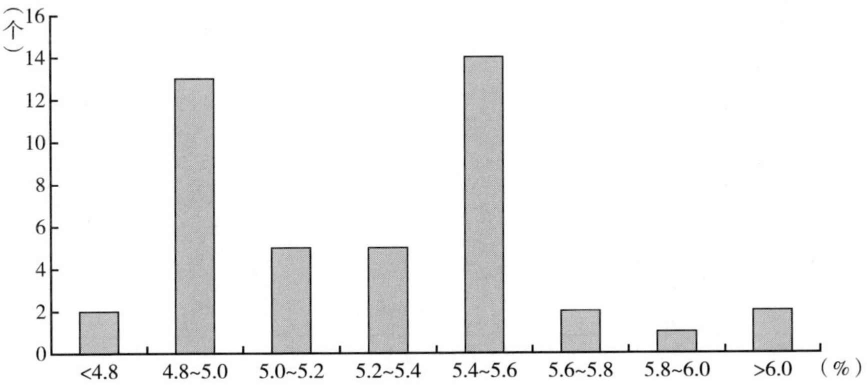

图 3　封闭式组合预期收益率分布

注：因部分产品预期收益率数据缺失，仅统计 45 个产品，其中另类资产型组合 41 个，混合型 4 个。

资料来源：各家公司官网，后同。

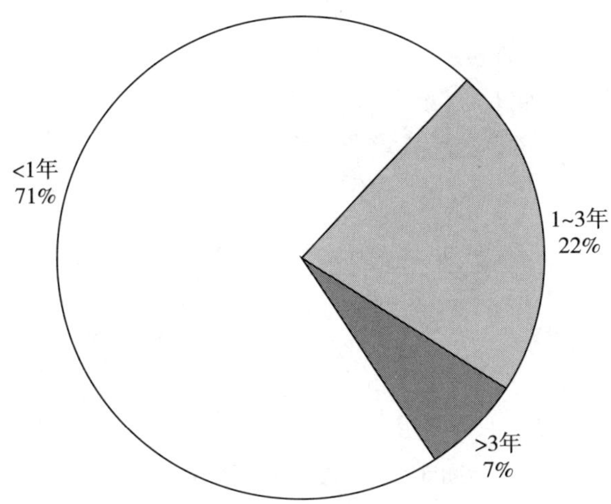

图 4　封闭式组合期限分布

销（自有互联网平台）和代销（第三方银行渠道、互联网金融平台）两种类型，整体呈现多元化的态势，但在具体的产品数量分布上，渐渐集中于第三方互联网金融平台，以百度、腾讯、阿里、京东四大互联网巨头旗下的蚂蚁金服、腾讯理财通、京东金融、百度金融为主（见表 3）。

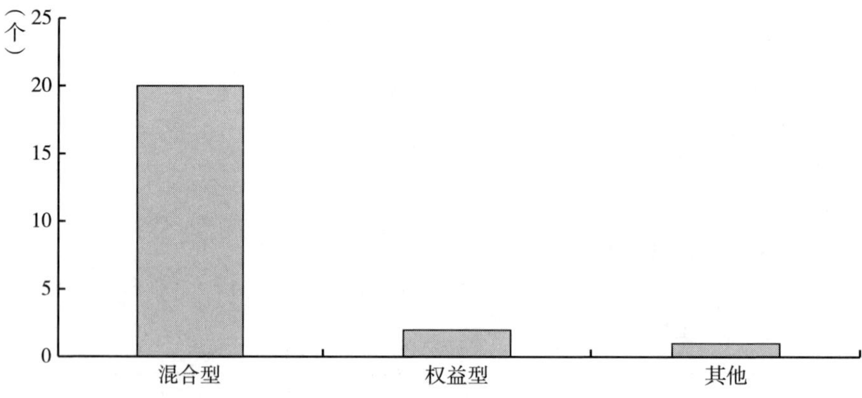

图5　开放式组合类型分布

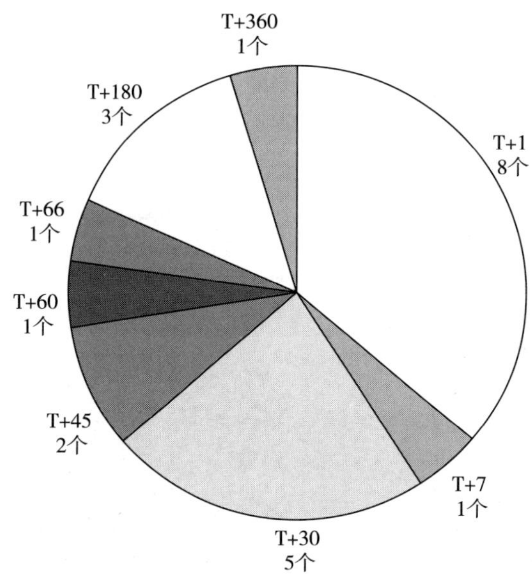

图6　开放式组合期限分布

注：开放式组合中1款产品期限为每周申赎一次，未纳入统计范围。

表3　互联网平台各公司开放式组合代销情况

单位：个

平台	国寿养老	平安养老	太平养老	建信养老	长江养老	泰康养老	合计
京东金融	1	4	—	1	—	—	6
百度金融	—	—	—	—	1	—	1

续表

平台	国寿养老	平安养老	太平养老	建信养老	长江养老	泰康养老	合计
腾讯理财通	3	3	2	—	—	1	9
蚂蚁金服	3	—	—	1	1	—	5
陆金所	—	2	—	—	—	—	2

资料来源：各互联网平台。

从各家养老保险公司在互联网的渠道布局来看，腾讯理财通、蚂蚁金服和百度金融都与多家养老保险公司进行了合作，平安养老和国寿养老在各大互联网金融平台的布局上较为均匀，实际上是采用了一个产品对接多渠道的互联网合作模式，充分利用了各大互联网平台的流量资源，有利于单一产品快速实现规模积累（见表4）。

表4　国寿养老、平安养老——产品对接多渠道模式

公司	组合名	平台销售名称	期限	代销平台
国寿养老	福寿嘉年4号	国寿嘉年月月盈	T+30	京东金融、腾讯理财通
平安养老	富盈人生5号	平安养老富盈5号	T+1	京东金融、腾讯理财通、陆金所
	富盈人生7号	平安养老富盈45天－腾讯理财通 平安45天周期盈－京东金融	T+45	京东金融、腾讯理财通
	富盈人生21号	平安养老富盈180天－腾讯理财通 平安180天周期盈－京东金融	T+180	京东金融、腾讯理财通
	金通1号	平安活期盈－京东金融 平安宝－金色人生－陆金所	T+1	京东金融、陆金所

资料来源：各互联网平台。

尽管近些年，各大保险金融集团也纷纷顺应“互联网+”的趋势，进行数字化战略的布局，不过第三方互联网金融平台依托于自身在多年快速发展中已经建立的强大的数据库和销售渠道，成为一个能够快速高效整合各方信息与资源的中介平台，信息获取的便利性和第三方支付等智能化操作的手段使得互联网金融平台拥有了不可比拟的个人客户流量优势，也促使养老保险公司在个人养老保障管理业务上与其开展深入合作。

3. 机构及互联网平台产品期限分布

从各家互联网金融平台代销的产品组合期限分布来看，目前各家平台销售开放式个人养老保障管理产品主要以 T + N 产品为主，30 天以下和 30 天（含）以上 60 天以下的短期产品需求度最高，但可以看出，2017 年腾讯理财通、蚂蚁金服和百度金融均在期限上进行了丰富的布局，其中腾讯理财通的代销产品数目最多，同期限的产品重复率相对较高，各家产品竞争比较激烈（见表 5）。

表 5　互联网平台开放式组合期限分布

单位：个

平台	京东金融	百度金融	腾讯理财通	蚂蚁金服	陆金所	合计
30 天以下	2	1	4	1	2	10
30 天(含)以上 60 天以下	3	—	2	2	—	7
60 天(含)以上 90 天以下	—	—	1	1	—	2
90 天(含)以上 180 天以下	—	—	—	—	—	
180 天(含)以上 360 天以下	1	—	2	—	—	3
360 天(含)以上	—	—	—	1	—	1
合计	6	1	9	5	2	23

资料来源：各互联网平台。

从各家养老保险公司所有开放式产品期限分布来看，有些养老保险公司在不同期限产品上的布局比较广泛，有些还相对较为单一（见表 6）。

表 6　各养老保险公司 T + N 产品期限分布

单位：个

期限	国寿养老	平安养老	太平养老	建信养老	长江养老	泰康养老	合计
T + 1	1	2	1	—	1	1	6
T + 7	1	—	—	—	—	—	1
T + 30	1	—	—	2	1	—	4
T + 45	—	1	—	—	—	—	1
T + 60	1	—	—	—	—	—	1
T + 66	—	—	1	—	—	—	1
T + 180	1	1	—	—	—	—	2
T + 360	1	—	—	—	—	—	1

资料来源：各互联网平台。

三　养老保障管理产品未来挑战与趋势探索

（一）养老保障管理产品未来挑战

1. 公众对养老保障管理产品的保障功能认识缺乏，亟须加强产品功能和服务宣导

社会公众对养老保障管理产品分类、特点等认识都还相对比较缺乏，对于产品所具备的养老保障功能认识不足。而在相关办法中，养老保障管理产品的服务内容和功能还包括了员工养老保障、薪酬递延、福利计划、人才激励等多个方面，社会公众对这一产品的认识不足，不利于产品的推广和发展，机构也无法获取更加优质的客户资源，这也对经营养老保障管理产品的养老保险公司及养老金管理公司的投资者教育和产品服务宣导工作进一步提出了要求。

2. 养老保障管理产品面临净值化转型和提升主动管理能力的要求

资管新规发布后，要求“金融机构对资产管理产品应当实行净值化管理，净值生成应当符合企业会计准则规定，及时反映基础资产的收益和风险”。这是监管层首次提出要求资管产品实行净值化管理，鼓励使用市值计量，并对金融机构采用摊余成本法计量金融资产净值做了加权平均价格和实际兑付时价值的偏离度不得达到5%或以上的规定。在这一形势下，银行、保险、基金相关的资管产品都面临着向净值化转型的要求，养老保障管理产品也同样需要在未来进一步加强净值化方向的探索，当然，这也对产品管理人和投资管理人的主动管理能力提出了更高的要求。

3. 养老保障管理产品需进一步助力第三支柱长远发展

随着养老保障三支柱体系的不断完善，第三支柱的正式建立为养老保障管理产品提供了更好的发展土壤，第三支柱的发展也需要更加丰富的产品和服务与之对接。在这一形势下，养老保障管理产品需进一步探索成为第三支柱的重要产品形式，并与税收递延型商业养老保险产品做好协调对接，发挥长期养老功能和保障优势，带动人们形成更加完善和更高质量的养老规划，获得更好的养老投资收益。

4. 养老保障管理产品信息披露机制亟待统一规范

从各家养老保险公司的养老保障管理产品公开信息披露情况来看，其尚未形成统一规范的披露机制，在产品分类、产品规模、产品组合数量等方面基本上采取了自成一体的披露形式。同时，由于互联网金融平台的迅速发展，相关配套制度体系和平台内部信息系统都在持续探索和进一步完善过程中，目前仍然有同一款产品在不同的销售渠道，其信息披露的详尽程度不一致的情况，亟须建立统一规范的信息披露机制，确保真实、准确、完整的信息披露，实现产品的长期、健康、有序发展。

（二）养老保障管理产品趋势探索

1. 养老保障管理产品在三支柱中的功能定位值得探索

随着养老保障三支柱体系的逐步完善，养老保障管理产品作为补充养老保障的形式之一，为更加明确产品今后的发展方向，有必要探索其参与三支柱体系的具体方式。一是充分挖掘养老保障管理产品的长期养老功能，个人养老保障管理产品作为养老保险公司和养老金管理公司经营的产品，更加注重资金的安全性和收益的稳健性，未来可以继续探索其作为税收递延型商业养老保险积累期的产品载体形式，探索真正意义上的个人养老金账户的合适途径，真正参与第三支柱的建设工作。二是更有效发挥养老保障管理产品可满足短期需求的特点，基本养老保险、企业年金、职业年金和税收递延养老保险都存在一段较长时间的领取期，当人们领取到相应的养老金但暂时闲置时，可以通过合适的产品进一步实现资金的增值，由于退休时的风险承受能力较低，个人养老保障管理产品就自然能够成为较好的养老金领取期的过渡产品，更好地实现三支柱间资金的灵活转换。

2. 养老保障管理产品强化久期管理，可进一步发展符合生命周期特点的产品

2016 年公布的《中国保监会关于强化〈养老保障管理业务管理办法〉执行有关问题的通知》中，明确规定了养老保障管理产品不得开展资金池业务，并要求每个投资组合下滚动发行的子产品应满足投资资产配置独立性、期限结构匹配性的要求。因此，此次资管新规关于期限错配的要求，对养老保障管理产品的影响较小。当然，关于封闭式资产管理产品期限不得低于 90 天的规定，也意味着未来封闭式养老保障管理产品将会设置最短期限，包括对开放式的产

品也可能会有所调整，进一步降低期限错配的风险。这一趋势也会推动养老保障管理产品进一步发挥长期养老保障功能，未来可继续探索开发符合生命周期管理特点的个人养老保障管理产品，给予个人一定的投资选择权，在不同的年龄阶段实现自由缴费，自由转换投资产品或组合，实现灵活转让和变现。

3. 养老保障管理产品的资产配置结构将发生变化

资管新规对标准化债权资产给出了明确定义，对于标和非标的划分更加清晰和严格，同时明确资管产品直接或间接投资于非标资产的，非标资产的终止日不得晚于封闭式资管产品的到期日或者开放式资管产品的最近一次开放日。对于开放式的资管产品来说，配置非标资产的难度将会加大，更多地只能通过发行较长期限的封闭式产品，来覆盖非标资产的期限。资管新规会在一定程度上限制非标规模的增长，对于养老保障管理产品来说，短期类型的产品未来可能会增加更多标准化证券的配置，但从中长期来看，养老保障管理产品会更多地发挥长期养老保障功能，一些优质的非标资产可能会从其他类型的资管产品中转移到养老保障管理产品上来。

4. 互联网融合下的养老保障管理产品和服务体系更加完善

互联网金融平台极大地简化了产品发行和购买的流程，同时AI技术也经历着高速发展的阶段，符合互联网场景需求的T+N开放式个人养老保障管理产品将会有更大的需求和发展空间。同时，互联网金融平台的信息中介服务功能，不仅为投资者提供了更加多元和优质的产品供给，也能为养老保险公司这类传统金融机构引流，并提供AI等底层技术支持，更重要的是其掌握的庞大的数据库，能够有效分析未来客户的产品需求，通过有效的合作，产品管理人能够开发出满足个性化、多样化的养老保障需求的产品，同时也能够有针对性地提供相应的增值性服务。

四　养老保障管理产品发展建议

（一）进一步完善规制监管

应当进一步加强养老保障管理产品的风险防控工作，充分掌握养老保险公司、养老金管理公司和投资管理人的投资能力和业务开展情况，合理控制另类金融资产的占比和信用等级，确保组合资产的变现能力满足委托人的资金领取要求，持续做好投资限制、集中度控制、剩余期限管理、偏离度报警及处置机制、问责机制等内容。同时，进一步加强养老保障管理产品信息披露机制建设，明确和规范信息披露的具体内容，包括产品名称、产品类型、产品组合、存量规模、本年年化收益率等内容。

（二）继续争取税收优惠政策

此前的《关于全面推开营业税改征增值税试点的通知》（财税〔2016〕36号，简称“36号文”）规定，证券投资基金管理人运用基金买卖股票、债券免征增值税；同时，证券投资基金持有金融债券取得的利息收入也可享受同业免税优惠。由于其他资管产品不适用上述优惠政策，从而可能造成不同的资管产品的税负成本不同，2017年6月30日，财政部、国家税务总局颁布《关于资管产品增值税有关问题的通知》（财税〔2017〕56号），明确了包括养老保障管理产品在内的资管产品运营业务适用3%的简易计税方法，但36号文提及的税收优惠政策并未有后续的解答和指引，养老保障管理产品作为资管产品之一，依然无法享受到相应增值税优惠政策，市场竞争优势不足。建议进一步在税收政策上给予个人养老保障管理产品一定的优惠，引导和深化市场的良性竞争。

（三）持续加强产品创新能力

团体养老保障管理产品的市场需求依旧存在，尽管目前来看发展速度比较缓慢，并且大部分中小微企业都处于初创期，没有能力承担补充性的员工福利，但从长期来说，必然会有比较优质的企业脱颖而出，这部分企业将会成为潜在的客户，同时对于大中型客户来说，团体养老保障管理产品在资金保值增值、账户管理、待遇支付、资金清算、薪酬激励等方面的综合服务能力也具备一定的吸引力，未来有必要继续提升在团体养老保障管理产品上的创新和服务能力。

同时，随着养老保障管理产品功能多样化发展，个人养老保障管理产品的市场需求呈现多元化态势，这对产品管理人的产品创新能力提出了挑战。未来净值型产品、主动管理型产品、生命周期型管理产品、互联网场景需求下的

T＋N型产品，以及结合了多个不同特点的产品，都需要进一步探讨其发展前景并进行相应开发设计。

（四）始终聚焦机构专业能力建设

养老保险公司和养老金管理公司作为管理人，只有不断地提升机构的专业综合能力，才能实现养老保障管理业务的长足发展。一是提高主动管理能力，提升自主的研究能力和投资能力，取得长期稳定的超额回报。二是提高规模经营能力，提升机构的运营能力，适时把握相应的市场机会，实现养老保障管理业务的规模增长。三是提高风险管理能力，从机构自身出发，主动建设全面有效的风险管理体系，保证养老保障管理业务的合规经营。四是提高解决方案能力，在加强产品创新的同时，始终着眼于客户的需求，为更多的企业和个人客户提供量身定制的解决方案，满足个性化和差异化的养老保障需求。

B.7 资管新规下商业银行养老理财产品的突围之道

张 岚 高骛远 李志淦*

摘 要： 银行理财是我国资管行业中的核心环节，也是资管规则变化下影响最为深刻的领域。商业银行养老理财产品在资管规则日益从严、资管业务逐渐回归“代客理财”本质的背景下，虽面临诸多挑战，却也因禁止资金池和期限错配业务后养老理财资金的长期限优势凸显、消除多层嵌套后养老理财产品成本得以控制、同业类理财收缩下零售养老理财将更受青睐等利好因素有望逆势增长，而对 FOF 和 MOM 模式的有效运用、研判产业并购重组商机，以及关注投资于资产证券化（ABS）领域则是目前银行养老理财产品实现逆势突围的重要突破口。

关键词： 资管新规 商业银行 养老理财

2017～2018 年，我国金融行业以守住不发生系统性风险为底线，以推动银行理财回归代客理财的资产管理业务本源为宗旨，在央行主导、银保监会、证监会的共同协调下，资产管理监管框架日趋统一、严格。短期来看，资管规则的变化一方面可能导致过去几年银行表外融资业务模式难以为继，银行业理

---

* 张岚，兴业银行与中国社会科学院金融所联合培养博士后，兴业银行股份有限公司高级产品经理，中国养老金融 50 人论坛青年研究员；高骛远，兴业银行股份有限公司机构业务中心总经理；李志淦，兴业银行股份有限公司养老金融中心副总经理。

财、同业理财市场规模双降；另一方面将对底层债券等资产提出更高的估值和评级要求，进而导致市场流动性紧缩。但长期来看，监管标准的日趋统一和完善将为资产管理行业后续的健康发展奠定良好的基础，可能倒逼银行业理财产品结构，甚至是资产负债结构日益的优化调整。

银行理财是我国资管行业中的核心环节，也是资管规则变化下影响最为深刻的领域。养老理财产品在我国商业银行尚处于“星星之火”的态势，一直受到社会各界广泛重视和高度预期，却始终未能形成规模、自成体系。在当前低利率、控杠杆的宏观经济背景下，在资管规则变化转型的过渡阶段，养老理财产品如何凭借自身投资期限较长、对较低收益率容忍度较强、投资人风险偏好较低、逆经济周期等特点，利用好本轮资管规则变化带来的资本“脱虚向实”、银行理财产品久期延长等积极效应，在商业银行理财产品短期内受到冲击的大环境下，转危机为机遇，带动整个银行理财产品体系结构的优化和银行资产负债结构的调整是本文想要展开探讨和剖析的核心问题。

一　资管业务与银行理财产品的边界与内涵

（一）资管规则体系概述

中国资管行业受《证券投资基金法》《信托法》《合伙企业法》《合同法》《公司法》等一系列法律的相关部分约束，截至目前，并没有明确的上位法。2018 年4 月印发的《关于规范金融机构资产管理业务的指导意见》（银发〔2018〕106 号，以下简称《资管新规》）是目前针对资管行业影响最为深远的制度规范，同年7 月发布的《关于进一步明确规范金融机构资产管理业务指导意见有关事项的通知》是对《资管新规》的重要补充和细化。然而，《资管新规》仅为指导意见，并非实施细则，其法律效力较低。未来中国资管行业的实际走向还需根据相应上位法的制定与完善以及《资管新规》的具体执行情况来判断。

《资管新规》提出，资管业务是指银行、信托、证券、基金、期货、保险资产管理机构、金融资产投资公司等金融机构接受投资者委托，对受托的投资者财产进行投资和管理的金融服务。资管产品包括但不限于人民币或外币形式的银行非保本理财产品，资金信托，证券公司、证券公司子公司、基金管理公司、基金管理子公司、期货公司、期货公司子公司、保险资产管理机构、金融资产投资公司①发行的资产管理产品等；依据金融管理部门颁布规则开展的资产证券化业务，以及依据人力资源和社会保障部颁布规则发行的养老金产品未包括在内。也就是说，《资管新规》规定的委托资产类别仅为货币，非货币资产的管理不纳入其管辖范畴，且特赦资产证券化业务和人社部发行的养老金产品。

值得注意的是，资管业务是金融机构的表外业务，金融机构开展资产管理业务时不得承诺保本保收益。

表1　资管产品按资产投向分类

资管产品分类	要求
固定收益类	投资于债权类资产的比例不低于80%
权益类	投资于股票、未上市股权等权益类资产的比例不低于80%
商品及金融衍生品类	投资于商品及金融衍生品的比例不低于80%
混合类	投资于债权类资产、权益类资产、商品及金融衍生品类资产且任一资产的投资比例未达到前三类产品标准

（二）银行理财产品的边界与内涵

我国目前尚未形成一整套成熟的约束银行理财产品的政策法律法规体系。2005年，在银行理财产品发展的萌芽阶段，银监会曾依据我国金融法律法规，起草了《商业银行个人理财业务管理暂行办法》和《商业银行个人理财业务风险管理指引》，为银行理财产品订立了一个初步的业务指引。《商业银行个人理财业务管理暂行办法》提出，理财计划是指商业银行在对潜在目标客户群分析研究的基础上，针对特定目标客户群开发设计并销售的资金投资和管理计划。随着2008~2014年银行理财业务的快速扩张，理财业务中银行的“隐形担保”和“刚性兑付”问题凸显，2014年，银监会发布《商业银行理财业务监督管理办法（征求意见稿）》，明确商业银行理财业务是代客资产管理业

① 金融资产投资公司是指银行全资控股的债转股子公司，意味着债转股公司完成阶段性使命后，可以对外募资成立资管产品，在《资管新规》约束下开展资管业务。

务，允许以理财产品的名义独立开立资金账户和证券账户等相关账户，鼓励理财产品开展直接投资。然而，该征求意见稿并未得到真正实施。2018 年 9 月 28 日，作为《资管新规》的配套措施，银保监会发布了《商业银行理财业务监督管理办法》，旨在将银行理财业务引导回归到代客理财业务本源上来，对银行理财业务行业实施规范化管理。

银行理财产品主要类型包括结构性理财产品、开放式和封闭式净值型产品、预期收益率型产品、项目融资类产品、股权投资类产品、另类投资产品以及其他创新产品等。本文所称“银行理财产品”是指银行业金融机构自主设计开发、在全国银行业理财信息登记系统集中登记，并有统一登记编码的理财产品；“金融同业理财产品”是指专门面向银行业、证券业、保险业等金融机构销售的理财产品。

（三）商业银行养老理财产品边界与内涵

商业银行业养老理财产品是指由商业银行自主设计发行的，以追求养老资产长期稳健增值为目的，主要面向有养老资产储备和保值增值需求的客户进行销售的，鼓励客户长期持有的理财产品。

需要明确的是，《资管新规》将资管产品限定为非保本理财产品，而保本理财产品则未被纳入管理范畴。根据《中国银行业理财市场报告》中的表述，“保本理财在法律关系、业务实质、管理模式、会计处理、风险隔离等方面与非保本理财产品代客理财的资产管理属性存在本质差异”，且目前保本理财产品已纳入银行表内核算，视同存款管理，已纳入存款准备金和保险基金的缴纳范围。因此，本文主要探讨资管规则变化对商业银行非保本养老理财产品的影响。

二　我国银行养老理财产品发展情况

与保险、基金等行业相比，商业银行养老理财产品起步相对较晚，于 2007 年开始起步，经历了十年的探索式发展，规模已逾千亿，却尚未形成一个较为成熟的商业银行养老理财产品细分市场体系。部分商业银行较为前瞻性地看到了养老理财产品市场的巨大潜力，已经开始着手尝试，率先设计并发行了一系列以“养老”为主题、具有养老产品特征的或老年人专享的养老理财产品。表2对国有四大行和股份制银行发行养老理财产品的情况进行了简要说明。

通过抽样分析发现，我国商业银行养老理财产品目前存在以下几个方面的问题。

（一）关注养老理财产品的银行较少

据不完全统计，目前设计和开发了养老理财产品的商业银行仅9家，每家发行养老理财产品的品种为2～5款。也就是说，当前市场上可供投资者选择的商业银行养老理财产品不超过45款。仍有多家银行并未设计并开发养老理财产品，尚处于观望状态，说明商业银行养老理财市场尚未形成较为激烈的竞争态势，市场格局尚未成型，市场未来具有较大的变动性和可塑性。

（二）产品趋于同质化

如表2所示，市场上现有的为数不多的商业银行养老理财产品多以开放式、低风险或较低风险为主，投资期限一般为1个季度、半年、1年、3年，且资产投向单一，即主要投资于高流动性、短期固定收益类金融资产。养老理财产品未能自成体系，形成多层次、多样化的产品体系结构，与货币型基金、结构性理财产品以及市场上大多理财产品之间存在较为严重的同质化问题。

养老理财产品同质化问题严重一方面导致其在市场上无法异军突起，很难真正吸引相应投资者的注意；另一方面也反映出商业银行未能充分利用好中老年高净值客户这一特殊的细分客群，适时调整其理财产品甚至是资产负债结构。

（三）养老概念不突出

目前市场上养老理财产品的概念含混不清，与其他理财产品界限不明，导致养老理财产品整体概念不突出。养老理财产品概念含混不清主要表现在未明确界定该产品是以中老年客群为特定销售对象、未明确该理财产品在其本身的设计上具有养老理财产品特征，抑或只是将该理财产品冠以“养老理财产品”之名而已。目前市场上出现的由银行发行的养老理财产品在期限、风险等级、起售金额、管理费率、资产投向及投资比例等方面均与其他类型理财产品较为雷同，特点并不鲜明。

表 2　我国商业银行养老理财产品抽样情况说明

产品名称	收益分配	基金类型	估值	期限	风险等级	起售金额	管理费率	养老概念	资产投向	投资比例
工商银行“如意人生Ⅰ/Ⅱ/Ⅲ/Ⅳ/Ⅴ”养老金理财产品	非保本浮动收益型	开放式	固定收益类，摊余成本法	无固定期限	中等风险	个人10万元，以1万元整数倍追加	托管费0.02%/年 销售手续费0.40%	养老金理财产品	高流动性资产：债券及债券基金、活期存款、存款组合； 债券类资产：债券类信托、交易所委托债券投资； 权益类资产：股权类信托	高流动性资产44.42%；债券类资产51.66%；权益类资产3.92%
工商银行“随心E”养老金理财产品	—	—	固定收益类，摊余成本法	无固定期限	低风险	个人5万元，以1万元整数倍追加	托管费0.02%/年	养老金理财产品	债券、高流动性资产、其他资产或资产组合	债券及高流动性资产0～80%； 其他资产或资产组合20%～100%

续表

产品名称	收益分配	基金类型	估值	期限	风险等级	起售金额	管理费率	养老概念	资产投向	投资比例
兴业银行“安愉养老财富1号”	非保本浮动收益型	开放式（投资期91天）	固定收益类，摊余成本法	3年	低风险	个人5万元，以1000元整数倍追加	托管费0.03%/年；第一个投资周期销售手续费率0.5%；第二个投资周期销售手续费率0.40%	该行“安愉人生”客户专属①	银行存款、债券回购、货币基金等货币市场工具及其他银行间资金融通工具；国债、政策性金融债、央行票据、短期融资券、超短期融资券、中期票据、企业债、公司债、非公开定向债务融资工具、资产支持证券、可转债、次级债等银行间、交易所市场债券及债务融资工具，其他固定收益类短期投资工具；符合监管机构规定的信托计划、基金、证券和保险资产管理计划，保险债权投资计划及上述资产的受益权等其他金融资产及其组合	货币市场工具及其他银行间资金融通工具10%～100%；债券及债务融资工具10%～100%；信托计划、资产管理计划和保险债权计划等其他资产0～70%

续表

产品名称	收益分配	基金类型	估值	期限	风险等级	起售金额	管理费率	养老概念	资产投向	投资比例
兴业银行“安愉百富 2 号”理财产品	非保本浮动收益型	开放式（投资期 91 天）	固定收益类，摊余成本法	3 年	低风险	个人 5 万元，以 1000 元整数倍追加	销售管理费率 0.4%	该行“安愉人生”客户专属	—	—
招商银行招银进宝系列之睿逸系列月添利理财计划（2014）	非保本浮动收益型	开放式（初始投资期后，每月开放一次）	净值型，摊余成本法	30 年	较低风险	个人 5 万元，以 1000 元整数倍追加	托管费 0.15%/年；固定投资管理费 0.5%/年；浮动投资管理费率按超出业绩比较基准 10% 收取②	具有养老理念或养老理财产品特征	信用级别较高、流动性较好的金融资产，包括但不限于国债、金融债、央行票据、债券回购、资金拆借、银行存款以及高信用级别的企业债、公司债、短期融资券、中期票据、资产支持证券、次级债、私募债等其他金融资产，可转换债券、可分离债、新股	债券 30% ~ 90%；资金拆借及逆回购 0 ~ 70%；同业存款 0 ~ 70%；其他资产 0 ~ 30%
招商银行金颐养老系列之养老分红 1 号理财计划（2016）	非保本浮动收益型	开放式（初始投资期后，每月开放一次）	净值型，摊余成本法	30 年	较低风险	个人 5 万元，以 1000 元整数倍追加	托管费 0.15%/年；固定投资管理费 0.5%/年；浮动投资管理费率按超出业绩比较基准 10% 收取③	具有养老理念或养老理财产品特征		债券 20% ~ 100%；资金拆借及逆回购 0 ~ 70%；同业存款 0 ~ 70%；其他资产 0 ~ 30%

续表

产品名称	收益分配	基金类型	估值	期限	风险等级	起售金额	管理费率	养老概念	资产投向	投资比例
上海银行“慧财”人民币养老无忧理财产品(2018)	保本型	封闭式	固定收益类,摊余成本法	119天	低风险	个人5万元,以1万元整数倍追加	托管费0.03%/年;销售管理费率0.17%/年	面向50周岁(含)以上或该行VIP客户销售	银行间或交易所流通的投资级以上的固定收益工具、存款等,包括但不限于债券、回购、同业拆借、同业存款、债权投资计划、定向资产管理计划、资产支持证券、存款、现金等,获得持有期间收益	债券、回购、同业拆借、同业借款、存款、现金等投资品种的比例为30%(含)~100%,资产支持证券等其他各类资产比例不超过70%
上海银行“慧财”资产组合系列养老专属理财产品(2016)	非保本浮动收益型	开放式	摊余成本法	91天/182天	较低风险	个人5万元,以1万元整数倍追加	—	面向50周岁(含)以上或该行VIP客户销售	—	—

续表

产品名称	收益分配	基金类型	估值	期限	风险等级	起售金额	管理费率	养老概念	资产投向	投资比例
华夏银行龙盈理财增盈增强型1408号(老年客户优先)(2014)	非保本浮动收益型	开放式	净值型，摊余成本法	363天	—	个人300万元	—	具有养老理念或养老理财产品特征	现金、回购、买入返售资产、货币市场基金、剩余期限在1年以内的银行理财产品等货币类资产;短期存款;剩余期限(包括行权剩余期限)不超过3年(含3年)的短期债券;其他固定收益产品:包括债券基金、银行理财产品、信托公司集合资金信托计划、证券公司专项资产管理计划、保险资产管理公司基础设施投资计划、不动产投资计划和项目资产支持计划等	固定收益类0～135%;流动性资产5%～100%;不动产类及其他金融资产0～75%
华夏银行龙盈理财增盈增强型1630号(老年客户优先)(2017)	非保本浮动收益型	开放式	净值型，摊余成本法	120天	—	分为个人5万元、20万元、100万元、300万元四档	—	具有养老理念或养老理财产品特征		—

注：①兴业银行“安愉人生”客户是指年龄在50周岁（含）以上，在兴业银行的资产总量符合一定要求的客户。

②该理财产品的业绩比较基准为上个月“同比CPI”+2%，如果理财计划资产组合收益率－托管费率－固定管理费率≤上个月“同比CPI”+2%，则浮动管理费率=0；如果理财计划资产组合收益率－托管费率－固定管理费率>上个月“同比CPI”+2%，则浮动管理费率=［理财计划资产组合收益率－托管费率－固定管理费率－（上个月“同比CPI”+2%）］×10%。

③该理财产品的业绩比较基准为上个月“同比CPI”+1.5%，如果理财计划资产组合收益率－托管费率－固定管理费率≤上个月“同比CPI”+1.5%，则浮动管理费率=0；如果理财计划资产组合收益率－托管费率－固定管理费率>上个月“同比CPI”+1.5%，则浮动管理费率=［理财计划资产组合收益率－托管费率－固定管理费率－（上个月“同比CPI”+1.5%）］×10%。

养老概念不突出这一问题与目前我国关于商业银行养老理财产品尚未制定专门的政策法规，并在税收、资产投向及投资比例等方面给予一定的政策倾斜有关。其实，只有当市场上真正出现养老概念凸显且多样化的养老理财产品时，整个养老理财产品体系才能蓬勃健康地发展起来。

（四）国民养老理财产品的投资意识尚未完全形成

近年来，我国民众养老意识日益强烈，理财理念也不断升级。然而，迄今为止，在广大投资者群体中并未形成需要购买商业银行养老理财产品来实现养老目标的投资意识。因刚性兑付尚未被打破，大多数投资者购买商业银行理财产品只是为了在一定时期内抵抗因通货膨胀带来的资产贬值，在商业银行的信用背书下，以较低的风险，获取比银行一般存款更高的收益。相较于投资房地产、保险、基金等其他金融产品在满足投资者养老诉求方面的应用，商业银行养老理财产品尚未被广泛纳入具有养老要求的投资者的视线当中。

（五）未采用公允价值法进行估值

当前商业银行养老理财产品采用的估值方法一般为摊余成本法，即使是净值型理财产品，也未真正采用公允价值法对理财产品进行估值。摊余成本法主要适用于对固定收益类产品估值，并不能及时、准确、客观地反映理财产品的真实价值，容易隐藏其潜在风险。

三　资管新规下银行养老理财的挑战和机遇

（一）资管新规出台背景与政策要点

随着2012年“大资管时代”的开启，资管行业市场化程度和创新速度不断提升，呈现巨大活力。《2017～2022年中国资产管理行业市场前瞻与投资战略规划分析报告》显示，2012年，我国资产管理规模为27万亿元；2016年我国资产管理规模已达116万亿元，年均复合增长率高达43.97%，在整个金融系统中已经颇具系统重要性。

然而，随着规模的急速扩张，我国资管行业所累积的问题也不断暴露，核心是资管产品的“风险—收益”既不能准确计量，也不能充分传导。在此情况下，资金投向脱实向虚问题严重，即金融机构为了维持高回报，将资金停留在金融体系内流转而不流向实体经济，或是资金已转化为产业资本但因通过层层嵌套且过手多家金融机构才流转至实体经济而导致资金链条过长。资金投向脱实向虚容易导致资金成本的抬升，形成金融业虚假繁荣的景象，实则潜藏了大量的经济金融风险。因此《资管新规》的出台顺理成章且势在必行。具体来看，《资管新规》规范的内容包括：进一步厘清投资资产范围，去杠杆和消除多层嵌套，禁止资金池业务，打破刚性兑付，实施净值化管理，禁止让渡主动管理责任，强化资本约束和集中度要求等。与《资管新规》充分衔接的《商业银行理财业务监督管理办法》的主要内容包括：严格区分公募和私募理财产品，加强投资者适当性管理；规范产品运作，实行净值化管理；规范资金池运作，防范“影子银行”风险；去除通道，强化穿透管理；设定限额，控制集中度风险；加强流动性风险管控，控制杠杆水平；加强理财投资合作机构管理，强化信息披露，保护投资者合法权益；实行产品集中登记，加强理财产品合规性管理等。

（二）资管新规对传统银行养老理财产品的制约

1. 银行养老理财产品“资产荒”问题严重

一是随着宏观审慎评估体系（Macro Prudential Assessment，MPA）将非标业务纳入资本金考核范围、《商业银行委托贷款管理办法》对银行理财产品投资渠道的收缩、《资管新规》对“非标转标”业务模式的进一步厘清和限制①、《关于进一步明确规范金融机构资产管理业务指导意见有关事项的通知》对资管产品投资于非标资产的类别和比例作出进一步限定，银行养老理财产品将难以按照以往模式投资于收益率较高、投资管理模式较为简单的非标资产，非标转标难度也日益增大，存量银行养老理财产品也会因为过渡期后资产久期仍长于银行理财资金期限，而面临较大抛售压力。

二是依据《资管新规》和《商业银行理财业务监督管理办法》，银行理财资金在参与 PPP 和非上市股权投资时可能受到期限和投资范围方面的限制。首先，

---

① 《资管新规》将“标准化资产”认定为应“在银行间市场、证券交易所市场等经国务院批准同意设立的交易市场交易”，银登中心、报价系统、北金所、地方金交所均不属于国务院批准同意设立的交易市场，也就是说，近年来市场上较为流行的通过银登中心等机构“非标转标”的业务模式将难以为继。

PPP 资产期限一般在 10 年以上，远长于当前一般银行理财资金的期限，对期限错配的限制将导致未来银行理财资金投资 PPP 项目的难度显著提升；其次，受投资范围限制，公募银行理财产品已无法对接 PPP 项目；私募银行理财产品仍可通过信托计划等渠道对接非上市股权资产，所受影响主要来自期限错配。

三是资管产品投资非上市公司股权必须为封闭式产品，且需有明确的资产退出安排，资产退出日不得晚于产品的到期日。考虑到非上市股权的投资周期通常为 3～5 年甚至更长，在封闭式产品的期限要求必须与之匹配的情况下，其募集资金的难度也将显著提升。

近年来，受宏观 L 形经济形势和金融去杠杆效应影响，市场上具有“高收益、低风险”属性的优质资产和项目一直较为稀缺。而在当前多重监管政策的限定之下，传统非标、PPP、非上市股权投资均将受到一定限制。未来，商业银行需寻求其他优质资产来填补这一空缺，市场上的优质资产需要重新被认识和抢夺。金融机构对优质、低风险的可投资资产的竞争将日益激烈，银行理财产品将面临更为严峻的竞争。

2. 净值型管理要求导致银行养老理财产品收益率面临较大波动

净值型产品净值受市场变化波动较大：当市场行情上升的时候，理财产品净值上升更加明显；而当市场下滑的时候，理财产品净值会受到更大冲击。因此，资管产品价值的实时反映短期内可能引发市场恐慌，引发市场上频繁、大幅的理财产品赎回行为，导致新发行的商业银行理财产品收益率上行，从而提升银行养老理财产品的发行成本，增加银行端的发行压力。

3. 保本保收益类理财产品的终结与养老理财投资者保值增值需求相悖

新规之下，保本保收益类理财产品将被取消，逐渐回归“受人之托，代人理财”的本源，或以结构性存款等名义继续存在。由于当前养老理财投资者“自负盈亏”、风险自担的投资意识尚未完全确立、成熟，保本保收益类理财产品的终结与养老理财投资者保值增值需求相悖可能导致银行养老理财产品在短期内受到冲击，养老理财产品规模可能面临收缩。

（三）资管新规与银行养老理财产品特性相容之处

1. 禁止资金池和期限错配业务后养老理财资金的长期限优势凸显

《资管新规》对银行理财产品期限结构会产生重大影响。一方面，在 2017

年发行的封闭式银行理财产品中，约53%为90天以内的封闭式理财产品，而随着《资管新规》出台，该类理财产品今后将不复存在；另一方面，在禁止期限错配的政策约束下，为提高银行理财产品吸引力并与投资端资产期限相匹配，未来银行将更倾向于发行久期较长的理财产品，银行理财产品的平均期限、发行安排、产品设计和未来投资结构都有可能发生改变。目前，商业银行理财负债端的久期在2个月左右，而商业银行理财产品资产端的久期在3～5年，远远长于负债端久期，由此产生了期限错配风险和流动性风险。如果真能做到禁止资金池模式，则无疑会拉长商业银行负债端的久期，延长商业银行发行的理财产品期限。

期限的拉长本会在一定程度上削弱理财产品对投资者的吸引力，所幸的是养老理财产品面对的恰恰是风险偏好较低，但对长期限投资容忍度较强的老年投资群体，因此，《资管新规》的实施也为养老理财产品的发展带来了新的机遇，从而促进商业银行更加重视对专属于老年人的理财产品的开发和设计。

2. 消除多层嵌套后养老理财产品成本得以控制

消除多层嵌套后，银行资金不用经过层层通道就可流向实体经济，中间环节的缩减必将带来中间通道费用和管理费用的减少，理财产品的成本将得到有效控制，产品吸引力增强。尤其对于对利率收益较为敏感的老年投资者而言，银行理财产品成本的控制和收益的上升对老年投资者吸引力的增强效应更为明显，在其他投资渠道受限的情况下，养老理财产品将更受老年人的认可和欢迎。

3. 打破刚性兑付后银行养老理财产品投资范围将进一步拓宽

未打破刚性兑付前，为防范风险，银行理财产品投资范围受限，多以投资于风险较小的固定收益类资产或非标产品为主，导致银行养老理财产品投资范围受限，养老理财产品同质化问题严重。受到打破刚性兑付的鼓励，商业银行养老理财产品有望通过"固定收益类+"的投资策略，更多投资于具有一定风险但收益较高的权益类资产，形成固定收益、固定收益+权益/量化、股债混合、纯权益等多层次的产品体系，促使银行养老理财产品投资范围进一步放宽。

4. 同业类理财收缩下零售养老理财有望迎来逆势增长

受资管行业规则变化影响，2017年同业理财产品规模大幅下降。为了对冲同业理财产品规模下降的压力，银行加大了对机构客户和个人理财的争夺。2017年银行业理财产品仍以个人投资者为主、机构投资者为辅，且一旦实体经济回暖，企业投资与支出意愿加强，能够腾挪出的用于购买银行理财产品的闲置资金将会减少，个人理财产品规模有望逆势增长。特别在多地楼市限购限贷的情况下，居民资产配置开始向金融资产倾斜。因此，一方面，《资管新规》的出台将促使商业银行对个人投资者，尤其是中老年投资者这一特殊高净值客群更为重视，定制出更加个性化且能够满足中老年投资者需求的银行理财产品；另一方面，其他投资渠道受阻也会促进中老年投资者将更多富余资金投资于银行理财产品，银行养老理财产品有望逆势增长。

四　资管新规下银行养老理财产品发展趋势与思路

（一）FOF、MOM 模式可成为养老理财产品发展的新突破口

FOF 是舶来品，简单来说，FOF 就是重点或专门购买其他基金份额的基金，FOF 以基金为主要投资标的，待产品成立、开始运作、建仓期满后，FOF 持有其他基金份额的仓位不得低于 80%；MOM 是基金经理通过长期跟踪、研究基金经理投资过程，挑选投资能力较好的基金经理并委托他们进行投资管理的一种投资模式。

第一，近年来，秉承弱化基金、信托牌照价值，提升资产管理能力和丰富产品线监管思路，虽然金融监管从严，FOF 和 MOM 模式却因具有优中选优、强化主动管理的优势，受到了监管层和市场的双重青睐。

第二，在《资管新规》的倒逼下，银行之前发行的大量预期收益型理财产品究竟该如何转向的问题一直被社会各界广泛探讨，而一个被业界普遍接受的转型方向即为货币型基金。货币型基金一般具有较低收益、中低风险及中短期限等方面属性，在投资者眼中可成为一般存款性产品的升级替代版，而银行因其庞大的销售网络和快速、便捷的清算体系，仍可成为货币型基金银行理财产品的重要发行方和销售方。再加上货币型基金低收益、低风险属性与养老理财产品投资者的风险偏好较为吻合，因此，通过 FOF、MOM 模式投资于一部分专业化运营的货币型基金可成为银行养老理财产品的重要突破口。

第三，随着金融强监管下对于银行理财产品投资于非标资产的限制不断增强，在货币型基金投资需求增强的同时，为实现收益平衡，并满足市场上不断攀升的对于高收益理财产品的期望，银行理财产品对于权益类资产的配置需求也将逐步增强，而 FOF 和 MOM 模式则为银行理财产品通过找寻和匹配专业化

的私募投资基金投资于优质权益类资产提供了良好的产品结构设计思路。

第四，在《资管新规》发布实施的转型过渡时期，部分商业银行尚未成立资管行业子公司，所积累的资产管理经验尚浅，对资产实施主动管理的能力也较弱，需要通过 FOF 或 MOM 模式，借助有经验的基金公司为其提供主动的资产管理服务。

总而言之，FOF 或 MOM 模式因具有主动管理及混合资产配置等特点，能够为商业银行提供更加个性化且有针对性的资产管理服务，因此，有效利用 FOF 或 MOM 模式可以帮助商业银行突破现有的养老理财产品同质化、特色不鲜明等固有问题，打造商业银行养老理财产品特色品牌。

（二）产业并购重组可为养老理财产品提供新投向

资管业务回归本源后，银行投资端的大类资产配置政策必然随之调整，投资关注点将从过去简单、粗放的平台地产类融资模式向消费服务业转变，从而更加关注企业的实际融资需求，以及项目的实质经营风险、市场需求和投资价值。商业银行可重点关注上市公司股票定增、股票质押式回购、代理股权投资及债转股业务，通过进一步提升自身对具体产业的市场机会、商业模式以及潜在风险的识别和把控能力，真正玩转一个产业，把盈利点从传统的“赚取利差模式”向“价值投资”转变，从而有效增强自身主动管理能力，提高养老理财产品的收益率和多元化水平。

（三）ABS 模式或将成为养老理财产品的一大重要投向

一方面，如前所述，非标业务今后必然要做出重大调整，调整的方向可分为非标转贷和非标转标两种，前者通过将非标业务转入商业银行资产负债表内转变为贷款，后者将非标业务转化为债券、资产证券化（ABS）等标准化资产管理业务；另一方面，资产证券化（ABS）是本次《资管新规》中明确排除在资管产品管理范畴外的业务模式，目前暂不受与资管产品相关的各种制度规范限制。受上述双重叠加效应影响，ABS 模式或将成为养老理财产品的一大重要投向。

五　结语

当前以去杠杆、打破刚性兑付、实施净值化管理、取消多层嵌套、强化主

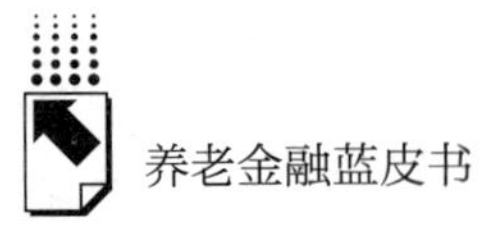

动管理、禁止资金池业务为主要内容的资管规则的变化给商业银行养老理财产品既带来了挑战，也带来了机遇，但总体来说，机遇大于挑战。

我们看到，《资管新规》对银行养老理财产品的作用既有相容的，也有相悖的，在某些方面能产生合力，在某些方面作用力又会相互抵消：一是《资管新规》如能真正贯彻执行，从长远上看能消除当前理财产品面临的多层嵌套问题，有效降低投资者的购买成本，却可能在短期内抬高投资者的预期收益率，使得理财产品的发行成本上升；二是随着传统非标资产投向受到更多制度规范限制，银行理财产品可投资产大幅收缩，“资产荒”问题将日益严重，但是，标准化及权益类投资或将成为银行需要挖掘和开拓的新的投资方向。

面对新的经济形势和制度环境，银行理财产品中的养老理财产品有望在逆势中突出重围，展露新的生机。首先，在充分发挥养老理财产品特色的前提下，养老理财资金的长期限优势将得到充分发挥，这一优势在《资管新规》要求禁止资金池和期限错配业务的要求得以贯彻实施的情况下将愈发凸显。其次，在商业银行投资于权益类资产的风险识别和管控能力得以切实提升的前提下，利用好银行养老理财产品的长期限优势，通过充分利用 FOF、MOM 等具有主动管理及混合资产配置作用的、且受当前制度规范认可的新的业务模式，将一定比例养老理财产品资金投资于权益类资产，尤其可投资于具有较高投资潜力和价值的产业升级和并购重组方面的权益类资产，并做好产品的净值管理工作，可抵御当下各种制度规范对于银行理财资金投资于非标资产的限制，进一步拓宽银行养老理财产品的投资范围，真正形成银行养老理财产品的特色差异化优势，做到各家银行“百花齐放”，而非均采用较为雷同的投资经营策略。

参考文献

巴曙松、杨倞等：《中国资产管理行业发展报告》，浙江人民出版社，2017。

中国证券投资基金业协会：《逐鹿大资管时代》，中国人民大学出版社，2014。

B.8
养老目标证券投资基金评价

代林玲　王斯聪*

摘　要： 近年来，我国居民养老保障需求日益增加，作为个人养老金重要投资品种的养老目标证券投资基金越来越受到社会关注，随着《养老目标证券投资基金指引（试行）》的出台以及相关税收优惠政策的跟进，养老目标基金产品也逐步发行面世。鉴于养老目标基金产品投资目的以及投资策略的特殊性，需要对其进行单独的基金评价。本文首先介绍了海外养老目标基金评价经验，从专业评级机构、学术研究机构、监管机构和基金公司几个不同的主体出发，分别介绍了目标日期基金和目标风险基金的评价思路。然后结合我国现状，提出养老目标基金评价需遵循长期性、适当性、一致性原则，在进行明确分类、建立相应比较基准的前提下进行养老目标基金评价，包括业绩评价、风险评价、基金经理定性评价、基金公司定性评价、基金费用评价五个方面。

关键词： 养老目标基金　目标日期基金　基金评价

一　产品概述及发展历程

（一）养老目标基金产品概述

为积极应对人口老龄化带来的挑战，妥善化解老龄化带来的社会问题，充

* 代林玲，供职于中邮创业基金管理股份有限公司，中国养老金融50人论坛联席研究员，研究领域为养老金资产管理；王斯聪，供职于中邮创业基金管理股份有限公司，中国养老金融50人论坛联席研究员，研究领域为策略及金融工程。

分发挥金融在社会资源配置中的核心作用，使公募基金行业更好地服务于多支柱养老体系建设的国家战略，中国证券监督管理委员会（以下简称“证监会”）于2018年3月2日正式发布了《养老目标证券投资基金指引（试行）》（证监会公告〔2018〕2号，以下简称《指引》），首次明确提出养老目标证券投资基金（以下简称“养老目标基金”）这一公募基金类别，并对养老目标基金的投资目标、运作方式、投资策略、基金管理人和基金经理的任职资格等方面进行了规定。

根据《指引》规定，养老目标基金是以追求养老资产的长期稳健增值为目的，鼓励投资人长期持有，采用成熟的资产配置策略，合理控制投资组合波动风险的公开募集证券投资基金。

伴随着全球老龄化问题日趋严重，以公共养老金、职业养老金和个人养老金为基础的“三支柱”养老金体系逐渐受到各界认同。养老目标基金作为养老金体系第三支柱——个人养老金投资产品的重要组成部分，旨在为个人投资者提供长期有效的养老金融理财服务。

根据《指引》规定，养老目标基金的运作方式主要采用基金中基金形式或证监会认可的其他形式。养老目标基金的投资策略主要采用成熟稳健的资产配置策略，控制基金下行风险，追求基金长期稳健增值。投资策略包括目标日期策略、目标风险策略以及证监会认可的其他策略。

目标日期策略基金（以下简称“目标日期基金”），是指随着所设定目标日期的临近逐步降低权益类资产（包括股票、股票型基金和混合型基金）的配置比例，增加非权益类资产的配置比例（即“下滑曲线”）的养老目标基金；目标风险策略基金（以下简称“目标风险基金”），是指根据特定的风险偏好设定权益类资产、非权益类资产的基准配置比例，或使用广泛认可的方法界定组合风险（如波动率等），并采取有效措施控制基金组合风险的养老目标基金。

在其他国家，例如美国劳工部（United States Department of Labor，DOL）和证券交易委员会（U. S. Securities and Exchange Commission，SEC）在《2006年养老金保护法案》（*Pension Protect Act of 2006*）中对目标日期基金进行了明确定义，指应用普遍接受的投资组合理论，通过分散化投资将大额损失的风险降至最低，并根据参与者的年龄、目标退休日期（如计划的正常退休年龄）或预期寿命，通过配置权益类和固定收益类资产，提供不同程度的长期增值和资本保护的基金产品或投资组合。随着时间的推移以及投资者年龄的增长，这些基金产品和投资组合的资产配置逐渐变得保守，风险水平逐渐降低。

目前，养老目标基金在国际上正受到越来越多的重视。在美国，劳工部将目标日期基金和目标风险基金所属的平衡基金（Balanced Fund）列为“合格默认投资备选”（Qualified Default Investment Alternative，QDIA）机制的投资备选产品之一。在英国，政府成立的国家职业储蓄信托（National Employment Savings Trust，NEST）也将目标日期基金设为默认选择产品（Default Fund）。

（二）养老目标基金产品分类

根据投资策略不同，养老目标基金分为目标日期基金和目标风险基金。在此基础上，还可根据不同因子进行更进一步的划分。

1. 目标日期基金

（1）根据目标日期划分

目标日期基金按照投资者退休的年份划分，通常以5年为间隔，例如“2026～2030”“2031～2035”等。基金通常针对退休年份在该目标日期附近的投资者进行设计，例如“汇丰晋信2026生命周期证券投资基金”是针对2026年前后退休的投资者。目前，美国晨星公司（Morningstar，Inc.，以下简称“晨星”）以及先锋基金公司（Vanguard Group，Inc.，以下简称“先锋基金”）等，均使用这种分类方法。

对于同一目标日期的基金，根据风险偏好设定，可进一步划分为激进型、稳健型和保守型。例如，在晨星针对机构投资者的分类中，对于目标日期为2046～2050年的目标日期基金，会将其分为“目标日期2046～2050激进型”、“目标日期2046～2050稳健型”和“目标日期2046～2050保守型”三类。其中，激进型通常会给权益类资产分配更高比例以达到更高的投资收益；稳健型通常会给权益类和固定收益类资产分配相近的比例；保守型通常会给固定收益类资产分配更高的比例。

（2）根据下滑曲线的投资策略进行划分

目标日期基金可以分为“To”与“Through”两种类型。“To”类型默认投资者在退休时一次性取出账户内所有资金，因此在退休日期临近时会大幅降低风险资产的比例；“Through”类型默认投资者在退休后继续将资金存于账户中进行投资，因此在退休日期临近时资产配置仍按照下滑曲线进行，权益类资产仍占有一定比重。

2. 目标风险基金

目标风险基金根据其目标收益风险特征，可以分为激进型、成长型、平衡型、稳健型、保守型①，各个类型间差别主要是持有的权益类和固定收益类资产的配置比例不同。举例来说，美国 John Hancock 投资公司对于目标风险基金各类别资产配置情况如表 1 所示。

表 1　John Hancock 公司关于目标风险基金的分类

单位：%

风险特征类型	权益类资产比例	固定收益类资产比例
激进型(Aggressive)	100	0
成长型(Growth)	80	20
平衡型(Balance)	60	40
稳健型(Moderate)	40	60
保守型(Conservative)	20	80

资料来源：https：//www. johnhancock. com/。

（三）养老目标基金产品发展历程

1. 海外养老目标基金产品发展历程

（1）萌芽期（1974 ~ 1993 年）

1974 年美国颁布的《雇员退休收入保障法案》（*Employee Retirement Income Security Act of 1974*）提出了创立个人退休养老账户（Individual Retirement Arrangements，以下简称“IRAs”），同时促进了养老金体系中缴费确定型计划（Defined Contribution Plan，以下简称“DC 型计划”）的发展。但 20 世纪 80 年代 DC 型计划和 IRAs 的快速发展始终伴随着一个问题，即计划

① 市场中各个机构对于目标风险基金的风险等级的类别名称以及该类别的资产配置比例会略有区别。

参与者需要自己进行资产配置。由于大多数投资者难以准确判断投资标的风险以进行理性投资，各基金公司便设计出不同权益资产比重的产品，以面向不同风险偏好投资者。由此，以目标风险基金为代表的资产配置型基金便逐步发展起来。

（2）起步期（1993～2006年）

为解决投资者仍无法理性且准确地将自身风险承受能力与不同风险产品相匹配的问题，以生命周期投资为理念的目标日期基金便逐步诞生。1993年11月，第一批目标日期基金由巴克莱全球投资公司（Barclays Global Investor）在美国推出。随后瑞典公司SPP Fonder AB和美国富达基金（Fidelity Investments Inc.）等公司也相继成立相关产品。2001年互联网泡沫破灭导致股票市场大跌，更多人意识到了投资并非易事。随后富达、先锋等基金公司开始大力宣传目标日期基金，同时行为经济学创始人泰勒教授于2004年发表论文，从实证角度为投资目标日期基金的优势提供了支持。于是，更多机构开始发行目标日期基金，其市场也拓展到了芬兰、法国、新加坡等国家。

（3）快速发展期（2006年至今）

虽然有了较好的投资产品，但雇主为避免产生纠纷仍趋向于保守投资。2006年，美国颁布的《养老金保护法案》中提出了“合格默认投资备选”（QDIA），规定在雇员未做选择的情况下，雇主若将雇员养老金投向QDIA，可免于承担投资损失责任。目标日期基金与目标风险基金便在QDIA之中，这大大促进了养老目标基金的发展。如图1所示，2006年之后，美国目标日期基金保持高速增长，目标风险基金经过小幅上涨之后，最近几年保持平稳，至2017年末两者规模分别达到1.17万亿美元和3990亿美元。

2006年之后养老目标基金在美国以外的国家同样发展迅速，晨星数据显示，截至2017年末，目标日期基金已在25个国家和地区发行，其中美国、瑞典、卢森堡、意大利、加拿大的规模均在50亿美元以上。

2. 我国养老目标基金产品发展历程

（1）探索期（2006年5月至2018年3月）

我国养老目标基金起步较晚，探索期内，国内仅有3只目标日期基金，分别是成立于2006年5月的汇丰晋信2016生命周期开放式证券投资基金，成立于2006年9月的大成财富管理2020生命周期证券投资基金，以及成立于2008

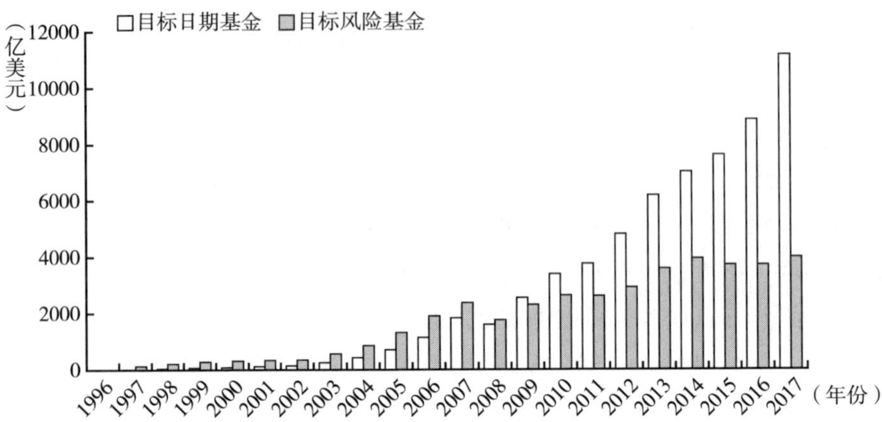

图 1　美国养老目标基金资产规模

资料来源：*2018 Investment Company Fact Book*。

年 7 月的汇丰晋信 2026 生命周期证券投资基金。截至 2017 年底，3 只目标日期基金产品总规模 24.43 亿元。另外，工银瑞信添颐债券型证券投资基金和工银瑞信添福债券型证券投资基金也采取类似目标日期基金的策略，在其每个运作周期（3～5 年）内股票配置比例上限逐渐下降（由 20% 降到 10%）。

但这几只基金与海外标准的目标日期基金存在一定差别，如其投资标的均为股票、债券等基础资产，而海外目标日期基金绝大多数采用基金中基金（Fund of Fund，简称“FOF”）模式运作，投资标的以股票类、债券类基金为主。

2016 年 9 月 11 日，证监会发布《公开募集证券投资基金运作指引第 2 号——基金中基金指引》，对我国 FOF 的投资标的、产品费用等相关事项做出了规定。截至 2017 年底，我国已成立了 6 只 FOF 基金，总规模 130.32 亿元。其中部分产品采取目标风险策略，作为养老目标基金的一个探索，为养老目标基金的诞生创造了条件。

（2）起步期（2018 年 4 月至今）

2018 年 3 月 2 日，证监会发布了《养老目标证券投资基金指引（试行）》，对我国养老目标基金的运作形式、投资策略、基金管理人资格等做出了规定。按照《指引》，我国养老目标基金应采用 FOF 形式，投资策略包括目标日期策略和目标风险策略以及证监会认可的其他策略。2018 年 4 月 11 日，国内首批养老目标基金正式上报。

2018 年 4 月 12 日，财政部、国家税务总局、人力资源和社会保障部、中国银行保险监督管理委员会、证监会五部门联合发布了《关于开展个人税收递延型商业养老保险试点的通知》（以下简称《通知》）。《通知》要求，自 2018 年 5 月 1 日起，我国将在上海市、福建省和苏州工业园区实施个人税收递延型商业养老保险试点，试点期限暂定一年。对试点地区个人通过个人商业养老资金账户购买符合规定的商业养老保险产品的支出，允许在一定标准内税前扣除，同时账户资金收益暂不征税，个人领取商业养老金时再征税。《通知》还指出，在试点结束后，根据试点情况，有序扩大参与的金融机构和产品范围，将公募基金等产品纳入个人商业养老账户投资范围。

2018 年 8 月 6 日，国内首批 14 只养老目标基金正式获得证监会发行批文。此次获批的 14 只基金中 8 只为目标日期型产品，6 只为目标风险型产品。2018 年 9 月 13 日，首只养老目标基金华夏养老 2040 三年持有混合型基金中基金（FOF）正式成立，发行规模 2.11 亿元人民币。

上述一系列新政的出台，将有力推动养老目标基金的发展，为我国第三支柱个人养老金建设储备养老金融产品，也为满足养老资金理财需求、引导长期投资提供了制度保障和支持。

二　养老目标基金评价海外经验借鉴

（一）目标日期基金评价

目标日期基金基于自身产品目标的特殊性、产品设计的复杂性，个人与机构评价角度的差异性，使得其在产品评价时考量因素与维度均比较复杂。本部分主要介绍海外目标日期基金主要评价方法及其利弊所在。

从评价主体角度出发，我们梳理出四类评价主体，主要如晨星等专业基金评价机构、各类学术研究机构、美国劳工部（DOL）/美国证券交易委员会（SEC）等监管机构以及以先锋基金和富达基金为代表的基金公司，各个评价

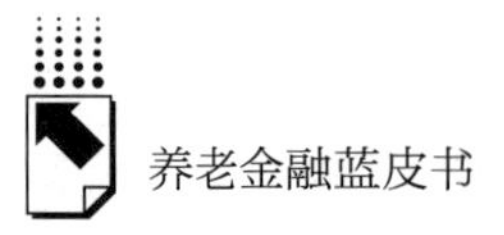

主体对于目标日期基金评价的关注重点各不相同。

1. 评级机构评价思路

晨星目标日期基金的评级和研究报告的设计目的是帮助个人投资者、金融咨询机构、退休计划发起人以及其他对目标日期基金感兴趣的受托人进行一系列的目标日期基金的评价，其评价的标准要求具有合理性和一致性。其目标日期基金评价主要有两个思路：第一，定量评级方法，即对同类别基金在一定阶段的风险调整后收益进行排名，按照一定比例给予从五星到一星不等的五个定量评级结果；第二，综合评价方法，即对同类别的基金从投资过程（Process）、基金价格（Price）、基金业绩（Performance）、管理团队（People）和基金管理公司（Parent）五个方面进行定性和定量相结合的分析，给予金、银、铜、中性、负面五个评级。

另外，基金评价必须以同一类别和基准为前提，以保证评价结果的一致性。因此，本部分的最后还将对目标日期基金基准的设计进行探讨。

（1）定量评级方法

晨星定量评级方法又叫星级评级（Morningstar Rating®），旨在提供一个直观并且简单的基金评级结果。评级思路如下。

①对基金进行分类。以 5 年为一个阶段，自“2000 年”至“2060 年 +”分为 12 个退休前基金和一个退休后基金，共 13 个子类别。

②衡量基金的收益。晨星以考虑分红再投资的月度回报率来衡量基金的收益。计算一个月、三个月、六个月、今年以来、一年、三年、五年、十年的基金收益。

③计算基金的风险调整后收益 MRAR（Morningstar Risk-Adjusted Return）。其 MRAR 指标的计算方法是建立在投资人风险偏好的基础上，认为投资人喜欢高的收益而厌恶风险。

④评星级方式。根据 MRAR 指标，由大到小进行排序：前 10% 被评为 5 星，接下来的 22.5% 被评为 4 星，中间的 35% 被评为 3 星，随后的 22.5% 被评为 2 星，最后的 10% 被评为 1 星，共 5 个星级。

晨星目标日期基金评级每月进行一次更新。每月初公布上月的评级结果，包括三年评级、五年评级和十年评级。

这个单一指标的评级方法，只关注历史业绩表现和风险情况，未进行相应表现产生原因的分析和未来情况的展望，因此有一定的局限性。

（2）综合评价方法

晨星综合评价方法又叫晨星分析师评级（The Morningstar Analyst Rating®，以下统称“综合评价方法”），是一种定性和定量分析相结合的评价方法，其为22个目标日期基金系列提供评价报告，其评价出发点是：

第一，在目标日期基金分类中进行有意义的比较；

第二，提供与目标日期基金表现最相关因素的深度分析；

第三，满足不同投资者的适当性需求。

晨星综合评价方法包括金、银、铜、中性、负面五个评级，评级结果每季度更新一次。主要从五个方面进行评价：投资过程（Process）、基金价格（Price）、基金业绩（Performance）、管理团队（People）、基金管理公司（Parent）。具体评价思路如下。

①投资过程（占总评级的20%）。基金的过程评级主要评估目标日期基金的资产分配和基金选择过程，它包括定性评级和定量评级。过程评级又分为两个部分。

a）投资方法（占总评级的10%）：评估基金的资产配置方法、业绩目标和投资过程（包括经理选择和投资组合结构）是否明智、明确定义和可重复，并且得到有效执行。此外，投资组合应以符合投资过程和业绩目标的方式构建。

b）投资组合（占总评级的10%）：投资组合的评分会考察每个目标日期系列的基础资产质量，基于晨星对这些基础基金的评级（“星级评级”，即前文所述定量评级方法），计算目标日期系列中所持有基金的加权平均星级。

②基金价格（占总评级的20%）。晨星和独立学术研究公司的研究表明，投资支出是预测未来业绩表现最好的指标之一。基金价格用资产加权的晨星费用等级（The Morningstar Fee Level）作为衡量标准。晨星费用等级是通过同类别同销售渠道的基金对比得到的。

③基金业绩（占总评级的20%）。这一标准评估了一个目标日期基金相对于同类别基金和基准的历史表现情况。基金业绩采用MRAR作为核心指标衡量，另外还计算了如标准差、夏普比率、最大回撤等风险指标以及收入回报（Income Return）、资本回报（Capital Return）等收益指标。

④管理团队（占总评级的20%）。管理团队的评价是对那些对该系列产品

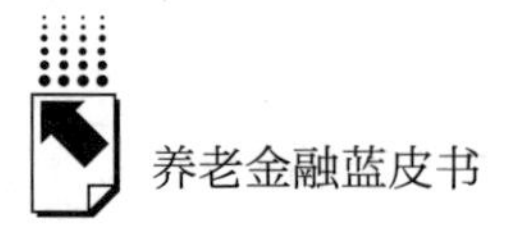

进行关键的资产配置、管理选择和组合结构决策的个人的定性评估，包括管理团队解决冲突的方法以及投资经理的可用资源等方面。

⑤基金管理公司（占总评级的 20%）。主要评价基金管理公司的管理能力、风险控制水平、激励水平等。

值得注意的是，晨星并没有对目标日期基金的下滑曲线和投资理论进行评价。晨星认为，下滑曲线和投资理论的适当性应由组合管理人自己评价，不同目标日期基金的下滑曲线和投资理论有特殊性，是根据不同的投资需求进行设计的，并没有绝对的优劣之分。因此晨星并不针对下滑曲线和投资理论进行评级，只是在评价报告中对基金的下滑曲线和投资理论进行介绍。

晨星综合评价方法对于目标日期基金的评价更加全面，但对于评价的不同方面采用了等权重的打分方法，并没有考虑不同因素对目标日期基金评价的影响程度。

（3）目标日期基金基准

2008 年之前，美国市场缺乏目标日期基金专用的基准。晨星认为，每个目标日期基金都有其针对不同年龄阶段的风险控制方案，也就是下滑曲线，因此难以进行直接对比。晨星提出从三个不同的维度对目标日期基金进行基准比较。

资产类别的多样性——关注组合的质量，主要是风险预测体系的情况，通过底层资产多样性和优化配置过程来实现。

选股策略——关注目标日期基金如何用一个资产组合解决如下问题，比如主动投资还是被动投资，是直接投资还是采用基金中基金结构，如何实现投资建议的多样性，不同资产类别的表现如何，净费用情况等。

风险控制——关注该基金在投资周期中如何让资产配置组合的风险状况随着目标投资者的风险承受能力变化而变化，也就是我们所说的下滑曲线。

在随后的 2009 年 2 月 18 日，晨星公司构建了自己的生命周期指数（Morningstar Lifetime Allocation Index），作为目标日期基金评价的比较基准。该指数根据风险偏好（激进型、稳健型、保守型）和目标日期（从 Income、2005～2060 年以 5 年为间隔共 13 个目标日期）划分包括 3×13 个系列（见表 2）。

表 2　晨星生命周期指数系列（Morningstar Lifetime Allocation Index Family）

类型	激进型（Aggressive）	稳健型（Moderate）	保守型（Conservative）
Income	Aggressive Income	Moderate Income	Conservative Income
2005	Aggressive 2005	Moderate 2005	Conservative 2005
2010	Aggressive 2010	Moderate 2010	Conservative 2010
2015	Aggressive 2015	Moderate 2015	Conservative 2015
2020	Aggressive 2020	Moderate 2020	Conservative 2020
2025	Aggressive 2025	Moderate 2025	Conservative 2025
2030	Aggressive 2030	Moderate 2030	Conservative 2030
2035	Aggressive 2035	Moderate 2035	Conservative 2035
2040	Aggressive 2040	Moderate 2040	Conservative 2040
2045	Aggressive 2045	Moderate 2045	Conservative 2045
2050	Aggressive 2050	Moderate 2050	Conservative 2050
2055	Aggressive 2055	Moderate 2055	Conservative 2055
2060	Aggressive 2060	Moderate 2060	Conservative 2060

注：Income Index，收入指数。当目标日期基金达到目标日期后，其比较基准变为相应风险偏好的收入指数。

其指数编制核心是不同风险偏好和目标日期的指数中各资产指数的构成比例不同，包括股票、债券、现金、REITs、商品五大类资产指数。晨星模仿目标日期基金下滑曲线的设计，以退休后总资产（考虑退休前人力资本、其他财富、退休后养老金等）最大化为目标，利用效用函数求解不同阶段的风险承受能力，然后再用资产组合理论求得股票和债权类资产的最优配比，最后根据晨星资本市场假设进一步分配细分资产类别的比例。

其他评级机构或指数编制机构也有自己的目标日期指数设计思路，核心区别在指数下滑曲线的设定上，道琼斯、标普和我国的中证目标日期指数均采用动态的目标风险策略构建下滑曲线，细微的区别在于动态风险的确定和选取的衡量指标上。

2. 学术机构评价思路

夏普比率①、索提诺比率②等传统基金评价指标都只是基于单期投资的评价，评价周期通常是1年，而目标日期基金则是长达几十年的多期投资。一些学术研究也说明了多期投资下的最优策略并不能由滚动的单期最优策略获得，这二者往往存在一定差异。另外，目标日期基金还分退休前、后两个阶段，退休前基金通常是资金净流入，退休后则是资金净流出。此外，由于目标日期基金投资期限很长，投资者所有形式的财富都应纳入考量，寻求总财富水平的最优，此时人力资本（投资者未来期望收入的现值）便会产生一定影响。这些因素都导致了目标日期基金的评价比传统基金更为复杂，因此学界设计了各种量化模型对其进行评价。

目前对目标日期基金评价的量化方法主要有三种，打分法、蒙特卡洛模拟和随机动态规划法。

（1）打分法

打分法即用一系列指标对目标日期基金进行打分，并以适当权重对各个指标得分进行加总，最后依靠加权总分进行衡量。

①衡量因素。常见的衡量因素有以下几种。

a）下滑轨道的设计。这是一个主观定性指标，旨在衡量下滑轨道的设计是否符合投资者需求，如对风险承受能力较低的投资者，下滑轨道是否过于激进。

b）收益。如最近3年绝对收益、超额收益等。

c）风险。如Beta、波动率、最大回撤、下行风险等。

d）风险调整后收益。如夏普比率、索提诺比率、卡玛比率等。

e）抵御通胀能力。如组合中通胀保护资产的种类和权重等。

---

① 夏普比率（Sharp Ratio）又叫夏普指数，是一个可以同时对收益与风险加以综合考虑的三大经典指标之一，公式为 $R = (E_M - r_f) / \sigma_M$，其中 E_M 为市场组合的预期收益率，r_f 为无风险利率，σ_M 为市场组合收益率的标准差。其设计目的为计算投资组合每承受一单位总风险，会产生多少的超额报酬。若为正值，代表基金报酬率高过波动风险；若为负值，代表基金操作风险大于报酬率。这个比例越高，投资组合越佳。

② 索提诺比率（Sortino Ratio）和夏普比率类似，所不同的是它区分了波动的好坏，因此在计算波动率时采用的不是标准差，而是下行标准差。这其中的隐含条件是投资组合的上涨（正回报率）符合投资人的需求，不应计入风险调整。这一比率越高，表明基金承担相同单位下行风险越能获得更高的超额回报率。

f）基金相关费用。如管理费、托管费等。由于目标日期基金的投资期限比较长，基金费用的差异便不容忽视。

②加权方法。不同投资者对各个因素的偏好不同，因此各个指标得分不能进行简单加总。除了直接主观设定权重外，以下的偏好矩阵法也可作为参考（见表3）。

表3　偏好矩阵

项目	下滑轨道设计	收益	风险	风险调整收益	抵御通胀	基金费用
下滑轨道设计	1	3	1/2	4	5	1
收益	1/3	1	1/2	3	1	1/5
风险	2	2	1	3	1	2
风险调整收益	1/4	1/3	1/3	1	2	1/5
抵御通胀	1/5	1	1	1/2	1	1/2
基金费用	1	5	1/2	5	2	1

注：表格中数字表示对投资者而言列指标相对于行指标的重要性，随着数值增大，列指标比行指标的重要性逐渐提升。例如，第三行第二个元素为2，表示收益相对于风险而言比较重要，同时第二行第三个元素应为1/2。

在得到偏好矩阵后，取该矩阵最大特征值对应的标准化特征向量，则是对各个因素应该分配的权重。

最后依据上述权重将各个因素得分加权求和，总分即为评价结果。

（2）蒙特卡洛模拟

根据Labovitz、Bradford以及Lori的研究，首先对资本市场做出一系列假设（如年化收益率、波动率等），其次通过蒙特卡洛模拟，沿着各个目标日期基金下滑轨道，得出各自在到期日及其前后的财富水平分布。最后，根据这个分布得出一系列与收益和风险相关的指标来综合考量。

此处主要借鉴Lori的评价思路，其通过模拟结果从亏空风险、市场风险和长寿风险三个方面进行评价。

①亏空风险。亏空风险（Shortfall Risk）是指在整个投资期内，基金收益低于最小可接受水平的概率。该风险可用退休时的年金收入替代率来衡量。根据模拟结果，若某基金的替代率分布在越高的区间，则该基金期望收益越高，亏空风险越小。

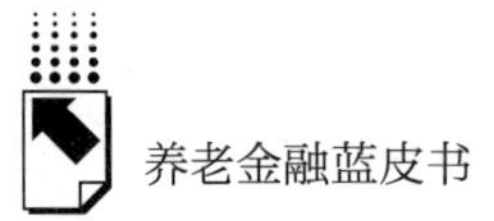

②市场风险。市场风险是指由于市场波动给投资者带来的潜在损失。由于临近退休时投资者的风险承受能力降低，因此，根据模拟结果，若基金在退休前的波动率越小，以及临近退休时收益极端风险较小（如退休日前一年基金收益分布最低的1%、5%、10%等分位数），则投资者已积累财富越安全。

③长寿风险。长寿风险是指若投资者寿命超出预期，则在其高龄阶段年金替代率会下降，甚至耗尽养老金。

同样，通过模拟可得到不同年龄之前都能享受一定年金替代率的概率。例如，假设年金替代率为65%，A 基金在投资者 75 岁之前都能满足 65% 替代率的概率为 90%，而 B 基金为 80%，则 A 基金比 B 基金更能抵御长寿风险。

最后，综合考虑各基金三种风险的高低，结合投资者的风险偏好，进而可选出最适合的基金。

（3）随机动态规划法

根据 Bodie、Warlow、Bruder 和 Culerier 的研究，对于每个投资者，都基于其收入状况和风险偏好找到一个最优资产配置策略，然后将目标日期基金下滑轨道与该最优策略进行对比，衡量与最优策略的差异。

具体来说，首先考虑用常数相对风险厌恶（Constant Relative Risk Aversion，CRRA）函数来刻画财富水平给投资者带来的效用，优化函数为

$$\max_{\pi} E\left[\frac{X_T^{1-\gamma}}{1-\gamma} \mid X_t = x, e_t = e\right]$$

其中 t 是时间，π 是风险资产权重，x 是养老金财富水平，e 是缴费额，γ 是相对风险厌恶系数，T 是退休时刻。

该优化问题含义为，在已知 t 期财富水平为 x，该期缴费额为 e 的情况下，通过优化该期的风险资产配置权重，以最大化退休时刻的财富水平给投资者带来的期望效用。

在确定好优化函数后，对市场做出一系列定量假设，如用几何布朗运动衡量风险资产以及收入（假设收入与缴费额完全正相关）的变化，由此可得出每一期的财富水平解析式。进而，通过 HJB（Hamilton-Jacobi-Bellman）方程求解，则可得出每一期的最优风险资产配置权重，即最优策略。

最后，考量各个目标日期基金效用与投资者最优配置策略效用的比值，比

值越高说明该基金越适合该投资者。

以上三种方法出发角度不同，因此各具优劣。打分法较直观，运用较灵活，但缺点是对下滑轨道的衡量较主观，并且各个因素的权重难以合理赋值。蒙特卡洛模拟能以概率分布的形式对每只基金的未来财富水平做出估计，但其模型假设较为复杂多变。随机动态规划法能在个人层面做出最优配置，但其模型参数（尤其是风险厌恶系数）取值较主观，且敏感性较高，取值的微小变动就可能造成最终结果的巨大差异。

3. 监管部门及基金公司的投资者适当性建议

（1）监管机构的投资者适当性建议

目标日期基金是美国共同基金的重要组成部分，也是美国劳工部指定的QDIA 中的首选投资产品。综合考虑信息公开性、可操作性、普适性等因素，美国劳工部（DOL）以及美国证券交易委员会（SEC）从定性的角度给出了投资者在选择目标日期基金的时候需要考虑的问题（见表 4）。

表 4　美国劳工部（DOL）和美国证券交易委员会（SEC）关于目标日期基金的投资者适当性建议

项目	美国劳工部(DOL)	美国证券交易委员会(SEC)
目标日期	根据投资者年龄和退休日期选择	基金目标日期是否与自己的计划一致
基金信息	了解基金业绩等指标	查看基金招股说明书
风险等级	未明确提及	了解投资者的风险承受等级
下滑曲线	了解基金资产配置如何随着时间改变	了解基金资产配置如何随着时间改变
基金费用	了解基金的运作和投资成本	检查基金成本及各种费用
其他	提供定制产品方面的信息	未明确提及
	雇主要建立有效的雇员沟通渠道	
	将评估、选择流程标准化并归档	

资料来源：美国劳工部（DOL）官网和美国证券交易委员会（SEC）官网。

可以看出，监管机构均是从投资者角度对选择目标日期基金进行指导性建议的。

（2）基金公司的投资者适当性建议

基金公司作为产品的发售者，遵循监管机构的指引文件，从投资者角度为评估与选择目标日期基金提供了更具体的指导。其中，先锋基金和富达基金作为规模较大的基金公司，主要建议投资者了解以下几方面内容。

①下滑曲线：资产配置策略；是否符合投资者的计划；风险（长寿风险、市场风险、通胀风险）的平衡；基金类型（“To”还是“Through”）。

②资产配置：基金的资产配置与市值加权指数相比如何。

③标的基金：投资的基金的投资风格是主动还是被动。

④基金费用：基金的费用与同类基金相比如何，如果费用高于其他选项，是否带来更高的净收益。

⑤基金业绩：与基准业绩比较；与同类基金业绩比较；哪些子基金带动了整体业绩提升；下滑曲线、子资产配置和个股选择哪方面提高了整体业绩。

⑥交流沟通：需要将充分的相关信息提供给公司的普通员工和计划的参与者。

⑦管理团队：管理基金的基金公司监管结构、可能的变化以及带来的影响。

（二）目标风险基金评价

目标风险基金投资策略就是在组合运作过程中，将组合的风险设定在一个确定水平，期望获取相应的预期收益。因此，产品运作过程中，对组合风险的度量是核心。

由于目标风险基金在资产配置上与平衡型基金或是混合型基金具有相似的特点，因此总结各类机构对目标风险基金的评价方法发现，它们通常会将目标风险基金归为普通基金进行评价。

1. 评级机构评价思路

由于美国劳工部和证券交易委员会并没有针对目标风险基金的投资者给出适当性建议，因此对于目标风险基金评价思路，我们着重介绍晨星的综合评价方法，即晨星分析师评级（The Morningstar Analyst Rating®）。和前文的目标日期基金一样，这一方法也从投资过程、基金价格、基金业绩、管理团队和基金管理公司五个方面进行评价。但在目标风险基金中强调的方面与目标日期基金略有不同。

（1）综合评价方法

比较晨星对于目标风险基金和目标日期基金的评价报告可以看出，评价的主要角度基本相同，但对于目标风险基金的评价除了前文提到的五个方面外，还加入了基金风险（Risk）方面的分析。

具体评价思路如下。

①投资过程（Process）。对于目标风险基金的过程评级方法与目标日期基金基本相同，主要是评估基金的资产分配和基金选择过程，包括定性评级和定量评级。更加强调的是目标风险基金的投资组合及历史情况，包括投资风格、投资行业、投资地域、信用评级等方面的比较说明。

②基金业绩（Performance）。在目标风险基金的评价报告中更加强调的是基金的历史业绩，包括过去10年的规模、回报变化，以及与基准指数和同类基金的比较等。

③基金风险（Risk）。由于目标风险基金具有明确的风险等级属性，因此在评价报告中，晨星公司特意就基金风险进行了分析。主要包括：基金的评级、风险和收益在同类基金中的相对位置；风险指标（包括标准差、均值、夏普比率、索提诺比率等）与同类基金的比较；与相应风险等级的基准指数的比较；与同类基金的上升/下降捕获比例。

④基金价格（Price）、管理团队（People）、基金管理公司（Parent）。在这几方面，晨星对于目标风险基金的评价方法与普通基金相同，但涉及内容不多，评价重点还是集中在前面提到的三点上。

综上可以看出，晨星对于目标风险基金的评价方法与目标日期基金基本相同，只是在最终的评价报告中着重对投资过程、基金业绩和基金风险进行分析和比较。

由于目标风险基金的特点，各类机构通常会将其作为普通的平衡型基金或混合型基金进行评价，因此涉及的评价方法多种多样，这其中晨星综合评价方法对于目标风险基金的评价相对更加全面和系统。

与目标日期基金相同的是，对于评价目标风险基金的不同方面晨星亦采用了等权重的打分方法，并没有考虑不同因素对目标风险基金评价的影响程度不同。

（2）目标风险基金基准

目标风险基金基准根据风险偏好来设计各类组成指数的比例。晨星认为在设计目标风险基金基准指数时，应尽可能全面地考虑全球资产指数来构建组合，以获得最佳的有效前沿，其中最重要的因素是资产配置和证券选择。

根据目标风险基金目标收益风险特征，其对应的基准也划分为激进型（Aggressive）、相对激进型（Moderately Aggressive）、稳健型（Moderate）、相对保守型（Moderately Conservation）和保守型（Conservative），不同风险特征的基准对应不同的股票指数比例，通常来说股票占比为95%、80%、60%、40%、20%，依次递减。

其他基准指数提供机构，如道琼斯、标准普尔等，也是依据类似的理论进行目标风险基准设计，区别在于根据不同风险收益特征构建的指数系列分类不同，比如增加了成长型（Growth）目标风险基金基准。

2. 量化模型评价思路

由于目标风险基金会综合配置股票、债券等各类资产，因此从量化模型分析角度，通常用业绩归因的方法进行评价。

基金的业绩归因，是基金公司及广大投资者衡量基金投资业绩的常用方法之一，也是据此发现业绩提高或是不佳的来源，改进投资策略，进而改善基金业绩最有效的方法之一。其本质是将基金收益与一个市场基准收益进行比较，将两者差额分解成几种“效应”，比如资产配置效应和证券选择效应等。

基于分析方法和使用数据的不同，归因分析可以划分为两大类：一是基于基金收益率时间序列的多因子回归分析法；二是基于基金持仓交易数据的模型归因分析法。表5介绍了两者的基本原理及各自优缺点和适用范围。

表5　业绩归因分析方法的主要分类

分类	基于收益率的回归分析法	基于持仓的模型归因分析法
基本原理	考察基金投资组合的收益率序列相对于一系列风格指数收益率序列的表现，本质上是时间序列的多元线性回归	针对基金在不同时点的持仓情况和交易情况分解基金的超额收益率，得到在资产配置、证券选择等方面的超额收益
优点	数据公开，易于获取	透明度高，便于理解
缺点	算法约束较多，拟合难度大	数据获取难度大，数据频率低
适用范围	内外部投资者均可使用	主要为内部使用，外部使用频率低

对于养老目标基金中的目标风险基金，由于数据基本是从公开渠道获取的，因此我们主要使用的是回归分析法，即将基金的超额收益对其配置资产所

对应的各个指数超额收益进行回归，回归结果中各个指数的系数说明了该基金业绩受该指数的影响大小。回归的截距项则代表基金超额收益中没有被模型解释的部分，即 α，α 值越大，说明基金相对于各个指数的超额收益越大，即说明基金表现越好。

三　我国养老目标基金评价

我国的养老目标基金目前尚处于起步阶段，探索期发行的 3 只目标日期基金产品，由于不符合《指引》中要求的 FOF 形式，因此并不属于严格意义上的养老目标基金。而且，由于此类基金产品数量较少，许多评级机构并没有将其单独作为一个分类进行基金评价。随着养老目标基金的陆续获批发行以及相关税收优惠政策的跟进，养老目标基金产品将逐渐丰富，鉴于养老目标基金产品投资目的以及投资策略的特殊性，有必要对其进行单独分类评价，因此本部分将讨论我国养老目标基金评价相关原则、思路以及需要考虑的问题。

（一）我国养老目标基金评价原则

养老目标基金以追求养老资产的长期稳健增值为目的，结合《养老目标证券投资基金指引（试行）》和《证券投资基金评价业务管理暂行办法》相关规定，我们认为对养老目标基金进行评价除满足普通基金评价原则外，还应当遵循以下原则：

第一，长期性原则，即注重对基金的长期评价，以符合其养老资产的长期属性，培育和引导投资人的长期投资理念；

第二，适当性原则，即注重对基金是否符合养老投资需求的评价，满足投资者的适当性需求；

第三，一致性原则，即基金评价标准、方法和程序保持一致，不得使用未经公开披露的评价标准、方法和程序。

（二）我国养老目标基金评价思路

结合海外养老目标基金评价经验和我国养老目标基金评价原则，在进行我国养老目标基金评价的时候需要考虑到评价方法的普适性和可操作性，因此在评价思路上，可以以晨星综合评价方法为参考，结合我国实际情况，在基础分类、评价基准和评价指标的选择上进行适当的调整。

1. 我国养老目标基金分类标准

目前，我国已发行的目标日期基金产品由于发行数量较少，并没有对其进行单独分类，而是根据其股票和债券比例被划分到混合型基金和债券型基金两个类别中。

随着养老目标基金产品的逐步发行，对目标日期基金和目标风险基金的单独分类将成为对其进行评价的基础。

针对目标日期基金，由于其采用目标日期策略，因此不同目标日期的基金对应的资产比重不尽相同。建议以目标日期作为分类的依据，以一定的时间间隔对基金进行分类，在产品发展初期以 10 年为一个类别，后面逐渐细分到以 5 年为一个基金类别，并将已达到目标日期的产品作为一个单独类别进行评价。

针对目标风险基金，其根据特定的风险偏好设定权益类资产、非权益类资产的配置比例，因此其分类以权益比重为划分标准。比如权益占比 70% 及以上的划分为积极型，权益占比 50% ~70% 的划分为成长型，权益占比 30% ~ 50% 的划分为稳健型，权益占比 30% 以下的划分为保守型。

2. 我国养老目标基金比较基准

基准对于基金评价的意义在于两方面，一方面，有利于统一比较标准，在同样的基础上对同类别的基金进行相对收益的比较；另一方面，对于基金管理人的评价，以是否偏离基金合同约定的业绩基准为标准，可以考察基金管理人在基金投资过程中是否严格按照产品合同约定的投资目标与投资范围进行投资，有利于为基金持有人获取长期稳定的收益。

我国养老目标日期基金比较基准，应突出养老属性，设计适合养老投资需求的比较基准，以合理约束和规范基金管理人的投资决策标准。

目前，中证指数有限公司已经编制针对目标日期基金的目标日期指数，其编制思路是基于人们在不同年龄段拥有的人力资本与金融财富水平，设置相应的风险承受水平，从而进行不同资产间的优化配置，为不同退休日期人群提供一站式养老储蓄的基准指数。由于中证目标日期指数 2016 年 8 月才发布，所以探索期发行的三只目标日期基金产品并没有采用中证目标日期指数作为基准，而是采用了自定义的宽基指数作为其比较基准，这与海外养老目标基金产品类似，多数基金公司在养老目标日期基金产品的业绩比较基准选择上，通常依据自身下滑曲线设计或投资策略，编制与本基金资产配置比重相同的市场指数作为基金合同约定的比较基准，这使得不同基金公司同一目标日期产品的比较基准不尽相同。而对于基金评价机构，需要采用统一的基准对不同公司的基金进行比较，因此可以考虑选择中证目标日期指数。

另外，针对目标风险基金，也需要编制统一的市场指数作为比较基准。根据我国目标风险基金分类建议，目标风险基金的指数也可以根据不同的权益比例分为积极型、成长型、稳健型、保守型，对应的权益比重为70%、60%、40%、20%。

3. 我国养老目标基金评价指标

养老目标基金具有养老保障属性，更需关注绝对收益情况，而且由于投资周期较长，对于基金业绩长期风险控制要求更高，因此在评价时收益指标和风险指标的选择和普通基金有一定区别。

结合海外养老目标基金评价经验和我国现有的公募基金评价体系，在对我国养老目标日期基金进行评价的时候，我们建议从以下几个方面进行指标选择。

业绩评价：关注基金净值增长率和超额收益。净值增长率考察基金在评价期间资产净值的增长率，超额收益考察基金与基准指数相比较的超额收益情况。考虑到养老目标基金评价长期性原则，建议至少以三年为一个周期对养老目标基金进行评价，评价周期选择三年、五年、十年为标准进行相关指标计算和业绩评价，且汇总整体长期业绩评价时，赋予五年以上的长期业绩更高权重。

风险评价：以养老资产的保值增值属性为出发点，关注业绩波动性。考虑到养老目标基金对资产价值下跌更为敏感，因此建议以索提诺比率（Sortino Ratio）计算风险调整后收益。另外增加下行风险和最大回撤指标，以增加绝对收益的评价比重。

基金经理定性评价：主要评价基金经理和养老目标基金投资团队投资经验、业绩稳定性、在基金管理中对基金合同履行情况以及投资策略是否符合投资者适当性要求。重点考察目标日期基金对于下滑曲线的设计是否考虑目标养老人群的适当性需求，目标风险基金的设计是否符合目标人群的风险偏好或风险预算等。

基金管理公司定性评价：从公司及其人员的合规性、公司治理结构、人员稳定性、信息披露和风险控制能力定性评价基金管理公司。养老目标基金是居民长期、持续的投资，因此基金管理公司的稳定、合规性影响着养老资金安全，需要对其进行审慎评价。

基金费用：养老目标基金采用基金中基金形式，其费用评价考虑交易费用控制情况。采用内部子基金结构和开放子基金结构的基金中基金，其子基金管理费用较大的差别，将直接影响投资收益。

以上五个方面是建议在评价养老目标基金时采用的指标或评价思路，在计算不同指标结果之后对养老目标基金进行排名或者打分，进而根据一定权重汇总得到总的评价结果。

（三）我国养老目标基金评价需要考虑的问题

相较于普通公募基金产品来说，养老目标基金产品发展历程较短，尤其是目标日期基金即使在美国也不到三十年历史。因此，对于目标日期基金和目标风险基金的评价仍旧有许多值得探讨的地方，尤其是我国首批养老目标基金产品刚刚获批，正在陆续发行，养老目标基金发展正处于起步期。另外，基于我国社会老龄化进程和资本市场发展现状，我国养老目标基金产品指引要求与国外略有不同，在设计我国养老目标基金评价思路时，虽已针对我国特色进行改进，但仍有一些需要考虑的问题。

针对下滑曲线的评价问题。从海外目标日期基金评价思路看，针对下滑曲线均多进行定性分析，较少进行定量分析。且晨星认为目标日期基金的下滑曲线有其特殊性和差异性，应由基金公司内部自行评价，因此在其评价体系中没有针对下滑曲线的专门评价。各学者和学术机构针对下滑曲线的评价方法各有其局限性，普适性也较差，难以得到较好的评价结果。

目标风险基金风险跟踪问题。根据我国《指引》规定，目标风险基金可采用某一约定的风险约束作为目标风险进行资产配置，类似指数基金跟踪基准指数，在评价的时候是否应对其跟踪误差进行评价。由于在海外并没有针对目标风险基金的特殊评价方法，选择什么样的指标进行跟踪误差的评价仍需探索。

不同评价方面权重问题。以晨星为主的基金评价思路，采用五个方面进行综合评价，但是针对这五个方面均赋予等权重进行汇总，并未突出哪一方面的重要性。但养老目标基金由于其养老属性，评价时是否应有所侧重，分配不同权重需进一步探讨。

我国投资者风险偏好和海外投资者风险偏好差异问题。由于我国投资者和海外投资者风险偏好存在差异，且各类资产波动率不同，在基于风险偏好对目标日期基金、目标风险基金进行分类，以及设计对应的基准指数时，应考虑在权益比重上进行差别对待。

封闭期和限制投资比例问题。根据我国养老目标基金《指引》要求，养老目标基金应当采用定期开放的运作方式或设置投资人最短持有期限，并限制对应基金投资于股票、股票型基金、混合型基金或商品基金（含商品期货基金和黄金 ETF）等品种的比例。海外目标日期基金绝大多数是开放式基金，仅对养老金账户内资金流动性进行限制，投资者如在退休前提取账户内资金，将面临较大损失。但我国采用定期开放运作方式，则在基金流动性管理上有一定区别，进而需将此问题纳入评价考核因素。

参考文献

《养老目标证券投资基金指引（试行）》（证监会公告〔2018〕2 号），2018 年 3 月 2 日。

《证券投资基金评价业务管理暂行办法》（证监会公告〔2009〕64 号），2009 年 11 月 6 日。

Morningstar, The Morningstar Category Classifications, 2014. 4. 30.

Morningstar, Morningstar Institutional Category Definitions, 2017. 4. 28.

Richard H. Thaler, Shlomo Benartzi, "Save More Tomorrow: Using Behavioral Economics to Increase Employee Saving", *Journal of Political Economy*, Vol. 112, No. 1, February 2004.

Morningstar, The Morningstar Rating for Funds, 2016. 11.

Morningstar, Target-Date Fund Series Rating and Research Reports Methodology, 2011. 8. 4.

Rob Bare, "Benchmarking Target Date Funds", Morningstar Research Paper, 2008. 11.

Morningstar Investment Management LLC., The Morningstar Lifetime Index Funds, 2016.7.

Nagengast, Joseph C., Daniel Wong, Craig L. Israelsen and John M. Bucci, "Popping the Hood II: An Analysis of Target Date Fund Families", Turnstone Advisory Group LLC, 2007.

Labovitz, Mark L., "Targeting Target Maturity Funds", Lipper Research Series Fund Industry Insight Report, June 2006.

Bradford L. Long, "Target Date Funds: Evaluating and Selecting", Dimeo Schneider White Paper, February 2016.

Lori Lucas, "Taking Target Date Fund Evaluation to the Next Level", 33rd Annual ISCEBS Employee Benefits Symposium, September 2014.

Bodie Zvi, Jonathan Treussard, "Making Investment Choices as Simple as Possible, but Not Simpler", *Financial Analysts Journal*, Vol. 63, No. 6, 2007.

Scott Warlow, "Evaluation of Target Date Funds", Proceedings of the 2nd Fields-MITACS Industrial Problem-Solving Workshop, 2008.

B. Bruder, L. Culerier and T. Roncalli, "How to Design Target-Date Fund", https://papers.ssrn.com/sol3/papers.cfm? abstract_id=2289099, September 3, 2012.

Edwin J. Elton, Martin J. Gruber and Andre de Souza, "Target Risk Funds", *European Financial Management*, Vol. 22, No. 4, 2016.

B.9

养老产业基金：发展现状、导入路径与趋势前瞻

陈琳翰　陈漫娜*

摘　要： 在今后较长一段时期，中国养老产业仍将处于市场竞争的初级阶段，产业结构优化升级、产融结合及轻资产化发展模式的探索将成为主题。养老产业基金的介入将通过对被投企业的规划、整合、协同，协助被投企业改善商业模式、提升运营管理水平，以推动企业发展模式创新、价值提升，实现养老服务供给侧的质量和效率提升、产业链条的完善整合、产业结构的优化升级以及龙头企业的孵化培育。在这一过程中，政府、产业方、金融机构等各主体在利益平衡和风险管控前提下的协同配合是推动养老产业基金在探索中前进的重要因素。本文在对国内养老产业基金发展现状、各主体参与角度进行分析的基础上，通过案例分析的形式对养老产业基金导入实体的路径做了分析，并结合养老产业政策背景及“资管新规”出台后中国金融环境的变化对养老产业基金的发展趋势进行预判。

关键词： 养老产业基金　产业引导基金　“资管新规”　PPP 模式

---

* 陈琳翰，天佑安康养老集团董事长，欧英明德咨询集团创始人，国际注册管理咨询师，全国首届养老服务业评选人文精神奖获得者，国家老年服务与管理专业教学指导委员会委员，浙江大学、北京社会管理职业学院等客座教授，中国养老研究院院长，研究领域为健康养老产业商业模式、盈利模式、养老产业金融等；陈漫娜，管理学硕士，欧英明德咨询集团高级咨询师，中国养老研究院研究员，研究领域为养老产业金融。

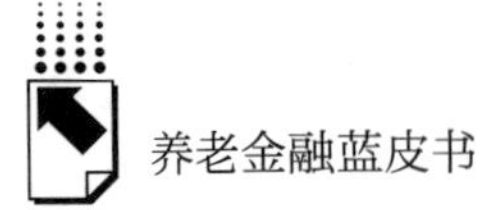

2013年，中国开始进入养老产业元年，养老产业开始加快市场化探索进程；2014年是养老政策年，土地、金融、养老服务市场化等一系列利好政策相继出台；2015年开始，地产、保险、医疗、康护、器械、互联网、大健康等产业链相关企业纷至沓来，产业并购帷幕陆续拉开，产业链开始逐步融合，大型企业集团开启规模化扩张历程；2016年养老产业并购加剧，国有大型企业以及民营产业集团逐渐成为市场竞争和产业并购的主角；2017年，国家政策层面对居家养老、社区养老和智慧养老等领域又给予了更多不同层面的重点扶持，并加强对养老服务质量规范的力度，养老产业开始向以规范化、标准化为核心的精细化方向发展。据预测，2018年及以后长期一段时间养老产业仍将在探索中前行，并且从整体来看，养老产业市场竞争仍处于初级阶段，大部分养老企业规模尚小，行业集中度较低，尚未达到规模效应，在全国范围内具备行业引领性和品牌效应的龙头企业尚未形成；在这一过程中，养老产业基金的介入并通过对被投企业的规划、整合、协同，协助被投企业改善商业模式、提升运营管理水平，以推动养老企业发展模式创新、价值提升，实现养老服务供给侧的质量和效率提升、产业链条的完善整合、产业结构的优化升级以及龙头企业的孵化培育，并与投资者共同分享养老产业增长的红利，加快“产融结合”模式在养老产业领域的探索进程。

一　养老产业基金概述

（一）养老产业基金概念

2001年，国家发展计划委员会制定的《产业投资基金管理暂行办法》对“产业基金”给出了定义：一种对未上市企业进行股权投资和提供经营管理服务的“利益共享、风险共担”的集合投资制度。即通过向多数投资者发行基金份额设立基金公司，由基金公司自任基金管理人或另行委托基金管理人管理基金资产，委托基金托管人托管基金资产，从事创业投资、企业重组和基础设施投资等实业投资。

实践中，产业基金的资金募集形式通常以非公开募集形式为主，从这一角度看，产业基金本质上可以理解为私募股权投资基金。当前养老产业基金中以政府出资/投资为主，政府引导基金占比较高。养老产业基金可以对养老产业进行股权、债权、股债混合等多种形式的投资，投资形式灵活多样，可满足养老项目多方面的投融资需要。养老产业基金通常设有存续期限，在存续期结束后，可以根据基金条款决定是否展期。投资人一般通过上市、股权转让或股权回购、到期清算等方式退出。

政府出资的平台公司、具备一定实力的产业企业以及银行、保险、信托等金融机构是当前国内养老产业基金的主要参与主体。

（二）养老产业基金分类

根据基金主导方的不同，养老产业基金可分为以下三类。

1. 政府主导

国内早期养老产业基金多以由政府财政预算出资的养老产业引导基金为主，基金不以营利为目的，通过吸引地方政府、金融和社会资本等的参与，以股权、债权等方式投资于创业投资机构或新设创业投资基金，以支持养老产业的发展。在当前地方政府收支不平衡，融资渠道和融资机制受限等背景下，政府主导设立养老产业基金有助于调动社会资本的积极性，推动政府顺利履行社会管理、产业结构调整及拉动地方经济增长等职能。自财政部、商务部发布《关于开展以市场化方式发展养老服务产业试点的通知》（财办建〔2014〕48号），并把湖南、湖北、山东、吉林、江西等8省份列为养老服务市场化发展试点省份以来，各试点地区纷纷设立养老产业引导基金。

2. 产业企业主导

鉴于产业基金在撬动金融资源、推动产业链条完善整合等方面的优势，在国内养老产业转型升级、金融体制改革步伐日益加快的今天，具备一定实力的养老产业企业联合政府、金融机构等发起设立产业基金，作为产业发展的战略投资平台和新的增长点，产业企业还可结合自身技术优势对被投企业进行投后管理和提供增值服务，协助被投企业改善商业模式、规范管理运营，实现投资价值的最大化。2017年5月，同仁堂为充分利用自身品牌优势及名医名药资源优势，与中原高速、太阳纸业等社会资本携手共同设立北京同仁堂养老产业基金，基金规模约10亿元，首期资金4.7亿元已到位，基金存续期为7年，北京同仁堂养老投资管理有限责任公司为基金管理人，基金计划用5~7年时间打造北京同仁堂养老全国连锁运营项目。

3. 金融机构主导

目前，商业银行主要是结合渠道、客户、资金等多重优势，通过拓展产业基金等新兴业务领域培育核心竞争力，以拓宽投贷渠道。信托公司主要以信托计划做 LP 形式参与产业基金。未来，信托公司也可凭借非标融资中积累的客户、渠道等资源，以及机制灵活，同时链接产业端和消费端的独特优势，在养老产业基金领域探索更大发展空间。

保险资金的长期性以及与养老产业间天然的业务联系，决定了险资可通过提供养老服务吸引大量保险客户，以促进健康险等产品销售。国家政策层面上也大力推动险资投资产业基金，保监会于 2015 年发布《关于设立保险私募基金有关事项的通知》，对保险资金投资产业基金的投资方向、股权占比等进行明确。鼓励保险公司设立成长基金、并购基金、新兴战略产业基金、夹层基金、不动产基金、创业投资基金和以上述基金为主要投资对象的母基金的私募基金，投向养老服务、健康医疗服务等符合保险产业链延伸方向的产业或业态。基金的发起人由保险资产管理机构的下属机构担任，基金作为投资业务的载体。保险系私募基金的兴起，为保险业加强布局健康、养老、医疗等符合保险产业发展需求和国家战略的领域提供了专业平台。截至 2016 年末，共有 11 家保险资管机构已设立私募基金管理公司，其中，平安保险、太平人寿等保险机构已涉足健康养老产业基金。

二　国内养老产业基金发展现状

总结近几年国内养老产业基金发展现状，主要反映在以下几个方面。

（一）发展势头迅猛，发展动力从政府主导到市场主导，产业方积极参与

根据对中国证券基金业协会网站备案的以“有限合伙”形式设立的私募类健康养老产业股权投资基金的统计，截至 2018 年 6 月底，已在该网站备案的健康养老产业基金数共计 147 个（不含医疗医药类）。从设立年份来看，2013 年以前设立 4 只，2014 年以后随着政策性引导基金的推动，养老产业基

金发展迅猛，2014～2017 年，设立数量逐年递增，依次为 12 只、35 只、44 只、47 只。其中 2016 年和 2017 年两年基金设立数合计为 91 只，占全部备案数量的 62%。具体基金备案情况如图 1 所示。

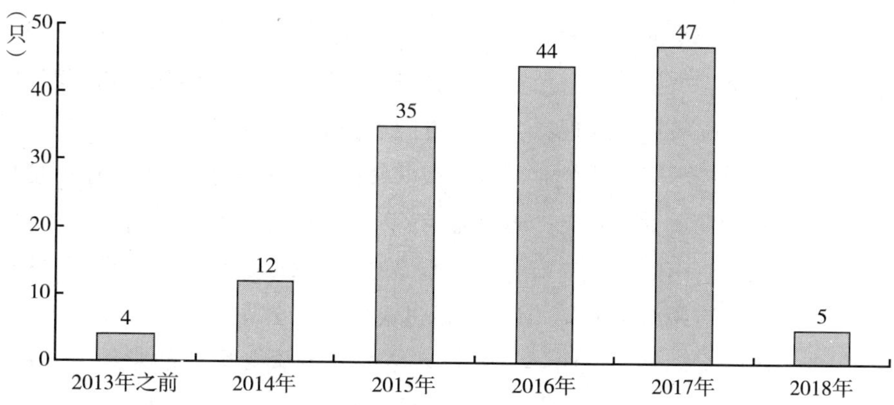

图 1　健康养老产业基金设立情况（截至 2018 年 6 月底）

资料来源：中国证券基金业协会。

从发起主体来看，备案基金中以产业方为主导的有 19 只，其中 2016 年和 2017 年发展最为迅猛，设立数量分别为 6 只、8 只，占总备案中产业方主导基金数量的 74%。其中，产业方以同仁堂、汤臣倍健、九州通、云南白药等大型知名医药企业集团为主。

（二）养老产业基金区域布局以长三角、珠三角等地为主，区域发展不均衡

国内养老产业基金区域发展不均衡现象显著。上述备案的有限合伙型健康养老产业基金主要聚集在长三角、珠三角及京津冀地区，其中，长三角和珠三角两区域合计备案健康养老产业基金数 89 只，占全部备案健康养老产业基金数量的 60.5%。其中，设立基金数最多的前三个地区分别是江苏省、深圳市、浙江省，分别为 27 只、22 只、14 只。如河南省、青海省、黑龙江省尚未有备案的健康养老类的产业基金。

（三）养老产业基金投资方向以医疗医药行业为主，与养老服务实体对接不够充分

147 只备案的健康养老产业基金（有限合伙企业）中有 43 只尚未有明确的投资对象。由于当前健康养老产业基金的产业主导方主要为九州通医药集团、北京同仁堂等大型医药医疗类企业，产业主导方结合养老服务市场对医养结合模式关注度逐步提高的现状，投资方向多为健康养老产业链上下游的医疗管理、生物医药技术等相关企业，直接或间接投资医疗医药（含医疗信息化、生物技术等）行业的健康养老产业基金有 69 只，占比近 50%；直接投资养老服务实体的仅有湖南健康养老产业投资基金企业（有限合伙）、江西养老服务产业发展基金（有限合伙）等 10 只；通过设立投资公司及产业基金形式间接投资服务实体的有 2 只。健康养老产业基金与养老服务实体的对接还不够充分，未来发展潜力巨大。

（四）信托、保险等各类金融机构资管产品成为养老产业基金重要补充，资产证券化的探索为养老地产 REITs 提供可借鉴经验

信托、保险、证券等金融机构结合自身资源、渠道、资金、服务模式等优势，发起设立的信托计划、资产支持专项计划等资管产品，其形式灵活，设立程序便捷，在激活养老资产、增强资产流动性、助力产业金融与消费金融无缝对接、推动二级市场发展和成熟等方面发挥着重要作用，成为养老金融不可或缺的创新发展模式。2017 年，我国房地产领域加快了资产证券化的探索步伐。保利租赁住房 REITs 的储架发行模式，实现“一次核准，多次发行”，成为我国 REITs 发展史上的里程碑式产品；国内首单社区商业类 REITs——“中联东吴—新建元邻里中心资产支持专项计划”获批。这些探索将成为资产证券化在养老地产领域的有益借鉴。

但资管产品存在很多灰色地带，随着 2018 年“资管新规”的出台及监管力度的逐步加大，各类资管产品需要在政策合规前提下实现有效衔接，以共同推动养老产业投融资工具的创新发展。

三 养老产业基金导入产业路径

（一）政府引导养老产业基金对接实体的路径

2015 年，财政部发布《关于财政资金注资政府投资基金支持产业发展的指导意见》，鼓励财政资金参股产业龙头企业发起设立基金，以推动产业链协同发展，优化产业布局；研究促进政府投资基金支持产业发展的政策措施，引导金融机构加大对有关基金的融资支持力度，引导产业链相关国有企业对基金出资；积极探索完善保险补偿、PPP、融资担保等市场化支持方式，形成政策合力共同支持产业发展，推动重点产业发展和产业转型升级。

政府引导养老产业基金一般由中央部委或省级政府层面出资成立，再通过吸引金融机构合作成立基金的母基金。各地申报的养老项目，经过金融机构审核后，由地方政府作次级 LP，承担主要风险，母基金做优先级 LP，当前杠杆比例通常为 1∶4。常见架构如图 2 所示。

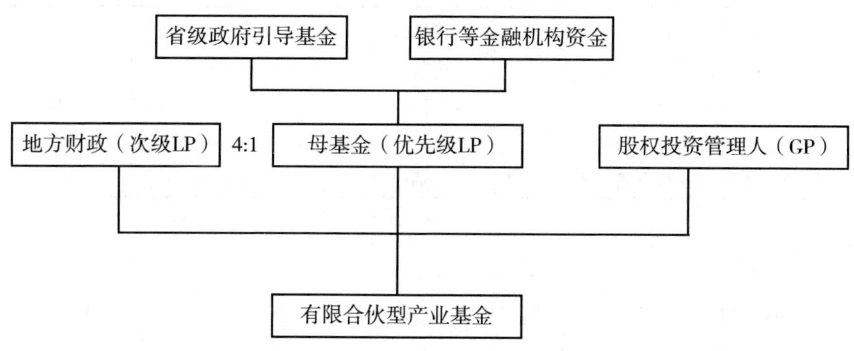

图 2 政府引导养老产业基金

以湖南省健康养老产业投资基金为例解读政府引导养老产业基金对接养老服务实体的路径。

1. 基金概况

湖南健康养老产业投资基金企业（有限合伙）是国内首支省级政府引导型健康养老产业基金，首期规模 45 亿元，远期规划劣后级资金总规模超过

100 亿元。根据省财政厅出台的基金管理办法，基金以股权投资为主，辅以债权投资、参股子基金等其他方式投资。主要投向健康养老及相关联产业，重点支持建设居家养老、社区养老服务体系、健康医疗等，培育有竞争力的品牌养老服务企业，发展有活力的中小养老服务企业，研发养老服务产品，推动养老服务与家政、医疗等生活性服务产业融合发展。基金投入健康养老服务及相关产业的比例不得低于60%，基金控股性投资（占股比超过50%）比例不超过基金规模的30%。对单一项目累计股权投资额不得超过基金规模的20%（收购上市公司除外）。

2. 基金架构

湖南高新创业投资集团有限公司（湖南省人民政府国有独资企业）为基金的核心发起人和主要出资人，占股59.41%。湖南高新创投健康养老基金管理有限公司担任基金管理人（高新创业投资集团控股）和普通合伙人，负责执行基金合伙事务（见表1）。

表1　基金架构

单位：万元，%

发起人	合伙类型	投资额	占股比例
湖南高新创业投资集团有限公司	有限合伙	30000	59.41
江山国金资产管理有限公司	有限合伙	15000	29.7
湖南高新纵横资产经营有限公司	有限合伙	5000	9.9
湖南高新创投健康养老基金管理有限公司	普通合伙	500	0.99

3. 基金运作

基金采用市场化方式运作管理。基金合伙人大会是基金的最高权力机构。根据合伙协议成立基金投资决策委员会。决策委员会是基金的最高决策机构，依据市场化原则，批准有关基金投资及投资处置事项，省财政厅、商务厅各推荐1名人员作为观察员列席投资决策委员会。依规选择省内1～2家商业银行作为基金托管人，并实行专户管理，单独核算。

据管理办法规定：基金退出方式可采用IPO、借壳上市、新三板挂牌、产权市场交易、兼并收购、回购、打包出售、公开拍卖、其他金融创新工具等方式。基金存续期满后，政府出资应按期退出。确需继续出资的，由省财政厅、省商务厅对基金运行情况进行整体评估，提出初步意见并按程序报省政府审批。存续期内如达到预期目标，政府出资可通过清算、转让、回购等方式提前退出。

4. 投资案例

基金于2016年5月投资湖南普亲老龄产业发展有限公司（简称“普亲公司”）3193万元，占股34.38%。普亲公司成立于2008年，是国内失能失智长期照护领域的先行者、领军企业和全国连锁养老品牌。普亲公司探索出的以社区型长照机构为载体的长期照护服务体系被政府、学术界、产业资本等广泛认可。目前，普亲模式已在湖南、海南、北京、山东、江苏、浙江、福建、山西等省份落地运营，在建的长期照护机构近30家，床位数近3000张。

基金投资湖南万众和社区服务管理有限公司390万元，占股26.93%。万众和社区服务管理有限公司成立于2000年，在社区（居家）养老服务、社区服务的连锁体系投资建设、智慧养老、标准化等方面发展迅速。至2017年，在湖南、河北、安徽三省投资建设华北油田万庄基地养老服务中心、衡阳石鼓养老服务中心等直营连锁店36家，加盟店8家。2019年底连锁体系将完成230个以上社区布局，新增社区康护服务床位1320张，覆盖800多万人。

基金还投资衡阳华程医院有限公司、湖南希尔天然药业有限公司、山东巴洛克生物科技股份公司等医疗医药类企业，与华天实业控股集团有限公司、湖南新天地投资控股集团有限公司等签订战略投资协议。

（二）产业方主导养老产业基金对接实体的路径

以产业资本为杠杆撬动产业资源，实现全产业链的整合及协同发展，是大型产业集团通用的一种加速扩张的方式。对于上市公司而言，以产业基金方式进行投资可分散投资风险，保证上市主体不受投资影响，也为其后续发展提供了优质行业资源储备。

当前产业方通常以劣后级LP的形式参与养老产业基金。为增强在基金中的话语权，产业方会联合金融机构共同成立基金管理公司，并成为基金管理公司的控股股东。如北京同仁堂养老投资管理有限责任公司为北京同仁堂养老产业投资运营中心（有限合伙）的管理人。公司由北京同仁堂投资发展有限责任公司、深圳秉荣投资有限公司等共同发起设立。其中，北京同仁堂投资发展有限责任公司为公司的第一大股东（占股49%）。以下以九州通医药集团参与发起的两只健康养老产业基金为例，解读产业主导型养老产业基金对接实体的路径。

1. 基金概况

2015 年 12 月，九州通医药集团发布拟投设湖北高投长江产业基金的公告：成立湖北九州通高投长江产业投资基金管理有限公司，受托管理湖北九州通高投长江产业基金投资中心（有限合伙），基金总规模 50 亿元，以发起设立产业并购、股权投资子基金为主要业务，基金中 80% 将投向医疗机构、药品生产企业、医疗器械生产企业、医养综合体、智慧医疗等大健康产业，20% 投向其他领域。对特定项目的投资，在协议规定的决策程序通过后可以采取直接投资的方式。

九州通医药集团拟认缴 9.95 亿元人民币，作为次劣后级资金，占基金规模的 19.9%；基金管理公司拟认缴 0.05 亿元人民币，作为次劣后级资金，占基金规模的 0.1%；湖北省长江经济带产业基金拟认缴 10 亿元人民币，作为劣后级资金，占基金规模的 20%；其他 30 亿元人民币的目标募集出资额作为优先受益人，将由基金管理公司负责向金融机构（银行、保险、信托等资本）募集。基金拟出资来源如表 2 所示。

表 2　基金拟出资来源

单位：万元，%

出资人类型	资金来源	认缴总金额	占股比例
优先受益人 LP	银行、保险、信托等金融机构	300000	60
劣后受益人 LP	湖北省长江经济带产业基金	100000	20
次劣后受益人 LP	九州通医药集团股份有限公司	99500	19.9
GP/基金管理人	基金管理公司	500	0.1

2. 基金架构

后期操作中，50 亿元的产业基金尚未设立，而是成立湖北九州通高投养老产业投资基金合伙企业（有限合伙）（简称高投基金）和湖北九州通投健康产业投资基金合伙企业（有限合伙）（简称通投基金）两只相关的健康养老类产业基金。

高投基金设立于 2016 年 5 月 31 日，湖北高通投资基金管理有限公司（九州通医药集团控股）为基金管理人，联合九州通医药集团股份公司、湖北省高新技术产业投资有限公司、浙银汇地（杭州）资本管理有限公司共同发起。2017 年 3 月注册资本增至 24.25 亿元，具体各发起方的投资额及占股比例不详。

通投基金（尚未备案）设立于 2016 年 7 月，注册资本为 10 亿元。发起方为湖北九州通高投长江产业投资基金管理有限公司、金元证券股份有限公司、九州通医药集团股份有限公司，具体各方占比不详。基金管理人为湖北九州通高投长江产业投资基金管理有限公司（九州通医药集团全资子公司）。

3. 基金运作

根据 2015 年湖北九州通高投长江产业基金投资中心（有限合伙）的设立公告，基金投资决策委员会由 5 名委员组成。九州通医药集团推荐 2 名，省高投推荐 1 名，基金管理人推荐 1 名，湖北省长江经济带产业基金管理有限公司推荐 1 名。管理公司代表基金收购控股的项目，包括但不仅限于医疗机构、药品和医疗器械等生产企业、医养综合体等健康产业项目，原则上投后管理应交由公司全权委托经营管理，并签订托管协议。

基金收益分配原则为“先回本后分利”，在基金清算时，基金累计可依法进行分配的投资净收益及本金清算按照如下顺序及比例进行分配：优先受益人首先获得按投资本金 7%（以最终银行确定的资金成本为准）计算的年化收益（扣除已获得的基金分红或收到的股利）；优先受益人全部投资本金；次劣后受益人投资本金；劣后受益人投资本金；剩余的投资收益 10% 由基金管理人（GP）所有，另外 90% 的收益由劣后受益人与次劣后受益人按照 3∶7 比例分配。基金直接投资项目的，剩余的投资收益 20% 由基金管理人（GP）所有，另外 80% 的收益由劣后受益人与次劣后受益人按照 3∶7 比例分配。此外，如果劣后受益人的分配额超出其本金对应的资金占用费（按优先受益人的资金占用费计算），则超出部分由次劣后受益人享有（以上为初步设计，以省政府公布的管理办法为准）。

退出方式：子基金份额转让退出、子基金分配退出、子基金清算退出，基金直接投资的项目可采取上市公司购买、向第三方转让、管理层回购等方式。

4. 投资案例

通投基金尚无投资案例，高投基金通过基金的控股公司九州通医疗投资管理有限公司（九州通医药集团股份有限公司占股58.95%、高投基金占股41.09%，专注于医疗、养老两大品牌投资）对武汉九康养老服务管理有限公司、九州通逸仙（武汉）医疗养老服务有限公司以及武汉九州通人寿堂医疗养老服务有限公司（简称武汉九州通人寿堂）等养老实体和医疗管理机构进行投资。其中，武汉九州通人寿堂为武汉市民政局指定的由武汉市社会福利院与九州通和人寿堂联合体共同组建的项目公司（九州通医疗投资管理有限公司、上海人寿堂国药和武汉市社会福利院分别占股45%、45%和10%），项目公司通过ROT（改建－运营－移交）的方式投资武汉市社会福利院B座PPP项目，对项目进行投资、融资、改建、运营管理、维护、移交并承担风险，以市场化养老经营性收益为主要收益来源，合作期限为25年。项目总投资约1.23亿元，在武汉市社会福利院原有装修基础上进行提挡升级、智能化系统布局，上海人寿堂国药负责养老院的日常运营，九州通医疗投资管理有限公司发挥其在药品、医院管理和医疗设备等领域的专长，通过项目运营为市民提供高水平的养老、康复、养生等综合服务。项目目前已入选全国第三批PPP示范项目库、湖北省第一批PPP示范项目库。

（三）金融机构主导养老产业基金对接实体路径

当前金融机构一般作为基金的外部投资者，通过投贷联动或者直接作为基金的LP方参与、参股GP等方式参与产业基金。如商业银行多通过下属控股子公司发起设立基金，作为出资方成为基金的LP，享受产业发展收益，银行同时向被投项目提供贷款服务；银行还可通过与股权投资机构进行合作的模式参与PE、VC，对其已投资或即将投资企业提供贷款与金融服务，并同时锁定被投企业顾问咨询及资金结算等业务。信托公司多通过信托计划做LP的形式参与产业基金。

保险公司凭借产业协同优势、资金优势，以养老产业私募基金作为开展健康养老产业投资及产业链条整合的载体和平台，推动健康养老产业发展模式创新及整体效益提升。

以下对平安人寿、太平人寿等险资发起养老产业基金的运作情况进行梳理。

1. 基金架构设计

深圳市平安健康科技股权投资合伙企业（有限合伙）（下称健康科技基

金）成立于2016年5月，深圳市平安德成投资有限公司（平安人寿保险全资子公司）为基金管理人和普通合伙人，基金大股东为深圳市思道科投资有限公司（平安保险的全资子公司）。基金发起各方出资类型及占股比例如表3所示。

表3　基金发起各方出资类型及占股比例

单位：万元，%

发起人	合伙类型	投资额	占股比例
深圳市思道科投资有限公司	有限合伙	176230	46.59
中国平安人寿保险股份有限公司	有限合伙	90000	23.80
深圳市引导基金投资公司	有限合伙	75000	19.83
中国平安财产保险股份有限公司	有限合伙	35000	9.25
深圳市安林珊资产管理有限公司	有限合伙	1000	0.26
深圳市平安德成投资有限公司	普通合伙	1000	0.26

平安系的另一只健康类产业基金为常州平盛股权投资基金合伙企业（有限合伙）（简称平盛基金），基金总规模3.03亿元。其中，常州健腾投资合伙企业（有限合伙）（简称常州健腾，平安鼎创股权投资管理（上海）有限公司为常州健腾的执行事务合伙人）认缴基金份额300万元，为基金普通合伙人；海南海药认缴基金份额5000万元，为基金有限合伙人；平安人寿保险、平安财产保险、平安养老保险等其他有限合伙人认缴剩余的2.5亿元份额；平安鼎创股权投资管理（上海）有限公司（平安集团的全资子公司）为基金管理人。

2. 机制运作

以平盛基金为例，基金在医疗健康产业及相关领域的投资总额原则上不应低于平盛基金认缴出资总额的80%；在单个被投资公司中累计投资总额不得超过平盛基金认缴出资总额的10%；投资处于初创期创新型企业、早中期创新型企业的投资总额不得少于基金认缴出资总额的60%。

平盛基金期限为7年。届满后，普通合伙人可根据合伙企业的经营需要，决定延长回收期两次，每次不超过一年。

基金收益分配前提：最早时间以孰先者为准。①平盛基金的账面净资产值达到或超过人民币3.03亿元；②平盛基金的存续期限届满。达到分配条件后，首先，返还实缴资本，按照有限合伙人在该项目投资成本所分摊实缴出资比例分配，直至合伙人收回实缴资本；其次，“8%分配”，若有剩余，在合伙人之间按出资比例分配，直至该合伙人的累积实缴资本自实际缴付之日起按照每年8%计算所得的收益；最后，收益分成，在对普通合伙人追溯分配（“8%分配”部分之和×25%）之后若有剩余，余额的80%在有限合伙人之间按照其各自实缴出资比例分配，20%分配给普通合伙人。

3. 投资案例

平盛基金、健康科技基金投资方向多为互联网医疗、健康管理、生物医药等类型相关企业。

苏州太平国发鼎鸿投资企业（有限合伙）由太平人寿保险公司、大连一方集团及太平国发资本管理有限公司于2016年联合发起设立，太平国发（苏州）资本管理有限公司为基金管理人（兴业国际信托和苏州国发创业投资控股有限公司各占股50%）。基金于2017年5月投资大连天鹅湖健康产业园有限公司，健康产业园项目公司成立于2016年12月，项目地位于大连保税区生态城，用地面积45655㎡，用地性质为酒店、公寓用地。项目定位为中高端，以全护理、半自理、自理老人为主，引入美国水印公司先进的运营服务理念，探索医养结合服务模式，对入住老人按不同护理级别及医疗需求，有针对性地提供照料和健康管理。

（四）养老产业基金对接服务实体企业的整体路径建议

在对养老产业及拟投资企业深度了解的前提下，统筹协调各发起方诉求，实现各方协同配合及责、权、利的对等是基金对接并推动养老服务实体快速发展的根本。同时，在国家金融改革降杠杆、严管“多层嵌套”的背景下，在设计架构时应通盘考虑，结合不同金融机构特性以适应养老产业整个生命周期发展需求。

拿养老地产项目开发来说，项目从开发建设、运营孵化到后期稳定收益，需要经历7～8年的时间。整个周期需要有一个熟悉养老服务市场，有明确战略规划的产业方在整个过程中充当带头人角色，利用自身专业性和行业资源，负责养老项目的储备、识别与运营，以增强投资人热情和信心，加速资金筹集速度及运作效率。产业方还可基于对标的项目发展周期、盈利模式、合规程度、业务发展预期等的认识，把契合自身发展战略的项目纳入项目池中，并设定收购条件，在保证风险可控的同时推动基金管理人加强项目投后管理，提升养老产业链条整合的效率和水平；基金核心是金融，需要具备一定实力和低成本资金的金融机构来主导整个产业基金的资本组织、产品设计、资金募集、基金运营及退出等整个过程，金融机构可结合自身风控优势推动私募基金建立合规的风控体系；养老产业处于从事业向产业过渡阶段，各地相关政策不够明朗，需要政府的参与以便为项目提供政策支撑。

以当前国家大力提倡的PPP养老项目为例，政府、产业方、金融机构三方共同组建SPV公司进行项目投资，在投资模式方面，通常是通过基金入股项目公司并补足项目资本金，达到项目资本金比例，帮助项目公司进行债权融资，同时依托项目PPP模式的政府背书优势，推动项目公司对接并获得国家开发银行等政策性贷款支持。在项目运营初期优化公司营运水平，进行资产管理，逐渐产生现金流；运营稳定后，借助资本运作平台对项目进行经营管理，优化资本盈利能力，在项目运营水平逐步提高、项目收益稳定增长的过程中，可结合资产证券化等金融工具的使用，以股权回购、兼并并购、股权转让、IPO、资产证券化等多种形式完成基金退出。

产业方主导，通过产业基金投资PPP项目，实现对接养老服务实体的基金架构如图3所示。

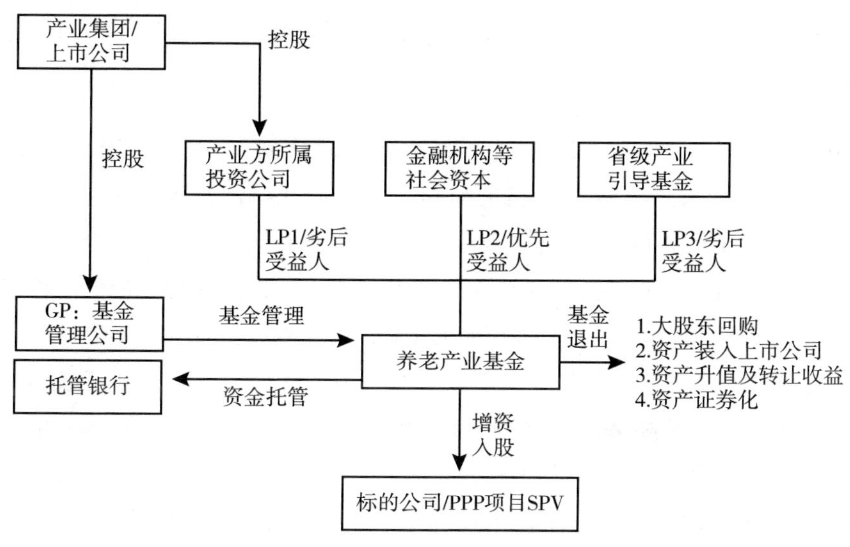

图3　养老服务实体基金架构

四　中国养老产业基金发展前景前瞻

（一）政府引导、产业主导、金融支撑的社会化、市场化产业基金运作模式将成为主流

随着养老事业向养老产业的逐步过渡，养老服务市场化是主流方向，但短期内政府引导仍是基调，政府通过基金平台和体制创新，采用股权入股、购买服务等方式吸纳社会资本，推动形成养老服务市场化的长效机制；伴随着大型养老产业集团的崛起，产业集团凭借对投资方向、项目筛选、投资模式等的技术决策能力将成为产业基金市场化进程中重要力量，并逐渐发挥主导作用。随着监管层对金融机构刚性兑付及政府隐性债务的控制，大型企业集团/上市公司将承担产业基金的重要增信职能；金融机构仍为基金主要资金来源，其中，银行通过与产业基金签订贷款服务协议，在为标的项目提供配套债权融资的同时逐渐拓宽服务范围。三方在政府引导的前提下，通过利益捆绑促成各方合作共赢，最终构建起政府引导、产业主导、金融支撑的社会化、市场化的养老产业基金运作模式。

（二）养老产业基金日趋细分化，智慧养老、医养结合将成为重要细分方向

随着2017年《智慧健康养老产业发展行动计划（2017～2020年）》和《开展智慧健康养老应用试点示范的通知》等政策的出台，智慧养老迎来了发展黄金期，利用信息技术革新传统养老方式促进现有医疗、健康、养老资源优化配置和使用效率的提升，可以满足家庭和个人多层次、多样化的健康养老服务需求。与智慧养老相关的“医疗＋互联网”信息技术企业将有望发展成行业的“独角兽”，并加速推动养老产业链的完善和整合。政策层面还鼓励探索社会资本与政府出资的投资公司/平台公司合作，充分发挥国有资本的引领和放大作用，通过发起设立智慧健康养老产业投资基金，引导社会资本参与智慧健康养老产业发展，推动智能技术在养老产业应用的规模化、标准化和商品化；伴随着当前及未来一段时间内医养结合模式的发展、中医药健康诊疗在医

养结合领域的作用日益受到关注，以及老人宜居环境建设过程中资金缺位、能满足大众社会化养老服务的基础设施薄弱等问题的日益突出，这些领域也将成为养老产业基金重要细分方向。

（三）产业引导基金、创业投资基金、产业并购基金等互动协同，共同推动养老产业发展

养老产业引导基金通过以少量的财政资金引导和撬动银行等社会资本，支持发展居家、社区、机构养老等面向基层大众的养老服务产业；以互联网、物联网技术为依托的一批轻资产化、具有创新商业模式、发展势头迅猛的智慧养老企业的出现，将受到创投基金的青睐；一批大型养老房企、险资、医药等产业集团逐渐崛起，针对养老产业规模化、连锁化、标准化的发展趋势及当前养老产业小、散、弱、差的发展现状，结合自身发展战略，联合政府、上市公司、金融机构及其他社会资本共同发起产业并购基金，对于加速产业融合、实现产业规模化发展、提升产业运营效率和品牌效应有着重要意义，也将整体推动产业运营效率和品牌效应的提升，产业方也可通过获取较好的经营管理和品牌连锁的现金流收益实现顺利退出。养老产业引导基金、创投基金和并购基金三者将从不同层面共同推动养老产业的发展。

（四）投后管理运作的平台化，以大平台推动基金管理价值的提升

随着“资管新规”的出台以及对价值投资的引导，投后管理将成为产业基金的重要内容。近年来，平台化的产业发展模式愈来愈受到推崇，有实力的产业方可结合资金、产业链及品牌等优势，依托互联网信息技术，以养老产业基金为核心的“金融 +”为手段，整合多方资源，最终形成资源整合、投融资、高端智库、品牌 IP、股权交易等的综合性产融平台，以形成对所投项目的筛选、孵化、资本变现及退出等多重功能，从而塑造并提升健康养老产业链各环节价值，提升基金投资回报。

（五）资产证券化是养老产业基金可探索的重要退出方式

随着产业基金主动管理模式及养老项目轻资产化模式的发展，项目运营收入以及预期现金流收益或可成为项目重要退出方式。

以养老地产为例，养老项目收入中一方面是属于既定债权的入门费或押金，另一方面是属于未来债权的每月需缴纳的服务费、房费、餐饮费等，这类费用明确、稳定。根据信托法相关规定，有基础法律关系的未来债权可作为信托财产设立信托。因此，标的项目可通过消费信托等结构性融资工具，把既定债权和未来债权证券化，从而在解决养老地产持有运营阶段资金问题的同时成为产业基金可以探索的一种退出方式。

五　发展养老产业基金的建议

（一）针对政府的建议

1. 加强养老产业引导基金的顶层设计

总结国内养老产业引导基金及市场化养老产业基金的实践经验，结合产业发展现状及趋势，确定养老产业引导基金整体发展目标、运作模式、发展原则、区域布局，并针对各参与主体所面临的发展环境及未来的战略选择，确定各类参与主体的参与原则、资金来源及监管措施等。最终根据参与主体、投资方向等维度确定养老产业引导基金分类，明确各类引导基金的参与主体、参与模式、基本架构、运作机制、投资方向、评价原则等内容，从而对养老产业引导基金进行整体顶层设计，明确整体发展框架和发展策略。

2. 通过 PPP 模式充分发挥养老产业引导基金作用

政府结合养老基础设施的建设和改造等领域资金需求大等特点，通过养老产业引导基金投资 PPP 养老项目，与社会资本方建立“收益共享、风险共担”机制共同投资开发，并依托政府增信作用与具备资金实力、资金成本低和具备信用优势的商业银行、开发性金融机构等进行合作，通过融资担保、政府出资适当让利等多种方式投资养老项目，以发挥产业基金的带动性和政府增信作用，降低项目配套融资难度。

3. 落实配套政策，加强政策衔接协同，扫除养老产业基金制度障碍

在整合中央试点资金、地方配套资金以及中央基建投资等资金的同时，落实产业、土地、金融、财政、税收等政策层面对养老产业基金的支持，以形成政府支持的合力，实现政策的衔接协同，破除制约产业基金的制度障碍。

完善产权市场以及 REITs 等相关配套政策，为针对以产业基金为载体的项目公司权益进行资产支持专项计划的设计，为养老产业基金的合理退出提供保障。进一步完善《公司法》或制定专门针对投资基金发展的《投资公司法》《投资顾问法》等法规，制定房地产投资信托基金的专项管理措施，降低对投资渠道、投资比例等的限制，使我国的房地产投资信托基金从一开始就以较规范的形式发展。此外，还需对目前的税法进行改革，避免双重征税问题，为养老产业基金的发展创造良好的税收环境。

4. 在对各类资管产品统一监管的前提下，引导资管产品与养老产业基金实现协同发展

结合“大资管”时代背景以及“资管新规”等政策的相关要求，在明确各类金融机构主体自身优势、发展战略等的基础上，以统一监管为前提扫除相关法律障碍，以协同各类金融工具的投资需求，鼓励和引导各类金融机构在依法合规、可持续的前提下，通过发行资管产品募集资金投向养老产业，探索建立以养老产业基金与其他各类资管产品协同发展的运作机制。

建立并完善对基金投资方向、资金使用及投后管理等的动态跟踪机制，规范基金的资金使用。倡导根据基金投资的动态性和周期性，结合基金资金使用效益及基金管理过程，加强评估与激励，确定基金年度及最终的评价内容和评级标准，建立综合的基金信用评级机制、绩效考核及激励机制。

（二）针对产业企业的建议

1. 养老产业基金发起企业

结合政策导向及政府产业发展规划，以产融结合为核心确定集团整体产业发展战略。结合养老产业轻资产化发展趋势，在充分契合国家、地方养老产业政策及各级政府发展规划的同时，以“金融化”的思维和理念为支撑，以“产融结合”发展模式为核心，以产业基金为主线，链接多方资源，建立由健康养老产业上下游核心企业、社会资本、产业基金等组成的养老产业发展联盟，最终确定以产业集团为主导的养老产业发展战略和轻资产化发展模式，从而在拓宽基金资金来源渠道的同时提升产业基金发展空间。

坚持基金投资与企业开发经营相适应的理念，加强投后管理，推动养老产业优化升级及整体效益提升。产业集团可依托对养老产业全生命周期及产业价

值链条的深刻把握，坚持基金投资与项目经营相适应的理念，整合规模合理、投资较低、后期发展空间较大的“互联网 + 医疗健康”服务实体以及社区居家养老服务机构，并加强投后管理，与被投项目确定合理的合作模式及参与经营管理方式，提升对项目参与度，在对项目现金流进行动态精准预测和分析的基础上，站在项目全生命周期角度，对项目整体投资模式、投后管理及退出机制等进行系统规划，为项目各阶段融资需求提供科学、合理、系统的资金安排。结合被投项目股权结构及经营策略，通过投贷联动等模式实现股权投资和债权投资的有机结合。后期也可依托产业聚合优势发展产业链金融，拓宽项目后续融资渠道，提升产业基金投资附加值。

充分利用“PPP + 基金”模式的优势，以风控合法为前提，以项目资产价值提升为目标，以项目全过程管理为手段，实现项目公共利益和商业利益的平衡。产业集团可结合自身优势积极参与 PPP 项目，通过整合优势资源，联合咨询机构、产业投资人等向地方政府提供投融资策划与咨询、产业导入、项目融资等全流程服务，以充分把握介入 PPP 项目的机会。以项目风险控制设计为前提设置 PPP 项目各资金方的介入机制，对产业主导者、金融机构、施工企业、政府平台公司等各方利益进行捆绑，并将投资风险进行适度分配，提前梳理并防范 PPP 项目各类风险点，最大限度控制损失。同时在充分了解寿险公司的投资标准及风控机制等前提下充分对接长期寿险资金，在合法合规前提下引入各类资产管理产品，以保障基金资金来源渠道畅通。

此外，产业主导方还应着眼于筛选和培育具有长期发展潜力、孵化价值大的项目，对项目进行适当的主动管理，将新技术、新模式嵌入 PPP 项目中，拓展使用者付费项目，实现项目稳定回报，减少项目回报对政府付费的依赖，为投资人带来更多的经济收益，实现公共利益和商业利益的平衡。

2. 需对接产业基金的养老服务实体

了解养老产业基金的架构、投资范围、投资策略，发起各方背景及实力，发起方中产业资本的发展战略，投后管理模式及投资案例、产业资本优势，以便有针对性地对接相匹配的基金。

此外，还应转变观念，学会用金融思维看待企业整个经营过程，以企业价值塑造及传递为核心导向，以金融工具的综合使用为手段，以建立多方深度合作关系为目标，通过产品金融化等方式提升企业资产的流动性。

针对基金的关注点以及企业/项目自身现状，明确项目定位、商业模式和盈利模式，构建项目核心价值、服务体系及运营体系，打造专业化的项目运营管理团队，梳理和分析项目各阶段价值点，并对项目财务可行性进行分析预测，制订项目各阶段的资金需求及使用计划，最终确定衔接紧密、可契合养老项目全生命周期融资需求的合作模式，在以上分析的基础上，准备翔实、系统、有针对性的融资计划书。企业还应建立专业的融资顾问团队，设计项目清晰合理的治理结构，扫平对接过程中法律障碍，增强对接洽谈中的话语权。企业还可选择有实力的个人或机构，通过担保、抵押、回购协议、业绩承诺等方式为养老产业基金的退出增信，促进产业基金投资的达成。

（三）针对金融机构的建议

1. 综合各类金融工具优势，拓宽资金来源渠道

“资管新规”的出台以及对当前资管产品的“高杠杆”“资金池”“多层嵌套”等的监管，在一定程度上将弱化资金流动性，短期内将压缩基金资金来源渠道。金融机构应结合“大资管时代”背景、资管产品向净值化管理方向发展的趋势，针对养老产业链条日趋多元的发展现状，以金融工具日益融合背景下的“大金融”去对接规模庞大、产业结构日益多元的“大养老”，与银行、保险等低成本资金的主要来源渠道建立紧密合作关系，以完善的退出渠道为保障，统筹协调各资金方利益，拓宽基金融资渠道，保障基金的资金来源。

2. 险资应充分发挥资金优势及产业协同优势，广泛链接资源、打造综合平台、引领科技创新、拓宽发展空间，提升养老产业基金投资的综合价值

险资应在充分考虑保险资金的负债特性对资产负债匹配的要求以及做好风控的前提下，通过设立创投基金培育和扶持互联网健康管理、生物医药等科技型企业。同时，充分结合资金优势及产业协同优势，最大限度发挥金融平台及健康养老产业大平台作用，联合国内外大健康产业领袖、全球投行巨头发起健康养老产业基金，打造业内高端合作联盟、资源整合平台、紧密的产融结合载体、专注服务于投资企业的战略股权交易平台；通过“资源嫁接 + 基金股权投资 + 产业培育 + 保险资金金融杠杆 + 大健康产业顶级专家顾问”等的组合模式，推动养老产业的模式创新、科技创新，拓宽产业发展空间，提升养老产业基金投资的综合价值。

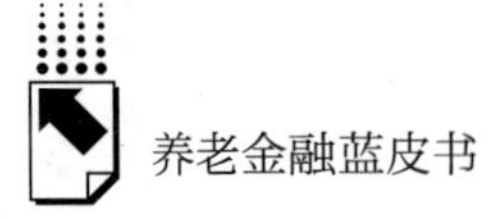

参考文献

赵明轩：《我国 PPP 模式下养老产业基金运作研究》，首都经济贸易大学硕士学位论文，2017。

史高德、郭伟：《有限合伙制私募私募股权投资基金——规则解读与操作指引》，法律出版社，2016。

中国开发性金融促进会：《国外养老产业投融资模式案例汇编》，中国金融出版社，2017。

中国水网、明树数据：《严监管新政下基金及资管投资 PPP 项目的模式及路径分析》，2018。

借　鉴　篇

Experience Reports

B.10
日本养老金资产管理经验借鉴与启示

李少杰*

摘　要： 作为世界上人口老龄化最为严重的国家之一，日本经过多年的改革和发展建立起了三支柱的养老金体系，形成了一个较为完善且全面的架构。日本养老金体系相关的法律法规相对完善合理，在养老金资产管理方面通过市场化运作提升养老金资产组合收益率，同时在投资运作过程中十分注重投资绩效与风险管理，此外，日本养老金运作监管机构功能明确，使日本的养老金资产在保障安全的同时取得了相对良好的收益，这为我国养老金体系建设的完善以及养老金资产管理提供了良好的经验借鉴。

关键词： 日本　三支柱　国家养老金　企业养老金　个人养老金

---

* 李少杰，富达国际中国区董事总经理，工商管理硕士，研究领域为养老金融。

一　日本养老金体系概述

早在2005年，日本65岁以上老年人口占总人口比例已经达到了20%，进入人口学上定义的“超老龄社会”。2015年，日本65岁以上老年人口占总人口的比例已达到26.6%，为全世界人口结构最老的国家。截至2017年底，人口平均预期寿命已高达83.9岁，成为全球最长寿的国家。在严峻的人口老龄化影响下，日本养老金体系面临诸多的挑战，经过多年的改革和发展，目前日本建立起了三支柱的养老金体系，形成了一个较为完善且全面的架构，如图1所示。

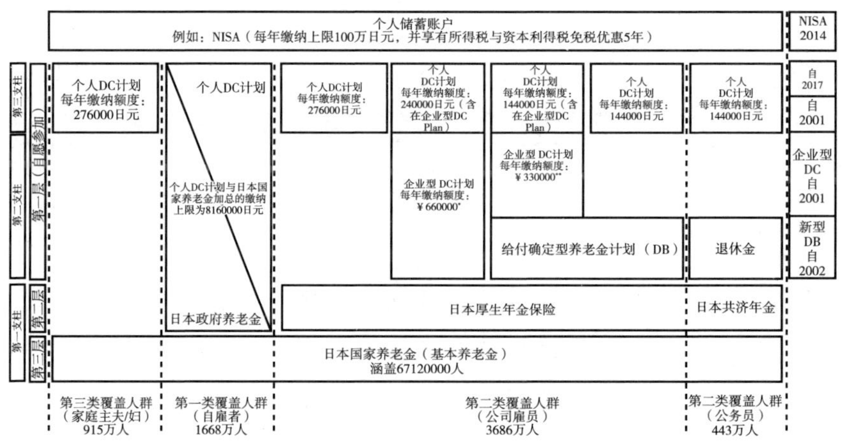

图1　日本养老金架构

注：*若参与个人DC计划，则企业型DC计划每年缴纳额度上限为420000日元；**若同时参与给付确定型养老金计划（DB）和个人DC计划，则企业型DC计划每年缴纳额度上限为186000日元。

资料来源：MHLW 2017年报，http：//www.mhlw.go.jp/english/wp/wp-hw11/dl/11e.pdf。

（一）第一支柱

日本养老金第一支柱由两部分构成：日本国家养老金（National Pension）与厚生年金保险（Employees' Pension Insurance）。日本国家养老金即为基本养老金，居住于日本的20~59岁居民，包括外籍居民，都有加入日本国家养老金并交纳保险金的法定义务。厚生年金保险是指所有私营部门企业都必须为其20~59岁雇员交纳劳动保险金，包含劳工健康保险与职工保险在内，为企业的法定义务。其中，与厚生年金保险位于同一层次的日本共济年金（Mutual Aid Pension），是提供给日本公务员及私立学校员工的养老金保险。

近年来由于日本政府的财政压力较大，日本已逐步将共济年金与厚生年金保险进行整合，并逐步调高公共部门的缴费。目前公私部门的缴费（Contribution）均为其收入的18.3%，雇主与雇员各分摊50%。如果持续缴费40年，日本的在职职工最多能在退休时每年从国家养老金中领取79.2万日元，从厚生年金保险中每年领取180万日元，足够负担退休后基本生活开支的一半。日本在第一支柱改革上，将法定退休年龄延长到65岁，同时也计划降低退休后领取养老金的额度。

（二）第二支柱

日本养老金第二支柱为日本多年来养老金改革的核心。在2001年之前，日本第二支柱养老金主要由20世纪60年代末成立的税务适格养老金计划（Tax Qualified Pension Plan）与厚生养老金基金（Employees' Pension Fund）构成。由于制度设计上的诸多问题，第二支柱养老金长年来收益率均十分低迷，参与率的增长速度也陷入停滞。

日本于2001年推出《给付确定企业养老金法》，主要在制度层面与受领权保护面这两大方面做出改善。在制度层面上，规定了诸如受托人责任、信息公开等统一标准，并创设“契约型企业养老金”（Contract-Type DB Plan）与“基金型企业养老金”（Fund-Type DB Plan）两种形式。在受领权保护面上，设定积累资产义务、明确受托人责任及行为准则，并强化信息公开等措施。

在2001年养老金改革后，旧的两种企业养老金逐步并入新的企业养老金计划之中，也有部分资产归政府管理。税务适格养老金计划于2012年全面停用，厚生养老金基金也预计于2019年完成解散（Dissolve）。

目前日本第二支柱养老金主要由三部分构成：给付确定型养老金计划（DB Plan）、缴费确定型养老金计划（DC Plan）和Cash-Balance型养老金计划；其中给付确定型养老金计划（DB Plan）又可分成两种形式：基金型企业养老金（Fund-Type DB Plan）和契约型企业养老金（Contract-Type DB Plan）。

而缴费确定型养老金计划（DC Plan）也可分成两种形式：个人型缴费确定型养老金计划（Individual－Type Defined Contribution Plan）和企业型缴费确定型养老金计划（Corporate－Type Defined Contribution Plan）。个人型缴费确定型养老金计划即 iDeCo，因属于个人型养老金计划，会在第三支柱中详述。

（三）第三支柱

日本第三支柱养老金主要由两大部分组成，分别是 NISA（日本个人储蓄账户）与 iDeCo（个人缴费确定型养老金）。

个人储蓄账户，即为具有税收优惠的储蓄账户，日本所有 20 岁以上居民均可办理。凡是在 NISA 中的投资所得均能在 5 年内免其所得税与资本利得税，每年缴纳的上限为 100 万日元。NISA 在日本 2014 年的推出成效毋庸置疑，仅推出两年时间就达到 988 万户，金额达到 4.86 万亿日元。2016 年，日本进一步推出 Junior NISA（少年个人储蓄账户），使 NISA 的覆盖范围扩大至 19 岁以下未成年人，以鼓励提早开始储蓄。此外，日本还计划于 2018 年推出“每月分期付款个人储蓄账户”（MI NISA），以提高年轻人群的储蓄率，吸引年轻人提早为退休做准备。

个人缴费确定型养老金最初的覆盖范围是在职雇员，尤其是公司未提供任何企业养老金计划的中小企业雇员，以及个体经营者、自由职业者，2017 年扩大到了公共部门人员以及家庭主妇。iDeCo 有效地促进了日本就业市场的活力，帮助员工在换工作时不至于失去过去多年所累积的养老金，也帮助如自由业者、家庭主妇再就业时，能够同时拥有一笔已累积的养老金，并减轻雇主的给付压力。

二　日本第一支柱养老金资产管理情况

（一）行业概况与运营模式

1. 行业概况

为管理日本第一支柱公共养老金，日本特别成立了具有独立行政法人资格的日本政府养老投资基金（Government Pension Investment Fund，GPIF）来统一进行运营管理。

日本公共养老金采取的是现收现付制，2016 年，日本公共养老金需要支付的养老金达到 51.7 万亿日元，而同年度公共养老金参与者所缴纳的保险金仅为 35.8 万亿日元，如表 1 所示，两者之间产生的缺口由日本政府财政支出与 GPIF 来负担。在低生育率与老龄化社会的现状下，退休人士的养老金无法仅靠在职人士的工资缴费，必须要提高缴费比例、降低养老金的支付以及提高退休年龄。①

表 1　2016 年日本公共养老金损益表

收入	
总收入	53.5 万亿日元
保费收入	35.8 万亿日元
政府开支	12.4 万亿日元
投资收益	9.2 万亿日元
费用	
总给付	51.7 万亿日元

资料来源：日本养老金 2016 年报，http：//www.nenkin.go.jp/info/annual/2016.files/2016nenkin_all.pdf。

GPIF 负责管理运用的日本国家养老金及日本厚生年金保险，资产规模截至 2017 年达到 156.4 万亿日元。② 目前 GPIF 目标收入替代率为 50%，但未来在人口老化现象加剧的情况下，日本国家养老金的负担将日益加重，长期而言，收入替代率可能降至 40% 的水平。

在政策更迭、人口结构变化以及投资管理效率提高的情况下，日本政府养老金资产规模从 2002 年开始一直是全球规模最大的政府养老金。根据 Willis Towers Watson 统计，2016 年，GPIF 不仅规模为世界最大，比规模全球第二大的挪威政府养老基金要高出 39%，③ 如表 2 所示。

① 中国社会科学院人口与劳动经济研究所：《积累制养老金：日本的经验和教训》，2017 年 4 月 6 日；Government Pension Investment Fund，"Periodic Review of Policy Asset Mix"，http：//www.gpif.go.jp/en/topics/pdf/20160601_periodic_review_of_policy_asset_mix.pdf。

② GPIF 2017 Annual Report，http：//www.gpif.go.jp/en/about/pdf/2017_q4.pdf.

③ Willis Towers Watson，"Pensions & Investments 300 Analysis，as of Year Ended 2016"，https：//www.willistowerswatson.com/-/media/WTW/PDF/Insights/2017/09/The-worlds-300-largest-pension-funds-year-ended-2016.pdf.

表 2　2016 年全球前 20 名养老金资产管理机构资产规模排名

单位：百万美元

排名	养老金名称	市　场	总资产规模
1	日本政府养老投资基金	日　本	1237636
2	挪威政府养老基金	挪　威	893088
3	美国联邦政府公务员养老金	美　国	485575
4	韩国政府养老基金	韩　国	462161
5	荷兰公教人员养老金基金	荷　兰	404310
6	中国社会保障基金	中　国	348662
7	美国加州公务员养老基金	美　国	306633
8	加拿大政府养老基金	加拿大	235790
9	新加坡中央公积金养老金	新加坡	227102
10	荷兰养老基金 PFZW	荷　兰	196461
11	美国加州教师养老基金	美　国	193871
12	美国纽约州公共养老基金	美　国	184461
13	日本地方政府公务员养老金	日　本	183161
14	美国纽约市养老基金	美　国	171574
15	马来西亚劳工公积金养老金	马来西亚	165464
16	美国佛罗里达州管理委员会	美　国	153942
17	美国得州教师养老基金	美　国	133221
18	加拿大安大略省教师养老基金	加拿大	130642
19	南非政府雇员养老基金	南　非	119186
20	丹麦退休基金	丹　麦	113160

资料来源：Willis Towers Watson，“Pensions & Investments 300 Analysis, as of Year Ended 2016”，https：//www. willistowerswatson. com/ – /media/WTW/PDF/Insights/2017/09/The – worlds – 300 – largest – pension – funds – year – ended – 2016. pdf。

2. GPIF 运营模式

GPIF 所管理的养老金来自厚生劳动省（Ministry of Health，Labor and Welfare）。GPIF 的职责是使用该部分养老金，在确保稳定的情况下取得一定收益，再将投资收益分配到指定的养老金特殊账户。

目前，GPIF 原则上采取“集中运作”及“委托第三方资产管理机构”的运作模式。根据野村证券研究，截至日本财年 2016 年底（也就是 2017 年 3

月），约有 100 万亿日元，相当于 70% GPIF 的管理资产属于委外操作。[①]

GPIF 的运作分为三个层次，厚生劳动省负责制定中期投资目标以及核算可运用于投资的公共养老金；GPIF 则根据市场状况规划投资组合、决定投资策略，包含目标收益率、风险承受度，以及资产配置策略等，并且 GPIF 也负责寻找合适的第三方资产管理机构委外经营；委外机构包括资产管理公司，托管银行等，具体如表 3 所示。

表 3　日本政府养老金权责划分

层次	权责
日本厚生劳动省（MHLW）	设计政府养老金估值
	设定 GPIF 中期投资目标
	评价 GPIF 绩效、GPIF 人事任命权、GPIF 预算权
GPIF	管理层（由金融、经济、投资、企业管理等专家组成） 根据 MLHW 设定的目标，进行投资与资产配置
	审计委员会 对管理层与经营层进行审计查核
	经营层 委外经营：审核、管理委外合约 自行经营：进行直接投资
第三方金融机构（银行信托、资产管理公司）	根据委外合约代操

其中，厚生劳动省与 GPIF 的职权分配尤为关键。根据 OECD 的建议，日本公共养老金在预算、人事聘用与投资决策这三个方面相互独立。就预算而言，公共养老金应自行编列预算，因为在目前厚生劳动省准许 GPIF 的预算案件中，基金管理费并不算在营运成本内，这将降低 GPIF 委外经营的意愿，使提高市场化运作的目的难以达成，同时可能影响基金管理的效率与长期收益。就人事聘用而言，应当更加透明，并且安排适当的招聘流程，聘用具有专业金融知识的董事会（Board of Directors）、首席执行官（CEO）以及首席投资官（CIO）。目前厚生劳动省对 GPIF 的人事安排有任命权与预

① Nomura Research Institute，"Japan's Asset Management Business 2017/2018"，p. 11，https：//www. nri. com/ ~/media/PDF/global/opinion/jamb/JAMB2017. pdf.

算权。[①] 同时，GPIF 在外部设有治理委员会，提供独立的专业监督审议意见。

3. GPIF 的委外资产

GPIF 管理的资产在 2017 年为 156.4 万亿日元，资产在近十年内缓慢增长，通过增加市场化运作模式，其总资产逐渐从金融危机所造成的困境中恢复。在 GPIF 所管理的资产中，有 70% 委托给外部资产管理机构进行市场化管理（见图 2）。

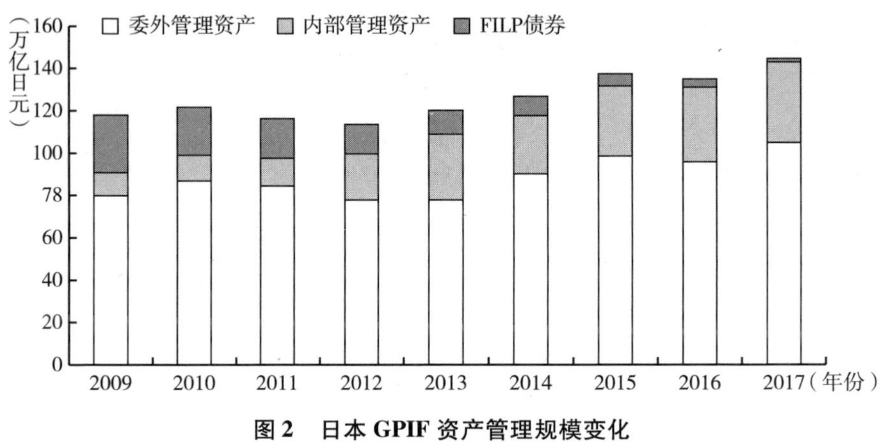

图 2　日本 GPIF 资产管理规模变化

注：FILP 债券（Fiscal Investment and Loan Program Bond），是由日本政府提供的长期低利息贷款，旨在实现中小企业财政支持，改善医院和福利设施建设，以及获取自然资源。

根据 GPIF 于 2017 年公布的资料，GPIF 委托了 37 家外部投资机构，其中 24 家为外资，如表 4 所示。除此之外，GPIF 目前有 77% 的资产配置于被动型投资产品，而配置在股票、新兴市场、另类投资上的比例较少。GPIF 在过去 17 年间年化收益率 3.12%，[②] 虽有达到中期目标收益率 1.70%，[③] 但与英、美政府养老金绩效相比，仍不尽如人意。[④]

---

① Stewart, F. and J. Yermo, "Options to Improve the Government and Investment of Japan's Government Pension Investment Fund", OECD Publishing, 2010.

② GPIF 2017 Annual Report (Japanese), http://www.gpif.go.jp/topics/2018/pdf/0706_kaiken_siryou.pdf.

③ GPIF 2016 Annual Report (Japanese), http://www.gpif.go.jp/operation/state/pdf/h28_q4.pdf.

④ Guidance to the Asset Management Industry in Japan, GPIF, 2017.3.31, http://www.seisakukikaku.metro.tokyo.jp/bdc_tokyo/assets/pdf/en/english-guidebook/eigokaisetsusyo_A4_0908.pdf.

表4 日本政府养老金委外前十大第三方资产管理机构

单位：万亿日元

GPIF 委外操作资产管理公司	种类	GPIF 委外金额（截至 2016 年 6 月）
顶峰资产管理有限公司	内资	24. 3
三井住友银行株式会社	内资	21. 1
三菱日联国际资产管理公司	内资	16. 9
贝莱德资产管理(日本)	外资	13. 5
道富环球投资管理(日本)	外资	9. 3
理索纳银行有限公司	内资	8. 5
野村资产管理株式会社	内资	6. 9
日本东京海上资产管理株式会社	内资	3. 3
高盛资产管理有限公司	外资	3. 1
太平洋投资管理(日本)	外资	2. 0
GPIF 总管理资产规模	—	140. 7

资料来源：Guidance to the Asset Management Industry in Japan，GPIF，2017. 3. 31，http：// www. seisakukikaku. metro. tokyo. jp/bdc_ tokyo/assets/pdf/en/english – guidebook/eigokaisetsusyo_ A4_ 0908. pdf.

（二）GPIF 投资流程与风险管理

1. GPIF 投资流程与内部规范

GPIF 投资流程首先是制定政策性资产组合（Policy Asset Mix），再根据其制定的政策性资产组合进行配置与委外操作。GPIF 与厚生劳动省每隔半年就会对其政策性资产组合进行例行评估，来决定是否要进行调整。

在评估政策性资产组合时，GPIF 首先会考虑其目标收益率是否需要调整，根据厚生劳动省对当前公共养老金资产的状况以及对未来需提供给退休者的预期给付进行评估，检讨 GPIF 当前的目标收益率是否能够支持养老金给付。GPIF 于 2016 年制定的目标收益率为 1. 7%。

之后，GPIF 也会根据对未来公共养老金总资产变化的预估，调整其假设投资期限（Assumed Investment Horizon），投资期限短，GPIF 则需要在其投资组合中增加流动性。另外，GPIF 也需要考虑最优与最差情况、预期收益与预期波动度、不同资产的相关性等5项，再对其政策性资产组合做出判断。[①]

GPIF作为日本政府养老金投资基金，以严格遵守投资理念和纪律为目标。从投资流程的角度来说，GPIF须遵守以下四大投资原则：第一，将风险降至最低，进行长期投资；第二，投资策略应进行多重资产配置，涵盖不同的资产、地区、投资期间，同时确保投资绩效的稳定性及流动性；第三，投资组合包含主动投资与被动投资策略，并以市场收益为投资绩效基准；第四，持续扩大中长期股票投资收益。

2. GPIF委外流程与风险控制

由于GPIF有70%管理资产皆委外操作，所以控制第三方资产管理机构可能带来的外部风险尤为重要。对于第三方资产管理机构的委托，GPIF设有高标准规范。GPIF会公开征求需求建议书（Request for Proposal），收到投标经理人提供的相关数据，通过评估方案数据并和经理人会面，最后由GPIF独立决定。如果新资产管理机构想要申请成为GPIF的外部受托人，GPIF提供资产管理人开放申请系统进行审查登记。GPIF对增加新资产管理人持比较灵活开放的态度，鼓励新旧机构相互竞争。新资产管理机构在受托前须向GPIF提供其月度绩效表现以供审查（见图3）。

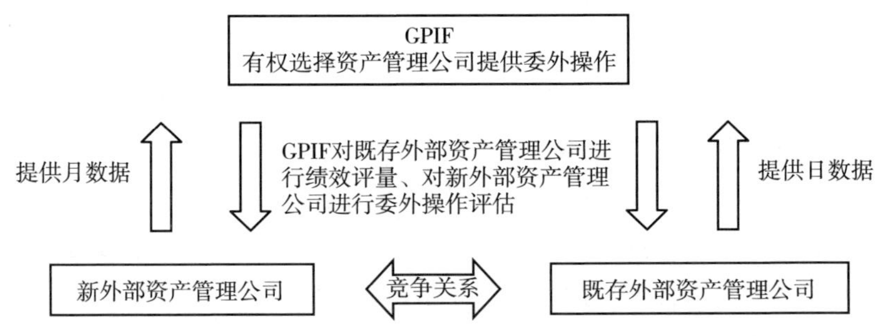

图3 日本GPIF委外流程

3. GPIF内控系统

为了实现不同部门与主管之间权限的相互制约，日本还建立了GPIF内控系统（见图4），其中需要注意的是，外部审计人员除了会计师以外，还同时

① Government Pension Investment Fund, “2016 Periodic Review of Policy Asset Mix”.

包括一个由外部专家组成的委外监督委员会，以控制大量资金委外所可能产生的外部风险。另外，外部审计人的报告将直接提供给厚生劳动省。

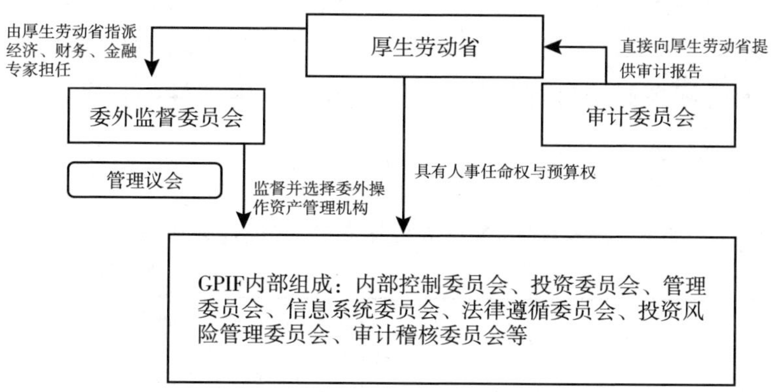

图 4　日本 GPIF 内控系统

（三）GPIF 资产配置结构

2017 年，GPIF 的政策性资产组合与过去相比没有太大的变化，GPIF 对于境内债券的配置目标为 35%，允许 10% 的浮动区间，对境内股票的配置目标为 25%，允许 9% 的浮动区间。GPIF 近几年加大了境外资产的配置比例来寻找全球经济增长的机会，对境外债券的配置目标为 15%，允许 4% 的浮动区间，对境外股票的配置目标为 25%，允许 8% 的浮动区间（见表 5）。另外，GPIF 允许上限 5% 的资产投资于另类资产类别，如基础建设、私募基金、房地产或其他投资委员会同意的资产类型。该另类资产投资将根据其风险属性、投资回报等性质，被归类至境内境外股票债券中。

表 5　日本 GPIF 资产配置政策限制

单位：%

GPIF 资产配置	境内债券	境内股票	境外债券	境外股票
目标资产配置	35	25	15	25
可允许资产配置比重变动范围	±10	±9	±4	±8

资料来源：GPIF 2017 Annual Report，http：//www. gpif. go. jp/en/about/pdf/2017_ q4. pdf。

根据GPIF 2017年报，GPIF于2017年实际投资于境内债券的比例为27.50%，境内股票为25.14%，境外债券为14.77%，境外股票为23.88%。另外，GPIF留有8.70%的流动性资产，如现金、短期债等，比较2017财年的实际资产配置比例和目标资产配置比例可以看出，除了境内股票外，其余资产的实质配置比例都低于目标配置比例，其中，境内债券的标准偏差更达到-7.5%，具体如表6所示。

表6　日本GPIF 2017年实际资产配置与相对应市值

单位：万亿日元，%

项目	市值	2017年实际资产配置(A)	GPIF目标资产配置(B)	标准偏差(A-B)
境内债券	44517.8	27.50	35(±10)	-7.50
债券部分	43621.4	26.59	—	—
FILP债券(账面价值)	896.4	0.55	—	—
FILP债券(市值)	(972.7)	—	—	—
境内股票	40699.5	25.14	25(±9)	0.14
境外债券	23910.9	14.77	15(±4)	-0.23
境外股票	38662.9	23.88	25(±8)	-1.12
短期投资	14084.4	8.70	—	—
总额	161875.5	100	100	—

资料来源：GPIF 2017 Annual Report，http：//www.gpif.go.jp/en/about/pdf/2017_q4.pdf。

从2017年开始，GPIF开始积极寻找房地产与基础建设投资基金管理人，①将另类资产投资加入其投资组合中。另外，GPIF也决定将原本投资于国内股市中的3%配置于ESG投资，②目标在中长期收益率能够超越基准指标，推动日本股市增长。GPIF配置ESG投资流程如图5所示。

① Russell Handy，"Japan's GPIF Calls for Real Estate，Infrastructure Multi-managers"，2017.4.11，https：//www.ipe.com/news/investors/japans-gpif-calls-for-real-estate-infrastructure-multi-managers/10018443.article.

② Douglas Appell，"GPIF Selects 3 ESG Indexes for ￥1 Trillion Allocation"，2017.7.6，http：//www.pionline.com/article/20170706/ONLINE/170709963/gpif-selects-3-esg-indexes-for-yen1-trillion-allocation.

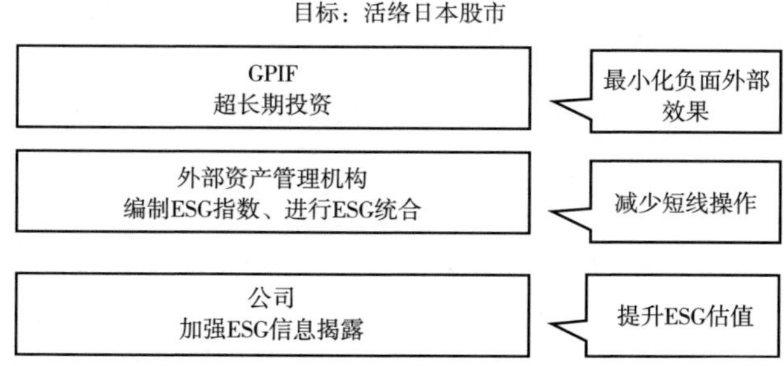

图 5　日本 GPIF 配置 ESG 投资流程

（四）GPIF 投资收益

1. GPIF 投资收益概况

日本公共养老金长期以来备受批评的地方在于其投资绩效。在 2001 年以前，日本公共养老金资金长期被用于“财政投资融资计划”的政策性金融体系。该计划由于政府主导的运作机制使资金大多投向经济效益较差的项目，同时缺乏监督机制与透明度，导致投资大幅亏损。①

2001 年后，GPIF 成立并开始对公共养老金进行市场化投资。然而，从累计收益来看，GPIF 一开始的投资绩效并不理想。在 2006 年第二次改革后，又遇到全球金融风暴。直到 2012 年，才有接近 10% 的年化成长（见表 7）。

表 7　日本 GPIF 投资收益率

单位：%

项目	2001 年	2002 年	2003 年	2004 年	2005 年	2006 年	2007 年	2008 年	2009 年	2010 年
名目投资收益率	-4.01	-6.69	7.61	2.91	9.57	3.52	-4.69	-7.61	7.88	-0.27
名目工资增长率	-0.27	-1.15	-0.27	-0.20	-0.17	0.01	-0.07	-0.26	-4.06	0.68
实际投资收益率	-3.75	-5.61	7.90	3.11	9.76	3.51	-4.63	-7.37	12.44	-0.95

① Takero Doi, Takeo Hoshi, "Paying for the FILP", January 2003, http://www.nber.org/chapters/c9572.pdf.

续表

项目	2011 年	2012 年	2013 年	2014 年	2015 年	2016 年	过去 11 年年化收益率	过去 16 年年化收益率
名目投资收益率	2. 29	10. 21	8. 62	12. 24	-3. 84	5. 82	2. 91	2. 53
名目工资增长率	-0. 21	0. 21	0. 13	0. 99	0. 50	0. 03	-0. 19	-0. 26
实际投资收益率	2. 51	9. 98	8. 48	11. 14	-4. 31	5. 79	3. 12	2. 80

资料来源：GPIF 2016 Annual Report，P. 15，http：//www. gpif. go. jp/operation/state/pdf/h28_q4. pdf。

如果与比较基准指标（Benchmark）相比，GPIF 的投资绩效并不尽如人意，截至 2016 年，GPIF 仅有 6 年提供超额收益。需特别提到的是，GPIF 在 2015 年投资不利，投资亏损超过 500 亿日元，① 备受民众质疑。另外，从 2001 年至今，可以发现 GPIF 在不断减少投资于境内债券的比重，而不断加大投资于风险性资产，如增加境内境外股票的比重，这也成为 GPIF 能够提供超额收益的主要来源（见图 6）。

2. GPIF 各资产类别基准指标与超额收益

表 8 显示了各资产类别于 2016 年的时间加权收益率（Time-weighted Rate of Return）和其相应的基准指标（Benchmark）。时间加权收益率减去基准指标即为超额收益（Excess Rate of Return）。超额收益又可拆分为投资目标因素（Fund Factors）、基准指标因素（Benchmark Factors）与其他因素（Other Factors）。投资目标因素指该只基金投资目标与相对应的基准指标的收益率差异。基准指标因素指该基金经理人挑选的被动投资基准指标与其他基准指标的收益率差异，以防止借由特意挑选基准指标来凸显自家基金绩效优越。其他因素指计算上的差异。

（1）境内债券的投资组合内，主动投资的部分超越基准指标 0. 18%，被动投资的部分超越基准指标 0. 02%，总共境内债券超额收益 0. 05%。

（2）境内股票投资组合内，主动投资的部分超越基准指标 2. 61%，被动投资的部分超越基准指标 -0. 04%，总共境内股票超额收益 0. 2%。

（3）境外债券投资组合内，主动投资的部分超越基准指标 5. 91%，被动

① Reuters，"Japan's GPIF had portfolio losses of over $50 bln last Fiscal Year"，2016. 7. 1，https：//www. reuters. com/article/us - japan - gpif/japans - gpif - had - portfolio - losses - of - over - 50 - bln - last - fy - source - idUSKCN0ZG38C.

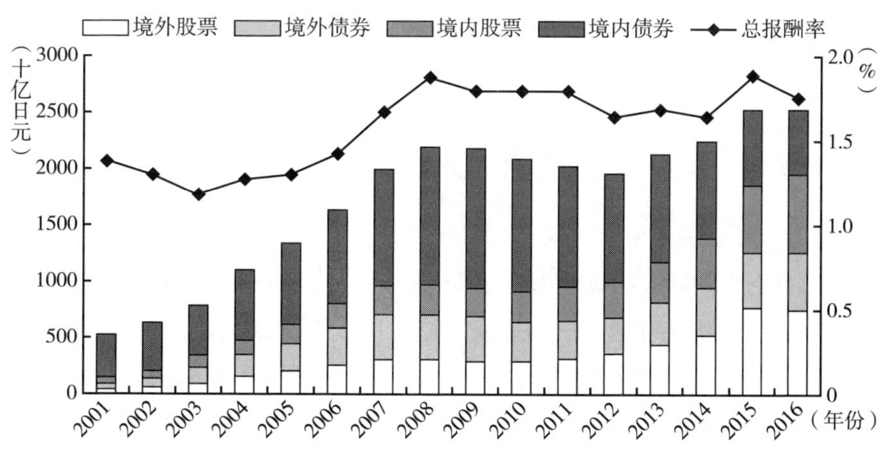

图 6　日本 GPIF 各类资产投资收益

资料来源：GPIF 2016 Annual Report，P. 14，http：//www. gpif. go. jp/operation/state/pdf/h28_ q4. pdf。

投资的部分超越基准指标 0. 05%，总共境外债券超额收益 2. 19%。

（4）境外股票投资组合内，主动投资的部分，超越基准指标 -2. 49%，被动投资的部分，超越基准指标 -0. 01%；总共境外股票超额收益 -0. 41%。主要是因为配置较多股票比重在生技医疗产业，使整体收益率被拖累。[①]

表 8　GPIF 各类资产投资收益率与超额收益因素分析

单位：%

类型	GPIF - 时间加权收益率	基准指标收益率	超额收益	投资目标因素	基准指标因素	其他因素
境内债券	-0. 85	-0. 90	0. 05	0. 05	-0. 01	0. 01
境内股票	14. 89	14. 69	0. 20	0. 17	0. 05	-0. 02
境外债券	-3. 22	-5. 41	2. 19	1. 07	1. 06	0. 06
境外股票	14. 20	14. 61	-0. 41	-0. 39	0. 00	0. 03

资料来源：GPIF 2016 Annual Report，P. 71，http：//www. gpif. go. jp/operation/state/pdf/h28_ q4. pdf。

① GPIF 2016 Annual Report（Japanese），p. 71，http：//www. gpif. go. jp/operation/state/pdf/h28_ q4. pdf.

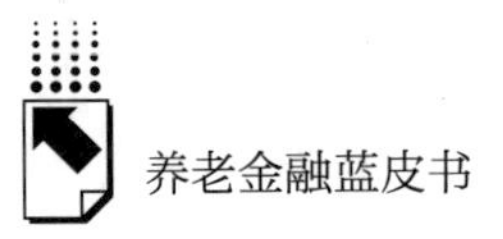

三　日本第二支柱养老金资产管理情况

（一）第二支柱养老金运作模式

1. 基金型企业养老金（Fund-Type DB Plan）

基金型企业养老金的运作由企业主与企业中符合加入资格的雇员或工会共同实施，双方通过合约建立一个基金，并在基金中设立决议机关与执行机关。决议机关设有由劳资同等人数的代表组成的代表会议，而执行机关则设有由劳资同等人数的常务理事构成的理事会，理事长则由企业主一方选出的理事担任。基金型企业养老金独立于企业之外，具有法人资格，与信托公司、人寿保险公司、投资顾问公司等签订合同，委托资产管理公司管理，[①] 如图7所示。

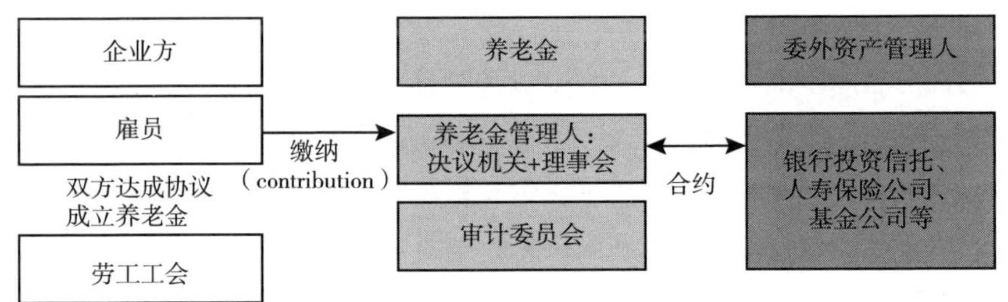

图7　基金型企业养老金运作系统

2. 契约型企业养老金（Contract-Type DB Plan）

契约型企业养老金的运作由企业主实施，企业主应将用于未来给付雇员的养老金准备金，委托给外部信托银行、人寿保险公司等金融机构，再委托给资产管理机构代为管理（见图8），而非保留于公司内部。

3. 企业型缴费确定型养老金计划（Corporate-Type Defined Contribution Plan）

企业型缴费确定型养老金计划的特点在于其弹性化、可转移的性质，企业

① 《日本给付确定企业养老金法》（*Defined Benefit Corporate Pension Act*），2001年6月15日。

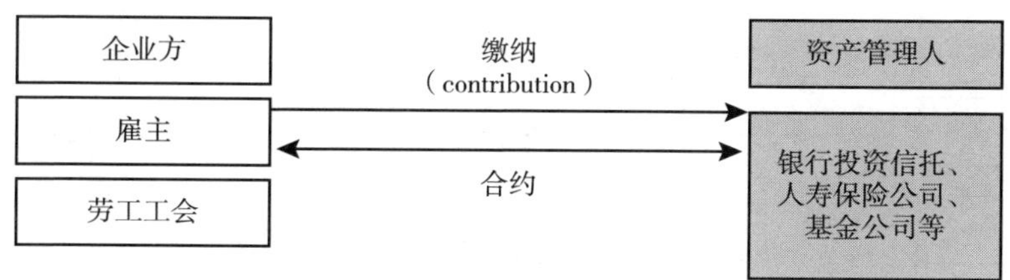

图 8　契约型企业养老金运作系统

基于劳资双方意愿，随时可以实施“企业型养老金”。企业型缴费确定型养老金的缴费金额原则上仅能由企业主缴纳，计划参与者不能相应缴费。由于缴费确定制是可以转移的养老金制度，计划参与者在更换工作时，能够将养老金资产转入新公司，因此缴费确定型养老金的投资产品须具有流动性，并能以时价定价。

企业型缴费确定型养老金的运作，由营运管理机构（计划发起人）与资产管理机构分别进行。营运管理机构主要负责选择投资产品、向计划参与者提供投资者教育，以及向资产管理机构下达投资指示等业务。营运管理机构依法应向计划参与者提示三种以上的投资产品，参与者可选择一项或多项进行投资，投资获益与损失都由参与者自行负责（见图 9）。

计划参与者选择投资产品后，再由营运管理机构指示资产管理机构操作。由于营运管理机构对计划参与者的权益影响很大，通常由金融机构担任。但是，金融机构的销售人员不得担任营运管理机构的人员。①

4. Cash Balance 型养老金计划

日本“Cash Balance 型养老金计划”（下称 CB 型养老金计划）是指先模拟将每期缴费存入个人账户，再依据个人账户内累积的金额（养老金资产）决定退休金金额的给付设计。依据模拟的个人账户，在职员工可以与缴费确定型养老金计划一样，明确地把握自己的养老金资产。CB 型养老金计划含有给付确定型与缴费确定型的性质，因此又称为“混合型养老金”。与缴费确定型养老金计划不同的是，支付缴费的利息利率是由企业

① 《日本缴费确定养老金法》（*Defined Contribution Plan Act*），2001 年 6 月 29 日。

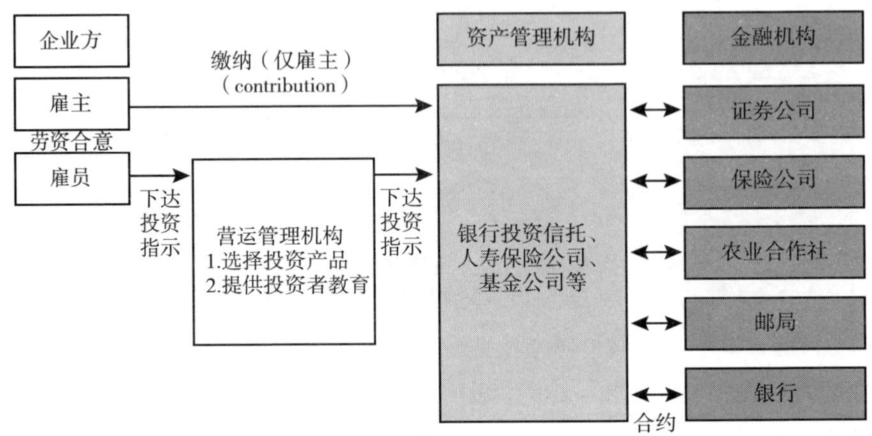

图 9　企业型缴费确定型养老金运作系统

保证的，这又与给付确定型养老金计划相近，将养老金运用不佳的风险由企业负担。契约型与基金型企业养老金，都适用 CB 型养老金计划。缴费确定型养老金计划、给付确定型养老金计划、CB 型养老金计划三者的比较见表 9。

表 9　缴费确定型养老金、给付确定型养老金、CB 型养老金计划三者比较

项目	缴费确定型养老金计划	给付确定型养老金计划	CB 型养老金计划
缴费金	事前订定一定金额（比例）	依养老金精算、事后订定	事前订定一定金额（比例）
给付	事后决定	事前决定	保证一定利率
年资债务	无	通常有	通常有
利率	参与者运用产品的结果	依制度固定	与市场金融利率连动
运用风险	加入者负担	企业负担	企业负担
个人账户	有	无	有（设定假想的个人管理账户）
可携带性	有	困难	困难

（二）日本企业养老金资产变化

日本企业养老金总资产于2016年达到97万亿日元，同比减少7万亿日元左右，[①] 如图10所示。总资产的下降是由于养老金改革使原厚生养老金基金制度（EPF）逐步解散，而由给付确定型养老金取代。EPF解散的趋势会持续，90%的基金都已获得解散或转移的许可（见图10）。

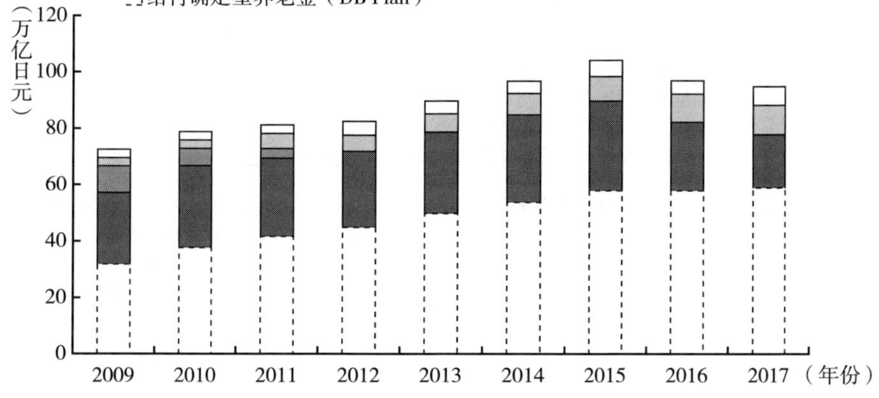

图10　日本企业养老金资产变化

资料来源：Nomura Research Institute，"Japan's Asset Management Business 2017/2018"，P. 12，https：//www. nri. com/ ~/media/PDF/global/opinion/jamb/JAMB2017. pdf。

截至2015年底，给付确定型养老金资产达到58万亿日元，与上一年基本持平。缴费确定型养老金不论是在计划数目还是覆盖的计划参与者人数上，都呈现上升趋势。缴费确定型养老金于2016年达到9.5万亿日元，同比仅增长5000亿日元。

如果从计划数目与覆盖的计划参与者人数和过去几年的趋势来看，给付确

① Nomura Research Institute，"Japan's Asset Management Business 2017/2018"，p. 11，https：//www. nri. com/ ~/media/PDF/global/opinion/jamb/JAMB2017. pdf.

定型养老金的参与度并不理想，养老金的来源主要为税务适格养老金与厚生养老金基金转换而来，[①] 如图 11 所示，给付确定型养老金在吸引新的劳动人口参与计划上面临困难。[②]

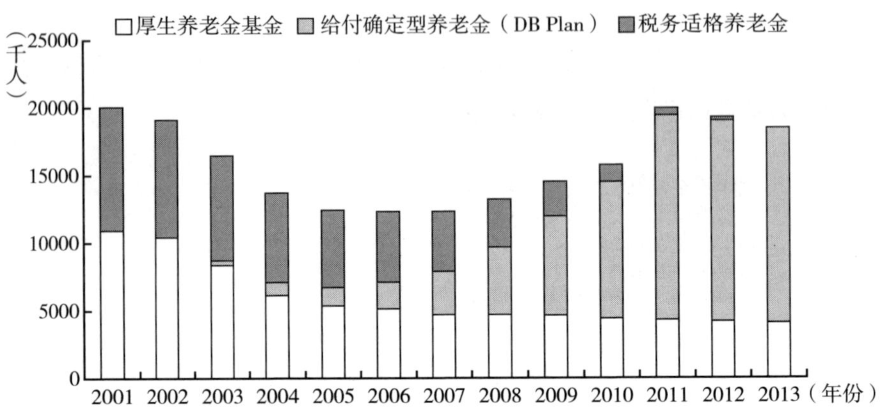

图 11　日本养老金计划参与人数变化

资料来源：Taking Japan's Defined Contribution Pension Plans to the Next Level，Akiko Nomura，P. 10，http：//www. nicmr. com/nicmr/english/report/repo/2013/2013win01. pdf。

与给付确定型养老金计划的状况相反，缴费确定型养老金计划自 2001 年实施至今，参与人数呈相当稳定的增长趋势，如图 12 所示。截至 2018 年 3 月底，有 30312 家公司提供缴费确定型养老金计划，参与人数达到 648 万。

（三）第二支柱投资流程与风险管理

日本第二支柱企业养老金主要分为给付确定型养老金（DB 计划）与缴费确定型养老金（DC 计划），目前 DB 计划仍占企业养老金计划的大多数，但是近年由于制度改革的变化，许多企业已开始将 DB 计划向 DC 计划进行转换。

企业养老金制度的发展，关键在于投资绩效与风险管理。在 DB 计划中，

① Akiko Nomura，"Taking Japan's Defined Contribution Pension Plans to the Next Level"，http：//www. nicmr. com/nicmr/english/report/repo/2013/2013win01. pdf.

② Ministry of Health，" Labor and Welfare 2017 Annual Report "，p. 250，http：//www. mhlw. go. jp/english/wp/wp - hw6/dl/11e. pdf；Ministry of Health，" Labor and Welfare 2011/2012 Annual Report，" p. 251，http：//www. mhlw. go. jp/english/wp/wp - hw6/dl/11e. pdf.

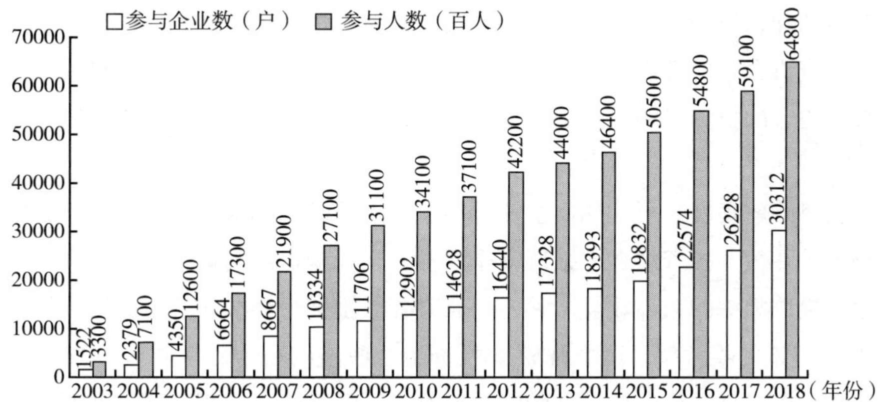

图 12　缴费确定型养老金参与企业数和人数

资料来源：https：//www. mhlw. go. jp/file/06 – Seisakujouhou – 12500000 – Nenkinkyoku/0000209684. pdf。

较为常见的方式为事先在约定中设定政策资产配置（Policy Asset Allocation）后，即按照该配置方式进行投资，而 DC 计划则由资产管理公司提供产品类型供参与者自行选择，并自负盈亏。

由于各家企业的投资方式都略有不同，所以本部分将以 DIC 企业养老金（DB 计划）与日立制作所企业养老金（DC 计划）为例，介绍日本企业养老金的投资方式与风险管理。

1. DB 计划投资流程与风险管理——以 DIC 企业养老金为例

DIC 公司，前身为 Dai-Nippon Ink Corporation（大日本油墨公司），2008 年改名为 DIC 公司。该公司在日本印刷颜料市场上有领先的市场占有率。DIC 企业养老金以给付确定型养老金为基础。

DIC 企业养老金的资产配置可以分成两种投资组合：基本投资组合和实际投资组合。DIC 企业养老金原先设有基本投资组合配置，管理目标为预期年收益率 3.5%、预期风险 7.3%。但是由于近 10 年来，市场波动越来越高，难有稳定收益，而且传统资产相关性不断增强，再加上给付压力渐增，因此 DIC 企业养老金改变投资组合配置设计，实际投资组合由两个不同目的的子投资组合构成：债券投资组合（55%）与风险资产投资组合（45%）。

实际投资组合与基本投资组合的区别主要在于，实际投资组合清楚区分出投资目的加以设计，并提高了国外投资占总体投资组合的比例，以捕捉国外成长与投资机会。债券投资组合的投资目的是为配合养老金的现金给付。风险资产投资组合的投资目的是为中长期资产增长。所以管理的重点为资产增长与控制波动。①

从风险的角度来看，DIC 企业养老金主要执行 Barbell-type（杠铃型）风险分布，在债券投资组合中强调安全保本，在风险资产投资组合中允许以较高风险来换取相称的较高收益。其中，风险资产投资组合在非公开交易市场中追求 4% ~7% 的收益率，以增强整体投资组合收益的稳定性。在公开交易市场则选择投资于高品质股票，并随时采取避险策略以防止“黑天鹅”事件。

2. DC 计划投资流程与风险管理——以日立制作所（Hitachi Ltd.）企业养老金为例

日立制作所（以下简称“日立”）是日本大型电器机械器具制造公司。②日立于 1999 年全资成立子公司日立投资管理公司（Hitachi Investment Management）管理日立高达 2 万亿日元左右的养老金资产，20 位经理人进行管理。③ 除了 50 岁以上的雇员外，日立的雇员都有一次机会选择是否加入具有税收优惠的 DC 计划，选择不加入的员工将获得与缴费等额的现金补偿，但是仅有 10% 的员工选择了现金，由此可见税收优惠的作用。

日立提供 10 种类型、19 个产品给该企业 DC 计划的参与者，如表 10 所示。日立将其混合基金按风险程度分成低度、中度与高度三个等级，分别反映其中股权投资占比，为 30%、50% 与 70%。日立另外提供一档主动式积极型基金，三档保本型产品（保险型、固定储蓄型、高收益债型）及一档日立自设股权基金。④ 公司另外选择了由大和资产管理（Daiwa

① 《台湾退休抚恤基金参访报告》，http：//www. fund. gov. tw/public/data/3112710525471. pdf。

② 《日立制作所投资教育个案研究》（日文），http：//www. wam. go. jp/wamappl/bb16GS70. nsf/0/49256fe9001adf9249256fd3002c38a2/ $ FILE/3 -1_ 4. pdf。

③ Nobuko Matsushita，“In-House Pioneer：Hitachi Creates Money Management Model”，2000. 02. 21，http：//www. pionline. com/article/20000221/PRINT/2210718/in - house - pioneer - hitachi - creates - money - management - model.

④ Sarah M. Ingmanson，“Corporate Pension Reform in Japan：Big Bang or Big Bust?，” April 2004 p. 75，https：//lauder. wharton. upenn. edu/wp - content/uploads/2015/06/SarahIngmanson _ Thesis. pdf.

Sumitomo）及富达日本（Fidelity）提供的两档开放式基金，两档基金都有优异的表现。①

表 10　日立 DC 计划提供的投资产品一览

单位：个

产品类型		是否保本	产品数	
投资信托基金	平衡型基金	否	3	平衡型
	境内股票型（指数）基金	否	1	成长型
	境外股票型（指数）基金	否	1	
	境内股票型（主动投资）基金	否	2	
	自营基金	否	1	
	境内债券（指数）基金	否	1	稳定型
	境外债券（指数）基金	否	1	
	MMF	否	1	安全型
其他	利率保证型保险	是	5	
	储蓄金	是	3	

资料来源：https：//www. mhlw. go. jp/shingi/2002/08/s0801 －2b. html。

（四）投资营运监管

日本养老金监管，在规则的选取上，都采用审慎人原则（Prudent Person Rules）。② 基于审慎人原则，日本的养老金制度更接近英美法系的受托人制度，养老金的运营管理主要涉及委托人、受托人、保管人、投资人、中介人等，通过厚生劳动省的审查而成为适格受托人的金融机构主要包括寿险公司、基金公司、银行、信托公司等。在这种模式下，确立监管机构，明确受托人、资产管理人、投资人之间的权利义务关系，以及实现信息透明与利益冲突回避尤为重要。以下将对日本第二支柱涉及的监管机构与相应法规，以及 2012 年 AIJ 养老金诈欺事件分别进行讨论。

① Robert Steyer，“Hitachi Cuts DC Plan Investment Options to Curtail Confusion”，2011. 1. 10，http：//www. pionline. com/article/20110110/PRINT/301109987/hitachi － cuts － dc － plan － investment － options － to － curtail － confusion.

② E. Philip Davis，*Prudent Person Rules or Quantitative Restrictions? The Regulation of Long － term Institutional Investors' Portfolios*，Cambridge University Press，2002，p. 175，http：//citeseerx. ist. psu. edu/viewdoc/download? doi = 10. 1. 1. 624. 2344&rep = rep1&type = pdf.

1. 监管机构与相应法规

日本DB计划与DC计划的法律基础为《日本给付确定企业养老金法》和《日本缴费确定养老金法》。除此之外，厚生劳动省另外还制定了《日本给付确定企业养老金施行规则》与《日本缴费确定养老金施行规则》，其中包括对受托人行为准则的规范，以及计划约定的应记载及不应记载的事项等。另外，除了受托人（金融机构）须受上述法律的约束外，提供计划的企业同时需要遵守《劳动基准法》中对于退休金与员工福利的相关规范。

从主管机关的职责范围来看，如前所述，厚生劳动省负责对所有企业养老金计划的约定申请进行审查。对于给付确定型养老金，基金的设立应获得厚生劳动省的批准，基金变更约定时也是一样。作为受托人的各金融机构，应符合厚生劳动省于施行规则中规定的受托机关选任条件。① 另外，金融机构同样应受日本金融厅（FSA）的监管。日本金管厅于2015年修正日本公司治理守则（2015 Corporate Governance Code）并要求企业养老金计划及相关金融机构符合相应的尽责管理责任。②

2. AIJ事件

2015年，日本养老金市场发生了具有影响深远的AIJ退休金诈骗事件，AIJ投资顾问公司诈骗了约2000亿日元的退休金，受害者多为日本中小型企业雇员。该事件导致日本企业养老金法制的问题浮出水面，促使日本厚生劳动省加强对企业养老金市场的监管。

日本企业养老金一般采用信托制度。原则上，投资顾问公司只会向信托银行下达如何投资的指令，不会接触客户的资金，而持有客户资金的信托银行不会做投资决策。

AIJ是一家由前野村证券员工成立的养老金投资管理顾问公司，AIJ的客

① 日本厚生福利省：《确定给付制企业年金组织架构》（日文）http：//www. mhlw. go. jp/file/06 – Seisakujouhou – 12500000 – Nenkinkyoku/0000183798. pdf。

② Reuters，“Japan FSA Urges Corporate Pension Funds to Fulfill Better Corporate Governance”，2018. 3. 12，https：//www. reuters. com/article/us – japan – companies – corporate – governance/japan – fsa – urges – corporate – pension – funds – to – fulfill – better – corporate – governance – source – idUSKCN1GO1A3.

户主要是日本中小型企业，有 84 家养老金机构委托 AIJ 管理投资，涉及雇员高达 88 万人。AIJ 通过海外投资的方式巧妙地绕过了日本企业养老金信托制度的安全措施。AIJ 指示信托银行将其客户的资金转向自己控制的证券行——ITM 证券，以及买入由汇丰银行（HSBC）的附属机构百慕大银行（Bank of Bermuda）管理的开曼群岛基金，当资金离开日本之后，随即下落不明。①

这个事件暴露了几个日本企业养老金的重大问题。首先，日本政府认为企业养老金由信托银行保管，所以没有严格监管，而信托银行没有搞清楚 AIJ 与 ITM 证券的关系，导致资金交给 ITM 证券等同于放弃信托责任。其次，日本厚生养老金长期低迷的投资绩效，导致许多企业陷入无法支付雇员退休金的危机，而 AIJ 称其在开曼群岛的基金自 2002 年累计回报达 245%，且在 2008 年金融危机中仍有高收益，这对陷入困境的企业养老金管理机构非常具有吸引力。最后，委托 AIJ 管理养老金的企业都为中小企业，缺乏管理运营养老金的专业人才，又由于中小企业的退休金给付压力巨大，都设定较高的目标收益，导致被 AIJ 利用。

四 日本第三支柱养老金资产管理状况

（一）运作模式与行业概况

1. NISA 的运作模式

NISA 在本质上仍是专为投资及与投资相关金融工具所设立的免税账户，日本当前资本利得税为 20.315%，这使免税账户非常具有吸引力。由于 NISA 的免税性质，其在申请资格上有所限制，须年满 20 岁的日本居民向资管公司、证券公司、银行等金融机构申请，每人以一个账户为限。在此账户中，每年投资上限为 100 万日元（2016 年扩大至 120 万日元）（见图 13），投资标的中上市公司股票、基金的配息与资本利得等都可免税，现行规划的投资期自 2014

① Chikafumi Hodo, Nathan Layne, "Analysis: The AIJ Scandal and Japan's Pension Time Bomb", 2012. 3. 20, https: //www. reuters. com/article/us - japan - pension/analysis - the - aij - scandal - and - japans - pension - time - bomb - idUSBRE82J03Q20120320.

年起至2023年，共十年，但每年投资额的免税期最长只有五年。[①] NISA的可投资标的限制为上市股票、ETFs、REITs及投资信托基金，NISA限制每人仅可开一个NISA账户，但是对账户中款项的提领则不做限制。[②]

NISA免税期间

少年NISA免税账户投资上限为800000日元/年

NISA免税账户投资上限为1200000日元/年

2023　1200000日元/年免税投资上限（NISA）

2022　1200000日元/年免税投资上限（NISA）

2021　800000日元/年免税账户上限（少年NISA）

2020　800000日元/年免税账户上限（少年NISA）

2019　800000日元/年免税账户上限（少年NISA）

2018　800000日元/年免税账户上限（少年NISA）

2017　800000日元/年免税账户上限（少年NISA）

2016　800000日元/年免税账户上限（少年NISA）

年份	2016	2017	2018	2019	2020	2021	2022	2023	2024	2025	2026	2027
年龄	14	15	16	17	18	19	20	21	22	23	24	25

图13　日本NISA账户免税说明

资料来源：NISA Introduction, Fidelity International Japan（Japanese）, https://www.fidelity.co.jp/fij/nisa/junior/。

举例来说，2014年在股票市场投资100万日元，到2018年满5年期限，投资者可以选择在届满期前将持有股票以市价售出，或是持有至届满日，待下一年度（如本例则为2019年）将其转入一般账户或该年度NISA账户的投资限额中继续投资，但下一年度所认列的金额将以市价重新计算。如果2014年投资的100万日元股票到2019年市值仅值80万日元，则无论转入一般账户或NISA账户中，该股票的成本都只认列80万日元，届时计算利得或损失都将以80万日元作为计算基础。

2. NISA资产管理行业概况

截至2016年，NISA总申请账户数达到10613172户，相较于2015年增加7.5%，少年NISA虽是2016年才设立，但到2017年9月底也累计达241306个账户，相比2017年6月底增长了6.5%，各年龄段的占比相对平均。同样截至2016年，NISA账户总资产达到6.335万亿日元，比2015年增长30.4%。

① NISA Introduction, Fidelity International Japan（Japanese）, https://www.fidelity.co.jp/fij/nisa/junior/.

② 谭瑾瑜：《台湾引进个人储蓄账户机制（ISA）》，财团法人台湾经济研究院。

其中投资在投资信托的占比达到 65.1%，资产达到 4.125 万亿日元，另有 32.2% 的 NISA 资产投资于上市公司股票，资产达到 2.042 万亿日元，相比之下，仅有 1.4% 与 1.2% 分别投资于 ETFs 与 REITs。

需要注意的是，开立 NISA 账户的人群中，仍有 59.8% 为 60 岁以上的老年人。每年针对民众问卷调查的结果显示，年轻人缺乏开设 NISA 账户的积极性，主要有以下四大因素：可运用或配置的资金不足（65.1%）、对投资相关知识不足（34.2%）、对于投资保持负面形象（33.6%）以及对 NISA 账户不够理解（31.8%）。[①]

但是经过日本政府多方面的努力，20～40 岁人群开立 NISA 账户的增长率近年都位居前三。2016 年，20 岁的 NISA 账户拥有者增长 5.3%，30 岁的 NISA 账户拥有者增长 10.4%，40 岁的 NISA 账户拥有者增长 12.7%。[②]

3. iDeCo 的运作模式

iDeCo（Individual-Type Defined Contribution，个人型缴费确定型养老金）是以国家养老金基金联合会（National Pension Fund Association）为主体所实施的制度。iDeCo 的加入者在最低限额 5000 日元以上可以自由决定缴费金额，并按月缴纳。如未缴纳第一支柱的国家养老金保险费，则无法缴纳第三支柱的 iDeCo。

iDeCo 的运作是由参与者自行向国家养老金基金联合会缴费，由联合会与金融机构签订契约，设计产品，并提供给参与者做选择，最后再由金融机构进行管理，如图 14 所示。与企业养老金相同，iDeCo 应向参与者提供至少三个以上的投资选择。对于自由业者，缴费的上限为每年 816000 日元。如果该自由业者同时加入了第一支柱的国家养老金，则两者相加的上限为每年 816000 日元；对于没有参加企业养老金计划资格的企业雇员，其个人缴费上限为每年 180000 日元；[③] 对于有参加企业养老金计划资格的企业雇员或政府雇员，其个人缴费上限为每年 144000 日元；对于家庭主妇，其个人缴费上限则为 276000

---

① 日本金融厅，〈NISA・ジュニアNISA 利用状况调查〉，http：//www.fsa.go.jp/policy/nisa/20140623－1/01.pdf。

② 富达国际日本内部数据。

③ Hideyuki MORITO，“Reconsidering Japanese Corporate and Personal Pensions：from a Legal Point of View”，https：//www.oecd.org/finance/private－pensions/2763645.pdf.

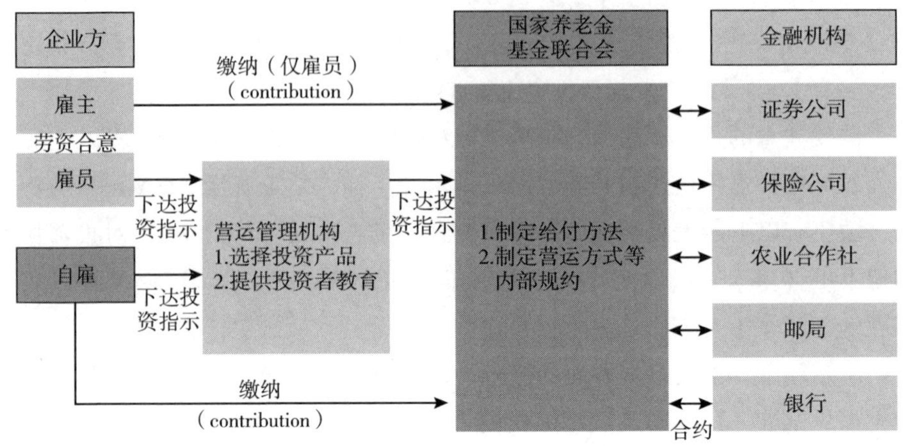

图 14　日本 iDeCo 运作流程

日元。iDeCo 参与者也可在其找到新工作时，将 iDeCo 账户中积累的养老金转入新的企业型养老金账户中。

iDeCo 制度于 2017 年出现重大改革，参与者的适用范围扩大至公务员与家庭主妇，基本上任何年龄低于 60 岁的日本公民都将有资格参与 iDeCo，这使 iDeCo 账户在 2017 年呈现倍数的增长，iDeCo 的参与数从 2016 年 12 月的 300000 人左右，增长至 2017 年 8 月的 620000 人左右（见图 15）。2017 年 3 月，iDeCo 账户的资产更是达到 1.4 万亿日元，同比增长了 1600 亿日元，且仍有较大增长空间。①

为了更有效率地累积退休资产，投资人可以选择有税收优惠的第三支柱养老金方案 iDeCo 与 NISA。日本通过引进 NISA，吸引民众投资，并进行多样化的金融资产配置，降低风险，并使企业获得资金，带动市场良性循环与经济增长。iDeCo 创设的初衷也是为了迎合劳动力市场的流动性，以及越来越多的自由业者的出现，为实现养老金受领平等权保障的目的。iDeCo 与 NISA 在功能与运作上多有类似，但是也不完全相同，如表 11 所示。此外，NISA 与 iDeCo 在税制上也有差别，NISA 为前端免税储蓄制度（TEE），其养老金缴纳收入、

① Nomura Research Institution, "Japan's Asset Management Business 2017/2018", https://www.nri.com/~/media/PDF/global/opinion/jamb/JAMB2017.pdf.

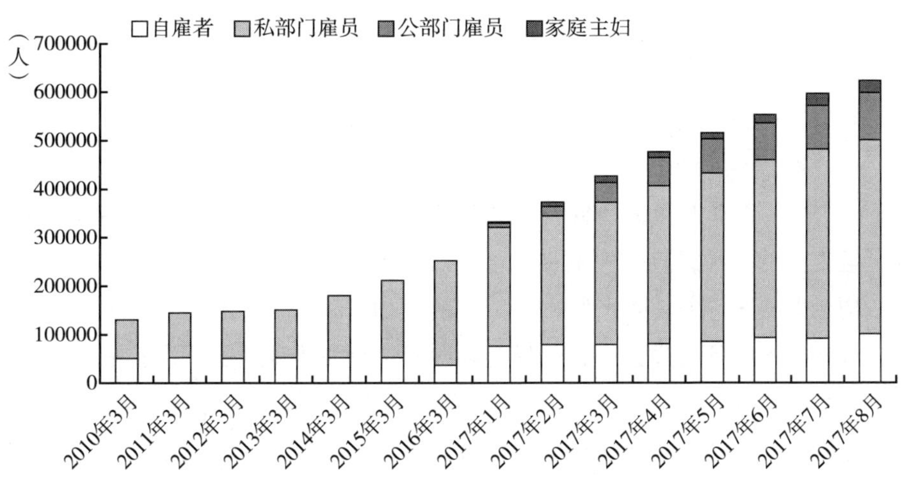

图 15　日本 iDeCo 参与人数变化

资料来源：Nomura Research Institute，"Japan's Asset Management Business 2017/2018"，P. 12，https：//www. nri. com/ ~ /media/PDF/global/opinion/jamb/JAMB2017. pdf。

投资收益、养老金提取都免税，而 iDeCo 则为递延收税制度（EET）；另外，由于税制上的不同，NISA 的年缴纳限额也远高于 iDeCo。

表 11　日本 NISA 与 iDeCo 比较

项目	DC(iDeCo)	NISA
发行日	2001 年发行;并于 2017 年扩张	2014 年
税率	0 且投资效益免税	0(日本税率为 20%)
投资产品	上市公司股票、投资信托、GICS 与定期储蓄	上市公司股票与股票型投资信托
每年缴纳上限	随着工作性质而异	每年 120 万日元(相当于 1.2 万美元)
每年提领上限	直到退休前	无限制
账户与账户之间的转换	允许	不允许
免税期	直到 60 岁	五年
适用对象	所有工作者与配偶	年满 20 岁的日本居民(少年 NISA 则适用于 19 岁以下日本居民)
近期发展	扩大范围至所有工作者与家庭主妇	每月定期缴纳的个人储蓄账户享有 20 年免税期(从 2018 年开始适用)

（二）投资运营监管

1. NISA 监管情况

与日本公共养老金以及企业养老金不同，NISA 的主管机关主要是日本金融厅（FSA）而非厚生劳动省。日本金融厅对 NISA 采取低度监管，将 NISA 视为金融工具的一种，具体规范在《金融工具经营者综合监管指引》之中。金融机构运营 NISA 首先要受金融产品交易法（FIEA）的规范，接受金融厅的检查，金融机构必须提供报告，如果金融厅发现存在严重问题，将采取发布业务改进指令等措施，严重者也可依金商法第 52 条第一款发布停业令。针对 NISA 的规范则主要是关于金融机构面向投资人的披露义务方面的规定。

2. iDeCo 的监管情况

iDeCo 作为缴费确定型养老金的一种，主管机关仍为厚生劳动省，受《缴费确定养老金法》的规范。较为不同的地方是，iDeCo 的运营机关为国家养老金基金联合会（National Pension Fund Association），联合会为日本政府依《厚生养老金保险法》第 149 条至 187 条成立的独立法人，所以其内部控制结构与权利义务都有明确且严格的法律规范。联合会为 iDeCo 所订立的约定须获厚生劳动省的批准。

五　日本养老金资产管理特点与趋势

（一）日本养老金资产管理的特点

日本养老金制度的发展有着非常悠久的历史。日本公共养老金从明治八年（1876 年）开始有了雏形，到 1961 年国民养老金实现全民覆盖，至今也有接近 60 年的历史，而企业养老金制度自 1944 年《厚生养老金保险法》开始至今更是接近 80 年①。各种养老金制度及相关法律不断制定、修正、废止或整合，在历经无数次的跌宕起伏之后，其社会保障与金融市场都越来越趋向于成熟。

① 王伟：《日本公共养老金制度改革评析》，http：//ijs. cass. cn/webpic/web/ijs1new/uploadfile/2010/0119/20100119123300951. pdf。

1. 养老金制度发展历史悠久，法律法规相对完善合理

由于日本养老金制度起步较早，经过多年的发展和实践，日本已经形成了一套相对完善合理的多层次退休保障体系，为不同年龄层的大众的未来退休生活计划和保障提供了制度和法律依据。特别是通过规定严格的受托人责任，在专业机构进行养老金资产管理的过程中，最大限度地保护投资者的养老利益。另外，日本政府针对老龄化状态的不断恶化，及时调整相关制度设计，符合日本社会老龄化发展的客观规律，也为日本养老金资产管理提供了坚实的法律保障。

2. 养老金监管机构明确，精准监管

日本养老金监管采取审慎人原则（Prudent Person Rules）。由厚生劳动省作为主要监管机构审查适格金融机构，明确监管机构，明晰资产管理人、投资人之间的权利义务关系。不同的养老金计划均有相应的监管机构进行严格监管，切实落实信息透明和利益冲突的回避。

3. 养老金资产管理注重投资绩效与风险管理

资产管理的本质在于为投资者赢得合理收益。日本养老金资产管理行业不仅注重为投资者赢得长期的合理收益，更将养老金资产管理的核心——风险管理融入资产管理的整个过程中。根据投资者的风险承受程度，为企业及计划参与者提供定制的投资解决方案。及时根据市场变动，调整投资组合，注重资产的成长并控制波动程度，强调整体投资组合收益的稳定性，采取避险策略以防止“黑天鹅事件”。

4. 政府养老金市场化，提升养老金资产组合收益率

针对第一支柱政府养老金收益低的问题，日本政府从投资端进行改革，成立独立法人机构 GPIF，推动公共养老金运作市场化。同时，逐年开放 GPIF 的海外投资限制，帮助公共养老金寻求新的全球市场增值机会。

5. 投资者教育卓有成效，使养老金更贴近民众生活

养老体系的完善和发展与投资者教育息息相关。日本政府通过多年的努力，从制度和产品推广层面，积极通过不同的渠道和方式来推动投资者教育。这不是停留在口号上，而是通过实际的多层次的养老金体系为民众构建可见的不断完善的退休保障。进行正确的投资者教育，制度层面的建设不可或缺。制度的不断完善为投资者教育提供了正确的导向和指引。同时，正确的投资观念导向也非常重要。日本政府通过少年 NISA 和 iDeCo 等制度，让

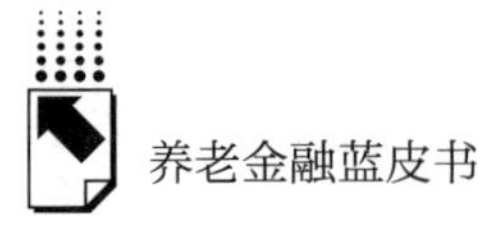

大家了解到个人养老投资的重要性，以及需要尽早开始准备养老等重要的观念。这些观念的形成以及大众传统观念的转变需要一个长期的过程，不能一蹴而就。日本政府也通过要求相关金融机构进行严格的披露等方式，从微观上提高民众对养老投资的意识，潜移默化地推进投资者教育。

当然，日本养老金整体政策也留下了许多课题尚待解决，例如第二支柱企业养老金的部分，仍未创设统一的企业养老金基本法，各种企业养老金相关法律及制度分立，并未有统一的理念及政策上的指导，结果制度间的移转、年资计算尚未完全打通。特别是中小企业的部分，即使政府提供了许多的选项与空间，然而碍于企业规模与专业知识，仍然有许多困难。同时，在信托制度的设计与监管层面，将不得不面对由于产品增多和制度复杂化所带来的监管滞后和不足的问题。

（二）日本养老金资产管理的未来趋势

从近年日本养老金的发展趋势来看，未来日本养老金制度设计与政策推动，将逐步地降低政府在养老金支付上的财政负担，鼓励民众自主为养老进行累积，并继续放宽养老金资产的投资限制，以推动养老金资产的增值。

从宏观层面来看，日本政府近期开始考虑再次提高领取退休金的年龄，由目前的 70 岁，提高至 75 岁,① 同时也在规划提高公务人员的强制退休年龄至 65 岁。提高年龄限制预计能够有效地减轻日本第一支柱公共养老金的支付负担。但是，这也意味着必须要有第二支柱与第三支柱养老金的补充，才能够顺利实现制度上的过渡。

第二支柱方面，日本将继续推动企业从 DB Plan 向 DC Plan 的转换,② 日本目前仍有 96% 的企业养老金为 DB Plan，然而未来日本第二支柱的重心应会放在 DC Plan 的覆盖面扩展上，放宽 DC Plan 的投资限制，提供更多元化的产品。在 DC Plan 的普及上，由于计划参与人需要自行选择投资产品，投资者教

① Thomas Wilson, "Japan, Short of Workers, Eyes Hiking Optional Pension Age Beyond 70", 2018. 2. 17, https: //www. reuters. com/article/us - japan - retirement/japan - short - of - workers - eyes - hiking - optional - pension - age - beyond - 70 - idUSKCN1G106L.

② Willis Towers Watson, "Thinking Ahead Institute, Global Pension Assets Study 2018", p. 33, https: //www. thinkingaheadinstitute. org/en/Library/Public/Research - and - Ideas/2018/02/Global - Pension - Asset - Survey - 2018.

育将是非常重要的一环。

在第三支柱方面，日本现阶段取得了不错的成果，不论是 NISA 还是 iDeCo，开户数的增长均相当快速，同时也基本实现了全覆盖。但是其面对的问题是，虽然 NISA 的开户数增长快速，但是60 岁以上的持有人仍然占了很大部分。日本仍然面临着许多年轻人虽然开办了账户，却不愿意投资的问题。日本目前计划的改革方案包括提高 NISA 账户的金额上限，提高 5 年的免税期限，其中于 2018 年推出的 MI NISA 中，免税期限已提高至 20 年。[①] 鼓励年轻人投资，除了税赋优惠以外，投资者教育仍是关键。另外，NISA 虽然主要是在做累积，但是从“累积”到“领取”才是下一阶段真正的挑战，因此需要关注如何领取资产的问题，也就是如何运用退休金、以什么方式提领，才能让退休生活没有财务上的忧虑。

六　对我国的借鉴与启示

（一）通过完善第三支柱架构来提高民众参与，减轻政府负担

当前，我国养老金制度的基本情况为第一支柱公共养老金独大，第二支柱企业养老金增长陷入停滞，而第三支柱的制度正在建立。这意味着基本养老保险是我国大多数退休职工的主要收入来源。与此同时，我国人口结构老化的问题开始逐步显现，现收现付制的基本养老保险终将出现缺口。据相关研究，预计到 2030 年，城镇职工基本养老保险的当年收支将开始出现缺口。虽然近年受益于覆盖面的扩大，缴费人数有所增长，我国政府也出台一系列的财政政策，如将国有企业 10% 的股份转给全国社保等，然而仅靠政府财政单方面投入很难从根本上解决问题。

日本在 40 年前也面临过类似的问题，之后又多次遇到资本市场波动以及经济增长停滞，使日本开始走向由公共养老金独大转向建构多层次养老金体系的道路。日本养老金制度建设以加强第二支柱与第三支柱为改革的主轴，减轻

① Yu Shimada, Nikkei Asian Review, “Japan Aims to Draw Novice Investors with New NISA Accounts”, 2017. 10. 12, https: //asia. nikkei. com/Markets/Equities/Japan - aims - to - draw - novice - investors - with - new - NISA - accounts.

政府的财政压力，一方面补充养老金的缺口，另一方面让民众亲自参与为自己的退休做准备。日本政府 2001 年的养老金改革，推出了企业型缴费确定型养老金计划，让民众自行选择其养老金的投资产品，风险自负。这既增加了企业推行养老金计划的意愿，也让养老金资产得以活用。

而日本第三支柱的 iDeCo，则尤其值得我国参考。iDeCo 类似美国的 401（k）计划，日本通过打通其与一般给付确定型企业养老金之间的转换通道，弥补了给付确定型养老金在职工转职时产生的问题。2018 年，中小企业妥善运用 iDeCo，达到企业型缴费确定型养老金的效用，也减轻了财政负担，也许可以作为借鉴。

日本第三支柱实行了双轨制，除了个人缴费确定型养老金外，又仿照英国的个人储蓄账户（NISA）制度，鼓励民众自主积累退休金，让民众拥有更多元的选择，同时又培养了民众理财的知识。

日本在各支柱的建设上可谓相当全面，民众可以选择加入的计划种类很多。但是这也造成了一些问题，比如，面对多种多样的复杂的养老金制度，民众容易陷入迷惑，或是加入了不同的计划导致账户太多无法管理等。

我国第三支柱仍在建设过程当中，第二支柱的制度设计目前也较为单一。日本建设养老金三支柱的经验，可以供我国参考，为我国的养老金制度建设提供一个大方向。

（二）养老金市场化运营，建立多元资产配置

我国养老金目前出现的空账问题，其中的一个原因是投资收益太低。[①] 我国与日本早期相类似，采取数量监管的模式，严格控制养老金资产配置在各种投资产品上的比例，由政府主导养老金的投资运营。这导致各级政府养老金资产的投资均非常保守，大比例配置在公债或是公共建设上，收益太低。

日本为了解决养老金连年亏损问题，于 2001 年成立独立法人 GPIF 集中管理各种公共养老金，以市场化的模式运作养老金。其中尤为重要的是，日本逐步开放养老金对股票市场与海外市场的投资的上限。养老金入市不仅带来了较

---

① 《养老金制度存五大难题，加快市场化运作是着力点》，证券时报网，2017 年 12 月 18 日，http：//www. stcn. com/2017/1218/13840014. shtml。

高的收益率，而且养老金长期投资的特点，也帮助稳定了日本股市。我国目前面对养老金缺口，当下主要以财政支出的方式进行填补，然而若要在根本上让养老金健康运作，则需要有更灵活的市场化运作模式，才能为养老金增值。

我国养老金的投资运营目前较为分散，大部分的基本养老保险由各省政府自行管理，这导致投资绩效受各省政府的投资能力之不同而有好有坏，效率不高。中国虽然有全国社保在行使类似日本 GPIF 的功能，但是只有当养老金运营尽快实现全国统筹、集中管理、统一谋划之后，才能有效率地发挥其作用。

（三）投资者教育

日本通过第三支柱的制度设计，在很大程度上促进了投资者教育。日本政府在投资者教育上，首先是让民众改变两个投资的观念：一是接受小额投资的概念，二是将民众的观念从储蓄到投资改变为从储蓄到累积。另外，日本主管机关要求金融机构在提供 DC Plan、iDeCo、NISA 等面向一般民众的投资产品时，负有更高的披露义务，即由实际提供产品的金融机构进行投资者教育。

我国进行第三支柱的制度建设或是对目前的企业养老金进行改革，投资者教育将会是十分重要的一环。金融机构不仅负有更高的披露义务，同时也需要帮助员工分辨自己的风险属性、挑选产品、规划资产配置等。金融机构如果能够提供良好的投资者教育，各项养老金制度的推动将更为容易。

参考文献

内阁府大臣官房政府広报室，〈新しい投资优遇制度「NISA（ニーサ）」がスタート！将来に向けた资产形成を考えるきっかけに〉，2016 年 1 月 12 日。

高山憲：《积累制养老金：日本的经验和教训》，王新梅翻译，中国社会科学院人口与劳动经济研究所，2017 年 4 月 6 日。

谭瑾瑜：《台湾引进个人储蓄账户机制（ISA）》，财团法人台湾经济研究院。

王伟：《日本公共养老金制度改革评析》，《日本学刊》2007 年第 4 期。

詹晨：《养老金制度存五大难题，加快市场化运作是着力点》，证券时报网，2017 年 12 月 18 日。

Government Pension Investment Fund，“Periodic Review of Policy Asset Mix”，http：//www. gpif. go. jp/en/topics/pdf/20160601_ periodic_ review_ of_ policy_ asset_ mix. pdf。

B.11
澳大利亚养老金资产管理经验借鉴与启示

袁思农　高 敏*

摘　要： 澳大利亚三支柱养老金体系是世界上最成熟的养老金体系之一，包括第一支柱基本养老金、第二支柱保障型超级年金、第三支柱自愿型超级年金和作为储备养老金的未来基金。基本养老金属于待遇确定型养老计划，费用来源于每年的税收等财政收入，不涉及投资运营；保障型超级年金实行基金累积制，主要是缴费确定型，来源于强制性的雇主缴费，并通过委托代理关系以受托人为责任主体进行基金的投资运营；自愿型超级年金实行基金累积制，为缴费确定型，通过超级年金的体系进行投资运营。国家储备养老金是澳大利亚未来基金，由澳大利亚政府委托未来基金管理委员会进行受托管理。

关键词： 澳大利亚　基本养老金　超级年金　未来基金　资产管理

一　澳大利亚养老金体系概述

澳大利亚的养老金体系在实现较高的覆盖率和替代率的同时，维持了较低

* 袁思农，现供职于华商基金养老金业务部，研究领域为应用经济、养老金融；高敏，华商基金管理有限公司副总经理，中国养老金融 50 人论坛核心成员，研究领域为财会、人力资源、养老金融。

的政府支出，被认为是世界上最为成熟的养老金体系之一。澳大利亚养老金体系的目标在于建立一个广泛和合适的、公平和可接受的、健全的、简单易行的、可持续的养老系统。澳大利亚是典型的三支柱养老金体系：第一支柱基础养老金是覆盖澳大利亚全体国民的基本养老金（Age Pension）；第二支柱补充养老金计划是雇主强制缴费的超级年金（Superannuation Guarantee）；第三支柱个人养老储蓄主要是自愿型超级年金（Voluntary Superannuation）；另外澳大利亚政府成立了澳大利亚未来基金作为储备养老金以应对未来可能出现的养老金支付缺口，缓解财政压力。这四个部分共同构成了澳大利亚现代养老金体系。

表1　澳大利亚养老金三支柱体系

第一支柱	第二支柱	第三支柱
基本养老金 (Age Pension)	保障型超级年金 (Superannuation Guarantee)	自愿型超级年金① (Voluntary Superannuation)
储备养老金:澳大利亚未来基金(Australia Future Fund)		

注：①自愿型超级年金以外的个人养老储蓄也包括自有房产和其他类金融资产。

（一）澳大利亚基本养老金

澳大利亚养老金第一支柱是政府向所有公民提供的基本养老金（Age Pension），最早可以追溯到1909年。基本养老金对所有超过65岁的澳大利亚公民发放，属于典型的DB计划。待遇水平根据收入水平和资产水平的调查结果来决定，澳大利亚政府以两年为一个周期，根据物价水平和工资水平对基本养老金的发放水平进行调整。基本养老金一般两周发放一次。截至2017年底的标准为单身826.2澳元、夫妇每人622.8澳元。单身双周收入少于168澳元、夫妇双周收入少于200澳元，且单身资产少于25万澳元或夫妇资产少于38万澳元可以获得全额的基本养老金。2016～2017财年澳大利亚政府支付了622.7亿澳元用于基本养老金的发放，占当年GDP的4.72%。澳大利亚基本养老金全部来源于澳大利亚的税收等财政收入，支出进入每年的政府预算，公民并不需要额外缴费，所以基本养老金并不涉及资产管理。

（二）澳大利亚保障型超级年金

澳大利亚现行的养老金第二支柱是保障型超级年金（Superannuation Guarantee），于1992年在《超级年金保障（管理）法案》（*1992 Superannuation Guarantee Act*）的指导下建立，由雇主强制缴费，主要实行基金累积制，属于缴费确定型养老计划（DC）。

澳大利亚的年金历史最早可以追溯到19世纪。在19世纪中期，一些从事公共服务的人员和白领阶层获得作为员工福利的养老金。20世纪80年代，澳大利亚总工会和澳大利亚政府达成协议，雇主将每年工资上涨3%的部分转为缴纳到雇员的养老金账户。1992年，澳大利亚政府推出《超级年金保障（管理）法案》（*1992 Superannuation Guarantee Act*），正式确立保障型超级年金作为三支柱养老金体系中的第二支柱。2014年，澳大利亚政府引入Mysuper账户作为雇员默认的超级年金账户选项，要求所有默认选项的超级年金缴费和投资必须在Mysuper账户中进行。澳大利亚超级年金覆盖所有的澳大利亚雇员以及自我雇用者，由雇主强制进行缴费，现行的缴费费率为9.5%。

澳大利亚保障型超级年金在15~64岁人口中的覆盖率大约为77.78%，其中男性覆盖率约为80%；女性覆盖率稍低，约为76%。

表2　澳大利亚超级年金覆盖率

时间	2005~2006年		2009~2010年		2011~2012年		2013~2014年		2015~2016年	
15~64岁	男性	女性	男性	女性	男性	女性	男性	女性	男性	女性
覆盖率	79.3	71.1	75.0	69.6	80.4	74.4	80.1	74.9	79.9	75.7

资料来源：ABS，4125.0 – Gender Indicators，Australia，Sep 2017。

经过20多年的发展，截至2017年6月，澳大利亚超级年金规模达到26576亿澳元。从图1可以看出，2016年，澳大利亚超级年金规模占GDP的比重就已超过130%。根据OECD的统计，澳大利亚目前养老金的资产规模居世界第三位。

（三）澳大利亚自愿型超级年金

澳大利亚养老金第三支柱个人养老储蓄主要是自愿的超级年金储蓄

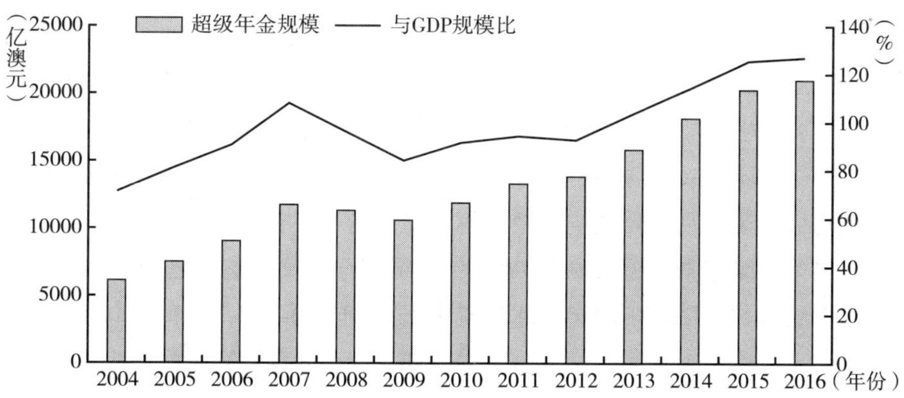

图1　澳大利亚超级年金规模及其占 GDP 比重

资料来源：Annual Superannuation Bulletin June 2017。

（Voluntary Superannuation Saving），实行基金累积制，是缴费确定型（DC）养老计划。自愿型超级年金在超级年金的系统内运作，缴费主要包括个税福利抵扣（Salary Sacrifice）和超级年金个人缴费（Personal Contribution）两种形式，两者的主要区别在于税收安排，个税福利抵扣部分允许在税前扣除，而个人缴费属于税后行为。

个税福利抵扣是指雇员与雇主之间的一种协议，雇员放弃一定的工资收入，雇主为其提供相应价值的某种福利。政府对这部分征收较低的福利税或者免税，从而使雇员获得税收优惠。个税福利抵扣可以用于多种途径，例如购车、育儿支出等，但目前最主要就是缴纳超级年金。雇主代雇员缴纳的个税福利抵扣在一定的额度内按照最高 15% 的税率缴税，一般来说远低于雇员的边际税率。截至 2017 年底，政府对每年 25 万澳元以内的个税福利抵扣部分税率为 15%，超过 25 万澳元的部分税率为 30%。

澳大利亚自愿型超级年金的另外一种形式是个人缴费。个人缴费可以采取定期从工资扣除的方式，也可以不定期地直接投资到超级年金账户。税收安排根据雇员的身份不同而有所差异，对于普通雇员，个人缴费由于是税后缴费，缴费部分不能享受 15% 的优惠税率，但是可以享受投资收益部分 15% 的优惠税率；对自由职业者，个人缴费部分可以在税前列支，缴费和投资收益同时享受 15% 的优惠税率。另外，澳大利亚政府为鼓励低收入者进行养老储蓄，提供最高

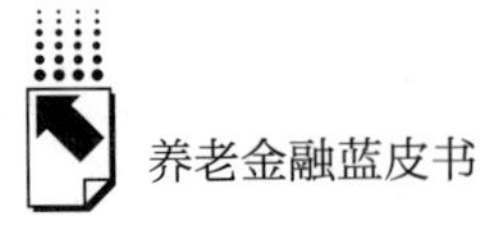

50%的共同缴费补贴（Co-contribution），每人每年最高不超过500澳元。

自愿缴纳超级年金虽然在澳大利亚可以追溯到20世纪中期，但澳大利亚早期的超级年金都是由雇主自愿建立的，因此并不能划归到现代意义上的第三支柱。直到1992年超级年金法案将超级年金确定为强制缴纳，保障型超级年金（Superannuation Guarantee）和自愿型超级年金（Voluntary Superannuation）才分别构成了澳大利亚养老金体系的第二支柱和第三支柱。

自愿型超级年金的覆盖率在1993年超级年金法案实行时超过50%，之后以每年大约2.5%的速度下降，到2007年已经降到了25%以下。2017年非小型超级年金基金的缴费中，个税福利抵扣缴费为86.4亿澳元，占总缴费的7.37%；个人缴费295.8亿澳元，占全部缴费金额的25.22%。

（四）澳大利亚未来基金

澳大利亚的储备养老金是澳大利亚未来基金（Future Fund），是独立管理的主权财富基金。旨在加强政府公共财政能力，弥补公共养老计划在未来可能出现的资金缺口。未来基金只能在超级年金可以完全弥补负债或到2020年7月1日之后支取，以较早者为准。

未来基金由未来基金管理委员会（Future Fund Board of Guardians）受托管理。未来基金的投资管理全部采用间接投资，即委托投资的方式进行。截至2017年12月31日，共有117家投资管理人管理未来基金资产。

澳大利亚未来基金资产最早来源于2006年澳大利亚政府的财政盈余和出售Telstra通信公司1/3股份所得的180亿澳元。2007年澳大利亚政府又将价值89亿澳元的17% Telstra股份划拨到基金。到2006~2007财年结束时，共有500亿澳元的财政款拨给未来基金。截至2017年6月30日，未来基金累计规模达到1335亿澳元。

二　澳大利亚超级年金资产管理

（一）澳大利亚超级年金的运作模式

澳大利亚现行的超级年金运作模式主要基于1992年发布的超级年金保

障法和 1993 年发布的超级年金监管法，采用信托模式进行市场化运作。受托人是超级年金的治理主体，对年金的整体运营负法律上的最终责任。受托人既可以采用内部受托模式（年金理事会模式）又可以采用外部受托模式（法人受托模式）。年金理事会或法人受托机构根据委托人的委托管理基金，再根据其投资运营需要选择相应的托管人、账户管理人、投资管理人和其他服务机构。

澳大利亚超级年金由雇主缴费，费率最初为 3%，2002～2003 年被提高到 9%，现行费率为 9.5%。到 2025 年费率将提高到 12%（见表 3）。

表 3　澳大利亚超级年金雇主缴费率

单位：%

年份	1992	1993	1994	1995	1996	1998	2000	2002
最低缴费标准	3	3	4	5	6	7	8	9
年份	2013	2014	2021	2022	2023	2024	2025	
最低缴费标准	9.25	9.5	10	10.5	11	11.5	12	

澳大利亚超级年金基金目前主要有公司基金、行业基金、公共部门基金、零售基金和小型年金 5 种类型。小型基金是指成员在 5 人以下、个人基金和自营型超级年金（Self Manage Small Fund，SMSF），自营型超级年金受澳大利亚税务局（ATO）监管，其余四种类型的基金均由澳大利亚审慎监管局（APRA）管理。表 4 为各类型基金的资产管理情况。从规模上来看，行业基金、公共部门基金、零售基金和小型基金是超级年金的主要组成部分。

表 4　澳大利亚不同类型超级年金基金资产管理情况

项目	基金个数（只）	管理资产（亿澳元）	平均基金管理资产（亿澳元）	管理账户数（万个）
公司基金	24	546	22.75	34.1
行业基金	40	5898	147.45	1111.8
公共部门基金	18	4390	243.89	353.3
零售基金	125	6130	49.04	1297.8

续表

项目	基金个数（只）	管理资产（亿澳元）	平均基金管理资产（亿澳元）	管理账户数（万个）
小型基金	594788	7231	0.0122	109.2
其他	19	1950	102.63	
合计	595014	26145	0.0439	2906.2

注：管理账户数截至2016年6月30日。

资料来源：Quarterly MySuper Statistics Dec 2017，Annual Superannuation Bulletin June 2016。

随着超级年金整体规模的不断扩大，各类基金的规模也迅速增长，但是从数量上看却显示了不同的发展趋势。2004～2016年除小型基金的数量大幅增加以外，其他四类基金都有不同程度的减少，公司基金更是从2004年的1089只迅速减少到2016年的30只。许多公司基金都转为了行业基金或零售基金，这种行为可能基于以下原因：①减少公司运营成本；②更加专业和广泛的投资选择；③规模效应减少成本。零售基金、行业基金也有一定程度的减少，这主要是因为公司合并和兼并的结果，如AMP和AXA Asia、First State Super和Health Super等大型机构的并购。与之相对的是小型基金特别是自营型基金在澳大利亚大受欢迎。自营型基金与机构管理的基金相比给予了成员更大的控制权，管理费用也低于机构管理的费用，另外自营型基金能够提供更加有效的投资税收管理。澳大利亚超级年金的管理竞争非常激烈，从发展趋势上看，行业集中度可能会进一步提高。

（二）澳大利亚超级年金的投资管理

根据超级年金监管法的规定，澳大利亚超级年金的受托人必须是注册的超级年金实体（RSE持证人）。受托人委托投资管理人进行基金投资，除了小型自营型基金外，超级年金的投资管理人必须是法人机构。对于投资范围，超级年金监管法没有做出特别的规定，从超级年金实际的投资策略和执行的投资操作来看，超级年金的投资范围十分广泛，既有股票、债券、现金类资产的投资，也有房地产、基础设施、商品期货和对冲基金的投资，涉及了市场上大多数的投资工具。同时，超级年金允许进行海外投资。

超级年金一般以超过CPI指数一定百分比作为投资目标，根据时间长短和

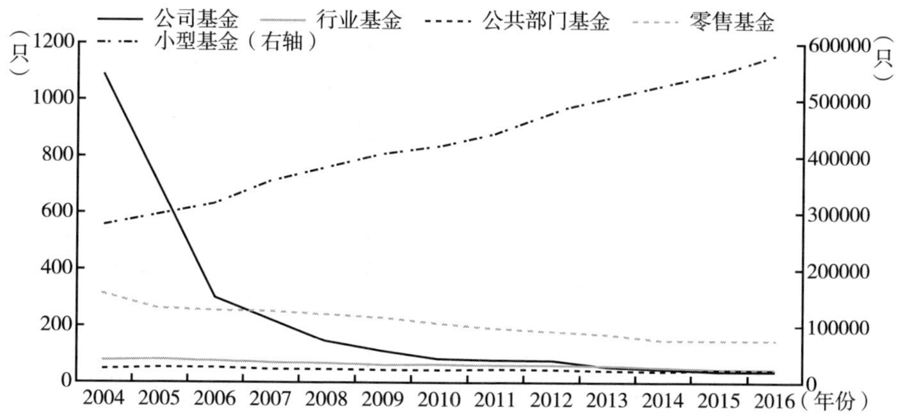

图 2　澳大利亚超级年金基金数量

资料来源：Annual Superannuation Bulletin June 2016。

客户能够承担的风险程度来具体区分超过 CPI 指数的多少，并以此作为投资风格的划分，再根据不同的投资风格进行大类资产配置。以澳大利亚最大的超级年金管理公司 AustralianSuper Pty Ltd 为例，它们将投资风格划分为不同的六种类型，并在不同的风格下给出了资产配置建议方案。这六种类型包括平衡型、高增长型、社会责任型（ESG）、指数型、保守平衡型和稳健收益型（见表 5）。另外，公司也允许客户自主进行大类资产配置和选择投资品种，客户拥有极高的自由度。

表 5　典型超级年金基金投资目标与资产配置

单位：%

投资目标						
投资风格	平衡型	高增长型	社会责任型	指数型	保守平衡型	稳健收益型
投资目标	CPI +4	CPI +4.5	CPI +4	CPI +3.5	CPI +2.5	CPI +1.5
平均 5 年实际表现	11.41	12.62	11.45	8.73	9.46	7.39
战术资产配置						
国内股票	25	32	25	32	17.50	10
国际股票	34	43.50	34	38	23.50	13.50
房地产	7	5	7		6	6

续表

战术资产配置						
基础设施	13	9	13		11	11
PE	3	3.5	3		1.5	0
信贷	6	4	6		7	7
固收	2	0	2	17	20	27.5
现金	10	3	10	13	13.5	25

资料来源：www.australiansuper.com。

澳大利亚超级年金的投资范围广泛，且权益类资产配比较高，充分发挥了养老基金长期投资和权益投资的特点。具体来看，澳大利亚超级年金的投资有以下几个特点。

第一，策略较为积极，股票投资占比较大，超过整个基金资产的50%，固收类投资占比超过20%，现金类资产占比超过10%，三类传统型投资工具占整个基金比例的83%。

第二，超级年金投资包括一部分的非标资产，合计13.3%的房地产和基建投资。

第三，超级年金有相当一部分的海外投资，51.52%的股权类资产中海外投资为23.91%，2017年底的海外投资额达到了5393.17亿澳元，占超级年金总投资的33.01%。而且，海外投资中有相当比例的投资做了货币对冲，分散了汇率风险。

第四，基金大约有10%的货币类资产的投资，充分考虑了流动性问题（见表6）。

表6　澳大利亚超级年金2017年投资情况

单位：百万澳元，%

超级年金的投资组合	资产规模	占比
现金	179593	10.99
固收类投资	334776	20.49
澳大利亚固收	207311	12.69
海外固收	127465	7.80

续表

超级年金的投资组合	资产规模	占比
货币对冲	84446	5. 17
股权投资	841854	51. 52
澳大利亚上市股权	383156	23. 45
海外上市股权	390731	23. 91
货币对冲	116387	7. 12
非上市股权	66881	4. 09
地产投资	136251	8. 34
上市地产	52055	3. 19
非上市地产	82741	5. 06
基建投资	81124	4. 96
上市基建投资	21788	1. 33
澳大利亚非上市基础设施	38090	2. 33
海外非上市基础设施	21121	1. 29
货币对冲	12215	0. 75
期货和商品投资	1678	0. 10
其他	58701	3. 59
对冲基金	28095	1. 72
总计	1633978	100. 00

资料来源：Quarterly Superannuation Performance Dec 2017。

（三）澳大利亚超级年金的投资收益

澳大利亚超级年金有非常成熟的市场化经营模式，从整体投资收益来看，澳大利亚超级年金除去小型基金外在2017年的年化收益率为8. 8%，最近5年的平均年化收益率为8. 6%。澳大利亚超级年金偏重于股票投资的资产配置结构直接反映到其投资收益上，最近13年的超级年金的年平均投资回报率为6. 42%，变异系数为1. 26，主要是由于超级年金在全球范围内的金融危机中受到了较大的冲击，扩大了基金整体的波动，2008年和2009年的收益率为-7. 5%和-12. 1%。若剔除这两年的数据，则平均收益率上升到9. 76%，变异系数下降到0. 47（见图3）。

从更长期来看，澳大利亚超级年金显示了较为优异的长期投资收益。超级年金最近50年的年均基金收益达到10. 3%，扣除CPI后投资收益率为4. 8%，

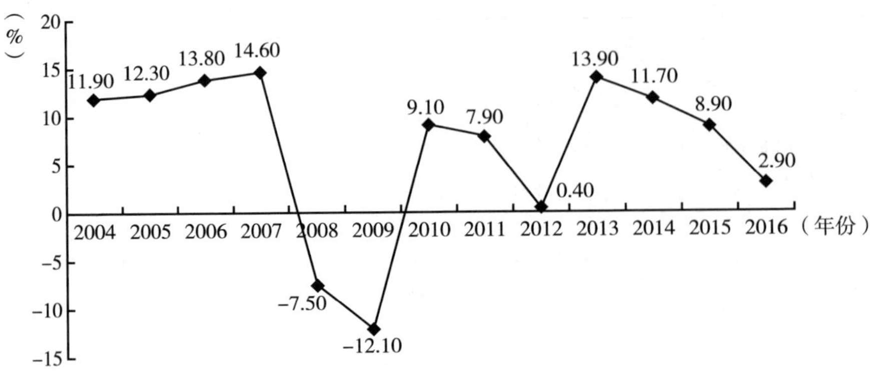

图3　澳大利亚超级年金近年投资收益情况

资料来源：Annual Superannuation Bulletin June 2016。

有效地抵御了通胀。自1993年超级年金改革25年以来，平均收益率为7.6%，而最近5年的年均基金投资收益达到了10.4%，扣除CPI后的投资收益率达到了8.2%，处于历史较高水平（见表7）。

表7　澳大利亚超级年金长期投资收益情况

单位：%

时间(年)	基金收益	扣除平均工资增长	扣除CPI
5	10.4	7.4	8.2
10	4.7	1	2.3
25	7.6	3.5	5
50	10.3	3.3	4.8

资料来源：ASFA，Superannuation Statistics，Dec 2017。

（四）澳大利亚超级年金的监管

澳大利亚超级年金在1992年《超级年金保障（管理）法案》的指导下建立，其超级年金的监管主要受《1993超级年金业（监管）法》、《2001公司法》和《2002金融服务标准法》的指导，同时法案中也明确了澳大利亚超级年金的监管主体。从监管模式上来说，澳大利亚超级年金实行的是目前国际上比较推崇的“双峰模式”，即审慎监管和行为监管并行的方式。实际上澳大利亚也是国际上最早采用双峰监管模式的国家，澳大利亚政府于1998年建立了审慎监管局（APRA），又在2001年将超级年金的信息披露和市场行为监管的责任转移到澳大利亚证券投资委员会（ASIC）。1999年，超级年金保障法修正案提出建立自营型超级年金，并将监管责任主体确定为澳大利亚税务局。这几部法案确立了澳大利亚超级年金的三个监管主体，形成了澳大利亚超级年金的监管体系。

澳大利亚审慎监管局（APRA）是澳大利亚金融服务业的审慎监管部门，它管理包括银行、信用合作社、基金会、保险和再保险以及大部分的超级年金。审慎监管局对超级年金的监管以许可证的形式呈现，所有的超级年金基金都必须取得注册超级年金基金许可证（RSE）。审慎监管局对RSE的监管内容包括：操作风险、财务、风险管理、非集中清算衍生工具的保证金和风险缓释、外包业务、业务连续性管理、超级年金保险、审计、MySuper账户转移、滚存型基金、公司管理、适当性、利益冲突、投资管理。超级年金基金每个季度向审慎监管局报告基金运行的情况。

澳大利亚证券投资委员会（ASIC）成立于1998年，是澳大利亚的公司、市场和金融服务的监管部门，负责超级年金的行为监管。ASIC对超级年金的监管也以许可证的形式呈现，超级年金基金必须持有澳大利亚金融服务许可证（AFS）。ASIC主要负责超级年金的经营行为和信息披露，关注于超级年金基金和投资者的关系，确保客户能够获得合适的信息披露、受到公正合理的待遇、持续获得关于投资活动的信息和畅通的投诉渠道，促进投资者与金融机构之间的相互信任。

澳大利亚税务局（ATO）是自营型超级年金的监管主体。由于自营型超级年金的委托人、受托人是统一的，所以采取了不同的监管方式。自营型超级年金数量众多而又不存在委托—代理的问题，因此澳大利亚税务局主要关注超级年金的设立、缴费及转换、投资、支付、清算、管理及报告、审核，而监管的核心则是超级年金的税收安排。

澳大利亚超级年金协会（ASFA）是超级年金的行业自律机构。ASFA成立于1962年，是一个非营利组织，负责超级年金行业的政策引导、行业研究以及宣传工作。ASFA 的成员包括了行业内各种类型基金，覆盖了 90% 的超级年金实体。

三　澳大利亚自愿型超级年金

（一）澳大利亚自愿型超级年金的资产管理

由于自愿型超级年金的投资与保障型超级年金采用的是同一个模式，没有单独分离出来，因此两者在投资管理的模式上并没有差别，但是我们依然可以通过数据来观察自愿型超级年金投资的特点。

截至 2017 年底，199 只注册的超级年金基金的雇主缴费为 640.7 亿澳元，其中个税福利抵扣缴费 77.3 亿澳元，另外个人缴费 291.7 亿澳元。个人缴费最多的基金包括 AustralianSuper（行业），Colonial First State FirstChoice Superannuation Trust（零售）和 QSuper（公共部门）等大型年金实体所管理的基金。这 199 只基金管理 1.4 万亿澳元的超级年金投资，如之前所介绍的，主要投资于现金、债券、股票、房地产、基础设施、商品和其他投资品。选取的 199 只基金中有个人缴费的 148 只基金，并按照自愿型超级年金（包括个税福利抵扣和个人缴费）占总超级年金的比例进行排序。对自愿型超级年金占比较高的前 74 只基金和自愿型超级年金占比较低的后 74 只基金进行投资品种结构上的对比。

从表 8 中对比可以看到，自愿型超级年金缴费较多的基金在现金和债券的配置上较多，在权益类配置上相对较少，且在统计上显著。而自愿型超级年金缴费较少的基金则在股票、房地产、基础设施上的配置较多。即自愿型超级年金的投资倾向于更加保守的投资，权益类投资相对较少，自愿型超级年金缴费比例与权益类投资的配置（包括股票、房地产、基础设施和其他）存在弱的负相关性。

（二）澳大利亚自愿型超级年金投资收益

自愿型超级年金的收益完全取决于超级年金基金的投资收益。我们选取了 199 只注册的超级年金基金中有自愿型超级年金缴费数据和投资收益数据的 164

表 8　澳大利亚自愿型超级年金基金投资情况对比

单位：%

类型	自愿缴费较多	自愿缴费较少	加权平均
现金	15	11	12
债券	22	20	21
权益类	63	69	66
其中，股票	47	52	50
房地产	7	9	8
基础设施	5	6	5
其他	3	3	3

资料来源：Annual Fund-level Superannuation Statistics June 2017。

只基金，并对其2017年度的收益率进行了统计分析。164只基金中，2017年度（2016年7月至2017年6月）收益率超过10%的基金有29只，大部分基金的收益率集中于4%～10%区间，占到基金总数的70%以上，另外绝大部分的基金实现了正收益（见表9）。

表 9　澳大利亚超级年金基金收益率分布

单位：只，%

基金收益率	基金数	基金数占比
R≥10%	29	17.68
10%＞R≥8%	48	29.27
8%＞R≥6%	49	29.88
6%＞R≥4%	20	12.20
4%＞R≥2%	7	4.27
2%＞R≥0	9	5.49
R＜0	2	1.22

资料来源：Annual Fund-level Superannuation Statistics June 2017。

自愿型超级年金收益区别于超级年金收益的特点可以从2017年超级年金基金的缴费和收益数据中观察。在2017年度199只注册的超级年金基金中选取有自愿型超级年金缴费数据和投资收益数据的164只基金，观察自愿型超级年金所占的比例与资产配置和其收益之间的相关性。基金的收益与权益类投资的比例（包括房地产基建等投资）存在较强的正相关关系，即权益类资产的投资显著地提高了基金的收益水平。另外，自愿型超级年金与保障型超级年金的缴费比与投资收益率之间有弱的负相关关系，即较多的自愿型超级年金缴费可能对投资收益有负的影响，虽然相关性比较弱，但其内在原因值得进一步的研究①（见表10）。

表10　自愿型超级年金缴费、资产配置与澳大利亚超级年金收益率相关性

	pcr	eir	rr
pcr	1.0000		
eir	0.1941*	1.0000	
rr	-0.2112*	0.5772*	1.0000

注：①资料来源于 Annual Fund-level Superannuation Statistics June 2017；②*表示在0.05水平上显著；③pcr为自愿型超级年金与保障型超级年金的缴费比；eir为权益类投资比例；rr为2017年度收益率。

（三）澳大利亚自愿型超级年金的监管

由于澳大利亚自愿型超级年金是在超级年金体系之下的自愿储蓄，所以其监管遵从超级年金的管理方式，首先是遵循《超级年金保障（管理）法案》，《1993超级年金业（监管）法》。此外，个税福利抵扣部分要遵从《2009公平工作法》（*Fair Work Act 2009*），税务处理上遵从《附加福利税法》（*Fringe Benefits Tax*）的规定。管理自愿型超级年金的超级年金实体与基金依然是根据其分类情况分别受澳大利亚审慎监管局（APRA）、澳大利亚证券投资委员会（ASIC）和澳大利亚税务局（ATO）的管理。

四　澳大利亚未来基金的资产管理

（一）澳大利亚未来基金的运作模式

未来基金的受托管理机构是未来基金管理委员会（Future Fund Board of

① 超级年金个人缴费数据从2014年6月开始公布，本文对2014年6月以来的数据分别进行了相关性分析，得到的结果与2017年结果类似：权益类资产占比与收益率成正相关且显著；自愿型超级年金比例与投资收益有弱的负相关，但不再显著。

Guardians），全面负责未来基金的投资管理。根据未来基金法，未来基金管理委员会是一个法人团体，包括一位主席和6位成员，由总理任命，任期不超过5年。未来基金独立于政府运营，通过平衡风险和收益达成基金的投资目标。基金的投资目标由澳大利亚政府通过法律的形式确定，管理委员会无权决定基金的用途和目标，唯一的职责就是负责基金的保值增值。为了协助未来基金管理委员会提供支持和建议，更好地完成未来基金的受托管理，澳大利亚政府还成立了未来基金管理局（Future Fund Management Agency）具体负责未来基金的运营事务。

未来基金的投资管理全部采用间接投资的方式进行，未来基金负责投资管理人的选拔工作和定期考核工作。截至2017年12月31日，共有117家公司被选为未来基金的投资管理人，未来基金按照其投资计划和资产标的将资金分配给不同的投资管理人进行投资。每个投资管理人只负责在其投资工具范围内选择具体标的进行投资，不进行战略资产配置（见表11）。

表11　澳大利亚未来基金投资管理人分布

单位：家

资产类别	投资管理人数量	资产类别	投资管理人数量
股票	9	非上市	9
澳大利亚股票	1	上市	1
发达国家股票	4	债权	18
新兴国家股票	4	高评级	5
私募股权	31	高收益	10
买断	13	不良债权	3
风险投资	14	另类投资	31
特别机会投资	4	多策略/相对价值	5
房地产	18	宏观驱动	12
非上市	17	另类风险溢价	4
上市	1	重叠策略	7
基建与农林	10	现金	3

资料来源：Future Fund Annual Report 2016－17。

（二）澳大利亚未来基金的投资管理

澳大利亚未来基金的投资目标由澳大利亚政府以法律的形式确定，投资管理由未来基金管理委员会完全负责。截至 2017 年 6 月，基金的投资目标是在可控的风险范围（见表 12）内保持基金的长期的年均收益超过 CPI 水平的 4.5% ~5.5%。2017 年 7 月 1 日起，由于投资环境的改变，长期投资目标下调为超过 CPI 水平的 4% ~5%，同时将基金支取的期限由 2020 年 7 月 1 日延长到 2026 ~2027 年。

表 12　澳大利亚未来基金投资范围

资产类别	投资范围
上市公司股票	澳大利亚股票、新兴国家股票、发达国家股票
私募股权	风险投资、成长性资产、买断、不良信贷
有形资产	房地产、基建、公共事业、农林资产
债券	抵押债、高评级的信用债
另类资产	基于绝对收益策略和其他有风险溢价的现金流
现金	国债、银行存单
组合投资	上市股票、发达市场货币、新兴市场国币、国内和全球利率、对冲策略

未来基金有一套具体的投资流程。首先，确定投资的目标和风险承受能力，以此来决定基金的投资风格和风险水平。其次，分析投资环境，考虑不同时期的经济环境进行场景分析，关注经济环境和投资收益情况，了解在不同情况下投资品的表现。再次是风险管理，建立框架体系，确定基金的风险敞口，了解基金对各类别风险的承受能力，包括流动性风险、投资灵活性、汇率风险等，风险管理主要是对主要风险的识别和不同风险的权衡。接着进行风险预算，根据已有的风险控制的框架，为基金选择合适的风险资产并进行动态调整。最后是投资分析和选择，在确定了合适的风险预算后，进行实际的投资操作。投资结果主要受到经济增长、通货膨胀、真实利率和风险溢价水平的影响。在投资分析中，未来基金注重现有评估和未来评估计划的一致性，投资团队以自下而上的尽调辅之以经济和资本市场自上而下的研究，保障将每个投资行为和整个基金有机结合。

截至2017年6月，未来基金大约有30%的资产投资于股票，与2016年相比略有下降，主要集中于发达国家市场。在私募股权投资方面，未来基金认为私募股权流动性较弱，但能够产生更高的风险收益，而且私募股权可以投资于比较少见的主题。未来基金有229亿澳元投资于私募股权，其中有66%投资于美国的公司，9%投资于新兴市场国家。房地产和基建投资方面，未来基金有107亿澳元投资于基础设施和农林类资产，主要是澳大利亚国内的投资（49%）。债权投资方面，未来基金2017年投资占比为10.6%，较2016年略微下降，主要市场依然是美国，占到债权投资的47%。另外未来基金也注重另类资产投资，2017年的另类资产投资占比为14.8%，主要采用相对价值策略（27%）、全球宏观策略（58%）和替代风险溢价策略（15%）。

从地域上看，未来基金大量资产投资于海外市场，海外市场投资占基金资产的72%，其中美国占36%，新兴市场国家的投资占未来基金投资规模的11%；澳大利亚本国投资只占28%，如图4所示。从行业分布上看，澳大利亚未来基金资产配置主要分布在11个行业，如表13所示。

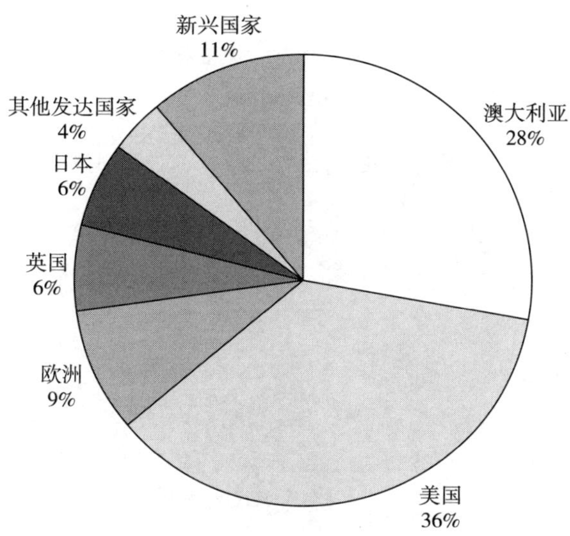

图4　澳大利亚未来基金投资按地域分类

资料来源：Future Fund Annual Report 2016－17。

表 13　澳大利亚未来基金资产配置行业分布

单位：%

行业	投资占比	行业	投资占比
能源	4	地产	2
原材料	8	金融	22
工业	10	信息技术	15
可选消费	13	通信服务	4
必要消费	9	公共事业	2
医疗	12		

资料来源：Future Fund Annual Report 2016 – 17。

从资产配置结构上可以看到，未来基金的投资既表现出长期投资的特点，又保留了很多的现金，未来基金有 12% 的私募股权投资、14% 的地产和基础设施投资，还有高达 15% 的另类资产投资；另外，未来基金保留了 20% 的现金以增强基金的投资灵活性（见图 5）。基于对 2016 ~ 2017 年市场环境的判断，未来基金目前的主要策略是：①高风险资产的收益率低于历史平均水平，维持较低的风险敞口；②保持较高的投资组合的灵活度；③选择相关性较低的风险资产以减少风险。

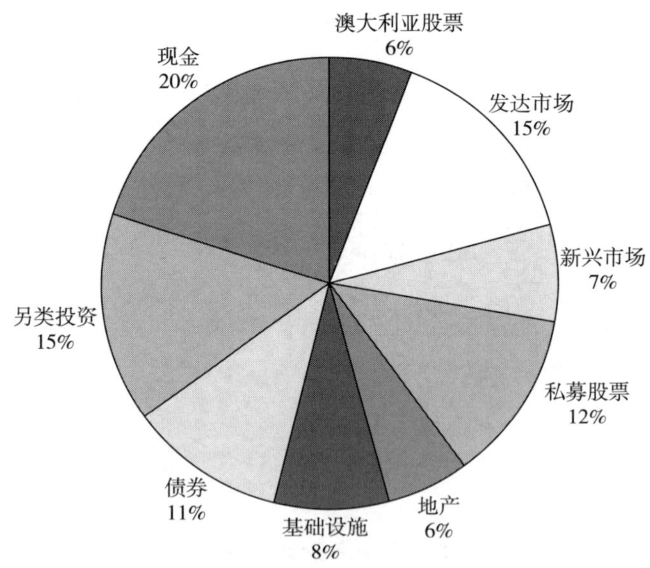

图 5　澳大利亚未来基金资产配置

资料来源：Future Fund Annual Report 2016 – 17。

未来基金用于管理基金风险的主要指标是股票等价敞口（Equivalent Equity Exposure，EEE），EEE 主要衡量基金对全球股票市场价格波动的敏感程度。对于 EEE 为 50 的投资组合，理解为由 50% 的现金和 50% 的全球股票组成；未来基金对 EEE 设定为 40～60，2016～2017 年的平均 EEE 为 48，略低于平均的风险敞口，显示了未来基金对当前投资环境较为谨慎。

（三）澳大利亚未来基金的投资收益

未来基金 2016～2017 年的投资带来的收益为 1335 亿澳元，投资收益率为 8.7%，超过业绩比较基准（CIP +4.5%）2.3 个百分点；最近 5 年的年均投资收益率 11.6%，超过业绩比较基准 5.1 个百分点；最近 10 年的投资收益率 7.9%，超过业绩比较基准 1 个百分点（见表 14）。

表 14　澳大利亚未来基金成立以来投资收益情况

单位：%

时间	投资回报率	业绩比较基准
一年	8.70	6.40
三年	9.50	6
五年	11.60	6.50
七年	10.40	6.60
十年	7.90	6.90

资料来源：Future Fund Annual Report 2007 –17。

未来基金的年投资收益显示其投资特点。未来基金的投资工具非常广泛，而且有大量的海外投资，因此未来基金受世界经济环境影响也较大。这也直接反映到其投资收益上，在 2008～2009 年全球范围的经济危机中，未来基金的收益率降幅较大，2008 年收益率为 1.5%，2009 年出现了亏损。另外 2012 年的投资收益率也只有 2.1%，低于业绩比较基准 5.7%（见图 6）。

但是从长期来看，未来基金还是能够战胜业绩比较基准，表现出很好的抗通胀能力。基金从成立以来的平均年化收益率为 7.8%，到目前为止实现了投资目标（CPI +4.5%）。基金累积回报从 2015 年开始战胜其业绩比较基准，显示出养老金长期投资的特点（见图 7）。

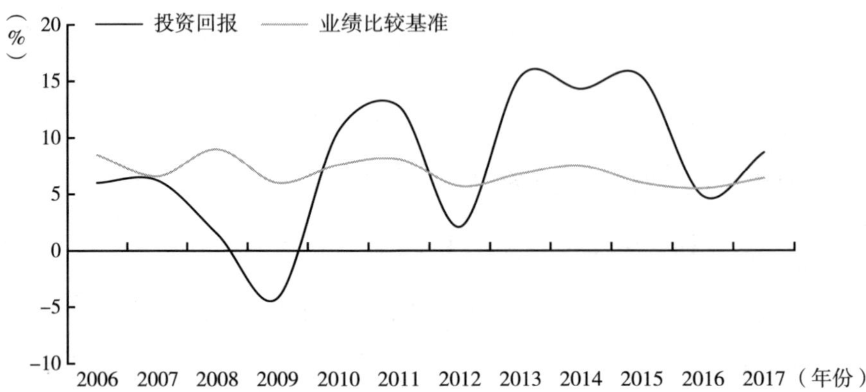

图 6　澳大利亚未来基金投资收益与业绩比较基准

资料来源：Future Fund Annual Report 2016 - 17。

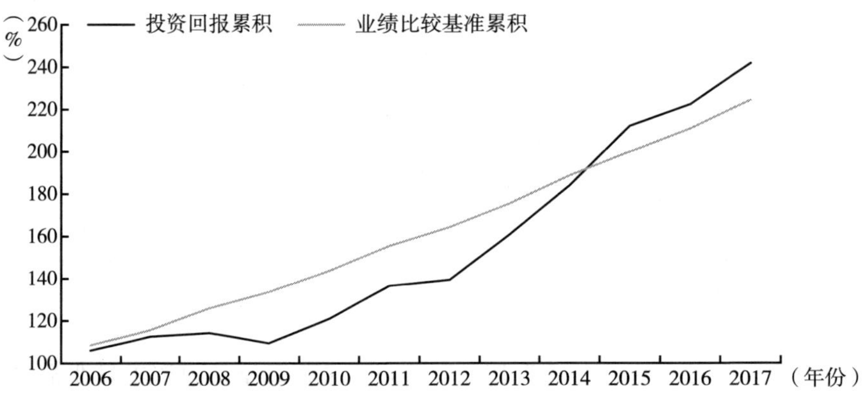

图 7　澳大利亚未来基金累积收益与业绩投资基准比较（CPI +4.5%）

资料来源：Future Fund Annual Report 2016 - 17。

（四）澳大利亚未来基金的监管

未来基金是政府依法建立的，受到澳大利亚法律的监管。未来基金主要受《2006 年未来基金法》的管理。另外，未来基金包括其管理委员会和管理局都属于公共部门，受到澳大利亚《公共管理、责任和绩效法案（2013）》的管理，其员工受《公共服务法（1999）》的管理。另外，作为主权财富基金，未来基金于2008年加入并遵守圣地亚哥原则。

未来基金法既明确了管理委员会的独立性，又要求其投资决策与活动与政府目标保持一致，澳大利亚财政部长对未来基金进行管理，政府的主要职能是任命委员会的成员并确定基金的投资目标。未来基金管理委员会向参议院财政会议和公共行政委员会报告基金运作情况和投资业绩。

五　澳大利亚养老金投资管理对我国的启示

（一）适当放宽市场准入，建立合理的淘汰机制

养老金资产管理从全球范围来看广泛地采用委托的方式，无论是内部委托还是外部委托，都对养老基金的保值增值起到了积极的作用。例如澳大利亚的超级年金所采取的审慎监管的方式，只要在审慎监管局注册的年金实体和基金都可以进行超级年金的受托管理和投资管理。审慎监管在一定程度上提高了养老金管理市场的开发程度和市场的竞争性，使得各类机构有积极性去提供更好的产品和服务。而我国的养老金管理无论是基本养老金、企业年金还是作为储备养老金的全国社保基金都采用严格准入的数量监管的方式，一般这种方式比较容易形成市场的寡头垄断，造成服务供给不足，并形成较高的市场价格，降低市场运行效率。但我们同时注意到，监管模式的选择与一国的法律和投资环境有较大的关系，澳大利亚超级年金的审慎监管建立在其发展多年的资本市场制度上，其养老金的管理采用其资产管理体系中的一贯做法，并没有特殊性。发达国家经过多年的发展，其金融体系和法律监管都高度发达，各类市场主体都十分成熟，采取审慎监管是自由经济发展的必然选择。但我国的资本市场与这些发达经济体还有一定的差距，制度体系和法律法规都处在改革变化之中。另外，我国的法律基础与英美法系不同，建立在其之上的制度体系也没有必要生搬硬套。考虑到以上两个方面的因素，我们认为适度地放宽市场准入，建立合理的淘汰机制有利于增强市场的竞争性，增加市场活力，既能促进资产管理机构在竞争中快速成长，也能更好地实现养老基金的保值增值。

（二）适当扩大投资品范围，放宽配置限制

从澳大利亚超级年金和未来基金的资产配置范围中可以看到，澳大利亚的养老基金资产配置范围十分的广泛。既有国内外现金、债券、股票等常规的投资工具，也包含了房地产、基建、期货、对冲基金，甚至PE、VC等另类投资，充分发挥了分散化投资降低风险的作用。另外澳大利亚的养老基金十分重视资产配置的作用，权益类的投资在养老基金的保值增值中起到了重要的作用。澳大利亚超级年金和未来基金在现金和债券类资产的配置合计约为全部基金资产的30%，大量的资产投资于澳大利亚国内外股权、房地产和基础设施；目前我国的企业年金对权益类投资的限制为30%，实际运作中权益类资产的配置远小于30%，储备养老金对权益类投资限制为30%，对长期投资来说这样的资产配置比例还是偏保守的。

（三）建立合适的业绩考核机制，给予投资者一定的选择权

我们也注意到，投资范围和配置限制的设置并不是独立的，它也受到整个市场法规、监管和投资者环境各方面的限制。例如，国内市场上存在对企业年金的业绩考核期限设置较短的情况，使得投资管理人的投资行为短期化保守化，限制了企业年金的资产配置，这与养老金长期化投资、重视资产配置的理念是相违背的。

澳大利亚超级年金实体一般会以超过CPI水平一定的百分比作为投资目标，以超过不同的水平分为不同的风险类别，再根据不同的风险分类进行大类资产配置。另外根据投资期限的不同，超级年金实体对相同的资产配置给出了不同的风险水平提示。澳大利亚的雇员对自己养老金的投资管理有很大的自由度。市场上充分竞争的超级年金实体为客户提供了十分灵活的投资方式。从资产配置到实际投资，投资者既可以选择由超级年金实体提供的资产配置建议，也可以根据自身的风险承受水平选择合适的配置方式，有能力的投资者还可以自己选择具体的投资标的。另外，澳大利亚政府在2013年引入作为雇员默认投资选择的超级年金账户“Mysuper”，其一般采用目标日期策略，根据雇员的年龄增长减少权益类的配置，为“不选择”的雇员提供了较好的投资方式。

投资者根据自身的风险承受能力了解和选择合适的资产配置方式，一方面

能够让风险承受水平较高的投资者享受到风险资产带来的回报，风险承受水平低的投资者避免承受过多的风险；另一方面也可以解决养老基金投资保守化、同质化的问题。

参考文献

Gender Indicators, 2017, Cat. No. 4125. 0, Australian Bureau of Statistics, Canberra.

Australia's Future Tax System Retirement Income Strategic Issues Paper, 2009, Australian Government, Canberra.

Annual Fund-level Superannuation Statistics June 2017, Australian Prudential Regulation Authority, Canberra.

Annual Superannuation Bulletin June 2016, Australian Prudential Regulation Authority, Canberra.

Quarterly MySuper Statistics Dec 2017, Australian Prudential Regulation Authority, Canberra.

ASFA Research and Resource Centre, The Australia Superannuation Industry, 2017, Australian Prudential Regulation Authority, Canberra.

Self-managed Superannuation Funds: A Statistical Overview 2015 – 2016, Australian Taxation Office, Canberra.

Future Fund Board of Guardians, Future Fund Annual Report, 2007 – 17, Australian Government Future Fund, Canberra.

Jun Feng, Paul Gerrans & Gordon Clark. Understanding Superannuation Contribution Decisions: Theory and Evidence, Working Paper, 2014.

熊军：《养老基金投资管理》，经济科学出版社，2014。

路锦非：《严格准入还是审慎监管：中国养老金市场的监管模式选择》，《上海金融》2012 年第 1 期。

B.12
美国养老金资产管理经验借鉴与启示

施嘉芙*

摘　要： 作为三支柱养老金体系建设较成熟的案例，美国养老金体系中第一支柱是政府提供的社会保障收入，第二支柱是雇主发起的养老金计划，第三支柱是个人储蓄和投资计划，美国三支柱养老金体系发展均衡，为国民提供了较为充足、可持续的养老待遇保障。其中美国第一支柱养老金制度资金来自雇员及其雇主缴纳的工资税，其资产主要投资于特殊发行类证券或仅适用于信托基金的证券以及可上市的公开发行类证券，以安全性为主，约可为美国国民提供49.1%的养老金替代水平；第二支柱养老金主要指雇主发起的自愿性私人养老金计划，用以补充政府提供的社会保障收入，在匹配缴费的激励以及自动加入和自动提高等机制的影响下，美国第二支柱养老金发展迅速，通过严格的投资运作流程和多元化的投资工具实现了良好的投资收益；第三支柱养老金则是通过税收优惠激励的个人储蓄和投资计划，还包括第二支柱转移过来的资产，其资产管理接近于401（k）计划的投资结构，也为美国国民养老金待遇提升提供了重要保障。中国也应通过发展第二、三支柱养老金制度，平衡政府、雇主和个人责任，以实现一个覆盖面广、充足、可持续的养老金体系。

关键词： 美国养老金体系　401（k）　个人储蓄和投资计划

---

* 施嘉芙（Renee Schaaf），全球养老金和资产管理公司信安金融集团高级副总裁兼信安国际首席运营官，负责全球养老金和长期储蓄业务，MBA。

政府能否为养老金改革提供积极的环境，这一点所受到的政治审查历来超过了大部分其他公共政策。如今，不少国家面临着人口寿命延长、工作性质变化以及老龄人口中不平等差距扩大等现状，很多政府都背负着长期养老金改革的压力。在国家应对养老金改革挑战之际，应牢记最有价值的经验通常源于对全球养老金制度设计的理解。尽管没有单一的制度或方法能提供完美解决方案，但在美国不断发展的制度中有很多可借鉴之处，而截至 2017 年底，美国退休金总资产约达 27.9 万亿美元。①

一　美国养老金体系构成和制度设计

美国养老金制度由三大支柱构成：第一支柱是政府提供的社会保障收入，第二支柱是雇主发起的养老金计划，第三支柱是个人储蓄和投资计划，它们定义了美国养老金制度的"三脚凳"。美国多支柱制度特征在于其是一种税务支持的社会保障养老金制度，同时向雇员提供有力激励，鼓励他们通过雇主发起的工作场所养老计划和个人退休账户来自行储蓄。自 1935 年建立第一支柱以来，美国制度已成为养老金计划设计的一个范本。

（一）美国第一支柱养老金制度概况和挑战

1. 美国第一支柱养老金制度概况

1935 年，在罗斯福总统"新政"的推动下，美国建立了养老金制度的第一支柱，资金来自雇员及其雇主缴纳的工资税。截至 2018 年 1 月 4 日，针对雇主和雇员的社会保障税率各为 6.2%②，或合计为 12.4%，工资基数上限是 128400 美元。缴纳到社会保障信托基金中的资金，由美国政府和联邦储备委员会一起管理，并支付给约 6900 万个人。

美国第一支柱社会保障具体包括三个计划：老年和遗属保险（Old-Age and Survivors Insurance，OASI）、伤残保险（Disability Insurance，DI）和补充

① 美国投资公司协会、联邦储备委员会、劳工部、政府确立型缴费管理者协会、美国人寿保险公司协会和美国国家税务局收入统计部。总退休资产包括：缴费确定型计划、私营部门待遇确定型计划、政府待遇确定型计划、个人退休账户和年金准备金。

② www.irs.gov.

性保障收入（Supplemental Security Income，SSI）。在这三个计划中，建立于1935年的老年和遗属保险旨在向合格劳动者及其家庭成员提供退休和遗属福利，是与养老计划最相关的设计。然而，在考察该支柱的可持续性时发现，很多人将OASI和DI结合起来，以获得一笔合并的“OASDI”——老年、遗属和伤残信托基金储备金。

在2017财年，OASDI信托基金总收入（含利息）为9970亿美元，其中包括净工资税8740亿美元、福利税380亿美元外加850亿美元利息。同年，信托基金储备资产按有效年利率3%赚取利息，而该利率自1984年11.6%的水平一直逐年稳步下降。[①] 同年，OASDI信托基金总支出逾9520亿美元，其中，9410亿美元为社会保障福利，支付给约6200万名受益人。2017年当年收支盈余为450亿美元。

2. 美国第一支柱养老金制度面临的挑战

尽管2017年资产盈余，但在人口老龄化程度不断加深之际，美国第一支柱社会保障正变得不堪重负。2017年，其资产增加1.6%，负债增加1.8%。负债增长是由于OASI受益人数增长了2.3%，向退休者和遗属支付的福利随之增加。

考察总的OASI信托基金准备金（含利息收入）后发现，信托基金资产2017全年仍高于负债，这意味着信托基金资产将继续增长。但从2018年起，费用将超过总收入，且自此储备金稳步下降，直至2034年枯竭。考察OASI和DI合并基金准备金后发现，因现行法律对各计划的定期应付福利有所规定，储备金枯竭时间不同，DI于2032年枯竭，OASI于2034年枯竭，OASDI信托基金于2034年耗尽，而且到2091年，收入将降至计划费用的79%（见图1）。

美国总的养老金替代率为87.7%，其中49.1%来自第一支柱，38.6%来自第二支柱。[②] 第一支柱维持着49.1%的净替代率，这是美国退休制度的

---

① 联邦老年和遗属保险及联邦伤残保险信托基金受托人委员会2018年度报告（*The 2018 Annual Report of The Board of Trustees of The Federal Old-Age and Survivors Insurance and Federal Disability Insurance Trust Funds*）。

② 经合组织，《2017年养老金概况，经合组织和20国集团指标》，https：//doi.org/10.1787/pension_ glance－2017－en。

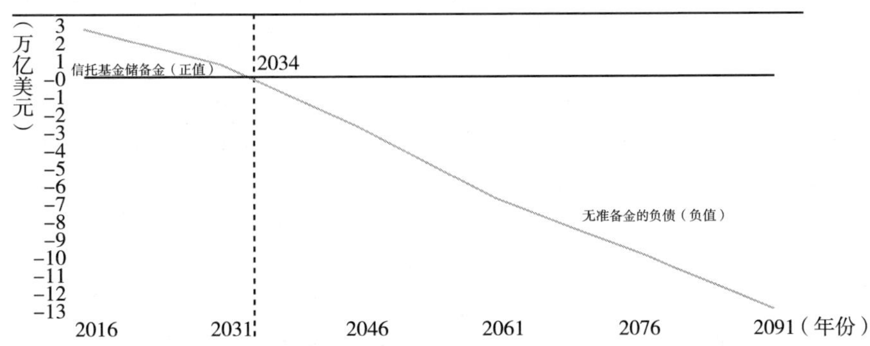

图1　老年和遗属保险信托基金（OASDI）储备金耗尽走势

资料来源：联邦老年和遗属保险及联邦伤残保险信托基金受托人委员会《2017年年底报告》。

基础，是退休者收入的最大构成部分，对低工资收入者而言尤为如此。如前所述，让OASI制度维持下去压力倍增的原因，在于人口老龄化不断加深的背景下OASI受益人数的增多。据预测到2050年，每百人中65岁及以上年龄人数将从25人增至40人。① 除了本已吃紧的体系之外，OASI受益人增加15%，伴以下降的出生率，直接威胁到目前第一支柱提供的49.1%的净替代率。

可持续的社会保障计划需要提高社会保障工资税，减少给付（可包括上调退休年龄），或两者相结合。例如，如果工资税立即提高2.84%，雇员雇主各承担1.42%，政府即能向达到退休年龄的个人支付目前福利组合，至少能持续到2091年。② 养老金体系的财务可持续性也可通过上调合格退休年龄（目前获得全额给付需达到67岁）或提高高龄劳动者的就业率来解决。任何一种方式都有助于增加缴费期，同时缩短福利支付期。

尽管提高退休年龄可以延长缴费期，减少福利支付期，对于改善第一支柱充足性而言是个双赢，但从政治角度看，这一解决方案通常不受欢迎。因此，顺应人口趋势，更可行的选择可能是提高高龄劳动者就业率。与其他国家相

① 美国计划赞助委员会（PSCA）第60次利润分享和401（k）计划年度调查（PSCA's 60th Annual Survey of Profit Sharing and 401（k）plans）。

② www. irs. gov.

比，美国高龄劳动者就业率本就整体偏高。而过去的16年中，美国55～64岁人口的就业率已从58%升至62%。[①] 随着政府、雇主和养老金提供者寻求提高老龄人口就业率，灵活退休的理念变得愈加重要。鉴于提供灵活时间安排的雇主不到40%，且近1/3的老龄劳动者认为自己属于被迫退休，养老金改革相关讨论便有契机重启，以便在其中纳入提升老龄劳动者就业率的规定。在长寿趋势、工作轨迹更加多元化以及自主需求提升的背景下，这种讨论变得日益重要。

（二）美国第二支柱养老金制度概况和经验

1. 美国第二支柱养老金制度概况

美国的第二支柱养老金主要指雇主发起的自愿性私人养老金计划，用以补充政府提供的社会保障收入，目前占美国87.7%的养老金净替代率中的38.6%。它由两种主要计划类型组成，即待遇确定型计划和缴费确定型计划。待遇确定型计划被普遍称为传统养老金计划，雇主基于雇员工作年限和工资缴费，雇员退休后，这些计划向其给付固定或确定的待遇，所有投资决策由待遇确定型计划发起人处理，这些计划对所承诺的债务比较敏感，截至2017年底约有3.6万亿美元无资金积累的负债，随着时间的推移，这类计划已经遇冷。[②]

作为替代，缴费确定型计划出现增长势头。缴费确定型计划由雇员或者雇主和雇员一起向退休计划缴纳确定金额。该计划的结构使每名雇员得以评估自身情况，从而决定满足自身目标替代率的适宜储蓄率。

截至2017年底，雇主发起的自愿性私人养老金计划向美国退休资产缴费细分如下：7.7万亿美元来自缴费确定型计划，4.3万亿美元来自州和地方政府待遇确定型计划，3.1万亿美元来自私人部门待遇确定型计划，1.7万亿美

---

① 美国计划赞助委员会（PSCA）第60次利润分享和401（k）计划年度调查（PSCA's 60th Annual Survey of Profit Sharing and 401（k）plans）。

② Investment Company Institute, Federal Reserve Board, Department of Labor, *National Association of Government Defined Contribution Administrators, American Council of Life Insurers, and Internal Revenue Service Statistics of Income Division*，其中退休总资产包括：缴费确定型计划，私营机构待遇确定型计划，政府待遇确定型计划，个人退休账户和年金储备。

元来自联邦政府计划。[①] 总体来看，美国待遇确定型计划自 1986 年以来大多在逐年下降，缴费确定型计划则呈现上升的趋势，如图 2 所示。

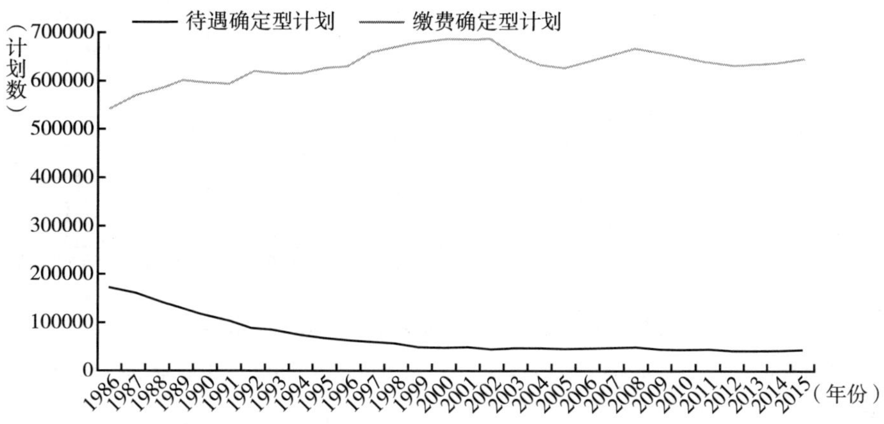

图 2　待遇确定型计划下降，而缴费确定型计划增长

资料来源：United States Department of Labor, Employee Benefits Security Administration, *Private Pension Plan Bulletin Historical Tables and Graphs*, 1975 - 2015。

缴费确定型计划的增加带来一个明显的好处，即计划福利的灵活性，这已成为雇主的一项竞争优势。如今缴费确定型计划被视为吸引并留住有才能雇员的一种工具，因此成为美国劳动市场上的“必备品”，70% 以上拥有 250 名及以上数量雇员的公司提供缴费确定型计划[②]，该比例随雇员人数增加而增加，在拥有逾 1000 名雇员的公司中，该比例达 95%，如图 3 所示。在选择不提供缴费确定型计划的雇主中，所列原因包括信托责任和与计划管理相关的负担。但数据显示，大量公司正意识到，吸引并留住人才以及对公司和企业主的税收利益远超过潜在缺陷。

截至 2017 年 3 月，70% 的美国劳动者都享有雇主发起的计划，其中 54%

① Investment Company Institute, Federal Reserve Board, Department of Labor, *National Association of Government Defined Contribution Administrators*, *American Council of Life Insurers*, *and Internal Revenue Service Statistics of Income Division*，退休总资产包括：缴费确定型计划，私营机构待遇确定型计划，政府待遇确定型计划，个人退休账户和年金储备。

② U. S. Census Bureau, *Statistics of U. S. Businesses*, 2013。

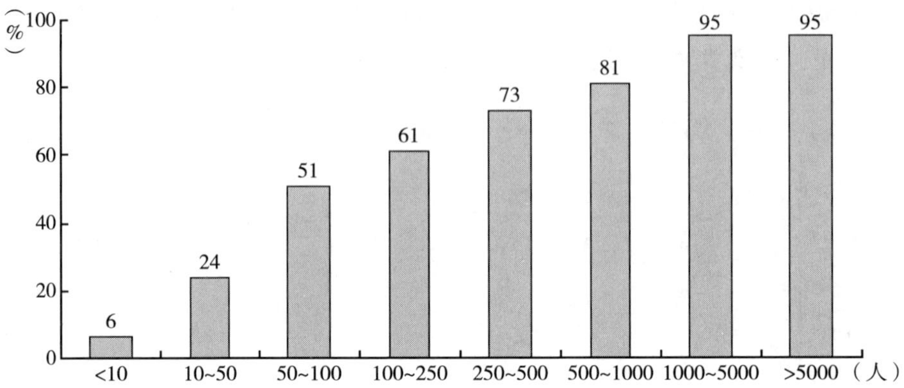

图3　雇主发起的自愿性缴费确定型计划是“必备品”

资料来源：U. S. Census Bureau, *Statistics of U. S. Businesses*, 2013, RRI projections to 2015。

的人完成了缴费，这一比例多年来保持稳定。[①] 尽管70%代表相当大一部分美国劳动人口，但30%的缺口仍然凸显了第二支柱的不足。目前，只有正式受雇（通常是全职，且受雇于大雇主）的国民劳动者可获得雇主发起的福利。对于正式受雇于不足250名雇员的公司的人来说，仅有勉强超过60%的人能够享有计划。调查中，91%的小企业（雇员人数在25~99人）将成本和复杂性列为不提供计划的原因，[②] 这表明，针对目前存在401（k）计划启动费的小企业，迫切需要加强税收减免退还，以作为鼓励更多小企业设立计划的一种方式。再次反观第一支柱仅为“每位”劳动者提供49.1%的替代收入这一事实时，这一需求愈加凸显，从此角度而言，无论雇主规模大小，一般劳动者和高收入劳动者对于获取雇主发起的计划的需求都在增加。

就充足性来说，第二支柱另一饱受争议的限制是雇员可从其工资中向401（k）计划递延的最高金额，2018年的上限是18500美元。随着劳动力变化趋势，特别是非标准工作和自雇者人数的增加，外加高工资收入者的另类投资选项需求，美国养老金体系第三支柱的重要性和资产也不断增加。

① Bureau of Labor Statistics, *Employee Benefits Survey*, Retirement Benefits, March 2017.

② Investment News, *Tax Incentives Would Boost Small-business Retirement Plans*: *LPL Study*, July 2017.

2. 美国第二支柱养老金制度的发展经验

就净替代率而言，OECD 预测，如果劳动者在整个职业生涯中向私人养老金计划缴费 9%，目前 49.1% 的净替代率可提高到 87%。尽管这一统计数字令人鼓舞，但我们还需要仔细审视。首先，其假设连续工作 47 年，而人们工作喜好不断变化且灵活，连续工作 47 年非常少见。其次，其假设缴费率为 9%，而数据显示一般 401（k）计划参加者储蓄额仅为工资的 6.1% ~7.0%。由于工作性质和轨迹变化，加之目前缴费率，在讨论对自愿性私人养老金计划缴费时，注重逐步提高比例可能比注重大幅度提高比例更实际。

（1）加强匹配缴费的激励。在激烈竞争的时代，在雇主尤其是大公司（95% 提供缴费确定型计划）中，计划发起人承认仅提供缴费确定型计划还不够，他们已经开始加强计划。加强缴费确定型计划以吸引和留住人才的最常见方法是增加雇主配套福利。2011 年，雇主平均缴纳雇员工资的 2.5%，而截至 2016 年底，这一数字已经提升到 4.6%。同时，最常见的雇主匹配缴费方式是，对前 6% 的缴费采取每 1 美元配套缴纳 0.5 美元，占全部计划的 41.3%，按每个工资结算期匹配缴费；还有一种是每 1 美元匹配缴费 1 美元，占全部计划的 31.8%。[①]

（2）自动加入和自动提高。缴费确定型计划具有自愿性，本身也该由个人为自身的退休负更多责任。有一个被验证能够提高雇员参加率的方法是，预先设定一个从工资扣除的比例，将雇员自动加入雇主发起的计划中。自动加入作为一个改善退休结果的关键策略，广为人知。事实上，该方法已被证明能将参与率提高 23.5%。[②] 此外，自动提高功能又增加了雇员向缴费确定型计划中递延工资的金额，最常见的是每年提高 1%。

（3）理财素养。缴费后，参加者必须做出投资决策。为了做出恰当的投资选择，雇主、政府和长期储蓄提供者必须倾注于能帮参加者实现最高收益的方案。这意味着投资选择要多元化，至少应包括境内和境外投资选择，匹配风险容忍度的各种投资工具以及基于预期退休日期而让参加者实现投资目

---

① 美国计划赞助委员会（PSCA）第 60 次利润分享和 401（k）计划年度调查（PSCA's 60th Annual Survey of Profit Sharing and 401（k）plans）。

② *Internal Revenue Service*, January 2018.

标的选择。此外，鉴于多数缴费确定型计划由参加者主导，94.8%的配置决策由参加者做出，参加者应具备适宜的资源、信息和选择，从而有望达成目标替代率。

（三）美国第三支柱养老金制度概况

美国第三支柱养老金制度指的是个人储蓄和投资计划。对于没有获得雇主发起类计划或需要补充其退休收入的个人，个人储蓄和投资在实现退休保障方面发挥了重要作用。这一个人储蓄支柱中最常见的工具可以分成两类：税优工具和非税优工具。

1. 税优工具

在税优工具中，个人可以选择在年金、现金价值人寿保险和个人退休账户（IRAs）等工具中储蓄额外资金。提供的税收利益为非正式就业劳动者提供了激励，为他们自己的退休承担责任，同时也为高工资收入者在第二支柱中递延限额之外的缴费提供了一种方式。

个人退休账户（Individual Retirement Accounts，IRAs）是一种重要的税优工具，经过几十年的发展，已成长为美国养老金体系的最大支柱，其诞生和发展顺应了美国劳动力市场变化和经济结构转型的大趋势，扩大了美国养老储蓄计划的覆盖面，降低了政府养老负担，有力地推动了美国资本市场发展，提高了劳动力市场的弹性，提升了美国经济的竞争力。IRAs有三种主要形式。

（1）传统型个人退休账户（Traditional IRAs）。传统型是个人退休账户中最主要的类型。1974年，美国国会颁布《雇员退休收入保障法案》，首次提出了IRAs概念，一则鼓励没有被雇主养老金计划覆盖的雇员通过私人金融机构建立税收递延的退休储蓄账户；二则准许退休人员和变换工作的雇员把其以前积累的雇主养老金计划资产转存至该账户，以便于继续积累退休储蓄资产。

在传统型IRAs中，个人可以依据收入情况，决定存入此账户的缴费全部或部分在当前应税收入中予以扣除，缴费金额和投资收益可延期缴税。由于雇员退休时的税率等级较低，传统型IRAs享有延迟纳税和低税率的双重优惠。传统型IRAs可由个人单独设立，也可由企业代为设立，但必须由个人委托符合条件的第三方金融机构管理账户。

个人可以随时取出账户中的缴费，但需要注意的是，最佳提取时期在59岁半与70岁半之间。倘若在59岁半之前提取，要为提前提取额外缴纳10%的税金，而若在70岁半之后提取，则需要额外缴纳高达50%的税金。

（2）雇主发起型个人退休账户（Employer-sponsored IRAs）。小企业常常不愿意提供雇主养老金计划：一是企业盈利不确定或太低；二是发起、管理费用较高，监管规则较为复杂。为鼓励小企业为雇员提供退休养老金计划，1978年美国国会通过《税收法案》，提出一种简化的个人退休账户，适用于任何规模的企业，但更有利于小企业。1996年《小企业工作保护法案》创建的"储蓄激励匹配计划"是专门针对不足100个雇员的小企业而设立的个人退休账户。对于雇主发起的IRAs，雇主必须进行匹配缴费且缴费立即属于雇员所有，不附带任何条件和时间表。此举简化了监管程序，降低了退休账户的管理成本。

雇主发起型IRAs包括三类，一是Simplified Employee Pension，简称SEP IRAs，仅由雇主缴费，缴费上限取自雇员薪酬的25%和5.5万美金孰低；二是Salary Reduction Simplified Employee Pension Plan，简称SAR-SEP IRAs，此类个人账户为SEP IRAs的一种，雇员可以选择让雇主将缴费缴入个人养老账户或是设立在雇主SAR-SEP名下的年金账户，但在1996年之后不再新设；三是Saving Incentive Match Plan for Employees，即SIMPLE IRAs，与SEP IRAs仅由雇主缴费不同的是，SIMPLE IRAs还允许雇员自己缴费，其中雇主缴费的上限或是雇员薪酬的3%，或是人人均等的2%；而雇员缴费上限则是1.25万美金(50岁以上为1.55万美金)。

（3）罗斯型个人退休账户（Roth IRAs)。1997年《税赋缓解法案》创立了罗斯IRAs，以税后收入缴费，但投资收益在取现时免税。纳税人收入必须低于一定的限额才能建立罗斯型IRAs，年度缴费限额与传统型IRAs账户一致。同时，罗斯型IRAs对年龄超过50岁的参与者建立了"追缴机制"，但是在年龄超过70.5岁之后还可继续缴费。其他类型IRAs持有人在满足一定的条件下，可将其账户的部分或全部资产转移至罗斯型IRAs，转存额一般按照当前收入进行缴税。罗斯型IRAs一经推出就获得巨大成功，在其实施的第一年(1998年)，年度缴费总额达到了86亿美元，当年传统型IRAs拥有者向罗斯型 IRAs 账户转移了 393 亿美元资产。

与传统型 IRAs 相比，罗斯型 IRAs 更加灵活，一方面是可以提前支取已缴金额，并无需缴纳惩罚性的税金（但 59 岁半之前提取账户中的投资收益时，则大多时候需要缴纳 10% 税金），另一方面则是没有 70 岁半的年龄上限，人们在退休后依旧可以继续向账户中缴费，享受税优待遇。

截至 2017 年底，美国近 4400 万家庭拥有私人养老金，其中 27.8% 选择传统型 IRAs，19.7% 选择罗斯型 IRAs，13.9% 同时拥有传统型 IRAs 和罗斯型 IRAs，而雇主发起型 IRAs 占比为 6%。

2. 非税优工具

除了这些选择，银行账户和证券也可以作为非税优个人储蓄和投资的方式。图 4 显示了截至 2017 年第三季度第三支柱资产的分配，个人退休账户持有全部税优资产中的多数，股票和债券占据多数非税优资产。

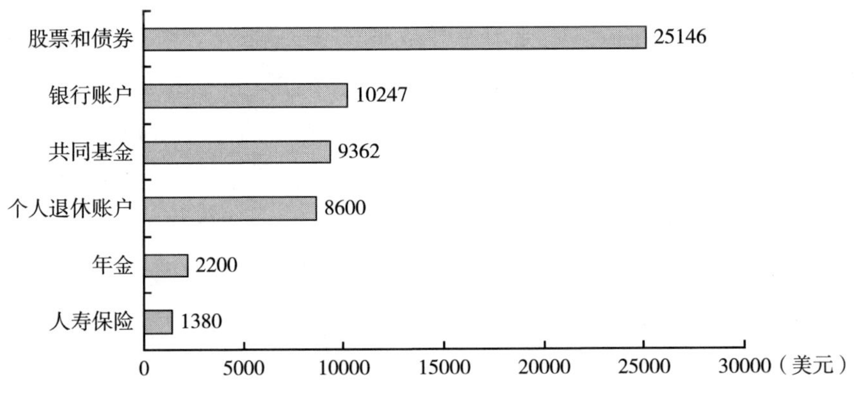

图 4　第三支柱资产按规模大小排序

二　美国养老金资产管理

（一）美国第一支柱养老金资产管理

OASDI 信托基金由美国财政部管理。自该计划起步以来，信托基金持有的所有证券均由美国联邦政府发行。证券分两大类：特殊发行类证券，即仅提供给信托基金的证券和可上市交易的公开发行类证券，2016 年底至 2018 年的 OASDI 信托基金资产投资情况如表 1 所示。

表 1　OASDI 信托基金资产投资情况（2016 年末至 2018 年）

单位：千美元

年份	所投金额			
	总计	特殊发行类证券		公开发行类证券
		债券	公债	
2016	2847886510	2789066198	58820312	0
2017	2891991968	2828799728	63192240	0

注：所显示的到期年份为加权平均年份。

（二）美国第二支柱养老金资产管理

1. 美国第二支柱养老金资产积累情况

在美国缴费确定型养老金计划中，401（k）计划是最常见的类别。截至 2017 年底，已近 5.3 万亿美元，在整个 7.7 万亿美元缴费确定型计划市场中，占比 69%。2017 年 401（k）计划前十大计划供应商（按计划资产管理规模排名）如表 2 所示。

表 2　2017 年 401（k）计划重要供应商一览（按资产计）

单位：百万美元

供应商	缴费确定型计划总资产
Fidelity Investments	1629337
TIAA	465184
Vanguard	443874
Empower Retirement	443114
Voya Financial	312783
Prudential Financial, Inc.	262802
Wells Fargo	227800
Transamerica	206780
Conduent LLC	195539
Bank of America Merrill Lynch	191635

资料来源：2017 年 PLANSPONSOR 记录管理调查。

2. 美国第二支柱养老金资产投资运作流程和投资工具选择

美国养老金雇主除了要确定资格要求和缴费结构外，还需选择对参与者而言可行的投资选项。因此，建议雇主备有投资政策指南，就某特定计划内向雇员提供的投资产品的选择、监测和适当性加以指导。这些指导方针应能体现1974年为保护参与者利益而设计制定的《雇员退休收入保障法》中的行为准则。鉴于与计划设计相关的受托风险，许多雇主会与财务顾问和第三方计划供应商（常为金融服务公司）合作来提供投资选项，降低专业知识有限所带来的风险。在美国，这种合作模式很常见，是第二支柱模式的根基。这种合作模式下，发起计划的雇主会针对不同计划供应商设置相应的投资程序。

2016年，一半以上的401（k）计划，即近2.6万亿美元投资于共同基金。目前这个数字已近3.5万亿美元。位列其后的投向是集合投资信托基金（CITs），集合投资信托基金因成本优势而渐受欢迎，2016年约为9690亿美元，占401（k）计划资产的20%。截至2016年底，共同基金和集合投资信托加起来占401（k）计划总资产的74%以上，如图5所示。截至目前，共同基金凭借其多元化、专业化和流动性的优势，仍然主导401（k）市场，吸引着广大投资者。

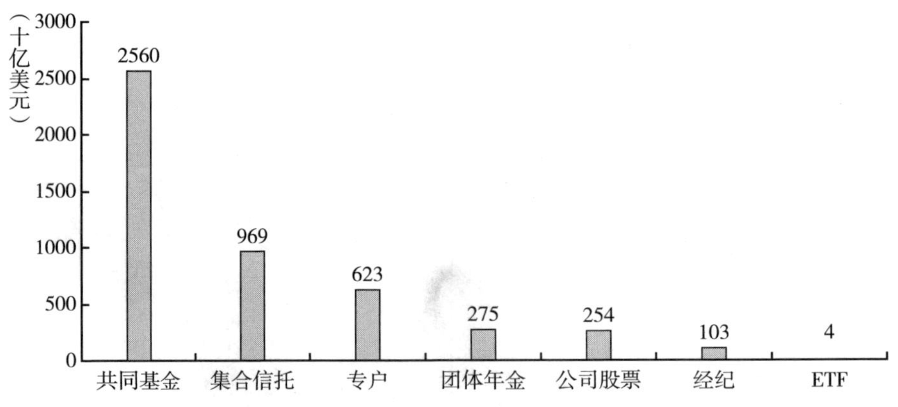

图5　401（k）资产的投资结构（2016年）

共同基金包括三大类：股票、固定收益和货币市场基金。每个计划供应商提供的基金数量可能有所不同，但会涵盖这三类常见产品。关键是投资基金都有各自的投资目标、管理风格、风险水平和费用——所有这些要素皆由基金经理来确定。

截至 2017 年底，所有计划提供的投资基金平均数量为 19 只，该数量自 2011 年以来保持稳定,① 401（k）计划提供的投资基金类型所占百分比如表 3 所示。

表 3　401（k）计划提供的投资基金类型及在不同规模企业中的比例

单位：%

企业规模	1 ~49 人	50 ~ 199 人	200 ~ 999 人	1000 ~ 4999 人	5000 人以上	全部计划
股票 - 指数化,国内	80.4	89.5	87.8	85.2	93.1	87.3
股票 - 主动管理,国内	82.6	81.6	85.7	92.6	82.8	85.3
股票 - 主动管理,国际/全球	73.9	81.6	89.8	87.0	84.5	83.7
债券 - 主动管理,国内	65.2	78.9	87.8	85.2	75.9	78.8
目标退休日期/生命周期基金	54.3	71.1	67.3	88.9	79.3	73.1
稳定价值基金	47.8	57.9	69.4	77.8	77.6	67.3
股票 - 指数化,国际/全球	47.8	39.5	40.8	46.3	58.6	47.3
债券 - 指数化,国内	32.6	36.8	42.9	51.9	60.3	46.1
平衡基金/资产配置	47.8	55.3	49.0	35.2	43.1	45.3
新兴市场	39.1	60.5	61.2	37.0	34.5	45.3
现金等价物(存单/货币市场)	41.3	50.0	44.9	50.0	36.2	44.1
房地产基金	50.0	50.0	40.8	33.3	19.0	37.1
抗通胀美国国债	26.1	36.8	32.7	27.8	32.8	31.0
债券,国际	28.3	28.9	34.7	22.2	12.1	24.5
自行管理的经纪窗口	19.6	21.1	16.3	25.9	36.2	24.5
公司股票	0.0	5.3	6.1	22.2	48.3	18.4
板块基金(房地产除外)	26.1	18.4	20.4	14.8	3.4	15.9
其他	8.7	13.2	10.2	13.0	15.5	12.2
目标风险/生命周期基金	8.7	15.8	8.2	7.4	6.9	9.0
另类资产类别	8.7	5.3	12.2	9.3	5.2	8.2
ESG(社会责任)	0.0	2.6	2.0	1.9	5.2	2.4

资料来源：PSCA’s 60th Annual Survey of Profit Sharing and 401（k）plans。

① PSCA’s 60th Annual Survey of Profit Sharing and 401（k）plans.

具体而言，美国3.5万亿美元的401（k）资产配置情况如图6所示，可看出，大部分资产投资于股票，其中43.7%为国内股票，16.3%为全球股票，其次为混合类占27.3%，债券占10.2%，货币市场占2.5%。

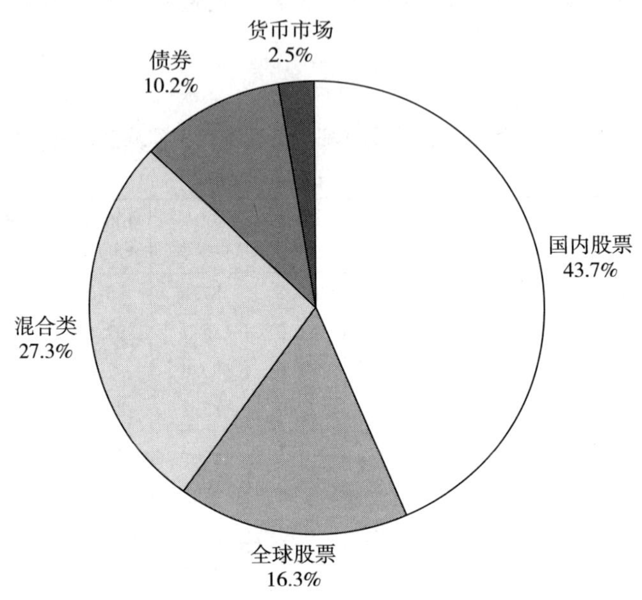

图6　401（k）共同基金资产配置（截至2017年底）

股票占比突出，凸显与缴费确定型计划相关各风险类型间的重要区别。如前所述，与养老金计划设计相关的受托风险，包括提供适宜的投资选项，是雇主即计划发起人的责任所在，但单个计划中的风险管理属于参与者的责任。

参与者可通过资产配置法减轻风险，即根据年龄、风险承受度以及他们是否有其他退休资产，在三大资产类别（股票、固定收益和现金/现金等价物）间配置投资。资产配置策略通常分三类：积型型、稳健型或保守型。积极型配置策略特点在于高风险容忍度，该类型的参与者主要投资于股票和股票基金。稳健型配置策略属于平衡法，通常40%～60%的资产投资于股票，其余投资于固定收益工具。而保守法强调资本保全，因此现金/现金等价物的权重很大。

一旦参与者决定投资某资产类别，就必须决定投资该资产类别内的何种基金。与资产配置策略不同，基金多元化的最佳方法没有相关守则，相反，关键在于识别出能代表市场细分的基金。这可通过对行业、公司规模、国内与国际的多样化来加以实现，或选择指数基金，指数基金因将所含基金合并而具有内在多样性。而就提供合适投资的计划发起人来说，拥有各类基金很重要，因为它为参与者提供了一个多样化投资机会，经证明，这可降低风险并增加生成有利回报的可能性。

3. 美国第二支柱养老金资产投资收益情况

关于特定资产类别的回报率，表 4 给出了相较于基准的 12 个月、3 年、5 年、10 年和 20 年期的一般板块回报率。表 4 基准为权益投资的共同基准“标普 500”和固定收益投资的共同基准“彭博巴克莱综合国库指数”。此外，利用通胀率来对比板块收益与整体经济。就表 4 来说，重点在于，“平均（板块）投资者”跑输不一定反映基金本身业绩不佳，而是反映出投资者行为，多数人投资基于情绪，这样不能做出明智的长期投资决策。

表 4　一般板块回报率对比

单位：%

期限	一般股票基金投资者	一般固定收益基金投资者	一般资产配置基金投资者	通胀率	标普 500	彭博巴克莱综合国库指数
20 年期	5. 29	0. 44	2. 58	2. 15	7. 20	4. 6
10 年期	4. 88	0. 48	2. 52	1. 64	8. 50	3. 31
5 年期	10. 93	-0. 40	5. 41	1. 48	15. 79	1. 27
3 年期	8. 12	-0. 05	3. 85	1. 71	11. 41	1. 40
12 个月	20. 64	1. 52	10. 08	2. 11	21. 83	2. 31

注：回报率数据截至 2017 年 12 月 31 日。

资料来源：*Quantitative Analysis of Investor Behavior*, 2018. DALBAR, Incorporated. Rate of return data as of 31 December 2018。

401（k）计划中高比例的共同基金可追溯至 2006 年《养老金保障法》（PPA），该法律由国会制定，旨在解决对养老金负债加以担保的资产愈加不足的问题。但是，对于计划发起人和个人，也许最主要的立法是自动计划设计特征。由于参加者通常不具备做出合理投资决策所需知识，这些特征旨在鼓励参与者获得更好的退休收入，同时为遵循法律规则的计划发起人建立了安全港。结果就是，这些计划特征依循了惰性的力量以及安全带行为经济学，从而提高了替代率。自动性集中于三个主要领域：自动加入、自动配置和自动增加递延，鼓励计划发起人以帮助参加者什么也不用做的自助方式设计401（k）计划。由于雇主发起的缴费确定型计划，特别是401（k）计划已经成为个人退休储蓄的主要来源，变更这些法规对计划设计有显著影响。

案例：目标日期基金的增长：余额、优势和易于使用

自动加入是建立一种合格自动缴费安排，被称为QACA（Qualified Automatic Contribution Arrangement），会自动纳入没有主动参加的合格雇员，并采用雇主制定的预先确定的递延比率。为了符合劳工部的规定，这些安排必须遵循特殊规则，包括提供合格默认投资选项（Qualified Default Investment Alternative，QDIA）应对自动配置。

合格默认投资选项是在雇员未能做出投资选择的情况下自动加入的投资工具。在2006年的《养老金保障法》之前，这些雇员通常被加入“安全的”投资工具，例如稳定价值基金，这有助于降低风险，但是对达成足够的收入替代率来说帮助不大。因为《养老金保障法》旨在让参加者获得更好的退休结果，且了解到多数个人不具备投资专门知识，合格默认投资选项需要将足够收入替代率之需求与参加者对于自行管理其配置决策信心不足加以平衡。

找到平衡的一种方法是目标日期基金（TDFs）。目标日期基金旨在通过预先确定的资产配置组合，令资产随时间推移而增长。恰如其名，这些基金针对一个目标日期进行管理，不论是退休年龄（全部计划的47.7%）或退休后（全部计划的52.3%）。这些基金的吸引力在于它们的设计，即通过某种资产配置策略在通往退休的过程中及退休后以一种能推动足够的收入替代率的方式为参加者提供指导，同时基本无须参加者主动参与。

尽管目标日期基金流行于缴费确定型计划是受到自动加入特征这一内在行为经济学的支持，但是它们不同寻常的增长也归因于其为计划发起人和参加者提供极具吸引力的优势，特别是涉及《养老金保障法》中的安全港规定。对于计划发起人来说，如果符合劳工部的法规，目标日期基金有助于降低与信托责任相关的某些风险，降低对于参加者可能不具备做出投资决策所需知识水平或理解能力的担心，并且潜在地增强401（k）福利提供足够退休收入的能力。至于对于参加者的益处，合格默认投资选项把可能让人感觉不知所措的决策自

动化，让参加者什么都不用做即可选择不参与主动投资流程，并且帮助确保他们的缴费针对长期退休储蓄目标进行投资。

《养老金保障法》建立在行为经济学的基础上，外加期望降低计划发起人的信托风险，由此激励公司把目标日期基金作为默认投资，反过来又增加了需求，打造了共同基金系列将目标日期基金加入其平台中这一激励措施。事实上，2006～2009 年，目标日期基金资产增长超过一倍，提供目标日期基金的共同基金数量从 27 只猛增到 44 只。更近的统计数据显示，截至 2016 年底，所有计划中，有 69.1% 使用合格默认投资选项，最常见形式为目标日期基金，占比 77.5%。其他合格默认投资选择工具包括平衡基金占 10.7%，专业管理账户占 7.9%，稳定价值基金占 3.8%。

资料来源：Bureau of Labor Statistics，*Employee Benefits Survey*，*Retirement Benefits*，March 2017；PSCA's 60th Annual Survey of Profit Sharing and 401（k）plans。

4. 美国第二支柱养老金资产投资监管方式

当下美国体系中，养老金计划接受来自多方主体的监管。养老金计划及投资产品，还有这些投资产品的分销商均受各种政府实体的各种法规的约束。这些监管主体和监管法规通过履行受托责任来化解私人养老金计划的资产被不当管理和滥用这一担忧。

在美国，支配雇员福利计划的结构、管理和运行的主要法律依据是 1974 年《雇员退休收入保障法》（ERISA）和《国内税收法典》（IRC）。劳工部（DOL）负责管理和执行《雇员退休收入保障法》，而国内税务局（IRS）负责管理和执行《国内税收法典》。除了这些主要的联邦法律，为这些计划提供投资产品的公司也受各自的监管机构监管，包括州保险监管部、证券交易委员会（SEC）、通货监理署（OCC）等。

从受托责任角度考察第二支柱时，有必要从税收待遇开始分析。待遇确定型计划和缴费确定型计划均享有税收优惠，这意味着所有缴费都享有税收递延，雇员无须为计划内的收入、股息或资本利得纳税，直至其开始提款。在美国，所有税优养老金计划必须是完全积累型的，对于这些计划如何进行资金积累、如何及持有何种计划资产，均有相关规则。

为了被视为能享有税收优惠，养老金计划所必须满足的条件在《国内税收法典》中列出，由国内税务局进行管理、执行并解释。养老金计划必须满足的要求广泛而详细，包括但不限于：

- 参加和福利归属的最低资格标准；
- 禁止取消或降低已获得的福利；
- 为待遇确定型养老金计划筹集资金的最低标准；
- 储蓄的“可携带性”规定，包括转到其他计划或个人退休账户；
- 适用于福利分配选项和参加者选择的要求；
- 对多数提前分配额外征收 10% 的税，并禁止在雇佣关系终止前从待遇确定型计划进行分配；
- 要求 70 岁半之后开始一定额度的最低分配，由此限制通过分配来递延税收直至死亡；
- 限制有利于高收入雇员或某些企业主的可差别对待的详细规则。

违反任何税务优惠要求的计划可能丧失税优地位（潜在触发对雇员立即征税，以及雇主丧失扣除）。执行工具包括国内税务局出于一般税务目的对个人和企业纳税人进行检查（审计），以及对计划发起人进行审计，着重于对计划资格规则的遵守情况。国内税务局所做审计的部分依据在于对代表计划提交的 5500 表格年度报告和计划发起人提交的纳税申报表所做的分析。

养老金计划，即为雇员提供退休收入或导致收入递延直至终止雇佣关系或之后的任何计划、基金或项目，适用 ERISA 法规。除了养老金之外，《国内税收法典》定义的任何税优型利润分红或股票红利计划，如《国内税收法典》所定义，通常被视为 ERISA 意义上的养老金计划，与非税优递延薪酬安排一样。欲适用 ERISA，养老金计划必须由雇主或雇员组织来保持，因此包括待遇确定型计划和缴费确定型计划。

劳工部（DOL）对于解释和执行 ERISA 中不属于税收优惠条件的要求拥有监管管辖权。相反，ERISA 中的规则规定旨在保护加入雇主发起类计划的参加者的利益。因此，ERISA 列出了计划发起人和其他受托人必须满足的行为标准，同时也列出了民事执行规定，用于保护确保要支付给有资格获得的参加者的计划资金。这些要求包括但不限于：

- 对于负责管理计划及其资金的人的更高行为标准；
- 排他利益规则，让计划受托人对计划参加者负有忠诚和谨慎义务，通常在美国法律中被描述为最高标准；

• 在受托人、投资管理人和顾问及其他具体当事方之间分配投资和其他信托责任职责的规定；

• 所有计划资产须以信托或信托同等方式遵循这一要求；

• 遵守计划规定的义务；

• 对于关联交易和自我交易的限制；

• 向联邦政府部门报告相关要求；

• 对参与雇员进行信息披露。

劳工部（DOL）可通过计划审查和调查、提起诉讼或采取行政措施来执行这些要求。ERISA 的民事执行和救济规定，包括调查计划以及提起或参加对计划发起人和计划受托人的诉讼的权力，ERISA 还包括个人参加者提起诉讼以执行这些规定的权利。

（三）美国第三支柱养老金资产管理

1. 美国第三支柱养老金资产积累情况

在第三支柱养老金资产中，特别是税优资产，个人退休账户（IRAs）最为常见，截至 2017 年底，IRAs 占全部退休资产的 60%，达 9.2 万亿美元。①多数个人退休账户资产的累积来自 401（k）的转移，该特征允许雇员在退休时或工作变动期间将雇主发起类计划中的资产转移到传统的个人退休账户，同时保持税收递延的优惠。考虑到转移所占据的主导地位，个人退休账户的投资结构最接近于 401（k）计划的投资结构，个人退休账户中 48% 的资产（约 4.3 万亿美元）被投资于共同基金。② 个人退休账户其余 52% 的资产的分配情况如图 7 所示。目前个人退休账户的缴费上限为每年 5500 美元，对于 50 岁及以上年龄的个人，为每年 6500 美元。

---

① Investment Company Institute, Federal Reserve Board, Department of Labor, *National Association of Government Defined Contribution Administrators*, *American Council of Life Insurers*, *and Internal Revenue Service Statistics of Income Division*，退休总资产包括：缴费确定型计划，私营机构待遇确定型计划，政府待遇确定型计划，个人退休账户和年金储备。

② EBRI and Cerulli Associates.

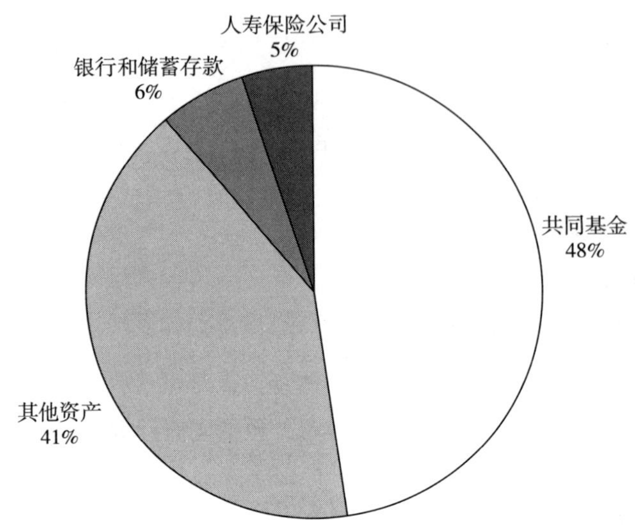

图 7　个人退休账户（IRAs）资产一览
（按类型分，截至 2017 年底）

注：经纪账户持有的证券不包括通过经济账户持有的共同基金资产，这些资产含在共同基金中；银行和储蓄存款包括 Keogh 存款；人寿保险公司个人退休账户资产是个人退休账户持有的年金，不含变额年金共同基金个人退休账户资产，这些资产含在共同基金中。

资料来源：Investment Company Institute，*The U. S. Retirement Market*，Fourth Quarter 2017。

2. 美国第三支柱养老金资产管理监管方式

国会在对美国养老金制度实施受托框架时认识到，由于雇主发起型养老金计划具有非强制性，因此有些个人群体的雇主不会发起该计划。为鼓励个人储蓄而设立了个人退休账户（IRAs），旨在令那些自行储蓄的个人能享受与那些参加雇主发起型计划的雇员相同的税优待遇。与雇主发起型计划的规定相似，美国国税局实施主要监管监督，并列出 IRAs 须满足的条件，以使 IRAs 有资格享有税优待遇，这些条件亦反映出雇主发起型养老金计划的相关条件。

虽然个人退休账户（IRAs）是第三支柱税优资产的最大来源，但政府监管机构对用于养老金计划供资所用投资选项的运营事宜及如何分销这些产品具有管辖权。例如，证券主要由证券交易委员会和州证券部门监管；州保险部门对保险产品的结构和销售有管辖权；同时，银行受美国通货监理署以及州银行监管机构的监管。

实施联邦证券法的主要联邦监管机构是证券交易委员会（SEC）。SEC 为独立的联邦政府机构，于 1934 年由国会创立，是证券市场首家联邦监管机构。SEC 主要职能在于监管证券市场中的组织和个人，包括证券交易所、券商、经销商、投资顾问和各种投资基金。通过既定的证券规章制度，SEC 促进市场信息的披露和共享、公平交易并防范欺诈。它通过全面的电子、数据收集、分析和检索（EDGAR）数据库为投资者提供有价证券申请上市登记表、定期财务报告和其他证券表格。不过，SEC 将其部分权力委托给“自律组织”（SROs），即各类证券业协会。由 SROs 制定并执行交易和经纪业务标准。美国金融业监管局（FINRA）是一家监管券商、分支机构和注册代理人的自律组织。FINRA 监管股票、公司债券、证券期货和期权交易。所有不受其他自律组织监管的证券交易公司必须是 FINRA 的成员公司。作为其监管职责的一部分，FINRA 可定期对其所监管的机构实施监管检查。FIRAR 还授权个人并允许公司进入该行业，制定规则来管理其行为，检查其是否合规，并经 SEC 批准对不遵守联邦证券法和 FINRA 规章的注册代理人和成员公司进行处罚。它还向行业专业人士提供培训和资格考试。

在美国，如果某保险产品被视为有价证券，根据证券法，这些产品的销售也受证券交易委员会和州证券部门的监管，否则，保险产品主要由各州及其保险部门监管。各州都有自己的一套法律、法规和规章来管理在本州有登记地址的保险公司的组织和许可事宜，并监督那些寻求在该州获得销售许可或资格的人士。此外，州保险部门监督保险公司的运营。一般来说，保险合同，如年金合同及修订必须向合同销售地所在州备案并经该州批准。保险代理人和经纪人的销售事宜由各州监管，这些个人必须获得许可，以在他们经营地所在州销售各种保险产品。

最后，银行和银行产品受美国通货监理署和州银行监管机构的监督。向客户提供理财建议的银行雇员可能受联邦和州级保险机构和/或联邦和州级证券机构监管，视他们所推荐的产品而定。美国联邦存款保险公司保护消费者的资金，这些资金置于投保的银行和储蓄协会，用于投资特定类别产品。该保险涵盖投资的本金和利息。

三　美国养老金资产管理趋势及对中国的启示

（一）美国养老金资产管理趋势

1974 年时，退休收入主要来源中，42% 由政府即社会保障提供，其次是自愿性养老金计划和退休工资，各占 22%，其余 14% 由待遇确定型计划提供。2030 年时，预计美国退休收入来源情况发生显著变化。社会保障将仅占退休收入的 19%，而待遇确定型计划将仅占 5%。同时，自愿性养老金计划资产占比将增至 36%，退休后工作获得的工资将占退休收入的 40%，如图 8 所示。此转变证明，面对社会保障制度压力吃紧以及待遇确定型计划下降，“新的个人责任时代”正在到来。

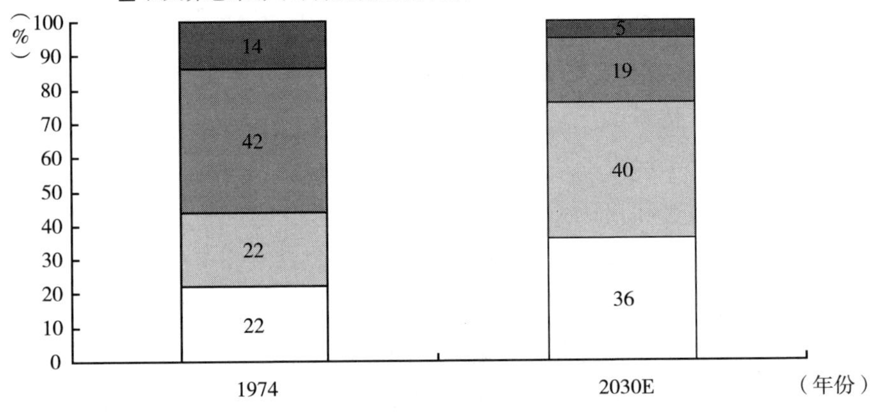

图 8　个人正面临“新的个人责任时代”

资料来源：EBRI and Cerulli Associates。

（二）美国养老金资产管理对中国的启示

1. 第一支柱难以为继，亟待自愿性养老金储蓄作为补充

如果固守陈规，第一支柱必定不可持续。在美国，约 97% 的老年人（60～89 岁）每月平均领取 1360 美元的社会保障给付，也就是每年刚刚超过

16000 美元。老龄化社会的影响已经让美国政府提供的保障很难实现完全充足的水平。事实上，对于终生工作挣得平均工资并且在 65 岁时退休的个人，美国社会保障制度提供的平均收入替代率仅为 38%。这远低于经合组织国家类似现收现付（PAYGO）制度 52.9% 的平均替代率。

但别忘了，美国的社会保障制度是累进模式，对于整个职业生涯收入较低的劳动者而言，收入替代率要高得多。尤其是收入排在倒数 20% 的退休者，或者说退休前年收入约 12500 美元的个人，社会保障收入替代率接近 75%。如果没有这些给付，估计约 40% 的 65 岁及以上个人的收入将低于贫困线。

这告诉我们，美国的社会保障在为很大一部分人口提供基本生活福利方面发挥着重要作用。但与此同时，可以无奈而清楚地看到，对于中产阶级和高收入者而言，社会保障体系提供的收入替代率仅有 40% 和 27%，难以作为退休收入的充足来源。此外，社会保障制度如不做出重大转变，将面临着耗尽储备金的挑战。在政府体系压力紧绷的现实前，自愿性养老金储蓄在补充第一支柱、提供重要的退休收入方面都极其关键。

2. 借鉴行为经济学，通过“自动化”提高第二支柱参加率和缴费率

第二支柱，普遍被称为美国退休体系中由雇主发起的支柱，包括两个主要的计划类型——缴费确定型计划（DC）和待遇确定型计划（DB）。在美国，待遇确定型计划，或者说被普遍称为“传统”养老金计划的那些计划，已经在走下坡路，因为雇主很担忧持续的养老金责任提供资金的义务以及由此导致对企业盈利的影响。缴费确定型计划，或者说雇员或雇员/雇主共同向退休计划进行“确定的缴费”的计划，则呈现上升趋势。但是，这些计划的筹资性质导致它们易受人的行为影响，例如不愿加入、储蓄不足等。为了缓解这些负面行为的变量，美国广泛采用具有自动特征的计划，从而“助推”参加者达到有利的缴费比例。

自动特征包括两点，一是自动加入，二是自动提高。自动加入，首先是为了避免雇员需要选择加入的烦扰，其次是为了减少雇员在试图选择递延比例时缺乏信心的情况。雇员按照预先确定的比例自动加入，排除了潜在压力和惰性风险。自动提高是指随着时间的推移，参加者的递延比例将自动提高，通常每年提高收入的 1% ~2%。这是一种经验证的方式，既不会影响雇员的薪水，

同时让个人更接近有效的递延比例（薪酬10%以上）。

中国在第二支柱计划的设计中，也应根据自身情况设计具有自动化特征的计划，鼓励大部分员工积极参加年金计划并从中获益。但要注意的是，自动化的方案能够提高替代率，低成本高效率地帮助雇员获取成功，但这些特征是在雇主养老金计划内实施的，雇主应当与专业顾问合作，确保计划中递延比例等基本要素符合最优方案。此外，自动化不应妨碍向参加者授权。雇主应当与计划提供商全力合作，设立投资者教育和咨询部门，鼓励和授权个人掌握自身的退休。

3. 从自由职业者和高收入人群着手，逐步推行第三支柱

第三支柱为那些无渠道获取雇主发起型退休计划的非标准（非正式和兼职类）就业部门提供了退休储蓄机会，同时也为高收入雇员提供了另一种为退休而储蓄的途径。

尽管美国退休体系主要是由雇主发起的第二支柱支撑的，但是，由于非正式和兼职劳动者的增加，以及高收入劳动者退休收入缺口的增加，第三支柱为在第一支柱和第二支柱内没有代表或服务不足的个人提供了一个解决方案。

在美国的非正式劳动者中，40%是小于34岁的年轻人，他们在人生中最关键的阶段，却没有可参加的雇主发起型退休计划，只能靠自己去研究、筹资并维持计划，再加上养老计划本身的复杂性和/或自身知识不足，极少有个人推动这件事。这导致部分人口面临退休收入不足的风险。

而涉及高收入劳动者时，这种问题不是特别严峻，因为高收入劳动者通常加入了某种计划。相反，是雇主的退休计划服务不足的问题。就2018年来说，第二支柱的计划仅允许每年最多缴费18500美元。在这种情况下，拥有其他退休工具，能提供反映工资收入的替代率，就必不可少。

第三支柱解决方案不仅对以上两类细分人口不可或缺，对更广泛的人群而言，作用也不容小觑。中国在推广第三支柱之初，可以从这两类人群着眼，小步快走，扎实推进。

4. 针对人们寿命延长、愿继续工作之趋势，完善养老金体系

预期寿命的延长加上更好的（尽管更昂贵）医疗保健，使人们退休后的生活可以持续20年甚至更长。雇员福利研究协会最近的一项研究显示，63%的劳动者的退休规划里，包括65岁退休后再工作获得的“退休后的工资”。

研究还表明，比“预料到”继续工作更有意思的是，很多人“想要”继续工作。尽管有人是因为需要钱而不得不工作，但退休后继续工作并不总是基于需要，而是基于愿望。研究者发现，由于寿命延长，生活质量提高，人们在重新定义退休。退休的人们不再被视为衰老，而是生气勃勃，依旧忙碌、活跃和充实。尽管他们退休后寻找的工作通常有别于自己的职业生涯，但也是某种就业。

人们选择在更长的时期工作，针对这一变化，中国在完善养老金体系时，应要求雇主和计划提供商重新审视劳动人口特征，改善计划设计特征。

参考文献

The 2018 *Annual Report of The Board of Trustees of The Federal Old-Age and Survivors Insurance and Federal Disability Insurance Trust Funds*.

Pensions at a Glance 2017：*OECD and G20 Indicators*, OECD Publishing, Paris.

Bureau of Labor Statistics, *Employee Benefits Survey*, *Retirement Benefits*, March 2017.

Investment News, *Tax Incentives Would Boost Small-business Retirement Plans*：*LPL Study*, July 2017.

2017 EBRI Retirement Confidence Survey, Key Findings and Talking Points.

Investment Company Institute, *Individual Company Financial Statements*, Cerulli Associates.

Investment Company Institute, *The U. S. Retirement Market*, Fourth Quarter 2017.

The Cerulli Report-*U. S. Defined Contribution Distribution* 2017：*Re-Evaluating the Use of CITs in DC Plans*.

Quantitative Analysis of Investor Behavior, 2018. DALBAR, Incorporated. Rate of return data as of 31 December 2018.

U. S. Census Bureau, *Statistics of U. S. Businesses*, 2013, RRI projections to 2015.

United States Department of Labor, *Employee Benefits Security Administration*, *Private Pension Plan Bulletin Historical Tables and Graphs*, 1975 – 2015.

Internal Revenue Service, January 2018.

B.13
加拿大养老金资产管理经验借鉴与启示

王彦杰　陈则玮　胡俊英*

摘　要： 加拿大的社会保障制度逐步形成了包括公共养老金、职业养老金及个人自愿养老储蓄计划在内的三大支柱体系，同时也是市场化运营较为成功的养老金体系，其实践证明，高效率、市场化的养老金资产管理是实现养老金保值增值的主要渠道，也是解决养老金短缺问题的有效路径之一。本文以加拿大养老金资产管理为主题，首先介绍加拿大三支柱养老保障体系；其次研究梳理加拿大三支柱体系养老金的资产管理模式、资产配置结构及变化趋势、收益情况以及监管模式；再次，在此基础上总结加拿大养老金资产管理的特点和趋势；最后，总结可借鉴的经验并提出我国养老金资产管理的相关建议。

关键词： 加拿大　养老金体系　养老金资产管理　养老金投资运营监管　资产配置

一　养老金体系概述

坐拥世界第二大国土的加拿大，地广人稀，约有 3000 万人口，而该国

---

* 王彦杰，泰达宏利基金管理有限公司副总经理兼投资总监，工商管理硕士，中国养老金融 50 人论坛核心成员，研究领域为养老金资产管理；陈则玮，泰达宏利基金管理有限公司国际业务部总经理，发展经济学硕士，中国养老金融 50 人论坛联席研究员，研究领域为养老金融产品；胡俊英，供职于泰达宏利基金管理有限公司，经济学硕士，中国养老金融 50 人论坛联席研究员，研究领域为养老金融产品。感谢宏利资产（香港）养老金团队负责人邱凯平先生和执行总监丁闻聪先生的支持与协助。

完善的退休金制度和养老资源，使得该国成为许多华人向往移居的养老之地，目前华裔占总人口超过5%。[①] 加拿大的退休金制度因其涵盖世界银行所建议的三大养老金体系，于2001年被世界银行誉为全球典范。加拿大养老保障制度包括公共养老金、职业养老金及个人自愿养老储蓄计划三大支柱在内。

（一）第一支柱公共养老金计划

第一支柱公共养老金提供老年保障金（Old Age Security Pension，OAS）以及政府强制性养老金计划，包括了老年保障金（OAS）、保证收入补贴（Guaranteed Income Supplement，GIS）以及加拿大退休金计划（Canada Pension Plan，CPP）和魁北克退休金计划（Quebec Pension Plan，QPP）。第一支柱是面向全体居民、强制性的收益确定性（Defined Benefit Plans，DB）计划，其主要目的是为了维持参与人退休后的基本生活水平。

OAS的资金来源于加拿大税收，申请人并不要求在加拿大有任何工作经验或税赋贡献，任何现居于加拿大，拥有加拿大国籍或永久居留权，并且于18岁以后居住于加拿大满10年的65岁以上人士皆可申请。2017年OAS最高支付额为每月585.49加元，OAS的收入需缴纳个人所得税。此外，当个人收入超过每年73756加元时，OAS会被部分扣回，而当个人年收入达到每年121314加元时，将不得领取OAS。除了OAS以外，加拿大还提供保障收入补贴（GIS），其资金来源也为联邦政府预算。从资金运作管理而言，这些计划既没有独立的资金收缴，亦无额外的资金剩余，不做市场化投资运营管理，属于普惠型社会保障功能的纯DB型计划。2014～2016年，约有550万加拿大公民领取了老年保障金（OAS）。

加拿大养老金第一支柱还有CPP，以及由魁北克省政府代表居民管理的QPP两种强制性的DB计划。CPP是强制性计划，雇主和雇员没有自主选择参与的权利。政府规定每一个年满18周岁，在加拿大工作且年收入达到3500加元的人，都必须参加CPP。在有雇主的情况下，雇主和雇员各缴纳50%。如果是自雇人员，则需自行承担全部费用。CPP目前覆盖了超过90%的加拿大

① 资料来源：《加拿大商报》11月30日刊文。

劳动力人口（魁北克省外），如果把 QPP 覆盖人群也算上，那么两个计划的总参与人口约为 2000 万，[①] 约覆盖加拿大总人口的 66%。

（二）第二支柱职业养老金计划

第二支柱是一种雇主注册养老储蓄计划，由私营或公共部门的雇主或工会为向符合条件的成员提供养老金而建立的养老金计划。该计划目前可分为 DB 和 DC（缴费确定型计划，Defined Contribution Plans）两大类。目前主要包括三种形式：注册养老金计划（Registered Pension Plan，RPP）、集合注册养老金计划（Pooled Registered Pension Plan，PRPP）和团体注册养老储蓄计划（Group RRSP）。

（三）第三支柱个人自愿养老储蓄计划

第三支柱个人自愿养老储蓄计划有两个不同的个人税收优惠养老储蓄账户制度，分别是注册养老金储蓄计划（Registered Retirement Savings Plans，RRSP）和免税储蓄账户（Tax-Free Savings Accounts，TFSA），目的是鼓励个人提早安排规划个人退休账户，积累足够的余额，以便提高退休后的生活水平。

RRSP 于 1957 年立法成立，是专门为养老退休储蓄设计的。加拿大居民可以把税前的部分收入存在 RRSP 账户里，只有到退休后从账户领取阶段才开始征税，实行的是 EET 模式。TFSA 始于 2009 年，定位为一般储蓄账户，是一种灵活的、注册的、多功能的储蓄方式，更容易达到终生储蓄的需求。

截至 2016 年末，市场化运作的养老金总规模合计约 3.8 万亿加元，5 年以来年化增长 7.7%。其中第一支柱公共养老金，5 年以来规模年化增长达到 14%，第三支柱个人储蓄养老金资金规模也有较快增长，约为 7.2%，第三支柱中 TFSA 自 2009 年成立以来由 181.56 亿加元增长至 2015 年的 1935.87 亿加元，年化增长 48%，发展迅速。

① http：//ar.cppib.com/en/.

表 1　加拿大养老金三支柱基本信息

三支柱体系	名称	资产规模（十亿加元）	资金来源	制度模式	运作模式
第一支柱	老年保障金(OAS)	362.28	政府财政	现收现付制	DB
	保证收入补贴(GIS)		政府财政	现收现付制	DB
	加拿大退休金计划(CPP)		雇主和雇员共同出资	部分积累制	DB
	魁北克退休金计划(QPP)			部分积累制	DB
第二支柱	注册养老金计划(RPP)	2090.07		积累制	DB、DC
	集合注册养老金计划(PRPP)			积累制	DC
	团体注册养老储蓄计划(Group RRSP)			积累制	DC
第三支柱	注册养老金储蓄计划(RRSP)	1150.98	个人自愿	积累制	DC
	免税储蓄账户(TFSA)	193.59	个人自愿	积累制	DC

注：①第一支柱资金规模只含 CPP 和 QPP；②OAS、GIS 由于是政府财政拨款没有资产规模数据，除 TFSA 数据为 2015 年末外，其余计划截止时间均为 2016 年末。

资料来源：http：//www5. statcan. gc. ca/cansim/ a26? lang = eng&retrLang = eng&id = 3780117&&pattern = &stByVal = 1&p1 = 1&p2 = -1&tabMode = dataTable&csid。

二　第一支柱养老金资产管理情况

第一支柱公共养老金计划中 OSA 和 GIS 资金来源均为政府税收，由财政部门统一安排，尚未进行市场化运作。而 CPP 和 QPP 均进行市场化投资运作，两个计划在结构与操作模式上极为相似，只是管理机构不同，下面以 CPP 为例介绍加拿大第一支柱养老金资产管理情况。

（一）CPP 运作模式与行业概况

CPP 是全球最大的养老基金之一，也是投资运作非常成功的养老基金之一。根据 CCPIB《2017 年年度报告》①，截至 2017 年第一季度末 CPP 资产管理规模为 3167 亿美元，较 2008 年增加 1940 亿美元（见图 1）。1997 年以前，

① CPPIB 财年范围为当年 4 月 1 日至次年 3 月 31 日，下同。

CPP 的投资非常保守，投向如联邦政府债券、省政府债券和国家金融机构债券，收益率不高，1971～1989 年年平均收益率仅为 1.8%。根据 1995 年 CPP 第 15 次精算报告，若维持既有的保守投资方式和支付政策，基金结余将于 2015 年完全用尽。① 为了维持 CPP 财务的可持续性，加拿大政府从 1995 年起开始推行制度改革，改革内容主要包括：削减一部分养老待遇；在支出压力还不大的有利时期快速提高缴费率，将雇主和雇员合并的缴纳费率从当时的 5.6% 提高到 2003 年的 9.9%，使 CPP 从一个现收现付制的养老基金转向一个部分积累的养老基金；改革 CPP 的投资管理体制，议会于 1997 年通过了《加拿大养老金计划投资委员会法》，成立了加拿大养老保险基金投资理事会（CPPIB），负责 CPP 积累基金的投资管理，至此 CPP 的投资管理采取完全市场化的运作方式。

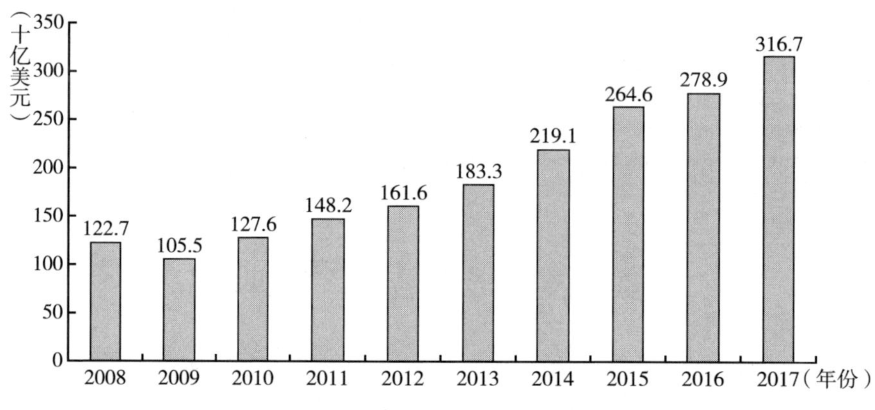

图 1　CPP 资产管理规模

资料来源：CPPIB，《2017 年年度报告》。

CPPIB 是一个专业的资产管理机构，其主要职能是：通过多元化投资实现 CPP 基金在相对安全条件下的最大收益，以维护参与人权益。按照加拿大有关法律规定，CPPIB 必须符合以下要求：一是其投资运营与政府保持一定的距离，即其具体投资决策不受政府干扰（独立性）②；二是以获得投资收益、保

① http：//www. mof. gov. cn/mofhome/guojisi/pindaoliebiao/cjgj/201308/t20130823_ 981236. html.

② 加拿大前总理 Paul Martin 提到这种独立管理模式对 CPP 的成功至关重要。

证投资盈利作为唯一目的，不能以促进国家和地区经济发展等其他目的作为其投资目标；三是保持高度透明性。[①] CPPIB 的最高权力机构是理事会，主要职责是对 CPP 的各项投资业务进行管理和监督，理事会由 12 名理事组成。理事由财政部长提名，由加拿大总督任命，每届任期不超过 3 年，可以连任。理事会下设 4 个专业委员会：投资委员会、审计委员会、人力资源和薪酬委员会以及治理委员会，负责 CPPIB 的日常运作。在管理运营层面，CPPIB 设立了投资决策委员会、组合设计与风险管理部、公开市场投资部、私募投资部、不动产投资部、财务和运营部、法律部等内部机构，开展投资活动。CPPIB 只有一项投资任务，不受政治议程约束，这个独立的治理结构是保障 CPPIB 成功和稳健运作的最关键因素之一。

1997 年 3 月，第一批 CPP 基金划入 CPPIB，CPPIB 将其全部委托给外部投资管理人，采取被动投资方式，主要投资于加拿大和外国的公开市场股票。2005 年，CPPIB 以“前瞻思维”命名的年度报告指出已经具备转向主动管理的合适条件了。[②] 根据 CCPIB《2017 年年度报告》，截至 2017 年第一季度末，53 家外部管理人管理 346 亿美元，占 CPP 资金规模比例约 11%，其余均由 CPPIB 内部负责直接投资。外部管理人数量也从 2015 年的 58 家，减少 5 家至 53 家（见图 2）。

（二）投资流程与风险管理

按照法律规定，理事会及下属委员会、内设机构均应按照“谨慎人原则”（Prudent Man Rule）制订和执行投资标准和程序。“谨慎人原则”是指政府对养老基金资产配置不作任何阀值限制，但要求投资管理人的所有投资行为都必须如同谨慎对待自己的财产而考虑到各种调整风险，理性和谨慎地为养老基金构造一个最有利于分散和规避风险的资产组合。CPPIB 的投资目标也完全遵循上述原则，旨在提供均衡和全球多元化的投资组合，充分发挥 CPPIB 在规模、长期投资和确定性规模增长方面的结构优势，最大限度地获取长期回报，而不

① 人力资源和社会保障部社会保险基金监督司、博时基金管理有限公司：《海外养老金管理》，经济科学出版社，2015，第 43 页。

② 布鲁斯·利特尔（Bruce Little）：《拯救未来：加拿大养老金“1997 改革”纪实》，中国劳动社会保障出版社，2017，第 320 页。

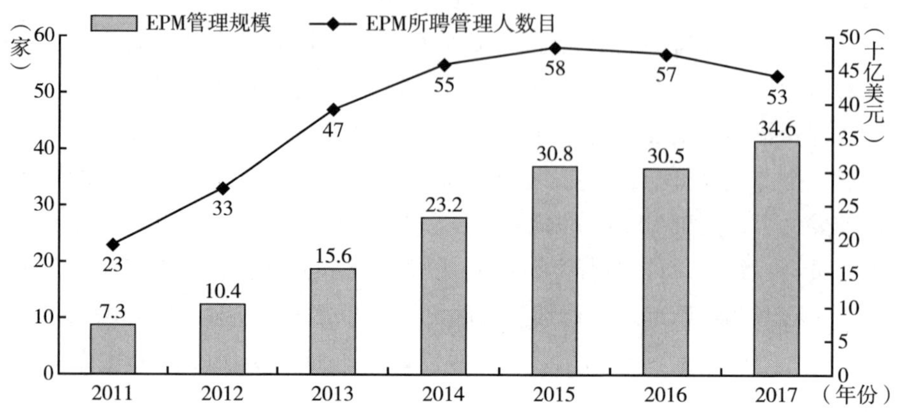

图 2　外部管理规模及外部聘请管理人数量

资料来源：CPPIB，《2017 年年度报告》。

会产生不适当的风险。[①] CPP 基金的目的为达成可持续的风险调整后收益，业绩比较基准为 CPI + 3%。

CPPIB 投资决策委员会负责进行投资决策和风险管理。CPPIB 从长远的角度出发制定投资策略，从确定风险偏好开始，控制重大风险因素。在构建投资组合时，CPPIB 始终保持长期投资观点，[②] 通过承担适当的权益风险而从总体经济增长中受益，构建投资组合，并保持对市场的关注，随着经济和市场条件的变化进行策略投资。基于 CPPIB 的投资策略，内、外部投资管理人对投资组合进行积极管理，以达到投资目标（见图 3）。

风险管理方面，CPPIB 主要通过建立投资的风险收益评估框架进行风险管理，其核心内容包括 CPP 基准资产配置方法和整体资产配置策略。CPP 基准资产配置方法首先由 CPPIB 理事会按照期望的收益目标和风险水平建立一个基准资产配置方案，实际的投资策略可根据资本市场相应调整总体判断和各大类风险资产的情况。CPPIB 会采用不同的方法和风险衡量指标实时评估风险：一是风险价值模型；二是压力测试；三是交易对手风险评估；四是外

① http：//www. cppib. com/en/how – we – invest/our – investment – strategy/.

② CPPIB 是非营利性组织“关注长期投资”（Focusing Capital on the Long Term，fcltglobal. org）的联合创始人和积极参与者。

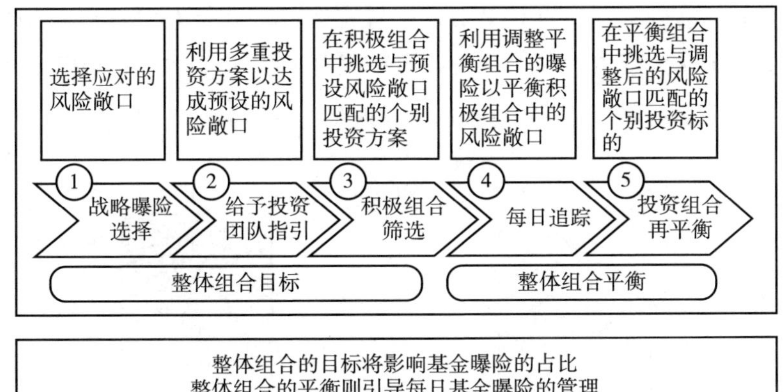

图 3　CPPIB 组合投资流程

资料来源：CPPIB，《2017 年年度报告》。

部信用等级监控；五是对于未定级投资监理内部评级制度；六是资产流动性指标等。①

（三）资产配置结构

养老金作为长期性资金，其长期投资能力主要体现在资产配置上，资产配置是养老金实现长期投资目标和控制风险的重要手段，发挥着控制风险和稳定收益的重要作用。这也是 CPPIB 取得较大成功的非常重要的因素之一。

2000 年来 CPP 的大类资产配置风格发生了巨大的改变，从以低风险固定收益类产品占绝大多数转变为以风险类权益资产为主，同时不动产等抗风险资产配置经历了从无到有到超过固定收益配置比例的过程。2000 年 CPP 的资产配置极其保守，低风险的固定收益类资产配置比例占 95%，权益资产占比仅为 5%。随着老龄化形势愈发严峻，CPP 大类资产组合中风险资产的比例大幅增加，2017 年 CPP 资产配置中权益类资产配置比例增加至 55.4%，固定收益类资产配置比例下降至 21.5%，抗通胀的不动产配置比例从零提升至 23.1%，超过固定收益类资产配置比例（见图 4）。地域方面，CPP 的资产配置也发生

① 人力资源和社会保障部社会保险基金监督司、博时基金管理有限公司：《海外养老金管理》，经济科学出版社，2015，第 45 页。

了巨大变化，海外资产已成 CPP 资产配置首选。2000 年 CPP 资产中 81.7% 的资产配置于加拿大境内，仅 18.3% 的资产配置于海外资产，而 2017 年 CPP 配置于海外资产的比重已达 83.50%，远超加拿大境内资产比重（见图 5）。

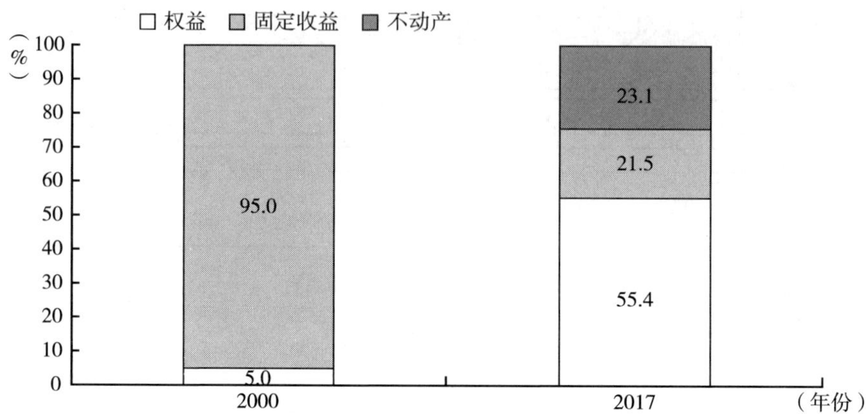

图 4　CPP 大类资产配置的变化情况

资料来源：CPPIB，《2017 年年度报告》。

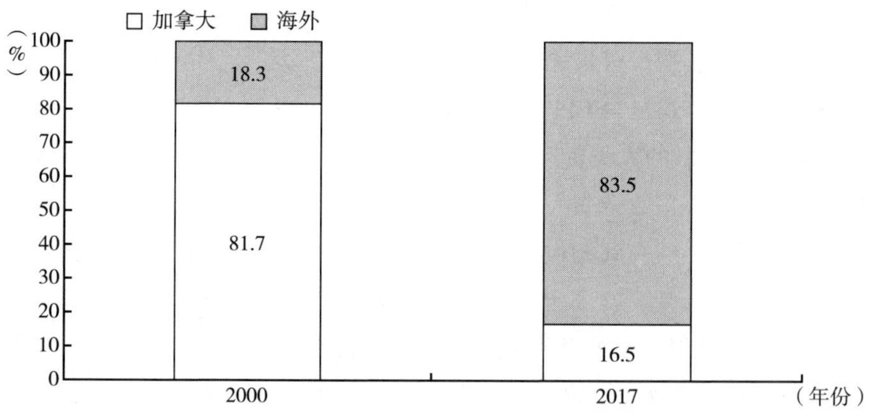

图 5　CPP 大类资产配置中地域的配置情况

资料来源：CPPIB，《2017 年年度报告》。

根据 CPP 披露的组合数据，2009～2017 年，全球市场经历了金融危机和欧债危机，CPP 的分散投资理念也随之进步，从简单的股票、债券到多元资产配置，如房地产、基建、实物资产，以及包含农作物及自然资源的长期抗通膨品种。2017 年 CPP 基金中权益资产规模占比与 2009 年相比小幅下降 2 个百分点，但境外发达市场权益规模和新兴市场权益规模比例大幅增加。2017 年 CPP 基金配置于加拿大国内权益市场的占比从 2009 年的 14.7% 大幅下降至 3.70%，国外权益市场占比大幅增加至 51.70%，其中境外发达市场权益投资规模从 2009 年的 38.3% 增加至 44.2%，新兴市场权益投资规模从 2009 年的 4.40% 增加至 7.50%。CPP 配置于低风险的债券及货币市场工具规模大幅下降近 10 个百分点，2017 年 CPP 基金配置规模为 777.66 亿美元，占比为 21.5%。2017 年 CPP 基金配置于房地产的规模为 455.74 亿美元，占比从 2009 年的 6.50% 增加至 12.60%，配置比例较 2009 年增加近一倍。此外，基建的配置比例也从 2009 年的 4.30% 增加至 2017 年的 7.70%（见图 6）。

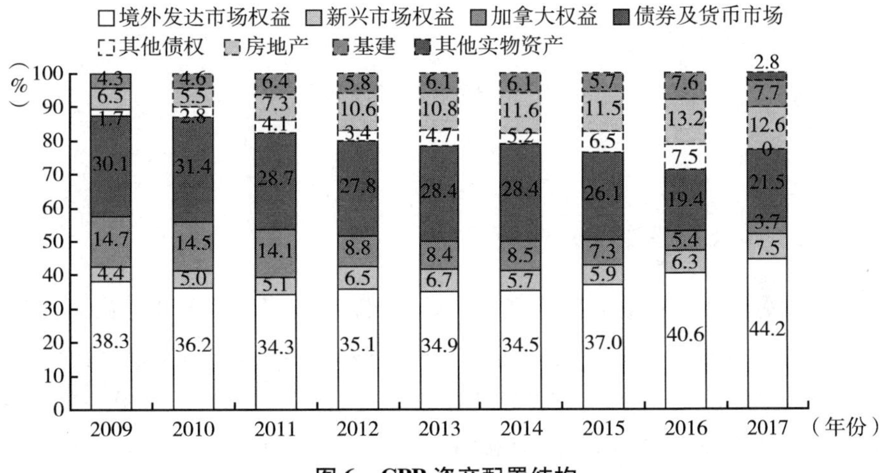

图 6　CPP 资产配置结构

注：自 2017 年开始，CPP 组合资产分类披露方式有所改变。图中 2017 年所示的“债券及货币市场”资产类别下同时包含了绝对收益策略；实物资产则包括农业及自然资源，在 2016 年及以前合并披露在各市场权益类别下。

资料来源：CPPIB，《2017 年年度报告》。

（四）投资收益

从投资收益来看，CPP 的长期投资以及多元资产配置理念取得了良好的效果。2008～2017 年的 10 年内，CPP 取得了 6.7% 的费后年化收益，最近 5 年的费后年化收益率为11.8%。值得注意的是，CPP的投资同样于2009年受创于全球金融海啸，当年回报下跌了18.6%，但由于CPP秉持了既有的投资组合分布，2009年的损失很快便被收复，并持续为CPP带来超越业绩比较基准的超额收益（见图7）。

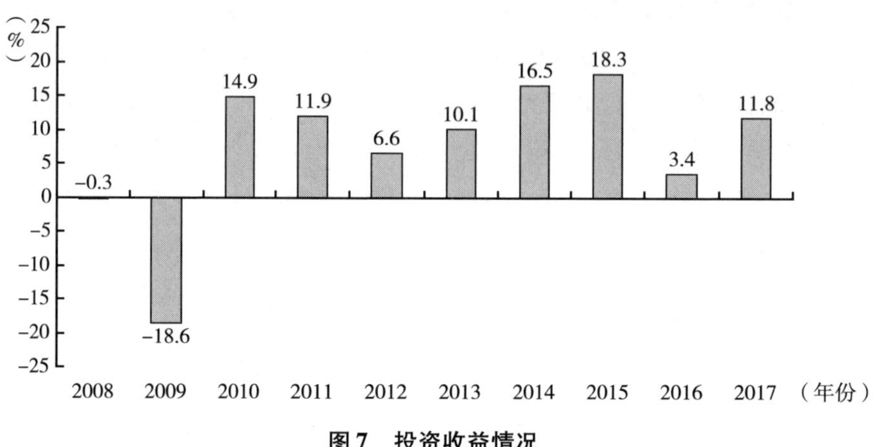

图7　投资收益情况

资料来源：CPPIB，《2017年年度报告》。

（五）养老金投资运营监管

CPP的管理工作由联邦政府和省政府共同完成，其中主要工作由联邦政府的有关部门完成，省政府（九个省）仅有财政部门参与管理，QPP由魁北克省政府负责管理。加拿大人力资源及技能发展部（HRSDC）是CPP计划的主要负责部门。加拿大服务部（Service Canada），代表HRSDC负责该计划养老金领取申请及具体落实。CPPIB根据《加拿大养老金计划投资委员会法案》授权负责CPP资金的投资管理。

三　第二支柱养老金资产管理情况

（一）运作模式与行业概况

加拿大的第二支柱养老金主要由注册养老金计划（RPP）、集合注册养老金计划（PRPP），以及团体注册养老储蓄计划（Group RRSP）作为支撑。截至2016年末，第二支柱资产规模合计为2.09万亿加元，在养老金总资产中占比55%。

RPP中，DB和DC两种模式共同存在。RPP始于1917年，由雇主和雇员协商缴费，企业享受费用的税收抵扣政策，而个人则享受税收递延优惠。RPP的开展初期主要参与主体为政府单位，后来逐渐拓展至大型机构，目前已经成为加拿大养老金计划的重要组成部分，尤其是对收入较高群体来说，RPP已成为提升养老金待遇水平的重要方法之一。截至2016年，RPP共有16911个计划，覆盖626.18万人，约占总人口的21%，占劳动人口总数的32%。RPP一般委任外部机构管理，因此市场参与者众多，形式上类同于我国的企业年金。离职时雇员可选择将原RPP携带至新雇主的RPP。

由于多数中、小型企业，尤其是自雇者无法得到类似的保障，加拿大联邦政府于2012年通过了*Federal Pool Registered Pension Plans Act*，为中、小型企业以及自雇者提供DC的集合注册养老金计划（PRPP）。由于此法案目的是补足尚未参与退休计划的雇员，因此允许雇主及雇员自愿参与。

由于RPP中DB和DC兼有，很难找到资产配置等相关数据，所以第二支柱以PRPP为例来介绍资产管理情况。PRPP并不强制要求雇主或雇员最低缴费比例，但目前最高缴费比例上限则为前一年收入的18%。[①] PRPP由计划管理人执行管理，雇主选择，有别于RPP管理人众多，PRPP的监管及审核单位金融机构监理机关（Office of the Superintendent of Financial Institutions，OSFI）目前仅核准了4家金融机构为计划管理人，分别为：宏利金融公司（The Manufacturers Life Insurance Company）、伦敦人寿保险公司（London Life Insurance Company）、加拿大太阳人寿保险公司（Sun Life Assurance Company of Canada）及工业联盟（Industrielle Alliance，Assurance et Services Financiers Inc），其中宏利金融公司为第一家正式批准管理PRPP的机构（见表2）。

① RPP、PRPP和RRSP缴费比例上限合计共用。

表 2 加拿大 PRPP 计划概述

	模式及特点	补充说明
雇员参加方式	非强制参加，计划主要覆盖自雇者人口，采取自动加入，自动注册	若雇主没有参加 PRPP，雇员亦可主动向金融机构申请参加 PRPP
缴费比例	对雇员及雇主皆无最低缴费限制，皆为自愿参与，总缴费比例上限为 18%	—
经营管理机构	经金融机构监理机关（OSFI）、加拿大税务局（CRA）审核通过并取得执照的金融机构	—
账户模式	多账户	目前共有四个金融机构提供四种 PRPP 计划，PRPP 账户金额可移转到其他 PRPP 账户或其他注册退休账户
管理人模式	服务平台模式：四家管理人有各自服务平台，个性化服务直接面对雇员	
自选平台提供服务内容（以宏利为例）	账户及交易记录查询，缴费金额管理，投资报酬率查询，咨询服务，投资基金的绩效、风险、近期操作情况，投资教学视频，投资方案探索，即时资讯提醒等	也提供一个可预估所有退休金是否符合退休目标的软件
标的转换限制	无移转限制规定，基金可随时于在线账户调整投资配置	—

注：数据和资料根据 *Federal Pool Registered Pension Plans Act* 和宏利金融公司网站整理。

（二）投资情况

按照 PRPP 法规规定，PRPP 管理人提供的投资选择中，需要有默认选项，且默认选项为目标日期基金或者平衡型基金，若雇员注册后 60 天内没有进行投资选择，管理人可以为其设定默认投资。以宏利金融为例①，雇员可以按照自身的投资偏好进行投资，若雇员注册后 60 天内没有进行投资选择，则会自

① 由于加拿大宏利金融集团为首家获批的 PRPP 计划人，以下概述的举例个案将以宏利金融集团提供的 PRPP 计划为主。

动设定为宏利金融默认投资（Manulife Target Date Fund）①。宏利金融目前共提供 13 只风险等级不同的公募基金，其中有 7 只目标日期基金为系列基金，其余 5 只为权益基金、平衡基金、债券基金及流动性强的高息基金（见表 3）。

表 3　宏利提供 PRPP 的 13 只产品投向情况

产品	投向
宏利每日高息基金（Manulife Daily High Interest Fund）	100% 投资于现金类资产
宏利加拿大债券指数基金（Manulife Asset Management Canadian Bond Index Fund）	跟踪 S&P/TSX Composite Index，主要投资政府公债
宏利平衡指数基金（Manulife Balanced Index Fund）	主要投资加拿大普通股票 30%，加拿大债券 40%，国外股票 30%
宏利加拿大权益指数基金（Manulife Asset Management Canadian Equity Index Fund）	跟踪 S&P/TSX Composite Index，主要投资加拿大股票
宏利全球权益指数基金（Manulife Global Equity Index Fund）	主要投资指数基金，标的为国外股票
宏利目标日期基金（Manulife Target Date Fund）	可以投资国内外固收、权益、房地产等
Manulife Target Date Income Fund	
Manulife Target Date 2020 Fund	
Manulife Target Date 2025 Fund	
Manulife Target Date 2030 Fund	
Manulife Target Date 2035 Fund	
Manulife Target Date 2040 Fund	
Manulife Target Date 2045 Fund	
Manulife Target Date 2050 Fund	

资料来源：http：//manuvie. ca/wps/wcm/connect/ba8c7666 – 1dde – 4a60 – 9637 – 2ae0687d0c75/PRPPFunds_ 4 – 2017_ ROR_ 131112. pdf? MOD = AJPERES&CACHEID = ba8c7666 – 1dde – 4a60 – 9637 – 2ae0687d0c75。

（三）投资收益

从投资收益来看，13 只基金整体收益较好。截至 2017 年底，最近 5 年 8 只目标日期基金中 5 只收益率超过 10%，2 只目标日期临近的基金（2020 和

① 该基金的投资标的包括权益资产（全球权益、美国权益、加拿大权益）、固定收益资产、不动产、抵押贷款等。随着目标日期的临近，会逐渐降低风险资产，增加低风险投资。

2025）和1只配置平衡的基金收益率也均在7%以上。另外5只基金中宏利全球权益指数基金最近5年年化收益率近17%，表现优异；宏利加拿大权益指数基金和宏利平衡指数基金年化收益也在8%左右，表现较好；宏利加拿大债券指数基金和宏利每日高息基金最近5年年化收益分别3.04%和1.49%，表现平稳（见表4）。

表4　宏利金融提供PRPP的13只产品年化收益情况

单位：%

名称	最近1年	最近2年	最近3年	最近5年
Manulife Target Date Income Fund	6.21	5.48	5.59	7.01
Manulife Target Date 2020 Fund	6.89	6.10	6.14	8.03
Manulife Target Date 2025 Fund	7.91	7.01	6.92	9.20
Manulife Target Date 2030 Fund	9.12	8.01	7.62	10.35
Manulife Target Date 2035 Fund	10.20	9.01	8.68	11.50
Manulife Target Date 2040 Fund	10.79	9.46	8.53	11.65
Manulife Target Date 2045 Fund	11.02	9.70	8.77	11.90
Manulife Target Date 2050 Fund	11.12	9.70	8.81	12.01
Manulife Daily High Interest Fund	1.22	1.23	1.30	1.49
Manulife Asset Management Canadian Bond Index Fund	2.60	2.16	2.60	3.04
Manulife Balanced Index Fund	8.28	7.87	6.80	—
Manulife Asset Management Canadian Equity Index Fund	9.15	14.97	6.64	8.72
Manulife Global Equity Index Fund	15.16	8.66	12.57	16.99

资料来源：http://manuvie.ca/wps/wcm/connect/ba8c7666-1dde-4a60-9637-2ae0687d0c75/PRPPFunds_4-2017_ROR_131112.pdf?MOD=AJPERES&CACHEID=ba8c7666-1dde-4a60-9637-2ae0687d0c75；数据截至2017年末。

（四）养老金投资运营监管

OSFI负责审批和监管PRPP管理人，加拿大税务局（CRA）负责管理、注册和审核PRPP。PRPP的年度审核由加拿大税务局（CRA）负责，所有PRPP计划的申请、修改则由CRA下属的注册计划局（PRD）负责。PRPP管理人申请流程有三步，首先需要向OSFI申请；其次，获得管理人许可证后，需要提交注册信息；最后，在 OSFI 完成注册后，向加拿大税务局（CRA）按照相关税法进行注册，注册完成后，PRPP 建立完成。PRPP 计划管理人需于每年的 5 月 1 日前，向 OSFI 和 CRA 递交上一年的年度报告（见图 8）。

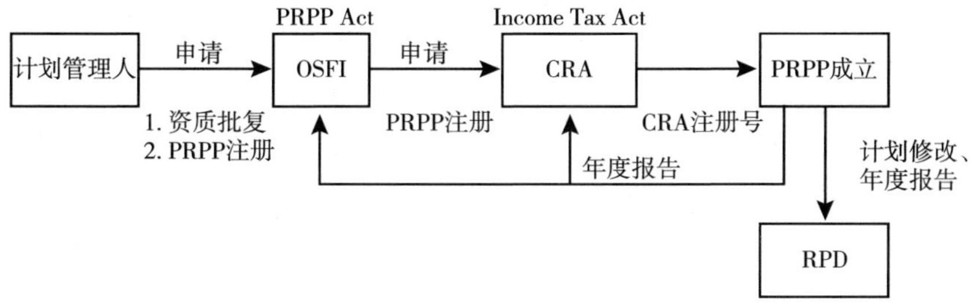

图 8 加拿大 PRPP 管理人与监管机关、审计机关的关系

注：根据 PRPP 管理人申请流程梳理。

四 第三支柱养老金资产管理情况

（一）运作模式和行业概况

注册养老金储蓄计划（RRSP）和免税储蓄账户（TFSA）是个人根据收入状况和投资倾向，自愿参与的储蓄性养老金计划，必须在加拿大税务局进行注册登记才可以享受税收优惠。个人在银行、信用合作社、信托公司、基金公司或保险公司开立账户。个人也可以创建一个自主管理的注册养老金计划，选择更广泛的投资工具，例如股票等，允许个人直接管理其账户进行投资。两个计划在投资产品、投资方式、管理机构、缴费方式等方面基本一致，在税收模式、缴费额度、提取方式等方面有所差别（见表 5）。

表 5 RRSP 和 TFSA 基本情况

名称	注册养老金储蓄计划（RRSP）	免税储蓄账户（TFSA）
推出时间	1957 年	2009 年
覆盖群体	71 岁以下	18 岁及以上①（个别省份为 19 岁及以上）

续表

名称	注册养老金储蓄计划(RRSP)	免税储蓄账户(TFSA)
定位及资金用途	定位为退休储蓄账户,资金用途以退休为主	一般储蓄账户,不仅为退休养老而设计的账户;资金可用于退休、抵押、紧急支出等
税优模式	EET	TEE
缴费方式及额度	与收入挂钩,缴费上限有额度限制,为上年收入的 18%;2010~2017 年额度分别为 22000、22450、22970、23820、24270、24930、25370、26010 加元	与收入无关,缴费有额度限制,为固定值;2009~2012 年额度均为 5000 加元,2013~2014 年均为 5500 加元,2015 年为 10000 加元,2016~2017 年又回到 5500 加元②
缴款方式	无特别规定,与普通投资一样,个人可一次性投入全部资金购买所选投资产品,也可分期累计购买,还可用“成本分摊法”的方法,定额定投购买;可以是现金缴费,也可以是经过评估的实物资产③	
未使用的缴存限额	可累积	
提取	71 岁之后关闭账户,必须提取	任何时间都可以提取;没有限额
是否可以补款	否。住房计划 Home Buyer's Plan (HBP) 和终身教育计划 Lifelong Learning Plan (LLP)④可借款,但需分别在 15 年和 10 年内还清,其余提取不能补款	是。可补款到账户中直至累计缴费上限
超额缴费的处理	任何超过扣除限额 2000 加元的部分按每月 1% 征税(扣除可累计部分)	
与其他养老金制度安排的影响	提取时计入收入,提取时间较短,缴税较多,多数参与人会在提取时转入 TFSA 或 RRIF。RRSP 对老年保障金(OAS)几乎没有影响或影响不大,对保证收入补贴(GIS)有较大的影响	不影响保障养老金的领取。从 TFSA 取款不会影响从政府那领取收入。退休后,仍然从政府那里领取老年保障金(OAS)和保证收入补贴(GIS),无论从 TFSA 里取出多少钱

注:①18 岁及以上的非加拿大居民规定额度的部分每月按 1% 税率进行缴税;②TFSA 的年度供款额度是和消费者价格指数(CPI)对应的,最少以 500 加元的额度增加;③Government of Canada, “RRSPs and Other Registered Plans for Retirement”, P. 6;④HBP 和 LLP 在实际操作中,和每年购买 RRSP 一样,只是在报税时需要填写哪部分是用来还款的,哪部分是用来抵税的;数据和资料根据 “RRSPs and Other Registered Plans for Retirement” 和 “Tax-Free Savings Account (TFSA), Guide for Individuals” 整理。

经过多年的发展，截至2016年末，RRSP的资产规模为1.15万亿加元（见图9）；[①] 2009年以来TFSA计划总市值从181.56亿加元增长至2015年的1935.87亿加元，[②] 增长近10倍（见图10），人均市值从5931加元增长至15206加元。加拿大政府2011年统计显示，第三支柱的替代率大约为35%。[③]。

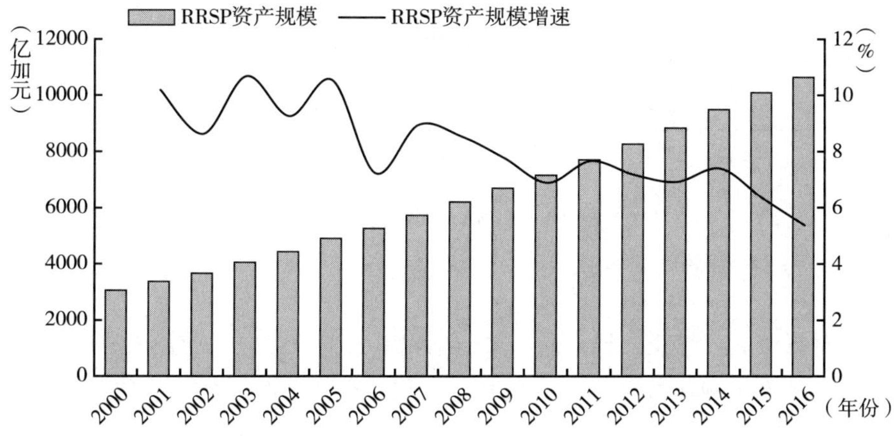

图9　RRSP总市值及增速

资料来源：http：//www5. statcan. gc. ca/cansim/a26？lang = eng&retrLang = eng&id = 3780117&&pattern = &stByVal = 1&p1 = 1&p2 = －1&tabMode = dataTable&csid。

（二）资产配置结构

RRSP和TFSA的投资产品可以由基金公司、保险公司、银行和信托公司提供。在投向上，RRSP和TFSA均规定了合格投资品，也对非合格投资品和禁止的投资品进行了说明。合格投资品包括货币、担保投资凭证、政府债券、公司债券、共同基金、公司分红以及其他在股票市场上可以交易的证券，其他

① http：//www5. statcan. gc. ca/cansim/a26？lang = eng&retrLang = eng&id = 3780117&&pattern = &stByVal = 1&p1 = 1&p2 = －1&tabMode = dataTable&csid.

② https：//www. canada. ca/content/dam/cra – arc/migration/cra – arc/gncy/stts/tfsa – celi/2015/tbl03 – eng. pdf.

③ http：//data. worldbank. org/indicator/SP. POP. 1564. TO. ZS？locations = CA.

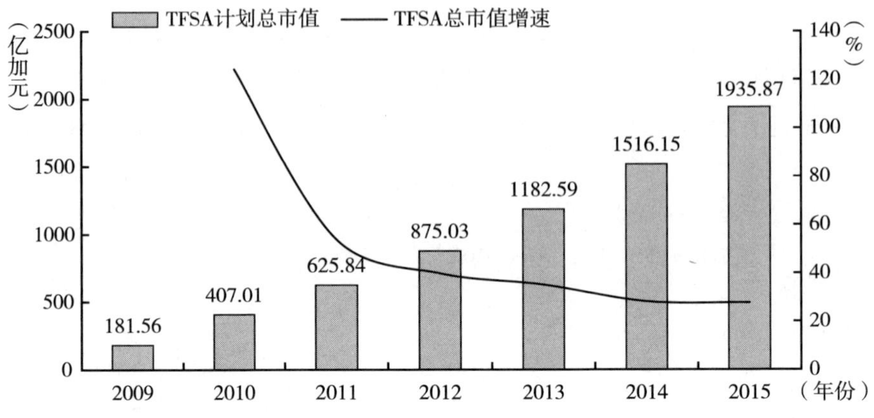

图 10　TFSA 总市值及增速

资料来源：加拿大统计局。

为非合格投资品。禁止的投资品主要包括以下三部分：一是受益人的债权；二是受益人持有比例在 10% 以上的股权、债权、合伙企业、公司及信托计划等；三是受益人持有的与其权益不对等的股权、债权、合伙企业、公司及信托计划等。2005 年之前，个人只能将 RRSP 资金的 30% 投资境外资产，2005 年之后这个限制全面取消。

从实际投向来看，个人在资产配置方面有非常多的选择权。RRSP 资金已投向包括定期存款、加拿大储蓄债券、信托产品、股票、债券和年金保险产品等，截至 2015 年末，RRSP 以公募基金为主，占比高达 52%，其次是个人自主投资，投资范围可能是股票、债券等，占比合计为 25%，定期存款、年金和储蓄存款占比分别为 8%、7% 和 6%，其余合计占比约 2%。从投资标的变化趋势来看，2005 年以来，公募基金占比一直在 45% 以上，并呈现逐年提升的态势，定期存款占比逐渐下滑，其余类型产品变动不大，具体见图 11。

TFSA 也可投资于各种多元化的金融产品和投资工具，法规要求上和 RRSP 一致，但由于 TFSA 账户资金可用于短期支付所需的原因，产品逐渐以随时可以兑现类型产品为主。截至 2015 年末，TFSA 主要投资于股票及债券、公募基金、定期存款和一般储蓄存款，其中以公募基金为主，占比为 35%，然后是

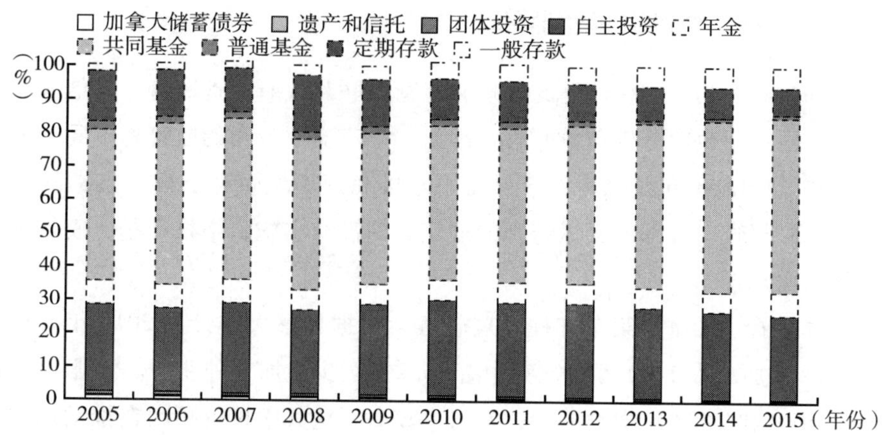

图 11　RRSP 的投资工具

资料来源：Investor Economics，宏利资产（香港）整理。

股票和债券，合计占比为 29%，定期存款和一般储蓄存款均为 18%。从投资标的变化趋势来看，2009 年以来，公募基金占比呈现逐年提高，由最初的占比 13% 提高 22 个百分点至 35%，定期存款和一般储蓄存款占比逐渐下滑，由最初合计占比的 60% 降至 36%，降幅约为 40%（见图 12）。

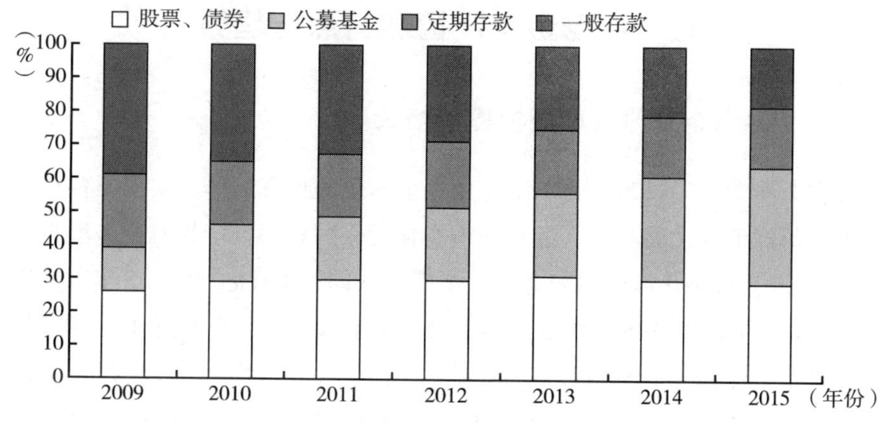

图 12　TFSA 的投资工具

来源：Investor Economics，宏利资产（香港）整理。

（三）养老金投资运营监管

联邦政府的第三支柱计划的法规和运营由联邦政府负责监管，其他人员的第三支柱由各州政府分别负责监管。因此，第三支柱各州的监管者不同。加拿大税务局（CRA）负责相关税务方面的安排和管理。而对于第三支柱的投资管理人，联邦政府等部门不做特别的规定，即没有实施资格核准制，而是由市场主体自主选择。

整体来看，加拿大第三支柱发展较好，根据加拿大统计局2016年人口普查，2015年加拿大1400万户家庭中有65.2%至少参加三种注册储蓄账户（即RRSP、RPP和TFSA）中的一种，参与率较高，这其中投资顾问在推动加拿大第三支柱的发展中发挥了重要作用。根据加拿大投资基金协会（Investment Funds Institute of Canada，IFIC）2011 *Report on the Value of Advice* 显示，没有理财顾问帮助的个人和有理财顾问帮助的个人，在长期养老金储蓄累积的资产上有非常大的不同，例如对于18～25岁的投资者而言，有投资顾问的群体，进行退休储蓄的比例为45%，而无投资顾问的群体，进行退休储蓄的比例仅为23%。

五　养老金资产管理特点与趋势

（一）养老金整体管理规模稳步增长

加拿大养老金通过市场化、专业化、全球化的投资运作，实现了各类养老资金的保值增值和发展壮大，近年来市场化运作的管理资产规模稳步增长。截至2016年末，市场化运作的养老金总规模合计约3.8万亿加元，5年以来年化增长7.7%。尤其是第一支柱公共养老金，5年以来规模年化增长达到14%，第三支柱个人储蓄养老金资金规模也有较快增长，约为7.2%，[①] 第三支柱中TFSA自2009年成立以来由181.56亿加元增长至2015年的1935.87亿加元，年化增长48%，发展迅速（见图13）。

① 第三支柱中TFSA资金规模公开数据为2015年末数据。

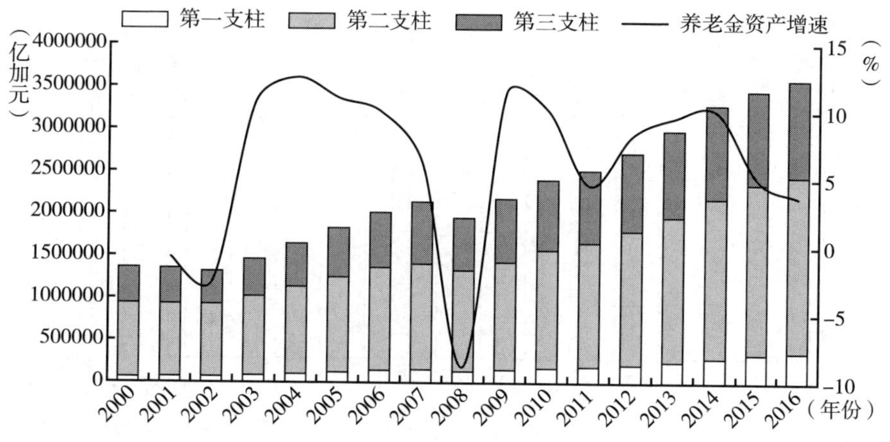

图 13　加拿大养老金资产管理情况

注：资料来源于加拿大统计局；第一支柱只含 CPP 和 QPP，2016 年第三支柱合计数据中 TFSA 的数据均为 2015 年数据。

（二）养老金三支柱的金字塔体系

通常各国的养老金第一支柱均是由国家进行兜底，而伴随着人口老龄化趋势的加剧，第一支柱收不抵支的现象越来越严重，第二、三支柱最初设立的初衷也是在于缓解个人和政府的养老负担。从养老金资产构成看，加拿大已形成了较为合理的三支柱体系，第一支柱占比一直维持在较低比例，塔基的占比从 2000 年的 4.50% 增加至 10.05%。中间层职业养老金计划是加拿大养老金体系的主要构成部分，占比虽有所下降，但一直维持在 50% 以上。个人自愿养老储蓄计划是加拿大养老金体系的塔尖，由 RRSP 和 TFSA 两个计划构成，其占比一直维持在 30% 以上，是提高退休后替代率和保障退休后生活水平的重要补充（见图 14）。

（三）资产配置呈现国际化和多元化的趋势

资产配置是影响养老金长期投资回报的关键因素。从 CPP 资金的实际运作来看，养老金资产配置呈现国际化和多元化的趋势，养老金投资品种和比例逐渐放宽。作为规模增长比较确定的长期资金，为满足长远端支付需求，CPP 的资产配置行为从 2000 年的极度保守（95% 为固定收益资产）逐渐改变风格，2009 年

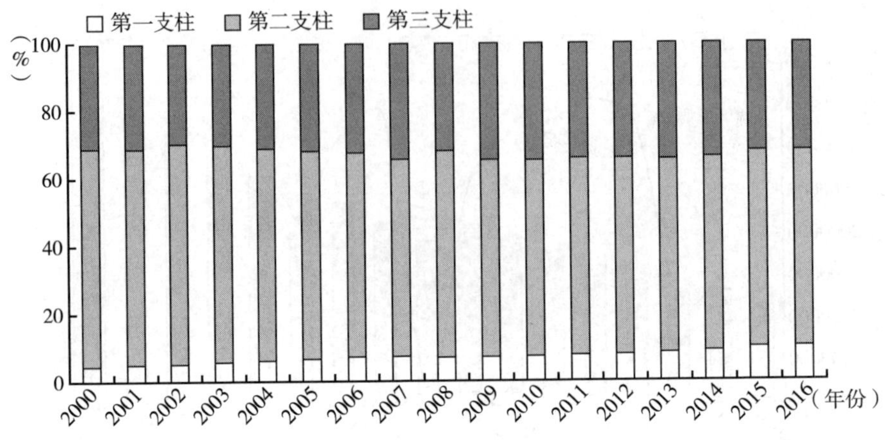

图 14　加拿大养老金体系

资料来源：加拿大统计局。

后权益类资产占比一直高于 50%，且本国权益资产占比持续萎缩，而新兴市场权益占比稳定提升。同时随着金融危机的发生，为了分散风险和获取更高的投资收益，也使得 CPP 投资逐步多元化：从传统资产类别向另类资产转移；从简单的股票、债券到多重资产配置，如房地产、基建、实物资产以及包含农作物及自然资源的长期抗通膨品种；2000 年的 95% 投于债市、5% 股市，转到 2017 年债市 21.5%、股市 55.4%、实物资产 23%。多元化和国际化的资产配置也是 CPP 业绩长期超过基准业绩的关键，2008 ~2017 年，CPP 取得了 6.7% 的费后年化收益，最近 5 年的费后年化收益率为 11.8%。

（四）公募基金成为个人养老金投资的主力

公募基金因其独立运作、投向清晰、申赎灵活、强制托管、公开披露等优势，使其非常契合养老金的资金属性，满足养老金投资的需求，从而受到个人养老金投资者的青睐。截至 2015 年末，TFSA 2009 年以来公募基金占比呈现逐年提高，由最初的占比 13% 提高 22 个百分点至 35%；RRSP 也以公募基金为主，占比高达 52%，[①] 且 2005 年以来公募基金占比一直在 45% 以上，并呈

① 52% 不含个人自主投资中公募基金的占比。

现逐年提升的态势。此外，PRPP 下，上文中提到的 4 家管理人中宏利金融提供的产品也均为公募基金。

六　对我国的借鉴与启示

（一）完善养老金体系，积极发展二、三支柱

随着老龄化趋势的加剧，加拿大政府非常重视养老金资产的积累。截至 2016 年末，加拿大养老金管理规模约 3.8 万亿加元，占 GDP 的比重约为 173%，而我国同期养老金资产合计约为 7.1 万亿元，① 占 GDP 比重不到 10%，发展空间很大。从三支柱养老金规模来看，加拿大一、二、三支柱占比分别为 10%、58%、32%，而我国养老金体系积累不足，结构也不均衡，以第一支柱基本养老金为主，占比高达 80%，第二支柱职业年金覆盖范围小，基金累积有限，第三支柱于 2018 年 5 月 1 日刚开始试点，补充养老金积累严重不足（见表 6）。建议应该鼓励个人提前做好退休后生活的规划，大力发展补充养老金，在增强个人养老保障能力的同时减轻政府负担。

表 6　我国三支柱与加拿大对比

国家	名称	第一支柱	第二支柱	第三支柱	合计	占 GDP 比例
加拿大	规模（亿加元）	3623	20901	11510	36033	—
	占总资产比重（%）	10	58	32	100	173.31
中国	规模（亿元）	43965	11075	—	55040	—
	占总资产比重（%）	80	20	—	100	7.04

注：数据截至 2016 年末。

（二）加快推进基本养老金市场化运营的进程

加拿大等绝大多数国家的公共养老金均采用市场化投资运营方式，CPP 前期投资比较保守，收益率不高，1995 年精算报告显示，2015 年 CPP 资金将用

---

① 含基本养老金的 4.4 万亿元、企业年金的 1.1 万亿元和社保基金的 1.6 万亿元。

尽，后于1999年正式启动市场化投资运营，并成立了独立机构CPPIB来负责，CPPIB投资决策不受政府干扰，内部建立专业投资管理团队，采用积极投资策略，取得了较好的效果，截至2017年末，CPP最近10年获得了6.7%的年化收益，最近5年的年化收益率为11.8%。2007年CPP首席精算师宣布CPP在未来75年都具有可持续性。

从国内社保战略储备金及企业年金基金市场化运作效果来看，截至2017年末，社保战略储备金及企业年金基金成立以来年化收益率分别为8.37%和7.34%，效果较好。可见，养老金体系需要与多层次资本市场紧密，通过专业化、组合化的投资方式，确保养老金获得长期、稳定的回报。我国现在的基本养老基金投资运营进程较慢，基本养老金结余①绝大部分尚未开展投资运营，潜在的损失较大。应该加快推进市场化运营的进程，尽早通过市场化方式，实现养老资金的保值增值和发展壮大。

（三）坚守长期投资理念，资产配置应更加积极和多元

养老金作为长期性资金，其长期投资能力主要体现在资产配置上，资产配置是养老金实现长期投资目标和控制风险的重要手段，发挥着控制风险和稳定收益的重要作用。从加拿大养老金投资来看，资产配置也是影响长期投资回报的关键因素。CPP具有规模大、规模增长确定和长期投资的比较优势。CPPIB始终从长远的角度出发制定投资策略，涵盖所有主要资产类别，从确定风险偏好开始，控制重大风险因素。随着老龄化形势愈加严峻，CPP大类资产组合中风险资产的比例大幅增加且逐步实施多资产配置，2017年CPP资产配置中权益类资产配置比例由2000年的5%提升至55.4%，固定收益类产品配置比例则下降到21.5%，不动产配置比例从零提升至23.1%。资产方面从仅配置股票和债券到房地产、基建、实物资产，以及包含农作物及自然资源的长期抗通膨品种等多资产配置。地域方面，因加拿大资本市场容量小，CPP资产配置经历了从大比例配置国内资产到大比例配置海外资产的转变。

① 目前广东、山东已与社保基金理事会签订委托投资管理合同进行市场化运作，均委托1000亿元；此外人社部副部长游钧2018年2月26日表示，北京、安徽等10个省份签署了4400亿元的委托投资合同，2831.5亿元资金已经到账并开始投资。

我国社保储备养老金对权益类资产的配置比例要求不超过40%，基本养老金、企业年金、职业年金对权益类资产的配置比例要求不超过30%，实际运作过程中，对权益类资产的配置可能远低于最低比例限制，且发现企业年金存在长期资金短期化的投资操作，包括短期化的评价和考核。目前职业年金和基本养老金还不能投资海外，对另类资产投资也有很多限制。对于长期投资的养老金资产而言，我国养老金应该坚守长期投资理念，重视资产配置且采用积极、多元的资产配置。长期的养老金投资运作过程中，正是凭借重视权益类资产、另类资产的配置，且进行多样化、分散化的投资，保证了养老基金的盈利，而且分散、降低了投资风险，保证了养老基金的安全性和流动性。

（四）推动投顾业务的发展

DC和个人自愿养老储蓄计划一般是个人有选择权，个人作为缴费主体同时又是投资主体，既要面临如何缴费、如何开户以及税收等制度方面的问题，又要面临如何结合个人的生命周期特征进行长期投资，进行资产配置的安排、投资产品的选择、税收优化等，非专业的参与者很难对上述问题有清晰的认知，很可能由于惰性或专业度不够等因素选择不参与。养老金顾问业务的发展有助于提高个人参与养老金计划的积极性和投资效率，进而增加养老金资产积累，亟待发展和培育。

参考文献

董克用、姚余栋：《中国养老金融发展报告（2017）》，社会科学文献出版社，2017。

人力资源和社会保障部社会保险基金监督司、博时基金管理有限公司：《海外养老金管理》，经济科学出版社，2015。

中国证券投资基金业协会：《个人养老金制度与实践》，2016。

林盈课：《建构国内劳工退休金自选投资服务机制之探讨》，2017。

B.14 英国养老金资产管理经验借鉴与启示

凯文·米尔恩*

摘　要： 二战后，英国政府基于贝弗里奇报告建立了以高福利为主要特征的养老金制度。但是，随着英国老龄化问题的出现与加剧，养老支出逐年扩大，财政负担不可持续。因此，英国历届政府非常重视养老金制度改革。在过去几十年中，从养老制度框架设计，到养老监管与投资等诸多领域都进行了持续不断的调整与完善。譬如，2012 年推出的自动加入政策，以及 2015 年允许并鼓励参保人自由选择等。目前，我国养老金改革已经进入"深水区""攻坚期"，特别是私人养老金或第三支柱建设正处于改革方向选择的关键阶段。因此，我国有必要积极借鉴英国养老金改革中的成功经验与有益做法，并充分结合我国的具体国情与实际情况，加快建设更加公平可持续发展的社会保障与养老制度。

关键词： 英国　多支柱　国家养老金　职业养老金　个人养老金　资产管理

一　英国养老金制度概况

目前的英国养老金制度始建于 20 世纪 40 年代，经过历届政府的多轮改革

* 凯文·米尔恩，2013 年 3 月加入标准人寿集团，主要负责投资提案范围的设计和开发，以供集团个人客户、机构客户及其顾问使用。有近 20 年的金融服务领域工作经验，曾在富兰克林邓普顿投资公司担任产品战略总监，负责为公司在英国和欧洲地区的个人及机构客户开发多种多样的投资产品。还曾任职于苏格兰寡妇投资伙伴有限公司及爱丁堡基金管理公司。

后，形成了今天较为复杂的多支柱养老金体系。尤其过去几年，在经历了诸多重大结构性和监管体系改革后，英国养老金制度的各个方面几乎都受到了影响。值得指出的是，尽管许多改革本意是为了消除英国养老金制度的复杂性，从而提高参与率，并解决潜在的养老金缺口问题。但是，包括2015年实施的《养老金自由选择条例》在内的改革给原有的制度带来了新的复杂性。大体来看，英国养老金制度分为三大支柱，即国家养老金、职业养老金、个人养老金。

（一）第一支柱：国家养老金

英国国家养老金为“现收现付”制，其资金来自雇员和雇主缴纳的国民保险税。在2016年改革之前，英国国家养老金包括两部分：①国家基本养老金，领取资格以个人的国民保险税缴费年限为基础，如果缴费年限达到30年，则可领取全额养老金；②国家补充养老金，该项养老金给付水平与个人参加国民保险税缴费年限及其收入水平相关。2016年，为简化养老金制度，英国政府对2016年4月之后退休人员推出了新的单一国家养老金。缴费比例主要分为两档，缴费基数也随着通胀与工资等水平变化而调整。譬如，2018/2019税收年度，月收入在702～3863英镑的部分，国民保险税率为12%；3863英镑之上部分，税率为2%。此外，特殊人群，如已婚女性、自由职业者等执行较低的缴费比例。

由于这项新的国家养老金致力于实现整个社会财富的再分配，并保障每个人的最低生活标准。因此，只要缴费年期数相同，无论个人缴费金额多少，都将领取同等水平的养老金。国民保险税缴费记录达到35年的个人将有资格领取每年（2018/2019年度）8546英镑的全额养老金，大致相当于31%的收入替代率（年均收入26728英镑，2018年1月数据）。但缴费年限低于10年的人则不能领取任何国家养老金。

国家养老金领取年龄是指可申领国家养老金的最低法定年龄，自2018年11月起，该年龄将统一为65岁（此前为男性65岁、女性60岁）。同时，为了提高国家养老金制度的财务可持续性，英国政府规定国家养老金领取年龄将于2018年12月至2020年10月逐步提高至66岁，2026～2028年再提高至67岁。此外，2017年3月发表的一份第三方评估报告建议，考虑到预期寿命的稳步增长，英国国家养老金领取年龄应在2037年之前进一步提高至68岁。需要指出的是，参保人可以在达到法定年龄时，不领取国家养老金，继续工作。但是，一旦参保人决定退休并领取国家养老金，养老金额度将相应提高。

（二）第二支柱：职业养老金

在英国，职业养老金也被称为单位养老金（Workplace Pensions），指雇主为雇员提供，双方共同缴费，且缴费一般享有税收优惠的养老金制度。英国职业养老金建立的时间并不算太长。1993年通过的《养老计划法案1993》标志着英国正式在全国范围内建立职业养老金制度。此后，《养老金法案1995》《养老金法案2008》进行了不同程度的修订与完善。根据《养老金法案2008》，英国政府决定建立"全国职业储蓄信托"（National Employment Savings Trust，NEST），以方便自由职业者等人群加入。

在英国，职业养老金是强制性的制度安排。但同时，相关法律规定，如果雇员的月工资低于503英镑，雇员仍可以加入由雇主提供的养老金计划，但是后者可以不进行匹配缴费。

1. 职业养老金类型

英国职业养老金计划主要分为收益确定型（Defined Benefit）与缴费确定型（Defined Contribution）两大类，如图1所示。

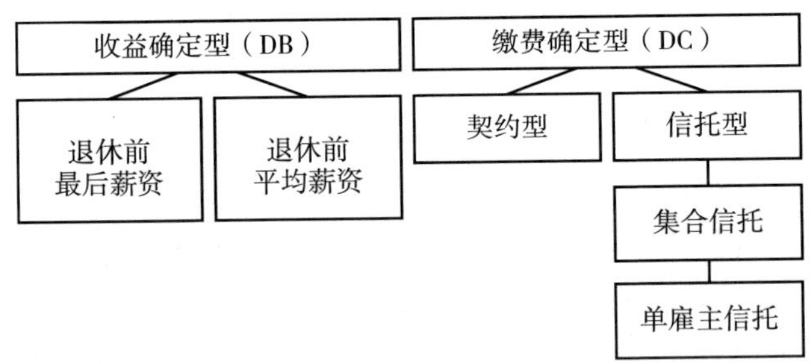

图1　英国职业养老金分类

（1）收益确定型（DB）。与世界其他地方做法相同，英国的DB计划为退休人员提供一笔确定的养老金，通常是退休时一次性领取。养老金水平主要基于个人的历史收入和缴费年限，而不直接依赖投资回报。但是在过去20年左右时间里，鉴于寿命延长、投资回报率下降以及低利率环境等因素，DB计划越来越缺乏吸引力。尽管雇主也试图通过调整收入计算等方式来降低成本，但财务负担仍持续增加。

在此背景下，英国的 DB 计划正在逐渐减少。数据显示，DB 计划数量已经由 2006 年底的 7800 个（活跃成员 350 万）下降到 2017 年底的 5588 个（活跃成员仅 150 万）。此外，更多 DB 计划也正在停止新成员的加入或继续缴费。目前，只有 12% 的 DB 计划面向新成员开放，47% 允许现有成员继续缴费。

（2）缴费确定型（DC）。尽管自 20 世纪 80 年代英国已有 DC 计划，但其主要是作为 DB 计划的补充安排。然而，随着 DB 计划的逐步退出以及“自动加入”制度的施行，DC 计划逐渐从第二支柱的补充角色发展成为主要角色（见图 2）。

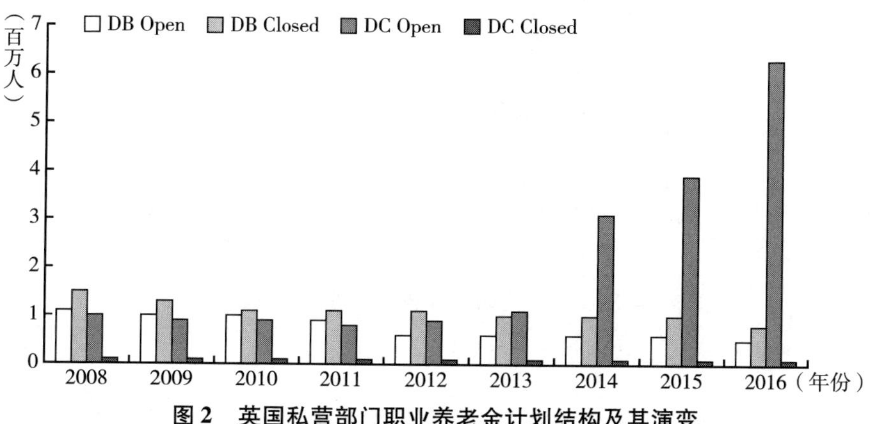

图 2　英国私营部门职业养老金计划结构及其演变

资料来源：英国国家统计局，2016 职业养老金计划调查。

英国的 DC 计划分为两大类，即信托型与契约型。虽然二者具有相同的目标与特征，但其法律监管框架及雇主参与水平/责任不相同（见表 1）。

表 1　英国 DC 计划及注册成员数量

单位：%，人

类型	信托型	契约型
计划	31940	2190
开放计划	25150	1960
成员	11364000	N/A
活跃成员	6778000	5188000

资料来源：英国养老金监管局。

2. 缴费率

正如之前所强调的，随着雇主由DB计划转向DC计划，英国职业养老金已经发生了重大改变。驱动此改变的因素之一是相对于DC计划而言，DB计划的成本在上升。根据英国国家统计局数据，DB计划的平均缴费率已升至参缴成员年薪的22.7%，其中16.9%来自雇主缴费。而DC计划的总缴费率为4.2%，其中雇主平均缴费率仅为参缴成员年薪的3.2%（见图3）。

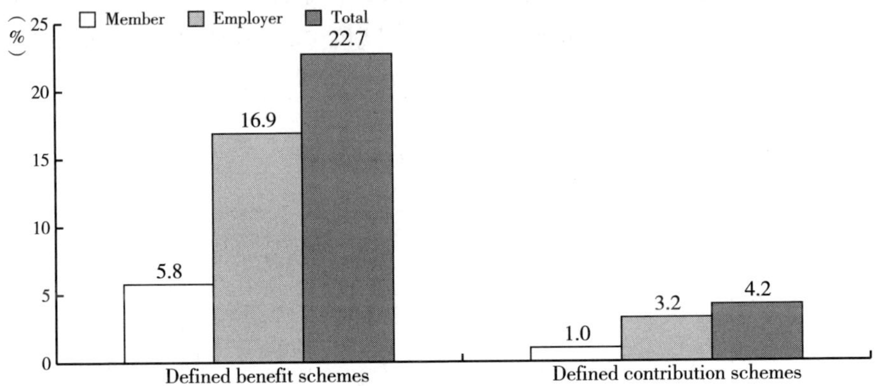

图3　英国私营部门职业养老金计划加权平均缴费率

资料来源：英国国家统计局2016年养老金计划调查。

但需要指出的是，改革初期将DC计划的最低缴费率设置为2%的较低水平，主要是为了避免对员工产生“工资冲击”，即担心如果设定的缴费率太高将会影响员工参与积极性。因此，随着时间的推移，最低缴费率将从2018年开始提高至5%，然后在2019年提高至8%。此外，养老金计划、雇主、机构参与者和政府都在努力寻找鼓励个人更多缴费的方法。

总体来看，公共部门职业养老金的参与率较高，2012年为88%，2016年上升至92%。相比而言，私营部门较低，2012年参与率只有42%，仅为公共部门的一半左右。但是，自从2012年开始施行“自动加入”制度后，参与率快速提升。截至2016年，私营部门的职业养老金参与率已经达73%，如表2所示。

（三）第三支柱：个人养老金

英国养老金制度的第三支柱由个人安排（即不通过雇主）的储蓄计划组

表 2　2012～2016 年职业养老金适格雇员参缴情况

单位：%

年份	2012	2013	2014	2015	2016
公共部门(如地方政府、国民医疗保健署)	88	90	91	91	92
私营部门	42	46	63	70	73
总计	55	58	70	75	78

资料来源：DWP。

成，通常是基于个人和养老金机构之间直接签订合约的 DC 计划。雇主仍然可以为个人养老金缴费，且缴费可税收抵扣。英国个人养老金包括以下几类。

（1）Stakeholder 养老金：限定投资选择且投资管理人收费上限为管理规模的 1%。

（2）个人养老储蓄计划：与 Stakeholder 养老金类似，但不限制管理人收费费用，且投资选择范围更广泛。

（3）个人自助投资养老金（SIPPs）：在可投资资产类型方面提供了更大的灵活性。可以包含共同基金、复杂且/或未上市的投资、个人资产以及房地产等。

2001 年 4 月之前，个人养老金仅适用于未参加职业养老金计划的个人。但是，自 2006 年 4 月起，个人养老金的准入条件得以拓宽，开始面向所有 75 岁以下的人群开放。个人养老金缴费可享受税收抵免，但是总额度将与职业养老金缴费一并计算。根据相关规定，2018/2019 年度，如果参保人私人养老金账户（即包括职业养老金与个人养老金）的缴费超过当年收入与 4 万英镑的低值，将不能享受税优。此外，如果参保人的私人养老金账户总余额超过 103 万英镑，也将不能再享受税优。

英国私人养老金的领取年龄相对较为灵活，主要由养老金提供商来规定，但一般不早于 55 岁。对于个人养老金账户资金，参保人可以最多一次性提取余额的 25%，且享受税免，剩余的 75% 部分需缴税。此外，对于剩余的养老账户余额，有三种领取方式，即现金、终身年金、分期支付。

（四）英国养老金资产

英国金融行为管理局 2018 年报告显示，英国养老金资产约为 2.1 万亿英镑，这也是世界上最大的养老金市场之一。其中，第二支柱职业养老金计划的资产约占总资产的81%，第三支柱个人养老金占19%，如图4所示。

此外，尽管英国市场上DB计划的数量在下降，但其资产规模仍将近1.7万亿英镑，在英国养老金总资产中占比最大。同时，DC计划养老金资产中，契约型资产1680亿英镑、单雇主信托计划1650亿英镑及集合信托计划180亿英镑。应当注意的是，尽管目前集合信托计划的资产总额相对较低，但随着集合信托成为“自动加入”中最常用的计划，未来更多的单雇主信托计划将向集合信托计划转变。

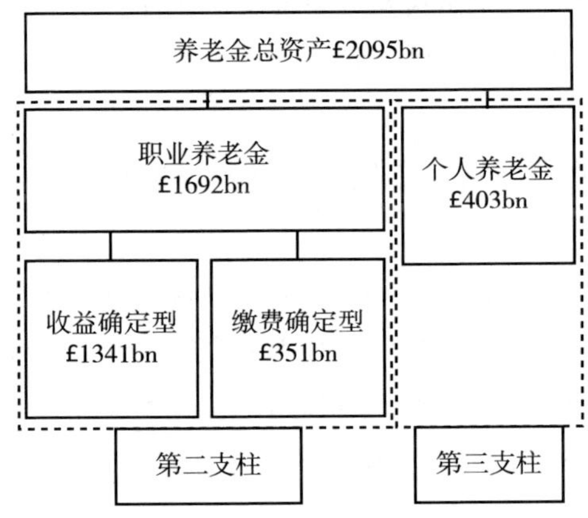

图4　英国养老金资产概况

资料来源：英国金融行为管理局。

二　英国养老金市场资产管理

（一）运营模式与行业介绍

英国养老金监管局数据显示，英国目前有职业养老金计划约40000个，每一个计划都有与其特定需求所匹配的运营模式和投资结构。概括而言，英国养老金行业主要由以下市场参与者组成（见表3）。

表 3　英国养老金市场参与者及其角色情况

参与者	特征/角色	市场参与人数
顾问	英国市场的中介参与度非常高,绝大多数计划和个人都愿意听取养老金方面的专业建议,专业顾问是英国资管产品的主要分销渠道。 顾问可以帮助雇主、受托人和个人(就第三支柱个人养老金而言)做出一系列决策,包括方案设计、投资选择以及资管公司/供应商或管理人的选择。 顾问分为多种不同类型,以满足不同计划及个人的需要: ●机构型顾问:此类顾问通常为 DB 计划及大型 DC 计划提供较为复杂的专业高端咨询。通常由投资专家、精算师、雇员福利咨询公司(其中许多提供全球性服务)以及其他大型专业服务公司担任,也为客户提供其他服务(如会计或审计) ●独立财务顾问(IFAs):此类顾问通常是总部设在国内、为个人及中小企业 DC 计划提供财务咨询的公司。既有专为养老金计划服务的大型 IFA,也有仅将养老服务作为部分业务的小型 IFA ●其他:即为个人及企业养老金计划(较少)提供咨询服务的金融机构(如银行)或专业人士(如律师、会计师)	市场上顾问数量非常多,但并没有一个统一的数据。据英国公平交易局(OFT)2013 年估计,英国养老金顾问达数百个。 另外,机构型顾问相对较少,只有不到 30 个,但集中度高。据市场预测,2017 年规模最大的前三家咨询公司对 DB 咨询市场的占有率高达 80%
养老金供应商	养老金供应商管理契约型、捆绑型信托和集合信托型 DC 计划。具体职责包括: ●账户管理:包括登记注册成员、记录参缴人员投资决策、收取保费、管理账户等 ●设计投资组合,譬如为不做投资决定的参缴成员设计提供默认方案 ●设计和提供一系列基金,以便计划自行设计默认方案或个人可根据自身特定需求量身定做投资方案 ●审查基金和投资组合的表现,确保其符合计划/个人的预期 养老金供应商往往是大型保险公司或多雇主的集合信托,也可以是基金平台、资产管理公司或专门的个人自助投资养老金(SIPPS)	英国为养老金计划及个人提供服务的大型传统养老公司不到 30 家。 但是,向个人提供自助投资养老金的小型供应商约 50 个。 根据英国养老金监管局数据,目前英国获批的集合信托计划有 23 个
第三方管理人	尽管一些养老金计划(通常为大型计划)会采取内部管理模式,但许多非捆绑模式的计划采取第三方外包管理模式。第三方管理人提供专业的独立管理服务,这一点与养老金供应商服务类似。但是,第三方管理人不提供投资或默认方案设计等任何其他捆绑服务,这意味着其主要服务于大型信托型 DC 计划和 DB 计划。另外,一些养老金供应商(例如集合信托)也会将管理外包给第三方。 第三方管理人往往是大型的专业管理公司或全球性商业银行集团。同时,一些大型咨询机构也提供此服务	根据英国公平交易局(OFT)估计,2013 年为 DC 市场提供第三方管理服务的小型机构很多,但大型管理人仅有 10 个

续表

参与者	特征/角色	市场参与人数
资产管理公司	一些大型养老计划拥有自己的投资团队,但绝大多数计划将资产管理外包给一个或多个专业管理人,或者使用养老金供应商提供的投资方案。 资产管理公司直接向养老金计划提供各种专业投资服务,或向养老金供应商提供服务,再由供应商为 DC 计划和个人进行捆绑设计。许多供应商拥有内部资产管理公司,但也会通过基金平台向第三方资产管理公司开放。 资产管理公司通过共同基金或隔离账户按照计划/供应商者拟定的托管协议中规定的特定要求进行管理服务——由于投资起点较高,隔离账户通常只适用于规模较大的计划。 为英国养老金市场服务的资产管理公司规模差异很大,有提供多种资产类型和投资方式的大型跨国公司,也有专门从事特定资产类别的小而精的公司	2016 年,英国有 138 家资产管理公司。但是,市场集中率较高,据估计,前十大管理人负责管理了英国客户 56% 的资产

根据计划类型、规模大小、雇主/受托人的知识与专业度等，以上的市场参与者可以有多种组合或合作方式。但一般而言，主要体现为以下两种运营模式。

（1）非捆绑式模式：即养老金计划选择多个供应商以提供特定的资产管理服务。在该模式中，计划通常指定一名管理人，同时根据所选投资方案指定数家资产管理人（例如，单一管理人管理的“多资产基金”以负责全部投资组合及资产配置，或不同管理人分别管理单个类型的基金）。

（2）捆绑式模式：即计划选择单一供应商提供管理、投资和治理服务。养老计划对捆绑式模式的控制力较弱，但由于与供应商关系单一，流程相对简化，因此更容易管理。

契约型 DC 计划与第三支柱个人养老金通常采取捆绑式模式，即由养老金供应商提供所有的管理和投资服务（尽管在某些情况下，供应商可将某部分业务外包给专业机构）（见图 5）。

资产管理服务是以养老金供应商创建的每日定价的养老基金形式进行的，并可为投资者提供一系列涵盖单一资产类别或多资产类别组合的投资策略。尽管供应商负责创建、定价和管理基金，但其所持有资产通常由专业资产管理人通过供应商授权的直接证券投资组合或由多家第三方资产管理人管理的共同基

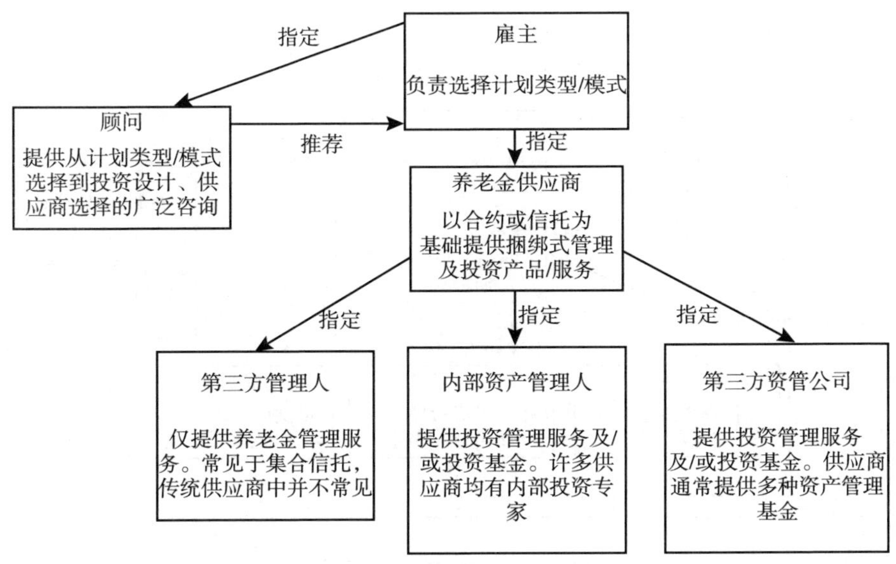

图5　契约型 DC 计划示意

金而代为管理。

DC 养老金计划成员及个人养老金中的个人可以在供应商提供的范围内选择基金，以建立属于自己的投资组合。然而，大多数成员/个人并非投资专家，也不具备建立和持续管理投资组合的知识、时间或意愿。因此，供应商也提供“打包”的投资方案组合，使成员不必做出复杂的投资决策。通常投资方案组合的设计是为满足特定的目标（例如为退休而储蓄），可以在供应商提供的基金范围内进行组合。由于这些投资方案组合均受到专业管理及政府监管，成员/个人可以较为放心地进行选择，使其更适合自己的实际情况。

信托型 DC 计划受托人通常选择捆绑式或非捆绑式两种模式（见图6）。

非捆绑式对于受托人来讲具有更多的控制力，但因为同时有多个服务供应商，管理复杂性较高。由于大型计划有更多资源与专业人士，因此非捆绑式更受青睐，而不具备前述资源和专业知识的中小计划则更倾向于捆绑式。

选择捆绑式的信托型计划在资产管理安排上与上文所述的契约型计划类

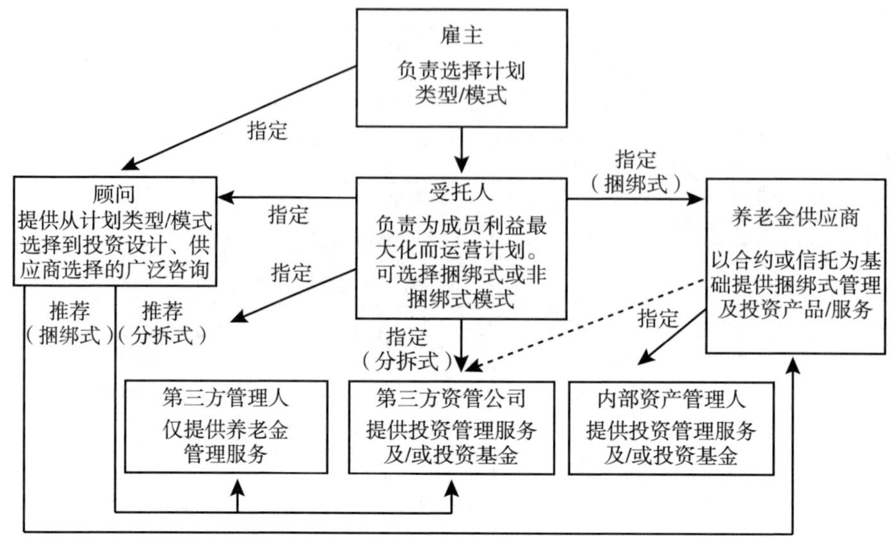

图 6　信托型 DC 计划示意

似。唯一的区别在于不同的提供商所提供的基金范围显著不同。例如，保险公司通常会提供投资方案组合以及大量基金以供选择，而一些集合信托提供的投资组合则可能更加集中，额外的基金选择很少。

DB 养老金计划须满足对计划参缴人员的收益“承诺”，因此，DB 计划更需要建立可根据其具体要求定制资产管理安排的非捆绑式。大多数大型 DB 计划的资产管理服务设有独立账户，但也经常使用组合投资工具以获取更多的特定资产类别。通常计划指定管理人管理特定资产类别和策略，但近年来多资产配置逐渐增加。

规模较小的 DB 计划更多利用组合基金或多资产投资以确保其投资组合多元化，并降低复杂性和潜在成本。几乎所有 DB 计划都会聘请顾问来协助选择资产管理人，评估计划的负债状况和充足率等精算服务，以提出适合该计划的资产配置方案。DB 计划示意见图 7。

（二）投资流程与业绩基准管理

英国养老金计划数量众多，投资流程也不尽相同。但是，大体上可以按照计划模式，即 DC 计划和 DB 计划来划分。

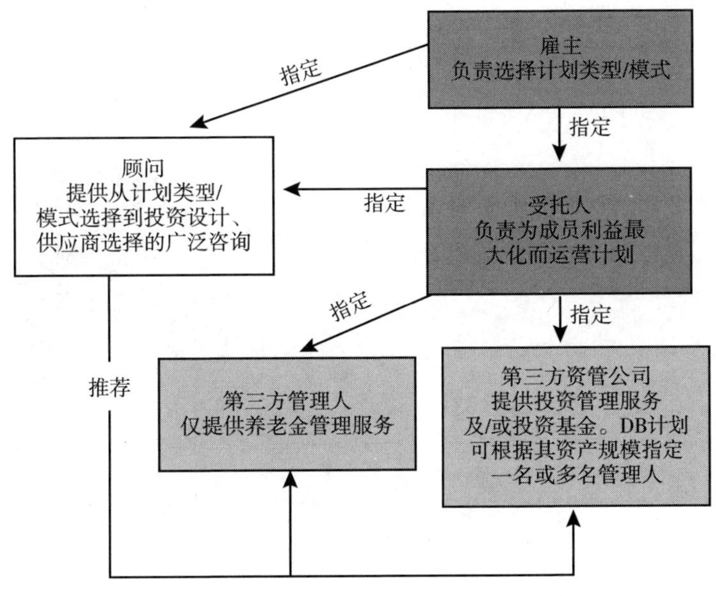

图 7　DB 计划示意

1. DC 计划

如前所述，DC 养老金计划普遍提供"默认"投资选项。英国相关监管制度要求，默认方案应满足大多数计划成员的需求，并考虑成员的风险偏好及退休时的养老金提取方式等。尽管在默认选项之外，DC 计划也提供一系列备选方案，但由于大多数计划成员不太有信心自己做出投资选择，默认方案往往持有养老金资产的绝大比例。

默认方案可采取多种形式，但目前为止最常见的是"打包"的投资方案组合（即"生命周期策略"，或较为少见的"目标日期基金"）。其主要特征是随着时间推移，根据参缴成员的年龄和距离目标退休日期限而改变资产配置和风险水平。譬如，当参缴成员处于积累资产阶段，应将更多资金投资于偏增长型的投资组合；随着退休日期临近，应开始逐步降低风险，直至成员的投资组合与其退休需求/计划相匹配，如图 8 所示。

一般来讲，契约型计划的养老金供应商以及信托型计划的受托人（与投资顾问一起）负责对生命周期型投资方案进行设计，然后任命一名资产管理

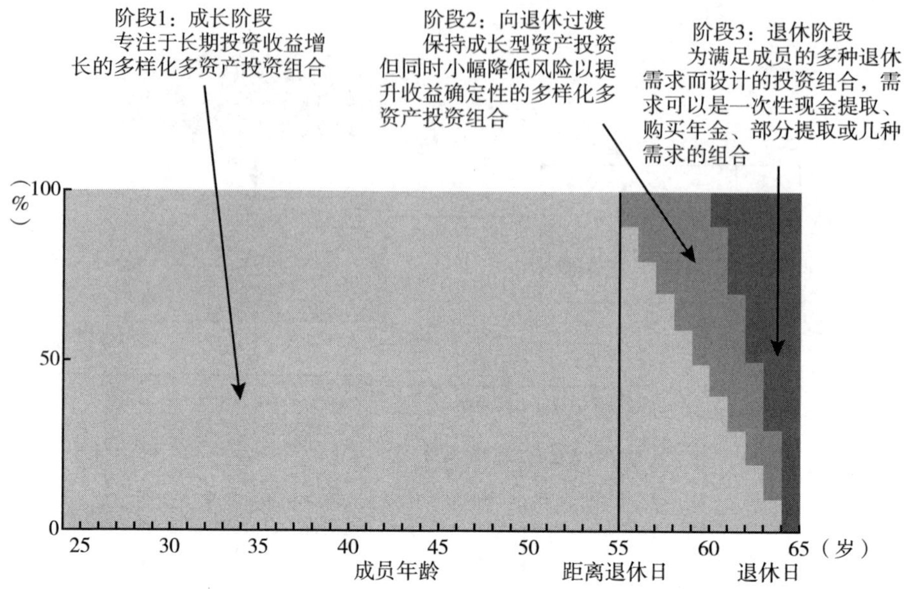

图8　退休日期与资产配置组合安排示意

人对生命周期投资方案的各组成部分进行管理——须注意的是，除非是目标日期基金，一般由供应商或第三方管理人进行大类资产配置及其切换，而不是资产管理人。

通常投资方案是由不同风险水平的多资产组合构成。过去，此方案体现为由股票和债券构成的“平衡”组合，其目标是获得比同类养老金计划投资组合更好的业绩。这意味着资产配置决策与平均资产配置相关，通过比较一个计划的投资组合与平均值的差异对风险进行考量，并根据同类投资组合的平均回报情况对资产管理人的业绩进行考核。尽管多年来这种策略一直都较为成功，但不可避免导致投资组合的“羊群效应”（即聚焦于投资表现优于其他养老金计划，因此，为了减少低于同业的风险，所有计划均倾向于同时做同样的事情，而不是更专注于满足成员的真实需求）。

21 世纪初，特别是互联网泡沫造成养老金市场的巨大损失后，英国政府委托 Paul Myners 对机构投资市场进行了评估（即 *Institutional Investment in the UK：A Review*，简称 Myners 报告）。Myners 报告建议养老金计划由同业业绩作为基准转变为指数基准。这也促使资产管理人改变了战略资产配置的流程，以通过多资产组合，期望在既定风险水平下实现收益最大化。同时，资产管理人在引入新的资产种类方面也拥有更大自由度，以帮助实现多元化收益，以及提高投资组合的风险效率。鉴于此，越来越多的养老金计划开始采取不同的投资方式以满足成员需求，投资组合也变得越来越多样化。

以上投资理念是许多英国养老金计划的标准方案。但是，最近我们注意到，养老金计划开始从综合基准（即反映战略资产配置中资产类别的混合指数）进一步发展到结果导向或目标导向——例如在市场周期中跑赢通货膨胀的回报目标。

就资产管理人采取的资产管理方案而言，大多数 DC 养老金资产采用主动型投资策略（即管理人通过股票选择或通过策略性资产配置来寻求高于市场的平均回报）。但近年来，在某些资产类别中，开始对低成本的被动投资策略（即跟踪市场加权指数）越来越感兴趣。数据显示，目前英国养老金总资产中大约 1/3 是以这种方式管理的。

2. DB 计划

过去，大多数 DB 计划采取了与上文所述 DC 计划类似的同类业绩比较方式。这一策略在 20 世纪八九十年代股市牛市阶段是有效的，但更多研究表明，不同的 DB 养老金计划千差万别，同类业绩比较基准并不合适。

1995 年实施的《养老金法案》强调了资产负债匹配的必要性，并导致由同类业绩基准向计划定制的资产配置转变，而后者每一资产类别均以市场指数为基准，且更加注重负债端与资产端的匹配。在此背景下，负债驱动型投资策略开始兴起。

在采用这种策略时，养老金计划必须提升其所持有资产和治理结构水平。传统债券并不能很好地匹配养老金计划的长期负债（通常与通货膨胀挂钩），因此，为了满足既定目标，计划不得不允许资产管理人使用一系列复杂的投资工具（包括金融衍生品）以作为传统资产的补充。最初，这些复杂的投资策略只用于投资银行的大型计划，但是，随着过去几十年市场的发展，这些策略已经越来越多地由资产管理人向更多计划提供——包括通过集合方式投资的中小型计划。

（三）资产结构

1. 第二支柱 DC 计划与第三支柱个人养老金计划

不同供应商及计划的资产配置不尽相同。为了反映英国养老金市场的整体情况，我们整理了英国前十大供应商默认的生命周期策略及其所采取的（成长阶段）资产配置数据（见图 9）。

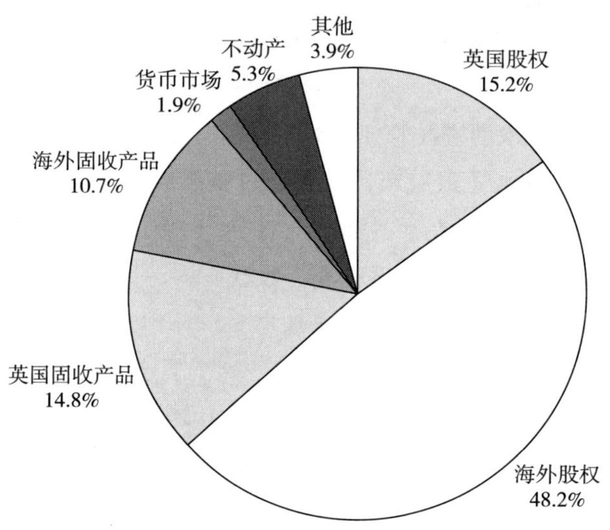

图 9　英国前十大供应商 DC 计划默认生命周期策略的资产配置（2018 年第一季度）

资料来源：标准人寿。

样本组内的配置情况显现较高的差异性。例如，对股权的投资占比普遍最高，平均值为 63%，但从 45% 到 85% 不等。另类资产（如绝对收益策略或大宗商品）的配置比例最低为 0，最高 13%，差异非常明显。

我们注意到过去 5 年，英国 DC 计划市场发生新变化。英国许多倾向于建立内部“默认”投资组合的大型 DC 计划，不断优化其资产配置，以提高组合多样化。

• 股权敞口有所减少，且对境内股权的偏好逐渐减少，对海外股权的配置比例在加大；

• 固定收益敞口有所增加，尽管这里的固定收益可能与 DB 计划所指有所不同，例如，DC 计划中可能更多地利用高收益及新兴市场债券以提高投资组合的多样化；

• 引入或增加更多的资产类别，包括房地产及其他另类资产。

在某种程度上，包括增加另类资产敞口在内的以上变化可能是源于英国 DC 计划更多地使用“多样化增长基金”（DGFs）。目前英国市场上有 40 多个 DGFs，吸引了大量资金。这些基金本质上各不相同，但大多数是分散化的多资产基金，其目标以结果为导向，而不寻求超越传统的以指数为导向的基准业绩。例如，DGFs 会追求超过现金或通胀的特定长期回报水平。除了通过资产类别选择提升分散程度以外，一些 DGFs 会利用更复杂的投资技术（通常使用衍生策略）以进一步提高投资组合的风险效率，并实现其相对于传统多资产方案波动性更小的目标。

2. DB 计划

大多数 DB 计划现在已经不再接纳新成员，并且投资策略的重点开始从长期增长转向降低风险，以及资产负债匹配转变，这导致了与十年前相比，目前 DB 计划持有的债券类资产比例增大，而股权类资产减少。债券的平均配置比例由 2008 年的 26.5% 增加到 2017 年的 41.4%，而同期股权配置从 50.2% 下降到 34.5%，如表 4 所示。同时，DB 计划资产配置也受计划规模、财务状况及成熟度影响。规模最大、财务状况最好且最成熟的计划往往将其资产的更大比例投资于债券。相比之下，有资金缺口或负债程度高的计划可能更多持有成长型资产，以更好满足其回报需求。

在债券类配置中，企业债券比例由 2008 年的 33% 提高到 2017 年的 46.8%，国债比例上升到 25.9%，尽管仍低于 2008 年 47.2% 的平均水平。其余债券类资产为指数型债券（这也是一些负债驱动投资策略的重要组成部分），其占比为 27.3%。一般来讲，中小型计划持有的国债与企业债比例高于指数型债券。

在股权类配置中，英国本土股票投资的比例从 2008 年的 60.4% 下降到 36.3%，而海外股票比例从 2008 年的 39.6% 上升到 2017 年的 61%。小型计划比大型计划更倾向于持有英国股票。例如，资产规模低于 500 万英镑计划的股票配置比例中英国股票占比为 50.5%，而资产超过 10 亿英镑的计划，其比例仅为 16.6%。未上市/私募股权的比例也在持续增加，现在达到 2.7%，而 2008 年为 0。

表4 2008～2017年英国DB型养老金计划资产配置及其他类投资明细

单位：%

年份	资产配置			"其他"类的投资明细				
	股权	债券	其他	房地产	现金	保单	对冲基金	其他
2008	50. 20	26. 50	23. 30	2. 90	4. 40	13. 00	—	2. 90
2009	46. 60	29. 20	24. 20	2. 80	5. 60	12. 40	0. 70	2. 60
2010	43. 10	32. 60	24. 30	2. 60	5. 70	12. 30	0. 90	2. 80
2011	43. 70	32. 60	23. 70	2. 70	4. 90	11. 80	1. 00	3. 30
2012	43. 70	36. 10	20. 20	3. 50	5. 50	4. 40	3. 70	3. 20
2013	40. 60	39. 10	20. 30	3. 60	6. 20	2. 00	5. 00	3. 50
2014	39. 40	39. 00	21. 60	3. 50	6. 40	1. 80	6. 20	3. 90
2015	38. 80	39. 40	21. 80	3. 60	5. 70	1. 70	7. 30	3. 70
2016	36. 80	41. 10	22. 10	3. 70	5. 40	1. 20	7. 90	3. 90
2017	34. 50	41. 40	24. 10	3. 70	3. 60	0. 70	7. 90	8. 10

资料来源：英国退休保障基金，《2017年紫皮书》；表格与计划报告的资产分配权重简单平均值相关联。

在过去十年中，尽管投资类别已经发生了重大变化，但债券和股票以外的投资工具的比例仍保持相对不变。例如，对冲基金的持有比例从2008年的0上升到2017年的7.9%。

（四）养老金投资与运营监管

英国有三个养老金监管机构，分别是养老金监管局（TPR）、金融行为管理局（FCA）和审慎监管局（PRA），每一个监管机构侧重不同的领域，如图10所示。

1. 养老金监管局（TPR）

TPR是职业养老金的法定监管机构。TPR致力于保护职业养老金计划参缴成员的利益，降低养老金计划失败的风险，促进职业养老金计划的良好管理，并确保雇主遵照《2008养老金法案》履行其职责。

- 监管DB和信托型DC养老金计划，包括其筹资、治理及运营；
- 监管职业类个人养老金计划；
- 为下列人员提供有关职业养老金计划的信息、培训及援助：

——参与计划治理和管理的人士

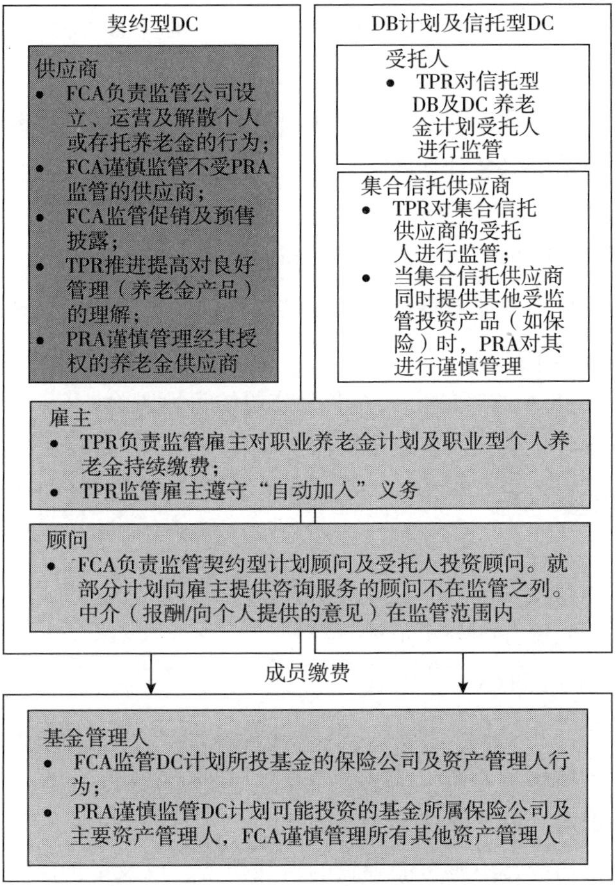

契约型DC

供应商
- FCA负责监管公司设立、运营及解散个人或存托养老金的行为；
- FCA谨慎监管不受PRA监管的供应商；
- FCA监管促销及预售披露；
- TPR推进提高对良好管理（养老金产品）的理解；
- PRA谨慎管理经其授权的养老金供应商

DB计划及信托型DC

受托人
- TPR对信托型DB及DC养老金计划受托人进行监管

集合信托供应商
- TPR对集合信托供应商的受托人进行监管；
- 当集合信托供应商同时提供其他受监管投资产品（如保险）时，PRA对其进行谨慎管理

雇主
- TPR负责监管雇主对职业养老金计划及职业型个人养老金持续缴费；
- TPR监管雇主遵守“自动加入”义务

顾问
- FCA负责监管契约型计划顾问及受托人投资顾问。就部分计划向雇主提供咨询服务的顾问不在监管之列。中介（报酬/向个人提供的意见）在监管范围内

成员缴费

基金管理人
- FCA监管DC计划所投基金的保险公司及资产管理人行为；
- PRA谨慎监管DC计划可能投资的基金所属保险公司及主要资产管理人，FCA谨慎管理所有其他资产管理人

图 10　英国不同类型养老金计划投资与运营监管流程中的监管职能

资料来源：FCA，《2014 年缴费确定型养老金计划监管工作指引》。

——为受托人提供咨询意见及管理养老金计划运作的人士

——雇主及为雇主提供咨询意见的人士

• 监管 Stakeholder 养老金计划注册登记，及其是否符合 Stakeholder 养老金计划的条件；

• 监管职业养老金的受托人、管理人、雇主及其他各方主体的责任；

2. 金融行为管理局（FCA）

FCA 负责规范金融市场、批发零售行为的标准并监管相关金融基础设施。FCA 一个重要的战略目标是确保金融市场平稳运作。该目标分为以下三个具体运营目标：保护消费者利益；保护和加强英国金融体系的稳健性；促进金融市场有效竞争。就养老金计划而言，FCA：

• 规范契约型 DC 养老金计划的建立、运营和清算；

• 监管提供、营销、咨询或销售契约型 DC 养老金的公司；

• 监管向信托型职业养老金计划提供投资及投资服务的公司，从而间接监管信托型职业养老金计划；

• 监管不受 PRA 监管的个人养老金公司的审慎风险；

• 在若干重要领域，对金融申诉服务机构（FOS）负责，该机构负责处理有关契约型 DC 养老金的投诉——FOS 与养老金申诉专员共同分担该投诉处理的角色；

• 负责金融服务补偿计划，包括但不限于经 FCA 授权提供契约型 DC 养老金或为其提供顾问服务的公司负债。

3. 审慎监管局（PRA）

PRA 是英格兰银行的一部分，负责对超过 1700 家金融公司（包括银行、购房互助协会、信用合作社、主要投资公司和保险公司）进行审慎监管，并确保金融市场稳定。PRA 的主要法定目标在于促进和确保其所监管的公司安全健康，避免公司经营不善可能导致的潜在损害，以及保护保险公司的保单持有人利益。

三　英国养老金资产管理趋势

英国正在进入一个新的退休储蓄时代，新的现象与趋势正在出现。包括但不限于 DB 计划的逐渐消失、“自动加入”制度的施行，以及养老金自由与选择制度的引入等。

（一）新的默认组合设计

在新的环境下，英国养老金计划出现以下特征：成员的个人需要变得更为重要且多样化；DC 计划作为退休收入来源的依赖性在增加，缴费水平也在提高，且成员参与更多。基于此，我们需要回答以下问题：未来成员将需要/想要什么，默认组合应该是什么样子，以及在更广泛的投资选择中其默认组合的作用到底是否应当发生变化？这些问题与挑战将使我们不得不更关注成员退休后的收入，而这又取决于两个因素，即缴费阶段的投资回报，以及成员的缴费水平（后者也许更重要）。

过去，许多成员不愿意在法定额度之外再缴费，造成这种现象的原因有很多，包括更看重当前消费、对自身养老金需求缺乏知识或了解以及缺乏对养老金的信任。因此，为了帮助成员提高退休收入，养老金计划与供应商一直在努力提升成员的参与度，并鼓励成员更多缴费与储蓄。但关键是，只有成员所持有的投资方案能够达到预期回报才能帮助他们建立起对计划的信任和信心。

英国工作和养老金部（DWP）研究发现，68% 的参与者认为即使可能回报更高，养老金投资最好不要冒险，这也与标准人寿的经验相符。在完成风险偏好评估的客户中，超过 3/4 的人选择中等或低风险，这也超出了养老金监管机构对默认组合设计需考虑成员风险偏好的要求。这也告诉我们，不符合预期的投资方案或不好的体验可能意味着成员信任和信心的丧失。

但是，如果成员只能承担较低投资风险，恐怕只有通过高缴费才能实现轻松退休。在施行“自动加入”计划后最低缴费水平有所增加，但 2019 年将达到的缴费水平也仅为理论研究所建议的缴费水平（15% ~ 16%）的一半。尽管可以劝说成员在最低额度基础上储蓄更多，但成员一生中很可能有其他的财务压力，这意味着他们不太可能在未来储蓄和当前支出需求中优先考虑前者。因此，投资方案所提供的潜在回报水平将对退休收入起到非常重要的作用。我们认为，良好的投资方案是一种折中，一方面它要在成员可以接受的风险范围内寻求收益最大化，另一方面它要降低成员的养老金缺口问题。

一般来讲，英国养老计划根据成员不同阶段的需求将储蓄或生命周期分解成不同阶段，以更好满足成员需求。

基础阶段：为了帮助成员在早期建立信任，一些计划/供应商引入低风险的“基础”阶段，以使成员的养老资产在此阶段不会经历明显波动。支持者指出，由于初期的成员拥有很少的投资经验，该阶段失去信任/信心的风险是最高的。因此，如果糟糕的初始体验导致成员失去信心并停止继续缴费，这将会对以后的资金积累造成很大困难。

早期成长阶段：该阶段成员距离退休日期尚久，所以其风险承受能力很高。因此，理论上，投资组合可以是激进的，以期实现高回报。一些计划确实在该阶段提高风险偏好，譬如 100% 投资于被动型股权。但同时，FCA 也指出，一些养老金计划的默认投资组合过于激进，远远高于成员可能承受的风险偏好。

晚期成长阶段：当成员接近退休年龄时，其需求开始改变。许多成员在退休前从养老金储蓄中取款，他们承受风险的能力很低。因此，一些默认组合开始向更分散的混合资产组合转变。此外，通常此阶段的过渡是渐进的，可以在 45 岁左右或是计划退休日期之前 20 年左右。

退休阶段：随着成员临近退休，情况可能会变得更加多元。这一阶段的累积资产将处于最高水平，因此收益变动将对最终结果产生很大影响。对于打算购买年金或者一次性提取的人来说，随着投资期限的减少，承受损失的能力也会降低。反之，打算分期提取（即将其储蓄作为长期收入或不定期提取）的成员仍被视为长期投资者，其承受风险能力仍较高。

（二）投资选择

如上所述，从 DB 计划到 DC 计划的转变以及自由选择权的引入改变了英国养老金储蓄的性质。现在，更加需要关注的是个人成员本身及其需求。因此，一些计划和供应商（如标准人寿）为个人提供更多的投资选择，以便帮助成员定制其储蓄计划，满足其个人需求。主要方案曾经有以下两种。

（1）“打包”的默认方案，提供“放手”体验；资产配置、风险和基金等选择均由投资组合管理人/供应商负责。

（2）一系列涵盖不同资产类别的投资基金。

然而，对于成员来讲，提供最多的投资选项并不一定是好事，因为我们观察到，面对众多的选择，计划成员往往是不选择。现在养老金计划投资选择所应努力满足的需求不应是为成员构建自己的投资组合，而是帮助他们找到与其退休计划相匹配的投资方案。

因此，应该以一种计划成员有能力参与并能够理解的方式为那些希望定制方案的成员提供帮助、引导和鼓励。这就是为什么许多计划及供应商实施了“投资选择架构”。我们自己的经验表明，成员通常会根据自身情况做出以下选择。

（1）替我做：此群组成员最不愿意或擅长参与投资决策，他们通常会主动避免参与投资选择。因此，该群组倾向于选择默认方案。

（2）帮我做：该群组成员愿意更多参与，譬如对风险程度或退休金提取方式的选择，以符合其个人需要，但他们不会参与到基金选择或投资组合管理。他们只想知道投资是按照他们的需求来管理的。

（3）让我做：该群组成员参与度非常高，他们明确知道想从投资中得到什么，并愿意做出投资决策，但他们也需要一系列投资选项并从中定制投资组合。

（三）更加分散的投资

之前我们提到，对成本的关注推动了英国养老金计划被动投资的流行。但市场普遍认为在承认成本重要的同时，为成员进行最佳投资选择也是完全合理与必要的。过分强调成本可能导致所做出的决策不能最大限度地保护计划成员的长远利益。

在过去几年中，股票和债券价值大幅上升。因此，由股票和债券等传统资产类别构成的默认投资组合方案带来了可观的回报。尽管没有人能够预测未来，但市场普遍认为，目前全球股市已接近历史最高水平，债券收益率也接近历史低点，这些资产的预期增长将低于历史水平。因此，为提高连贯性、减少特定资产类别风险敞口，并提供长期所需的回报，一些计划开始拓宽其资产配置，以确保组合风险的适当分散性。

因此，在低收益环境下，养老计划对于可能增强多元化和回报的投资策略有更大的兴趣。过去五年中，另类资产配置主要包括绝对收益与大宗商品等流动性较好的资产，但近期养老计划开始关注流动性较弱资产并配置。这些资产可以为长期机构投资者提供非流动溢价，以实现更高回报。

譬如，过去未构成养老金计划资产配置的资产类别，如基础设施、私募股权和私人债务等正在受到更多关注。特别是基础设施，英国政府一直在关注如何通过养老基础设施平台等来鼓励养老金计划参与基础设施建设。但截至目

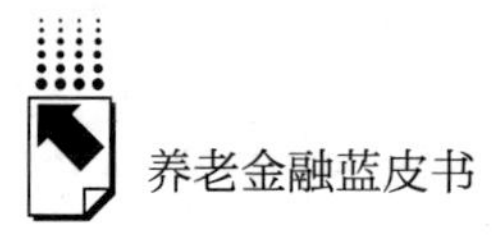

前，只有少数英国 DB 养老基金直接投资于基础设施项目。此外，DC 计划面临的挑战更大，因为 DC 计划需要为成员提供更多的流动性，这意味着 DC 计划对非流动性资产类别的配置在一定程度上会受到限制。

另外，我们看到一些资产管理人（如安本标准投资）开始在私募市场领域进行业务创新。譬如，通过单一金融工具为养老金计划投资者提供多个私募市场资产类别的集合安排。这些金融工具将允许计划（特别是小型 DB 和 DC 计划）通过投资非传统资产类别敞口来实现资产配置的分散化，并帮助计划保持合理回报水平。

（四）基于环境、社会和公司治理（ESG）价值及影响力的投资理念

环境、社会和公司治理因素对投资的影响正成为英国养老金市场日益关注的问题，主要原因如下。

（1）潜在的监管变化。例如，新的欧洲监管要求，2019 年 1 月之前需在计划中说明与 ESG 因素相关风险的管理措施。

（2）一些计划/受托人/供应商/资产管理人担心某些 ESG 因素给计划带来长期可持续性风险，譬如 ESG 较差的公司未来回报可能减少，从而导致计划财务状况的恶化。

（3）计划成员（特别是年轻成员）对于环境和社会问题的重视程度越来越高，这导致对责任投资方案的更大需求。

（4）受托人/供应商认识到基于 ESG、价值及影响力的投资策略可能会使成员更多参与到养老金储蓄中，且该方式比传统的投资策略更加有效。

（5）慈善机构和同行机构的努力提升了“责任投资”的形象，并且越来越影响了政府、计划、资产管理人和供应商。

目前，ESG 并没有标准定义，英国养老金计划对 ESG 有不同的解释，且其引入 ESG 的方案也各有不同。另外，目前英国政府正在考虑如何将“影响投资”更广泛地纳入养老金计划投资战略中。此投资策略不仅寻求长期财务回报，也追求社会或环境目标。事实上，已经有一些计划在其投资组合中采用影响投资策略，例如国家职业储蓄信托（NEST）就通过影响投资策略配置了10% 的股权资产。

（五）因子投资

正如此前所强调的，投资者越来越关注投资成本，因此人们会问有没有一种投资策略，它不仅成本低，且能够同时兼顾主动投资与被动投资策略。“聪明贝塔”就是其中的一个代表。作为一种介于主动与被动之间的投资策略，它类似于传统的被动投资，但同时追求跑赢市场大盘，并期望更高回报。

“聪明贝塔”是一个涵盖多种不同策略的宽泛术语，有些管理人使用“因子”基金，其他人则使用诸如“智能贝塔”、“战略贝塔”、“替代贝塔”或“更优贝塔”等术语。但无论使用哪种术语，通常他们都试图通过使用市场加权指数成分的替代方法以追求更优化的风险与回报平衡，这种替代方法是基于特定特征或“因子”，且管理人相信长期看，这种方法的业绩表现会更好。

尽管聪明贝塔策略通常试图系统性地利用一个或数个管理人，认为随着时间推移可以跑赢基准和/或降低风险的因子，但不同的管理者在投资组合的建立和优化中会应用不同的因子并采取不同的方案。例如，一个“简单”的单因子聪明贝塔投资组合可能只简单地跟踪其选择的替代加权指数，而多重因子策略不仅跟踪指数，管理人还随着时间推移“主动”调整指数/投资组合中的特定因子，以增加未来的收益和/或降低风险。

聪明贝塔策略在英国仍处于起步阶段，该策略也并非没有风险。另外，尚不清楚聪明贝塔因子策略能否很好地应用到固定收益投资组合中。但数据显示，英国机构顾问及养老金计划客户对此策略越来越感兴趣。根据晨星的数据，截至 2017 年 12 月，全球范围内采取聪明贝塔策略的管理资产规模达 1 万亿美元，其中英国资产约占 10% 。

四　对中国养老金改革的借鉴价值

中国和英国养老金制度在支柱设计、发展阶段、监管制度和人口结构等各方面均有很大不同。但是，两种制度在满足国民退休需求方面的最终目标是一致的，此外两者也面临着许多相同的挑战。因此，中国养老金制度仍可以从英国制度的变迁中吸取经验教训，借鉴英国改革的基本思路与理念。

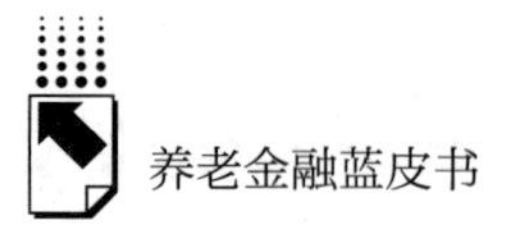

（一）以结果为导向，根据不同人群需求制定投资策略

在与养老金计划相关的资产管理策略的发展过程中，往往有不同的参与者，这些参与者经常有不同甚至矛盾的观点。但是，计划成员是承担风险与回报并最终受到影响的人群，因此将资产管理的决策重点放在如何为他们服务，这可能是英国在此方面迈出的最大一步。例如，对于DB计划，投资策略开始向负债端转变，旨在确保其资产负债匹配，并能有效地将无法支付足额养老金，或雇主不得不额外缴费的风险降到最低。就DC计划而言，决策重点在于默认投资方案的设计，需要满足成员在其生命周期不同阶段的不同需求。对于中国而言，这意味着需要考虑养老金制度的各个支柱需要满足哪类人群的需求，并在此基础上制定策略。例如，如果第二支柱是一种DC型的安排，由个人承担投资风险并依赖投资回报来增加个人储蓄，以便在退休时能获得合理的收入水平，那么该投资策略应更多集中于个人的需求。

（二）适当放宽投资范围和比例限制，承受短期波动风险

提到风险，人们会自然联想到与投资策略相关的收益波动性。尽管波动性风险很重要，但它只是一个方面，并不是风险的全部。特别是当以结果为导向时，策略不能实现所期望结果的风险也同样重要。例如，如果需要相对较高的增长水平，以便为DC计划成员保持足够大的养老储蓄资产池，那么投资策略的制定需随着成员生命周期的变化而变化。这表明如果能够最大可能地实现长期目标，短期内适度的波动应是可接受的。随着成员生命周期的变化（即当成员距离退休日期越来越近，短期波动可能变得更加重要，因此可在一定程度上降低风险），波动幅度应随之变化。尽管近期中国在放松养老保险基金的投资监管，但是投资范围仍相对保守。因此，有必要进一步放宽投资比例限制，以便资产管理人能使用更多的金融工具，帮助实现计划成员的利益最大化。

（三）拓宽养老金投资资产类别，强化分散化投资

如前所述，现在英国养老金制度所采用的投资策略包含了更广泛的资产类别，且降低了国内偏好。此外，更加复杂的、专为提高收益而设计的投资策略被更多地采用。通过分散的投资组合，英国养老金计划正在做两件事：一是提

高投资组合回报的一致性（分散投资的增强意味着维持回报水平且波动更小），二是缩小可能出现的结果的范围，从而提高实现期望结果的可能性。毫无疑问，分散投资在投资组合中的重要性已经得到充分认识，对此我们没有更多的具体建议，但值得考虑的方向是引入新的资产类别，特别是海外资产，以及先进的投资策略，以帮助中国投资者带来更多分散化投资的好处。

（四）提供多元化投资选择方案，给予个人适度选择权

正如上文所强调的，对于任何国家中的大众群体而言，其投资的知识、经验和理解水平都相对较低。因此，提供一种允许个人参与养老金投资并以适合的“安全”方式做出决定的架构选择是有意义的。在英国，可选择架构的形式各不相同，从传统的单一默认投资方案组合加上一系列基金，到根据个人行为特征（替我做、帮我做、让我做）定制的不同层次选择。我们认为，制度安排一定要有默认投资方案（以保护不能选择的人），且该方案应为大众成员的需要而设计（根据所需回报及可承受风险水平）。但同时需注意，选择的范围不应太广，否则将产生消极作用。

参考文献

英国养老金政策研究院：《英国养老金体制指南》，2017。
英国退休保障基金：《2017 年紫皮书》，2017 年。
英国工作与养老金部：《2017 年养老金自动加入政策回顾》，2017。
英国保险协会：《英国保险及长期储蓄：市场现状》，2018。
英国国家统计局：《2016 年企业年金计划调查》，2017。
英国投资协会：《2016 - 2017 年英国资产管理报告》，2017。

B.15
香港养老金资产管理经验借鉴与启示

费德贤*

摘　要： 作为人口老龄化程度较为严重的亚洲经济体之一，香港养老金体系面临着一系列挑战，经过数十年的改革和发展，香港目前形成了以公共养老金为第一支柱，以强积金为代表的第二支柱以及以自愿储蓄性私人退休计划为第三支柱的三支柱养老金体系。其中香港第一支柱公共养老金完全由政府预算资助，旨在为贫困者提供社会安全网；第二支柱强积金计划是香港养老金体系的主体部分，属于强制性的、私营管理的、雇主发起的缴费确定型养老金计划，强积金采取跨各资产类别的全球多元化配置方案，通过不同监管机构的监管，在保障基金安全的前提下获得了相对较好的投资收益；第三支柱自愿储蓄性私人退休计划则在香港较为完善的金融教育背景下取得了良好成效。

关键词： 中国香港　公共养老金　强积金　自愿储蓄性私人退休计划　资产管理

一　香港养老金制度概述

与其他发达经济体一样，香港也面临着预计会持续的人口老龄化趋势。过

* 费德贤（Douglas Fick），全球性养老金和资产管理公司美国信安国际公司香港业务总经理，全面负责信安在香港的强积金和投资管理业务，曾长期担任集团首席技术官。

去的20年间（1996~2016年）香港老龄人口仅增加了50万人，目前香港65岁及以上老年人口数量约为116万人，占总人口的比重为16.6%。随着战后婴儿潮一代进入晚年，未来数十年间香港65岁及以上的老龄人口将会进一步快速增长，预计在2036年前后将达到237万人，占总人口的比重将上升到31.3%。值得注意的是，此后至少30年内，老龄人口会继续维持在这一水平，2066年老龄人口预计达259万，占总人口的比重约为36.6%。在人口老龄化的影响下，经过一系列改革和完善，香港形成了三支柱的养老金体系，第一支柱为公共养老金，第二支柱为以强积金为代表的职业养老金，第三支柱为私人退休计划自愿储蓄。

（一）第一支柱：公共养老金体系

作为第一支柱的公共养老金体系，旨在为贫困者提供社会安全网，公共养老金完全由政府预算资助，不涉及资产管理。香港的公共养老金体系包含了多个层次，包括了综合社会保障援助计划（CSSA）和公共福利金计划（SSA）。不同计划的津贴水平和资格标准各不相同（包括居住要求、经济状况调查等），能够支持不同的老年群体。不同计划的主要功能在于为那些无法通过其他支柱或生活费补助而获得足够退休保障的老人提供安全网，进而减少贫困。

1. 综合社会保障援助计划(CSSA)

综援计划（Comprehensive Social Security Assistance，CSSA）为经济无法自立的人群提供安全网。综援计划旨在使该群体收入达到规定水平，以满足其基本之需。香港首个公共援助计划始于1971年，是香港社保体系的根基。1971年之前，社会救济大体上皆具局限性和临时性，直至1958年才成立社会福利署，且港府限制其作用，强调家庭所起的社会福利作用。1965年发布的首份社会福利白皮书强调，增强家庭支持是政府在援助方面的必要职责。在港督卫亦信（David Wilson）于1991年成立的工作组公布白皮书后，公共援助计划于1993年更名为综合社会保障援助计划，福利金得以增加。自CSSA成立以来，案例数从1993年的92000宗①稳步升至2017年的

① Scott, Ian, *The Public Sector in Hong Kong*, Hong Kong University Press, 2010.

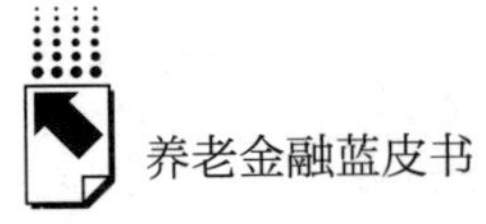

236522宗。[①] 同期，政府支出从20亿港元增至223亿港元[②]。在此期间，CSSA支出占政府每年预算的6%～10%。

申请加入CSSA计划申请人须为香港居民，并持有居民身份1年以上，且自获得居民身份以来在港居住至少1年。申请人还须通过资产测试和收入测试，才被视为有资格获得综合社会保障援助。个人资产包括房产或土地、现金、银行储蓄、股票投资及其他公认资产的总值。资产所在地不只限于香港，还包括澳门、内地和海外国家。为了满足CSSA资格，个人资产须低于规定资产限额。

2. 公共福利金计划(SSA)

公共福利金计划（Social Security Allowance，SSA）旨在向严重伤残或年龄满65岁的香港居民提供月度津贴，以满足残障人士或老龄群体的特殊需要。该计划包括普通伤残津贴、深度伤残津贴、高龄生活津贴（OALA）、高龄津贴（OAA）、广东计划、福建计划和伤残补贴（DA）。除了高龄生活津贴申请人、65～69岁的广东计划申请人和65～69岁的福建计划申请人之外，申请SSA计划项下津贴的人士无须接受经济状况审查。资格方面，申请人须为香港居民，并持有居民身份逾7年，且自获得居民身份后在港持续居住至少1年。申请人不能获取SSA计划项下其他津贴和CSSA计划的援助。此外申请人必须符合SSA项下各计划的其他资格要求，包括年龄、身体状况或伤残情况、其他居住身份和/或收入/资产测试。

3. 其他计划

其他公共计划覆盖公务员、司法人员、学校教师以及公立医院和诊所的工作人员。然而，在2000年或以后入职的公务员无法加入旧有的公共养老金计划，他们须首先加入强积金（MPF）制度。公务员只有在获得长期合同后才有资格参加公务员公积金计划。该计划的缴费由政府承担，随服务年限而增加。

（二）第二支柱：职业养老金计划

香港是全球生育率最低地区之一，每名妇女生育1.2个孩子[③]，而港人预

① 社会福利服务数据，2017年。

② 香港政府人口普查，2015年。

③ 香港人口预测（2017～2066）。

期寿命为世界之最，2015 年达 84.3 岁。为帮助大龄劳动力做退休储蓄，香港特区政府于 1995 年颁布了强制性公积金计划条例（The Mandatory Provident Fund Schemes Ordinance，MPFSO），并分别于 1998 年、1999 年和 2000 年通过附属法例加以补充，于 2000 年 12 月正式颁布强积金制度。

职业养老金计划（ORSO 计划）先于强积金制度存在，但是属于自愿性的并且覆盖面有限，两者共同构成了香港第二支柱职业养老金。这两个制度皆为市场导向型，鼓励私营管理的养老金受托机构及资产管理公司间的竞争。强制性公积金计划管理局（MPFA）（简称“积金局”）作为独立监管机构来规范监督该行业，并教育公众退休储蓄之需。MPF 有 310 万成员，共计 320 万个账户，与 ORSO 一起近乎覆盖 100% 的劳动人口，资产规模持续增长，MPF、ORSO 合计管理资产规模达 1.2 万亿港元。

（三）第三支柱：自愿储蓄性私人退休计划

自愿类支柱第三支柱养老金指的是自愿储蓄性私人退休计划，如投资于退休储蓄保险或其他金融产品。香港税收环境利于自愿类储蓄和投资。全港平均有效税率只有 8%，既无资本利得税，也无遗产税。此外，香港金融市场发达，投资者可选择投资于股票、单位信托基金、债券、保险产品、外汇以备退休之用。根据政府统计处 2012 年所做一项调查，未来一代退休人员中，约 50% 认为其储蓄或投资可满足退休后的财务需求。该调查和其他间接证据表明，在中产或上层退休人员的退休生活维持方面，私人储蓄起关键作用。特别是，未来 10 年内退休群体中，有些人赶上早前香港发展大潮，获益于香港经济腾飞和资产价值增值，已累积一笔财富。因此，许多“婴儿潮”退休人员的私人储蓄高于前代。

二　第二支柱养老金资产管理

（一）强积金（MPF）概况

作为第二支柱，强积金（Mandatory Provident Fund，MPF）是强制性的、私营管理的、雇主发起的，完全积累型缴费确定型计划。颁布以来，积金局还指导了几个时期聚焦于强积金制度的养老保险改革，直至推出“默认投资策略”这一业内标准化默认投资选项并将其包括在内，同时执行0.75%管理费用上限，且总费率上限为0.95%。该措施旨在规范那些无意做出投资选择的强积金成员的投资结果，同时鼓励全行业更广泛降低费率。在实施强积金制度之前，仅有大约1/3的香港劳动者拥有某种形式的退休保障，此后，85%的就业人口拥有某种退休保障。① 过去15年间，强积金制度持续改进，不断发展，令行业整合、收费降低。这些举措可根本性地改变未来强积金模式。

强积金计划有3种，即集成信托计划、雇主发起型计划和行业计划。集成信托计划最为常见，对参与的雇主及雇员、自雇人士及从其他计划转入的累积福利的人士开放。集成信托计划将不同雇主及其雇员、自雇人士的缴费加以汇集，并因规模经济而实现高效的计划管理。雇主发起型计划的成员仅限于单个雇主及其关联公司的雇员。因其成员资格限制，雇员人数庞大才能令雇主发起型计划实现运行成本效益。行业计划专为餐饮业和建筑业雇员，特别是临时工（即按日结算的工人或雇期少于60天的工人）而设立。

表1　强积金（MPF）概要统计对比

MPF制度下的群体规模	2017年12月	2001年3月
	加入水平(单位:1000)	加入水平(单位:1000)
雇主数量	280	247
相关雇员数量	2581	1813
自雇人士数量	205	299
强积金(MPF)计划		
获批准的受托机构数量	18	20
已注册的计划数量	32	51
管理资产总规模(亿港元)	8440	120

资料来源：MPFA统计（2017）。

（二）强积金计划的基金类型

在强积金制度下，各受托方提供一个或多个强积金计划，各计划均设多个

① 指强积金、ORSO、法定养老金或公积金计划。

投资选项，称为成分基金，供计划成员选择。法律规定，每一强积金计划最少提供一只 MPF 保守基金和两只构成默认投资策略的基金。此外，市场上的强积金计划可提供其他投资基金选项，从提供保本的低风险选项到具有更大增长潜力的高风险选项皆有涉及，以适应各计划成员的个人风险容忍度。

强积金计划含有如下类型基金。

（1）货币市场基金——常投资于短期、高质量有息证券，旨在赚取高于储蓄存款的利息。

（2）MPF 保守基金——法律规定，每一强积金计划均须最少提供一只 MPF 保守基金。MPF 保守基金本质上是货币市场基金，专门投资于港元资产，如短期银行存款或短期债券。

（3）保本基金——向投资于基金的计划成员对所投资金或最低回报率提供某种形式的担保。担保人通常就担保服务收取担保费或保管费。强积金市场中多数担保基金皆属于有条件担保，需满足一系列条件，而无条件担保不附任何条件。

（4）债券基金——投资于政府、公共机构、银行、商业机构或超国家机构（如世界银行）发行的债券或债务工具。

（5）混合资产基金——主要投资于债券和股票组合。混合资产基金风险水平不同，视股票和债券配置比例而定，风险通常位于债券基金和股票基金之间的水平，偏于股票投资时风险更高。

（6）股票基金——通过股票资本增值寻求更高回报率，主要在已批准的证券交易所进行交易。

（7）指数基金——跟踪特定市场指数（如恒生指数或标普 500 指数）这一单一投资目标。

（8）默认投资策略——强积金默认投资策略（Default Investment Strategy，DIS）是一项新的立法规定，要求每一强积金计划自 2017 年 4 月 1 日起向成员提供 DIS。每项强积金计划均须提供两只成分基金，即核心累积基金和 65 岁 + 基金。这两种成分基金将以多元方式投资于全球，但因高风险资产（如股票）和低风险资产（如债券和货币市场工具）的构成差异，其风险敞口也不同。核心累积基金和 65 岁 + 基金须满足法律规定的收费上限，管理费和经常性现金支出不允许超出这两只成分基金每年净资产价值的 0.75% 和 0.2% 。在

DIS 项下，新的缴费（包括转入资金）会根据不同成员年龄变化改变配置比而实现自动投资。成员年龄在 50 岁到 64 岁之间时，每年会自动采用新的百分比，如表 2 所示。

表 2　不同年龄段群体强积金投资配置比例变化

单位：%

年龄	核心累积基金	65 岁 + 基金
<50	100	0.0
50	93.3	6.7
51	86.7	13.3
52	80.0	20.0
53	73.3	26.7
54	66.7	33.3
55	60.0	40.0
56	53.3	46.7
57	46.7	53.3
58	40.0	60.0
59	33.3	66.7
60	26.7	73.3
61	20.0	80.0
62	13.3	86.7
63	6.7	93.3
≥64	0.0	100

在强积金计划下，由雇主选择强积金供应商。雇员换工作时，应加入新雇主的强积金供应商。雇员收入高于强积金供应商所经营的基金最低门槛值时，雇主和雇员各缴纳 5% 的雇员工资。截至 2017 年 12 月 31 日，缴费总额上限为每月 3000 港元。强积金供应商可通过不同基金，向其成员提供在指导下构建的多个投资选项，因此员工可从其雇主所选供应商提供的基金中搭建自己的投资组合。累积福利金仅能在 65 岁或法律规定的其他限定条件下才可提取。

（三）强积金资产结构与投资回报

强积金制度下的投资选项涵盖跨各资产类别的全球多元化选项。股票基金是最受香港强积金投资者欢迎的资产类别，2017 年底占强积金基金总额的 42.9%。混合资产基金次之，占比 37%。截至 2017 年 9 月底，总计 69% 的强积金资产通过股票基金和混合资产基金投资于股票（见表 3）。

表 3　强积金投资类型

单位：%

日期	股票基金	混合资产基金	强积金保守基金	保本基金	债券基金	货币市场基金和其他基金
2001 年 3 月	14.6	46.3	14.6	21.4	0.7	2.4
2017 年 12 月	42.9	37.0	9.2	7.4	3.1	0.4

投资区域方面，本地投资者仍看好香港和内地市场，在股票、现金和固定收益资产投资中整体权重为 59%，北美和欧洲各占 MPF 基金配置总额的 15%、13%（见表 4）。

表 4　强积金投资区域

单位：%

地理区域	存款和现金	债务证券	股票	总计
中国香港	12	9	38	59
日本	<0.5	1	3	4
亚洲	<0.5	1	9	10
北美	<0.5	5	10	15
欧洲	<0.5	3	10	13
总计	13	18	69	100

注：对于存款、现金和债务性证券，“地理区域”反映各自账户和债务性证券的面额币种，对股票而言，“地理区域”反映股票主要上市地点；债务证券包括可转换债务证券；表中数据截至 2017 年 9 月。

总体来看，无论是从短期还是长期来看，强积金投资于股票基金和混合资产基金的投资回报都远远高于配置于其他的资产类别，如表 5 所示。香港强积金也是经过长期的资产配置经验，将近 80% 的强积金配置于股票基金和混合资产基金，因此为强积金获取了相对较好的投资收益。

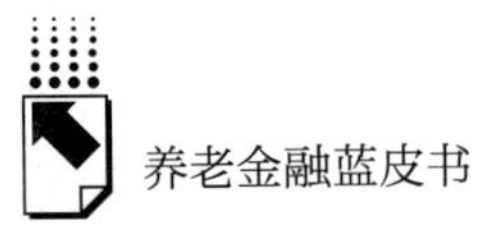

表5　强积金（MPF）投资回报

单位：%

基金类型	1年期	3年期	5年期	自发起日起(2000年12月1日)
股票基金	34.4	8.8	7.5	5.5
混合资产基金	22.3	6.3	5.9	4.6
强积金(MPF)保守基金	0.1	0.1	0.1	0.7
保本基金	3.0	0.8	0.6	1.2
债券基金	4.8	0.8	0.1	2.7
货币市场基金和其他基金	2.5	0.4	0.3	0.6
同期消费物价指数(CPI)的变化				
年化综合CPI变化百分比	1.7	1.7	2.9	1.8

注：积金局数据，2017。回报率已扣除服务费及相关费用；按基金类型和期限分（截至2017年12月）。

（四）强积金计划投资监管

鉴于强积金是一项强制性长期退休投资，投资于强积金计划受到严格监管，以保障计划成员免遭不当投资风险。强积金投资必须由那些在有关监管当局注册的投资管理公司完成。强积金基金受托人及投资管理公司受法律规定的强积金基金管理及投资管理详细职责和权力的约束。

通常，对任何证券和个人发行的可投资项目的投资总额不得超过成分基金总资金额的10%。强积金计划的资金可投资于在经批准的证券交易所上市的股本缴足类股票、投资级债务性证券或某种形式的可转换债务证券，以及有限的程度的上市权证。为确保强积金行业内强积金受托人和服务商遵守立法规定，并为计划成员争取最大利益，各种措施和管理机构配置到位。

1. 强制性公积金计划管理局（MPFA）

积金局（Mandatory Provident Fund Authority，MPFA）为一法定机构，根据强制性公积金计划条例（MPFSO）第六部分规定于1998年9月17日成立。积金局负责对强积金受托人和产品进行整体审批，确保强积金法例中的相关规定得到完全遵守。

积金局有权规范并监督强积金制度的实施及强积金受托人的法规遵守情

况。强积金受托人须定期提交报税表、财务报表及内部控制报告。积金局亦实施实地检查，可委托专门的审计和调查机构，对违反相关要求的强积金受托人施以处罚。在机构监管制度下，强积金中介机构由其各自行业的监管部门进行监管，如果注册中介人不符合业务要求或被指控违反强积金法例，积金局可对其给予强力制裁。强积金中介人须每年向积金局提交报税表。

2. 证券及期货事务监察委员会（SFC）

证券及期货事务监察委员会（Securities and Futures Commission，SFC）是1989年成立的独立法定机构，旨在监管香港证券期货市场。香港证监会负责审核并批准强积金产品的发行文件和营销资料，还负责审批投资管理公司，以及持续监督其在强积金产品投资管理过程中的行为。

（五）ORSO计划

除强积金之外，香港的职业养老金计划还包括《职业退休计划条例》（*Occupational Retirement Schemes Ordinance*，简称ORSO计划）。截至2018年3月，香港共有4322个ORSO计划。与强积金计划一样，ORSO计划同样是为香港本地雇员设立的退休保障计划。但这两种计划的操作有所不同。ORSO计划作为强积金的前身，是由雇主自愿建立的，为其雇员提供退休福利。因此，这些计划是高度个性化的，适用的规则和条款由单个雇主与ORSO提供商起草。不像强积金需要依法公开基金信息，ORSO计划的相关信息是非公开的，只有通过询问ORSO提供商才能获得。ORSO计划由积金局按照法规、准则和指导原则进行监管，存在以下投资限制。

（1）禁止以ORSO计划的资产向ORSO计划的关联人提供贷款。

（2）受限制投资不得超过计划资产的10%。

（3）至多15%的计划资产可以投资于该雇主在证券交易所公开上市的法人的股票。这种投资必须配置为共同基金公司的可赎回的份额。

（4）不得投资于该雇主未在公认的股票市场上市的法人的股本。

自2000年推出强积金制度后，积金局已根据豁免规定免除了一些满足相关要求的ORSO计划（即MPF豁免类ORSO计划）。MPF豁免类ORSO计划的雇主需向符合资格的新员工提供一次性选项，要么加入强积金计划，要么加入MPF豁免类ORSO计划。

表 6　ORSO 概要统计对比

ORSO 概要	2017 年 12 月	2001 年 3 月
计划数量(包括豁免计划)(个)	4394	6406
ORSO 注册计划		
计划数量(个)	3766	6406
雇主数量(家)	5957	8794
所覆盖的雇员数量(个)	371420	597000
总资产规模(亿港元)	3150	1520

资料来源：积金局统计数据，2017。

三　第三支柱养老金资产管理

（一）香港第三支柱养老金投资偏好

香港第三支柱养老金指的是自愿储蓄性私人退休计划，包括投资于退休储蓄保险或其他金融产品。香港整体金融知识和能力颇为不错，多数香港居民意识到，在作出财务管理决定前，需要清楚自身的生活目标。香港证监会 2013 年 6 月发布的报告中“香港金融知识和能力”一章显示，一名典型的香港居民拥有 4.52 个金融产品，列表前几类产品包括港元存款、MPF/ORSO、信用卡和寿险。

投资者教育中心公布的 2017 年散户投资者研究报告显示，香港投资人平均持有 43 万港元流动资产，其中 45% 投资于金融产品。随着年龄和经验的增长，人们对不同金融产品愈加熟悉，开始认识到其益处。因此，中年（30～49 岁）和成熟（50～64 岁）群体组比年轻人群持有更多金融产品。[①] 18～64 岁的香港居民中，不到一半（47%）在过去 12 个月中从事过投资活动，平均投资 1～2 个产品。

资产明细方面，香港投资人不太青睐共同基金。其大部分投资组合涉及现

① 投资者教育中心（IEC）发布的《2017 年散户投资者研究报告》。

金、股票和房产。香港投资人的股票投资约是共同基金的2.5倍，反映出香港投资者偏向于直接投资（见图1）。

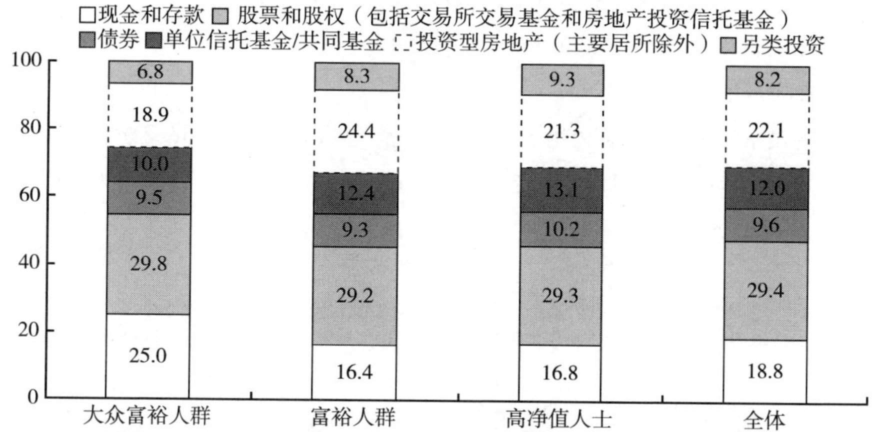

图1　2015年香港投资者金融投资组合持有情况

注：另类选项包括结构性产品、衍生品、大宗商品、对冲基金和激情投资。
资料来源：Cerulli Associates。

投资决策方面，收费、预期收益、主要风险和历史业绩是选择基金时的最重要考虑因素，不到一半的人关心产品特性①（见图2）。

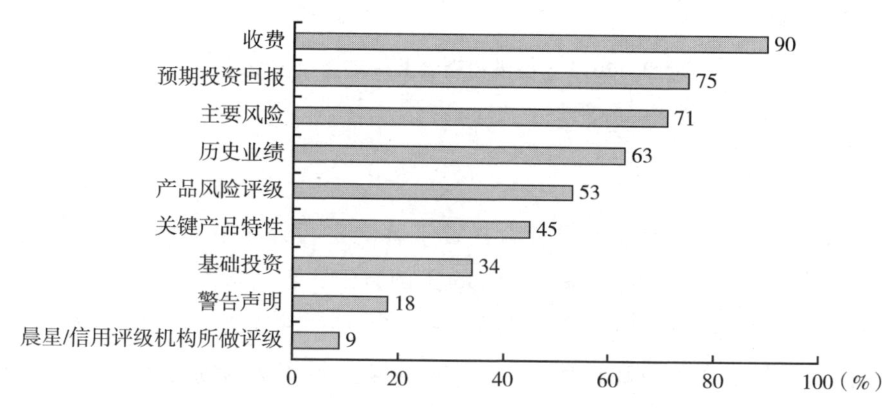

图2　基金选择的重要信息因素

① 投资者教育中心（IEC）发布的《2017年散户投资者研究报告》。

1. 储蓄相关类保险产品

香港居民购买寿险并不少见。在香港，有效人寿保险单逾1100万份，总保额逾4.723万亿港元，长期商业保险密度（人均保费）达40832港元，保险深度（保费占地区生产总值的百分比）为13.1%。①

2. 共同基金

香港投资者的共同基金组合中，股票基金为首选，占33.2%；债券基金占比略高于25%。因多数投资者瞄准高回报率并愿意承受高风险水平，货币市场基金不获港人青睐（见图3）。

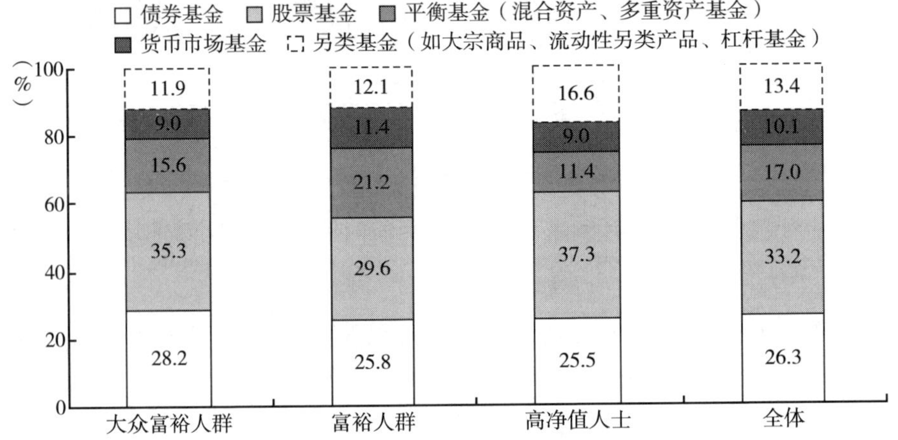

图3　2015年香港投资者共同基金组合情况

资料来源：Cerulli Associates。

3. 股票投资

2017年，几乎所有股票投资者投资于香港主板，其中，46%亦投资于创业板。② 投资于中国内地和海外股市的比例有限，各为8%、3%。第二、三级股票最受欢迎，在2017年，投资率为70%；其次是蓝筹股，为61%；38%的人交易小盘股。2017年，约13%的股票投资者投资于首次公开募股（IPO）。

① 政府统计处2012年所做的《老年人养老规划和财务状况专题住户调查》

② 投资者教育中心（IEC）发布的《2017年散户投资者研究报告》。

（二）第三支柱养老金投资回报

根据香港证监会数据，2016 年，在港授权基金的净资产值达 1. 28 万亿美元，年均同比增长 1. 6% 。增长主要来自 FOF（17. 1% ）、指数基金（10. 1% ）和债券基金（5. 8% ）。

香港投资人期望高投资回报，如图 4 所示，78% 的人期望年回报率至少高于 1 年期储蓄存款利率 5% ，为亚洲最高。[①] 仅有 2. 6% 的投资者将 1 年期储蓄存款利率定为年收益目标[②]。数据显示，56. 8% 的香港投资人对其实际年收益率表示满意，8. 2% 的人甚至声称其回报率高于预期，有 32. 8% 的投资人表示实际回报低于预期。

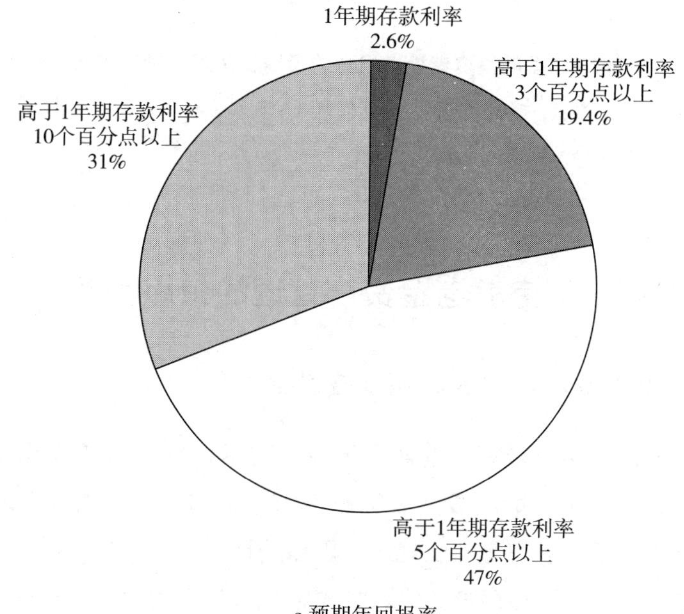

a.预期年回报率

① Cerulli 亚洲财富管理 2015 年报告。

② Cerulli 亚洲财富管理 2015 年报告。

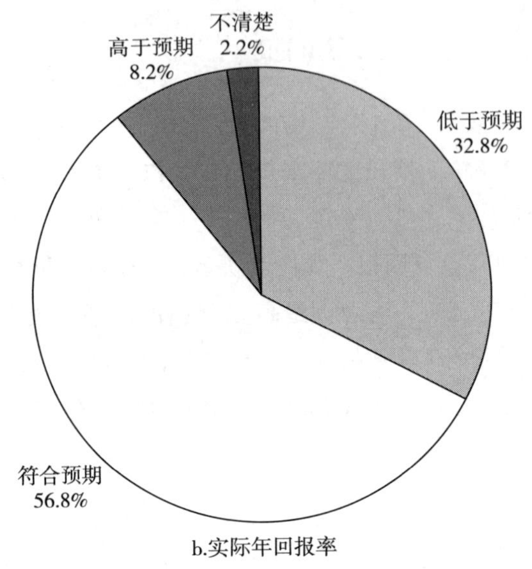

图4　2015 年香港投资者投资组合的预期及实际年度投资回报对比

注：编制报告时，通行的 1 年期储蓄存款利率为 1. 15%。
资源来源：Cerulli Associates。

四　香港养老金资产管理的特点和趋势

（一）第二支柱投资的问题及改进措施

因强积金制度历史较短，近期退休或即将退休的老人所累积的福利金有限。但随着强积金制度渐趋成熟，所积累的缴费和福利会增加。改进措施包括：确保雇主和受托人遵守立法规定，以保护计划成员的福利；精简强积金计划的管理和操作程序，以降低成本；披露强积金计划的业绩、费用及服务，以增强透明度；实施雇员选择安排以增强雇员对强积金投资的管控，并允许退休后分期支取强积金累积福利金，以提升灵活性。

因强积金计划由私人管理，受托人收取服务费。收费过高饱受指责。积金局数据显示（见图 5），包括 2012 年推出的“半携带”在内的一系列减费措施，已令强积金成分基金的基金费率均值从 2007 年末的 2. 10% 降至 2018 年 3

月的1.54%，降幅24%，创2007年推行基金费率以来的历史新低。此外，现有强积金成分基金中，约40%为低收费基金，即基金费率不高于1.30%，或管理费率不超过1%。

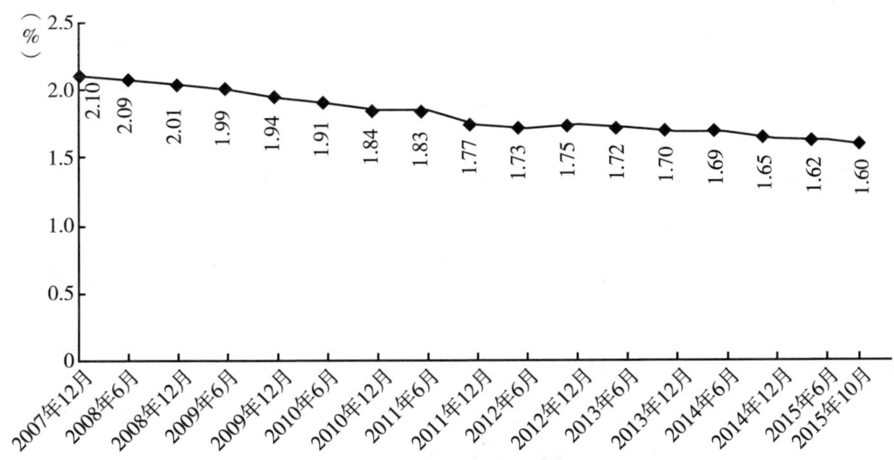

图5　2007年以来，基金费率均值降幅

2. 投资限制和产品创新

积金局对强积金投资的每个资产类别设定了严格的投资准则。这导致强积金的标的范围比其他公众投资小得多。强积金计划管理局设定了14类投资准则。[①] 其中一些是关于具体资产类别，例如关于债务性证券、股票、保本基金的准则，证券被视为“待上市”的要求，跟踪指数的集合投资计划和保证金的要求。对于债务性证券，积金局已批准一个评级机构名单，也有最低信用评级要求（见表7）。

某些限制是关于具体策略，即关于融资融券、回购协议、收益保障型产品的风险储备标准、价差要求及默认投资策略的准则。[②] 例如，对于回购协议，对于担保品有严格的要求：对于债务性证券的支付必须采用现金形式，债务证

① http://www.mpfa.org.hk/eng/legislation_ regulations/legulations_ ordinance/guidelines/current_ version/investment/Index.jsp.

② http://www.mpfa.org.hk/eng/legislation_ regulations/legulations_ ordinance/guidelines/current_ version/investment/Index.jsp.

表7　强积金的信用评级

强积金计划管理局批准的信用评级机构	长期债券(≥1年)	短期债券(<1年)
惠誉评级	BBB-	F2
Rating & Investment Information, Inc.	BBB-	a-2
穆迪投资者服务公司	Baa3	Prime-2
标准普尔公司	BBB-	A-2

券的剩余期限应当在一年或一年以下；对于担保品必须保持回购协议下债务证券市场价值5%的最低保证金要求，等等。

对于强积金基金批准的交易所、投资管理人以及合格境外银行和授权金融机构也有严格的指导方针。① 例如，强积金基金仅被允许投资于在批准的香港境外被视为“公认”的交易所上市的股票和期货。名单上有33个国家的40个证券交易所和11个国家的15个期货交易所。由于积金局设定的严格投资限制，强积金资产管理的产品创新面临挑战。

2. 香港投资者更高的风险偏好与强积金计划管理局保守的方法

香港投资者有相对较高的风险偏好和对于投资收益的高预期。相对于风险较低的资产，他们更偏好股票。如前述中提到的，在共同基金投资组合中，股票基金是香港投资者的首选，整体权重为33.2%。

但是，由于积金局保守的方法，强积金基金有时很难满足他们的需求。例如，MSCI在2018年6月将约230只中国A股纳入其新兴市场指数，很多香港投资者希望抓住内地股市的机会。但是，上交所和深交所迄今为止尚未被列入强积金计划管理局批准的证券交易所名单。强积金基金可能需要较长时间才能最终投资于A股。

（二）第三支柱的改进措施

政府可通过各种途径进一步鼓励自愿储蓄。首先，政府可加强宣传推广工作，提高公众对各类保险及金融产品的认识，这有助于人们规划退休生活或管

① http://www.mpfa.org.hk/eng/legislation_regulations/legulations_ordinance/guidelines/current_version/investment/Index.jsp.

理自身财富。其次，政府可创造一系列有利的政策环境，鼓励市场开发更多适合养老投资和财富管理的金融产品，如发行更多的长期零售债券、鼓励私募市场开发更多的含有长期要素的金融产品或终身年金计划等，有助于人们将储蓄转化为退休后的持续稳定收入源，进而利于有效管理长寿风险。最后，政府可提供税收优惠，鼓励人们为自身和家庭成员增加自愿类退休储蓄。

除了将强制性缴费与收入挂钩外，雇主、雇员或自雇人士可选择向强积金账户做额外缴费。雇主所做的自愿缴费，是雇员薪酬的一部分，有助于留住员工。对雇员来讲，如果他们发现所选的强积金投资组合为优质投资，自愿缴费可令其储蓄更多。

积金局数据显示，强积金自愿缴费额近年涨幅显著，从 2007 年的 41 亿港元（占同年总缴费额的 13%）升至 2014 年的 128 亿港元（占同年缴费总额的 21%），涨幅 200%。由此，强积金自愿缴费安排已成为另一自愿储蓄选项，有助于强化第三支柱的退休保障职能。因此，政府可为强积金计划下的自愿缴费或就业人士为非工作配偶所做的自愿类强积金缴费提供税收优惠。

此外，香港证监会对其报告指出的分销渠道集中、高收费、收费缺乏透明度投以更多关注。① 为化解投资产品销售方面的利益冲突，证监会实施进一步方法来管控中介机构使用“独立”条款，加大对销售服务费、佣金和其他货币收益信息的披露。一方面，可以完善在线基金销售平台，内地已开先例，近年来第三方线上基金分销商和电商平台已吸引了大量资产流，这些在线平台对那些市场上知名度低或无法从银行获取货架空间的中小型基金管理公司尤为有益，香港证监会已在其报告中②指出，网上基金平台清晰呈现各基金信息，使投资者对基金及其费用结构更加一目了然，例如，如何计算和收取销售服务费；另一方面，加快发展非金融中介，特别是拥有强大在线业务的中介机构，也利用其固有商品分销链来引入货币市场基金服务，手段包括汇集庞大客户群的余额并快速搭建管理资产规模。此外，金融科技亦列入香港证监会议程。证监会在其报告③中提及，技术发展已能令技术搅局者挑战现状，

① 证监会 2017 年 11 月发布的《关于建议提高资产管理监管和销售点透明度的咨询结论以及关于所拟议的授权账户披露要求的进一步咨询意见》。

② 香港证监会（SFC）发布的《巩固 2015 年香港的零售基金分销中心地位》。

③ 香港证监会（SFC）发布的《巩固 2015 年香港的零售基金分销中心地位》。

令竞争加剧以满足终端客户需求，这涉及借助互联网提供服务，向客户推出更具创新性的客户解决方案，有些方案提供个人推荐服务，有些则不。证监会报告指出，智能理财（Robo-Adviser）属于一种财务顾问，提供在线投资组合管理服务，人为干预最少。智能理财服务增多，迫使传统管理公司重新评估既有的面对面业务模式及客户常愿直接与顾问讨论其投资选项这一假设。

五　香港养老金资产管理的经验借鉴与启示

（一）必须做好充分准备迎接人口老龄化挑战

面对人口老龄化、经济增长放缓和寿命延长的趋势，对各国政府来说，通过第一支柱提供覆盖面广的充足养老金的挑战日增。对那些面临出生率较低、老龄化日益严重等严峻人口挑战的国家和地区来说尤其如此，这给以子女赡养为主的传统养老保障体系带来巨大压力，因此，必须做好充分准备迎接人口老龄化挑战。

（二）养老金制度与劳动人口挂钩，劳动人口需要接受教育及早开始储蓄

强积金覆盖率的成功表明，以就业为基础的、强制性缴费确定型第二支柱体系能最有效地覆盖广大就业人口，对于以正规经济部门为主导的经济体而言尤为如此。虽然这一定程度上限制了非就业人口或灰色经济，但其优势在于帮以就业为主的体制降低了监控治理复杂度。

由于缴费确定型制度供资充足，在满足养老金义务方面，政府储备或预算压力较小。该制度下，教育异常重要，因为个人需对自身退休肩负更大责任。包括教育人们早期着手，留出足够储蓄以及分散风险等所有重要因素，以切实做到向第二支柱退休账户缴费，直至养老金余额的替代率达到适宜水平。同时，可在强制性制度以外，完善第三支柱的税收优惠等手段鼓励人们提早进行退休储蓄，这对于实现充足退休的退休储蓄至关重要。

（三）缴费率初始水平和调整方案需精心设计，以免受到“黏性”影响

上调第二支柱强制性缴费的缴费率对各国政府来说皆具政治挑战性。缴费率一旦确定，具有较强的“黏性”。自第二支柱建立以来，香港已多次上调缴费率，但仍未达到能令第二支柱自身实现充足替代率的适宜水平。如在推出第二支柱制度时就实施等同于充足替代率的缴费水平，颇有难度。而从较低缴费水平起步，并设计一个经过早期沟通的明确路径上调缴费率，或许能减少障碍或阻力。

（四）产品设计考虑不同风险偏好，错配会导致投资者寻找其他储蓄类型

对于强积金的一个主要批评是其过于保守。由于其强制性，一些人认为在次优投资方面他们被束缚了手脚。强积金保持谨慎是正确的，但是也让人担心强积金无法通过这样低的收益率来帮助个人满足他们的退休需求。从建立之初到2016年，强积金的年化收益率为3.1%。这仅仅小幅击败同期通胀率1.8%。ORSO计划在2017年及五年期间在所有基金类型中收益率较好，表明可以设计收益率更好的退休工具。

香港人是亚洲地区最市场化的人，目前56%的劳动者拥有保险或年金产品。目前多数劳动者（77%）期望在退休后获得来自金融资产的收入，接受调查的人中63%的人已经购买了那些资产。决策者应当考虑本地市场的金融头脑和风险容忍度，设计更好匹配消费者需求的投资工具。在风险、收益和退休目标之间行走是一项精细活动，但是任何养老基金的设计必须着眼于帮助人们退休。为此，应当仔细考虑和研究实现有竞争力的收益率的目标。

（五）多样激励方式鼓励储蓄，人们希望退休资金用途更多样

有些采用强制性养老金计划的国家，在如何在退休之前使用养老储蓄金方面，提供了灵活案例。例如，新加坡允许个人利用他们的一些养老储蓄来购买政府组屋或健康保险。英国、美国等国家也存在类似的计划。香港地区已经计划允许首次购房者使用他们的强积金储蓄，但是这一计划可能需要多年才能实

现。必须指出的是，灵活选择的适用最终取决于缴费规模。在新加坡，雇员和雇主的月缴费率被设定在10%，从而形成更大的资金池可以提取。寻求实施灵活选择的决策者不仅需要记住消费者的需求，而且要记住他们可以动用多少资金。不论提供什么选择，确保个人不能危及他们的退休储蓄也是很重要的。

参考文献

Census and Statistics Department, Hong Kong Special Administrative Region, *Hong Kong Population Projections*: *2017 - 2066*, September 2017.

Census and Statistics Department, Hong Kong Special Administrative Region, *Hong Kong Annual Digest of Statistics*: *2017 Edition*, October 2017.

Scott, Ian, *The Public Sector in Hong Kong*, Hong Kong University Press, 2010.

Census and Statistics Department, Hong Kong Special Administrative Region, *Thematic Household Survey Report No. 52*: *Retirement planning and the financial situation in old age*, June 2013.

Financial Services Development Council, *Strengthening Hong Kong as a Retail Fund Distribution Centre*, FSDC Paper No. 19, December 2015.

Securities and Futures Commission & Investor Education Centre, *Financial Knowledge and Capability in Hong Kong*: *A Foundation Study*, June 2013.

Investor Education Centre, *Retail Investor Study*: *Research Report*, December 2017

Securities and Futures Commission, *Fund Management Activities Survey 2016*, July 2017.

Securities and Futures Commission, *Consultation Conclusions on the Proposals to Enhance Asset Regulation and Point-of-sale Transparency and Further Consultation on Proposed Disclosure Requirements Applicable to Discretionary Accounts*, November 2017.

专 题 篇

Special Subject Reports

B.16 海外上市养老企业的实践与经验借鉴

彭维瀚 孙 瑜*

摘 要： 1999年世界卫生组织提出"积极老龄化"的概念，2002年第二次老龄问题世界大会发起新一轮国际行动计划，打开了应对老龄问题的新局面。会议要求各成员国努力实现老年人与发展、关注老人健康与福利，以及为老人创造良好环境。在此背景下，各国都积极扶持养老产业，养老产业和养老企业的发展进入快车道。海外上市企业的成功经验对培育国内养老上市企业有很大的借鉴意义，本文主要介绍了居家型养老、机构型养老和医疗护理典型上市企业的运作经验。目前我国养老服务市场整体而言发展明显滞后，这既有传统观念的原因，也有政策因素。对于这些问题，要通过政策支持、质量

* 彭维瀚，经济学博士，广发基金养老金与战略业务部研究员，研究领域为养老金资产管理；孙瑜，广发基金养老金与战略业务部研究员，研究领域为养老金制度与资产管理。本文仅代表个人观点，与供职单位无关。

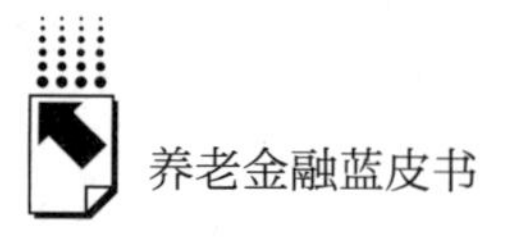

提升、业务拓展、资本运用积极推动国内养老企业的健康快速发展。

关键词： 海外养老企业　运营实践　资本运作　经验借鉴

一　海外养老企业发展概述

养老企业是主营为养老产业相关业务的公司。从概念上看，目前对“养老产业”的定义较为模糊，沿用《中国养老金融发展报告（2017）》的观点，养老产业是“为老年人提供满足其特殊需要的硬件服务设施、生活照顾和健康护理服务，以及老年人专属产品用品的，贯穿老年人衣、食、住、行、用、医、养、康、体、娱、学、财等物质文化财富生活的一条综合性产业链”。广义上讲，养老产业可被划分为七大板块，包括养老地产、养老服务、老年娱乐、老年饮食、老年金融、老年用品、老年医护和智慧养老等具体业态。从狭义上看，上述7个板块中，养老地产和养老服务的用户相对集中且排他，即目标客户几乎只局限于老年人，对应公司也仅可按此划分为唯一主业，而其他5个子领域并不具备这一特征，比如老年药品不局限于老年人（如高血压药物），老年金融（银行理财、基金、保险）任何人都可以买。同时，从国外相关企业的发展历程，以及上市公司的行业分类上看，养老地产和养老服务是养老产业链的核心所在。基于以上原因，本文强调以养老地产为基础，以养老服务为核心要素的业态。

2007年1月24日颁布的《上海民政事业发展“十一五”规划》根据机构化的程度将狭义上的养老企业分为3种不同的形式：家庭自我照顾、社区居家养老服务、机构养老服务。这一概念在后来被越来越多人所熟知，并形成了所谓的“9073模式”，即以上三种养老方式占比分别为90%、7%、3%，但这一说法并未在国家层面以文件形式得到确认。在海外企业的经营实践中，根据服务的机构化程度、企业护理的专业化级别，将业务模块划分为生活自理型社区（Independent Living）、协助性社区（Assisted Living）、阿尔茨海默护理社区（Specialized Alzheimer's）、专业护理社区（Skilled Nursing）、前四者结合的持续照料社区（CCRC）、专业护理社区（Nursing Home）等6类。可见，国内外对养老企业运作模式的划分并不一致。为兼顾海外和国内情况，按可比可借鉴的目标，本文将养老企业的业务分为三个大类：居家型养老、机构型养老和医疗护理。

二　海外上市养老企业的运营实践

（一）居家型养老

居家养老，指以家庭为核心、以社区为依托、以专业化服务为依靠，为居住在家的老人提供以解决日常生活困难为主要内容的社会化服务。细分类型又包括居家型老年社区和嵌入式养老设施。服务的内容包括生活照料、医疗服务以及精神关爱。服务方式主要有两种，第一种是由经过专业培训的服务人员上门为老年人开展照料服务，第二种是在社区创办老年人日间服务中心，为老年人提供日托服务，即嵌入式养老设施。

从世界范围看，日本及我国台湾地区主要以居家养老模式为主体。按照日本厚生劳动省数据，日本居家养老占比 96%，社区养老只占 1.08%，机构 2.92%；按照台湾地区卫生福利部门数据，台湾地区居家养老占比 98.25%，社区养老只有 0.12%。在亚太地区居家养老企业中，最著名的是日医学馆（Nichii Gakkan Company），其从创立之初就与地产商没有关系，而一直作为第三方服务提供商存在。

案例分析 1：日医学馆

日医学馆成立于 1973 年 8 月，并于 1999 年 3 月在东京证券交易所第 2 部上市，是日本规模最大的养老服务公司。截至 2018 年 7 月 9 日，日医学馆市值达 844.59 亿日元。1996 年起，日医学馆开始了以居家介护为核心的长期介护业务，到了 2007 年公司开始正式参与“团体之家”“收费老人之家”等机构类护理服务，其介护事业进一步发展。2012 年 2 月日医学馆首次进入中国开展事业，并于 2013 ~2015 年陆续在北京、上海、广州、香港成立了子公司。另外，2011 年以后公司开始业务多元化，除了开办托儿所，也开始从事帮助妇女就业的钟点工服务、语言类教育培训服务、宠物美容服务等。

1. 业务范围

日医学馆秉承“丰富人类生活，提升生活质量”的经营理念，在医疗、介护、保育等各方面均有涉猎。公司以医疗支持业务、长期介护业务、保育业务为核心业务，以健康护理业务、语言教育业务和疗养犬业务为战略业务（见表1）。

表1　日医学馆的业务内容

	业务类型	业务内容
核心业务	医疗支持业务(Medical Support Business)	作为医疗机构的合作伙伴,提供医院、诊所以及配药药房等场所的各种医疗业务,以及经营咨询、系统销售等经营支援和诊断支援服务。此外,还开展了以医疗事务讲座为代表的医疗相关讲座
	长期介护业务(Long-Term Care Business)	提供以上门介护为主的居家型介护服务以及收费养老院为主的居住型介护服务,灵活应对因客户身体情况与生活方式变化而产生的多样化需求。此外,还开展了以介护人员上岗培训为代表的介护相关讲座
	保育业务(Child Care Business)	为了解决各地区孩子无法上幼儿园的问题,公司开办授权日托中心、医院日托中心及企业日托中心。此外,自2017年4月起,在全国范围内展开“企业主导型保育所”,为公司、关联公司以及居民提供育儿服务。同时还提供保育相关讲座(婴幼儿育护讲座等)
战略业务	健康护理业务(Health Care Business)	子公司“日医生活”提供家政、育儿、介护等服务,建立面向老年人的会员制网站“AXIANET”,同时销售自主品牌的纸尿裤和吸水护理用品等
	语言教育业务(Language Education Business)	公司致力于培养国际化人才以满足多样化的英语学习需求。包括小组授课的“COCO Juku Jr”、一对一课程“Gaba”以及其他的海外留学支援服务
	疗养犬业务(Therapy Business)	开设以宠物健康为理念的宠物美容沙龙“A-Love”

资料来源：Nichii Gakkan官网。

日医学馆的业务模式还鲜明地表现为“专设子公司负责独立业务，积极布局海外产业”。一方面，根据不同的业务类型，日医学馆通过专设子公司来运营相应的业务，实现有效的业务协调机制。比如成立Nichii Carepalace Company负责营利性养老院以及附带的服务型老年住宅的运营管理，Nihon Support Services Co.，Ltd.提供诊疗费用明细单检查服务、保险者支援服务、物流服务、信息处理、物品的保管及配送，Tokyo Marunouchi Publishing 负责医疗、介护、福利等相关书籍的出版及销售业务等；另一方面，全球布局分店，尤其重视中国业务开展，充分发挥人才培养与服务提供方面的技术知识。截至2018 年4 月1 日，总部位于日本东京的日医学馆，在日本国内共设有4 家分公司和94 家分店。另外在包括中国、澳大利亚、加拿大、菲律宾在内的4 个海外国家共设有13 家分店。中国业务方面，公司通过设立4 家子公司、19 家地区事业公司和7 家学校法人，提供介护、保育、家政和教育服务，2017 财年日医学馆中国业务的净收入达到20. 07 亿日元。

2. 客户情况

截至2018 年5 月，参加护理计划的人数为4. 3 万人，接受护理服务人数为12. 08 万人，其中上门护理服务覆盖7. 4 万人，占比为61. 57%；日托服务覆盖2 万人，占比为16. 65%；2. 6 万人租赁了公司提供的福利设备，占比为21. 78%；上门护理服务中，客户平均每人花费4. 9 万日元。[①] 日医学馆在2017 年4 月17 日至2017 年6 月16 日期间，对接受护理服务的客户展开了问卷调查。调查结果显示，回答非常满意的人数所占比例为67. 9%，回答满意的人数所占比例为24. 6%，回答稍有不满的人数所占比例为1. 3%，回答不满的人数所占比例为0. 2%。2016 年综合满意度为92. 5%。[②]

3. 财务分析

（1）业务分析。根据2018 年第一季度末数据，介护事业依然占据日医学馆营业收入的半数以上，比例达52. 79%；而医疗相关事业占比37. 80% 位列第二。值得一提的是，保育事业虽然目前仅占营业收入的3. 30%，但其过去几年的增速一直很高，从2016 年至今翻了2. 7 倍，可能成为未来重要的利润增长点（见图1）。

（2）营业收入。21 世纪以来，日医学馆的销售额稳步提升，仅在金融危机时受到短暂冲击，最新销售额达到2837. 67 亿日元，创历史新高。但应该指出的是，公司的销售额似乎已经接近瓶颈，过去几年间的增速几乎为零（见

① 《护理服务利用状况统计》，日医学馆，http：//www. nichiigakkan. co. jp/topics/assets/ca87fa98 f490092e2930f90da2919c8207411098. pdf。

② http：//www. nichiigakkan. co. jp/company/service/cs/2017 – result. html.

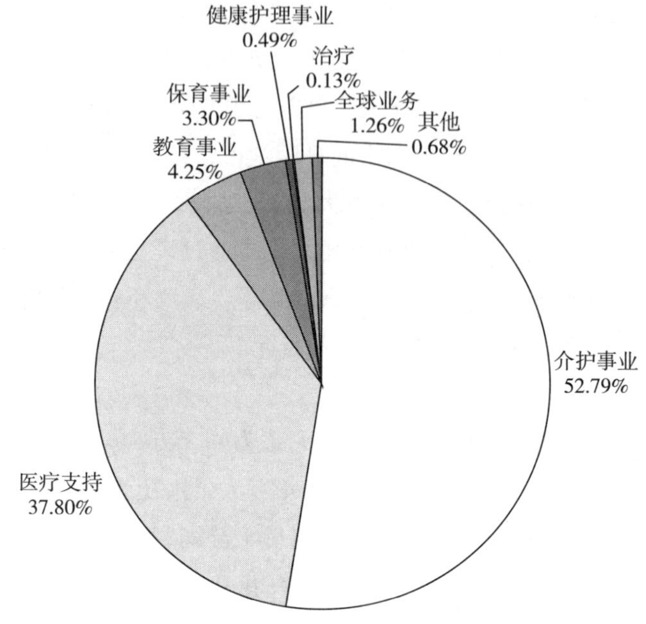

图1　日医学馆业务分析

资料来源：日医学馆官网，截至2018年3月。

图2）。

（3）营业利润。从利润角度看，公司2018年销售利润为76.30亿日元，并不算多。更为重要的是，公司的利润规模并未随着收入规模同步扩张，且在2016年甚至还小幅亏损了7.85亿日元，这佐证了养老业务要实现盈利有较大难度（见图3）。

4. 发展战略分析

日医学馆的发展战略包括全局战略与全球化战略两个部分。

全局战略方面，日医学馆长期以来将主营业务的精力放在医疗相关业务、护理与健康管理两大业务中，在公司官网上，明确了未来发展的四大支柱。

第一支柱：医疗相关业务。日医学馆所占市场份额现为业界第一。一直以来使用持续缴费方式谋求收益的稳健增长。今后的战略将会更加重视获得利润，实现向高附加值化的转变。

第二支柱：护理、健康管理业务。今后将会大力培养护理人才，提高工作

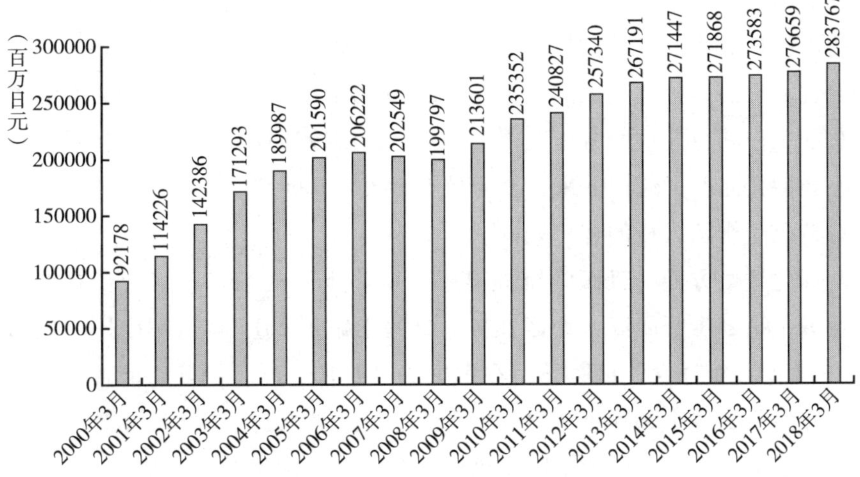

图 2　日医学馆业绩情况（销售额）

资料来源：日医学馆日本官网。

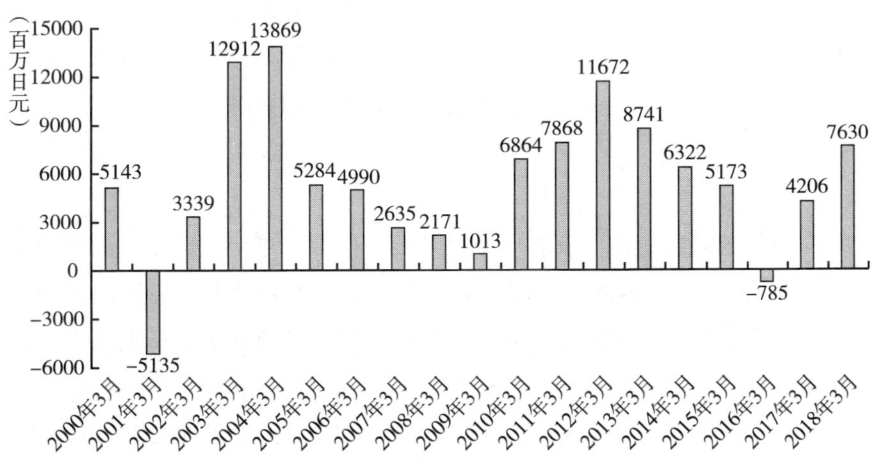

图 3　日医学馆 2000 年 3 月至 2018 年 3 月营业利润

资料来源：日医学馆日本官网。

效率。

第三支柱：教育业务。日医学馆一直致力于培养护理业务方面的人才。为了今后能够更顺利地开展全球化业务，公司将会逐步开拓外语学习业务，培养多语种人才。

第四支柱：保育业务。为了防止现有人才流失、降低离职率，日医学馆计划在提高护理员工的生活质量上提供支持，为他们创造良好的工作环境，解决后顾之忧。目前，护理员工的主力为20～40岁的女性，她们最大的生活困难是无法在工作和育儿这两方面取得平衡。日医学馆计划面向女性全体员工建立企业主导型托儿所，这样一来，在为员工解决育儿问题的同时，也能争取到社会上等待孩子排队入托的客户人群。

全球化战略方面，日医学馆提出了“两步走”的策略：第一步开展大中华区业务，第二步开展亚太地区业务。日医学馆于2015年进军中国，提出了至2019年的五年计划。日医学馆在中国提供看护、产后护理、保育、家政等服务，并培养了各个领域的人才。特别是在看护领域，公司大力支持“日本式看护（自立支援）”的渗透和普及，为今后在中国正式提供服务进行准备。另外，日医学馆还灵活利用在中国广范围内开展活动的地区事业公司和学校法人中构成的服务提供机制，提供跨国高品质服务。公司目标是在大中华区实现业界第一，并不断进行兼并收购（M&A）。第二步仍处在计划当中，目前还没有开展。目前在菲律宾，有大量的实习护师去美国留学，很多护师水平很高且期望薪资较低。日医学馆今后或将提供护师人才介绍服务。

（二）机构型养老

机构型养老模式往往伴随着房地产开发，但其护理级别达不到前文定义的“医疗护理”级别，在其内部，按护理程度分为生活自理型、生活协助型和持续照护型。整体而言，机构型养老涉及房地产商、运营商和投资商的参与，因此，金融资本在养老地产上扮演了极为重要的角色。根据美国养老地产协会报告，2017年美国上市养老企业拥有的床位占美国总床位数的比例为62%，运营的床位数占总床位数的比例为27%。美国的养老产业有很悠久的历史，目前已进入多元化的发展阶段，至现在已形成一个完整的养老产业，包括投资、物业、运营管理、建设设计等。根据协助老年产业网站数据，[①] 美国最大的150家老年护理机构中包括居家护理（Home Care）、生活自理型、记忆照料（Memory Care）等，其中生活协助型养老社区占统治地位，有101家，另外有

① https：//www. assistedseniorliving. net/ba/largestassistedlivingproviders/.

32 家为专业护理型。

以下，我们以布鲁克代尔高级护理（Brookdale）为例，对机构型养老上市企业进行介绍。

案例分析 2：Brookdale

Brookdale 是全美最大的高级养老服务公司，2005 年 6 月由两家领先的养老服务运营公司合并而来，主营业务包括退休老人中心、老年生活助理中心、退休老人持续护理中心和管理服务等四个部分。Brookdale 于 2005 年 11 月 22 日在美国纳斯达克上市。2006 年 7 月 25 日，公司收购了美国退休公司（ARC）。2011 年 9 月 1 日，公司完成了对美国老年生活社区第九大运营商 Horizon Bay 的收购。在 2014 年 7 月 31 日，公司以吸收合并了 Emeritus 公司，当时 Emeritus 已经是美国第二大老年生活社区的经营者。

同时，Brookdale 是美国养老地产最大的持有者和运营商，截至 2017 年 6 月持有物业（Properties）835 家，床位数 7.04 万个；具体运营物业 1048 家，床位数 10.21 万个。目前 Brookdale 在 47 个州拥有 1100 多个养老社区，面向 330 个独立市场，覆盖全美 81% 的地区，有接近 8 万员工（Associates），服务对象超过 10 万人。①

1. 业务范围

Brookdale 经营退休中心社区、辅助生活社区和持续护理退休社区（CCRC），并且提供配套生活平台，为社区和社区之外老年人提供一系列家庭保健、临终关怀和门诊治疗服务（见图 5），此外公司还为第三方机构提供管理服务，从而赚取管理费。

（1）退休中心社区（Retirement Center Communities）。主要定位于 75 岁及以上希望获得高质量的服务和高档住宅环境的中高收入老年人。大部分的退休中心社区同时拥有独立生活单元和辅助生活单元。大多数退休中心社区还提供额外收费的定制补充护理服务，其中包括服药提醒、登记服务以及护送和伴侣

① 《Brookdale 2016 年可持续发展报告》，https：//www. brookdale. com/content/dam/brookdale/en/documents/Brookdale - Sust - Report - 2016 - Final. pdf。

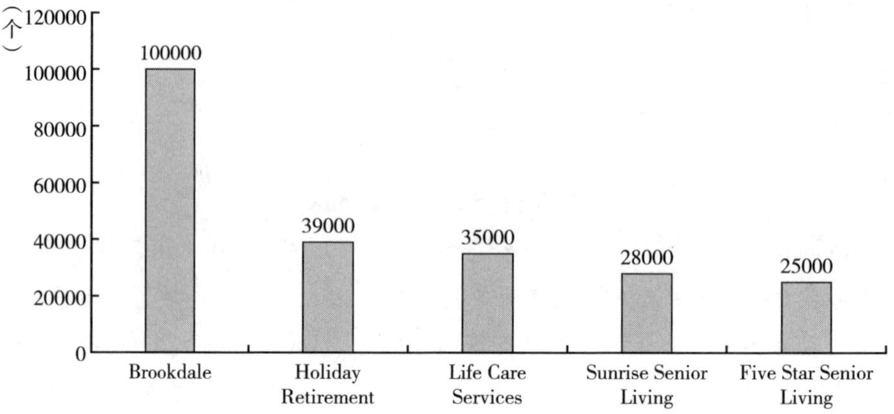

图 4　Brookdale 公司养老社区单元数远超美国其他大型养老公司

资料来源：Brookdale Senior Living 2017 年报。

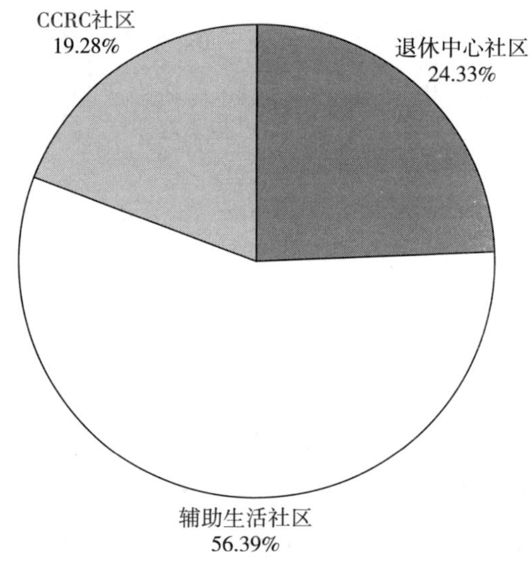

图 5　Brookdale 公司客户结构（按社区划分的单元数）

资料来源：Brookdale Senior Living 2017 年报，数据截至 2017 年 12 月 31 日。

服务等。此外，退休中心社区还为居民提供补充护理服务选项，以便为缺乏日常生活能力（ADL，Activities of Daily Living）的人群提供帮助。

（2）辅助生活社区（Assisted Living）。面向日常生活需要他人照料但没有重大疾病的老年人，为其提供住房和24小时协助。记忆护理社区作为特殊的辅助生活社区，客户定位于患有阿兹海默症和其他痴呆症的居民，提供个人护理、认知帮助等服务。

（3）持续护理退休社区（CCRCs-Rental）。定位于目前健康状况较好，但担忧未来生活自理能力下降的老年人。CCRC社区一般包括生活自理单元、生活协助单元与高级护理单元，能够针对老年人生活自理能力的变化，提供不同阶段的持续服务，部分持续护理退休社区还包括记忆护理/老年痴呆症的服务区。

2. 客户结构情况

公司的三种社区分别针对不同的目标客户群体。退休中心社区主要面向75岁以上、希望在生活中得到支持或帮助的老年人，也有部分退休中心社区的老年客户是为了靠近他们子女所在的大都市区。辅助生活社区定位于80岁以上、每天需要两次或以上日常生活能力辅助的老年人，他们对因医疗事故所引致的服务需求非常迫切。CCRC社区的目标客户是寻求持续的多样化服务的老年人，使其能在同一个地方养老，这些老年客户一般先进入独立生活单元，随后根据身体状况的变化搬进辅助生活单元。

3. 人员管理与培训情况分析

每个社区都有一个接受过专业培训的执行主任，负责社区的日常运作，包括服务和护理的质量、社会服务和财务业绩。公司通过员工和老年居民的直接联系，最大限度地提高护理质量和运营效率。涉及居民护理的雇员（包括行政人员）都需要接受有关护理的应急技术培训，每个社区的员工都需参加频繁的培训课程，同时公司有一系列培训和评估程序，以确保老年居民能得到优质护理。截至2017年底，公司共有约4.95万名全职员工、2.61万名兼职员工（见图6）。

4. 财务经营情况分析

2017年，Brookdale全年实现营业收入47.47亿美元。从历史数据来看，其营业收入自2009年以来持续增长，2017年出现首次负增长，主要是由于行业竞争加剧、市场份额缩水（见图7）。

从构成来看，营业收入中22.11亿美元来自辅助生活社区的居民缴费，占比将近一半；为第三方机构提供的管理服务实现营业收入9.67亿美元，占比

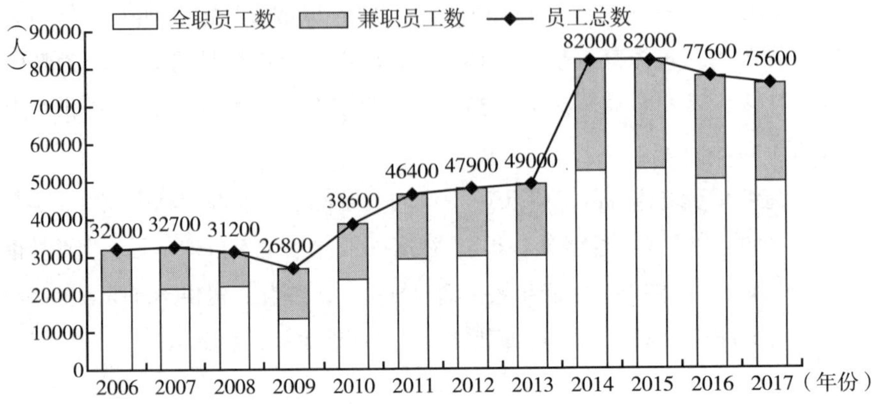

图 6　Brookdale 公司员工数

资料来源：Brookdale Senior Living 各年年报。

图 7　Brookdale 公司各年营业收入及变动情况

资料来源：Brookdale Senior Living 2017 年报。

为 20.37%；此外退休中心社区贡献营业收入 6.54 亿美元，占比为 13.78%（见图 8）。与行业情况相对比，公司收入的 49% 来自 AL（Assisted Living），明显高于行业整体 35% 的水平；收入的 33% 来自 IL（Independent Living），低于行业平均的 42%；13% 来自 MC（Memory Care，也就是上文中说的 Specialized Alzheimer's），与行业平均 12% 十分接近；5% 来自 SNF（Skilled Nursing Facility），较 11% 的行业平均水平明显偏低。

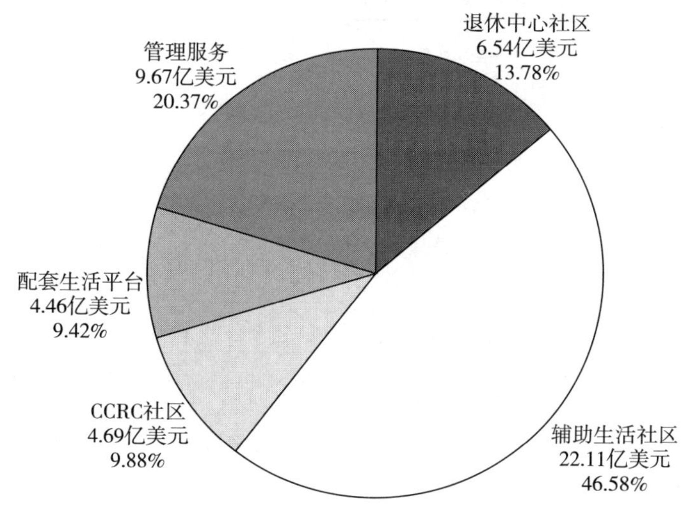

图 8　Brookdale 公司营业收入构成

资料来源：Brookdale Senior Living 2017 年报。

公司自上市以来净利润一直为负，处于持续亏钱状态。尽管如此，公司从 2008 年到 2013 年经营状况持续改善，2013 年已接近盈利。但从 2014 年公司收购美国第二大养老服务公司 Emeritus，盈利短暂提升之后，公司从 2014 年至今业绩持续下滑，从 2015 年 5 月起股价一路下跌，至今跌幅累计 -82%，总市值不断缩小。如何盈利成为 Brookdale 的主要问题（见图 9）。

此外，过去十年间公司的营收增长也不容乐观。伴随着并购的持续进行，从 2008 年开始公司营收不断爬坡，在 2016 年一度达到 49.77 亿美元的最高值（为 2008 年的 2.58 倍），但在 2017 年却下滑到了 47.27 亿美元，规模化似乎并没有解决公司的盈利问题（见图 10）。

根据 2017 年的年报，Brookdale 未来将继续通过出售、停止租赁部分盈利无望的社区来改善现金流。曾经靠着规模化并购走上行业宝座的 Brookdale，似乎陷入了逆规模化的怪圈，这对于中国本土养老企业的发展不失为一个前车之鉴。

5. 发展战略分析

Brookdale 收购 Emeritus 公司之后，利润增长率超过了 10%。但是，增加收入依然是这家上市公司的首要问题，公司采取了四方面措施。

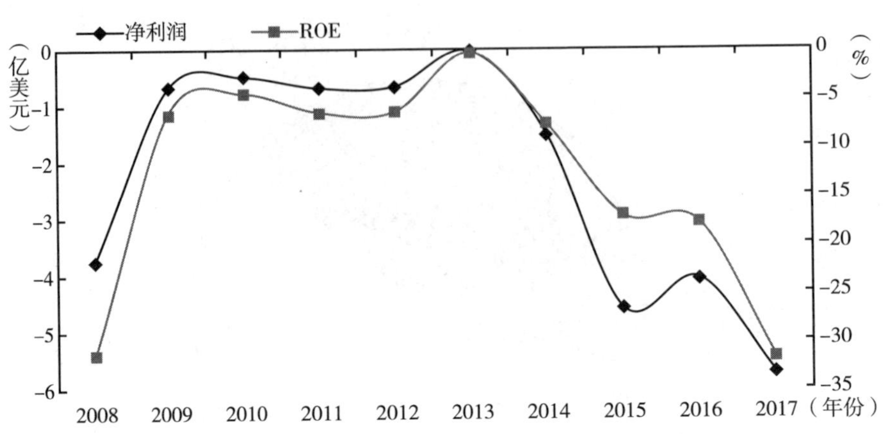

图 9　Brookdale 公司净利润构成

资料来源：Bloomberg。

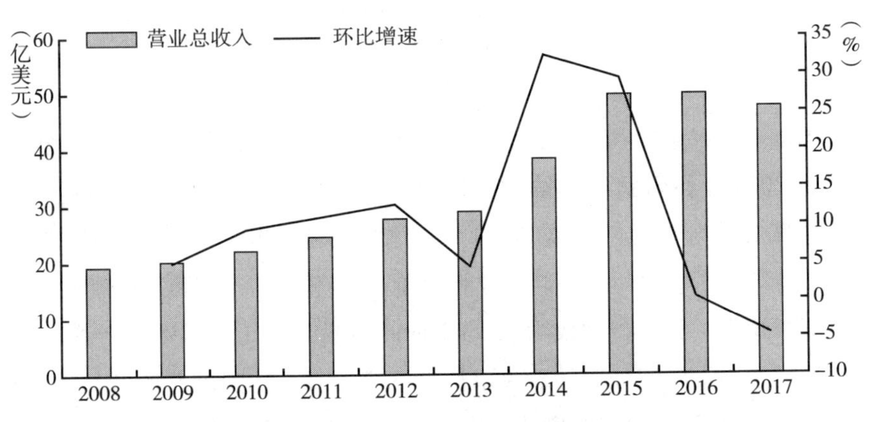

图 10　Brookdale 公司营业收入及增速

资料来源：Bloomberg。

第一，在控制运营成本的同时，提高社区入住率和月度服务费用。公司计划通过不断地优化社区运营，加大市场营销的执行力度来保持公司的增长。同时，借助合并 Emeritus 的良好势头，努力提高公司的运行效率，降低运营成本。

第二，通过战略性资金分配提高公司收入。公司计划投入一部分资金完善现有社区，以此来提高吸引力和入住率。收购的战略重点集中于提供互补作用产品的企业。

第三，提高品牌影响力。公司计划打造一个辨识度较高的全国性品牌，通过提升社区入住率和增长率来实现市场差异化，提升自身品牌价值。

第四，创新产品服务，包括配套服务项目。公司希望通过创新产品形式，提供新的养老解决方案来不断满足客户需求。另外，还计划为现有客户提供更多新的服务形式，希望以此能在后续医疗保健领域占有一席之地。

（三）医疗护理

总体上，医疗护理定位于有慢性疾病、处于术后恢复期或有记忆功能障碍的老人，为其提供各种护理和医疗服务。与机构型养老一样，大部分医疗护理都涉及养老地产。阿尔茨海默社区（Specialized Alzheimer's）、护理养老社区（Skilled Nursing）和专业护理社区是常见的医疗护理类型业务模块，同时，痴呆症患者护理、精神病康复和临终看护等也可纳入医疗护理的范畴。此外还存在一些急性病康复医院（Post-acute and Rehabilitation Care Clinics），面向住院或大病后的老年人，他们一般患有多种疾病，康复医院有老年病专家提供康复方案，并在老年人回家之前提供医疗随访。

由于上市养老企业经常会选择多元化经营，所以养老业务往往表现为"医养结合"，也可以将医疗护理作为社区服务或机构服务的一个子板块来考虑。但是，医疗护理作为护理类型中最高级、相对专业化和具象性的业务模块，我们认为对其单独进行分析具有一定的创新性与实践意义。特别是医疗护理具有较大的市场潜力，举例而言，根据阿尔茨海默氏症协会的报告，2018年美国该病患者的人数是570万，预计到2030年将达到840万，而到2050年，患者人数将达1380万。[①] 值得一提的是，海外医疗护理型机构特别注重老年人的感受，秉承"养老即好好享受生活"，很多细节都考虑得十分周到，比如Westminster Canterbury Richmond康复中心的每个楼层并不直接称楼层号码，而是给予每一个楼层一个特殊地名，比如一楼是Chesapeake，三楼是Shenandoah。

---

① 美国阿尔茨海默协会，https：//www. alz. org/media/Documents/alzheimers – facts – and – figures – infographic. pdf。

以下，我们以 ORPEA 为例，对医疗护理业务进行介绍。

案例分析 3：ORPEA

ORPEA 集团是欧洲医疗护理业务的龙头，成立于 1989 年。公司成立之初建立了 46 家养老院（4600 个床位）来发展护理业务，2002 年 4 月公司在巴黎欧洲证券交易所成功上市，2004 公司在意大利成立了两家养老院，首次将业务拓展至法国以外的欧洲市场。2004 年以来，为了快速布局市场和实现区域扩张，ORPEA 一直不断收购其他欧洲国家的养老运营商，从而获得养老院和床位资源。2013 年，加拿大养老金计划投资委员会（CPPIB）成为 ORPEA 的战略股东。ORPEA 公司目前是欧洲第二大养老运营商，资产账面价值达到 46 亿欧元，截至 2017 年底，拥有 818 家养老院、86650 个床位，业务覆盖全球 12 个国家。

1. 业务范围

ORPEA 以“品质护理”为基本目标，是欧洲中、长期护理以及精神病护理业务的龙头，其核心业务为专业护理社区、急性病康复医院（Post-acute and Rehabilitation Hospitals）、精神病医院（Psychiatric Hospitals）及家庭护理服务。

（1）理疗型养老院。主要面向需要家庭护理或刚出院的老年人，为每个老年人提供个性化的关怀和服务。包括针对阿尔茨海默氏症患者或类似疾病患者提供专业服务，以及一些针对患有严重疾病的患者或临近离世的顾客的服务。此外，公司还提供住宿、餐饮、衣物清洗、房间清洁服务，以及各种日常娱乐和治疗讲习班活动。

（2）急性病康复医院。ORPEA 的急性病康复医院位于法国、瑞士、意大利、德国和奥地利，为需要康复护理或治疗的患者提供服务，并由医疗团队和技术单位监督以确保专业性，从而最大限度地提高患者的康复机会，恢复其独立生活能力。

（3）精神病医院。位于法国、瑞士、德国和意大利，为精神病患者提供治疗。ORPEA 在精神病医院中采用多学科方法，允许每个类别的护理站全面发挥其专业知识。护理团队制订病人的个性化的护理计划，由医师配合工作的开展，护理的环节涉及到精神治疗师职业治疗师、艺术治疗师、运动理疗师等。

（4）家庭护理。位于法国、奥地利、瑞士和德国，面向由于健康状况或残疾暂时或永远无法独立生活的个人，提供服务包括三方面：一是家政服务，如清洁、餐饮、熨烫、园艺等；二是日常生活协助服务，如白天或晚上看护、卫生帮助、进食帮助等；三是运动协助服务，如步行、轮椅等。

ORPEA 于 2004 年开始在欧洲范围内拓展境外业务，陆续在意大利、瑞士、比利时、西班牙、德国、奥地利、捷克、波兰及葡萄牙设立机构，并且走出欧洲，在巴西和中国建立了养老院。目前，ORPEA 业务覆盖全球 12 个国家，旗下共有 818 所养老院、86650 张床位。ORPEA 的企业特色包括以下三点。

（1）精挑细选的物业位置。与 Brookdale 基本完全专注运营不同（这主要是因为在美国市场，养老行业形成了地产商，运营商和 REITs“三分天下”的格局），ORPEA 是地产、运营双线并行的（这也是其现金流一直比较好的核心原因之一，可见纯粹做养老运营是非常难持续盈利的）。ORPEA 每年有大量的在建物业，并坚持使用一套严格的选址方案。首先物业必须位于城市中心或者大型卫星城，这些城市拥有可观的人口基数，更重要的是物业具有较大的升值空间，这有利于 ORPEA 未来出售物业套现。

（2）定位高端，注重精品化。ORPEA 的物业周边配套齐全，环境优美。虽然获得良好位置的物业意味着高成本的投入，但从长远来看，较高的资产升值空间和物业位置对入住率的积极影响为运营商带来意想不到的附加值，从而缓解现金流的压力。

（3）高质量的服务和培训体系。ORPEA 为人称道的就是高质量的服务。根据公司 2014 年年报，90.6% 的家庭对 ORPEA 所提供的服务满意或非常满意，而收购的运营商也拥有不错的市场口碑，比如 Senevita 获得了 TerzStifung 养老服务奖，Silver Care 在 MDK 的测评中获得了较高得分。此外，好的服务输出需要大量优秀的国际人才。ORPEA 开设的学术创新和诊所道德委员会，聚拢了一批不同背景的国际专业人才，专门研究养老产品创新和制定服务培训机制，为 ORPEA 的服务升级出谋划策。而长时间的细致培训能大幅提升护理员的服务能力。

2. 公司治理分析

为满足不同住客与病人的要求，提高企业服务水平，ORPEA 十分重视公司治理，构建了优秀的企业管理方式、严格的质量管理体系与训练良好的专业团队。

（1）优秀的企业管理方式。ORPEA 的企业管理模式遵循以下两点，一是有效、便利的管理，这不仅符合该行业发展的需求，并且有利于集体的控制管理；二是集中管理基础项目（财务、购买、支付、司法、结算等），这有利于企业内部协同。基于上述管理模式，ORPEA 能够以最优方式运行集团内所有医院和养老院。

（2）严格的质量管理体系。ORPEA 的质量管理体系自 1998 年开始实施，包括监督检查对住客及病人的接待质量和后续护理情况，以及关注住客及病人的人身安全及满意度等各方面，以不断改善运营操作来为住客与老年人提高更好服务与保障。

（3）良好训练的专业团队。ORPEA 集团为所有员工提供专业培训以更好地服务顾客，并且为员工提供再教育的学习机会，与各大高校形成合作伙伴关系等。

3. 财务分析

（1）业绩情况。ORPEA 自 2002 年上市以来，公司营业收入逐年提升，2017 年全年实现 31. 38 亿欧元的营业收入。公司不仅实现了营业收入的增长，营业收入的增长率也一直保持在 10% 以上的高水平，年化增长率达到 22. 15%（见图 11）。

（2）营业利润。从利润角度看，自 2006 年以来，伴随着国际化扩张和公司规模的扩大，ORPEA 营业利润和净利润均实现了逐年增长，2016 年公司全年实现营业利润 3. 71 亿欧元，净利润 2. 56 亿欧元（见图 12）。

4. 发展战略分析①

ORPEA 集团从发展壮大到享有盛誉，原因在于它采取的混合发展战略。

首先，对专业团队的培养紧密围绕集体的基础价值观，即“遵守道德标

① 《ORPEA 集团战略发展理念》，https：//www. orpea - groupe. com/le - groupe/qui - sommes - nous/notre - metier。

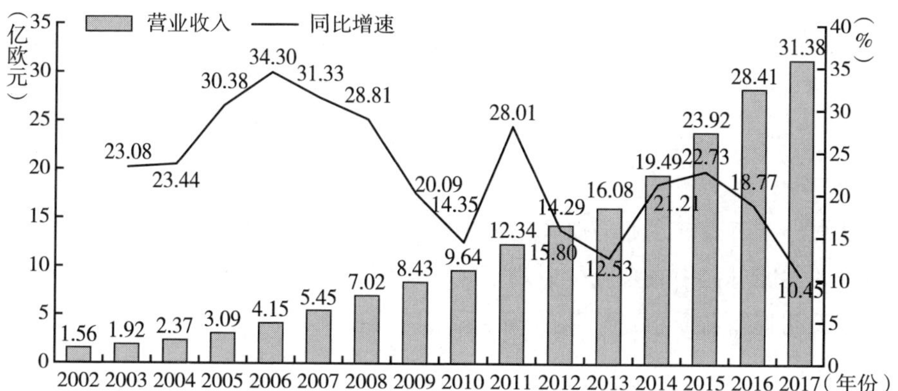

图 11　ORPEA 上市以来营业收入

资料来源：ORPEA 官网及 2016 年年报。

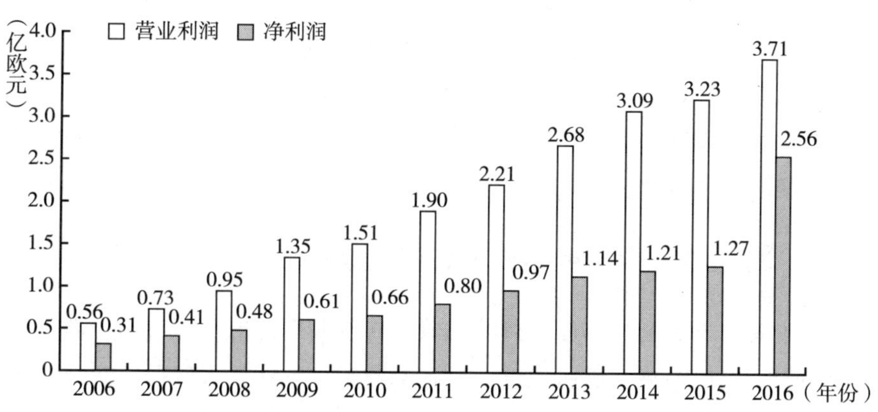

图 12　ORPEA 净利润与营业利润

资料来源：Wind 资讯。

准，尊重、倾听、信任顾客，具有职业意识”，它以严格的标准保障了企业的服务质量以及住客与老年人的人身安全。

其次，ORPEA 有组织、有规模、有目标地拓展市场业务。ORPEA 在 12 个国家构建了发展平台，为人口老龄化提供解决方案，并为无法独立生活的人提供高质量服务。在这明确且有选择的框架下，集团得以实现独一无二的发展。

最后，ORPEA 尤为注重机构所在地的本土化需求，通过融入当地医疗保健系统、提供补充护理服务，来满足当地人需求，从而促进机构在当地的发展。

三　养老企业的融资与资本运作

从海外上市养老企业的研究过程中我们可以看出，各国主要的养老企业都在自身的发展过程中或多或少运用了资本运作工具，以不断提升公司的规模市占率以及品牌知名度。

（一）通过 IPO 和增资扩股等方式为公司扩张提供便利

上市可以提升养老企业的知名度和影响力，在公司营销方面起到一定的积极作用，同时由于信息和资料更为公开，也可以不断督促公司提升服务质量。同时，通过 IPO 筹集的资金，辅以后续的增资扩股也在日后加速了公司的扩展，上市之后也对公司主动进行再融资提供更多的途径。比如 ORPEA 上市 2 年后便开始在欧洲扩展业务，通过与意大利共同保险公司 Reale Mutua 合作，在意大利建立了两家养老院；2011 年，ORPEA 进行 2.03 亿欧元的增资以优化公司财务状况，加速了其在国家和国内的扩张步伐。

（二）通过兼并收购或新设子公司以提升市场份额

各国主要的养老公司都通过持续的兼并与收购提升自身的市场份额。对养老企业而言，土地购买、房屋建设、设施配备等一系列投入流程耗时长，并不利于公司持续扩张市场份额，而兼并收购同类企业的养老资源成为最具性价比的增长模式。以 Brookdale 为例，其上市后，分别于 2006 年、2011 年和 2014 年完成了对三家养老服务公司的收购，使其养老社区的数量不断增长，公司规模快速扩大，品牌推广建设颇为成功。特别地，2014 年 Brookdale 所收购的 Emeritus 是当时美国第二大养老企业，这次收购使其社区数量猛增 493 个，床位数由不到 7 万个跃升至超过 11 万个，业务范围迅速扩大。

对于养老产业链，除了不同类型的养老社区和家庭护理以外，各公司往往还在相关的产业和领域进行布局。一是提高对不同的目标群体的覆盖，如儿童、宠物等；二是扩展业务类型，如书籍出版、专业教育和培训等，部分海外的养老企业还成立了专门针对某一目标客户群体或者某一业务范畴的子公司，以专业经营该类业务。典型的例子是日医学馆，前文就此已有所论述。

（三）通过资产出售、租赁等方式优化布局规划

养老企业在整个布局过程中需要对资源及资产进行优化布局，以实现经营效益的优化。公司在进行不断并购的同时，也可能会对部分资产进行出售。如 Brookdale 在 2014 年收购了接近 500 个社区以后，在 2015 年以 8290 万美元的价格出售了 17 个社区。2016 年和 2017 年，公司总共出售了 53 个养老社区，终止租赁了 112 个社区（其中 62 个并入 Blackstone）。这种资产出售、租赁的转型仍在继续，Brookdale 计划于 2018 年出售 15 个养老社区，在更长时间还将出售多达 30 个社区。

（四）通过发债、股票回购等计划进行资本运作

上市养老企业也积极通过各类方式进行融资以扩大公司的规模，补充资金需求，此外也有部分公司会进行股票回购，如 ORPEA 出于对以下几方面的需求进行了股票回购计划。一是流动性管理，独立投资机构需遵守在 Autorité des Marchés Financiers 规范下的流动性合同，从而创造市场或者提高股票的流动性；二是员工激励计划，根据法律规定以及员工利润分享计划、股票期权计划、红利分享计划和员工持股计划中的条款，把回购的部分或所有股票分配给公司员工；三是将所购买的全部或部分股票用于付款、未来的收购，或其他的交易。截至 2016 年底，公司共持有 5.68 万股股票，占总股本的 0.09%，市值为 436.14 万欧元，其中 4212 股（市值约 32.33 万欧元）用于流动性管理，5.26 万股（市值约 403.81 万欧元）分配于股票期权计划和其他雇员持股计划，以及认股权证。

（五）通过 REITs 等新兴渠道扩大融资范围

选择 REITs 这样一种融资模式能够获得更加宽广的融资范围。中国银保监会统计数据显示，我国房地产融资中近六成都来自银行的贷款，融资渠道狭窄，REITs 融资模式范围就要宽广得多。一方面，REITs 能够带来的资金流更加长久。房地产投资与其他行业相比，资本的回收期限长，通常要有 5 ~7 年

之久，像养老房地产这样运营模式复杂化的房地产行业，市场周期可能会更长；另一方面，美国 REITs 行业大多数是以二级市场为主，这样最大的好处就在于不确定性小、风险小，大大增强了交易的流动性。另外，REITs 公司在投资和经营管理的过程中贯穿着现代金融思想，采用使风险和竞争力相平衡的方法，根据市场条件的变化来发行或者购回股票继而降低成本，没有过多关于投资地域和期限的限制，投资者没有参与到房地产项目的经营过程中就能够享受到房地产投资带来的高收益水平。

（六）通过津贴、资助和优惠贷款作为补充的资金来源

根据法国投资援助计划（PAI），养老机构投资人可以向全国团结自助基金会（CNSA）申请津贴用于机构内设备的安全维护、更新和新住所的开发。全国养老保险金库（CNAV）向养老机构提供住房建设、翻新和家具配备补助。欧洲地区发展基金会致力于实现经济、社会和地域发展的协调，为法国养老企业提供资助，作为其补充资金来源。自 2006 年起，法国还给那些为无生活能力老年人提供服务的养老机构提供社会用途租金贷款（PLS），帮助其修建和改善住房设施，如卫生设备、起居设备的提升和安全维护等。与此同时，非营利性私人养老机构还享有不动产税豁免和增值税减免。此外，一些社会保障机构（如法国健康与退休保险管理处，CARSAT）还提供零息贷款，为养老企业提供资金支持。

四　海外经验对我国培育上市养老企业的启示

综合分析国内产业发展阶段和存在的问题后，本文认为我国养老企业发展主要受到产业大环境的限制。目前我国养老服务市场整体而言发展明显滞后，这既有传统观念的原因，也有政策因素，最重要的是我国目前基本没有养老企业实现全产业的大范围布局。另外，子女照顾父母一直是中国的传统习俗，但独生子女政策使成年子女承受更大负担，这客观上推动了对养老院的需求。面对严峻的老龄化问题，必须对养老产业进行整体规划和长远布局。只有从政策、制度、资金、设施、服务、人员等多方面建立和完善养老产业，才能为企业发展创造良好条件，妥善应对未来的老龄化问题。

（一）观念转变——加强宣传养老产业，改变传统观念

养老产业是面向夕阳的朝阳产业，具有远大的发展前景。同时改变传统的家庭养老和“养儿防老”观念也十分重要。与西方国家相比，目前我国大多老年人无法接受养老、社区养老等方式，其中重要原因之一是传统的“养儿防老”和儿女应该为父母提供居家养老服务的观念仍未转变。我国老年人大多认为被送去养老院即“不孝”，对养老院有恐惧感、不安全感。因此只有观念上的转变才能创造需求，需求的提升才能让更多企业涌入，竞争之下产业才能不断趋于完善。

具体运营模式可以因地制宜，鼓励进行养老模式创新，推进异地养老模式（如养生文化村、“候鸟式”和“季节性”养老等），促进以房养老的模式，以住房逆抵押、售房养老、租房养老等方式，盘活养老资源和资金来源，提高养老质量。同时，改变老年人传统消费观念，引导老年人积极消费，重视老年人力资源潜力的挖掘和社会归属感的强化。

（二）政策规划——加强政策引导，大力扶持养老产业发展，打造养老品牌

建立政府主导的多元主体参与机制。养老产业发展应纳入社会发展总体规划，走产业化发展道路。政府应坚持政策引导、政府扶持、市场推动、社会兴办的原则，积极承担社会责任，发挥其主导性作用，建立和完善老年保障公共产品体系，构建以居家养老为基础、以社区服务为依托和机构养老为补充的服务体系。同时各级政府应加大养老产业发展的政策支持力度，尤其应鼓励民间资本参与养老服务产业，应在多方面给予民办养老机构大力支持，如财税、政府资助、项目用地、服务人员待遇、医保定点等。政府应加大对养老产品研发生产、民营养老机构及其建设项目的融资支持力度。比如法国政府设置了各种投资援助计划和自助基金，以及采取补助措施，用于机构内设备的安全维护、更新和新住所的开发、住房建设、翻新和家具配备补助。

对于养老企业而言，应该积极打造养老品牌。Brookdale 就通过打造高辨识度的全国性品牌，来提升社区入住率和增长率，为不同的目标客户群体提供不同定位的服务，从而提升整体的服务水平和质量，不断提升自身品牌价值。随着老年群体收入水平和消费观念的不断转变，中国中高档的养老需求

也将越来越多，基础养老更多由政府来提供，而中高端养老市场存在较大市场空间。

（三）专业提升——重视人员培训，制定专业化认证体系

目前我国众多养老社区机构面临的一个共同难题在于，虽然很多社区机构在床位数量方面已经达到一定标准，但仍然缺乏对失能半失能老人的护理能力，整体的服务质量明显不足。养老产业最重要的一环就是服务，大量国内老年人口只愿意家庭养老，就是因为养老机构服务质量过差。但仅凭某一机构难以改善行业整体服务质量，仍难改变人们的观念。所以应由政府出面把提高养老机构服务队伍质量纳入服务标准化目标之一，将服务人员的素质作为衡量养老服务质量的一个重要指标。可以学习日本对养老从业人员的培训与认证体系，养老服务人员必须经过专业培训，持证上岗。从业人员需要全面掌握综合性养老服务专业知识，如老年医学、护理学、营养学及心理学等。可以积极鼓励有条件的高等院校和职业教育机构，设立养老产业开发专业，为养老产品的开发、经营和管理，为养老服务，培养有知识、懂技术、会经营管理的专业人才。江苏“护工移民”的做法就是一个很好的方法，解决了发达地区护理人员短缺问题，也解决了落后地区职业学校没人上的问题。另外，还要大力发展社区义工志愿者服务队伍，完善义工注册制度和激励机制，提高养老服务从业人员的职业地位，提升社区工作人员的职业技能。这样养老企业才能招到专业化的服务人员，提升整体服务质量，需求增长，企业才会呈良性发展趋势。

（四）业务拓展——创新产品服务，拓展业务范围

从海外上市养老企业的经验可以看出，其往往针对不同类型的客户需求提供了多样化的服务，比如有针对健康老人的退休社区、需要日常生活照料的辅助生活养老、为疾病后老年人提供的低于住院费用的术后疾病康复中心或者家庭服务。Brookdale 就积极致力于创新产品服务，包括配套服务项目，还计划为现有客户提供更多新的服务形式，希望以此能在后续医疗保健领域占有一席之地。此外如日医学馆还提供针对老年人以外群体的包括教育培训、儿童及宠物类的相关服务，日医学馆作为一个服务人的机构，以前主要服务老人，现在

服务内容和对象趋于多元化。而这类服务目前在中国国内市场上有竞争力的参与者还很少，在一、二线城市同样具有较大的需求空间。

（五）资本整合——综合运用各类资本运作方式

海外优质的养老上市公司善于积极运用各类资本运作方式，以加快公司业务和规模的发展，其中以并购为主，并且规模领先的养老公司往往经历了数次较大规模的同业收购。Brookdale 和 ORPEA 集团发展壮大的过程就伴随着几次标志性的融资事件，通过兼并、股票回购、资产出售等多种方式的灵活运用来盘活资产，并且都取得了良好的效果。良好的资本运作甚至可能成为公司突破业务瓶颈的关键。Brookdale 已经成为全美最大的养老公司，不过 2014 年之前利润增速缓慢，甚至一度出现负增长。在收购 Emeritus 公司之后，利润增长超过了 10%。但值得特别注意的是，养老社区机构的投资通常期限较长，通过收购优质的养老资源，能够在相对较短的时间内增加服务的供给，进行有效扩张，但是也需要注重在整合收购业务的同时防控运营管理风险，尽量做到有效而稳健地推进公司业务发展。

（六）资本引入——引入长期资本助力养老产业扩张

优质的长期资本对于养老产业，特别是养老机构建设具有重要的作用，这种作用在养老产业的发展扩张阶段甚至是不可替代的。

目前在中国，养老服务还是新兴产业，缺乏健全的投资体制。一是民间养老院前期投入大、运行风险高，造成民间投资不足；二是企业过于追求短期获利，将成本直接转嫁消费者，养老服务价格高企，让普通老百姓望而却步。反观发达国家和地区，民间资本投资对养老产业的发展起到了重要的助推作用。中国香港在 1981 年就进入了老龄化社会，不久便认识到院舍照顾服务的重要性，并加强了对安老院舍的政策支持和投入，并允许大规模私人资本进入。因此香港的私营院舍发展十分迅速，截至 2013 年 6 月，安老院舍提供的宿位总数已达 3.09 万个，已经能够较好地承载社会性养老需求。资本市场比较发达的美国，目前养老产业经过不断发展，具备投资收益稳定、抵御经济周期风险能力较强等优势，加之人口老龄化趋势，越来越多的社会资本都把养老社区视为主要投资方向之一，形成了资本与养老产业的良性互动。随着中国养老红利期的到来，长期民营资本的积极参与时机已经逐步出现。政府应趁势而为，积极引导，完善投融资体制，培育多元化投资、融资主体，特别是要将优质的长期民营资本适时引入养老市场，扶持市场急需、规模较大和前景较好的养老服务项目，突破养老产业的扩张瓶颈。

参考文献

左思：《基于美国 CCRC 模式下的我国养老社区设计初探》，天津大学博士学位论文，2017。

孙洁：《应多政策支持居家社区养老服务》，http：//insurance. jrj. com. cn/2018/03/06144924198485. shtml。

Alexis Denton、Joyce Polhamus、陈鸥翔：《探讨美国 CCRC 养老模式及其在中国的前景》，《建筑技艺》2014 年第 3 期。

黄清峰：《中国养老服务产业发展研究》，武汉大学博士学位论文，2014。

看护经营教科书：ニチイ学館の中長期戦略を見てみよう！，http：//kaigonews. net/2016/11/19/介護業界最大手ニチイ学館の中長期戦略とは？/。

American Senior Housing Association，*The 50 largest U. S. seniors housing real estate owners and operations*，2017.

Sources de financement，*Exploiter toutes les pistes possibles*，https：//ehpad – magazine. com/sources – de – financement/.

Caisse National de Solidarité Pour L'autonomie，*L'investissement dans les établissements médico – sociaux L'apport des plans d'aide CNSA Bilan 2006 – 2010*，Décembre 2011.

Alzhemier's Association，*2018 Alzheimer's Disease Facts and Figures*，https：//www. alz. org/media/HomeOffice/Facts%20and%20Figures/facts – and – figures. pdf.

B.17
基金定投在个人养老金投资中运用

李宏纲*

摘　要： 基金定投作为一种定期定额投资的长期理财方式，具有积累投资资金、平摊投资成本、降低整体风险、提高投资收益稳健性的特点，而这正好符合个人养老金资金长期性积累性、收益目标长期稳健性和投资主体生命周期性的特点。在我国基本养老金替代率逐年下滑的背景下，积极进行个人养老金投资日趋重要，而基金定投方式则可以有效提高退休后养老金的替代率。在个人养老金定投的过程中，投资者需要考量自己所处的生命周期阶段及风险偏好，此外在选择基金产品时还需要综合考量基金公司、基金经理和产品风险收益水平这三大要素。个人养老金定投的发展离不开相关顶层设计的完善，建议提供单独的个人养老金定投账户、大力推动目标日期基金发展、培育投资顾问机构、提供智能定投组合服务，同时监管机构要加大呼吁投资者教育的力度。

关键词： 基金定投　个人养老金投资　养老金替代率　基金选择

一　基金定投概述

（一）基金定投的定义

基金定投是定期定额投资基金的简称，是常见的基金投资方式。狭义上，

---

* 李宏纲，汇添富基金管理股份有限公司资产配置中心资深产品专家，中国养老金融 50 人论坛联席研究员，统计学博士，研究领域为养老金金融、基金研究、产品创新。

基金定投是指每隔固定的时间间隔，用相同金额的资金持续投资到某个指定证券投资基金的投资方法；而广义的基金定投也包括定期不定额的连续投资方法——即每期投资的具体金额与当期的市场行情相关——如均线定投法和价值平均法等定投方法。

由于基金定投具有长期性和连续性，采用基金定投的方式进行投资，可以有效规避投资择时正确率偏低的问题。另外，基金定投一般是根据预先设定好的规则自动完成，管理简单，因此也备受投资者的推崇和青睐。

在欧美等海外成熟市场，基金定投被广泛应用于养老金管理，如美国的401（k）计划、IRAs计划、日本就业人员退休计划等，均以基金定投为主要投资形式。在亚洲及国内等新兴市场，定投作为一种简单、有效而且操作方便的投资方式，也逐渐为投资者所熟知和使用。中国基金业协会2015年调查结果，65%的投资者认为基金定投可以降低平均成本、分散风险，只有9%的投资者表示对基金定投不太了解。整体而言，投资者对基金定投的了解日渐增多。

（二）基金定投的方法：普通定投法、均线定投法和价值平均法

根据每期投资额的异同，基金定投主要可分成三种操作模式：普通定投法、均线定投法和价值平均法。

1. 普通定投法

普通定投法是指在固定的时间（如每月8日）以固定的金额（如500元）投资到指定的基金中，类似于银行的零存整取方式。普通定投法有成本平均的功能，无论市场价格如何变化总能获得一个比较合适的平均成本。此种定投方法管理简便，是最为常见的一种定投方法。

2. 均线定投法

均线定投法是指在固定的扣款日，根据扣款日前一交易日基准指数收盘价相对于指数长期均线的偏离程度，来计算当期投资到指定基金的金额。均线定投法的设计思路借助了技术分析手段，其主要原理是股价走势中长期将回归价格均线，并根据该原理确定当期的投资金额。具体来讲，在定投扣款日前一交易日，将基准指数点位和长期均线进行对比，如果指数点位在长期均线之上，则减少本期投资金额，反之则增加投资金额。

3. 价值平均法

由美国学者 Michael Edleson 于 20 世纪 90 年代提出。它与均线定投法类似，也属于定期不定额的定投方法。不同之处在于，价值平均法更多的是从降低平均投资成本的角度出发进行投资策略设计。具体来看，该方法计算投资者历次定投基金的平均成本，在基金净值低于平均成本时提高定投金额，在基金净值高于平均成本时降低定投金额，使得平均成本在市场处于低位时较快下降，在市场处于高位时较慢上升，进而达到降低平均投资成本、获得较高最终收益的目的。

（三）基金定投的特点与优点

基金定投具有两个最基本的特征：第一，该投资方式是一种零存整取的长期理财方式，具有分次、定期投资特征。即定投中投入的资金不是在期初一次性投入，而是在连续的时间范围内，每隔一段固定时间进行资金投入。基金定投适合每月有稳定的收入，同时在将来某个时点有固定周期需求或者大额需求的人群，例如养老需求、远期购房等理财需求。第二，基金定投无须择时，适合的投资者群体更为宽泛。其在很大程度上降低了对于投资者知识、经验和对市场的决策判断能力的要求。投资者采用基金定投的投资方式，一方面，将资产配置的决策权交给了具备丰富投资实战经验的基金管理团队，另一方面，通过定投策略放弃了投资时机的决策，可以进一步降低投资风险。

综上所述，基金定投的优点主要体现在以下几个方面。

（1）平均投资成本。投资者将资金分期投入，具有集腋成裘、聚沙成塔的优势，长期来看能够有效降低投资成本，提高理财收益。

（2）无须择时。普通投资者投资时较难掌握到最佳的买卖点以获取最大利润，因此投资者可通过基金定投来投资高风险高收益的资产，无须判断买入时点，同时也无须为市场短期波动而改变长期投资决策，减少了主观判断带来的投资失误，有效降低投资风险。

（3）手续便捷，门槛较低。各大销售机构（基金公司、银行以及证券公司等）已开通了基金定投业务，基金定投的进入门槛较低，最低每月投资 10 元。投资者可以在网上进行基金的申购、赎回等所有交易，实现基金账户与银行资金账户的绑定，设置申购日、金额、期限、基金代码等进行基金的定期定额投资。

二 个人养老金投资

（一）个人养老金投资的概念

近年来，全球人口老龄化问题逐渐凸显，养老保障问题成为世界范围内亟待解决的问题之一。在这样的背景下，世界银行总结了智利等国家养老金改革的经验，在《防止老龄危机——保护老年人及促进增长的政策》一书中，提出了“三支柱”养老金模式改革建议。三支柱模式已经成为得到全球众多国家广泛认可并实施的养老金体系，它由政府、企业与个人三方共同承担养老责任，采用多种类型的养老金计划相互补充支持，避免单一养老模式负担过重可能带来的保障缺失问题。

本文所强调的个人养老金，是指世界银行三支柱模式中个人为养老缴费并进行的自发投资。投资者可以自主选择养老金的投资标的、投资时点和缴费金额。个人养老金涉及了个人为养老所做的自发投资、第三支柱养老金和部分第二支柱养老金。美国的401（k）计划和香港的强积金计划都属于第二支柱职业养老金，员工可以对此类养老金投资计划进行自主选择，所以这部分资金属于个人养老金。而同为第二支柱的企业年金由于个人不具有投资权限，因此不属于本文个人养老金的范畴。

（二）基金定投符合个人养老金的特性

个人养老金的积累路径，就是通过政策引导，个人通过专门的养老金账户进行投资，积累养老金，实现个人养老金的保值增值。从海外发展个人养老金账户的经验来看，个人养老金投资账户资金具有几个鲜明的目标：资金长期性积累性、收益目标长期稳健性和投资主体生命周期性。同时，在众多个人养老金账户投资策略中，基金定投具有积累投资资金、平摊投资成本、降低整体风险、提高投资收益的稳健性、兼顾生命周期等明显特征，它是与个人养老金投资目标较为匹配的投资方法之一。下文将针对个人养老金的三个目标依次进行阐述。

1. 资金长期性积累性

对于个人投资者来讲，养老投资的主要目标是保障退休生活的质量。一般认为退休后收入达到退休前收入的70%是一个较为合理的养老金收入水平。

个人养老金的投资实际上是在时间跨度上实现对个人财富的合理分配，即将个人在工作期间的收入积累起来进行储蓄或是投资活动，在达到退休年龄后从累积的资金或是投资增值中获得养老金，维持自己的退休生活水平。因此，个人养老金的投资具有时间累积性。

基金定投的投资方式也具有同样的特性。基金定投在固定的时间间隔上对目标基金进行一定金额的投资，单次定投的金额可以视个人投资者的收入水平而定，一般设置为个人工资收入的一定比例。在较长的时间跨度内，个人定投的基金金额逐渐累积，可以起到积聚财富的作用。

2. 收益目标长期稳健性

养老金事关亿万百姓的养老，具有典型的社会属性，相对于一般的理财资金而言，它对收益的稳健性有着更高要求，而且侧重以长期而非短期的时间跨度来衡量稳健性。

为了说明定期定额投资策略具有长期的稳健性，我们对四类不同投资者的投资收益进行了模拟。为了保证模拟的客观性，假设客户从 2002 年 1 月开始按照每期 1000 元的投资方法投资沪深 300 指数基金（假设每次投资时基金的单位净值是指数点位除以 1000），定投期限分别为 1 年、3 年、5 年和 10 年。可以发现，随着定投期限的延长，定投收益的波动性显著下降（见图 1），10 年期定投收益的波动性（以标准差衡量）仅相当于 1 年期定投的 1/24。这正符合养老金追求收益的长期稳健性的原则。养老金投资期限往往在 10 年以上，在这样长的一个期限内进行定投，其收益的波动性完全可以控制在非常小的范围内，以帮助养老金投资人降低短期市场波动带来的巨大风险。

3. 投资主体生命周期性

人的一生可以分为三个阶段——青年时期的财富累积阶段，中年时期的过渡阶段以及老年退休之后的财富消耗阶段。随着年龄的增长，人的风险承受能力会逐渐下降，且呈现明显的周期性。当投资者处于青年时期，风险承受能力较高，更适宜持有更多的高风险资产；随着年龄的增长，投资者的风险承受能力下降，需要减少在风险资产上的配资比重。

个人养老金的投资需要充分考虑目标持有人在不同生命阶段的风险承受能力，采用不同的配资策略。而基金定投采用分笔投资的方法，可以在投资者不同的生命阶段，灵活调整单次定投的投资额度以及在不同风险资产上的比例，

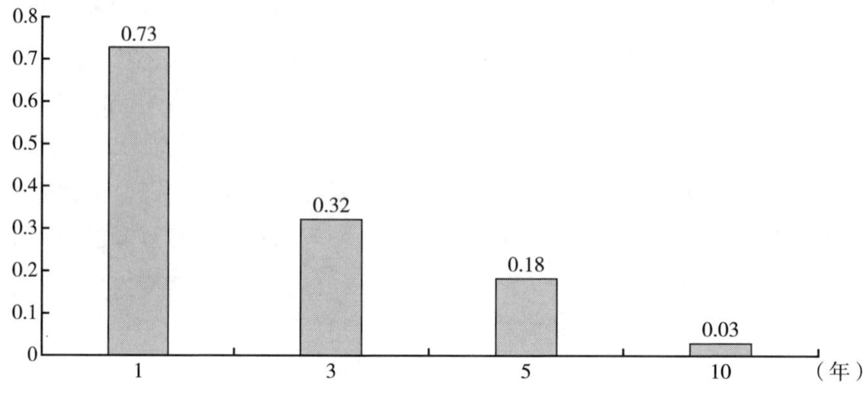

图1　沪深300指数不同期限定投收益的波动（标准差）

资料来源：Wind，汇添富基金。

使资产配置和人的风险承受能力相一致，更好地符合投资人的生命周期。

综上所述，基金定投策略能够通过定期定额的资金投入实现长期的资金积累；通过多元化资产种类和投资时点的风险分散化策略，基金定投策略在长期视角下能够获取稳健的收益；同时，多元化投资时点也为基金定投策略注入了更大的灵活性，使其能够按照投资人不同时刻风险偏好的变化更灵活地配置资产，兼顾了投资主体的生命周期特性。因此，本文认为基金定投方式符合个人养老金计划的主要特性和需求。

（三）基金定投能提高养老金替代率

养老金替代率，是指劳动者退休时的养老金领取水平与退休前工资收入水平之间的比率，它是衡量劳动者退休前后生活保障水平差异的基本指标之一。

世界银行提出养老金只有达到退休前收入的70%～80%，老年人的生活福祉、生活质量才不会下降。目前，我国现行养老保险、基本养老保险定位于保障退休人员基本生活。从时间维度来看，由于社会保障水平的增长速度慢于社会平均工资的增长，我国人均每月基本养老金的替代率从2002年的60.57%下降到了2016年的42.94%，基本呈逐年下降趋势。[①] 因此，仅依靠基本养老

① 2016年数据测算依据：由已公布的2015年数据以及《关于2016年调整退休人员基本养老金的通知》，将2015年的基本养老金数据2318元/月上调6.5%推算得到。

保险来保障退休人员的生活，远远达不到世界银行提出的替代率水平，也就无法保障退休人员的生活质量。

实践证明，个人积极进行个人养老金投资，并通过基金定投的方式累积个人养老金，可以有效提高退休后养老金的替代率。以过去20年来中国股票市场的数据来模拟个人养老金定投对提高替代率的作用，假设投资者的工资收入为城镇在岗职工的平均工资，年化投资收益率为5%～10%，定投比例设定为职工工资的18%～26%，得到两种定投时间长度（20年、15年）的结果，如表1、表2所示。

表1　20年定投基金养老金替代率

单位：%

		定投养老金替代率					合计养老金替代率（基本养老＋定投基金）				
定投比例		18%	20%	22%	24%	26%	18%	20%	22%	24%	26%
年化收益率	5%	19.22	21.36	23.49	25.63	27.76	62.16	64.30	66.43	68.57	70.70
	6%	20.88	23.20	25.52	27.84	30.15	63.81	66.13	68.45	70.77	73.09
	7%	22.72	25.24	27.76	30.29	32.81	65.65	68.18	70.70	73.23	75.75
	8%	24.76	27.52	30.27	33.02	35.77	67.70	70.45	73.21	75.96	78.71
	9%	27.05	30.05	33.06	36.06	39.07	69.99	72.99	76.00	79.00	82.01
	10%	29.60	32.89	36.17	39.46	42.75	72.53	75.82	79.11	82.40	85.69

资料来源：汇添富基金。

表2　15年定投基金养老金替代率

单位：%

		定投养老金替代率					合计养老金替代率（基本养老＋定投基金）				
定投比例		18%	20%	22%	24%	26%	18%	20%	22%	24%	26%
年化收益率	5%	16.88	18.75	20.63	22.50	24.38	59.81	61.69	63.56	65.44	67.31
	6%	18.08	20.09	22.10	24.11	26.12	61.02	63.03	65.04	67.05	69.06
	7%	19.39	21.55	23.70	25.86	28.01	62.33	64.49	66.64	68.80	70.95
	8%	20.82	23.13	25.45	27.76	30.07	63.76	66.07	68.38	70.70	73.01
	9%	22.37	24.86	27.34	29.83	32.31	65.31	67.79	70.28	72.76	75.25
	10%	24.06	26.73	29.40	32.07	34.75	66.99	69.67	72.34	75.01	77.69

资料来源：汇添富基金。

综合两张表格数据来看，随着定投时间的延长，养老金替代率水平有明显的提高。

如果个人养老金定投开始较晚，无法保证定投积累的时间长度，也可以选择通过提高定投资金占收入比例的方法来提高退休后养老金替代率，从而保证退休后生活质量不会下降。以 20 年定投时间为例，不同定投比例下养老金替代率水平变化如图 2 所示。

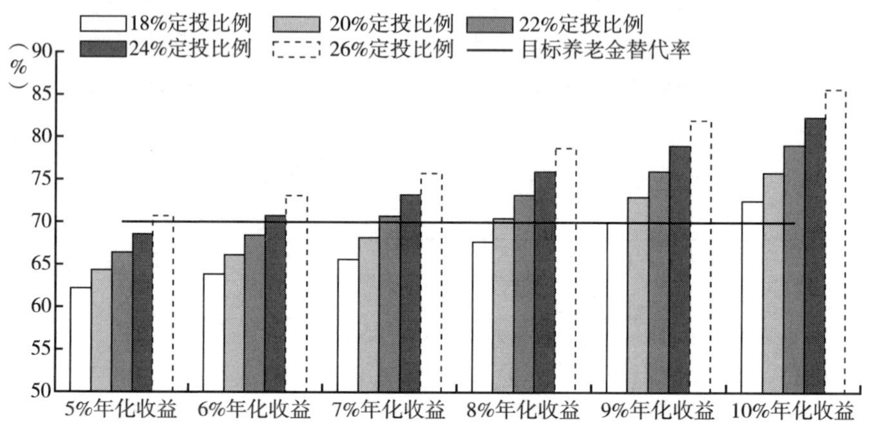

图 2　20 年长期定投养老金替代率水平

资料来源：汇添富基金。

由图 2 可以看到，26% 的定投比例在 5% 的年化收益率条件下率先超过 70% 的目标养老金替代率，且随着年化收益率的增长，相应的养老金替代率稳步提升。

结合上述分析，随着退休后养老金替代率逐年下降趋势明显，养老金制度改革，增加养老金来源势在必行。未来个人养老金将成为提高并保证退休人员生活水平的重要手段，而提早规划，将合理收入比例的基金定投将成为改善未来个人养老金的可行方法。

三　个人养老金定投的两个关键因素

个人养老金定投，有两个关键因素必须考虑，一个是参与定投的投资者处于个人财务生命周期的不同阶段，因为处于不同生命周期的投资者，财富积累、收入的多少及稳定性、可积累养老金的时间、对未来生活的预期等都会大不相同，这些会不同程度影响定投操作中的一些参数；另外一个是投资者的风险偏好，这个因素与生命周期有一定的关系，但也可作为一个影响定投的独立因素来进行考量。

（一）生命周期阶段对养老金定投的影响

生命周期假说（Life Cycle Hypothesis）最早由 Modigliani 和 Brumberg 于 1954 年提出。该假说的核心思想是，个人与家庭的金融资产投资决策应当从整个生命周期的角度出发，根据当前财富积累情况以及未来预期收支进行整体规划，以达成生命周期内的最优资产配置，最大化所有期间效用现值之和。

根据生命周期理论，个人应当依据自己所处的生命周期阶段，选择不同的定投策略和方案。针对随生命周期变化的个人养老金积累要求的变化，可以有两种方式来解决。其一是个人具有一定的投资知识和财务知识储备，能随着年龄的变化，动态调整个人养老金定投组合参数，包括定投金额、定投资金在权益类基金和固定收益类基金之间的比例等；其二是选择一个不需要考量这些变化的生命周期基金进行定投，只要将自己的财务生命周期与基金设定的目标日期进行匹配即可。

正在逐渐成为养老金投资主流标的的目标日期型基金（Target Date Fund，TDF）即为生命周期基金，它是生命周期理论在投资产品设计中应用的典型案例。目标日期型基金随着目标日期（退休日）的临近，权益类资产的投资比例会逐渐下降，而固定收益类资产的投资比例将会逐渐上升，解决了个人需要随年龄的变化自己动态调整定投参数的问题。

以美国 FOF 巨头 Vanguard 公司旗下目标日期基金的权益类资产下滑路径为例，在投资者年轻时期，基金将约 90% 的资金投资到权益类资产中，充分享受股票高成长带来的收益（当然也需要承受相对较高的净值波动），随着投资者年龄的增长，权益类资产的投资比例逐渐下降到 30%，固定收益类资产的投资比例则逐渐提高到 70%。在投资者完全退休后，该基金仍然会为投资者配置约 30% 的权益类资产，形成相对稳定收益的投资组合（见图 3）。

个人定投于生命周期基金，只要将自己的财务生命周期与基金的目标日期进行匹配，譬如一名投资者将于 2040 年退休，可以考虑定投在目标日期 2040 基金。一方面，避免个人动态调整定投参数的烦恼，另一方面，个

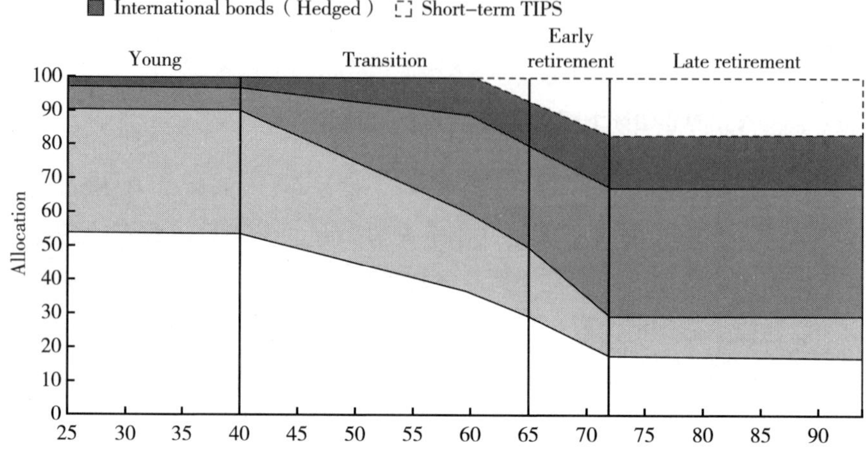

图3　Vanguard公司目标日期基金权益类资产下滑曲线

资料来源：Vanguard。

人定投基金时，选择基金也是一个很专业的事情，定投于生命周期基金则简便易行。

（二）个人风险偏好对养老金定投的影响

不同的投资者，对基金净值波动的承受力不同，对定投的满意度也就千差万别，为进一步提高投资者对个人养老金定投的满意度，就需要从满足收益需求和风险承受能力两个维度来选择和考量。在满足收益要求的约束下选择风险小的基金，还是在满足风险匹配约束下选择收益相对较高的基金，建议投资者可以到专业基金销售机构或者基金公司进行相应的风险承受能力评测，选择适合自己风险偏好的基金产品。

四　基金产品选择

基金产品千差万别，如何从成千上万只基金产品中选择适合自己的基金进行养老金定投，需要一定的原则和方法，我们总结下来可以从以下几个方面入手。

（一）基金公司选择

基金公司是基金的组织者和管理者，公司治理、激励制度、投研团队和投资支持对公司发展起到至关重要的作用，基金公司与基金长期业绩、风险控制能力息息相关，个人养老金投资者在选择基金时需要对基金公司进行慎重考量。

1. 公司治理、股权结构稳定

基金公司的公司治理、股权结构对公司发展起到至关重要的作用，在基金制度体系中，基金管理公司拥有对基金资产的实际控制权、经营管理权，在投资基金的运作中处于核心地位。基金管理公司股权结构作为公司治理结构的重要组成部分，与公司治理效率以及基金业绩存在着密切的关系，对公司治理机制各方面均有较大影响。只有股权结构合理，才能形成完善的公司治理结构，进而才能保证取得良好的基金业绩。

2. 高管层稳定

基金公司高管层任期长，有利于公司的整体投资战略和投资风格的稳定。总经理对公司制度、发展目标和人事变动起决定性作用，间接影响基金业绩和风险控制；各部门的经理或总监的变动也会直接影响到公司的日常运行及投研工作，直接影响基金的投资业绩。

3. 投研能力突出

一般来说，投研团队能力越强，对市场越能做出准确的判断，公司旗下基金业绩也就越优秀。另外，较强的投研团队也能够将自己对资产配置方向的判断传达给投资者，协助投资者及时进行基金的选择和转换。

4. 基金产品种类丰富

个人养老金基金定投作为一项长期投资，需要出于大类资产配置和风险分散的目的同时投资于股票型、债券型、混合型和商品型等多种类型的基金，也需要随着市场变动和个人风险偏好变化对定投的基金产品进行更换。若基金公司旗下产品种类足够丰富，则个人养老金投资者可以以较低的转换费用在同一家基金公司旗下的基金中转换，以较低的成本及时调整自己的定投策略。

5. 提供细致的投资指导服务

个人养老计划的推出，会吸引很多之前未曾参与过金融产品投资的潜在投资者的关注。作为基金公司，应该为潜在投资者提供细致的投资指导，帮助他们选择合适的基金产品，这也有助于我国个人养老金计划的普及和发展。

（二）基金经理选择

基金经理作为基金的直接管理者，其基本素质、投资理念和方法论、投资风格对基金业绩有直接影响。因此在对基金进行分析时，基金经理的相关信息需要纳入重点考量范畴。我们将重点从个人养老金投资标的选择的角度出发，讨论基金经理的选择标准。

第一，基金经理的基本素质。基金经理的基本素质是长期业绩优异的基础，包括其教育背景、从业经历、知识体系、勤奋度、对新知识的心态等。

第二，基金经理的投资理念和方法论。科学合理、知行合一的投资理念及方法体系是基金经理长期业绩优异的必要条件。通过财务报告了解基金经理的投资理念和策略，投资理念是否科学清晰，投资流程是否严谨科学都可作为评价基金经理的标准之一。

第三，投资风格稳健。养老金投资的性质是追求稳健增值保值的长期性投资。与激进配置型基金风格不同，个人养老金投资的基金应追求稳健型的投资风格，所以基金经理的历史投资风格也应当偏向稳健。

第四，历史投资业绩稳定：基金经理的历史投资业绩对于投资者来说很有参考价值。如果某位基金经理业绩波动较大，可能说明其风险控制能力较弱或投资风格较为激进。对于追求长期收益水平的养老金投资者来说，选择历史投资业绩稳定的基金经理比业绩波动性大的基金经理更为稳妥。

（三）基金选择标准

在对基金公司、基金经理等要素进行分析后，还需要参考基金的历史业绩对基金进行筛选。国外的 Morningstar 和 Lipper 以及国内的银河证券、海通证券、上海证券等各大基金评级机构，已将基金风险收益指标集成到基金评级系统中，以充分挖掘基金的历史数据中蕴含的信息，对基金风险收益特征进行全方位评价。

总体而言，在个人养老金基金定投标的的选择中，需要综合基金公司、基金经理及基金历史数据进行考虑。对于基金选择需要的众多资料和数量方法，个人投资者只需要咨询合格的投资顾问，可以在这方面得到帮助。

五 促进个人养老金定投的相关思考

个人税收递延型商业养老保险已于2018年5月1日试点，基金即将成为个人税收递延型个人养老金投资的标的，以上是从个人投资者的角度出发给出的一些投资方式、方法的建议，我们也希望就与基金定投相关的个人养老金制度规则给出思考和建议。

（一）提供个人养老金定投账户

普通基金账户，是投资者在基金公司开立的交易账户，用于管理和记录其持有基金种类、份额变化情况的账户。个人养老金基金定投与普通的中短期基金投资不同，具有很长的投资年限，因此其账户也要区别于普通的基金账户。因此，基金公司在接受投资者的个人养老金定投委托时，需要提供专门的个人养老金定投账户，确保专款专用，规范个人养老金定投账户运营。个人养老金定投账户的功能有2种。

（1）产品转换：个人养老金基金投资者如果根据生命周期理论或者其他原因进行产品定投转换，本质上仍然是长期投资表现形式。建议投资者在定投账户中进行产品定投转换，可以比照伞形基金的费率结构，基金公司不收取转换费用。

（2）鼓励后端申购费模式：个人养老金基金投资的持续时间较长，建议鼓励采用申购费后端收费的方式，鼓励投资人进行长期投资。后端收费方式是申购开放式基金时不支付申购费，在赎回时才支付的付费方式。一般来说，基金公司为了鼓励长期持有基金，后端申购费用会随着持有时间而递减。某些基金甚至规定投资者持有基金超过一定时间，可以免除后端申购费。

（二）大力推动养老目标基金发展

《养老目标证券投资基金指引（试行）》规定养老目标基金应当采用成熟稳健的资产配置策略，控制基金下行风险，追求基金长期稳健增值。投资策略包括目标日期策略、目标风险策略以及中国证监会认可的其他策略。养老目标基金应当采用基金中基金形式或中国证监会认可的其他形式运作。

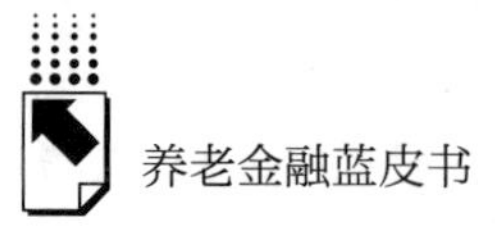

综观海外成熟市场经验，美国个人养老金规模快速发展的一个重要助力就是目标日期和目标风险等 FOF 产品。与个人养老金的投资管理目标和个人养老金投资者的需求高度匹配，是个人养老金投资的重要标的。因此，积极推动养老型 FOF 产品发展，特别是能够满足投资者需求、跨经济周期且重视风险管理的目标日期 FOF、目标风险 FOF 等基金，具有重大意义。投资者可以根据个人的生命周期或者风险承受水平，选择定投养老目标 FOF 产品，实现个人养老的目标。

（三）培育投资顾问机构

根据 2016 年年中的统计，美国家庭中的 80% 通过专业投资机构（包括注册投资顾问、全服务经纪人、独立财务规划师、银行和储蓄机构代表、保险代理人以及会计师）购买基金。鉴于许多个人投资者不具备专业的投资能力，需要专业投资顾问机构为其提供专门指导。

建议建立专业的投资顾问公司和投资顾问人员，相较于目前第三方销售实际是基金公司销售延伸的状况，专业的投资顾问公司要独立于基金公司，收取买方的佣金，代表买方的利益。同时建议监管部门对设立投资顾问公司进行备案管理，推动独立投资顾问业务的规范发展。

（四）提供智能定投组合

个人养老金定投的目标是在控制风险的前提下追求长期稳健收益，对单一类型基金进行定投是无法做到这一点的，需要挑选多种类型基金同时进行定投。而普通投资者缺少足够的精力与足够的经验来对基金进行筛选、择时与调仓。如果要在这种情况下发展个人养老金基金定投，则需要基金行业和销售渠道为投资者提供智能基金投资组合服务，辅助投资者进行定投标的的挑选。

在为个人养老账户提供智能定投组合时，可采用问卷调查的形式收集投资者的相关信息，根据投资者的风险承受能力和风险偏好提供智能定投组合，在构建定投核心组合时，基于投资者的投资目标，选取几只业绩稳定的基金，以保证基金组合的长期表现能够满足投资者的基本要求。在业绩稳定的核心组合之外，定投组合可以加入一些如行业基金、新兴市场基金等高收益高风险类型的基金，以实现投资的多元化，优化投资组合的风险收益属性。

（五）投资者教育

投资者教育，是指针对个人投资者进行的有目的、有计划、有组织的传播投资知识，传授投资经验，培养投资技能，倡导理性的投资观念，提示相关的投资风险，告知投资者的权利和保护途径，提高投资者素质的一项系统的社会活动。其目的就是用简单易懂的语言向投资者普及他们在投资过程中所面临的各种问题以及应对措施。

由于我国投资者非理性程度较高，根据西南财经大学在2017年的问卷统计，国内投资者存在对证券基础知识和维权知识了解不足，投资时对合同条款重视度不足等问题，而养老金又是投资者退休后收入的重要来源，在个人具有投资选择权的养老金模式逐渐推广的同时，需要同步完善投资者教育，以保障投资者的权益。

在投资者教育体系方面，根据西南财经大学统计，证券经营机构的投教范围覆盖七成投资者；学校等非营利性机构投资者教育定位模糊，功能缺失；监管机构投资者教育覆盖面仅有30%左右，而90%左右的投教工作者认为监管机构应当更多地参与到投资者教育活动中。建议监管机构加强呼吁投资者教育的力度，更加积极地通过新媒体和传统媒体等多种渠道为投资者提供线上线下等多种教育形式，同时鼓励销售渠道为投资者提供与定投产品相关的教育工作；在投资者教育模式方面，结合我国个人所得税分项税制的特点，建议投资者教育与企业内部培训相结合，提供定制化的教育，运用简单易用的教育工具；在教育内容方面，要明确内容划分，引导人们梳理资产配置的概念，明确不同产品与资产配置的结合，区分银行理财、保险、基金满足投资者长期养老金管理的不同需求。让投资者充分意识到基金定投产品的预期收益率和风险，鼓励投资者在与其收入水平、风险承受能力相对应的范围内进行投资。

参考文献

Michael E. Edleson，*Value Averaging Value Averaging*：*The Safe and Easy Strategy for Higher Investment Returns*，Wiley，2006.

Modigliani, F. & Brumberg, R. E., "Utility analysis and the consumption function: an interpretation of cross-section data", *Journal of Post Keynesian Economics*, 1954.

世界银行:《防止老龄危机——保护老年人及促进增长的政策》，中国财政经济出版社，1996。

西南财经大学:《中国家庭金融调查报告》，2017。

李宏纲:《养老投资与基金定投》，中国证券投资基金业协会，2018，http://www.amac.org.cn/sy/392899.shtml。

B.18

智能化资产配置在个人养老金投资中的应用

刘 思　陈珏婷*

摘　要： 传统养老金投资需要面对纷繁复杂的投资环境，对海量金融数据的分析处理提出了较高的要求，而科技进步为个人养老金投资者提供了高效便捷的大数据分析处理手段，在此基础上结合人工智能算法，使得投资者能够相对更便捷地开展智能化资产配置。国内智能化资产配置在养老金投资中的应用正处于起步阶段，从技术手段应用到商业盈利模式都在不断探索中，基金、银行及平台公司等均有提供智能投顾服务，使得普通人群有机会以较低的成本获得便捷专业服务。为了推动智能化资产配置在养老金投资中的应用，建议做好相应的政策与市场准备。

关键词： 智能化资产配置　个人养老金投资　智能投顾

一　国内养老金业务投资管理现状

（一）国内养老金投资管理运作模式概述

目前国内养老金市场包括社保基金、基本养老、职业年金、企业年金以

* 刘思，天弘基金管理有限公司养老金产品主管；陈珏婷，天弘基金管理有限公司养老金产品主管；本文仅代表个人观点，与供职单位无关。

及个人养老金，其中社保基金是国家战略储备基金，基本养老属于第一支柱，职业年金和企业年金属于第二支柱，个人养老金属于第三支柱范畴。社保基金和企业年金实务运作时间稍长，基本养老和职业年金于近一两年开始选聘管理人资格开展市场化投资管理，个人养老金主要是居民个人用于养老投资的资金。

以上基金或养老金从运作模式看各有不同：社保基金本身既做战略资产配置，也做底层组合自营，同时还委托外部投资管理机构开展差别化的投资。企业年金资金来源于企业，一般会通过法人受托或理事会受托两种形式开展运作，并选择投资管理机构进行投资。基本养老在资金归集方面与社保基金不同，在投资运作管理模式方面类似社保基金，选择外部投资机构开展投资。职业年金在资金归集方面与基本养老类似，在投资运作管理模式上类似于企业年金，选择受托人、投管人等角色（本文主要涉及养老金投资管理，因此后文不介绍账管和托管），稍有不同的是各省职业年金建立不同的计划，而企业年金常规情况下是一个企业一个计划。最后，个人自行开展养老金投资的模式较为简单但投资范围丰富，即直接购买金融产品、委托给金融机构开展投资或根据投顾服务开展投资。

（二）传统养老金投资管理的难点

传统养老金在投资管理方面会面临一些难点，这些难点既包括科学技术方面，比如在所有投资领域对大数据分析处理能力的依赖性有所提升，也包括运行机制方面，比如企业年金业务中管理人有时缺少资产配置能力以及受限于政策限制无法开展更有意义的资产配置。我们认为，智能化资产配置的运用有助于提升传统养老金投资中的大数据分析处理能力和资产配置能力。

1. 大数据分析和处理的难度逐渐提高

无论对于全国社保基金和企业年金，还是近期刚刚启动的基本养老和职业年金，在投资管理方面都会面临海量信息搜集整理的工作难点。海量信息包括宏观层面的基础经济金融指标，也包括微观层面的经济和人的行为活动。如果希望对整体经济有深入的跟踪和理解，则需要进行及时高效的信息搜集整理分析工作以支持投资决策。这是一个非常烦琐复杂的过程，传统养老金投资或多或少都会面临以上问题。

2. 资产配置工作压力较大

在传统养老金业务中，一些管理人的角色较为特殊，既承担战略资产配置职责对大类资产配置提出决策方案，也会评估并选择不同投资风格的投资管理人，同时也可作为投资管理人进行直接投资，资产配置工作的难度和重要性不言而喻，但实际上部分情况下受托人很难切实有效地进行战略资产配置管理，一方面是受制于资产配置能力和技术，另一方面在于特定的投资政策限制。

（三）养老金投资管理的新动向：智能化

1. 智能化资产配置辅助养老金投资管理

养老金是长期资金，其优势在于能够通过在长期投资过程中忍受短期的巨幅回撤最终获得适度的高收益。由此可以看到，处理好长期的风险和收益的关系是养老金投资需要解决的重要问题，而资产配置正是解决该问题的有效方法。资产配置是一个复杂的系统工程，包括养老基金投资政策的制定、资产配置模型的建立和应用，以及事后的投资绩效归因分析等。其中对各类资产的收益率以及对宏观经济变量的分析涉及巨量的数据处理分析工作，智能化处理分析数据能够让资产配置工作更便捷，在此基础上智能化资产配置在养老金投资中的应用将会越来越深入。

智能化资产配置需要有大数据技术处理能力和资产配置能力；在运用理念方面，根据大数据技术处理能力来识别用户风险偏好等信息，对用户进行综合风险刻画和分类，在资产配置模型方面对大量的资产收益数据和宏观变量进行处理分析，寻找不同风险条件下的最优组合，最后结合用户风险收益偏好给出具体的配置建议并定期跟踪调整。目前国内外有许多资管机构都以不同形式将智能化资产配置运用于养老金投资管理。

2. 智能化资产配置和智能投顾简介

（1）智能化资产配置。资产配置，就是将资金合理分配至多种资产类别，不同资产类别维持在一个科学的配置比例，从而实现在既定风险水平下达到最优投资回报的目的。故资产配置其实包含了三个层次：一是明确可投资资产类别范围；二是明确可投资资产类别的配置比例；三是明确上述配置比例的调整原则与方法。

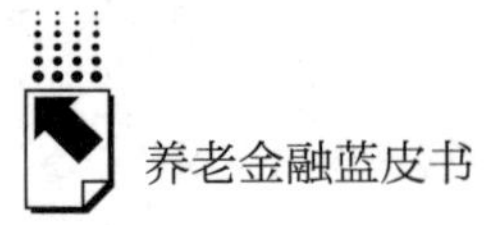

资产配置是养老基金投资管理的核心。养老基金强调在较长一段时间内，在既定的约束条件下，通过资产间的合理配置，达到整体收益与风险水平的改善。故养老基金的资产配置也须从三个方面考虑：一是在不断发展的资本市场中挑选出适合养老基金投资的资产，作为目标资产类别；二是在考虑了法律法规、监管限制、市场约束等条件下，对目标资产类别做出配置比例安排；三是养老基金的资产配置过程是一个动态调整过程，需要提前制定调整策略，当相关规则被触发时，对配置比例做出适度变更。

智能化资产配置目前尚无统一定义，其商业运用没有固定模式，总体看正处于探索阶段。我们倾向于认为，智能化资产配置的内涵范畴较广，包括需求端的数据搜集、产品端的设计、投资端的应用。智能化资产配置的应用可以体现在智能投顾。

（2）智能投顾。智能投顾，又称机器人投顾，学术界与产业界尚无一个统一权威的定义。智能投顾，本质上是利用人工智能的优势，以计算机代替人工投资顾问，通过大数据识别用户的风险偏好水平、期望收益等核心要素，结合高效的算法，为投资人提供有效的资产配置方案与建议。探索中的智能投顾的形式可以包含三个层次，第一层是利用大数据对用户的风险偏好特征做出刻画，对备选资产池中的资产进行量化分析；第二层是根据上述结果，利用机器学习算法进行模型训练，定制合理的资产配置方案，以期达到最优资产配置结果；第三层是对上述资产配置方案持续跟踪，结合用户风险偏好及市场条件的变化，对资产配置方案做出动态调整。智能投顾是技术能力、资产配置能力与客户服务能力的有效结合。

在智能投顾的整体框架中，利用人工智能对资产配置决策进行优化，即智能化资产配置，成为整个系统的关键环节。以均值-方差模型的应用为例，在过去的资产配置过程中，利用各类资产的预期收益与方差的评估值，求出不同风险偏好下的最佳组合，这一系列组合形成了用户的有效前沿。但在常规的量化模型中，数据有限、噪音数据的不恰当处理都会造成上述模型结果产生较大的误差。而智能化资产配置，将会利用机器学习中的梯度学习算法进行迭代训练，达到比常规量化模型更好的数据拟合效果。

二　智能化资产配置在个人养老金投资中应用和探索

（一）国外智能化资产配置在个人养老金投资中的应用简介

1. 国外个人养老金投资业务模式简介

国外商业机构为个人养老金投资提供的智能化资产配置服务的形式主要有两种，一种是通过智能投顾服务提供资产配置建议，选择权在个人，比如美国IRA账户自主决定购买存款、股票、债券、基金等；另一种是向个人提供标准化的基金产品，内嵌资产配置的功能服务，比如目标日期基金和目标风险基金。

2. 智能化资产配置在养老金投资中的应用

美国智能投顾业务于2008年开始发展，此后一批智能投顾公司相继成立，著名的投顾平台公司包括Betterment、Wealthfront、Personal Capital等。传统资产管理公司也布局智能投顾业务，黑岩、普信、富达等金融机构也都开展智能投顾业务服务养老金客户。

以某大型资管公司官网的智能投顾服务为例详细介绍其如何应用于个人养老金投资，具体如下：机器人智能投顾系统内嵌于其官网之上，该系统的主要目的是通过测试投资者的风险承受能力，结合年龄和初始资金投入，来自动提供资产配置建议，该项服务免费。系统使用操作步骤包括：第一步，登录官网，进入PRODUCTS&SERVICES界面，选择智能投顾系统；第二步，进入该界面后，陆续回答6个问题，分别是当前年龄和计划初始资金、选择哪种IRAs账户、是否计划支取账户资金、对于该账户风险收益特征的选择、过去投资损失发生时的行为、未来6个月发生赚钱或亏损的应对行为；第三步，系统展示推荐的组合，主要包括股票资产和债券资产的配置情况，可以展示相应的明细，比如大盘股、新兴市场股票、企业债、新兴市场债券等的配置比例。

其智能投顾系统背后设计了多种初始资产配置策略。投资者回答完问题之后，会得到一个综合评分，然后会被划入其中一种配置策略，而这多种资产配置策略则是由投资团队专门负责管理和运作。另外，投资人也可以在系统给出的配

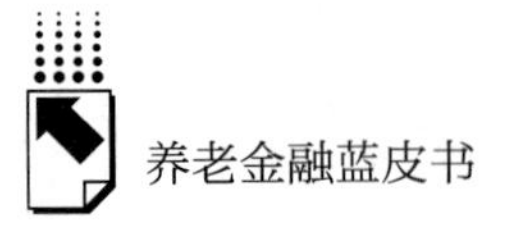

置结果基础上，自己决定做出调整，从而满足自己的风险收益偏好。

综合来看，国外的智能化资产配置的应用优势在于依托互联网，为广大投资者提供便捷的资产配置建议。这些配置建议建立在两方面之上，一是通过对投资者信息的综合分析整理获得其风险偏好及需求，二是在海量资产收益数据的基础上运用组合模型计算有效边界。完成前两步后，系统根据投资者风险偏好或收益目标向投资者提供对应的优化组合配置建议，其所提供的配置建议包括大类资产的配置比例及具体品种，投资者可自行选择。但是以上投顾服务偏向于被动投资，配置建议来自过往资产收益数据的测算结果，是一种相对偏静态的解决方案。未来经济形势和资本市场变化的影响并未考虑进入模型之中，而这部分恰恰是最有可能影响实际投资结果的重要因素。

（二）智能化资产配置的国内探索

1. 智能化资产配置在养老金投资中的探索

智能化资产配置对于未来个人养老金投资具有非常重要的实践意义。个人投资者需要一定程度的金融知识及资产配置技术才能进行投资，但实际情况并不乐观。我们通过抽样部分社区、企业以及线上互联网用户在投资经验方面的调研后发现，投资股票或股票型基金的经验小于 1 年期的人群占比为 58%，其中有 35% 的人群无投资经验。经验缺乏固然是一个重要原因，但实际上有经验的人群也未必能够获利，因此广大投资者需要专业的资产配置服务指导其进行养老金投资。因此国内众多金融机构竞相开展智能化资产配置服务，以满足广大人群的养老金投资需求。

目前国内智能化资产配置在投资中的商业应用探索主要是“智能投顾服务”，该类型业务整体处于起步摸索阶段，公募基金、商业银行以及其他平台公司等机构均有涉足。该业务方面无固定的商业模式，主流的服务模式分为两类，一类是从客户需求入手提供资产配置组合建议，一类内嵌固定的资产配置策略，总体上看都属于智能化资产配置范畴。以下对两类服务模式探索情况进行简单介绍。

（1）提供资产配置组合建议。市场上投顾服务的一般业务模式提炼如下：第一是人物形象刻画，第二是构建资产组合，第三是针对个人情况的组合推荐，第四是交易执行，以上步骤是目前市场上智能投顾的常规方式。

比如招商银行推出摩羯智投服务，为客户构建一套以公募基金为基础的，可在全球进行资产配置的“智能基金组合配置服务”体系，在客户选择投资期限和风险偏好选择后，系统构建基金组合，并由客户决策购买。业务覆盖资产配置、基金评级、智能算法、量化投资领域，其功能包含目标风险确定，组合构建，一键购买等。

与之类似的例子还有华夏基金的查理智投，APP 智投界面包含教育规划、养老规划、理财规划三个系列的选项，其中养老规划针对不同类型人群提供三种产品，也可以根据人群财务状况提供配置方案一键购买。

（2）内嵌资产配置功能的产品服务。以雪球的蛋卷基金为例，其 APP 包括多种定制策略组合产品，其中的二八平衡产品的策略是固定的股债比例调整规则，投资者买入产品后就按照约定方式开展投资。这种形式的智能化资产配置策略的特点在于较少加入人为干扰因素具有较强的策略纪律性，但相应的缺少专业投研人员的投资判断。

与之相类似的，天弘基金天弘爱理财 APP 上也有智能投顾服务，其特点包括组合优选、调仓及时、长期投资，产品形态包括智投宝四大系列，具体品种有股债平衡策略、动量策略、SmartMoney 策略、货币增强。

另外，目标日期基金产品和目标风险基金产品实质上将资产配置功能内含于投资策略中，前者的基本原理是权益资产占比趋势下降，后者是通过调整权益仓位占比以控制目标风险。近期准备发行的养老目标基金产品即采用以上两种方式运作。

2. 国内智能化养老资产配置面临的问题

总体来看，目前国内智能化资产配置在个人养老金投资领域或者传统养老金投资领域的运用还处于探索阶段。

在个人养老金投资方面，正在开展的投顾服务能够解决个人用户的一些资产管理需求，但是未必能够满足个人的养老金投资需求。个人养老金的投资需求有其特殊性，个人养老金除了是长期资金属性之外，随着年龄的增长其风险承受能力在逐渐下降，此外还有随着年龄增长带来的计划内刚性支出需求以及各种意外支出需求，这些需求如何通过智能化资产配置手段去满足，是对金融机构提出的一个难题。金融机构正在开展的投顾服务虽然有其局限性，但不可否认其发挥着一个重要的作用：投资者教育。目前的投顾服务正从以下两点启发并引导着普通投资者：一是资产配置是处理长期风险和收益关系有效工具，二是专业的投管机构的资产配置服务有其使用价值。

三　关于智能化养老金资产配置的业务展望和建议

（一）关于智能化养老金资产配置的业务展望

在金融领域，人工智能服务与传统服务的核心区别在于，前者能充分利用大数据、云计算、机器学习等手段，有效服务好长尾客户，为其提供便捷化、个性化、成本低的金融服务。

现阶段，推进多层次养老保险体系建设、开展第三支柱个人养老金建设是一项非常迫切的任务。2018 年 4 月，国家已启动个人税收递延型商业养老保险少数地区试点，从而对养老保险第三支柱展开有益探索。

若中国的第三支柱体系建设借鉴美国的 401（k）计划与 IRAs 账户制度，赋予个人投资选择权，由个人在丰富的产品库中自主配置资产，则对中国的多数个人用户来说，缺乏足够的资产配置与投资管理理论与经验会成为最大的障碍。个人用户往往对自己的风险认识能力不到位。很多用户基于养老金投资的特殊性，往往倾向于投资风险等级偏低的货币资产，造成长期收益无法跑赢通胀，出现养老资金积累不足的情况。也有很多用户基于自身热衷于股票投资博一把的心态，倾向于投资风险等级偏高的股票资产，造成长期收益波动过高，养老资金稳定性不够的情况。

从长期来看，养老基金的投资收益很大程度上归根于有效的资产配置。要解决第三支柱个人账户资金的资产配置与投资品种专业性选择问题，解决思路可以有以下两个方面，一方面，从产品入手，开发自带资产配置调整功能的养老目标基金等创新型金融产品；另一方面，从服务模式入手，为第三支柱账户的产品选择提供智能化资产配置服务。

（二）发展智能化养老资产配置服务的难点

从现实情况来看，发展智能化养老资产配置服务还存在诸多障碍。从其应用价值来看，在第三支柱个人养老金账户体系中引入智能化资产配置服务有极大的市场空间与服务价值，但依然存在以下几大难点。

1. 提供主体

目前，国内开展智能化资产配置服务的机构主要有以下几类。一类是包括银行、基金等在内的传统金融机构；一类是互联网金融集团或金融平台；一类是金融科技公司；还有一类是财富管理公司。各类机构因其掌握的客户数据不同，算法理念不同，开发投入成本不同等差距，造成其提供的智能化资产配置服务形成差异。若要在第三支柱账户体系中引入智能化资产配置服务，何类机构适合作为服务主体，选取独家还是多家服务机构，服务机构的公平性等问题有待商榷。

2. 数据管理

在第三支柱账户开展智能化资产配置服务的过程中，会涉及用户在个人信息、风险偏好、财务水平、行业特征等方面的数据，由于参与第三支柱的个人用户潜在基数庞大，如何合法合规地获取使用这些数据是一个难题，另外，如何保障个人用户的数据隐私是一个切实难题。

3. 盈利模式

得益于科技进步，以前针对高净值客户提供的投顾服务现在也可以提供给广大投资者，但目前国内市场不存在付费制的投顾模式基础智能化资产配置若要推广，如何赢利成为关键。现阶段在金融行业已开展的智能化资产配置服务，收费模式缺乏透明度。但在第三支柱账户体系逐步探索与推进的阶段，收费透明度至关重要，如何制定可操作且可被市场接受的收费模式和收费标准，是亟待市场探索和立法解决的问题。智能化资产配置若要应用到未来的第三支柱养老金账户体系中，需要解决收费模式和收益标准如何制定的问题。在美国，涵盖智能化资产配置功能的智能投顾以其远低于人工投顾的收费标准而赢得市场机会，由于养老资金的投资往往具有长期性质，复利效应的叠加使得低成本的优势更加得以凸显。

（三）关于发展智能化养老资产配置服务的建议

1. 以个人选择权为基础的第三支柱是前提

探索并逐步建立有效的第三支柱个人养老金账户体系，搭建丰富多样的产品库平台，开放个人选择权等制度与实践的创新，是智能化养老资产配置服务得以有效发展与应用的市场前提。

2. 丰富基金产品线是基础

在美国，智能化资产配置服务的主要投资标的多为 ETF，且 ETF 种类丰富，包括指数型 ETF、股票型 ETF、债券型 ETF、商品型 ETF 等，同时 ETF 市场基础良好，产品数据与产品规模均足够庞大，为资产配置提供有效的资产支持。但应该考虑到美国股市牛长熊短的特征，其长期被动投资仍有较好收益。

考虑到我国的牛短熊长的特征，被动投资也许并不利于养老金的长期增值，主动投资仍有很大的发展空间，而如何丰富基金产品线，为智能化资产配置提供丰富且有效的资产支撑是发展智能化养老资产配置的产品基础。

3. 建立配套管理办法是保障

在第三支柱个人账户体系中如何引入智能化资产配置服务，给予其规模化发展空间，是一个关键问题。故建议相关机构从法规角度予以确认，包括提供服务主体性质、服务主体评选标准、收益模式与收费标准、投资者权益保护、信息披露制度等内容。

4. 打造核心算法是关键

智能化资产配置服务的核心是机器学习算法，算法的背后涉及金融学、投资学、数学、信息技术等多门跨学科知识，专业壁垒极高。因此，拟进入这一市场的各家机构需要前提投入开发成本，招聘专业人才，提前布局并打造核心算法。

参考文献

熊军：《养老基金投资管理》，经济科学出版社，2014。

B.19
基金公司一站式养老金资产管理模式探索

沈艳芬　刘军峰　边砺砚*

摘　要： 现阶段，我国居民日益增长的养老保障需求与养老金资产管理业务发展不平衡不充分的矛盾日益突出，能够为投资者提供个性化、专业化的一站式养老金资产管理的机构缺位。本文在辨析一站式养老金资产管理内涵的基础上，基于国内基金公司自身优势，总结和借鉴海外成熟市场养老金资产管理的业务特点，探讨适合我国基金公司开展一站式养老金资产管理业务的新模式。

关键词： 基金公司　一站式　养老金资产管理　业务模式

一　基金公司养老金资产管理发展现状

随着我国老龄化的社会问题日益凸显，养老问题的重要性和紧迫性提升，养老体系改革已进入顶层设计的关键时期。在这一过程中，基金公司以其专业优势在养老金资产管理中发挥着不可替代的作用。结合海外经验，面向个人投资者搭建起一站式养老金资产管理体系，有利于金融产品、服务与养老需求相契合，更好地解决国民养老问题。

（一）一站式养老金资产管理内涵

基金公司一站式养老金资产管理是指基金公司提供贯穿投前、投中、投后

* 沈艳芬、刘军峰、边砺砚，供职于汇添富基金管理股份有限公司产品创新服务中心。

全链条的资产管理体系，即融合投资理财、资产配置、产品供给、养老服务于一体的综合性金融平台，其关键在于将养老客户与基金公司的联系变成一个与养老金资产特征相符的长期、持续的过程，基于养老金投资管理的基本职能之外为客户提供专业化、精细化、个性化的综合性金融服务。相比现有养老金投资及产品服务，基金公司面向个人投资者提供的一站式养老金资产管理主要有以下两个特征。

（1）延长现有资产管理业务链条，提供基于投资者生命周期特征的全周期养老金资产管理，从帮助投资者进行养老筹划，使其树立长期科学的养老投资理念开始，在养老金积累过程中引导个人进行合理的投资增值，并在退休后帮助其合理规划养老金提取以保障其退休后的生活水平。

（2）拓宽现有资产管理业务范围，在现有的投资管理基础上，为个人提供真正具有养老属性的产品投资服务；提供适合个人的投资管理和资产配置的投资咨询服务；帮助个人进行自动配置平衡调整的投资管理服务。

对于基金公司来说，养老金产品容易被复制，增值模式也可以被超越，只有在养老金投资管理基础上全面提升资产管理能力才能形成核心竞争力。未来，基金公司为投资者提供的资产管理的内涵价值将逐步递增，致力于将资产管理贯穿客户生命周期的不同阶段，以获得客户的青睐进而建立长期稳定的客户关系，从而成为最受大众认可的资产管理品牌。提供整合、全面的一站式养老金资产管理对基金公司来说显得尤为重要。

（二）基金公司养老金资产管理的当前实践

基金公司作为市场的重要参与主体，普惠金融的典范，养老金重要的管理人，一直努力践行其社会责任和历史使命，积极推动养老金资产管理体系的建设。

1. 基金公司养老金资产管理的积极探索

一直以来，基金公司通过不同的方式和角色参与到养老金资产管理中来。在过去十多年的时间里，基金公司通过参与养老金投资管理，在自有平台上提供养老金资产管理服务，推出养老金融产品，在养老领域积极推进投资者教育工作等方式，在养老金资产管理领域取得了一定成效。

（1）作为投资管理机构服务养老金投资。基金公司以其专业的投资能力在养老金资产管理中扮演着重要角色。过去十多年，基金公司陆续参与到全国社会保障基金、企业年金、基本养老保险基金的投资运作中。2002 年、2004 年、2010 年，全国社会保障基金理事会先后挑选三批共 16 家基金公司作为全国社保基金的投资管理人；2005 年、2007 年，劳动和社会保障部（现人力资源和社会保障部）先后公布两批共 12 家基金公司作为企业年金投资管理人；2016 年，共 14 家基金公司获全国社会保障基金理事会公布的第一批基本养老保险基金投资管理人资格。

数据显示，社保基金自 2001 年成立以来至 2017 年的年均投资收益率为 8.44%，企业年金投资自 2007 年至 2017 年的几何平均年化收益率为 7.34%，两者投资收益率均远超同期通胀水平，实现了养老金资产的保值增值。基金公司在为社保基金、企业年金实现较好投资回报的同时，也积累了丰富的养老金投资运作经验，为今后的一站式养老金资产管理打下坚实的基础。

（2）通过自有平台提供养老金资产管理服务。基金公司一直在努力探索并尝试通过简捷、高效的方式为投资者提供养老金资产管理服务。近年来随着移动互联网的普及和应用，大型基金公司已经或即将通过各自的 APP 推出专门针对养老金资产管理的增值服务。

华夏基金利用人工智能技术推出“查理智投”服务，内设养老场景，通过询问客户年龄及目前的养老储备等问题来向客户推荐合适的养老组合及每月存入金额；汇添富基金在其 APP 上推出“添富养老”服务，该服务让客户回答 7 组简单的问题，通过了解客户的风险偏好及退休年龄来为客户推荐养老投资方案；中欧基金推出“水滴养老”服务，基于客户的风险偏好、退休年龄及所在城市推荐养老投资方案。可以看到，国内基金公司正尝试推出个性化的养老金资产管理服务，以满足客户的养老投资需求。

（3）推出养老金融产品。在美国等发达国家，基金公司推出了大量专注服务于养老的金融产品，并成为个人投资者养老投资的主要品种。在我国，基金公司也一直在探索发行能够服务于养老的金融产品，自养老目标基金产品申报开闸后，已有 29 家公司共 58 只公募养老 FOF 产品向证监会申报①。同时，基金公司还尝试通过与其他金融机构合作来推出养老金融产品，例如天弘基金

① 资料来源：证监会官网，截止时间：2018 年 7 月 13 日。

与建信养老合作，推出建信天弘飞月宝产品；与兴业银行合作，共同发布养老金融服务品牌“红叶养老金融”，并宣布双方将合力打造养老金融综合管理方案。

（4）在养老领域积极开展投资者教育工作。基金公司还与各类组织、监管机构合作，通过不同渠道普及宣传养老投资理念，让社会公众理解养老金投资的必要性，鼓励更多的投资者为养老提早做规划，并将正确的养老投资理念普及至公众，引导公众做出正确的养老投资决策。博时基金与中国劳动保障报社合作，在其官网上开设专栏，专门向公众宣传和推广养老金知识；汇添富基金、天弘基金也在其官网开设的养老金栏目中，运用较大篇幅向社会公众普及宣传养老投资知识和养老投资理念。同时，基金公司也是“中国养老金融50人论坛”的主要参与者之一，在推动我国养老金资产管理业务发展上做出了重要贡献。

2. 基金公司在养老金资产管理方面存在的不足

总体来看，在过去十多年的时间里，基金公司在养老金资产管理领域稳步发展，在养老金投资运营上取得了不俗的成绩，养老金资产管理的服务、产品、投资者教育方面也积累了较为丰富的经验。但距离为公众提供一站式养老金资产管理还有一定差距，无论是资产管理业务的广度还是深度均不能充分满足投资者需求。

（1）重心集中在“投中”环节，对投前、投后的关注不足。从养老金资产管理的广度来看，现阶段基金公司重心还是集中在“投中”这个环节，对投前、投后的关注相对较少。一方面，投前的投资者教育不足。个人养老金投资存在一个常见误区：作为“养命钱”，必须坚持“安全第一”，无风险和低风险资产才是投资首选。这点从当前银行理财规模及公募基金中的货币基金占比就可见一斑。截至2017年底，银行理财规模29.54万亿元，居各类资管机构管理资产规模首位；货币基金规模6.74万亿元，占全部公募基金总规模的61.29%，占比超半壁江山。然而，长期来看，以储蓄及低风险资产为主的个人养老金投资难以持续战胜通货膨胀，亦无法保障投资人退休后的生活质量（见图1）。

另一方面，投后的资产分配与养老规划不足。目前个人的养老投资还仅处于“存钱”阶段，对于应该何时领取养老金、每次领取多少的“花钱”问题

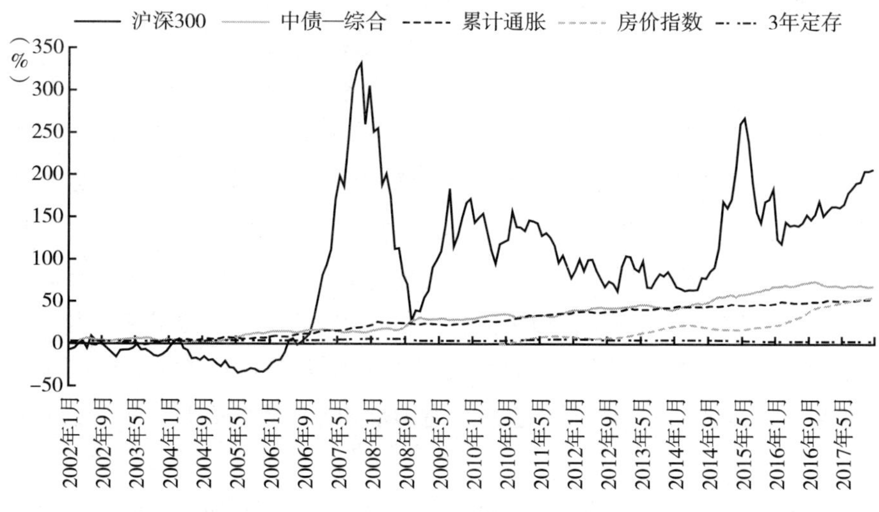

图1　国内各类资产及通货膨胀率走势

资料来源：Wind。

鲜有基金公司涉及。

（2）服务分散化，难以形成连贯的体系。目前，我国基金公司为投资者提供的养老金资产管理业务较为分散，能够为有养老金资产管理需求的客户提供一整套包含产品、投资、服务的综合解决方案的基金公司乃至金融机构几乎都是空白。不同金融机构可能介入同一个投资者的资产管理的不同环节，既不利于整体资产配置的筹划，也增加了个人的投资管理成本。因此要发展一站式养老金资产管理需要基金公司做出更多的努力。

（3）从群体化需求出发，缺乏个性化、精细化服务。从养老金资产管理的深度看，现阶段基金公司主要着眼点还是在有养老需求的群体，而没有将产品与服务深入细化到个人。同时，目前市场上缺乏真正具有养老属性的金融产品，难以与个人的养老投资需求进行有效匹配。要为客户提供一个全生命周期的养老投资方案，必然要更关注投资者个体的需求。

（三）基金公司发展一站式养老金资产管理的意义

随着人口老龄化问题日益突出，第三支柱探索起航，公募基金助力个人投资者实现科学、有效的养老金资产管理的社会责任理念在基金行业越来越受到重视。因此，基金公司发展一站式养老金资产管理有着重要意义。

1. 增加个人养老金资产管理服务供给

现阶段，我国居民日益增长的养老保障需求与养老金资产管理服务发展不平衡不充分的矛盾日益突出，养老金资产管理服务潜在需求巨大。基金业协会对基金个人投资者的调查问卷显示，76%的基金个人投资者会在50岁之前考虑养老金问题；如果开展养老金培训或宣传活动，35.7%的基金个人投资者最希望了解如何进行养老规划，30.8%的基金个人投资者最希望了解我国养老理财产品以及购买方法的信息。由此可见，个人投资者对养老问题重视程度较高，但因缺乏专业机构的引导，也缺少能满足其养老需求的服务和产品，未能有效进行养老规划。

鼓励基金公司发展一站式养老金资产管理可以解决现阶段养老金资产管理服务不能满足投资者需求的问题。一站式养老金资产管理将帮助投资者进行科学的养老资产规划，提供一系列基于养老需求的投资选择，发挥基金公司在投资领域的优势，在严控风险的前提下为投资者实现养老资产的保值增值，并遵循严格透明的信息披露制度，及时将投资信息提供给投资者，以便投资者能够随时了解自身资产状况。

2. 为投资者提供一站式的养老解决方案

虽然养老金资产管理的需求群体十分庞大，但由于投资者个体情况千差万别，且整个养老金资产管理要跨越长达几十年的时间区间，投资者自身状况的变化也难以预测。投资期限长、个体差异大等特点使得基金公司难以通过对投资者进行简单的分类就为其提供适合的养老金资产管理服务。

发展一站式养老金资产管理能够让基金公司持续地对投资者进行个性化服务，并结合不同投资者的生命周期特征、风险承受能力变化、整体资产负债情况、周期性资金需求等特点，提供个性化的解决方案，并在投资者自身状况发生变化时，适时做出调整，最终达到平滑投资者的养老金积累压力，实现养老金保值增值，并解决期间可能发生的问题的目的。

3. 提升基金公司自身的竞争力

长期以来，我国个人养老金缺少规范化、专业化的配置渠道，以养老为目的的金融资产大量配置于银行存款等低风险品种，公募基金在居民金融资产配置中的比重还不到4%。[①] 公募基金虽然具有优秀的投资业绩，却在助力居民财富、个人养老金保值增值中发挥的作用有限。

随着基金公司一站式养老金资产管理业务的发展，个人养老金长期、持续的注入将为基金公司带来源源不断的“活水”，有利于其提高市场竞争力，使公募基金优秀的资产管理能力获得公众更多认可。因此，对基金公司来说，发展一站式养老金资产管理意义重大，将对整个基金行业产生深远影响。

二　基金公司提供一站式养老金资产管理的优势

我国公募基金市场自1998年正式起步，二十年来，业务发展从境内到海外，从二级市场到一级市场，从资产管理到财富管理，已逐渐从传统公募基金管理向多元化资产管理公司转型。这中间，基金公司养老金管理专业化服务的能力也在持续提升，并积累了一站式养老金资产管理的竞争优势。

（一）制度优势

一站式养老金资产管理中，完善、合理的制度框架是基石，是保障资管机构为投资者提供稳健透明的服务的基础。

公募基金具有先进、完善的制度体系，对投资者权益保护最为有效。公募基金在成立伊始便通过《证券投资基金法》确立了行业运行的基础框架。2013年新《基金法》实施，与《基金法》相配套的法律法规及自律规则有210多项，对销售管理、投资运作管理、信息披露管理、从业人员管理、合规管理、风险管理等方面进行了明确规定。这一系列法律法规令公募基金成为大资管领域对投资者权益保护最为有效的行业。

公募基金规范性高，运作稳健透明，拥有完善的公司治理和市场化管理机制，二十年来从未发生过系统性金融风险。同时，公募基金在大资管领域中信息披露的要求最为严格，《基金法》明确规定公募基金需要公开基金财产的资产组合季度报告、财务会计报告及中期和年度基金报告，能够让投资者清楚地知悉投资组合情况，实现透明化、公开化。

---

① 资料来源：《中国证券投资基金业年报（2015）》。

（二）投资管理优势

一站式养老金资产管理中，投资管理能力是核心，能否在科学严格管理风险的前提下，为投资人谋求养老资产的中长期保值增值，是衡量资管机构是否具有一站式养老金资产管理能力的关键。

我国公募基金经历牛熊考验，长期业绩表现良好。截至2017年底，偏股基金平均年化收益为16.5%，超过同期上证综指平均涨幅8.8%；债券基金平均年化收益为7.2%，超出三年定存利率4.5%，以稳健收益提高居民财富水平。

公募基金具备专业的权益投资能力的同时，也具有良好的风险控制能力。过去十年，股票基金年化波动率为21.56%，低于同期沪深300（27.33%）和中证500（32.04%）的波动率水平。①因此，对普通投资者来说，公募基金是长期有效保障其养老资产的投资选择。

2007年以来社保基金、企业基金历年收益率情况如表1所示。

表1　2007年以来社保基金、企业基金历年收益率情况

单位：%

年份	社保基金	企业年金
2007	43.19	41
2008	-6.79	-1.83
2009	16.12	7.78
2010	4.23	3.41
2011	0.84	-0.78
2012	7.01	5.68
2013	6.20	3.67
2014	11.69	9.30
2015	15.19	9.88
2016	1.73	3.03
2017	9.68	5.00
几何平均收益率	9.29	7.34

资料来源：全国社会保障基金理事会、人力资源和社会保障部。

① 资料来源：Wind，截止时间：2017年12月31日。

（三）产品优势

一站式养老金资产管理中，产品是最终呈现的载体。因此，产品线的完善性和可延展性，是衡量资管机构能否有效满足不同养老投资人群需求的重要标准。

海外经验表明，公募基金是养老投资的主力军。根据 OECD 统计数据，截至 2016 年底，比利时、瑞典、瑞士、荷兰、卢森堡等国家养老金投资公募基金的比例均超过 50%，比利时更是高达 71.5%。[①] 此外，公募基金还是美国、英国、加拿大养老金资产的第一大投资品种。丰富完善的基金产品线有效满足了不同人群的养老投资需求。

从国内市场看，公募基金目前已形成丰富的产品线。截至 2017 年底，全市场共计发行 4841 只公募基金，总规模约 11.60 万亿元；基金公司及其子公司专户业务规模 13.74 万亿元。二者规模合计高达 25.34 万亿元，占基金公司及其子公司、证券公司、期货公司、私募基金管理总规模的比例为 47.30%[②]。

与此同时，基金行业一直在加强产品创新，推出符合养老资金特点的产品。无论是 FOF 产品的发行还是养老目标日期基金的推出，均体现出基金行业在推动养老业务发展的积极探索。未来，基金公司可以充分利用其在适应市场方面的灵活性和独特优势，为养老投资提供不断完善且具有前瞻性的产品，充分满足养老金客户对不同风险收益特征产品的广泛需求。

（四）客户服务专业化优势

一站式养老金资产管理中，客户服务能力是竞争力，是最好的品牌宣传方式，能否在大资管时代为投资者提供专业化、精细化、个性化的综合性金融服务，不断提升服务质量，是资管机构最终赢得养老金资产管理市场的关键。

相比银行、保险等巨大的渠道优势，公募基金稍显劣势。但当前资产管理市场正迎来深刻变革，包括打破刚兑、从非标走向标准化产品、从重销售到重

① 资料来源于《中国养老金融发展报告（2017）》。

② 中国证券投资基金业协会，证券期货经营机构资产管理业务统计数据（2017 年第四季度）。

服务。公募基金的优势在于过去二十年不断强化的基于净值化管理的专业客户服务能力。

三 海外成熟市场的一站式养老金资产管理实践

从海外成熟市场经验看，个人养老金投资的特点是市场化和专业化，通过给予个人适当的投资选择权、充分引入市场参与者，在激发市场活力的同时充分发挥专业机构的投资管理能力。其中，基金公司从公司发展战略出发，向不同类型的投资者提供适配其风险偏好的，融合投资、产品、服务于一体的一站式养老金资产管理服务，在养老金管理实践中发挥了十分重要的作用。本文总结如下几种业务模式。

（一）基于综合性金融服务公司的战略：美国富达

富达作为综合性金融服务公司，基于公司发展战略布局，能为不同类型的客户提供贯穿投资前、中、后各个环节的一站式养老金资产管理及基于养老金投资管理的衍生资产管理服务。同时，富达认为养老金资产管理提供的并不是短期的、分散化的解决方案，而是一个长期的，应该和投资者的其他储蓄和资产进行匹配共同完成的解决方案。

1. 投前：与客户充分沟通，为投资者提供适配其风险偏好的投资选择

对大多数投资者来说，应该为养老储蓄多少金额，将养老金投资于何种资产，选择怎样的养老账户等问题的认识上存在困难。具体地，富达认为在养老金投资者教育中可采用 3A 原则，即定期缴费的金额（Amount）、选择的账户类型（Account）和选择投资的资产类别（Asset Mix）。在定期缴费的金额和账户类型方面，个人可同时拥有 DC 和 IRAs 及其他退休安排，但所有方式缴费的总金额至少需达到收入的 15%，才能最终实现较好的退休保障。在资产类别方面，富达通过沟通和浅显的图表等方式，向投资者普及复利的作用，阐明各资产类别的收益和波动特征及再投资和再平衡的重要性，以帮助投资者选择适合自身特点的资产类别。

此外，富达的销售代表、电话专线、网站和手机 APP 构成了富达统一的销售平台，该结构给富达带来很大竞争优势。最重要的是可以根据个人投资经

验，例如技术、时间、偏好以及目的，提供各类投资工具或建议，帮助他们安全退休。

2. 投中：注重账户的透明性、简洁性，并根据不同类投资者的需求提供相应的辅助材料和工具

富达在投资中非常注重账户的透明性、简洁性，能够将投资者关注的问题全面、及时地展现出来。投资者可以在富达平台投资几乎全市场的投资品种，如股票、债券、存款、年金、基金、ETF 等。但即使是可以投资全部的资产类别，富达在针对不同的客户进行投资推荐时，仍会有一定的倾向，比如会优先推荐基金、ETF 等，且会提供经过富达按一定标准精选的基金列表，便于投资者进行决策。同时，基于综合金融平台和广泛的客户群优势，富达在期权、股票交易等服务提供上能获得较为优惠的费率，适合交易活跃、换手率频繁的投资者。

在产品提供上面，富达希望最大限度地明确风险收益特征，方便投资者选择。以目标风险基金为例，富达旗下的目标风险基金共分为 7 个等级，在主流资产管理机构中是划分最多的；权益资产的投资比例在 20% ~85% 不等，适合风险识别能力强的投资者自主选择适配产品。

对于投资自主性和成熟度较低的投资者，富达也提供了多种账户辅助决策工具。富达官网上的个人养老金投资工具达 40 多种，涵盖个人投资者可能会遇到的各种环节的计算或决策问题，即便是对养老金或投资一无所知的小白用户也可根据智能指引和在线工具得到理想的投资解决方案，这种服务的细致和便捷也使得富达维系了大量高黏度客户。

同时，富达还立足本平台投资者投资习惯和存在的困难，自主开发推出了 Fidelity Go 智能投顾产品。这款产品综合了投资者教育、账户开立与管理、投资规划与设计、组合业绩分析与回测等多方面功能服务，把富达的养老金资产管理又提升到了新的层次。

富达的另一个特色是能在投资者的养老账户中进行资产分层，将需要应对流动性需求的资金配置在流动性高、风险较低的资产，将沉淀性较高的资金配置在较长期限、风险 - 收益水平较高的资产上，获取长期稳健收益。这种“账户分层”的设计能够有效帮助投资者进行风险收益的权衡。

3. 投后：帮助投资者进行资产提取筹划，帮助其平稳度过退休后的生活

对于临近退休或已退休人群，如何进行合理的退休资产提取很关键。

富达通过为投资者考虑提取方式、通胀影响、长寿风险、医疗支出和资产配置，并在投资者的退休后收入、资产增长潜力和资金灵活性之间做出平衡，实现投资者在过渡到退休后生活的同时保障较好的退休后生活质量。

4. 其他：基于养老金业务衍生的资产管理服务

以家庭为单位，进行金融服务整合。富达提供家人账户联接服务，同时提供多种形式的 IRAs 账户，包含儿童 IRAs、伴侣 IRAs、传统 IRAs、Roth IRAs 等。通过账户连接，便于养老金投资者基于全部家庭成员进行养老规划，既能兼顾年长者的即时养老需求，也能够培养年轻人及早进行养老储蓄的习惯，投资方案选择会更合理。

提供投资者全部金融资产的检视和整合服务，便于投资者进行大类资产配置。除专门针对养老资产的统筹规划外，富达还提供投资者全部金融资产的检视和整合服务。通过将投资者在其他平台持有的金融资产信息链接到富达平台，富达可以对投资者的全部金融资产扫描，真实了解投资者的资产配置和养老资产积累情况，提供更合理的投资方案和账户财产提取方案，有利于提升客户黏性。

（二）基于专业领域的竞争优势：美国普信

相比综合化的集团化基金公司，非集团化基金公司的业务版图可能相对有限，但该类公司从自身优势出发提供特征化的一站式养老金资产管理也同样可获得客户的认同。

以美国普信为例，作为美国传统资产管理机构，其以主动管理见长，强劲的投资业绩和品牌意识是其长期以来发展的重要驱动力。相比富达、先锋等集团化基金公司，普信在产品提供的全面性和部分服务的费率上不具明显优势，但基于“专注主动管理”的战略目标和竞争优势，普信也吸引到一大批认同主动投资、认可公司投资能力的客户。

1. 投前：明晰用户当前状况，确保投资者选择合适的账户类型

普信为投资者提供的一站式养老金资产管理，会帮助客户明晰当前的资产情况、未来的养老需求，以及通过多种途径帮助客户有效地朝着其退休目标迈进。具体地，普信提供的投前服务包括：①提供“退休收入计算器”工具，

以帮助客户了解当前所处的资产状态；②通过问卷调查的形式确定合适客户的养老目标，并以此为依据选择合适的养老账户类型。

2. 投中：以突出的主动管理能力和强劲业绩帮助投资者实现养老投资目标

普信的养老目标基金处行业领先水平，截至2018第一季度末，公司全部养老目标产品的业绩均在行业平均水平之上，且多为晨星5星或4星评级基金。

在产品设计上，普信“主动管理”属性明显，目标风险基金会允许基金经理在目标配置比例基础上，上下浮动10%；目标日期基金中下滑曲线设计则偏重权益资产，允许适时的战术调整，其子基金也几乎全为主动管理基金（仅有一只大盘股票指数基金）。

除此之外，专门针对IRAs账户投资者的“Active Plus Portfolios”平台是普信一站式养老金资产管理的一大亮点。

“Active Plus Portfolios”能综合时间、风险偏好维度为投资者提供合适的组合。该平台提供的特征化服务包括以下内容。

（1）基础组合模型匹配：“Active Plus Portfolios”包含10个基础组合模型，不同的基础组合模型对应不同的投资时间范围以及风险承受能力，所有组合模型中的成分基金都为主动管理基金，平台根据客户的问卷调查情况匹配一个基础组合模型。

（2）对基础组合模型的个性化调整：在给客户匹配基础组合模型后，“Active Plus Portfolios”服务会基于投资者的风险偏好、投资时间长度等因素，对基础组合模型中的资产配置比例进行一定调整。

（3）对组合模型的主动调整：公司会根据自身对市场走势的判断主动调整基础组合模型下的基金配置。

（4）给予客户一定的选择权：客户可以要求替换掉自己所持组合中的至多3个成分基金，并在其账户中能看到相应的交易活动。

3. 投后：持续推送信息，保持跟踪投资者状态

投资者选择普信后，普信会将账户投资信息持续推送给客户，使客户能实时获知组合的持仓变化、账户内的交易活动、业绩信息等。同时，普信还会对客户进行自身状况的持续跟踪：公司至少每年会对客户的风险偏好与投资时间进行一次调查。在资产提取阶段，普信也会帮助投资者计算养老账户提取额以

及最低提取金额。因此，普信通过主动资产配置和主动投资，为养老投资提供超额收益，实现特色化的一站式养老金资产管理。

（三）专注细分客户的投资需求：美国 Ellevest

除在养老金业务开展的广度和深度上有所突破，从细分客户的需求出发提供精准化服务的养老金资产管理机构也是美国市场一大亮点。

Ellevest 是美国一家专门面向女性，提供定制化在线投资顾问和投资管理的金融公司。基于专注帮助全球女性提升财富管理能力的独特市场定位，Ellevest 从各个维度都充分满足女性客户的需求，甚至其官网也是曾担任 Vogue 网站首席设计师的设计师设计，以满足女性客户的审美要求。通过将目标人群锁定在女性客户上，Ellevest 专注于不断完善从女性客户角度出发的一站式养老金资产管理。

1. 投前：从女性角度，了解客户投资目标与偏好

投资前，因女性较男性更看重实现养老投资目标，而非获取超额收益。因此 Ellevest 会为女性提供直观、全面、现实的投资计划，帮助她们更自信地掌握个人财产。Ellevest 不仅会考虑到客户的当下收入，更会参照女性与男性不同的收入曲线、女性生育离开职场所造成的收入缺失以及女性寿命相对较长等因素，给出适合客户自身情况的投资计划。

2. 投中：“线上 + 线下”相结合，帮助投资者实现较好的投资收益

Ellevest 从女性客户的角度出发，通过“线上 + 线下”相结合的方式，提供针对性更强、更贴合女性生命周期特征的养老金资产管理服务，以最优化的路径实现未来女性养老所需的现金流收益。

具体地，Ellevest 依据客户资产规模提供差异化的服务。Ellevest Digital 是通过在线的方式向非高净值女性客户提供机器 + 人工的投资规划和账户管理的服务；Ellevest Prime 则是为高净值女性客户提供人工投资规划和账户管理的服务。此外，Ellevest 还提供针对已退休投资人群的定制服务，公司 1219 个定制投资策略中 1178 个是为退休人群制定。

在资产类别提供上，Ellevest Digital 为客户提供涵盖股票、债券、另类投资等 21 个被动 ETF；在 Ellevest Prime 中，除上述 3 种外还有私募股权、对冲基金、黄金、大宗商品等。

3. 投后：帮助投资者进行税收筹划，节省开支

Ellevest 通过资产分析进行税收筹划，帮助女性客户进行财富管理。此外，Ellevest 还积极帮助客户节省消费、医保、报税等方面的开支。不过，因 Ellevest 尚在不断发展成长过程中，对投后的配套服务较之集团化、成熟化公司相对有限。

四　基金公司提供一站式养老金资产管理的路径

基金公司作为养老金投资管理的主力军，持续提升养老金资产管理服务能力，致力于为个人养老金投资提供更为丰富、更有针对性、更加专业化的资产管理服务。通过借鉴海外经验，并结合国内基金行业自身特点，本文探索适合为国内投资者提供一站式养老金资产管理服务的业务模式，并提出相应的建议。

（一）内部变革：业务定位与商业模式

1. 清晰业务定位，明确目标客户

结合海外成功经验，基金公司首先需要根据自身经营情况和战略定位，明确其一站式养老金资产管理的业务定位。

对于国内基金公司而言，一方面基金公司应坚守资产管理行业的本源，另一方面大资管时代的到来也给基金行业提供了更多挑战和机会。我国基金行业发展二十年来，基金公司数量不断增多，业务范围不断扩展，股东背景也越来越多样化。同时，随着大资管行业上下游间不断融合，行业边界逐步模糊，中国基金行业将呈现多元化竞争格局。如何从自身优势和特色出发为投资者提供差异化的一站式养老金资产管理服务，是有效赢得市场的关键。多元化竞争格局能更好地满足不同类型投资者的需求，其中业务齐全、牌照丰富的集团化基金公司可以定位提供全方位的养老金资产管理，而专注某一领域的特色基金公司可以强化自身优势，吸引风险偏好适配的投资者，提供专业化、特色化的一站式养老金资产管理。

2. 明确业务模式，做好组织结构设计

根据公司的战略和养老金业务的定位，可以采用如富达、普信、

Ellevest 三种不同的业务模式。具有较强集团化经营背景的基金公司，可以基于集团内金融控股架构，和体系内的先天合作优势，共享资源，走集团化路线，进行全牌照业务布局。具有一定养老金管理经验，并在某些领域见长的基金公司，可以走专业化或特色化的路线，如走在互联网前端的基金公司，可基于互联网模式开展一站式综合金融业务模式创新，为客户提供更加便捷化、差异化以及个性化的投资顾问及资产配置服务，进一步提升客户体验。

基金公司基于自身优势明确经营发展模式之后，还需明确其养老金组织架构，可以选择从内部发展组建专门的养老金资产管理部门，也可以成立专门的养老金管理公司。无论是从海外经验还是国内市场前景看，都应强化养老金一站式资产管理的业务方向，设立专业化、职业化的独立架构。

对于老牌或大型基金公司，因公司组织架构清晰，人员构成完备，建议采用内部发展模式，抽调现有专业人才组建独立部门，未来待条件成熟可考虑成立养老金管理子公司。因养老金一站式资产管理涉及客户生命周期的不同阶段，全面介入养老金资产管理前、中、后的各个环节，采用内部独立部门模式更易于后期实现资源联动，更快捷地提供高效服务。

对某一领域业务竞争优势突出的基金公司，建议基于现有组织架构，集中优势资源，打造全新的“一站式养老金资产管理”品牌，有效提升市场占有率。比如，考虑发展专门的综合化管理核心服务平台，以提高各个环节的服务效率和准确性，有效降低运营成本、管理成本。

（二）外部重构：深化全链条资管服务

1. 投前：注重投资者教育，并持续贯穿整个投资过程

投资者教育是一项需要长期坚持的工作，不仅要做在事前，更要持续贯穿整个投资过程。针对养老的投资者教育，应比基金投资者教育更注重与投资者的沟通。

投资者教育需要解决两个层次的问题：第一，客户的认知问题。买不买？买什么类别的资产？第二，买资产的时候，如何选择某种产品？要解决这两个问题，基金行业需要做大量的工作，充分发挥专业机构的作用。对于第一个问题，要帮助大众尽早认识到个人养老投资的重要性，提高其对于养老金长期投

资复利效应的认识，鼓励其将养老缴费率提高至合适水平，并协助其提升长期投资的信心等。对于第二个问题，要帮助投资者树立科学的、立足长期的养老金投资理念，这将是贯穿养老生命周期的持续引导，需要建立投资者教育与投资者反馈的双向机制，向投资者推介适合的养老产品，为投资者营造更加和谐稳定的投资环境。

基金行业要秉承公募基金“以投资者利益为中心”的理念，根据养老金特点，厘清并把握好三个关系：一是养老金投资者教育和公募基金市场营销的联系和区别；二是养老金投资者教育和公募基金知识普及宣传的联系和区别；三是养老金投资者教育对象和基金投资者教育对象的联系和区别。未来，养老金投资或将成为大众理财方式，但养老金是老百姓的养命钱，投资者教育不应以推荐特定产品或业务为目的，基金行业有责任承担中国养老金投资的历史责任，引导投资人开展长期养老投资。做好投资者教育工作不仅能够防范养老金投资风险，同时也能促进养老金市场的繁荣发展。

在具体形式上，基金行业首先要充分利用公司网站、官微、APP、媒体等多种渠道，以问答、图表、小贴士、视频、动画等通俗易懂、丰富多样的形式向大众解释提前做好个人养老投资的重要性，帮助投资者理解各资产类别和不同产品的风险收益特征，进而帮助投资者选择适合自身特点的资产类别和产品。其次，要积极配合和充分发挥监管机构、行业协会和论坛，以及相关金融服务机构等可以参与到投资者教育活动的力量，持续不断地向普通投资者宣导正确的养老投资理念。

2. 投中：提供多样化产品选择，账户分层分级管理

（1）结合国内实际进行产品创新，提供多样化选择。基金公司应根据目标客户的不同，设计和提供丰富的养老金投资产品。基金公司的核心能力在于投资管理，而产品是实现投资优势的载体。一方面，要丰富公司自身的产品线，针对养老金的特点开发特色产品。在美国养老金市场上，基金公司一直积极进行养老金产品的研究、创新和完善，并从实际管理中总结经验，为养老建言献策。20 世纪 90 年代，基金公司在观察到现有产品在满足养老需求不足的基础上，开发设计了目标日期型基金，并推动了美国《养老金保护法案》的出台，建立“合格默认投资选择”（QDIA）机制，让养老储蓄变得简单、方便。应该说，目标日期基金作为基金行业重要的产品创新，从根本上改变了美

国 IRAs 和 401（k）退休储蓄投资的格局，体现出共同基金在适应市场方面的灵活性和独特优势。

另一方面，从长远考虑，基金公司应该为客户提供更多样化的投资选择，逐步从自身产品延伸到全市场基金产品，以及资管行业各类金融产品。目前基金公司可以设立子公司（见表2）开展基金销售业务，未来可能形成以公募基金为主，银行理财、保险、信托和资管计划等资管产品为辅的全面销售业态，充分满足投资者的投资需求，并开展海外资产配置等服务，实现“囊括大资管产品” + “覆盖海内外”的一站购齐式服务。

表2　基金销售子公司

基金公司	旗下销售子公司	持股比例(%)
华夏基金	上海华夏财富投资管理有限公司	100
九泰基金	九泰基金销售(北京)有限公司	100
万家基金	天津万家财富资产管理有限公司	60
中欧基金	钱滚滚财富投资管理(上海)有限公司	90
国金通用基金	上海国金通用财富资产管理有限公司	100
嘉实基金	嘉实财富管理有限公司	100

（2）完善系统与平台建设，实现账户分层分级管理。从国际实践看，养老金账户管理是为养老金提供资产管理服务的核心功能之一。以美国为例，基金公司可以为投资者提供从账户开立、资产托管、投资管理、结算支付以及报税等一站解决式方案。通过将所有关于养老的账户信息进行整合统筹，便于投资者进行资产配置和税收筹划。而良好的内部稽核与风险控制制度和环境则是有效控制养老金账户管理业务风险的关键。

搭建一站式养老金资产管理的系统与平台，可以从两个方面着手，一是建设具有注册登记功能的个人账户管理体系，二是开展具有资产配置功能的投资账户平台服务。目前，公募基金已拥有完备的开放式基金注册登记体系，加之业务的公开性、透明性，使其在满足投资者账户管理要求的同时可以规避账户管理的市场风险。

而实现具有资产配置功能的投资账户平台服务，是基金公司开展一站式养老金资产管理的核心之一。投资者对于养老资产管理服务的多样化需求将日益增多，根据不同的理财需求和资金使用效率，对投资者进行分级分类管理，实现账户资产个性化的配置与分类管理，可以帮助投资者进行科学的养老规划和投资决策，也有助于基金行业提升综合服务水平。我国基金行业已逐步转变为现代化的综合资产管理机构，客户服务更强调个性化、精细化，客户分类也逐步转向以风险偏好、交易行为等多维度分类模式。个人客户的需求具有多样化和多变性特征，养老金投资管理服务更需要个性化和针对性。基于客户分级分类的账户管理服务体系，建设具有资产配置功能的投资账户平台，基金行业可以提供全方位、分层次、个性化的养老金资产管理服务，即可以根据客户对于养老投资支配意愿的不同，为客户提供默认的投资品种或帮助客户做出投资建议；根据客户投资经验的不同，推介不同复杂程度和不同风险等级的产品；根据客户缴费期间和退休后的资金使用效率，为客户配置适当流动性的资产和适合期限的投资组合等。

基金管理公司作为专业投资机构，应以投资管理为核心，以“全面有效评估、适当推介引导、动态跟踪调整”为原则，在客户分级分类管理基础上，提供一站式养老金资产管理服务。“全面有效评估”原则，即在原有客户服务及投顾服务基础上，综合考量养老金投资特点，除分析客户现有的风险偏好、交易行为外，还要考虑其退休规划，通过问卷调查、历史交易分析等全面了解客户信息，通过投资者教育获得调整后的合理风险偏好，在此基础上对客户进行多维度、多层次的分类；“适当推介引导”原则，即在全面有效评估基础上，根据投资者分类结果，对不同投资特征的客户推介相匹配的养老产品，提供更具针对性的养老服务，并引导其进行科学的养老投资；“动态跟踪调整”原则，一方面，要持续跟踪投资者行为，动态评估投资者特征，调整投资建议，另一方面，定期评估客户分类管理体系合理性和科学性，确保所采用的客户分类管理体系可以顺应市场变化，满足投资者养老金管理需求。

3. 投后：全周期视角下的家庭资产检视与优化

对投资者来说，养老投资的同时往往也面临学习、旅游、购房、购车等储蓄积累的需求。从全局的角度进行家庭资产检视，有助于投资者在承受适当压力、有序达成其他经济目标的情况下，尽可能为养老做好资金储备。基金公司使用科学系统的方法对个人或家庭金融资产进行检视，帮助投资者进行资金和风险的再平衡，进而优化其养老金投资方案。同时，通过提供资产检视服务，持续跟踪投资者状态，动态调整资产配置建议，帮助投资者合理筹划未来养老金领取，以应对通胀因素、长寿风险、医疗支出等问题。

家庭资产检视第一步是建立资产检视表，通过家庭资产检视表，让投资者清楚了解自己有哪些投资资产及需求保障。在此基础上，帮助投资者厘清理财的主次目标，检视其理财预期是否合理，充分认识自己的风险承受能力和偏好，使其在不同人生阶段均能合理设定理财目标。进而根据投资者明确的理财目标，帮助其优化家庭资产配置，并适时根据市场变化，动态调整其不同资产的配置区间和比例。

伴随着互联网技术的高速发展，尤其是人工智能技术的应用，基金公司可以更便捷、智能地为投资者提供综合解决方案。现阶段，基金行业已开始智能化资产配置的探索，可以为养老金等全资产解决方案提供经验借鉴。基金公司的业务模式也已在向投资者提供一站式资产管理的方向转变，当前提供的养老金投资服务只是个开端，未来将在行业发展中不断探索、有效推进、持续完善，为个人养老金提供真正的一站式资产管理，助力我国养老金体系建设与发展。

参考文献

宜信研究院：《全球 Fintech 公司巡礼：美国女性智能投顾平台 Ellevest》，宜信研究院官方微信，2017 年 9 月 26 日。

中国证券投资基金业协会：《个人养老金的投资、产品和市场培育经验》，《声音》2017 年第 17 期。

证监会：《新闻发言人高莉就公募基金行业发展情况答记者问》，2018 年 5 月 18 日，http：//www. csrc. gov. cn。

林羿：《美国企业养老金的监督与管理》，中国财政经济出版社，2006。

董克用、张栋：《中国养老金融：现实困境、国际经验与应对策略》，中国中国养老金融 50 人论坛，2017 年 9 月 1 日，http：//www. caff50. net/c/32/589. html。

B.20
新科技在年金受托管理中的应用

李连仁　盛　晨*

摘　要：　在过去的十余年间，年金在运营、投资、管理及监管等各方面均得到长足发展，但同时也面临数据交互时效慢、处理和整合难度大、应用少、价值低等一系列问题。本文尝试通过大数据、AI及区块链等新科技手段，为年金运营中存在的问题提供具体的解决方案。大数据应用可以引入更多年金管理所需的外部数据，并有效提升年金数据的价值，从而在年金方案优化、年金资产风控等方面得到提升。在AI技术方面，机器学习技术可以有效识别数据交互过程中业务凭证模板、字段的差异及变化，提升系统对业务的支持程度；利用智能投顾系统，可更有效监督年金资产运作的安全，识别客户风险偏好，定制更具针对性的投资组合；利用智能客服系统，可以增强计划成员的参与和互动性。在区块链技术方面，年金行业区块链联盟的建设，有助于年金的数据交互、数据整合、运营流程精简以及业务接口统一。

关键词：　年金　大数据　AI　区块链

---

* 李连仁，上海交通大学管理科学硕士，平安养老保险股份有限公司年金总监，中国养老金融50人论坛特邀成员，中国保险行业“养老金管理核心专家团”成员，人社部养老金政策核心专家，发表过多篇论文，出版专著《年金：没有终点的马拉松》；盛晨，上海财经大学硕士，平安养老保险股份有限公司受托业务部总经理，一直从事社会保障和养老金管理的研究、实务工作，参与人社部企业年金监管政策的制定工作，中国养老金融50人论坛联席研究员，在企业年金管理运营和资产配置方面积累了多年实务经验。

一　年金运行管理的基本框架和存在的问题

（一）年金运行管理模式

1. 企业年金运行管理模式

自2004年颁布《企业年金试行办法》以来，企业年金基金资产快速增长，截至2017年12月31日，已有80429家企业建立了企业年金计划，累计基金规模为12879.67亿元。

2004年，我国颁布了《企业年金试行办法》和《企业年金基金管理试行办法》，明确了我国企业年金采取信托制的模式。信托模式在基金管理上具有优势，可以保证基金财产的独立性，明确界定受托人责任，更能体现和维护受益人的利益。根据《企业年金基金管理机构资格认定暂行办法》，从事企业年金基金管理业务的机构，必须取得相应的企业年金基金管理资格。截至目前，我国具有受托资格的机构有14家，投资管理资格的有22家，账户管理资格的有18家，托管资格的有10家。我国企业年金市场投资运作模式如图1所示。

2. 职业年金运行管理模式

随着《机关事业单位职业年金办法》、《职业年金基金管理暂行办法》等相关政策先后落地，职业年金也将步入投资运作阶段。职业年金仍采用信托模式，中央以及各省社保经办机构为“代理人”，履行委托职责。

在参与角色方面，沿用企业年金的管理资格认定，但取消了账户管理人角色，由“代理人”履行该职责。我国职业年金市场投资运作模式如图2所示。

（二）年金在传统受托管理方式下面临的问题

我国年金业务采用信托模式并引入多管理人（企业年金引入委托人/受益人、受托人、账户管理人、托管人和投资管理人；职业年金引入委托人/受益人、代理人、受托人、托管人和投资管理人），目标在于能够从根本上保证年金基金的产权明晰，运行中权责明确且高度专业化。但在实际运作中，年金基金各管理人之间的法律关系以及承担的责任各不相同，使基金管理呈现多样性和复杂性。

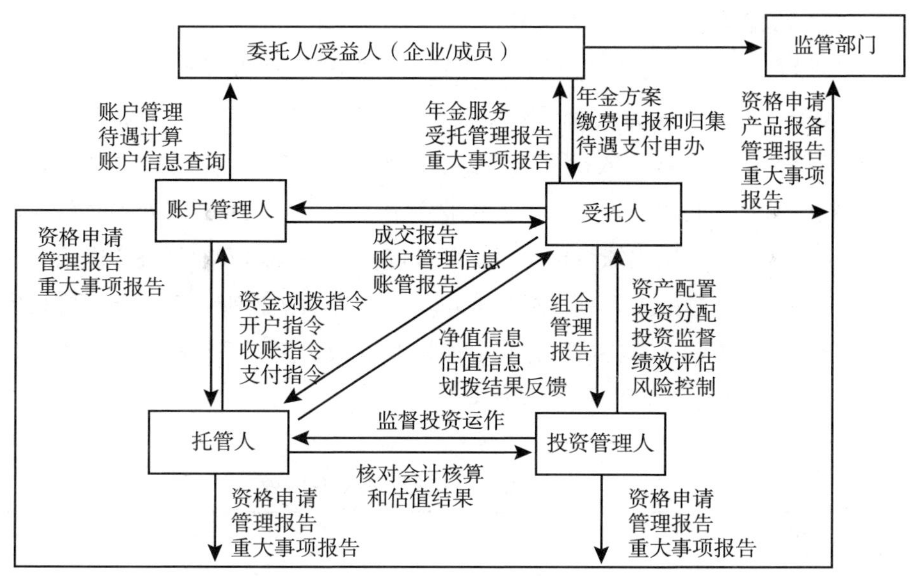

图 1　我国企业年金市场投资运作模式

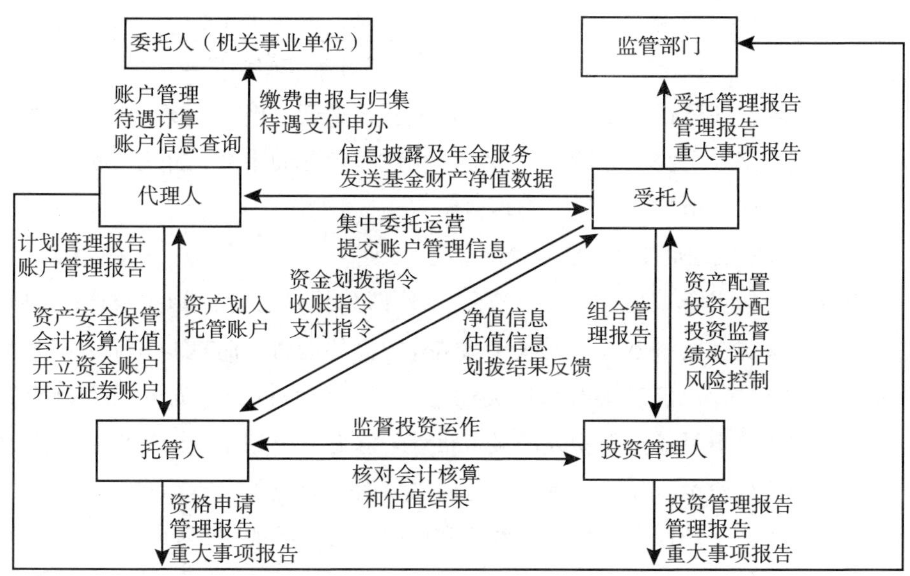

图 2　我国职业年金市场投资运作模式

1. 年金数据交互成本高、时效慢

年金运营涉及委托人、受托人、托管人、账户管理人（职业年金为代理人）和投资管理人等五方，除了委托人之外，其他四方管理人均采用专业系统来处理年金运行业务。数据交互方式包含线上及线下，存在成本高、时效慢、业务周期长等问题。表 1 列举了企业年金运营各类业务一般处理时效，以缴费为例，自委托人提出缴费申请至受托人起，需在管理人间经过 7 次信息交互，直至受托人根据账户管理人成后表出具指令并通知托管人划款至相应投资组合为止，缴费流程才算完成。这样一个完整的缴费流程需耗费 12 个工作日，业务周期相对较长。

表 1　年金运营各类业务一般处理时效

业务项目	时效情况
计划建立	10 个工作日
受托户\投资户开立	10 个工作日
证券户开立	15 个工作日
缴费	12 个工作日
待遇支付	12 个工作日

除此之外，在运行过程中还存在管理人间数据交互格式无统一标准、字段设置不一致、字段不统一等情况，增加了交付、处理的难度，并有可能造成信息的遗漏或错误，增加年金运营管理风险。

2. 年金数据处理难度大、应用少

年金计划的投资数据较多且复杂，有外部数据，也含计划本身产生的数据，而现有系统在数据分析、处理和总结等方面的能力普遍较弱，无法实时给出最优的投资推荐。仅靠现有系统无法逐一了解和分析受益人的投资风险偏好，从而无法给出最适合受益人的投资推荐。除此之外，由于信息断裂，受益人可查询的信息较少，仅可查询缴费、收益、资产余额等基本信息，而对于作为投资选择所必需的信息，如组合的投资政策、投资策略、风险级别、投资经理、历史业绩等，受益人均无处了解。

因此，如何更有效地管理年金资产，提升年金资产的投资收益和安全性，并且使委托人和受益人更多参与到自己的年金账户运作当中，是年金各管理人亟须解决的问题。

3. 年金数据整合难度大、价值低

虽然，我国企业年金市场化运作已十余载，但是由于年金计划在治理结构中存在大量的委托—代理关系，各方并没有完全共享年金计划运作过程中产生的数据。这就使大部分数据只停留在各管理人自己手中，停留于管理人及具体业务层面，缺乏跨管理人、跨业务场景的数据整合分析。运营及基础数据背后所包含的委托人运作状况、区域经济状况、投资行情等方面的价值未能体现。

（三）科技在金融行业中的应用

企业年金的发展始终秉持着金融与科技的结合。在过去的十余年间，年金的信息化水平稳步提升，年金管理人的信息化系统越发强大，外围子系统日渐增多。即便如此，随着年金的发展，委托人及管理人对年金的管理需求不断提升，年金信息化建设过程仍面临上文所述诸如数据交互时效慢、数据格式缺乏统一标准、缺乏外围数据支撑及受益人参与度低等一系列问题。

由此，从年金运营管理的实际需求出发，通过对技术的选型、论证和分析，本文尝试将部分已相对成熟、稳定且在其他金融领域已有成功案例的新科技手段融入年金系统，通过新技术去解决现有年金管理中存在的问题。

本文所选择的新技术包括大数据、AI 及区块链。概括地讲，通过大数据及数据挖掘引入更多年金管理所需的外部数据，为年金方案、资产风控提供技术支撑。通过 AI 技术提升年金的科技感，增加计划成员的参与度，有效提升年金信息安全水平。通过“区块链”升级年金记账体系，促成年金统一标准，解决年金计划及成员转入、转出等年金运营痛点。

二　大数据在年金受托管理中的应用

自 2010 年 *Nature* 推出 Big Data 专刊起，“大数据”概念被越来越多的政府、企业所接受。截至目前，大数据在公共卫生、智慧城市、商业推广，甚至政治选举等诸多领域都已有成功案例，取得令人惊叹的成果。

本部分将主要从年金受托角度阐述大数据在年金行业的应用。识别与年金相关的大数据范围，通过大数据分析、数据挖掘等方式，解决传统年金受托运营中存在的问题，为年金受托运营带来变革与转型。

（一）年金大数据应用分析

简单地说，“大数据”指采用传统数据库管理工具或传统数据处理方式很难处理的大型而复杂的数据。现有的年金运营是从年金业务本身出发的一种运营管理模式，尚处在“把事情做完”的阶段。通过大数据应用，将相关领域数据引入年金运营管理中，经过对数据的整合、分析，或可给年金带来重大变革，进入“把事情做好”的阶段。

1. 年金大数据整合

参考 Gartner Group 在 2017 年发布的最新技术成熟度曲线（The Hype Cycle），大数据发展至今已度过触发期和期望膨胀期，即将从幻灭期进入复苏期（稳定爬升的光明期）（见图 3）。

技术成熟度曲线又称技术循环曲线，Gartner 公司依据其专业的分析、预测及推论对各项新科技的成熟度进行分析。技术成熟度曲线已逐渐成为企业乃至政府是否启用某项新技术的重要判断依据。

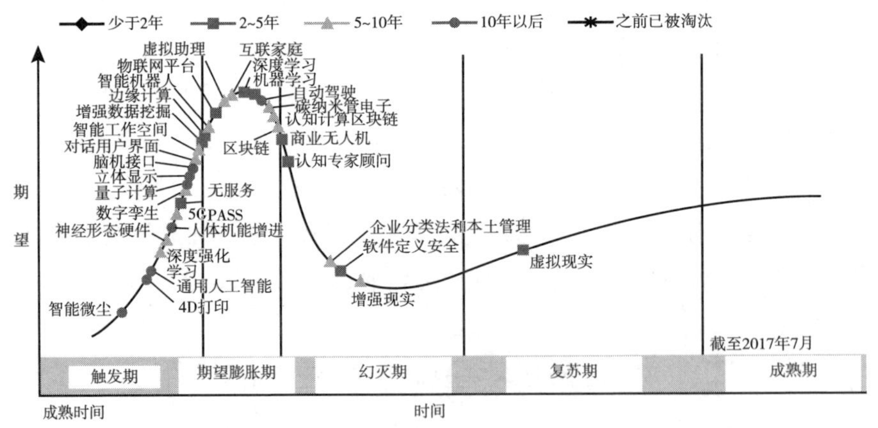

图 3　全球新兴技术成熟度曲线（Gartner Group，2017）

在稳定爬升的光明期，企业对大数据的理解更为透彻，大数据应用从迎合概念转变为创造价值。麦肯锡公司在 2015 年发布的大数据报告《大数据是革命、竞争、生产力的下一个前沿》中对不同行业大数据实施的难易度与价值进行了分析。从中不难看出，年金所属的金融与保险板块大数据实施难度最大但价值最高。

（1）年金大数据类型

为保证年金大数据项目的价值，项目实施过程中首先需要解决的是对大数据的定义及识别问题。虽然大数据的概念指“所有数据”，但在具体的实施过程中还需结合年金行业特性及受托人运营管理与投资监督两大职能进行内外部数据的识别甄选。

现有年金计划的方案通常是由企业、集团乃至省市统一规定，无法根据员工所属行业、地区以及个人经济状况进行优化推荐，实现年金方案的差异化、精细化。因此，从年金方案的个性化测算、养老金替代率的动态计算、投资监督更高效准确等方面出发，我们提出以下七点与年金受托相关的数据范围。

①个人基本养老保险数据

要更准确地分析年金在养老金替代中的实际情况，员工个人的基本养老保险数据不可缺失。年金受托人可通过整合企业所提供的个人薪资情况、各地社会平均工资数据等，并预设薪资及社会平均工资增长幅度，从而得出个人基本养老保险数据。

通过数据分析，最终从地区、行业及不同年龄层次动态掌握基本养老保险替代率情况，为年金方案制定及个人缴费比例提供重要依据。

②退休员工年金资产预测数据

员工退休时点年金资产预测数据是指根据员工年龄、当前薪资数据、年金缴费规则、年薪资增长幅度及年金账户投资预期收益等相关参数对员工退休时点的年金资产进行预测并生产的数据。

个人退休时点的年金资产测算，使员工对年金认知更直观，同时结合基本养老金的替代率情况，也可更精准地预测个人替代率，为调整个人缴费比例提供数据支撑。

③个人储蓄型养老数据

我国年金商业管理机构大多是综合金融集团，通过内部数据整合，可获得更多年金计划成员的个人储蓄型养老数据，如养老金公司或银行养老金部可获得金融理财产品、保险产品等。

养老三支柱是一个整体，对每一个个体而言，如何更有效地结合将直接关系到养老生活的品质。举一个简单的例子，对于薪资收入一般、抗风险系数较低的年轻员工，除年金外可能更为重要的是如何补充商业保险产品。而对于经济状况良好、年金资产较高的个人，则可继续通过税延、保险等进一步改善个人退休后的经济状况。

④行业地区经济数据

传统的养老金替代率只是与地区相关，而大数据时代的养老金替代率不应是某个地区的平均水平，而是要结合具体行业，甚至不同年龄层次，乃至个人。

这部分数据可通过政府部门、行业报告及年金管理人自身保有数据分析等多种途径获得，是年金方案差异化和精细化实施的重要基础数据。

⑤监管政策数据

传统监管政策是以文件形式存在，管理人在政策发生变更时存在响应缓慢、业务及系统调整工作量大等问题。与此同时，年金市场运作过程中数据也无法充分运用到政策修订中。监管政策数据化可提升业务响应速度，反向为政策修订提供数据依据。

⑥舆情数据

舆情数据是指将与年金资产投资相关的政府、行业、企业及社会信息数据整合，及时掌握跟踪年金投资风险，更好地履行受托人投资监督职能。

如运用爬虫技术，从定向网站抓取与年金资产运作相关的地区、行业及企业资讯，从关键词、转发量及浏览量等监测内容和指标，受托人可更有效地监督年金资产运作，做好风险防范。

⑦投资数据

现有的年金运营管理中，受托人掌握的年金投资数据时效滞后、完整性不足，受托人投资监督职能被极大地弱化。当投资出现风险时，受托人更多的是事后监督，往往这时企业及个人的年金资产已受到不可逆转的影响。

投资数据的整合可使受托人更及时全面地掌握当前年金资产运作状况，还可结合舆情数据及资产行业集中度等信息，更好地监督资产运作，降低投资风险。

随着对年金大数据研究和应用的不断深入，所需的内、外部数据不仅限于以上类型。引入更多的外部数据，通过数据相关性可更充分地分析、管理及监督年金运作。

（2）大数据获取方式

在对年金大数据类型的分析基础上，需进一步对不同数据的来源进行分析。以上文所举例的七种数据为例，大数据主要可通过三种方式获取。

①内部数据

内部数据可分为受托人所属集团自有数据及年金运营数据。如成员金融理财产品数据、成员年龄层次组成、企业新增及离职比例、企业薪资行业地区数据等。

对于集团内部数据的获取，在企业及员工授权的情况下，可通过集团内部系统的数据接口交互方式实现。

②外部数据

外部数据的范围较广，数据交互方式多样，数据内容包括网站信息、政府公开数据、舆情数据、投资数据等。

不同数据的交互方式也不尽相同，政府公开数据可通过人工维护的方式进入系统；部分数据可通过购买获取，如舆情数据等；部分数据可通过与外部年金管理人系统接口进行传输，如投资数据等。

③数据加工

当内外部数据之间存在一定关联性时，为进一步提升数据价值，受托人根据数据逻辑，通过系统对内外部数据进行加工整合，从而获得所需的新数据。

（3）大数据存储方式

在年金大数据的数据整合过程中，数据存储方式也是一项重要的工作。不同的外部数据如何存储、如何关联直接关系到大数据的应用效果。现有受托人的核心业务系统均采用传统的关系型数据库，数据库对数据结构层次及一致性有着严格的限制（SQL），无法满足大数据存储及处理要求。

大数据的存储需要启用非关系型数据库（NoSQL），可有效解决大规模数据集合及多重数据种类带来的挑战，可为大数据建立快速、整合、可扩展的存储库。

2. 年金数据挖掘

数据挖掘是对数据库既有数据价值再造的理论，其本质是对大量数据进行业务建模、分析从而发现隐藏于数据中有价值的信息的过程，与大数据密不可分。

在数据挖掘项目领域，CRISP-DM（Cross-industry Standard Process for Data Mining）（跨行业数据挖掘标准流程）模型已成为行业标准。CRISP-DM 模型在各种 KDD（Knowledge Discovery in Database，知识发现）过程模型中占据领先位置，采用量近 50%。

根据 CRISP-DM 模型，可以将年金数据挖掘项目分为 6 个不同的阶段（见图 4）。

第一，业务理解（Business Understanding）。在这个阶段，大数据需要从年金业务出发，即希望通过大数据找到怎样的相关性以推进年金业务的发展。可以是年金方案、年金测算、年金替代率或年金投资监督，确定数据挖掘的目标，制订整体方案计划。

第二，CRISP-DM 数据理解（Data Understanding）。数据理解阶段从数据收集工作开始，主要任务是识别并收集数据。以对年金历史运营数据的数据理解为例，首先需要从已有数据的类型、完整性、时效及粒度等方面进行分析，进而分析其是否可从行业、地区、个人或其他维度进行加工，为后续数据准备及建模打下基础。

第三，CRISP-DM 数据准备（Data Preparation）。数据准备阶段是根据业务目标和要求，对原始数据进行数据集创建的全部行动。

从数据完整性、时效性及相关性等方面对全量的外部数据进行数据清洗，将不符合要求的数据进行剔除，随后根据非关系型数据库特点，为外部数据创建数据图标，并从性能方面，结合后续建模思路对数据进行初步加工。

第四，CRISP-DM 建模（Modeling）。在建模阶段，需要选择和使用各种建模方法，通过搭建、评估，最终选择确定最为理想的模型。

以年金资产规模测算为例，需要结合委托人员工年龄层次、新增及离职等情况搭建人员变动模型，结合行业及地区薪资发展预测模型及投资收益率预测分析，最终实现对委托人资产的动态预测。

第五，CRISP-DM 评估（Evaluation）。为尽量保证模型的准确，在模型进入最后的系统部署前，还需对模型进行彻底的评估，回顾建模的整体过程，确认每一步骤的准确，以保证模型最终可实现业务目标。

同样以年金资产规模预测为例，通过模型对历史时点数据进行处理，其结果与历史资产规模进行比对，从而验证模型的准确度。以此不断优化模型，使模型的准确度不断提升。

第六，CRISP-DM 部署（Deployment）。大数据数据挖掘的最终结果是显示业务相关性，为年金运营及管理带来更多更有价值的产出。部署即将数据挖掘过程及结果以可读的图表、文本或报告等形式展现。

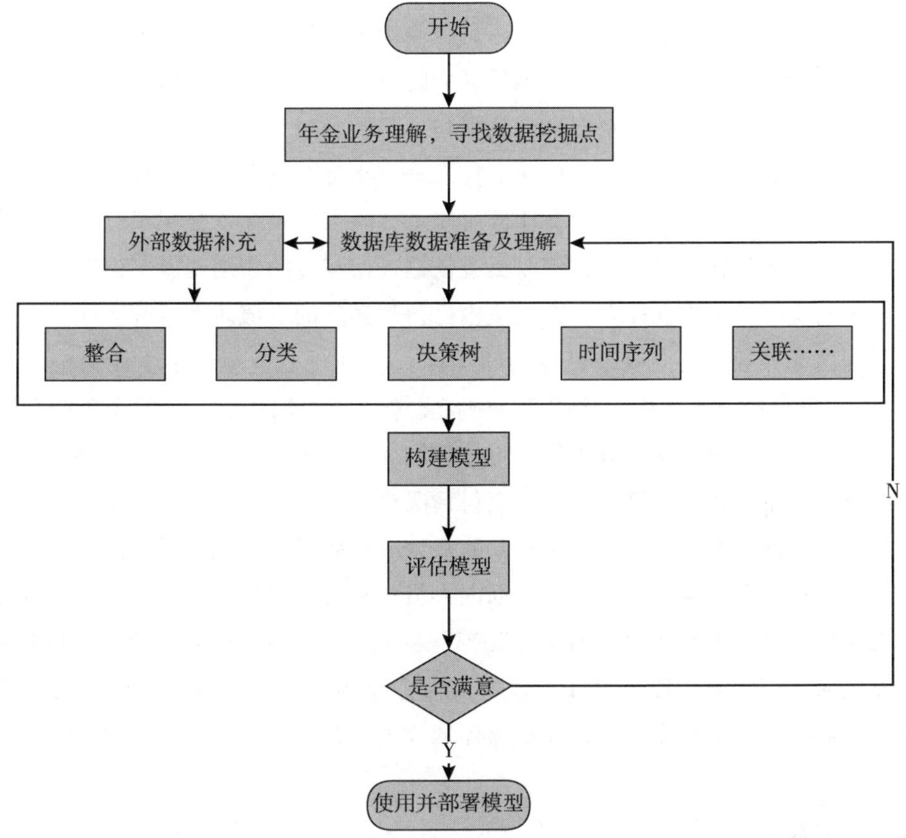

图 4　年金受托 CRISP-DM 模型

在建模过程中，以上六个步骤是一个循环迭代不断更新的过程。部署后的结果受外部数据变化或者预测数据的偏差影响，需不定期进行模型的优化与升级，调整参数使测算结果逐渐准确。

（二）年金大数据场景识别

对年金受托运营及资产管理相关的大数据的识别、整合，运用数据挖掘的建模方式，可为年金运营带来更多有价值的产出，提升年金运营水平，提升年金在养老保障体系中的重要性。

1. 年金方案优化

根据年金计划方案，员工在参加年金计划之初的缴费比例可固定也可在一定比例范围内选择确定。目前，无论是企业指定还是员工自选，企业和员工对缴费比例的判断依据是不完整甚至是缺失的，对参加年金计划后退休时的资金积累状况、大致的替代率情况也无从得知。

通过大数据测算，受托人可在委托人确定年金方案后或员工参加计划之初给出测算结果。测算不同的缴费比例对应退休时点的年金资金积累、薪资及替代率等，使成员在选择缴费比例时更有依据，使年金的作用变得更为直观。

事实上，大数据在年金方案优化中已得到实际的价值体现。

为保证养老金新老政策过渡期间退休员工的权益，部分年金计划中存有“中人”的补偿方案。中人补贴部分的资金来源于参加计划员工的企业缴费部分：将员工的企业缴费部分中的一定比例纳入公共账户。

目前，公共账户的资金积累及支付情况难以准确把控，既可能发生公共账户余额不足的情况，也可能发生公共账户余额过剩影响在职员工利益的情况。

我们通过大数据测算，根据计划内人员年龄层次测算出每一时段的退休员工总体情况及员工退休时点的年金资产。系统可根据中人标准、已退休的中人补贴金额、公共账户资金累计等数据，为企业测算出相对准确的中人支付数据、公共账户余额规模趋势，并给出计划成员缴费中用于公共账户缴费的费率调整方案。

2. 年金风控提升

在年金资产管理方面，我们的做法如下。第一步，大数据引擎每天通过特定的关键词在网络中进行搜索，将搜索到的负面新闻信息保存至舆情监控数据控中。但该数据量十分庞大，无法直接用于信用风险管理，为此我们将年金资产中所有的资产，资产对应上市公司或整个行业的上下游、合作或竞争对手、子母公司关系、股权关系、对标关系等图谱和舆情数据库进行匹配，得到和年金资产息息相关的信息，实现简单的信用风险管理。

第二步，在舆情大数据库中加入其他的投资市场数据，如股票、债券的价格变化、买卖挂单信息、成交信息等，形成更大的舆情大数据。

第三步，在舆情大数据中加入人工智能技术，让人工智能学习风控专员对各类负面新闻的处理偏好，并通过人工智能算法将舆情大数据以上市公司为主体进行降噪、排序及画像，最终达到信用风险监控的全自动化。

3. 受托价值提升

受托人通过大数据技术可更全面地掌握年金计划成员个人经济状况，评估个人抗风险能力，预测退休后的经济状况等。在此基础上对年金计划成员进一步细分，可更有针对性地设计金融理财、保险等产品，提供更为细致精准的个人养老、保险及理财综合金融服务。

如通过大数据计算，对退休后养老金及年金整体替代率不足的计划成员可推荐其选择养老保险作为补充；对退休后整体替代率较高，但个人抗风险能力较低的计划成员可有针对性地推荐对应的重疾类保险产品；对退休后整体替代率较高，抗风险能力较强的计划成员则可根据个人风险偏好推荐投资理财产品。

4. 社会价值提升

年金受托人通过整合后的内外部数据，可获得更多我国行业及地区经济数据、企业人员年龄构成信息、企业人员流动信息。通过对这类数据的加工与分析，受托人可对委托人乃至地区及行业的经济状况进行预测和分析。这类预测数据可作为年金增值服务提供给企业及监管部门，帮助企业和监管部门做好决策及预防。如员工年龄层次异常、离职率异常、地区及行业加薪幅度等数据。

在大数据实施过程中，社会管理价值的提升因对象过大其难度也最大，需要不断引入更多的外部数据作为支撑才能使大数据预测愈加准确。

大数据时代更重要的是管理思想上的转变，年金受托人需要从日常的运营管理及投资监督中提炼出更多的服务及管理需求，以年金为根本，通过对社会、金融等领域的数据整合，促进年金业务的健康发展，更好地服务企业及计划成员，创造更大的社会价值。

三 AI 在年金受托管理中的初步应用

人工智能的概念很宽，从定义上看人工智能是研究、开发用于模拟、延伸和扩展人的智能的理论、方法、技术及应用系统的一门新的技术科学。目前较为成熟和普及的 AI 技术是生物特征模拟。

人工智能已经越来越多地进入我们的生活，甚至可以说无处不在，扫地机器人、手机导航、语音输入都是人工智能。将年金业务与已经成熟的 AI 技术进行整合有助于提升运营品质，减少运营压力，甚至可通过量化交易提升年金收益率。

（一）AI 在年金受托运营上的应用

现有的企业年金运营对运营人员的依赖较高，如可通过 AI 技术替代部分人工操作，凭借 AI 的处理速度、容量及存储空间、可靠性以及持久性，将有助于成本的节省和业务处理品质的提升。

在受托运营过程中，合作方较多，业务接口无通用，导致年金运营过程中流程及处理方式存在一定差异性。随着业务量的不断增长，为维持业务的稳定，运营团队也需要随之扩充。通过人工智能的规则引擎与机器学习技术，可有效解决或减轻以上提及的年金运营中所遇困境。

举例而言，现有企业的年金方案存在较大差异，员工缴费金额因工龄、司龄、职级、薪资不同而不同，甚至同一委托人下不同下属公司的年金测算规则也存在较大差异。对此类业务场景，如受托人系统须实现系统计算及校验功能则开发量巨大。通过规则引擎技术可有效解决此类参数多、规则差异大的问题。规则引擎是基于规则的专家系统，而专家系统又属于人工智能范畴，业务人员可在系统中对于不同企业灵活选择或配置参数，设置对应的计算规则和决策逻辑，由此增加系统的灵活性和普适性，在尽量减少开发量的同时快速实现委托人的年金个性化需求。

再以受托人信息披露报告为例。不同账户管理人、托管人提供的报告格式不同，报告内字段也存在差异，同时管理人报告格式不固定、更新频率较高。对于这样的业务状况，如交由传统的信息系统将面临开发成本、维护成本及风险高的境地。在机器学习过程中，将账管报告、托管报告及其他外部年金或投资相关报告维护进系统，形成数据集。通过训练及测试，使系统对外部管理报告具备一定的学习能力，当外部报告发生格式或字段变更时，系统在无须开发人员维护的情况下一定程度内学习并适应，从而可继续完成数据解析及报表生成功能。

（二）AI 在年金资产管理上的应用

根据美国的年金行业发展，产品化及个人自选是发展的必然趋势。一旦进入产品化时代，以年金受托机构的人员配置来为企业员工提供投资顾问服务肯定是不现实的，那么以机器为主的智能投顾就进入我们的视野。

智能投顾就是人工智能 + 投资顾问的结合体。与传统投资顾问一样，智能投顾发挥着用户和金融产品之间的纽带作用。智能投顾在年金资产管理中的应用可以归纳为两个方面。

1. 智能投顾连接用户，通过大数据识别用户风险偏好

随着这几年互联网应用的增多和数据积累，我们可以看到类似淘宝的个性化商品推荐、爱奇艺的个性化影视节目推荐、今日头条这样个性化新闻的推荐。智能投顾也是根据用户大数据识别用户的个性化风险偏好，根据不同的风险偏好提供个性化、准确的资产配置方案。

更厉害的地方在于智能投顾风险偏好的识别可以实时动态计算。风险偏好并不是固定不变的，大部分人的风险偏好会随着市场涨跌、收入水平等环境因素的变化而变化。比如 2015 年上半年牛市的时候很多人都进入股票市场，这是诱惑所导致的风险偏好提升，但到了下半年熊市的时候，大家的风险偏好因恐惧又开始下降。如果是传统理财顾问来做这件事情，得到结论可能会有一定的滞后性。

总之，智能投顾就是要做到千人千时千面，根据客户收入、性别、年龄、心理特征的差异动态掌握风险偏好及其变化轨迹。

2. 智能投顾连接产品，通过算法和模型定制风险资产组合

通过资产配置模型（Markowitz Mean-Variance Model、Black-Litterman Model、Risk Parity）由计算机得出最优投资组合，也可通过多因子风控模型更好更准确地把握前瞻性风险。可以通过信号监控、量化手段制定择时策略。AI

的加入让资产配置做得更精准，也让投资决策变得更加理性。

我们设想中的智能投顾需要满足以下四个标准：

（1）通过大数据获得用户个性化的风险偏好及其变化规律；

（2）根据用户个性化的风险偏好结合算法模型定制个性化的资产配置方案；

（3）利用互联网对用户个性化的资产配置方案进行实时跟踪调整；

（4）不追求不顾风险的高收益，在用户可以承受的风险范围内实现收益最大化。

当然也要理性地认识到，在智能理财领域计算机还无法完全替代人，在一些关键时刻还是需要人依靠专业经验来做决策，如果100%依赖计算机也会导致一些特殊风险的出现，所以在相当长的一段时间内智能理财也都会保持人工智能+专业经验的状态。

（三）AI在年金信息安全上的应用

自2018年起，各省人社部门陆续发文要求退休职工进行年度领取养老金资格认证工作。如在规定期限内未办理认证手续，将按照规定暂停发放养老金。为便捷离退休职工的认证办理，部分省市社保中心开发对应APP，可在线通过人脸识别完成认证。

在企业年金的领取业务中，同样存在类似问题。如何及时高效地掌握退休人员生存状态及领取信息，既是对退休员工的关心，也是对企业资产的保护（如有“中人”领取，则对应资金来源于在职人员缴费及企业公共账户）。

以平安养老险好福利APP为例，这是我国第一款个人年金专用APP。为保证年金领取资金的准确发放及委托人资产的合理使用，APP中整合人脸识别功能，企业可在委托人系统对离退休人员发起人脸识别需求，系统通过短信及APP站内消息提醒退休人员进行人脸识别验证。

为保证人脸识别的安全、准确和可靠，系统对接公安部网纹头像，并通过动态验证方式有效防止使用照片及视频验证。通过人脸识别AI技术及系统整合，退休人员生存状态验证变得简单快捷。

（四）AI在年金智能客服上的应用

近年来，随着监管、委托人及年金管理人的共同努力，计划成员对于年金的关注度也逐渐上升，随之而来的是一些新问题。如计划成员对年金的疑问越来越多，以至于委托人及年金管理人日常咨询与解答工作量直线上升。

智能客服系统可在一定程度上解决上述问题。系统通过大规模的知识处理、语义学习、知识管理等，提炼出计划成员最为关注、咨询量最大的问题与答案，并将问题及答案预设自动语音应答（IVR）或在线客服自动应答中，在一定程度上可快速解决疑问，也可在一定程度上释放年金咨询的客服压力。

智能客服系统收集的问题还将作为反馈信息影响促进年金运营的发展。对计划成员关注的问题及功能，管理人可对 App、年金业务等进行优化。如增加 APP 显示内容，新增个人业务办理流程，增加业务办理中个人确认环节等。

四　区块链在年金受托管理中的尝试

区块链技术源自虚拟货币，在我国正处于高速发展的时期，官方媒体的态度也从批评逐渐转为积极。究其原因是区块链技术在传统行业，以及金融行业均有极大的发展空间，可有效降低数据传输成本、提升业务处理时效及释放生产力。

从区块链技术的应用范围而言可分为三类：公网链、联盟链和私有链。比特币对应的区块链为公网链，使用公网即可访问。本文所讨论的年金行业区块链为联盟链，是只有年金管理人才可参与的区块链。所谓的联盟链是对行业而言，年金联盟链顾名思义是年金管理人就年金业务而共建的区块链联盟。

如年金行业尝试共建区块链联盟首先是判断区块链与年金行业是否能够找到契合点，其次是判断区块链应用是否能为年金行业带来提升或解决现有痛点。

在区块链技术与年金业务的契合点上，可从两方面进行论证。

区块链的本质是一种去中心化的分布式账本数据库，年金业务作为信托型产品，其四方管理人协作的模式本身也可理解为一种制度上的去中心化，通过多方管理人协作确保年金运作及资金安全。所以，从这点上来说，区块链的去中心化账户体系可满足年金业务的需求。

区块链的另一特点是共识机制，这也是去中心化得以实施的核心，通过共识机制确保数据的可信度及准确性。以比特币为例，其共识机制是采用哈希链的 POW 工作量证明机制。哈希函数在这里保证了比特币的可验证性，同时也是最典型的工作量证明。年金业务因参与方均为年金管理人，参考现有线下协作的模式，其资质及责任已可约束其在联盟链中传输内容的合规与可信，这将极大地降低年金联盟链对共识机制的要求。

在年金业务痛点上，我国年金业务现有运营流程存在着一些长期未解决的问题。除相对落后及高成本的管理人间数据交互方式、没有统一的年金业务接口规范外，年金转移业务难跟踪、风险大是目前各年金管理人均面临的运营难题。与接口无统一规范相关，现有年金转移业务的难度与风险均较大，存在管理人衔接补偿、资金跟踪及判断困难等问题。

结合区块链特性，我们设想这些问题可通过年金区块链联盟予以解决，并由此进行年金行业区块链联盟的架构设想。

（一）年金区块链应用

在年金业务接口规范化及数据交互方面，年金行业区块链的建设首先在于可规范的年金业务接口。各方管理人的业务数据交互采用统一规范，加入年金联盟链后即可实现与链上其他所有管理人的业务对接。由此提升业务标准化水平，降低系统建设成本。

以转移业务为例，当转入计划与转出计划均在联盟链上时，转移业务将从现在的互相隔离及信息不对等变得异常直观，资金流水的跟踪也将清晰准确。即便是现有无法跟踪到位的计划外转出，甚至是今后的职业年金与企业年金互转业务都将变得更为简单快捷。

初步设想的跨计划调动流程：

（1）受托人将委托人或代理人业务申请上传联盟链；

（2）区块链成交模块生成交易明细表；

（3）受托人从区块链中获取成后表，处理后于区块链发送指令；

（4）投资管理人完成申购赎回；

（5）托管人完成资金划转，上传网银流水至区块链；

（6）区块链通过两家托管流水准确完成业务与资金匹配；

（7）区块链变更个人账本中所属企业，赎回资金记为现金，下期申购。

传统业务的跨计划、跨管理人流水匹配是一大难点，稍有不慎即可能出现受托户留存不明资金，无法有效利用，对计划成员产生损失。而区块链可将新旧管理人整合至一起，共同处理业务。并且新的年金管理人也无需进行成员新增及存量资金缴费业务。同时，计划成员的个人年金数据始终完整，无需进行历史数据迁移。

在业务处理时效上，借助联盟链对年金业务流程重塑，年金业务的处理时效将进一步提升。管理人间的业务信息上传联盟链，各计划管理人可同步验证业务信息并根据各自职能进行后续业务处理。

在年金信息查询上，现有年金管理人陆续提供 APP、微信公众号、网银等个人查询端口，但当业务管理人变更或计划成员发生变动时，计划成员可能需要更换查询途径。而联盟链则可提供统一的查询平台，计划成员的查询将变得准确、稳定、高效，并且账本完整连续。同时，除传统的年金查询功能外，个人年金业务办理也将变得更为可行。

（二）年金区块链规划

1. 年金区块链框架设计

（1）账本唯一且连续。年金联盟链中的账本为计划成员个人账户记录。同一人员在联盟链中只会存在一条记录，通过哈希函数或其他加密方式，实现账本的每一次信息及资产变动都延续可追溯，由此即可体现年金业务的延续性，也方便验证业务的准确性（见图5）。

（2）多方参与。年金联盟链的参与方包括年金管理人，如受托人、账户管理人、托管人及投资管理人。委托人因系统开发能力、开发及线路成本、稳定性等因素，并不适合加入联盟链。可通过委托人与受托人系统对接或受托人平台实现间接参与区块链。

（3）多重权限。分布式账本的概念是区块链上的各方均可获得账本副本。年金联盟链的目标是年金各方管理人均参与其中，如何保证计划及个人账户信息的安全就显得尤为重要。

联盟链可设置多重权限，非年金计划的管理人作为区块（Blockchain）可通过公钥验证联盟链其他管理人发起的业务及文件的合法性，年金业务的管理人则可通过私钥对账本、具体业务及文件进行解析与受理。

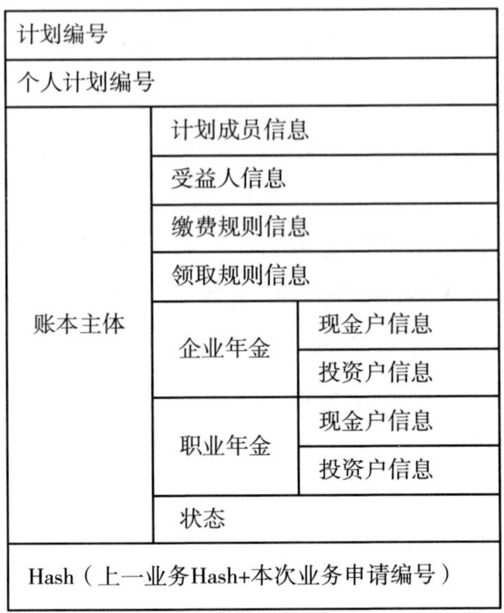

图 5　年金区块链账本示例

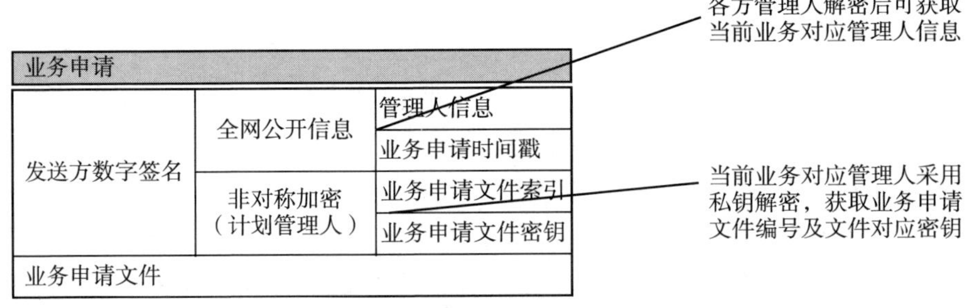

图 6　数字签名及文件加密示例

（4）支持成交及文件传输

年金联盟链的账本信息中，除计划成员个人基本信息外还应包括其完整的个人资产信息，如组合户信息、现金户信息等。即联盟链除支持创建账本的功能外，还要具有对年金业务成交处理的能力。

除账本及成交功能外，因年金业务的数据量较大，联盟链还需支持文件交互功能，包括业务受理文件、托管网银流水文件等。

2. 转变与共建

（1）形成新的中心。由于年金业务的特殊性，尤其是需要对投资申购与赎回进行成交处理，去中心后的联盟链无法满足业务需要。为避免年金区块链成为一个简单的数据交换平台，联盟链实质上将变为一个新的中心，承担起原账户管理人核心系统中的部分职能，实现对账户的记账及成交明细表。

（2）管理人职能转变。年金联盟链的实现将改变现有年金管理人的职能。受托人除传统的业务受理外，在部分业务中也可直接对账本信息进行维护，如不涉及成交业务的成员新增、信息变更及内部调动业务等。而账户管理人传统的记账业务将逐步交由联盟链实现，由联盟链后台统一进行成交处理，并将成交文件发送各方管理人。由此账户管理人可释放更多的运营人力，业务重心将逐步转为客户服务与业务支持等工作。

（3）运营流程重塑。除管理人职能的转变外，年金业务流程也将基于联盟链的实现而重塑。如上文所述，不涉及资产变动业务将变得简单快捷，而涉及成交的业务信息流与资金流匹配也将更为高效准确，全面提升业务时效与品质。

（4）管理人共建规划。年金联盟链可以给年金业务和管理带来重大提升，但联盟链的实施过程同样难度极大，因此年金联盟链可分阶段实施。

第一阶段：团队组建与方案论证。在此过程中，可从各年金管理人中选取团队成员，聘请外部专家，组成年金联盟链团队，共同讨论并确定联盟链实施方案与技术框架，也为后续联盟链的设计、开发及推广应用打下基础。

第二阶段：联盟链框架搭建，实现数据交互。基于核心团队的系统建设方案进行联盟链建设，年金管理人内部系统与联盟链实现对接，联盟链权限隔离及加密交互机制得到验证，试点实现基于联盟链的跨计划转移业务。

第三阶段：联盟链账本记账。联盟链可真正记录并由各方管理人共同维护年金账本信息。年金业务实现一套账本、一套接口、一套流程，规范年金业务。通过具体的一个或多个业务场景的尝试，验证并优化年金联盟链。

年金区块链的目标是将年金业务统一管理，搭建成为行业平台，同时规范年金业务接口，减少管理人间数据交互成本，解决传统年金运营痛点等。在联盟链的方案研讨过程中，除联盟链的规划外，还有两点需要注意：数据安全问题及历史数据迁移问题。

因联盟链的核心是年金成员及资产信息，联盟链的安全性必须有保证，一旦出现安全事故后果不堪设想。而历史数据的迁移是一项耗时耗力的工作。因操作问题或历史原因，现有年金计划的成员账户信息在迁移前需进行细致全面的清洗，对重复建账、错误建账、信息不正确等账户信息进行确认及处理。历史业务信息、历史缴费及领取信息则可根据实际情况进行导入。

五　结束语

无论是年金运营中存在的痛点，还是随着业务发展提出的新需求，在新科技的应用方面，年金管理人应始终保持谨慎的态度以及开放的心态。

谨慎的态度是对新技术的安全、性能、发展及与年金业务的契合程度等方面而言。不可为了创新而创新，只有经过论证，确实可为年金带来提升的新科技才能引入年金运营管理中。

开放的心态指年金管理人及监管机构对新科技谨慎的同时，也应对保持对新科技的敏感及开放态度，在年金管理资产的不断积累的同时，不断探索如何通过新科技的整合持续提升年金运营品质、投资收益及社会价值。

参考文献

熊军：《养老基金投资管理》，经济科学出版社，2014。

人力资源和社会保障部社会保险基金监督司：《社会保障基金监管法规文件汇编（续一）》，中国劳动社会保障出版社，2007。

人力资源和社会保障部社会保险基金监督司：《社会保障基金监管法规文件汇编（续二）》，中国劳动社会保障出版社，2010。

胡继晔：《论养老金监管立法》，中国政法大学出版社，2013。

余桔云：《养老保险：理论和政策》，复旦大学出版社，2015。

郑秉文：《中国养老金发展报告2015——“第三支柱”商业养老保险顶层设计》，经济管理出版社，2016。

郑秉文：《中国养老金发展报告2016——“第二支柱”年金制度全面深化改革》，经济管理出版社，2017。

维克托·迈尔-舍恩伯格，肯尼斯·库克耶：《大数据时代》，浙江人民出版社，

2013。

吴军：《智能时代：大数据与智能革命重新定义未来》，中信出版社，2016。

Jeff Hawkins，Sandra Blakeslee：《人工智能的未来》，陕西科学技术出版社，2006。

Peter Norvig，Stuart Russell：《人工智能》，人民邮电出版社，2004。

阿尔文德·纳拉亚南，约什·贝努，爱德华·费尔顿，安德鲁·米勒，史蒂文·戈德费德：《区块链技术驱动金融》，中信出版社，2016。

长铗，韩锋等：《区块链：从数字货币到信用社会》，中信出版社，2016。

B.21
个人税延养老金对资产管理行业的影响及其应对

孙　博*

摘　要： 2018年4月12日，财政部等五部门联合发布《关于开展个人税收递延型商业养老保险试点的通知》，标志着我国养老金第三支柱开始实践探索，为国民养老提供了新途径。根据本文预测，第三支柱全面落地后，按照70%的参与率计算，每年有1500亿~2000亿元的规模增量。同时，养老金第三支柱将为完善我国养老金体系发挥重要作用，为资本市场带来长期稳定资金，并可能重塑国民养老理财行为。于资管行业而言，养老金第三支柱将会对保险、基金和银行业发展带来深远影响。因此，资管行业要培育真正的长期投资能力，结合行业自身特点进行产品布局，重视养老金业务品牌建设、投资者教育和投顾培育。

关键词： 市场规模　投资养老　长期投资能力　产品布局　品牌建设

2018年4月12日，财政部等五部门联合发布了《关于开展个人税收递延型商业养老保险试点的通知》（以下简称《通知》），标志着我国第三支柱开始落地生根，为国民养老提供了新途径，引起社会各界广泛关注。特别是政策鼓励保险、基金、银行等各类金融机构广泛参与，为金融行业带来新发展空间。

---

* 孙博，管理学博士，金融学博士后，中国养老金融50人论坛特邀成员，供职于华夏基金养老金管理部，研究领域为养老金融。

本文试图探讨个税递延养老金的市场空间，同时分析其对保险、基金和银行业发展的影响。

一　个人养老金概述

（一）概念

养老金第三支柱指的是由政府提供税收优惠支持，鼓励向专门的账户进行缴费，并根据自身风险收益特征选择相应养老金融产品，以积累养老金资产的制度安排。世界上比较典型的第三支柱包括美国 IRAs、德国的吕鲁普计划等。2018 年 4 月 12 日，财政部等五部门联合发布的《关于开展个人税收递延型商业养老保险试点的通知》明确指出，这是为推进多层次养老保险体系建设，对养老保险第三支柱进行的有益探索。《通知》也指出，根据试点情况，结合养老保险第三支柱制度建设的有关情况，有序扩大参与的金融机构和产品范围，将公募基金等养老金融产品纳入个人商业养老账户投资范围。这标志着我国养老金第三支柱开始落地生根，为国民养老提供了新途径。

（二）养老金第三支柱的市场空间预测

1. 匡算

从潜在覆盖面看，2017 年我国参加城镇职工基本养老保险在职职工 2. 92 亿人。从收入来看，2017 年城镇非私营单位人员年平均工资 74318 元，折合每月工资 6193 元，全国城镇私营单位就业人员年平均工资为 45761 元，折合每月工资 3813 元。根据测算，我国的五险一金个人缴费率约在 20%，那么税前工资在 4600 元以上都要缴纳个人所得税。换而言之，工资在 4600 元以上者，参加个税养老就能获得税收优惠。如果考虑到 2019 年上调个税免征额到 5000 元，同时住房、子女教育、赡养老人等多项支出可抵税的因素，我们假定月收入在 8000 元以上者能够实际享受养老个税递延优惠。

如果假定参加基本养老保险的人员中 1/6 的人月收入在 8000 元以上，约为 5000 万人。同时按照政策规定税收递延优惠封顶线 1000 元或者工资 6%，假定平均每人月个税养老缴费 500 元。分别按照这 5000 万人中有 30%、50%、

70%实际参加来计算，则每年个人税延养老缴费规模分别为900亿元、1500亿元、2100亿元。

2. 预测①

预测的核心思路是根据各省城镇职工基本养老保险参加人数和新浪云统计的全国各大城市薪资分布，分省测算第三支柱个人养老金的递延规模，最后加总得到全国总规模。

基本假设有两个：一是以参加城镇职工基本养老保险的群体作为潜在第三支柱参加群体，认为参加城镇职工基本养老保险的人数为参加第三支柱群体人数的上限。二是以新浪云发布的《2018年全国各大城市薪资水平报告》② 中各省会城市就业人群工资水平分布作为各省就业人群工资水平分布的替代。

根据上述假设，我们以北京市为例对第三支柱个人养老金的规模上限做测算。

（1）确定参加的潜在职工人数。职工总人数来自人社部发布的《中国社会保险发展年度报告2016》，报告中列示了各省基本养老保险缴费人数，其中北京2016年缴费人数为901万。

（2）确定不同收入区间的职工人数规模。各月收入区间的人口占比资料来源于新浪云计算的2018年北京市薪资水平报告。以参保职工总人数乘以各月收入范围的人口占比可得各月收入范围的职工人数。

（3）确定参加的人群范围。与匡算方式的假定保持一致，我们仅计算月收入在8000元以上的人群的递延规模上限。

（4）计算全部参加情况下递延规模上限。根据《通知》的要求③，取每档收入中位数的6%和1000元孰低者为该档的递延限额。各档收入的递延限额乘以职工人数可得各档收入的递延总额上限，汇总即得所有收入范围的月递延

---

① 本预测方法主要来源于东方证券资产管理公司产品部业务总监金翠连博士、黄剑焜先生。在此表示感谢，文责自负。

② （http：//salarycalculator. sinaapp. com/report/% E5% 8C% 97% E4% BA% AC），本报告基于322401份样本数据分析得出各区间月税前工资的人数占比。

③《关于开展个人税收递延型商业养老保险试点的通知》规定：取得工资薪金、连续性劳务报酬所得的个人，其缴纳的保费准予在申报扣除当月计算应纳税所得额时予以限额据实扣除，扣除限额按照当月工资薪金、连续性劳务报酬收入的6%和1000元孰低办法确定。

总额上限。测算结果如表 1 所示。北京市月递延规模上限为 28. 38 亿元，年递延规模上限为 28. 38 ×12 =304. 56 亿元。

表 1　北京市税收递延试点下第三支柱个人养老金测算（月度数据）

月收入范围	中值 6%	递延限额	人口占比(%)	职工人数(万)	递延总额(亿元)
2000 ~3000 元	150	150	11. 10	100. 01	0. 00
3000 ~4500 元	225	225	12. 20	109. 92	0. 00
4500 ~6000 元	315	315	18. 70	168. 49	0. 00
6000 ~8000 元	420	420	18. 50	166. 69	0. 00
8000 ~10000 元	540	540	10. 50	94. 61	5. 11
1 万 ~1. 5 万元	750	750	12. 70	114. 43	8. 58
1. 5 万 ~2 万元	1050	1000	6. 00	54. 06	5. 41
2 万 ~3 万元	1500	1000	7. 30	65. 77	6. 58
3 万元以上	—	1000	3. 00	27. 03	2. 70
月合计	—	—	100. 00	901. 00	28. 38

（5）对测算结果进行检验与调整。为了检验上述结果是否准确，我们根据各个收入区间的人数及中位数收入水平，可以推算北京月平均工资为 9319. 25 元，与国家统计局给出的数据测算的 2016 年北京市城镇平均工资 7904 元有一定程度的偏差，高估了 17. 91%，这可能是因为参与调研者总体收入水平偏高。因此我们对递延规模进行调整。调整后年递延规模上限：340. 56/（1 +17. 91%） =288. 85 亿元。

我们用同样的方法对全国 30 个省级行政单位（不包括西藏和新疆生产建设兵团）的第三支柱个人养老金的递延规模上限做测算，并计算各参与率下第三支柱年养老金规模（见表 2）：按照 30%、50% 和 70% 参与率来计算的规模分别为 691 亿元、1152 亿元、1612 亿元。

表 2　全国 30 个省份税收递延试点下第三支柱个人养老金规模测算

地区	2016 年城镇职工基本养老保险参加人员(万)	年递延总额（亿元）	30% 参与率（亿元）	50% 参与率（亿元）	70% 参与率（亿元）
广　东	2978	383	115	192	268
江　苏	1885	214	64	107	150
北　京	901	289	87	144	202

续表

地区	2016 年城镇职工基本养老保险参加人员（万）	年递延总额（亿元）	30% 参与率（亿元）	50% 参与率（亿元）	70% 参与率（亿元）
浙　江	1656	248	75	124	174
上　海	923	253	76	126	177
山　东	1414	134	40	67	94
四　川	1001	96	29	48	67
河　南	737	22	7	11	15
安　徽	516	43	13	21	30
重　庆	417	39	12	19	27
湖　北	792	57	17	28	40
福　建	573	32	10	16	22
湖　南	505	40	12	20	28
陕　西	408	34	10	17	24
辽　宁	830	61	18	30	43
新　疆	236	33	10	17	23
内蒙古	298	35	11	18	25
云　南	258	24	7	12	17
河　北	655	29	9	14	20
山　西	389	31	9	16	22
天　津	299	37	11	18	26
贵　州	232	26	8	13	18
黑龙江	510	36	11	18	25
广　西	335	15	5	8	11
吉　林	360	25	8	13	18
甘　肃	163	16	5	8	11
江　西	501	27	8	14	19
宁　夏	97	9	3	4	6
青　海	56	7	2	3	5
海　南	107	7	2	3	5
合　计	20032	2303	691	1152	1612

注：西藏、香港、澳门及台湾数据暂缺。

从匡算和预测结果来看，两者存在一定差距，参与率越高，差距越小。按照 70% 的参与率，全面落地后每年增量在 1500 亿 ~ 2000 亿元。这相对于企业年金每年1000亿元增量要大，与职业年金每年2000亿元的增量基本持平。但是与保险行业规模15万亿元、公募基金12万亿元、银行个人理财规模20万亿元相比，市场空间相对有限。但是我们看到，金融行业对此高度重视，特别是保险和基金行业在多年前就谋篇布局，部分机构更是将其视为长期战略性业务。本文以下部分试图对动因进行探索。

二　养老金第三支柱的重要意义

（一）为完善养老金体系发挥重要作用

三支柱模式是各国养老金改革的普遍做法和通行模式，缘于三支柱模式能够实现国家、单位和个人三方养老责任共担，在保障国民养老生活的同时，实现养老金体系可持续发展。如表3所示，首先从总量来看，美国、加拿大和澳大利亚养老金资产规模都达到本国GDP的150%左右，而我国仅为8%，差距极大。其次看结构，上述三个国家都以第二和第三支柱养老金为主，我国则是典型的第二支柱滞后，第三支柱缺失：第一支柱已成为国民养老主要来源，覆盖3亿多人；第二支柱企业年金建立至今已有十余年，仅覆盖2300万职工；职业年金制度2014年出台，覆盖3700万机关和事业单位人员；第三支柱尚未正式建立，目前仅仅在个别地区进行保险业试点。因此，建立第三支柱个人税延养老金，是我国养老金三支柱体系的关键拼图，意义重大。

表3　各国养老金体系对比

国家	名称	第一支柱	第二支柱	第三支柱	合计
		公共养老金	职业养老金	个人养老金	
美国	规模(万亿美元)	2.9	16.8	8.9	28.6
	GDP占比(%)	14.83	85.89	45.50	146
	替代率(%)	38.30	33.00	10.00	81
加拿大	规模(万亿加元)	0.36	2.01	1.34	3.71
	GDP占比(%)	17.39	97.10	64.73	179.23
	替代率(%)	39.20	37.80		77

续表

国家	名称	第一支柱	第二支柱	第三支柱	合计
		公共养老金	职业养老金	个人养老金	
澳大利亚	规模(万亿澳元)	财政负担	2.66		2.1
	GDP 占比(%)	—	126.90		127
	替代率(%)	46.80	24.20		71
中国	规模(万亿元)	5.02	1.29	—	6.31
	GDP 占比(%)	6.07	1.56	—	8
	替代率(%)	47.00	9.00	—	56

资料来源：美国数据来自美国投资公司协会（Investment Company Institute，ICI）《ICI 2017 年年报》；加拿大数据来自 http：//www5. statcan. gc. ca/cansim/a26？lang = eng&retrLang = eng&id = 3780117&&pattern = &stByVal = 1&p1 = 1&p2 = - 1&tabMode = dataTable&csid；澳大利亚数据来自 Annual Superannuation Bulletin June 2017。

更进一步来讲，第三支柱对于我国而言，比第二支柱更具现实意义。首先，由于我国长期劳动力供大于求，大部分民营企业建立企业年金计划动力十分不足，即便职工个人希望通过第二支柱积累养老资产也无法参与。但是第三支柱无须企业发起，政府税收优惠直接面向个人，能够充分调动个人养老需求，潜在覆盖面广。其次，目前政策下，如果职工离开原有单位，其企业年金由原单位管理，而第三支柱账户与个人终生绑定，可以将其作为承接账户，将第二支柱资金在其离职或者退休时转入，这样可以实现二、三支柱统一管理，这也是其他国家的普遍做法。

（二）将为资本市场带来长期稳定资金

个人投资者的情绪容易随着资本市场波动发生变化：市场低迷时，投资者纷纷离场，或投身于银行理财等无风险产品，市场上行时又容易在高点追涨。而税收优惠将第三支柱个人养老金缴费长期锁定在养老账户中，直至退休方能领取，因此第三支柱养老金是典型的长期资金，可以通过“时间换空间”的方式参与资本市场，减少短期波动影响，分享社会经济发展成果，也有利于长期投资和价值投资理念的落实。

（三）可能重塑国民养老理财行为：从储蓄养老到投资养老

众所周知，我国储蓄率长期保持在 50% 左右，其中有中国人偏好储蓄的因素影响，但是也与我国养老保障体制不完善密切相关。与之相反，养老保障体系相对完善的国家储蓄率都比较低，2015 年德国国民储蓄率不到 10%，法国约为 8%，加拿大、美国、英国都在 6% 以内。以美国为例，其国民储蓄率下降与第二和第三支柱养老金建设基本同步：1974 年美国颁布《雇员退休收入保障法》（*ERISA*），第三支柱 IRAs 计划出台；1978 年美国《国内税收法》颁布，401（k）计划正式出台。随后美国养老金资产积累规模逐年增加，充裕的养老金资产在相当程度上降低了居民的储蓄意愿。2016 年底，美国三支柱养老金资产接近 30 万亿美元，是其当年 GDP（19.5 万亿美元）的 1.5 倍，绝大部分都进行市场化投资运营。而在此期间，美国个人储蓄率却呈现明显下降趋势，从 1975 年的约 15% 下降到 2017 年不到 6%。可见，美国的养老金体系推出以后，实现了国民储蓄养老到投资养老的过程。

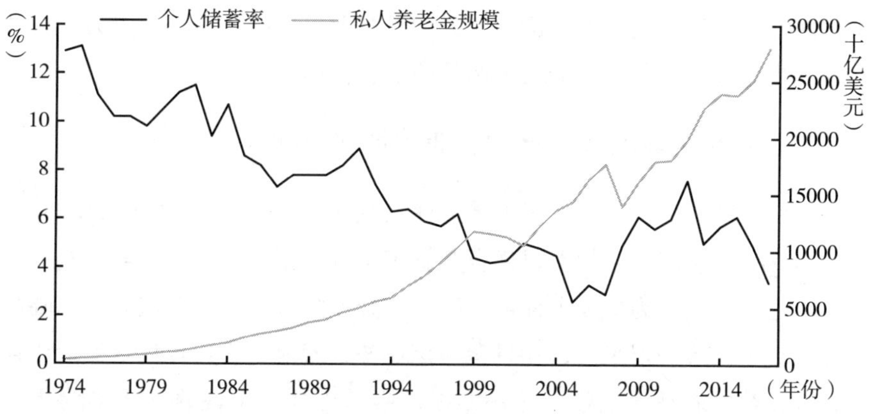

图 1　美国国民储蓄率下降与补充养老金建设基本同步

资料来源：Bureau of Economic Analysis，ICI 2017 年年报。

从我国来看，由储蓄养老到投资养老的转变应该由企业年金和职业年金开始培育。但是众所周知，企业年金和职业年金并没有赋予个人投资选择权，实质是单位代职工进行投资的过程。但是，个人自主选择是个人税延养老金的基本要素，个人可以根据自身风险偏好自主选择各类养老金融产品。因此，随着投资属性显著的第三支柱养老金发展，各类养老金融产品将受到大众更多重视和青睐，改变国民以储蓄为主的理财模式。

三　第三支柱对保险业的影响

（一）有助产品结构优化和资金稳健运营

2014～2016年万能险、分红险等短期产品成为部分保险公司主要资金来源，但是存在两个弊端：一是负债成本高，二是投资比较激进。在此背景下，一方面，2017年5月中国保监会下发《关于规范人身保险公司产品开发设计行为的通知》，旨在引导机构减少短期投资型产品，鼓励长期保障型产品。显然第三支柱是典型的长期缴费产品，符合上述政策导向。另一方面，个税商业养老保险对保险公司的偿二代能力也是一个优化过程。2015年保监会全面实施偿二代监管体系，其中一个重要导向是资本与风险挂钩，鼓励发展养老、健康等长期型的保障产品，因为这类业务增长有助于提高公司偿付能力，有效发挥监管规则对公司业务和投资结构调整的引领作用。

（二）有利于获取优质客户，业务扩展空间大

一方面，第三支柱着眼于参加者退休后的生活保障，是典型的长期业务：保险公司在工作期间为参加者提供资产管理服务，帮助参加者的养老资产积累壮大；在退休期间可为参加者提供寿险、年金保险等产品，防范老年面临的各种风险。对于保险公司来说，一旦参与该业务，就能为客户提供全生命周期的服务，因此客户的黏性很强。另一方面，第三支柱以中高收入人群为主要对象，这些人群的保险意识相对较强，保险公司还可以对这些客户进行寿险、财险产品的二次销售，能够大大扩展业务空间。

（三）降低营销成本，提升经营效率

自从1992年从台湾引入保险代理人制度后，保险代理人撑起了我国寿险业的一片天。2017年我国人身保险保费收入2.67万亿元，个险渠道保费占人身险公司业务总量的50.2%，占据了半壁江山。目前保险营销员总规模超过800万人。但是与代理人相伴相随的是较大的佣金支出，根据保监会规定，期缴产品第一年保费最高35%，第二年保费最高20%都可作为佣金。此外，银

保渠道的保险佣金费用同样较高，以期缴保障型产品为例，当期手续费也在15%左右。① 但是在个税递延型商业养老保险里，相当于国家通过税收优惠帮助保险行业锁定了一批优质的长期客户，而且以直销方式完成产品销售，无须通过保险营销员以零售方式获客，大大减少了佣金支出，有助于降低经营成本。

（四）助力保险机构转型升级

一方面，从保险业务本身来看，通过第三支柱可以将人身险产品从风险分散上升到风险管理，是一种更先进的管理模式，也是国际国内发展的大趋势。另一方面，从资产管理角度来看，欧美大型保险机构中，资产管理业务的重要性日益增强。以安联集团为例，2017 年营业利润超过 111 亿欧元，其中资产管理业务贡献利润约 30%，已经成为第二大创利部门。安联资产管理公司覆盖了超过 7500 万客户，第三方资产管理规模超过 1 万亿欧元。第三支柱业务，既包括保障型的保险产品又包括风险型的类资管产品，无论对负债驱动的保险资金投资，还是其第三方资产管理能力都有很大促进作用，有助于保险机构进一步提升资产管理和经营能力。

四　第三支柱对基金业的影响

（一）有助于改变基金营销业态，培育长期稳定客户

基金行业与保险、银行相比，直接获客能力薄弱，目前主要通过银行或者互联网等第三方渠道。但是养老金第三支柱客户群体广泛，其中一部分是此前从未投资公募基金的群体，这部分人通过个人税延养老，就可能成为基金公司的直销客户。事实上，美国二战后婴儿潮一代（1946 ~ 1955 年）第一次购买基金平均年龄在 35 ~ 36 岁，大致在 20 世纪 80 年代以后，即美国第二和第三支柱建立同期。而他们的下一代即 20 世纪 80 年代以后出生的人第一次购买基金平均年龄是 23 岁，即初次参加工作年龄，具体参与方式就是通过 401（k）

① 王洪栋：《财富管理与资产配置》，经济管理出版社，第 140 页。

和 IRAs 等养老金计划。美国 ICI 的调研数据也证明了这一点，67% 的投资者通过养老金计划第一次购买共同基金。

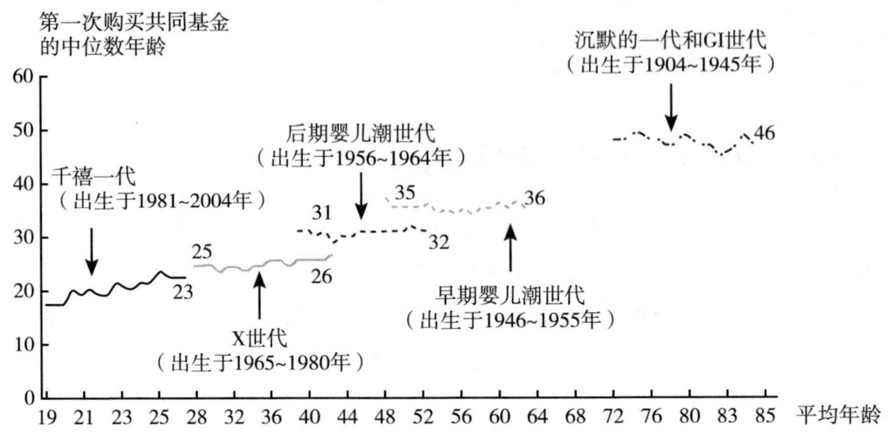

图 2　美国年轻一代比上一代更早投资于共同基金

据此可以推理，在如果一个人在参加工作之初通过第三支柱投资公募基金并获得较好收益，那么在这些人收入逐步增加，有了更多理财需求时，公募基金自然成为其理财首选工具，而且黏性很强。事实上，这正是美国公募基金行业成为国民主要投资工具的重要原因。这就好比我国中老年国民都通过银行体系进行储蓄和理财，即便后来为了养老进行长周期资产储备时，也仍然首选银行是一个道理。因此，我国基金行业参与个人税延养老，除了该制度本身带来的规模增量外，更重要的是借助该政策进行了国民的基金知识普及，扩大潜在的基民群体。而且这些人群的获得不依赖于第三方渠道，同时还是长期客户，且收入水平相对较高，是基金行业最优质的客户群体。

（二）有助行业走出基金赚钱基民不赚钱的怪圈

从开放式基金问世到 2017 年底，偏股型基金平均年化收益率为 16.5%，超出同期上证综指平均涨幅 8.8 个百分点；债券型基金平均年化收益率为 7.2%，超出现行 3 年期银行定期存款利率 4.5 个百分点。但是基金业协会 2016 年投资者调查数据显示，明确获得盈利的仅仅占 30.9%，明确发生亏损的为 45. 3% ，还有 23. 8% 的被调查者表示盈亏不大，具体如图 3 所示。同样地，京东金融 2017 年发布的基民调查报告显示：2016 年仅有 34. 3% 的基民实现正收益，0. 5% 的盈亏持平，剩余的 65. 2% 都是亏损。

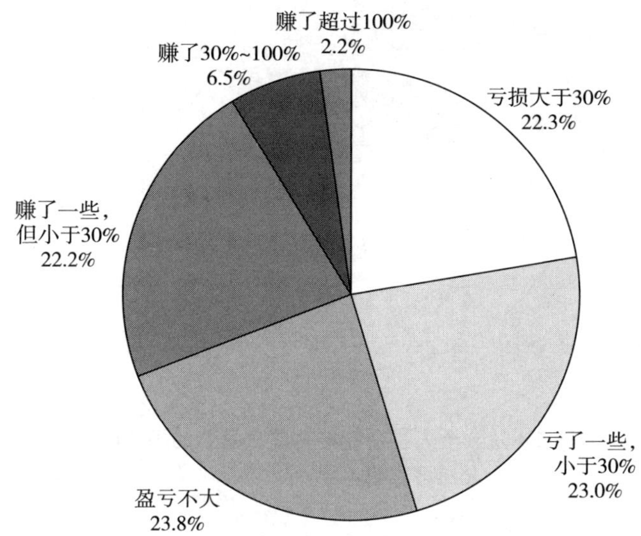

图 3　基金个人投资者投资基金以来的整体盈亏情况

总体来看，大部分基金投资者发生亏损的原因在于，很多人缺乏专业知识储备，把基金当作股票短期炒作，容易追涨杀跌。2016 年中国证券投资基金业年报数据显示，43. 1% 的个人投资者持有基金时间不超过 1 年，75. 7% 的投资者持有时间不超过 3 年，持有期超过 5 年的仅为 9. 2% 。

而历史数据表明，以偏股型基金为例，自 2002 年起在任何时点持有 1 年、5 年、10 年所获得的收益率中负收益的概率：持有偏股基金 1 年亏损概率为 33. 26% ，持有 5 年下降至 12. 97% ，持有 10 年为 0% 。可见，长期持有是基金获得良好回报的关键所在。一方面，养老金第三支柱有长达几十年持续缴费，相当于将其强制变成长期定投资金，参与者可以从更长期视角进行投资，忽略短期资本市场波动，有助于参加者实现长期投资，获得相应回报。另一方面，养老目标日期基金、养老目标风险基金等专门养老型基金问世，也减少了参与者的资产配置困难和产品选择问题，同时有助于减少参与者短期盲目操作导致的不必要亏损。

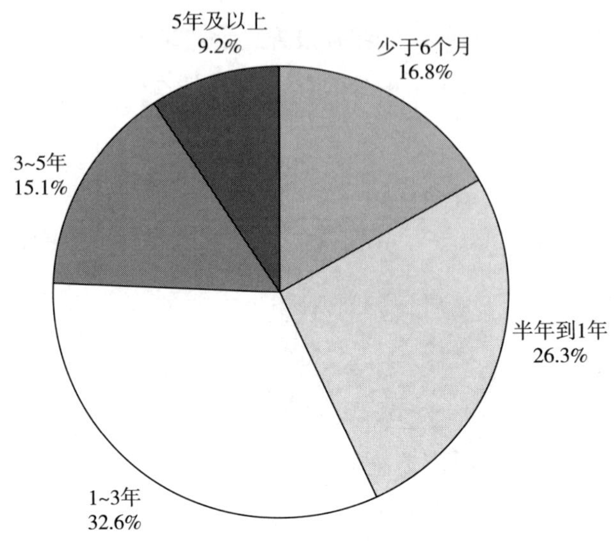

图4　基金个人投资者持有单只基金的平均时间

（三）分流现有公募基金客户，影响基金业态

2017 年底公募基金规模 11.6 万亿元，非货币基金规模 4.86 万亿元，中国的公募基金行业已经服务超 6 亿的投资人。尤其在互联网金融的发展和以余额宝为代表的货币基金的带动下，公募基金持有人数得以爆发式增加。从这个意义上讲，余额宝对国民进行了公募基金知识普及，也客观上为基金行业参与第三支柱个人养老金进行了前期投资者教育。可以预见，如果第三支柱个人养老金制度全面落地，公募基金的群众基础相比前几年要好。

但是，根据 2016 年的《基金个人投资者投资情况调查报告》，从人群结构来看，2015 年基金投资者中 30～40 岁的投资者占比最高，达到 25.5%，其次是 30 岁以下的投资者，占比达到 22.8%。从持有规模来看，30～50 岁的投资者的基金规模占比超过 50%。这两部分人群恰恰都是个人税延养老金参与的主力军，如果这些人通过个人税延养老金账户以税前工资进行基金定投，那么必然减少其目前以税后收入投资基金的行为。而且，这些人在第三支柱里选择的基金公司和基金产品，经过长期投资以后，也将对其他的公募基金投资行为产生影响。比如因为某个机构第三支柱产品表现优异，对该机构产生品牌认同，那么在其他投资中选择该机构其他产品的概率增大。由此可见，长远来看，第三支柱将对现有公募基金格局将产生较大影响。

五　第三支柱对银行业的影响

（一）有助于银行应对存款流失

如前所述，海外经验表明，随着养老金体系不断完善，国民在银行体系内的预防性储蓄意愿不断减弱，居民存款占比相应下降。同样道理，预计随着我国养老体制发展完善，特别是投资属性显著的第三支柱养老金发展，居民用于银行储蓄、银行理财的资产占比将逐步减少，储蓄率下降。而银行大力拓展个人税延养老等养老金业务，特别是在《资管新规》发布，允许银行成立专门资产管理机构以后，第三支柱因为其投资属性可能成为一个很好的业务抓手。同时，这也是一个把逐步减少的居民存款重新吸纳进银行体系的过程，实现国民储蓄在银行体系的内部循环。

（二）成为资管新规下银行利润新增点

目前预期收益型银行理财产品受到资管新规的严格约束，个人税延养老这类长期业务对保本保收益需求相对较弱，可以作为银行理财净值化转型的首选渠道。一方面，银行可以通过资产配置、主动管理、投资咨询等服务提取管理费用。这就将原来的存贷利差收入转变为代客理财的管理费收入，虽然利差收入减少，但由于资产管理业务占用资本少，仍可实现较高的资本收益率。另一方面，增加中间业务收入。由于银行具有丰富的资产项目储备，而养老金还为这些项目提供低成本的长期资金，解决了银行资本充足率和资本回报率之间的矛盾。

（三）养老金客户稳定，有助于银行多元业务开拓

一方面，能够参加养老金第三支柱的客户群体，收入水平相对较高，业务持续时间长，因此客户稳定性高，通过养老金银行就与其建立了长期稳固关

系。因此可以带动诸如财富管理、消费金融、贷款等其他个人业务的开展，拓展新的收入来源和盈利方式。另一方面，养老金业务中，管理费是主要收入来源，其与资产规模高度相关，而受宏观经济周期影响较小，因此通过参与第三支柱资产管理业务，对银行传统的与经济周期密切相关的存贷业务形成了补充，能够提升经营稳健性。

六　资管行业迎接第三支柱的建议与思考

（一）要培育真正的长期投资能力

第三支柱从根本上来讲是一个税收激励下的个人养老投资工具，因此最终比拼的是长期投资能力。与国外相比，我国金融行业真正的长期投资能力还有一定差距。银行此前主要以短期理财为主，这对于养老金来说是长钱短投，既不经济也无效率，显然并不适合养老金投资理念。基金行业是具有长期投资优势的，但是基金行业高度竞争，各种排名之下，较多以年度或三年为投资期限。保险业是典型的负债匹配资产管理，具有长期视角，但是相对于个人养老金来说，稍显保守。国内资管行业长期投资做得较好的是全国社保基金，无论是考核机制还是投资理念等，都是明确的长期投资导向。因此，资管行业应该以第三支柱为契机，真正锤炼长期投资能力，才能充分发挥第三支柱养老金优势。另外，资管新规逐步落地，减少了不同资管产品的监管不一致现象，总体各个行业的资管业务政策约束趋同，并朝着去刚兑、净值化的方向发展，客观上要求各家机构必须真正加强投研能力。对于第三支柱而言，只有具备长期投资能力的机构，才能打造核心竞争力，为投资者实现良好回报。

（二）要结合行业自身特点进行产品布局

从海外来看，有些国家专设了养老金融产品，比如智利、澳大利亚。还有一些国家第三支柱可以投资于各类金融产品。在此过程中，市场也主动迎合养老金需求，进行了产品创新，并取得了较好发展，其中最典型的是目标日期基金。根据 LIPPER 和美国 ICI 数据，截至 2017 年底，全球目标日期基金总规模 12410 亿美元。其中美国市场目标日期基金规模最大，达到 11160 亿美元。但是各国国情和资本市场发展阶段不同，各个金融行业资源禀赋也不同，因此需要进行本土创新，而不能简单采取拿来主义。比如，美国最受个人养老金青睐的目标日期基金，对于存续期还有数十年以上的，权益类资产仓位普遍在80%以上，其逻辑是认为养老金客户作为长期投资者可以承受较大波动。但是客观上美国股市长期呈现慢牛趋势，投资者持有三年内大概率能够获得一定收益。而英国的NEST中的目标日期基金，最开始就设置了较低的权益类仓位，在一定程度上保障产品合作初期净值不会过于大幅波动，在投资者对该产品有了更多的接受度和认同度后，才提升仓位。相比较而言，我国资本市场仍不成熟，牛短熊长。如果运作初期同样设置较高权益仓位，一旦两三年都面临净值亏损，投资者容易失去信心而赎回，即便将来赚钱投资者也无缘分享，再次陷入基金赚钱基民不赚钱的怪圈。因此，我国养老金融产品研发与布局，一定要结合本国国情进行本土化改造，才能具备真正的生命力。

（三）养老金业务品牌建设是业务发展的重要支撑

毋庸置疑，资产管理行业的核心竞争力是投资能力和风控能力。从普通投资者角度来讲，业绩是选择产品和机构主要因素，而目前我国资产管理行业的业绩比拼普遍相对短期。但是对于养老金融产品来讲，由于着眼于几十年跨度，可能短期内业绩分化不显著，同时短期业绩不能代表长期投资能力。在此情况下，投资者选择养老金管理机构时，更容易认同综合实力强、具备较好品牌形象的机构。因此养老金品牌建设在行业发展初期更为重要，也决定了本机构业务开拓的基础。更进一步，因为受传统因素影响，大部分老百姓认为养老金安全第一，愿意将养老资产以储蓄形式存在银行，承受通货膨胀的侵蚀，而不进行合理投资。因此资管行业养老金业务品牌建设在现阶段担负的重要使命就是唤醒国民投资养老意识。

（四）要高度重视投资者教育和投顾培育

养老金投资与其他投资最大不同在于投资者基础不同。其中以基金最为典型，一般来讲是因为具备了基金或者股票投资基本知识，才会成为基民。而个人养老金投资者则可能此前从未有过任何金融投资经历，只是因为在税收优惠政策下，参加了个人税延养老金而被动面临投资的问题。这类人群显然不具备金融投资基础，因此，一方面要重视对个人养老金参加者的投资者教育工作，另一方面还要培育专业投资顾问，为广大个人养老金参加者提供专业服务。事实上，美国 ICI 的调查表明，千禧一代首次投资共同基金年龄在 23 岁，渠道就是刚参加工作后雇主提供的 401（k）等养老金计划。而这个年龄的参加者，其实并没有什么金融投资经验，其养老金投资决策主要依赖于单位提供或者个人的投资顾问。

参考文献

中国证券投资基金业协会：《2016 年基金个人投资者投资情况调查报告》，2017。

中国证券投资基金业协会，《2016 年中国证券投资基金业年报》，2017。

《2018 年全国各大城市薪资水平报告》，新浪云，2018。

澳大利亚审慎监管局：*Annual Superannuation Bulletin June 2017*，2018。

美国投资公司协会：《ICI 2017 年年报》，2018。

王洪栋：《财富管理与资产配置》，经济管理出版社，2013。

中华人民共和国财政部等：《关于开展个人税收递延型商业养老保险试点的通知》，2018 年 4 月 2 日。

附　　录

Appendix

B.22 中国养老金融50人论坛人员构成

学术顾问（按姓氏拼音排序）：

潘功胜　中国人民银行党委委员、副行长；国家外汇管理局党组书记、局长

王忠民　全国社会保障基金理事会原副理事长

杨子强　中国金融教育发展基金会理事长

核心成员：

曹德云　中国保险资产管理业协会执行副会长兼秘书长

陈东升　泰康人寿保险股份有限公司董事长兼首席执行官

陈锦光　兴业银行党委委员、董事、副行长

党俊武　中国老龄科学研究中心副主任

董克用　中国人民大学教授、博士生导师

董登新　武汉科技大学金融证券研究所所长

杜永茂　中国平安集团上海总部党委书记、平安集团智城发展委员会副主任兼办公室主任

冯丽英　建信养老金管理有限责任公司总裁

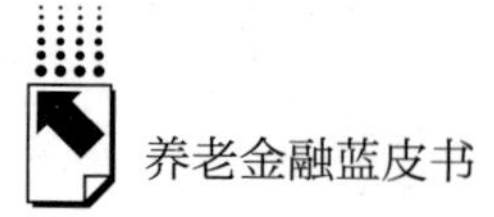

甘　犁　西南财经大学经济与管理研究院院长，西南财经大学中国家庭金融调查与研究中心主任

甘为民　平安养老保险股份有限公司董事长兼 CEO

高　敏　华商基金管理有限公司副总经理

葛延风　国务院发展研究中心社会发展研究部部长、研究员

郭树强　天弘基金管理有限公司总经理、董事

洪　崎　中国民生银行董事长

胡继晔　中国政法大学商学院资本金融系教授、博士生导师

黄王慈明　香港投资基金公会行政总裁

胡晓义　中国社会保险学会会长，中华人民共和国人力资源和社会保障部原副部长

纪志宏　中国人民银行金融市场司司长

贾　康　华夏新供给经济学研究院首席经济学家，财政部财政科学研究所原所长

金维刚　中国劳动和社会保障科学研究院院长

井贤栋　蚂蚁金服董事长兼首席执行官

李　文　汇添富基金管理股份有限公司董事长

李　珍　中国人民大学公共管理学院教授、博士生导师

林　羿　美国普信基金北亚区总裁

米　红　浙江大学公共管理学院教授、博士生导师

甯　辰　盈诚投资副董事长兼 CEO

苏　罡　长江养老保险股份有限公司党委书记、董事长（拟任）、总裁

孙晓霞　中国国债协会会长，财政部金融司原司长

唐亚明　中邮创业基金管理股份有限公司副总经理

汪　泓　上海市宝山区区委书记、区委常委，上海工程技术大学教授

王金晖　北京瑞晖丽泽资本管理有限公司董事长

王晓军　中国人民大学教授、博士生导师

王彦杰　泰达宏利基金管理有限公司副总经理兼投资总监

王永利　中国国际期货有限公司副董事长

吴玉韶　全国老龄工作委员会办公室党组成员、副主任

熊　军　天弘基金首席经济学家
杨燕绥　清华大学教授、博士生导师
姚余栋　大成基金副总经理兼首席经济学家，中国人民银行研究所原所长
郑秉文　中国社会科学院世界社保研究中心主任、博士生导师
郑　杨　上海市金融工委副书记、上海市金融服务办公室主任
周健男　光大证券执行总裁

国际专家：

Hazel Bateman　经济学教授、新南威尔士大学（澳大利亚悉尼）风险与精算研究学院院长
Harry Smorenberg　中国养老金融 50 人论坛的国际专家和国际峰会联合主席
Keith Ambachtsheer　多伦多大学教授，国际养老金管理研究中心名誉主任 KPA，咨询公司总裁
Larry Zimpleman　美国信安金融集团前任董事长
Michael Huddart　宏利金融前大中华区总经理
Ren Yuan Cheng　富达投资国际资产配置（GAA）集团高级研究顾问

特邀成员：

柴哲彬　人民网采访中心主任
段家喜　长江养老保险股份有限责任公司副总经理
郎立研　建信养老金管理有限责任公司原副总裁
李连仁　平安养老保险股份有限公司年金总监
刘建宇　兴业银行普惠金融部养老金融中心总经理
马贱阳　中国人民银行金融市场司副司长
孙　博　华夏基金管理有限公司养老金管理部高级副总裁
谭海鸣　招商银行研究院副总经理
王赓宇　华软资本管理集团股份有限公司副总裁
席　恒　西北大学公共管理学院教授，博士生导师

叶向峰　中青信投控股有限责任公司总经理

张　亮　中国银行业协会副秘书长，高级经济师，《中国银行业》杂志社社长，中银协城商行工作委员会专职副主任

张　兴　中国劳动和社会保障科学研究院助理研究员

朱海扬　天弘基金管理有限公司养老金业务总监

特邀研究员：

安　华　内蒙古大学公共管理学院副教授

曹卓君　和君集团健康养老研究中心副主任

陈雪萍　中南民族大学法学院教授

胡玉玮　中证金融研究院研究员

郝　勇　上海师范大学社会保障与社会政策研究中心教授

雷晓康　西北大学公共管理学院副院长，教授，博士生导师

刘德浩　海南大学政治与公共管理学院教授

娄飞鹏　中国邮政储蓄银行总行高级经济师

李　锐　中南财经政法大学公共管理学院教授、博士生导师

孙守纪　对外经济贸易大学保险学院副教授、社会保障系主任

浦鹏举　天弘基金养老金产品市场部总经理

熊学萍　华中农业大学经济管理学院教授、博士生导师

闫化海　建信养老金管理有限责任公司战略研究部副总经理

杨一帆　西南交通大学国际老龄科学研究院副教授、副院长

阳义南　华南理工大学公共管理学院教授、博士生导师

岳　磊　招商基金管理有限公司高级业务经理

张春丽　中国政法大学民商经济法学院副教授

张雨萌　景智财富（北京）信息科技有限公司创始人、董事长

甄新伟　中国银行股份有限公司养老金业务部高级经理

联席研究员：

娄　焱　汇添富基金管理股份有限公司副总经理

李宏纲　汇添富基金管理股份有限公司资深产品专家

谭　晓　建信养老金管理有限责任公司综合管理部副总经理
刘东昂　建信养老金管理有限责任公司分析员
胡俊英　泰达宏利基金管理有限公司泰达宏利销售管理部总经理助理
陈则玮　泰达宏利基金管理有限公司国际业务部总经理
盛　晨　平安养老保险股份有限公司受托业务部总经理
刘　思　天弘基金管理有限公司产品主管
陈珏婷　天弘基金管理有限公司养老金体系产品经理
李志淦　兴业银行股份有限公司养老金融中心总经理助理
孙天睿　兴业银行股份有限公司办公室干部
张　岚　兴业银行股份有限公司区域经理
张学成　兴业银行股份有限公司养老金融中心业务经理
倪皓超　长江养老保险股份有限公司战略与行政管理部副总裁
陆　悦　长江养老保险股份有限公司战略与行政管理部金融分析师
郭丹颖　长江养老保险股份有限公司战略与行政管理部副总裁
朱　炜　长江养老保险股份有限公司战略与行政管理部（董监办）总经理
代林玲　中邮创业基金管理股份有限公司养老金业务部高级研究员
王斯聪　中邮创业基金管理股份有限公司研究部研究员
刘　娅　北京瑞晖丽泽资本管理有限公司总经理助理
袁思农　华商基金管理有限公司养老金业务部养老金业务主管

青年研究员：

唐　奎　平安银行医疗健康事业部创新金融部总经理助理
张　栋　清华大学社会与金融研究中心博士后
张　园　内蒙古科技大学副教授、博士
赵祖成　英国雷丁大学 ICMA Centre 金融博士研究员

B.23
后　记

随着我国人口老龄化程度不断加深，养老金融发展日益受到社会各界的广泛关注。然而，目前我国养老金融发展无论是理论上还是实践上都处于初级阶段，与广大国民多元化的养老需求还有较大的差距。在此背景下，中国养老金融50人论坛于2015年12月9日正式成立，论坛致力于成为养老金融领域的高端专业智库，旨在为政策制定提供智力支持，为行业发展搭建交流平台，向媒体大众传播专业知识。论坛成立近三年以来，共举办了13次峰会、15次专题论坛，开展了10余项课题研究，还与多家机构共同举办了多次学术研讨会，受到了社会各界的广泛关注和大力支持，成果丰富，影响深远。

为更好地传播论坛学术成果，我们推出了养老金融论坛书系，包括《中国养老金融发展报告》《养老金融评论》《养老金融要报》《养老金融月度资讯》。其中，《中国养老金融发展报告》是论坛的年度公开出版物，主要关注养老金融行业年度发展情况和趋势展望，以及论坛年度重要课题的研究成果；《养老金融评论》《养老金融月度资讯》是论坛的月度刊物，主要刊登论坛学术活动、成员的学术观点以及养老金融的月度动态等；《养老金融要报》是论坛不定期刊物，主要反映论坛的重要研究成果，报送相关政策部门，突出决策参考功能。

自2016年以来，我们发挥论坛集体智慧，在各方大力协助下出版了《中国养老金融发展报告（2016）》、《中国养老金融发展报告（2017）》，受到业界广泛关注，中央电视台、人民网、光明网、新华网等权威媒体也进行了广泛报道。此外，随着中国在世界经济中的地位和重要性不断提升，中国养老金融行业发展也受到了国外金融机构和媒体界关注。鉴于此，我们已经与德国斯普林格（Springer-Verlag）出版集团合作，将于2018年底推出英文版的2017年发展报告。

在回顾总结2016年、2017年两年工作经验的基础上，《中国养老金融发展报告（2018）》继续由论坛学术顾问担任本报告顾问，由论坛核心成员组成编委会。论坛学术委员会就本次报告的选题进行了多次论证和专题研讨，并邀请相关领域的业界精英和专家学者组建课题组。2018年1月，学术委员会在中国人民大学召开了本年度报告撰写启动会，集思广益，对报告的内容、要点、风格、体例等进行了确定。本年度报告共有近20家机构，近40位专家学者共同参与，涵盖银行、基金、保险、信托等各个资产管理行业。之后，在写作期间分别召开了若干次专题研讨会，就相关章节的问题进行了深入研讨交流。可以说，2018年报告的行业代表性、前瞻性，内容的深度、广度等方面有了进一步提高。

2018年的年度报告由多位论坛核心成员领衔，包括论坛秘书长董克用教授，论坛首席经济学家姚余栋博士，长江养老保险股份有限公司党委书记、总经理苏罡博士，建信养老金管理有限责任公司总裁冯丽英女士，泰达宏利基金管理有限公司副总经理兼投资总监王彦杰先生，华商基金管理有限公司副总经理高敏女士。同时，课题组成员还包括华夏基金养老金业务总监、董事总经理胡兵先生，养老金管理部高级副总裁孙博博士，和君集团健康养老研究中心副主任曹卓君女士，建信养老金管理有限责任公司闫化海博士，兴业银行张岚博士，中邮创业基金管理股份有限公司养老金业务部代林玲女士，天佑安康养老集团董事长兼中国养老研究院院长陈琳翰先生，富达国际中国区董事总经理李少杰先生，华商基金养老金业务部袁思农先生，全球养老金和资产管理公司信安金融集团高级副总裁兼信安国际首席运营官施嘉芙（Renee Schaaf）女士，香港业务总经理费德贤（Douglas Fick）先生，标准人寿集团投资提案负责人凯文·米尔恩先生，广发基金养老金与战略业务部研究员彭维瀚博士，汇添富基金管理股份有限公司资产配置中心资深产品专家李宏纲博士，天弘基金管理有限公司养老金产品主管刘思先生，汇添富产品创新服务中心沈艳芬女士，平安养老保险股份有限公司年金总监李连仁先生，论坛青年研究员、清华大学博士后张栋博士。此外，和君集团健康养老研究中心咨询师秦婧女士，兴业银行养老金融中心高骛远先生、李志淦先生，中邮创业基金管理股份有限公司养老金业务部王斯聪先生，中国养老研究院研究员陈漫娜女士，泰达宏利基金管理有限公司陈则玮先生、胡俊英女士，广发基金养老金与战略业务部研究员孙瑜先生，天弘基金管理有限公司养老金产品主管陈珏婷女士，汇添富产品创新服务中心刘军峰先生、边砺砚女士，平安养老保险股份有限公司受托业务部总经理盛晨先生等也参与了报告撰写。在此对他们的辛勤劳动表示衷心感谢。

还应该指出的是，论坛相关学术活动以及多次专题调研为本报告的面世提供了丰富的素材，这些都离不开社会各界的大力支持。感谢中关村华夏新供给经济学研究院对论坛的一如既往的支持；感谢人社部、财政部等部门为论坛赴上海、杭州、福州等地进行第三支柱个人养老金专题调研提供的支持；感谢中国银行业协会、中国证券投资基金业协会、中国保险资产管理业协会、中国社会保险学会对论坛多次活动的支持和对本报告的指导；感谢美国信安金融集团、宏利资产管理（香港）有限公司对论坛 2017 ~ 2018 年重点课题的资助；感谢建信养老金管理有限责任公司、兴业银行股份有限公司、长江养老保险股份有限公司、汇添富基金管理有限公司、天弘基金管理有限公司、北京瑞晖丽泽资本管理有限公司、平安养老保险股份有限公司、泰达宏利基金管理有限公司、中邮创业基金管理股份有限公司、华商基金管理有限公司、华安基金管理有限公司、上海工程技术大学、大成基金管理有限公司等机构对论坛学术活动的大力支持。展望未来，论坛将继续与社会各界携手，继续推动我国养老金融事业发展。

特别感谢社会科学文献出版社，他们在皮书领域具有精深造诣和专业功底，给予我们许多专业中肯的建议，使得本年度报告在各方面都有所进步。感谢建信养老金管理有限责任公司对本报告的出版资助。此外，还要感谢孙博带领张栋、王振振、施文凯、聂玉亮、凌燕、杨洋等编辑组成员，在报告编辑过程中做了很多具体工作，也为课题组工作顺利开展提供了有力保障。

我们对本报告的目标定位是兼具学术性和实践性，希望既能把握养老金融的理论发展，又能贴近养老金融的业务实践，为广大的专家学者、政府部门决策人员和业界机构人士提供参考。但是，由于养老金融发展迅速，加之课题组成员专业水平所限，报告难免还存在一些疏漏。我们也将不断总结经验教训和积累经验，力争使以后的年度报告更加系统、完善。同时，我们也诚挚地希望更多养老金融领域的专业机构和资深人士，参与到未来的《中国养老金融发展报告》写作之中。我们深信，唯有融合更多的智慧，才能挖掘更为深刻的养老金融思想，从而推动我国养老金融事业健康发展。

中国养老金融50人论坛秘书长　董克用

2018年8月16日

✤ 皮书起源 ✤

“皮书”起源于十七、十八世纪的英国，主要指官方或社会组织正式发表的重要文件或报告,多以“白皮书”命名。在中国,“皮书”这一概念被社会广泛接受，并被成功运作、发展成为一种全新的出版形态，则源于中国社会科学院社会科学文献出版社。

✤ 皮书定义 ✤

皮书是对中国与世界发展状况和热点问题进行年度监测，以专业的角度、专家的视野和实证研究方法，针对某一领域或区域现状与发展态势展开分析和预测，具备原创性、实证性、专业性、连续性、前沿性、时效性等特点的公开出版物，由一系列权威研究报告组成。

✤ 皮书作者 ✤

皮书系列的作者以中国社会科学院、著名高校、地方社会科学院的研究人员为主，多为国内一流研究机构的权威专家学者，他们的看法和观点代表了学界对中国与世界的现实和未来最高水平的解读与分析。

✤ 皮书荣誉 ✤

皮书系列已成为社会科学文献出版社的著名图书品牌和中国社会科学院的知名学术品牌。2016 年，皮书系列正式列入“十三五”国家重点出版规划项目；2013~2018 年，重点皮书列入中国社会科学院承担的国家哲学社会科学创新工程项目;2018 年,59 种院外皮书使用“中国社会科学院创新工程学术出版项目”标识。

中国皮书网

（网址：www.pishu.cn）

发布皮书研创资讯，传播皮书精彩内容
引领皮书出版潮流，打造皮书服务平台

栏目设置

关于皮书：何谓皮书、皮书分类、皮书大事记、皮书荣誉、
皮书出版第一人、皮书编辑部

最新资讯：通知公告、新闻动态、媒体聚焦、网站专题、视频直播、下载专区

皮书研创：皮书规范、皮书选题、皮书出版、皮书研究、研创团队

皮书评奖评价：指标体系、皮书评价、皮书评奖

互动专区：皮书说、社科数托邦、皮书微博、留言板

所获荣誉

2008 年、2011 年，中国皮书网均在全国新闻出版业网站荣誉评选中获得“最具商业价值网站”称号；

2012 年，获得“出版业网站百强”称号。

网库合一

2014 年，中国皮书网与皮书数据库端口合一，实现资源共享。

S 基本子库 SUB DATABASE

中国社会发展数据库（下设 12 个子库）

全面整合国内外中国社会发展研究成果，汇聚独家统计数据、深度分析报告，涉及社会、人口、政治、教育、法律等 12 个领域，为了解中国社会发展动态、跟踪社会核心热点、分析社会发展趋势提供一站式资源搜索和数据分析与挖掘服务。

中国经济发展数据库（下设 12 个子库）

基于“皮书系列”中涉及中国经济发展的研究资料构建，内容涵盖宏观经济、农业经济、工业经济、产业经济等 12 个重点经济领域，为实时掌控经济运行态势、把握经济发展规律、洞察经济形势、进行经济决策提供参考和依据。

中国行业发展数据库（下设 17 个子库）

以中国国民经济行业分类为依据，覆盖金融业、旅游、医疗卫生、交通运输、能源矿产等 100 多个行业，跟踪分析国民经济相关行业市场运行状况和政策导向，汇集行业发展前沿资讯，为投资、从业及各种经济决策提供理论基础和实践指导。

中国区域发展数据库（下设 6 个子库）

对中国特定区域内的经济、社会、文化等领域现状与发展情况进行深度分析和预测，研究层级至县及县以下行政区，涉及地区、区域经济体、城市、农村等不同维度。为地方经济社会宏观态势研究、发展经验研究、案例分析提供数据服务。

中国文化传媒数据库（下设 18 个子库）

汇聚文化传媒领域专家观点、热点资讯，梳理国内外中国文化发展相关学术研究成果、一手统计数据，涵盖文化产业、新闻传播、电影娱乐、文学艺术、群众文化等 18 个重点研究领域。为文化传媒研究提供相关数据、研究报告和综合分析服务。

世界经济与国际关系数据库（下设 6 个子库）

立足“皮书系列”世界经济、国际关系相关学术资源，整合世界经济、国际政治、世界文化与科技、全球性问题、国际组织与国际法、区域研究 6 大领域研究成果，为世界经济与国际关系研究提供全方位数据分析，为决策和形势研判提供参考。

法律声明

皮书系列

2018年

智 库 成 果 出 版 与 传 播 平 台

社长致辞

蓦然回首，皮书的专业化历程已经走过了二十年。20年来从一个出版社的学术产品名称到媒体热词再到智库成果研创及传播平台，皮书以专业化为主线，进行了系列化、市场化、品牌化、数字化、国际化、平台化的运作，实现了跨越式的发展。特别是在党的十八大以后，以习近平总书记为核心的党中央高度重视新型智库建设，皮书也迎来了长足的发展，总品种达到600余种，经过专业评审机制、淘汰机制遴选，目前，每年稳定出版近400个品种。“皮书”已经成为中国新型智库建设的抓手，成为国际国内社会各界快速、便捷地了解真实中国的最佳窗口。

20年孜孜以求，“皮书”始终将自己的研究视野与经济社会发展中的前沿热点问题紧密相连。600个研究领域，3万多位分布于800余个研究机构的专家学者参与了研创写作。皮书数据库中共收录了15万篇专业报告，50余万张数据图表，合计30亿字，每年报告下载量近80万次。皮书为中国学术与社会发展实践的结合提供了一个激荡智力、传播思想的入口，皮书作者们用学术的话语、客观翔实的数据谱写出了中国故事壮丽的篇章。

20年跬步千里，“皮书”始终将自己的发展与时代赋予的使命与责任紧紧相连。每年百余场新闻发布会，10万余次中外媒体报道，中、英、俄、日、韩等12个语种共同出版。皮书所具有的凝聚力正在形成一种无形的力量，吸引着社会各界关注中国的发展，参与中国的发展，它是我们向世界传递中国声音、总结中国经验、争取中国国际话语权最主要的平台。

皮书这一系列成就的取得，得益于中国改革开放的伟大时代，离不开来自中国社会科学院、新闻出版广电总局、全国哲学社会科学规划办公室等主管部门的大力支持和帮助，也离不开皮书研创者和出版者的共同努力。他们与皮书的故事创造了皮书的历史，他们对皮书的拳拳之心将继续谱写皮书的未来！

现在，“皮书”品牌已经进入了快速成长的青壮年时期。全方位进行规范化管理，树立中国的学术出版标准；不断提升皮书的内容质量和影响力，搭建起中国智库产品和智库建设的交流服务平台和国际传播平台；发布各类皮书指数，并使之成为中国指数，让中国智库的声音响彻世界舞台，为人类的发展做出中国的贡献——这是皮书未来发展的图景。作为“皮书”这个概念的提出者，“皮书”从一般图书到系列图书和品牌图书，最终成为智库研究和社会科学应用对策研究的知识服务和成果推广平台这整个过程的操盘者，我相信，这也是每一位皮书人执着追求的目标。

“当代中国正经历着我国历史上最为广泛而深刻的社会变革，也正在进行着人类历史上最为宏大而独特的实践创新。这种前无古人的伟大实践，必将给理论创造、学术繁荣提供强大动力和广阔空间。”

在这个需要思想而且一定能够产生思想的时代，皮书的研创出版一定能创造出新的更大的辉煌！

社会科学文献出版社社长

中国社会学会秘书长

2017年11月

社会科学文献出版社简介

社会科学文献出版社（以下简称“社科文献出版社”）成立于1985年，是直属于中国社会科学院的人文社会科学学术出版机构。成立至今，社科文献出版社始终依托中国社会科学院和国内外人文社会科学界丰厚的学术出版和专家学者资源，坚持“创社科经典，出传世文献”的出版理念、“权威、前沿、原创”的产品定位以及学术成果和智库成果出版的专业化、数字化、国际化、市场化的经营道路。

社科文献出版社是中国新闻出版业转型与文化体制改革的先行者。积极探索文化体制改革的先进方向和现代企业经营决策机制，社科文献出版社先后荣获“全国文化体制改革工作先进单位”、中国出版政府奖·先进出版单位奖，中国社会科学院先进集体、全国科普工作先进集体等荣誉称号。多人次荣获“第十届韬奋出版奖”“全国新闻出版行业领军人才”“数字出版先进人物”“北京市新闻出版广电行业领军人才”等称号。

社科文献出版社是中国人文社会科学学术出版的大社名社，也是以皮书为代表的智库成果出版的专业强社。年出版图书2000余种，其中皮书400余种，出版新书字数5.5亿字，承印与发行中国社科院院属期刊72种，先后创立了皮书系列、列国志、中国史话、社科文献学术译库、社科文献学术文库、甲骨文书系等一大批既有学术影响又有市场价值的品牌，确立了在社会学、近代史、苏东问题研究等专业学科及领域出版的领先地位。图书多次荣获中国出版政府奖、“三个一百”原创图书出版工程、“五个‘一’工程奖”、“大众喜爱的50种图书”等奖项，在中央国家机关“强素质·做表率”读书活动中，入选图书品种数位居各大出版社之首。

社科文献出版社是中国学术出版规范与标准的倡议者与制定者，代表全国50多家出版社发起实施学术著作出版规范的倡议，承担学术著作规范国家标准的起草工作，率先编撰完成《皮书手册》对皮书品牌进行规范化管理，并在此基础上推出中国版芝加哥手册——《社科文献出版社学术出版手册》。

社科文献出版社是中国数字出版的引领者，拥有皮书数据库、列国志数据库、“一带一路”数据库、减贫数据库、集刊数据库等4大产品线11个数据库产品，机构用户达1300余家，海外用户百余家，荣获“数字出版转型示范单位”“新闻出版标准化先进单位”“专业数字内容资源知识服务模式试点企业标准化示范单位”等称号。

社科文献出版社是中国学术出版走出去的践行者。社科文献出版社海外图书出版与学术合作业务遍及全球40余个国家和地区，并于2016年成立俄罗斯分社，累计输出图书500余种，涉及近20个语种，累计获得国家社科基金中华学术外译项目资助76种、“丝路书香工程”项目资助60种、中国图书对外推广计划项目资助71种以及经典中国国际出版工程资助28种，被五部委联合认定为“2015-2016年度国家文化出口重点企业”。

如今，社科文献出版社完全靠自身积累拥有固定资产3.6亿元，年收入3亿元，设置了七大出版分社、六大专业部门，成立了皮书研究院和博士后科研工作站，培养了一支近400人的高素质与高效率的编辑、出版、营销和国际推广队伍，为未来成为学术出版的大社、名社、强社，成为文化体制改革与文化企业转型发展的排头兵奠定了坚实的基础。

宏观经济类

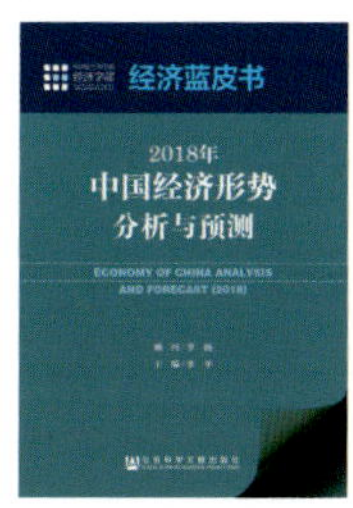

经济蓝皮书

2018 年中国经济形势分析与预测

李平 / 主编　2017 年 12 月出版　定价：89.00 元

◆　本书为总理基金项目，由著名经济学家李扬领衔，联合中国社会科学院等数十家科研机构、国家部委和高等院校的专家共同撰写，系统分析了 2017 年的中国经济形势并预测 2018 年中国经济运行情况。

城市蓝皮书

中国城市发展报告 No.11

潘家华　单菁菁 / 主编　2018 年 9 月出版　估价：99.00 元

◆　本书是由中国社会科学院城市发展与环境研究中心编著的，多角度、全方位地立体展示了中国城市的发展状况，并对中国城市的未来发展提出了许多建议。该书有强烈的时代感，对中国城市发展实践有重要的参考价值。

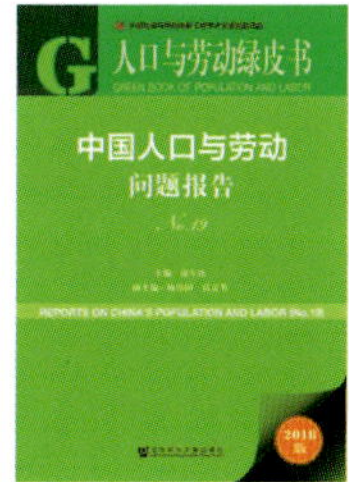

人口与劳动绿皮书

中国人口与劳动问题报告 No.19

张车伟 / 主编　2018 年 10 月出版　估价：99.00 元

◆　本书为中国社会科学院人口与劳动经济研究所主编的年度报告，对当前中国人口与劳动形势做了比较全面和系统的深入讨论，为研究中国人口与劳动问题提供了一个专业性的视角。

中国省域竞争力蓝皮书

中国省域经济综合竞争力发展报告（2017 ~ 2018）

李建平 李闽榕 高燕京 / 主编 2018 年 5 月出版 估价：198.00 元

◆ 本书融多学科的理论为一体，深入追踪研究了省域经济发展与中国国家竞争力的内在关系，为提升中国省域经济综合竞争力提供有价值的决策依据。

金融蓝皮书

中国金融发展报告（2018）

王国刚 / 主编 2018 年 6 月出版 估价：99.00 元

◆ 本书由中国社会科学院金融研究所组织编写，概括和分析了 2017 年中国金融发展和运行中的各方面情况，研讨和评论了 2017 年发生的主要金融事件，有利于读者了解掌握 2017 年中国的金融状况，把握 2018 年中国金融的走势。

区域经济类

京津冀蓝皮书

京津冀发展报告（2018）

祝合良 叶堂林 张贵祥 / 等著 2018 年 6 月出版 估价：99.00 元

◆ 本书遵循问题导向与目标导向相结合、统计数据分析与大数据分析相结合、纵向分析和长期监测与结构分析和综合监测相结合等原则，对京津冀协同发展新形势与新进展进行测度与评价。

社会政法类

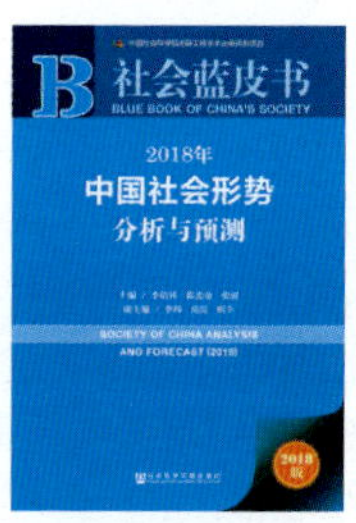

社会蓝皮书

2018年中国社会形势分析与预测

李培林 陈光金 张翼 / 主编 2017年12月出版 定价：89.00元

◆ 本书由中国社会科学院社会学研究所组织研究机构专家、高校学者和政府研究人员撰写，聚焦当下社会热点，对2017年中国社会发展的各个方面内容进行了权威解读，同时对2018年社会形势发展趋势进行了预测。

法治蓝皮书

中国法治发展报告No.16（2018）

李林 田禾 / 主编 2018年3月出版 定价：128.00元

◆ 本年度法治蓝皮书回顾总结了2017年度中国法治发展取得的成就和存在的不足，对中国政府、司法、检务透明度进行了跟踪调研，并对2018年中国法治发展形势进行了预测和展望。

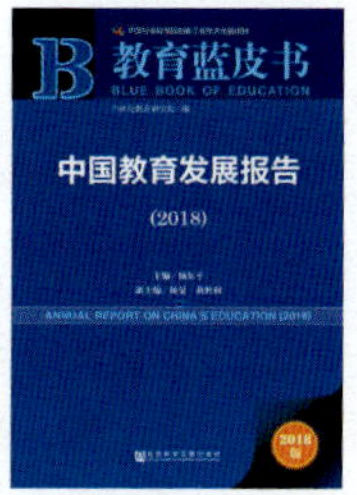

教育蓝皮书

中国教育发展报告（2018）

杨东平 / 主编 2018年3月出版 定价：89.00元

◆ 本书重点关注了2017年教育领域的热点，资料翔实，分析有据，既有专题研究，又有实践案例，从多角度对2017年教育改革和实践进行了分析和研究。

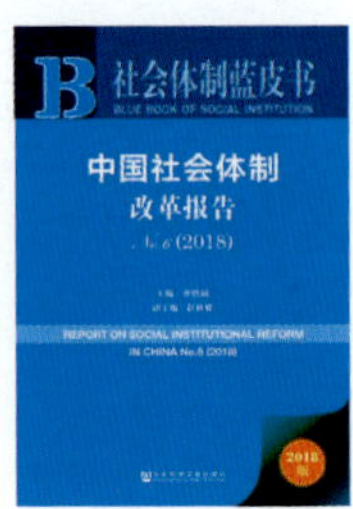

社会体制蓝皮书

中国社会体制改革报告 No.6（2018）

龚维斌 / 主编　2018 年 3 月出版　定价：98.00 元

◆　本书由国家行政学院社会治理研究中心和北京师范大学中国社会管理研究院共同组织编写，主要对 2017 年社会体制改革情况进行回顾和总结，对 2018 年的改革走向进行分析，提出相关政策建议。

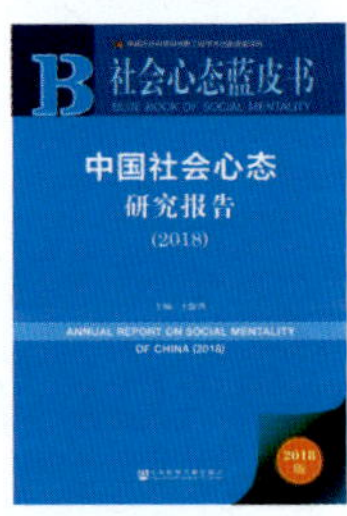

社会心态蓝皮书

中国社会心态研究报告（2018）

王俊秀　杨宜音 / 主编　2018 年 12 月出版　估价：99.00 元

◆　本书是中国社会科学院社会学研究所社会心理研究中心“社会心态蓝皮书课题组”的年度研究成果，运用社会心理学、社会学、经济学、传播学等多种学科的方法进行了调查和研究，对于目前中国社会心态状况有较广泛和深入的揭示。

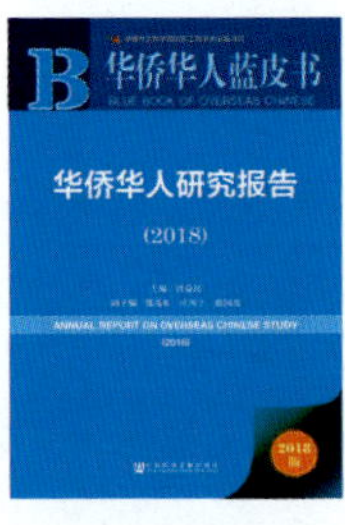

华侨华人蓝皮书

华侨华人研究报告（2018）

贾益民 / 主编　2017 年 12 月出版　估价：139.00 元

◆　本书关注华侨华人生产与生活的方方面面。华侨华人是中国建设 21 世纪海上丝绸之路的重要中介者、推动者和参与者。本书旨在全面调研华侨华人，提供最新涉侨动态、理论研究成果和政策建议。

民族发展蓝皮书

中国民族发展报告（2018）

王延中 / 主编　2018 年 10 月出版　估价：188.00 元

◆　本书从民族学人类学视角，研究近年来少数民族和民族地区的发展情况，展示民族地区经济、政治、文化、社会和生态文明“五位一体”建设取得的辉煌成就和面临的困难挑战，为深刻理解中央民族工作会议精神、加快民族地区全面建成小康社会进程提供了实证材料。

产业经济类

房地产蓝皮书

中国房地产发展报告 No.15（2018）

李春华　王业强 / 主编　2018 年 5 月出版　估价：99.00 元

◆　2018 年《房地产蓝皮书》持续追踪中国房地产市场最新动态，深度剖析市场热点，展望 2018 年发展趋势，积极谋划应对策略。对 2017 年房地产市场的发展态势进行全面、综合的分析。

新能源汽车蓝皮书

中国新能源汽车产业发展报告（2018）

中国汽车技术研究中心　日产（中国）投资有限公司

东风汽车有限公司 / 编著　2018 年 8 月出版　估价：99.00 元

◆　本书对中国 2017 年新能源汽车产业发展进行了全面系统的分析，并介绍了国外的发展经验。有助于相关机构、行业和社会公众等了解中国新能源汽车产业发展的最新动态，为政府部门出台新能源汽车产业相关政策法规、企业制定相关战略规划，提供必要的借鉴和参考。

行业及其他类

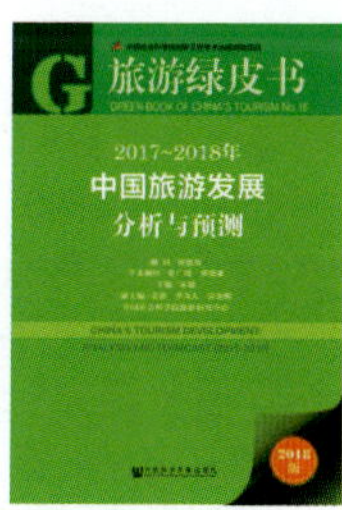

旅游绿皮书

2017 ~ 2018 年中国旅游发展分析与预测

中国社会科学院旅游研究中心 / 编　2018 年 1 月出版　定价：99.00 元

◆　本书从政策、产业、市场、社会等多个角度勾画出 2017 年中国旅游发展全貌，剖析了其中的热点和核心问题，并就未来发展作出预测。

民营医院蓝皮书

中国民营医院发展报告（2018）

薛晓林 / 主编 2018 年 11 月出版 估价：99.00 元

◆ 本书在梳理国家对社会办医的各种利好政策的前提下，对我国民营医疗发展现状、我国民营医院竞争力进行了分析，并结合我国医疗体制改革对民营医院的发展趋势、发展策略、战略规划等方面进行了预估。

会展蓝皮书

中外会展业动态评估研究报告（2018）

张敏 / 主编 2018 年 12 月出版 估价：99.00 元

◆ 本书回顾了2017年的会展业发展动态，结合“供给侧改革”、“互联网 +”、“绿色经济”的新形势分析了我国展会的行业现状，并介绍了国外的发展经验，有助于行业和社会了解最新的展会业动态。

中国上市公司蓝皮书

中国上市公司发展报告（2018）

张平 王宏淼 / 主编 2018 年 9 月出版 估价：99.00 元

◆ 本书由中国社会科学院上市公司研究中心组织编写的，着力于全面、真实、客观反映当前中国上市公司财务状况和价值评估的综合性年度报告。本书详尽分析了 2017 年中国上市公司情况，特别是现实中暴露出的制度性、基础性问题，并对资本市场改革进行了探讨。

工业和信息化蓝皮书

人工智能发展报告（2017 ~ 2018）

尹丽波 / 主编 2018 年 6 月出版 估价：99.00 元

◆ 本书国家工业信息安全发展研究中心在对 2017 年全球人工智能技术和产业进行全面跟踪研究基础上形成的研究报告。该报告内容翔实、视角独特，具有较强的产业发展前瞻性和预测性，可为相关主管部门、行业协会、企业等全面了解人工智能发展形势以及进行科学决策提供参考。

国际问题与全球治理类

世界经济黄皮书

2018 年世界经济形势分析与预测

张宇燕 / 主编　2018 年 1 月出版　定价：99.00 元

◆　本书由中国社会科学院世界经济与政治研究所的研究团队撰写，分总论、国别与地区、专题、热点、世界经济统计与预测等五个部分，对 2018 年世界经济形势进行了分析。

国际城市蓝皮书

国际城市发展报告（2018）

屠启宇 / 主编　2018 年 2 月出版　定价：89.00 元

◆　本书作者以上海社会科学院从事国际城市研究的学者团队为核心，汇集同济大学、华东师范大学、复旦大学、上海交通大学、南京大学、浙江大学相关城市研究专业学者。立足动态跟踪介绍国际城市发展时间中，最新出现的重大战略、重大理念、重大项目、重大报告和最佳案例。

非洲黄皮书

非洲发展报告 No.20（2017 ~ 2018）

张宏明 / 主编　2018 年 7 月出版　估价：99.00 元

◆　本书是由中国社会科学院西亚非洲研究所组织编撰的非洲形势年度报告，比较全面、系统地分析了 2017 年非洲政治形势和热点问题，探讨了非洲经济形势和市场走向，剖析了大国对非洲关系的新动向；此外，还介绍了国内非洲研究的新成果。

国别类

美国蓝皮书

美国研究报告（2018）

郑秉文　黄平 / 主编　2018 年 5 月出版　估价：99.00 元

◆　本书是由中国社会科学院美国研究所主持完成的研究成果，它回顾了美国 2017 年的经济、政治形势与外交战略，对美国内政外交发生的重大事件及重要政策进行了较为全面的回顾和梳理。

德国蓝皮书

德国发展报告（2018）

郑春荣 / 主编　2018 年 6 月出版　估价：99.00 元

◆　本报告由同济大学德国研究所组织编撰，由该领域的专家学者对德国的政治、经济、社会文化、外交等方面的形势发展情况，进行全面的阐述与分析。

俄罗斯黄皮书

俄罗斯发展报告（2018）

李永全 / 编著　2018 年 6 月出版　估价：99.00 元

◆　本书系统介绍了 2017 年俄罗斯经济政治情况，并对 2016 年该地区发生的焦点、热点问题进行了分析与回顾；在此基础上，对该地区 2018 年的发展前景进行了预测。

文化传媒类

新媒体蓝皮书

中国新媒体发展报告 No.9（2018）

唐绪军 / 主编　2018 年 6 月出版　估价：99.00 元

◆　本书是由中国社会科学院新闻与传播研究所组织编写的关于新媒体发展的最新年度报告，旨在全面分析中国新媒体的发展现状，解读新媒体的发展趋势，探析新媒体的深刻影响。

移动互联网蓝皮书

中国移动互联网发展报告（2018）

余清楚 / 主编　　2018 年 6 月出版　估价：99.00 元

◆　本书着眼于对 2017 年度中国移动互联网的发展情况做深入解析，对未来发展趋势进行预测，力求从不同视角、不同层面全面剖析中国移动互联网发展的现状、年度突破及热点趋势等。

文化蓝皮书

中国文化消费需求景气评价报告（2018）

王亚南 / 主编　2018 年 3 月出版　定价：99.00 元

◆　本书首创全国文化发展量化检测评价体系，也是至今全国唯一的文化民生量化检测评价体系，对于检验全国及各地 " 以人民为中心 " 的文化发展具有首创意义。

地方发展类

北京蓝皮书

北京经济发展报告（2017 ~ 2018）

杨松 / 主编　2018 年 6 月出版　估价：99.00 元

◆　本书对 2017 年北京市经济发展的整体形势进行了系统性的分析与回顾，并对 2018 年经济形势走势进行了预测与研判，聚焦北京市经济社会发展中的全局性、战略性和关键领域的重点问题，运用定量和定性分析相结合的方法，对北京市经济社会发展的现状、问题、成因进行了深入分析，提出了可操作性的对策建议。

温州蓝皮书

2018 年温州经济社会形势分析与预测

蒋儒标　王春光　金浩 / 主编　2018 年 6 月出版　估价：99.00 元

◆　本书是中共温州市委党校和中国社会科学院社会学研究所合作推出的第十一本温州蓝皮书，由来自党校、政府部门、科研机构、高校的专家、学者共同撰写的 2017 年温州区域发展形势的最新研究成果。

黑龙江蓝皮书

黑龙江社会发展报告（2018）

王爱丽 / 主编　2018 年 1 月出版　定价：89.00 元

◆　本书以千份随机抽样问卷调查和专题研究为依据，运用社会学理论框架和分析方法，从专家和学者的独特视角，对 2017 年黑龙江省关系民生的问题进行广泛的调研与分析，并对 2017 年黑龙江省诸多社会热点和焦点问题进行了有益的探索。这些研究不仅可以为政府部门更加全面深入了解省情、科学制定决策提供智力支持，同时也可以为广大读者认识、了解、关注黑龙江社会发展提供理性思考。

宏观经济类

城市蓝皮书
中国城市发展报告（No.11）
著(编)者：潘家华 单菁菁
2018年9月出版 / 估价：99.00元
PSN B-2007-091-1/1

城乡一体化蓝皮书
中国城乡一体化发展报告（2018）
著(编)者：付崇兰
2018年9月出版 / 估价：99.00元
PSN B-2011-226-1/2

城镇化蓝皮书
中国新型城镇化健康发展报告（2018）
著(编)者：张占斌
2018年8月出版 / 估价：99.00元
PSN B-2014-396-1/1

创新蓝皮书
创新型国家建设报告（2018～2019）
著(编)者：詹正茂
2018年12月出版 / 估价：99.00元
PSN B-2009-140-1/1

低碳发展蓝皮书
中国低碳发展报告（2018）
著(编)者：张希良 齐晔
2018年6月出版 / 估价：99.00元
PSN B-2011-223-1/1

低碳经济蓝皮书
中国低碳经济发展报告（2018）
著(编)者：薛进军 赵忠秀
2018年11月出版 / 估价：99.00元
PSN B-2011-194-1/1

发展和改革蓝皮书
中国经济发展和体制改革报告No.9
著(编)者：邹东涛 王再文
2018年1月出版 / 估价：99.00元
PSN B-2008-122-1/1

国家创新蓝皮书
中国创新发展报告（2017）
著(编)者：陈劲 2018年5月出版 / 估价：99.00元
PSN B-2014-370-1/1

金融蓝皮书
中国金融发展报告（2018）
著(编)者：王国刚
2018年6月出版 / 估价：99.00元
PSN B-2004-031-1/7

经济蓝皮书
2018年中国经济形势分析与预测
著(编)者：李平 2017年12月出版 / 定价：89.00元
PSN B-1996-001-1/1

经济蓝皮书春季号
2018年中国经济前景分析
著(编)者：李扬 2018年5月出版 / 估价：99.00元
PSN B-1999-008-1/1

经济蓝皮书夏季号
中国经济增长报告（2017～2018）
著(编)者：李扬 2018年9月出版 / 估价：99.00元
PSN B-2010-176-1/1

农村绿皮书
中国农村经济形势分析与预测（2017～2018）
著(编)者：魏后凯 黄秉信
2018年4月出版 / 定价：99.00元
PSN G-1998-003-1/1

人口与劳动绿皮书
中国人口与劳动问题报告No.19
著(编)者：张车伟 2018年11月出版 / 估价：99.00元
PSN G-2000-012-1/1

新型城镇化蓝皮书
新型城镇化发展报告（2017）
著(编)者：李伟 宋敏
2018年3月出版 / 定价：98.00元
PSN B-2005-038-1/1

中国省域竞争力蓝皮书
中国省域经济综合竞争力发展报告（2016～2017）
著(编)者：李建平 李闽榕
2018年2月出版 / 定价：198.00元
PSN B-2007-088-1/1

中小城市绿皮书
中国中小城市发展报告（2018）
著(编)者：中国城市经济学会中小城市经济发展委员会
中国城镇化促进会中小城市发展委员会
《中国中小城市发展报告》编纂委员会
中小城市发展战略研究院
2018年11月出版 / 估价：128.00元
PSN G-2010-161-1/1

区域经济类

东北蓝皮书
中国东北地区发展报告（2018）
著(编)者：姜晓秋　2018年11月出版 / 估价：99.00元
PSN B-2006-067-1/1

金融蓝皮书
中国金融中心发展报告（2017～2018）
著(编)者：王力 黄育华　2018年11月出版 / 估价：99.00元
PSN B-2011-186-6/7

京津冀蓝皮书
京津冀发展报告（2018）
著(编)者：祝合良 叶堂林 张贵祥
2018年6月出版 / 估价：99.00元
PSN B-2012-262-1/1

西北蓝皮书
中国西北发展报告（2018）
著(编)者：王福生 马廷旭 董秋生
2018年1月出版 / 定价：99.00元
PSN B-2012-261-1/1

西部蓝皮书
中国西部发展报告（2018）
著(编)者：璋勇 任保平　2018年8月出版 / 估价：99.00元
PSN B-2005-039-1/1

长江经济带产业蓝皮书
长江经济带产业发展报告（2018）
著(编)者：吴传清　2018年11月出版 / 估价：128.00元
PSN B-2017-666-1/1

长江经济带蓝皮书
长江经济带发展报告（2017～2018）
著(编)者：王振　2018年11月出版 / 估价：99.00元
PSN B-2016-575-1/1

长江中游城市群蓝皮书
长江中游城市群新型城镇化与产业协同发展报告（2018）
著(编)者：杨刚强　2018年11月出版 / 估价：99.00元
PSN B-2016-578-1/1

长三角蓝皮书
2017年创新融合发展的长三角
著(编)者：刘飞跃　2018年5月出版 / 估价：99.00元
PSN B-2005-038-1/1

长株潭城市群蓝皮书
长株潭城市群发展报告（2017）
著(编)者：张萍 朱有志　2018年6月出版 / 估价：99.00元
PSN B-2008-109-1/1

特色小镇蓝皮书
特色小镇智慧运营报告（2018）：顶层设计与智慧架构标准
著(编)者：陈劲　2018年1月出版 / 定价：79.00元
PSN B-2018-692-1/1

中部竞争力蓝皮书
中国中部经济社会竞争力报告（2018）
著(编)者：教育部人文社会科学重点研究基地南昌大学中国中部经济社会发展研究中心
2018年12月出版 / 估价：99.00元
PSN B-2012-276-1/1

中部蓝皮书
中国中部地区发展报告（2018）
著(编)者：宋亚平　2018年12月出版 / 估价：99.00元
PSN B-2007-089-1/1

区域蓝皮书
中国区域经济发展报告（2017～2018）
著(编)者：赵弘　2018年5月出版 / 估价：99.00元
PSN B-2004-034-1/1

中三角蓝皮书
长江中游城市群发展报告（2018）
著(编)者：秦尊文　2018年9月出版 / 估价：99.00元
PSN B-2014-417-1/1

中原蓝皮书
中原经济区发展报告（2018）
著(编)者：李英杰　2018年6月出版 / 估价：99.00元
PSN B-2011-192-1/1

珠三角流通蓝皮书
珠三角商圈发展研究报告（2018）
著(编)者：王先庆 林至颖　2018年7月出版 / 估价：99.00元
PSN B-2012-292-1/1

社会政法类

北京蓝皮书
中国社区发展报告（2017～2018）
著(编)者：于燕燕　2018年9月出版 / 估价：99.00元
PSN B-2007-083-5/8

殡葬绿皮书
中国殡葬事业发展报告（2017～2018）
著(编)者：李伯森　2018年6月出版 / 估价：158.00元
PSN G-2010-180-1/1

城市管理蓝皮书
中国城市管理报告（2017-2018）
著(编)者：刘林 刘承水　2018年5月出版 / 估价：158.00元
PSN B-2013-336-1/1

城市生活质量蓝皮书
中国城市生活质量报告（2017）
著(编)者：张连城 张平 杨春学 郎丽华
2017年12月出版 / 定价：89.00元
PSN B-2013-326-1/1

城市政府能力蓝皮书
中国城市政府公共服务能力评估报告（2018）
著(编)者：何艳玲　2018年5月出版 / 估价：99.00元
PSN B-2013-338-1/1

创业蓝皮书
中国创业发展研究报告（2017～2018）
著(编)者：黄群慧 赵卫星 钟宏武
2018年11月出版 / 估价：99.00元
PSN B-2016-577-1/1

慈善蓝皮书
中国慈善发展报告（2018）
著(编)者：杨团　2018年6月出版 / 估价：99.00元
PSN B-2009-142-1/1

党建蓝皮书
党的建设研究报告No.2（2018）
著(编)者：崔建民 陈东平　2018年6月出版 / 估价：99.00元
PSN B-2016-523-1/1

地方法治蓝皮书
中国地方法治发展报告No.3（2018）
著(编)者：李林 田禾　2018年6月出版 / 估价：118.00元
PSN B-2015-442-1/1

电子政务蓝皮书
中国电子政务发展报告（2018）
著(编)者：李季　2018年8月出版 / 估价：99.00元
PSN B-2003-022-1/1

儿童蓝皮书
中国儿童参与状况报告（2017）
著(编)者：苑立新　2017年12月出版 / 定价：89.00元
PSN B-2017-682-1/1

法治蓝皮书
中国法治发展报告No.16（2018）
著(编)者：李林 田禾　2018年3月出版 / 定价：128.00元
PSN B-2004-027-1/3

法治蓝皮书
中国法院信息化发展报告 No.2（2018）
著(编)者：李林 田禾　2018年2月出版 / 定价：118.00元
PSN B-2017-604-3/3

法治政府蓝皮书
中国法治政府发展报告（2017）
著(编)者：中国政法大学法治政府研究院
2018年3月出版 / 定价：158.00元
PSN B-2015-502-1/2

法治政府蓝皮书
中国法治政府评估报告（2018）
著(编)者：中国政法大学法治政府研究院
2018年9月出版 / 估价：168.00元
PSN B-2016-576-2/2

反腐倡廉蓝皮书
中国反腐倡廉建设报告 No.8
著(编)者：张英伟　2018年12月出版 / 估价：99.00元
PSN B-2012-259-1/1

扶贫蓝皮书
中国扶贫开发报告（2018）
著(编)者：李培林 魏后凯　2018年12月出版 / 估价：128.00元
PSN B-2016-599-1/1

妇女发展蓝皮书
中国妇女发展报告 No.6
著(编)者：王金玲　2018年9月出版 / 估价：158.00元
PSN B-2006-069-1/1

妇女教育蓝皮书
中国妇女教育发展报告 No.3
著(编)者：张李玺　2018年10月出版 / 估价：99.00元
PSN B-2008-121-1/1

妇女绿皮书
2018年：中国性别平等与妇女发展报告
著(编)者：谭琳　2018年12月出版 / 估价：99.00元
PSN G-2006-073-1/1

公共安全蓝皮书
中国城市公共安全发展报告（2017～2018）
著(编)者：黄育华 杨文明 赵建辉
2018年6月出版 / 估价：99.00元
PSN B-2017-628-1/1

公共服务蓝皮书
中国城市基本公共服务力评价（2018）
著(编)者：钟君 刘志昌 吴正杲
2018年12月出版 / 估价：99.00元
PSN B-2011-214-1/1

公民科学素质蓝皮书
中国公民科学素质报告（2017～2018）
著(编)者：李群 陈雄 马宗文
2017年12月出版 / 定价：89.00元
PSN B-2014-379-1/1

公益蓝皮书
中国公益慈善发展报告（2016）
著(编)者：朱健刚 胡小军　2018年6月出版 / 估价：99.00元
PSN B-2012-283-1/1

国际人才蓝皮书
中国国际移民报告（2018）
著(编)者：王辉耀　2018年6月出版 / 估价：99.00元
PSN B-2012-304-3/4

国际人才蓝皮书
中国留学发展报告（2018）No.7
著(编)者：王辉耀 苗绿　2018年12月出版 / 估价：99.00元
PSN B-2012-244-2/4

海洋社会蓝皮书
中国海洋社会发展报告（2017）
著(编)者：崔凤 宋宁而　2018年3月出版 / 定价：99.00元
PSN B-2015-478-1/1

行政改革蓝皮书
中国行政体制改革报告No.7（2018）
著(编)者：魏礼群　2018年6月出版 / 估价：99.00元
PSN B-2011-231-1/1

华侨华人蓝皮书
华侨华人研究报告（2017）
著(编)者：张禹东 庄国土　　2017年12月出版 / 定价：148.00元
PSN B-2011-204-1/1

互联网与国家治理蓝皮书
互联网与国家治理发展报告（2017）
著(编)者：张志安　　2018年1月出版 / 定价：98.00元
PSN B-2017-671-1/1

环境管理蓝皮书
中国环境管理发展报告（2017）
著(编)者：李金惠　　2017年12月出版 / 定价：98.00元
PSN B-2017-678-1/1

环境竞争力绿皮书
中国省域环境竞争力发展报告（2018）
著(编)者：李建平 李闽榕 王金南
2018年11月出版 / 估价：198.00元
PSN G-2010-165-1/1

环境绿皮书
中国环境发展报告（2017~2018）
著(编)者：李波　　2018年6月出版 / 估价：99.00元
PSN G-2006-048-1/1

家庭蓝皮书
中国"创建幸福家庭活动"评估报告（2018）
著(编)者：国务院发展研究中心"创建幸福家庭活动评估"课题组
2018年12月出版 / 估价：99.00元
PSN B-2015-508-1/1

健康城市蓝皮书
中国健康城市建设研究报告（2018）
著(编)者：王鸿春 盛继洪　　2018年12月出版 / 估价：99.00元
PSN B-2016-564-2/2

健康中国蓝皮书
社区首诊与健康中国分析报告（2018）
著(编)者：高和荣 杨叔禹 姜杰
2018年6月出版 / 估价：99.00元
PSN B-2017-611-1/1

教师蓝皮书
中国中小学教师发展报告（2017）
著(编)者：曾晓东 鱼霞
2018年6月出版 / 估价：99.00元
PSN B-2012-289-1/1

教育扶贫蓝皮书
中国教育扶贫报告（2018）
著(编)者：司树杰 王文静 李兴洲
2018年12月出版 / 估价：99.00元
PSN B-2016-590-1/1

教育蓝皮书
中国教育发展报告（2018）
著(编)者：杨东平　　2018年3月出版 / 定价：89.00元
PSN B-2006-047-1/1

金融法治建设蓝皮书
中国金融法治建设年度报告（2015~2016）
著(编)者：朱小黄　　2018年6月出版 / 估价：99.00元
PSN B-2017-633-1/1

京津冀教育蓝皮书
京津冀教育发展研究报告（2017~2018）
著(编)者：方中雄　　2018年6月出版 / 估价：99.00元
PSN B-2017-608-1/1

就业蓝皮书
2018年中国本科生就业报告
著(编)者：麦可思研究院　　2018年6月出版 / 估价：99.00元
PSN B-2009-146-1/2

就业蓝皮书
2018年中国高职高专生就业报告
著(编)者：麦可思研究院　　2018年6月出版 / 估价：99.00元
PSN B-2015-472-2/2

科学教育蓝皮书
中国科学教育发展报告（2018）
著(编)者：王康友　　2018年10月出版 / 估价：99.00元
PSN B-2015-487-1/1

劳动保障蓝皮书
中国劳动保障发展报告（2018）
著(编)者：刘燕斌　　2018年9月出版 / 估价：158.00元
PSN B-2014-415-1/1

老龄蓝皮书
中国老年宜居环境发展报告（2017）
著(编)者：党俊武 周燕珉　　2018年6月出版 / 估价：99.00元
PSN B-2013-320-1/1

连片特困区蓝皮书
中国连片特困区发展报告（2017~2018）
著(编)者：游俊 冷志明 丁建军
2018年6月出版 / 估价：99.00元
PSN B-2013-321-1/1

流动儿童蓝皮书
中国流动儿童教育发展报告（2017）
著(编)者：杨东平　　2018年6月出版 / 估价：99.00元
PSN B-2017-600-1/1

民调蓝皮书
中国民生调查报告（2018）
著(编)者：谢耘耕　　2018年12月出版 / 估价：99.00元
PSN B-2014-398-1/1

民族发展蓝皮书
中国民族发展报告（2018）
著(编)者：王延中　　2018年10月出版 / 估价：188.00元
PSN B-2006-070-1/1

女性生活蓝皮书
中国女性生活状况报告No.12（2018）
著(编)者：高博燕　　2018年7月出版 / 估价：99.00元
PSN B-2006-071-1/1

汽车社会蓝皮书
中国汽车社会发展报告（2017～2018）
著(编)者：王俊秀　2018年6月出版 / 估价：99.00元
PSN B-2011-224-1/1

青年蓝皮书
中国青年发展报告（2018）No.3
著(编)者：廉思　2018年6月出版 / 估价：99.00元
PSN B-2013-333-1/1

青少年蓝皮书
中国未成年人互联网运用报告（2017～2018）
著(编)者：季为民 李文革 沈杰
2018年11月出版 / 估价：99.00元
PSN B-2010-156-1/1

人权蓝皮书
中国人权事业发展报告No.8（2018）
著(编)者：李君如　2018年9月出版 / 估价：99.00元
PSN B-2011-215-1/1

社会保障绿皮书
中国社会保障发展报告No.9（2018）
著(编)者：王延中　2018年6月出版 / 估价：99.00元
PSN G-2001-014-1/1

社会风险评估蓝皮书
风险评估与危机预警报告（2017～2018）
著(编)者：唐钧　2018年8月出版 / 估价：99.00元
PSN B-2012-293-1/1

社会工作蓝皮书
中国社会工作发展报告（2016~2017）
著(编)者：民政部社会工作研究中心
2018年8月出版 / 估价：99.00元
PSN B-2009-141-1/1

社会管理蓝皮书
中国社会管理创新报告No.6
著(编)者：连玉明　2018年11月出版 / 估价：99.00元
PSN B-2012-300-1/1

社会蓝皮书
2018年中国社会形势分析与预测
著(编)者：李培林 陈光金 张翼
2017年12月出版 / 定价：89.00元
PSN B-1998-002-1/1

社会体制蓝皮书
中国社会体制改革报告No.6（2018）
著(编)者：龚维斌　2018年3月出版 / 定价：98.00元
PSN B-2013-330-1/1

社会心态蓝皮书
中国社会心态研究报告（2018）
著(编)者：王俊秀　2018年12月出版 / 估价：99.00元
PSN B-2011-199-1/1

社会组织蓝皮书
中国社会组织报告（2017-2018）
著(编)者：黄晓勇　2018年6月出版 / 估价：99.00元
PSN B-2008-118-1/2

社会组织蓝皮书
中国社会组织评估发展报告（2018）
著(编)者：徐家良　2018年12月出版 / 估价：99.00元
PSN B-2013-366-2/2

生态城市绿皮书
中国生态城市建设发展报告（2018）
著(编)者：刘举科 孙伟平 胡文臻
2018年9月出版 / 估价：158.00元
PSN G-2012-269-1/1

生态文明绿皮书
中国省域生态文明建设评价报告（ECI 2018）
著(编)者：严耕　2018年12月出版 / 估价：99.00元
PSN G-2010-170-1/1

退休生活蓝皮书
中国城市居民退休生活质量指数报告（2017）
著(编)者：杨一帆　2018年6月出版 / 估价：99.00元
PSN B-2017-618-1/1

危机管理蓝皮书
中国危机管理报告（2018）
著(编)者：文学国 范正青
2018年8月出版 / 估价：99.00元
PSN B-2010-171-1/1

学会蓝皮书
2018年中国学会发展报告
著(编)者：麦可思研究院　2018年12月出版 / 估价：99.00元
PSN B-2016-597-1/1

医改蓝皮书
中国医药卫生体制改革报告（2017～2018）
著(编)者：文学国 房志武
2018年11月出版 / 估价：99.00元
PSN B-2014-432-1/1

应急管理蓝皮书
中国应急管理报告（2018）
著(编)者：宋英华　2018年9月出版 / 估价：99.00元
PSN B-2016-562-1/1

政府绩效评估蓝皮书
中国地方政府绩效评估报告 No.2
著(编)者：贠杰　2018年12月出版 / 估价：99.00元
PSN B-2017-672-1/1

政治参与蓝皮书
中国政治参与报告（2018）
著(编)者：房宁　2018年8月出版 / 估价：128.00元
PSN B-2011-200-1/1

政治文化蓝皮书
中国政治文化报告（2018）
著(编)者：邢元敏 魏大鹏 龚克
2018年8月出版 / 估价：128.00元
PSN B-2017-615-1/1

中国传统村落蓝皮书
中国传统村落保护现状报告（2018）
著(编)者：胡彬彬 李向军 王晓波
2018年12月出版 / 估价：99.00元
PSN B-2017-663-1/1

中国农村妇女发展蓝皮书
农村流动女性城市生活发展报告（2018）
著(编)者：谢丽华　　2018年12月出版 / 估价：99.00元
PSN B-2014-434-1/1

宗教蓝皮书
中国宗教报告（2017）
著(编)者：邱永辉　　2018年8月出版 / 估价：99.00元
PSN B-2008-117-1/1

产业经济类

保健蓝皮书
中国保健服务产业发展报告 No.2
著(编)者：中国保健协会　　中共中央党校
2018年7月出版 / 估价：198.00元
PSN B-2012-272-3/3

保健蓝皮书
中国保健食品产业发展报告 No.2
著(编)者：中国保健协会
中国社会科学院食品药品产业发展与监管研究中心
2018年8月出版 / 估价：198.00元
PSN B-2012-271-2/3

保健蓝皮书
中国保健用品产业发展报告 No.2
著(编)者：中国保健协会
国务院国有资产监督管理委员会研究中心
2018年6月出版 / 估价：198.00元
PSN B-2012-270-1/3

保险蓝皮书
中国保险业竞争力报告（2018）
著(编)者：保监会　　2018年12月出版 / 估价：99.00元
PSN B-2013-311-1/1

冰雪蓝皮书
中国冰上运动产业发展报告（2018）
著(编)者：孙承华 杨占武 刘戈 张鸿俊
2018年9月出版 / 估价：99.00元
PSN B-2017-648-3/3

冰雪蓝皮书
中国滑雪产业发展报告（2018）
著(编)者：孙承华 伍斌 魏庆华 张鸿俊
2018年9月出版 / 估价：99.00元
PSN B-2016-559-1/3

餐饮产业蓝皮书
中国餐饮产业发展报告（2018）
著(编)者：邢颖
2018年6月出版 / 估价：99.00元
PSN B-2009-151-1/1

茶业蓝皮书
中国茶产业发展报告（2018）
著(编)者：杨江帆 李闽榕
2018年10月出版 / 估价：99.00元
PSN B-2010-164-1/1

产业安全蓝皮书
中国文化产业安全报告（2018）
著(编)者：北京印刷学院文化产业安全研究院
2018年12月出版 / 估价：99.00元
PSN B-2014-378-12/14

产业安全蓝皮书
中国新媒体产业安全报告（2016~2017）
著(编)者：肖丽　　2018年6月出版 / 估价：99.00元
PSN B-2015-500-14/14

产业安全蓝皮书
中国出版传媒产业安全报告（2017~2018）
著(编)者：北京印刷学院文化产业安全研究院
2018年6月出版 / 估价：99.00元
PSN B-2014-384-13/14

产业蓝皮书
中国产业竞争力报告（2018）No.8
著(编)者：张其仔　　2018年12月出版 / 估价：168.00元
PSN B-2010-175-1/1

动力电池蓝皮书
中国新能源汽车动力电池产业发展报告（2018）
著(编)者：中国汽车技术研究中心
2018年8月出版 / 估价：99.00元
PSN B-2017-639-1/1

杜仲产业绿皮书
中国杜仲橡胶资源与产业发展报告（2017~2018）
著(编)者：杜红岩 胡文臻 俞锐
2018年6月出版 / 估价：99.00元
PSN G-2013-350-1/1

房地产蓝皮书
中国房地产发展报告No.15（2018）
著(编)者：李春华 王业强
2018年5月出版 / 估价：99.00元
PSN B-2004-028-1/1

服务外包蓝皮书
中国服务外包产业发展报告（2017~2018）
著(编)者：王晓红 刘德军
2018年6月出版 / 估价：99.00元
PSN B-2013-331-2/2

服务外包蓝皮书
中国服务外包竞争力报告（2017~2018）
著(编)者：刘春生 王力 黄育华
2018年12月出版 / 估价：99.00元
PSN B-2011-216-1/2

工业和信息化蓝皮书
世界信息技术产业发展报告（2017～2018）
著(编)者：尹丽波　2018年6月出版 / 估价：99.00元
PSN B-2015-449-2/6

工业和信息化蓝皮书
战略性新兴产业发展报告（2017～2018）
著(编)者：尹丽波　2018年6月出版 / 估价：99.00元
PSN B-2015-450-3/6

海洋经济蓝皮书
中国海洋经济发展报告（2015～2018）
著(编)者：殷克东 高金田 方胜民
2018年3月出版 / 定价：128.00元
PSN B-2018-697-1/1

康养蓝皮书
中国康养产业发展报告（2017）
著(编)者：何莽　2017年12月出版 / 定价：88.00元
PSN B-2017-685-1/1

客车蓝皮书
中国客车产业发展报告（2017～2018）
著(编)者：姚蔚　2018年10月出版 / 估价：99.00元
PSN B-2013-361-1/1

流通蓝皮书
中国商业发展报告（2018～2019）
著(编)者：王雪峰 林诗慧
2018年7月出版 / 估价：99.00元
PSN B-2009-152-1/2

能源蓝皮书
中国能源发展报告（2018）
著(编)者：崔民选 王军生 陈义和
2018年12月出版 / 估价：99.00元
PSN B-2006-049-1/1

农产品流通蓝皮书
中国农产品流通产业发展报告（2017）
著(编)者：贾敬敦 张东科 张玉玺 张鹏毅 周伟
2018年6月出版 / 估价：99.00元
PSN B-2012-288-1/1

汽车工业蓝皮书
中国汽车工业发展年度报告（2018）
著(编)者：中国汽车工业协会
中国汽车技术研究中心
丰田汽车公司
2018年5月出版 / 估价：168.00元
PSN B-2015-463-1/2

汽车工业蓝皮书
中国汽车零部件产业发展报告（2017～2018）
著(编)者：中国汽车工业协会
中国汽车工程研究院深圳市沃特玛电池有限公司
2018年9月出版 / 估价：99.00元
PSN B-2016-515-2/2

汽车蓝皮书
中国汽车产业发展报告（2018）
著(编)者：中国汽车工程学会
大众汽车集团（中国）
2018年11月出版 / 估价：99.00元
PSN B-2008-124-1/1

世界茶业蓝皮书
世界茶业发展报告（2018）
著(编)者：李闽榕 冯廷佺
2018年5月出版 / 估价：168.00元
PSN B-2017-619-1/1

世界能源蓝皮书
世界能源发展报告（2018）
著(编)者：黄晓勇　2018年6月出版 / 估价：168.00元
PSN B-2013-349-1/1

石油蓝皮书
中国石油产业发展报告（2018）
著(编)者：中国石油化工集团公司经济技术研究院
中国国际石油化工联合有限责任公司
中国社会科学院数量经济与技术经济研究所
2018年2月出版 / 定价：98.00元
PSN B-2018-690-1/1

体育蓝皮书
国家体育产业基地发展报告（2016～2017）
著(编)者：李颖川　2018年6月出版 / 估价：168.00元
PSN B-2017-609-5/5

体育蓝皮书
中国体育产业发展报告（2018）
著(编)者：阮伟 钟秉枢
2018年12月出版 / 估价：99.00元
PSN B-2010-179-1/5

文化金融蓝皮书
中国文化金融发展报告（2018）
著(编)者：杨涛 金巍
2018年6月出版 / 估价：99.00元
PSN B-2017-610-1/1

新能源汽车蓝皮书
中国新能源汽车产业发展报告（2018）
著(编)者：中国汽车技术研究中心
日产（中国）投资有限公司
东风汽车有限公司
2018年8月出版 / 估价：99.00元
PSN B-2013-347-1/1

薏仁米产业蓝皮书
中国薏仁米产业发展报告No.2（2018）
著(编)者：李发耀 石明　秦礼康
2018年8月出版 / 估价：99.00元
PSN B-2017-645-1/1

邮轮绿皮书
中国邮轮产业发展报告（2018）
著(编)者：汪泓　2018年10月出版 / 估价：99.00元
PSN G-2014-419-1/1

智能养老蓝皮书
中国智能养老产业发展报告（2018）
著(编)者：朱勇　2018年10月出版 / 估价：99.00元
PSN B-2015-488-1/1

中国节能汽车蓝皮书
中国节能汽车发展报告（2017～2018）
著(编)者：中国汽车工程研究院股份有限公司
2018年9月出版 / 估价：99.00元
PSN B-2016-565-1/1

中国陶瓷产业蓝皮书
中国陶瓷产业发展报告（2018）
著(编)者：左和平 黄速建
2018年10月出版 / 估价：99.00元
PSN B-2016-573-1/1

装备制造业蓝皮书
中国装备制造业发展报告（2018）
著(编)者：徐东华
2018年12月出版 / 估价：118.00元
PSN B-2015-505-1/1

行业及其他类

"三农"互联网金融蓝皮书
中国"三农"互联网金融发展报告（2018）
著(编)者：李勇坚 王弢
2018年8月出版 / 估价：99.00元
PSN B-2016-560-1/1

SUV蓝皮书
中国SUV市场发展报告（2017~2018）
著(编)者：靳军 2018年9月出版 / 估价：99.00元
PSN B-2016-571-1/1

冰雪蓝皮书
中国冬季奥运会发展报告（2018）
著(编)者：孙承华 伍斌 魏庆华 张鸿俊
2018年9月出版 / 估价：99.00元
PSN B-2017-647-2/3

彩票蓝皮书
中国彩票发展报告（2018）
著(编)者：益彩基金 2018年6月出版 / 估价：99.00元
PSN B-2015-462-1/1

测绘地理信息蓝皮书
测绘地理信息供给侧结构性改革研究报告（2018）
著(编)者：库热西·买合苏提
2018年12月出版 / 估价：168.00元
PSN B-2009-145-1/1

产权市场蓝皮书
中国产权市场发展报告（2017）
著(编)者：曹和平
2018年5月出版 / 估价：99.00元
PSN B-2009-147-1/1

城投蓝皮书
中国城投行业发展报告（2018）
著(编)者：华景斌
2018年11月出版 / 估价：300.00元
PSN B-2016-514-1/1

城市轨道交通蓝皮书
中国城市轨道交通运营发展报告（2017~2018）
著(编)者：崔学忠 贾文峥
2018年3月出版 / 定价：89.00元
PSN B-2018-694-1/1

大数据蓝皮书
中国大数据发展报告（No.2）
著(编)者：连玉明 2018年5月出版 / 估价：99.00元
PSN B-2017-620-1/1

大数据应用蓝皮书
中国大数据应用发展报告No.2（2018）
著(编)者：陈军君 2018年8月出版 / 估价：99.00元
PSN B-2017-644-1/1

对外投资与风险蓝皮书
中国对外直接投资与国家风险报告（2018）
著(编)者：中债资信评估有限责任公司
中国社会科学院世界经济与政治研究所
2018年6月出版 / 估价：189.00元
PSN B-2017-606-1/1

工业和信息化蓝皮书
人工智能发展报告（2017~2018）
著(编)者：尹丽波 2018年6月出版 / 估价：99.00元
PSN B-2015-448-1/6

工业和信息化蓝皮书
世界智慧城市发展报告（2017~2018）
著(编)者：尹丽波 2018年6月出版 / 估价：99.00元
PSN B-2017-624-6/6

工业和信息化蓝皮书
世界网络安全发展报告（2017~2018）
著(编)者：尹丽波 2018年6月出版 / 估价：99.00元
PSN B-2015-452-5/6

工业和信息化蓝皮书
世界信息化发展报告（2017~2018）
著(编)者：尹丽波 2018年6月出版 / 估价：99.00元
PSN B-2015-451-4/6

工业设计蓝皮书
中国工业设计发展报告（2018）
著(编)者：王晓红 于炜 张立群 2018年9月出版 / 估价：168.00元
PSN B-2014-420-1/1

公共关系蓝皮书
中国公共关系发展报告（2017）
著(编)者：柳斌杰 2018年1月出版 / 定价：89.00元
PSN B-2016-579-1/1

公共关系蓝皮书
中国公共关系发展报告（2018）
著(编)者：柳斌杰　　2018年11月出版 / 估价：99.00元
PSN B-2016-579-1/1

管理蓝皮书
中国管理发展报告（2018）
著(编)者：张晓东　　2018年10月出版 / 估价：99.00元
PSN B-2014-416-1/1

轨道交通蓝皮书
中国轨道交通行业发展报告（2017）
著(编)者：仲建华 李闽榕
2017年12月出版 / 定价：98.00元
PSN B-2017-674-1/1

海关发展蓝皮书
中国海关发展前沿报告（2018）
著(编)者：干春晖　　2018年6月出版 / 估价：99.00元
PSN B-2017-616-1/1

互联网医疗蓝皮书
中国互联网健康医疗发展报告（2018）
著(编)者：芮晓武　　2018年6月出版 / 估价：99.00元
PSN B-2016-567-1/1

黄金市场蓝皮书
中国商业银行黄金业务发展报告（2017～2018）
著(编)者：平安银行　　2018年6月出版 / 估价：99.00元
PSN B-2016-524-1/1

会展蓝皮书
中外会展业动态评估研究报告（2018）
著(编)者：张敏 任中峰 聂鑫焱 牛盼强
2018年12月出版 / 估价：99.00元
PSN B-2013-327-1/1

基金会蓝皮书
中国基金会发展报告（2017~2018）
著(编)者：中国基金会发展报告课题组
2018年6月出版 / 估价：99.00元
PSN B-2013-368-1/1

基金会绿皮书
中国基金会发展独立研究报告（2018）
著(编)者：基金会中心网　　中央民族大学基金会研究中心
2018年6月出版 / 估价：99.00元
PSN G-2011-213-1/1

基金会透明度蓝皮书
中国基金会透明度发展研究报告（2018）
著(编)者：基金会中心网
清华大学廉政与治理研究中心
2018年9月出版 / 估价：99.00元
PSN B-2013-339-1/1

建筑装饰蓝皮书
中国建筑装饰行业发展报告（2018）
著(编)者：葛道顺 刘晓一
2018年10月出版 / 估价：198.00元
PSN B-2016-553-1/1

金融监管蓝皮书
中国金融监管报告（2018）
著(编)者：胡滨　　2018年3月出版 / 定价：98.00元
PSN B-2012-281-1/1

金融蓝皮书
中国互联网金融行业分析与评估（2018～2019）
著(编)者：黄国平 伍旭川　　2018年12月出版 / 估价：99.00元
PSN B-2016-585-7/7

金融科技蓝皮书
中国金融科技发展报告（2018）
著(编)者：李扬 孙国峰　　2018年10月出版 / 估价：99.00元
PSN B-2014-374-1/1

金融信息服务蓝皮书
中国金融信息服务发展报告（2018）
著(编)者：李平　　2018年5月出版 / 估价：99.00元
PSN B-2017-621-1/1

金蜜蜂企业社会责任蓝皮书
金蜜蜂中国企业社会责任报告研究（2017）
著(编)者：殷格非 于志宏 管竹笋
2018年1月出版 / 定价：99.00元
PSN B-2018-693-1/1

京津冀金融蓝皮书
京津冀金融发展报告（2018）
著(编)者：王爱俭 王璟怡　　2018年10月出版 / 估价：99.00元
PSN B-2016-527-1/1

科普蓝皮书
国家科普能力发展报告（2018）
著(编)者：王康友　　2018年5月出版 / 估价：138.00元
PSN B-2017-632-4/4

科普蓝皮书
中国基层科普发展报告（2017～2018）
著(编)者：赵立新 陈玲　　2018年9月出版 / 估价：99.00元
PSN B-2016-568-3/4

科普蓝皮书
中国科普基础设施发展报告（2017～2018）
著(编)者：任福君　　2018年6月出版 / 估价：99.00元
PSN B-2010-174-1/3

科普蓝皮书
中国科普人才发展报告（2017～2018）
著(编)者：郑念 任嵘嵘　　2018年7月出版 / 估价：99.00元
PSN B-2016-512-2/4

科普能力蓝皮书
中国科普能力评价报告（2018～2019）
著(编)者：李富强 李群　　2018年8月出版 / 估价：99.00元
PSN B-2016-555-1/1

临空经济蓝皮书
中国临空经济发展报告（2018）
著(编)者：连玉明　　2018年9月出版 / 估价：99.00元
PSN B-2014-421-1/1

旅游安全蓝皮书
中国旅游安全报告（2018）
著(编)者：郑向敏 谢朝武　　2018年5月出版 / 估价：158.00元
PSN B-2012-280-1/1

旅游绿皮书
2017～2018年中国旅游发展分析与预测
著(编)者：宋瑞　　2018年1月出版 / 定价：99.00元
PSN G-2002-018-1/1

煤炭蓝皮书
中国煤炭工业发展报告（2018）
著(编)者：岳福斌　　2018年12月出版 / 估价：99.00元
PSN B-2008-123-1/1

民营企业社会责任蓝皮书
中国民营企业社会责任报告（2018）
著(编)者：中华全国工商业联合会
2018年12月出版 / 估价：99.00元
PSN B-2015-510-1/1

民营医院蓝皮书
中国民营医院发展报告（2017）
著(编)者：薛晓林　　2017年12月出版 / 定价：89.00元
PSN B-2012-299-1/1

闽商蓝皮书
闽商发展报告（2018）
著(编)者：李闽榕 王日根 林琛
2018年12月出版 / 估价：99.00元
PSN B-2012-298-1/1

农业应对气候变化蓝皮书
中国农业气象灾害及其灾损评估报告（No.3）
著(编)者：矫梅燕　　2018年6月出版 / 估价：118.00元
PSN B-2014-413-1/1

品牌蓝皮书
中国品牌战略发展报告（2018）
著(编)者：汪同三　　2018年10月出版 / 估价：99.00元
PSN B-2016-580-1/1

企业扶贫蓝皮书
中国企业扶贫研究报告（2018）
著(编)者：钟宏武　　2018年12月出版 / 估价：99.00元
PSN B-2016-593-1/1

企业公益蓝皮书
中国企业公益研究报告（2018）
著(编)者：钟宏武 汪杰 黄晓娟
2018年12月出版 / 估价：99.00元
PSN B-2015-501-1/1

企业国际化蓝皮书
中国企业全球化报告（2018）
著(编)者：王辉耀 苗绿　　2018年11月出版 / 估价：99.00元
PSN B-2014-427-1/1

企业蓝皮书
中国企业绿色发展报告No.2（2018）
著(编)者：李红玉 朱光辉
2018年8月出版 / 估价：99.00元
PSN B-2015-481-2/2

企业社会责任蓝皮书
中资企业海外社会责任研究报告（2017～2018）
著(编)者：钟宏武 叶柳红 张蒽
2018年6月出版 / 估价：99.00元
PSN B-2017-603-2/2

企业社会责任蓝皮书
中国企业社会责任研究报告（2018）
著(编)者：黄群慧 钟宏武 张蒽 汪杰
2018年11月出版 / 估价：99.00元
PSN B-2009-149-1/2

汽车安全蓝皮书
中国汽车安全发展报告（2018）
著(编)者：中国汽车技术研究中心
2018年8月出版 / 估价：99.00元
PSN B-2014-385-1/1

汽车电子商务蓝皮书
中国汽车电子商务发展报告（2018）
著(编)者：中华全国工商业联合会汽车经销商商会
北方工业大学
北京易观智库网络科技有限公司
2018年10月出版 / 估价：158.00元
PSN B-2015-485-1/1

汽车知识产权蓝皮书
中国汽车产业知识产权发展报告（2018）
著(编)者：中国汽车工程研究院股份有限公司
中国汽车工程学会
重庆长安汽车股份有限公司
2018年12月出版 / 估价：99.00元
PSN B-2016-594-1/1

青少年体育蓝皮书
中国青少年体育发展报告（2017）
著(编)者：刘扶民 杨桦　　2018年6月出版 / 估价：99.00元
PSN B-2015-482-1/1

区块链蓝皮书
中国区块链发展报告（2018）
著(编)者：李伟　　2018年9月出版 / 估价：99.00元
PSN B-2017-649-1/1

群众体育蓝皮书
中国群众体育发展报告（2017）
著(编)者：刘国永 戴健　　2018年5月出版 / 估价：99.00元
PSN B-2014-411-1/3

群众体育蓝皮书
中国社会体育指导员发展报告（2018）
著(编)者：刘国永 王欢　　2018年6月出版 / 估价：99.00元
PSN B-2016-520-3/3

人力资源蓝皮书
中国人力资源发展报告（2018）
著(编)者：余兴安　　2018年11月出版 / 估价：99.00元
PSN B-2012-287-1/1

融资租赁蓝皮书
中国融资租赁业发展报告（2017～2018）
著(编)者：李光荣 王力　　2018年8月出版 / 估价：99.00元
PSN B-2015-443-1/1

商会蓝皮书
中国商会发展报告No.5（2017）
著(编)者：王钦敏　2018年7月出版 / 估价：99.00元
PSN B-2008-125-1/1

商务中心区蓝皮书
中国商务中心区发展报告No.4（2017~2018）
著(编)者：李国红 单菁菁　2018年9月出版 / 估价：99.00元
PSN B-2015-444-1/1

设计产业蓝皮书
中国创新设计发展报告（2018）
著(编)者：王晓红 张立群 于炜
2018年11月出版 / 估价：99.00元
PSN B-2016-581-2/2

社会责任管理蓝皮书
中国上市公司社会责任能力成熟度报告No.4（2018）
著(编)者：肖红军 王晓光 李伟阳
2018年12月出版 / 估价：99.00元
PSN B-2015-507-2/2

社会责任管理蓝皮书
中国企业公众透明度报告No.4（2017~2018）
著(编)者：黄速建 熊梦 王晓光 肖红军
2018年6月出版 / 估价：99.00元
PSN B-2015-440-1/2

食品药品蓝皮书
食品药品安全与监管政策研究报告（2016~2017）
著(编)者：唐民皓　2018年6月出版 / 估价：99.00元
PSN B-2009-129-1/1

输血服务蓝皮书
中国输血行业发展报告（2018）
著(编)者：孙俊　2018年12月出版 / 估价：99.00元
PSN B-2016-582-1/1

水利风景区蓝皮书
中国水利风景区发展报告（2018）
著(编)者：董建文 兰思仁
2018年10月出版 / 估价：99.00元
PSN B-2015-480-1/1

数字经济蓝皮书
全球数字经济竞争力发展报告（2017）
著(编)者：王振　2017年12月出版 / 定价：79.00元
PSN B-2017-673-1/1

私募市场蓝皮书
中国私募股权市场发展报告（2017~2018）
著(编)者：曹和平　2018年12月出版 / 估价：99.00元
PSN B-2010-162-1/1

碳排放权交易蓝皮书
中国碳排放权交易报告（2018）
著(编)者：孙永平　2018年11月出版 / 估价：99.00元
PSN B-2017-652-1/1

碳市场蓝皮书
中国碳市场报告（2018）
著(编)者：定金彪　2018年11月出版 / 估价：99.00元
PSN B-2014-430-1/1

体育蓝皮书
中国公共体育服务发展报告（2018）
著(编)者：戴健　2018年12月出版 / 估价：99.00元
PSN B-2013-367-2/5

土地市场蓝皮书
中国农村土地市场发展报告（2017~2018）
著(编)者：李光荣　2018年6月出版 / 估价：99.00元
PSN B-2016-526-1/1

土地整治蓝皮书
中国土地整治发展研究报告（No.5）
著(编)者：国土资源部土地整治中心
2018年7月出版 / 估价：99.00元
PSN B-2014-401-1/1

土地政策蓝皮书
中国土地政策研究报告（2018）
著(编)者：高延利 张建平 吴次芳
2018年1月出版 / 定价：98.00元
PSN B-2015-506-1/1

网络空间安全蓝皮书
中国网络空间安全发展报告（2018）
著(编)者：惠志斌 覃庆玲
2018年11月出版 / 估价：99.00元
PSN B-2015-466-1/1

文化志愿服务蓝皮书
中国文化志愿服务发展报告（2018）
著(编)者：张永新 良警宇　2018年11月出版 / 估价：128.00元
PSN B-2016-596-1/1

西部金融蓝皮书
中国西部金融发展报告（2017~2018）
著(编)者：李忠民　2018年8月出版 / 估价：99.00元
PSN B-2010-160-1/1

协会商会蓝皮书
中国行业协会商会发展报告（2017）
著(编)者：景朝阳 李勇　2018年6月出版 / 估价：99.00元
PSN B-2015-461-1/1

新三板蓝皮书
中国新三板市场发展报告（2018）
著(编)者：王力　2018年8月出版 / 估价：99.00元
PSN B-2016-533-1/1

信托市场蓝皮书
中国信托业市场报告（2017~2018）
著(编)者：用益金融信托研究院
2018年6月出版 / 估价：198.00元
PSN B-2014-371-1/1

信息化蓝皮书
中国信息化形势分析与预测（2017~2018）
著(编)者：周宏仁　2018年8月出版 / 估价：99.00元
PSN B-2010-168-1/1

信用蓝皮书
中国信用发展报告（2017~2018）
著(编)者：章政 田侃　2018年6月出版 / 估价：99.00元
PSN B-2013-328-1/1

休闲绿皮书
2017～2018年中国休闲发展报告
著(编)者：宋瑞　2018年7月出版 / 估价：99.00元
PSN G-2010-158-1/1

休闲体育蓝皮书
中国休闲体育发展报告（2017～2018）
著(编)者：李相如 钟秉枢
2018年10月出版 / 估价：99.00元
PSN B-2016-516-1/1

养老金融蓝皮书
中国养老金融发展报告（2018）
著(编)者：董克用 姚余栋
2018年9月出版 / 估价：99.00元
PSN B-2016-583-1/1

遥感监测绿皮书
中国可持续发展遥感监测报告（2017）
著(编)者：顾行发 汪克强 潘教峰 李闽榕 徐东华 王琦安
2018年6月出版 / 估价：298.00元
PSN B-2017-629-1/1

药品流通蓝皮书
中国药品流通行业发展报告（2018）
著(编)者：佘鲁林 温再兴
2018年7月出版 / 估价：198.00元
PSN B-2014-429-1/1

医疗器械蓝皮书
中国医疗器械行业发展报告（2018）
著(编)者：王宝亭 耿鸿武
2018年10月出版 / 估价：99.00元
PSN B-2017-661-1/1

医院蓝皮书
中国医院竞争力报告（2017~2018）
著(编)者：庄一强　2018年3月出版 / 定价：108.00元
PSN B-2016-528-1/1

瑜伽蓝皮书
中国瑜伽业发展报告（2017~2018）
著(编)者：张永建 徐华锋 朱泰余
2018年6月出版 / 估价：198.00元
PSN B-2017-625-1/1

债券市场蓝皮书
中国债券市场发展报告（2017～2018）
著(编)者：杨农　2018年10月出版 / 估价：99.00元
PSN B-2016-572-1/1

志愿服务蓝皮书
中国志愿服务发展报告（2018）
著(编)者：中国志愿服务联合会
2018年11月出版 / 估价：99.00元
PSN B-2017-664-1/1

中国上市公司蓝皮书
中国上市公司发展报告（2018）
著(编)者：张鹏 张平 黄胤英
2018年9月出版 / 估价：99.00元
PSN B-2014-414-1/1

中国新三板蓝皮书
中国新三板创新与发展报告（2018）
著(编)者：刘平安 闻召林
2018年8月出版 / 估价：158.00元
PSN B-2017-638-1/1

中国汽车品牌蓝皮书
中国乘用车品牌发展报告（2017）
著(编)者：《中国汽车报》社有限公司
博世（中国）投资有限公司
中国汽车技术研究中心数据资源中心
2018年1月出版 / 定价：89.00元
PSN B-2017-679-1/1

中医文化蓝皮书
北京中医药文化传播发展报告（2018）
著(编)者：毛嘉陵　2018年6月出版 / 估价：99.00元
PSN B-2015-468-1/2

中医文化蓝皮书
中国中医药文化传播发展报告（2018）
著(编)者：毛嘉陵　2018年7月出版 / 估价：99.00元
PSN B-2016-584-2/2

中医药蓝皮书
北京中医药知识产权发展报告No.2
著(编)者：汪洪 屠志涛　2018年6月出版 / 估价：168.00元
PSN B-2017-602-1/1

资本市场蓝皮书
中国场外交易市场发展报告（2016～2017）
著(编)者：高峦　2018年6月出版 / 估价：99.00元
PSN B-2009-153-1/1

资产管理蓝皮书
中国资产管理行业发展报告（2018）
著(编)者：郑智　2018年7月出版 / 估价：99.00元
PSN B-2014-407-2/2

资产证券化蓝皮书
中国资产证券化发展报告（2018）
著(编)者：沈炳熙 曹彤 李哲平
2018年4月出版 / 定价：98.00元
PSN B-2017-660-1/1

自贸区蓝皮书
中国自贸区发展报告（2018）
著(编)者：王力 黄育华
2018年6月出版 / 估价：99.00元
PSN B-2016-558-1/1

国际问题与全球治理类

“一带一路”跨境通道蓝皮书
“一带一路”跨境通道建设研究报（2017～2018）
著(编)者：余鑫 张秋生　　2018年1月出版 / 定价：89.00元
PSN B-2016-557-1/1

“一带一路”蓝皮书
“一带一路”建设发展报告（2018）
著(编)者：李永全　　2018年3月出版 / 定价：98.00元
PSN B-2016-552-1/1

“一带一路”投资安全蓝皮书
中国“一带一路”投资与安全研究报告（2018）
著(编)者：邹统钎 梁昊光　　2018年4月出版 / 定价：98.00元
PSN B-2017-612-1/1

“一带一路”文化交流蓝皮书
中阿文化交流发展报告（2017）
著(编)者：王辉　　2017年12月出版 / 定价：89.00元
PSN B-2017-655-1/1

G20国家创新竞争力黄皮书
二十国集团（G20）国家创新竞争力发展报告（2017～2018）
著(编)者：李建平 李闽榕 赵新力 周天勇
2018年7月出版 / 估价：168.00元
PSN Y-2011-229-1/1

阿拉伯黄皮书
阿拉伯发展报告（2016～2017）
著(编)者：罗林　　2018年6月出版 / 估价：99.00元
PSN Y-2014-381-1/1

北部湾蓝皮书
泛北部湾合作发展报告（2017～2018）
著(编)者：吕余生　　2018年12月出版 / 估价：99.00元
PSN B-2008-114-1/1

北极蓝皮书
北极地区发展报告（2017）
著(编)者：刘惠荣　　2018年7月出版 / 估价：99.00元
PSN B-2017-634-1/1

大洋洲蓝皮书
大洋洲发展报告（2017～2018）
著(编)者：喻常森　　2018年10月出版 / 估价：99.00元
PSN B-2013-341-1/1

东北亚区域合作蓝皮书
2017年“一带一路”倡议与东北亚区域合作
著(编)者：刘亚政 金美花
2018年5月出版 / 估价：99.00元
PSN B-2017-631-1/1

东盟黄皮书
东盟发展报告（2017）
著(编)者：杨静林 庄国土　　2018年6月出版 / 估价：99.00元
PSN Y-2012-303-1/1

东南亚蓝皮书
东南亚地区发展报告（2017～2018）
著(编)者：王勤　　2018年12月出版 / 估价：99.00元
PSN B-2012-240-1/1

非洲黄皮书
非洲发展报告No.20（2017～2018）
著(编)者：张宏明　　2018年7月出版 / 估价：99.00元
PSN Y-2012-239-1/1

非传统安全蓝皮书
中国非传统安全研究报告（2017～2018）
著(编)者：潇枫 罗中枢　　2018年8月出版 / 估价：99.00元
PSN B-2012-273-1/1

国际安全蓝皮书
中国国际安全研究报告（2018）
著(编)者：刘慧　　2018年7月出版 / 估价：99.00元
PSN B-2016-521-1/1

国际城市蓝皮书
国际城市发展报告（2018）
著(编)者：屠启宇　　2018年2月出版 / 定价：89.00元
PSN B-2012-260-1/1

国际形势黄皮书
全球政治与安全报告（2018）
著(编)者：张宇燕　　2018年1月出版 / 定价：99.00元
PSN Y-2001-016-1/1

公共外交蓝皮书
中国公共外交发展报告（2018）
著(编)者：赵启正 雷蔚真　　2018年6月出版 / 估价：99.00元
PSN B-2015-457-1/1

海丝蓝皮书
21世纪海上丝绸之路研究报告（2017）
著(编)者：华侨大学海上丝绸之路研究院
2017年12月出版 / 定价：89.00元
PSN B-2017-684-1/1

金砖国家黄皮书
金砖国家综合创新竞争力发展报告（2018）
著(编)者：赵新力 李闽榕 黄茂兴
2018年8月出版 / 估价：128.00元
PSN Y-2017-643-1/1

拉美黄皮书
拉丁美洲和加勒比发展报告（2017～2018）
著(编)者：袁东振　　2018年6月出版 / 估价：99.00元
PSN Y-1999-007-1/1

澜湄合作蓝皮书
澜沧江-湄公河合作发展报告（2018）
著(编)者：刘稚　　2018年9月出版 / 估价：99.00元
PSN B-2011-196-1/1

欧洲蓝皮书
欧洲发展报告（2017～2018）
著(编)者：黄平 周弘 程卫东
2018年6月出版 / 估价：99.00元
PSN B-1999-009-1/1

葡语国家蓝皮书
葡语国家发展报告（2016～2017）
著(编)者：王成安 张敏 刘金兰
2018年6月出版 / 估价：99.00元
PSN B-2015-503-1/2

葡语国家蓝皮书
中国与葡语国家关系发展报告·巴西（2016）
著(编)者：张曙光
2018年8月出版 / 估价：99.00元
PSN B-2016-563-2/2

气候变化绿皮书
应对气候变化报告（2018）
著(编)者：王伟光 郑国光
2018年11月出版 / 估价：99.00元
PSN G-2009-144-1/1

全球环境竞争力绿皮书
全球环境竞争力报告（2018）
著(编)者：李建平 李闽榕 王金南
2018年12月出版 / 估价：198.00元
PSN G-2013-363-1/1

全球信息社会蓝皮书
全球信息社会发展报告（2018）
著(编)者：丁波涛 唐涛 2018年10月出版 / 估价：99.00元
PSN B-2017-665-1/1

日本经济蓝皮书
日本经济与中日经贸关系研究报告（2018）
著(编)者：张季风 2018年6月出版 / 估价：99.00元
PSN B-2008-102-1/1

上海合作组织黄皮书
上海合作组织发展报告（2018）
著(编)者：李进峰 2018年6月出版 / 估价：99.00元
PSN Y-2009-130-1/1

世界创新竞争力黄皮书
世界创新竞争力发展报告（2017）
著(编)者：李建平 李闽榕 赵新力
2018年6月出版 / 估价：168.00元
PSN Y-2013-318-1/1

世界经济黄皮书
2018年世界经济形势分析与预测
著(编)者：张宇燕 2018年1月出版 / 定价：99.00元
PSN Y-1999-006-1/1

世界能源互联互通蓝皮书
世界能源清洁发展与互联互通评估报告（2017）：欧洲篇
著(编)者：国网能源研究院
2018年1月出版 / 定价：128.00元
PSN B-2018-695-1/1

丝绸之路蓝皮书
丝绸之路经济带发展报告（2018）
著(编)者：任宗哲 白宽犁 谷孟宾
2018年1月出版 / 定价：89.00元
PSN B-2014-410-1/1

新兴经济体蓝皮书
金砖国家发展报告（2018）
著(编)者：林跃勤 周文
2018年8月出版 / 估价：99.00元
PSN B-2011-195-1/1

亚太蓝皮书
亚太地区发展报告（2018）
著(编)者：李向阳 2018年5月出版 / 估价：99.00元
PSN B-2001-015-1/1

印度洋地区蓝皮书
印度洋地区发展报告（2018）
著(编)者：汪戎 2018年6月出版 / 估价：99.00元
PSN B-2013-334-1/1

印度尼西亚经济蓝皮书
印度尼西亚经济发展报告（2017）：增长与机会
著(编)者：左志刚 2017年11月出版 / 定价：89.00元
PSN B-2017-675-1/1

渝新欧蓝皮书
渝新欧沿线国家发展报告（2018）
著(编)者：杨柏 黄森
2018年6月出版 / 估价：99.00元
PSN B-2017-626-1/1

中阿蓝皮书
中国-阿拉伯国家经贸发展报告（2018）
著(编)者：张廉 段庆林 王林聪 杨巧红
2018年12月出版 / 估价：99.00元
PSN B-2016-598-1/1

中东黄皮书
中东发展报告No.20（2017～2018）
著(编)者：杨光 2018年10月出版 / 估价：99.00元
PSN Y-1998-004-1/1

中亚黄皮书
中亚国家发展报告（2018）
著(编)者：孙力
2018年3月出版 / 定价：98.00元
PSN Y-2012-238-1/1

国别类

澳大利亚蓝皮书
澳大利亚发展报告（2017-2018）
著(编)者：孙有中 韩锋 2018年12月出版 / 估价：99.00元
PSN B-2016-587-1/1

巴西黄皮书
巴西发展报告（2017）
著(编)者：刘国枝 2018年5月出版 / 估价：99.00元
PSN Y-2017-614-1/1

德国蓝皮书
德国发展报告（2018）
著(编)者：郑春荣 2018年6月出版 / 估价：99.00元
PSN B-2012-278-1/1

俄罗斯黄皮书
俄罗斯发展报告（2018）
著(编)者：李永全 2018年6月出版 / 估价：99.00元
PSN Y-2006-061-1/1

韩国蓝皮书
韩国发展报告（2017）
著(编)者：牛林杰 刘宝全 2018年6月出版 / 估价：99.00元
PSN B-2010-155-1/1

加拿大蓝皮书
加拿大发展报告（2018）
著(编)者：唐小松 2018年9月出版 / 估价：99.00元
PSN B-2014-389-1/1

美国蓝皮书
美国研究报告（2018）
著(编)者：郑秉文 黄平 2018年5月出版 / 估价：99.00元
PSN B-2011-210-1/1

缅甸蓝皮书
缅甸国情报告（2017）
著(编)者：祝湘辉
2017年11月出版 / 定价：98.00元
PSN B-2013-343-1/1

日本蓝皮书
日本研究报告（2018）
著(编)者：杨伯江 2018年4月出版 / 定价：99.00元
PSN B-2002-020-1/1

土耳其蓝皮书
土耳其发展报告（2018）
著(编)者：郭长刚 刘义 2018年9月出版 / 估价：99.00元
PSN B-2014-412-1/1

伊朗蓝皮书
伊朗发展报告（2017～2018）
著(编)者：冀开运 2018年10月 / 估价：99.00元
PSN B-2016-574-1/1

以色列蓝皮书
以色列发展报告（2018）
著(编)者：张倩红 2018年8月出版 / 估价：99.00元
PSN B-2015-483-1/1

印度蓝皮书
印度国情报告（2017）
著(编)者：吕昭义 2018年6月出版 / 估价：99.00元
PSN B-2012-241-1/1

英国蓝皮书
英国发展报告（2017～2018）
著(编)者：王展鹏 2018年12月出版 / 估价：99.00元
PSN B-2015-486-1/1

越南蓝皮书
越南国情报告（2018）
著(编)者：谢林城 2018年11月出版 / 估价：99.00元
PSN B-2006-056-1/1

泰国蓝皮书
泰国研究报告（2018）
著(编)者：庄国土 张禹东 刘文正
2018年10月出版 / 估价：99.00元
PSN B-2016-556-1/1

文化传媒类

“三农”舆情蓝皮书
中国“三农”网络舆情报告（2017～2018）
著(编)者：农业部信息中心
2018年6月出版 / 估价：99.00元
PSN B-2017-640-1/1

传媒竞争力蓝皮书
中国传媒国际竞争力研究报告（2018）
著(编)者：李本乾 刘强 王大可
2018年8月出版 / 估价：99.00元
PSN B-2013-356-1/1

传媒蓝皮书
中国传媒产业发展报告（2018）
著(编)者：崔保国
2018年5月出版 / 估价：99.00元
PSN B-2005-035-1/1

传媒投资蓝皮书
中国传媒投资发展报告（2018）
著(编)者：张向东 谭云明
2018年6月出版 / 估价：148.00元
PSN B-2015-474-1/1

非物质文化遗产蓝皮书
中国非物质文化遗产发展报告（2018）
著(编)者：陈平　2018年6月出版 / 估价：128.00元
PSN B-2015-469-1/2

非物质文化遗产蓝皮书
中国非物质文化遗产保护发展报告（2018）
著(编)者：宋俊华　2018年10月出版 / 估价：128.00元
PSN B-2016-586-2/2

广电蓝皮书
中国广播电影电视发展报告（2018）
著(编)者：国家新闻出版广电总局发展研究中心
2018年7月出版 / 估价：99.00元
PSN B-2006-072-1/1

广告主蓝皮书
中国广告主营销传播趋势报告No.9
著(编)者：黄升民 杜国清 邵华冬 等
2018年10月出版 / 估价：158.00元
PSN B-2005-041-1/1

国际传播蓝皮书
中国国际传播发展报告（2018）
著(编)者：胡正荣 李继东 姬德强
2018年12月出版 / 估价：99.00元
PSN B-2014-408-1/1

国家形象蓝皮书
中国国家形象传播报告（2017）
著(编)者：张昆　2018年6月出版 / 估价：128.00元
PSN B-2017-605-1/1

互联网治理蓝皮书
中国网络社会治理研究报告（2018）
著(编)者：罗昕 支庭荣
2018年9月出版 / 估价：118.00元
PSN B-2017-653-1/1

纪录片蓝皮书
中国纪录片发展报告（2018）
著(编)者：何苏六　2018年10月出版 / 估价：99.00元
PSN B-2011-222-1/1

科学传播蓝皮书
中国科学传播报告（2016~2017）
著(编)者：詹正茂　2018年6月出版 / 估价：99.00元
PSN B-2008-120-1/1

两岸创意经济蓝皮书
两岸创意经济研究报告（2018）
著(编)者：罗昌智 董泽平
2018年10月出版 / 估价：99.00元
PSN B-2014-437-1/1

媒介与女性蓝皮书
中国媒介与女性发展报告（2017~2018）
著(编)者：刘利群　2018年5月出版 / 估价：99.00元
PSN B-2013-345-1/1

媒体融合蓝皮书
中国媒体融合发展报告（2017~2018）
著(编)者：梅宁华 支庭荣
2017年12月出版 / 定价：98.00元
PSN B-2015-479-1/1

全球传媒蓝皮书
全球传媒发展报告（2017~2018）
著(编)者：胡正荣 李继东　2018年6月出版 / 估价：99.00元
PSN B-2012-237-1/1

少数民族非遗蓝皮书
中国少数民族非物质文化遗产发展报告（2018）
著(编)者：肖远平（彝） 柴立（满）
2018年10月出版 / 估价：118.00元
PSN B-2015-467-1/1

视听新媒体蓝皮书
中国视听新媒体发展报告（2018）
著(编)者：国家新闻出版广电总局发展研究中心
2018年7月出版 / 估价：118.00元
PSN B-2011-184-1/1

数字娱乐产业蓝皮书
中国动画产业发展报告（2018）
著(编)者：孙立军 孙平 牛兴侦
2018年10月出版 / 估价：99.00元
PSN B-2011-198-1/2

数字娱乐产业蓝皮书
中国游戏产业发展报告（2018）
著(编)者：孙立军 刘跃军　2018年10月出版 / 估价：99.00元
PSN B-2017-662-2/2

网络视听蓝皮书
中国互联网视听行业发展报告（2018）
著(编)者：陈鹏　2018年2月出版 / 定价：148.00元
PSN B-2018-688-1/1

文化创新蓝皮书
中国文化创新报告（2017·No.8）
著(编)者：傅才武　2018年6月出版 / 估价：99.00元
PSN B-2009-143-1/1

文化建设蓝皮书
中国文化发展报告（2018）
著(编)者：江畅 孙伟平 戴茂堂
2018年5月出版 / 估价：99.00元
PSN B-2014-392-1/1

文化科技蓝皮书
文化科技创新发展报告（2018）
著(编)者：于平 李凤亮　2018年10月出版 / 估价：99.00元
PSN B-2013-342-1/1

文化蓝皮书
中国公共文化服务发展报告（2017~2018）
著(编)者：刘新成 张永新 张旭
2018年12月出版 / 估价：99.00元
PSN B-2007-093-2/10

文化蓝皮书
中国少数民族文化发展报告（2017~2018）
著(编)者：武翠英 张晓明 任乌晶
2018年9月出版 / 估价：99.00元
PSN B-2013-369-9/10

文化蓝皮书
中国文化产业供需协调检测报告（2018）
著(编)者：王亚南　2018年3月出版 / 定价：99.00元
PSN B-2013-323-8/10

文化蓝皮书
中国文化消费需求景气评价报告（2018）
著(编)者：王亚南　2018年3月出版 / 定价：99.00元
PSN B-2011-236-4/10

文化蓝皮书
中国公共文化投入增长测评报告（2018）
著(编)者：王亚南　2018年3月出版 / 定价：99.00元
PSN B-2014-435-10/10

文化品牌蓝皮书
中国文化品牌发展报告（2018）
著(编)者：欧阳友权　2018年5月出版 / 估价：99.00元
PSN B-2012-277-1/1

文化遗产蓝皮书
中国文化遗产事业发展报告（2017~2018）
著(编)者：苏杨 张颖岚 卓杰 白海峰 陈晨 陈叙图
2018年8月出版 / 估价：99.00元
PSN B-2008-119-1/1

文学蓝皮书
中国文情报告（2017~2018）
著(编)者：白烨　2018年5月出版 / 估价：99.00元
PSN B-2011-221-1/1

新媒体蓝皮书
中国新媒体发展报告No.9（2018）
著(编)者：唐绪军　2018年7月出版 / 估价：99.00元
PSN B-2010-169-1/1

新媒体社会责任蓝皮书
中国新媒体社会责任研究报告（2018）
著(编)者：钟瑛　2018年12月出版 / 估价：99.00元
PSN B-2014-423-1/1

移动互联网蓝皮书
中国移动互联网发展报告（2018）
著(编)者：余清楚　2018年6月出版 / 估价：99.00元
PSN B-2012-282-1/1

影视蓝皮书
中国影视产业发展报告（2018）
著(编)者：司若 陈鹏 陈锐
2018年6月出版 / 估价：99.00元
PSN B-2016-529-1/1

舆情蓝皮书
中国社会舆情与危机管理报告（2018）
著(编)者：谢耘耕
2018年9月出版 / 估价：138.00元
PSN B-2011-235-1/1

中国大运河蓝皮书
中国大运河发展报告（2018）
著(编)者：吴欣　2018年2月出版 / 估价：128.00元
PSN B-2018-691-1/1

地方发展类-经济

澳门蓝皮书
澳门经济社会发展报告（2017~2018）
著(编)者：吴志良 郝雨凡
2018年7月出版 / 估价：99.00元
PSN B-2009-138-1/1

澳门绿皮书
澳门旅游休闲发展报告（2017~2018）
著(编)者：郝雨凡 林广志
2018年5月出版 / 估价：99.00元
PSN G-2017-617-1/1

北京蓝皮书
北京经济发展报告（2017~2018）
著(编)者：杨松　2018年6月出版 / 估价：99.00元
PSN B-2006-054-2/8

北京旅游绿皮书
北京旅游发展报告（2018）
著(编)者：北京旅游学会
2018年7月出版 / 估价：99.00元
PSN G-2012-301-1/1

北京体育蓝皮书
北京体育产业发展报告（2017~2018）
著(编)者：钟秉枢 陈杰 杨铁黎
2018年9月出版 / 估价：99.00元
PSN B-2015-475-1/1

滨海金融蓝皮书
滨海新区金融发展报告（2017）
著(编)者：王爱俭 李向前　2018年4月出版 / 估价：99.00元
PSN B-2014-424-1/1

城乡一体化蓝皮书
北京城乡一体化发展报告（2017~2018）
著(编)者：吴宝新 张宝秀 黄序
2018年5月出版 / 估价：99.00元
PSN B-2012-258-2/2

非公有制企业社会责任蓝皮书
北京非公有制企业社会责任报告（2018）
著(编)者：宋贵伦 冯培
2018年6月出版 / 估价：99.00元
PSN B-2017-613-1/1

福建旅游蓝皮书
福建省旅游产业发展现状研究（2017~2018）
著(编)者：陈敏华 黄远水 2018年12月出版 / 估价：128.00元
PSN B-2016-591-1/1

福建自贸区蓝皮书
中国(福建)自由贸易试验区发展报告(2017~2018)
著(编)者：黄茂兴 2018年6月出版 / 估价：118.00元
PSN B-2016-531-1/1

甘肃蓝皮书
甘肃经济发展分析与预测（2018）
著(编)者：安文华 罗哲 2018年1月出版 / 定价：99.00元
PSN B-2013-312-1/6

甘肃蓝皮书
甘肃商贸流通发展报告（2018）
著(编)者：张应华 王福生 王晓芳
2018年1月出版 / 定价：99.00元
PSN B-2016-522-6/6

甘肃蓝皮书
甘肃县域和农村发展报告（2018）
著(编)者：包东红 朱智文 王建兵
2018年1月出版 / 定价：99.00元
PSN B-2013-316-5/6

甘肃农业科技绿皮书
甘肃农业科技发展研究报告（2018）
著(编)者：魏胜文 乔德华 张东伟
2018年12月出版 / 估价：198.00元
PSN B-2016-592-1/1

甘肃气象保障蓝皮书
甘肃农业对气候变化的适应与风险评估报告（No.1）
著(编)者：鲍文中 周广胜
2017年12月出版 / 定价：108.00元
PSN B-2017-677-1/1

巩义蓝皮书
巩义经济社会发展报告（2018）
著(编)者：丁同民 朱军 2018年6月出版 / 估价：99.00元
PSN B-2016-532-1/1

广东外经贸蓝皮书
广东对外经济贸易发展研究报告（2017~2018）
著(编)者：陈万灵 2018年6月出版 / 估价：99.00元
PSN B-2012-286-1/1

广西北部湾经济区蓝皮书
广西北部湾经济区开放开发报告（2017~2018）
著(编)者：广西壮族自治区北部湾经济区和东盟开放合作办公室
广西社会科学院
广西北部湾发展研究院
2018年5月出版 / 估价：99.00元
PSN B-2010-181-1/1

广州蓝皮书
广州城市国际化发展报告（2018）
著(编)者：张跃国 2018年8月出版 / 估价：99.00元
PSN B-2012-246-11/14

广州蓝皮书
中国广州城市建设与管理发展报告（2018）
著(编)者：张其学 陈小钢 王宏伟 2018年8月出版 / 估价：99.00元
PSN B-2007-087-4/14

广州蓝皮书
广州创新型城市发展报告（2018）
著(编)者：尹涛 2018年6月出版 / 估价：99.00元
PSN B-2012-247-12/14

广州蓝皮书
广州经济发展报告（2018）
著(编)者：张跃国 尹涛 2018年7月出版 / 估价：99.00元
PSN B-2005-040-1/14

广州蓝皮书
2018年中国广州经济形势分析与预测
著(编)者：魏明海 谢博能 李华
2018年6月出版 / 估价：99.00元
PSN B-2011-185-9/14

广州蓝皮书
中国广州科技创新发展报告（2018）
著(编)者：于欣伟 陈爽 邓佑满 2018年8月出版 / 估价：99.00元
PSN B-2006-065-2/14

广州蓝皮书
广州农村发展报告（2018）
著(编)者：朱名宏 2018年7月出版 / 估价：99.00元
PSN B-2010-167-8/14

广州蓝皮书
广州汽车产业发展报告（2018）
著(编)者：杨再高 冯兴亚 2018年7月出版 / 估价：99.00元
PSN B-2006-066-3/14

广州蓝皮书
广州商贸业发展报告（2018）
著(编)者：张跃国 陈杰 荀振英
2018年7月出版 / 估价：99.00元
PSN B-2012-245-10/14

贵阳蓝皮书
贵阳城市创新发展报告No.3（白云篇）
著(编)者：连玉明 2018年5月出版 / 估价：99.00元
PSN B-2015-491-3/10

贵阳蓝皮书
贵阳城市创新发展报告No.3（观山湖篇）
著(编)者：连玉明 2018年5月出版 / 估价：99.00元
PSN B-2015-497-9/10

贵阳蓝皮书
贵阳城市创新发展报告No.3（花溪篇）
著(编)者：连玉明 2018年5月出版 / 估价：99.00元
PSN B-2015-490-2/10

贵阳蓝皮书
贵阳城市创新发展报告No.3（开阳篇）
著(编)者：连玉明 2018年5月出版 / 估价：99.00元
PSN B-2015-492-4/10

贵阳蓝皮书
贵阳城市创新发展报告No.3（南明篇）
著(编)者：连玉明 2018年5月出版 / 估价：99.00元
PSN B-2015-496-8/10

贵阳蓝皮书
贵阳城市创新发展报告No.3（清镇篇）
著(编)者：连玉明 2018年5月出版 / 估价：99.00元
PSN B-2015-489-1/10

贵阳蓝皮书
贵阳城市创新发展报告No.3（乌当篇）
著(编)者：连玉明　　2018年5月出版 / 估价：99.00元
PSN B-2015-495-7/10

贵阳蓝皮书
贵阳城市创新发展报告No.3（息烽篇）
著(编)者：连玉明　　2018年5月出版 / 估价：99.00元
PSN B-2015-493-5/10

贵阳蓝皮书
贵阳城市创新发展报告No.3（修文篇）
著(编)者：连玉明　　2018年5月出版 / 估价：99.00元
PSN B-2015-494-6/10

贵阳蓝皮书
贵阳城市创新发展报告No.3（云岩篇）
著(编)者：连玉明　　2018年5月出版 / 估价：99.00元
PSN B-2015-498-10/10

贵州房地产蓝皮书
贵州房地产发展报告No.5（2018）
著(编)者：武廷方　　2018年7月出版 / 估价：99.00元
PSN B-2014-426-1/1

贵州蓝皮书
贵州册亨经济社会发展报告（2018）
著(编)者：黄德林　　2018年6月出版 / 估价：99.00元
PSN B-2016-525-8/9

贵州蓝皮书
贵州地理标志产业发展报告（2018）
著(编)者：李发耀 黄其松　　2018年8月出版 / 估价：99.00元
PSN B-2017-646-10/10

贵州蓝皮书
贵安新区发展报告（2017～2018）
著(编)者：马长青 吴大华　　2018年6月出版 / 估价：99.00元
PSN B-2015-459-4/10

贵州蓝皮书
贵州国家级开放创新平台发展报告（2017～2018）
著(编)者：申晓庆 吴大华 季泓
2018年11月出版 / 估价：99.00元
PSN B-2016-518-7/10

贵州蓝皮书
贵州国有企业社会责任发展报告（2017～2018）
著(编)者：郭丽　　2018年12月出版 / 估价：99.00元
PSN B-2015-511-6/10

贵州蓝皮书
贵州民航业发展报告（2017）
著(编)者：申振东 吴大华　　2018年6月出版 / 估价：99.00元
PSN B-2015-471-5/10

贵州蓝皮书
贵州民营经济发展报告（2017）
著(编)者：杨静 吴大华　　2018年6月出版 / 估价：99.00元
PSN B-2016-530-9/9

杭州都市圈蓝皮书
杭州都市圈发展报告（2018）
著(编)者：洪庆华 沈翔　　2018年4月出版 / 定价：98.00元
PSN B-2012-302-1/1

河北经济蓝皮书
河北省经济发展报告（2018）
著(编)者：马树强 金浩 张贵　　2018年6月出版 / 估价：99.00元
PSN B-2014-380-1/1

河北蓝皮书
河北经济社会发展报告（2018）
著(编)者：康振海　　2018年1月出版 / 定价：99.00元
PSN B-2014-372-1/3

河北蓝皮书
京津冀协同发展报告（2018）
著(编)者：陈璐　　2017年12月出版 / 定价：79.00元
PSN B-2017-601-2/3

河南经济蓝皮书
2018年河南经济形势分析与预测
著(编)者：王世炎　　2018年3月出版 / 定价：89.00元
PSN B-2007-086-1/1

河南蓝皮书
河南城市发展报告（2018）
著(编)者：张占仓 王建国　　2018年5月出版 / 估价：99.00元
PSN B-2009-131-3/9

河南蓝皮书
河南工业发展报告（2018）
著(编)者：张占仓　　2018年5月出版 / 估价：99.00元
PSN B-2013-317-5/9

河南蓝皮书
河南金融发展报告（2018）
著(编)者：喻新安 谷建全
2018年6月出版 / 估价：99.00元
PSN B-2014-390-7/9

河南蓝皮书
河南经济发展报告（2018）
著(编)者：张占仓 完世伟
2018年6月出版 / 估价：99.00元
PSN B-2010-157-4/9

河南蓝皮书
河南能源发展报告（2018）
著(编)者：国网河南省电力公司经济技术研究院
河南省社会科学院
2018年6月出版 / 估价：99.00元
PSN B-2017-607-9/9

河南商务蓝皮书
河南商务发展报告（2018）
著(编)者：焦锦淼 穆荣国　　2018年5月出版 / 估价：99.00元
PSN B-2014-399-1/1

河南双创蓝皮书
河南创新创业发展报告（2018）
著(编)者：喻新安 杨雪梅
2018年8月出版 / 估价：99.00元
PSN B-2017-641-1/1

黑龙江蓝皮书
黑龙江经济发展报告（2018）
著(编)者：朱宇　　2018年1月出版 / 定价：89.00元
PSN B-2011-190-2/2

湖南城市蓝皮书
区域城市群整合
著(编)者：童中贤 韩未名　2018年12月出版 / 估价：99.00元
PSN B-2006-064-1/1

湖南蓝皮书
湖南城乡一体化发展报告（2018）
著(编)者：陈文胜 王文强 陆福兴
2018年8月出版 / 估价：99.00元
PSN B-2015-477-8/8

湖南蓝皮书
2018年湖南电子政务发展报告
著(编)者：梁志峰　2018年5月出版 / 估价：128.00元
PSN B-2014-394-6/8

湖南蓝皮书
2018年湖南经济发展报告
著(编)者：卞鹰　2018年5月出版 / 估价：128.00元
PSN B-2011-207-2/8

湖南蓝皮书
2016年湖南经济展望
著(编)者：梁志峰　2018年5月出版 / 估价：128.00元
PSN B-2011-206-1/8

湖南蓝皮书
2018年湖南县域经济社会发展报告
著(编)者：梁志峰　2018年5月出版 / 估价：128.00元
PSN B-2014-395-7/8

湖南县域绿皮书
湖南县域发展报告（No.5）
著(编)者：袁准 周小毛 黎仁寅
2018年6月出版 / 估价：99.00元
PSN G-2012-274-1/1

沪港蓝皮书
沪港发展报告（2018）
著(编)者：尤安山　2018年9月出版 / 估价：99.00元
PSN B-2013-362-1/1

吉林蓝皮书
2018年吉林经济社会形势分析与预测
著(编)者：邵汉明　2017年12月出版 / 定价：89.00元
PSN B-2013-319-1/1

吉林省城市竞争力蓝皮书
吉林省城市竞争力报告（2017~2018）
著(编)者：崔岳春 张磊
2018年3月出版 / 定价：89.00元
PSN B-2016-513-1/1

济源蓝皮书
济源经济社会发展报告（2018）
著(编)者：喻新安　2018年6月出版 / 估价：99.00元
PSN B-2014-387-1/1

江苏蓝皮书
2018年江苏经济发展分析与展望
著(编)者：王庆五 吴先满
2018年7月出版 / 估价：128.00元
PSN B-2017-635-1/3

江西蓝皮书
江西经济社会发展报告（2018）
著(编)者：陈石俊 龚建文　2018年10月出版 / 估价：128.00元
PSN B-2015-484-1/2

江西蓝皮书
江西设区市发展报告（2018）
著(编)者：姜玮 梁勇
2018年10月出版 / 估价：99.00元
PSN B-2016-517-2/2

经济特区蓝皮书
中国经济特区发展报告（2017）
著(编)者：陶一桃　2018年1月出版 / 估价：99.00元
PSN B-2009-139-1/1

辽宁蓝皮书
2018年辽宁经济社会形势分析与预测
著(编)者：梁启东 魏红江　2018年6月出版 / 估价：99.00元
PSN B-2006-053-1/1

民族经济蓝皮书
中国民族地区经济发展报告（2018）
著(编)者：李曦辉　2018年7月出版 / 估价：99.00元
PSN B-2017-630-1/1

南宁蓝皮书
南宁经济发展报告（2018）
著(编)者：胡建华　2018年9月出版 / 估价：99.00元
PSN B-2016-569-2/3

内蒙古蓝皮书
内蒙古精准扶贫研究报告（2018）
著(编)者：张志华　2018年1月出版 / 定价：89.00元
PSN B-2017-681-2/2

浦东新区蓝皮书
上海浦东经济发展报告（2018）
著(编)者：周小平 徐美芳
2018年1月出版 / 定价：89.00元
PSN B-2011-225-1/1

青海蓝皮书
2018年青海经济社会形势分析与预测
著(编)者：陈玮　2018年1月出版 / 定价：98.00元
PSN B-2012-275-1/2

青海科技绿皮书
青海科技发展报告（2017）
著(编)者：青海省科学技术信息研究所
2018年3月出版 / 定价：98.00元
PSN G-2018-701-1/1

山东蓝皮书
山东经济形势分析与预测（2018）
著(编)者：李广杰　2018年7月出版 / 估价：99.00元
PSN B-2014-404-1/5

山东蓝皮书
山东省普惠金融发展报告（2018）
著(编)者：齐鲁财富网
2018年9月出版 / 估价：99.00元
PSN B2017-676-5/5

山西蓝皮书
山西资源型经济转型发展报告（2018）
著(编)者：李志强　2018年7月出版 / 估价：99.00元
PSN B-2011-197-1/1

陕西蓝皮书
陕西经济发展报告（2018）
著(编)者：任宗哲 白宽犁 裴成荣
2018年1月出版 / 定价：89.00元
PSN B-2009-135-1/6

陕西蓝皮书
陕西精准脱贫研究报告（2018）
著(编)者：任宗哲 白宽犁 王建康
2018年4月出版 / 定价：89.00元
PSN B-2017-623-6/6

上海蓝皮书
上海经济发展报告（2018）
著(编)者：沈开艳　2018年2月出版 / 定价：89.00元
PSN B-2006-057-1/7

上海蓝皮书
上海资源环境发展报告（2018）
著(编)者：周冯琦 胡静　2018年2月出版 / 定价：89.00元
PSN B-2006-060-4/7

上海蓝皮书
上海奉贤经济发展分析与研判（2017~2018）
著(编)者：张兆安 朱平芳　2018年3月出版 / 定价：99.00元
PSN B-2018-698-8/8

上饶蓝皮书
上饶发展报告（2016~2017）
著(编)者：廖其志　2018年6月出版 / 估价：128.00元
PSN B-2014-377-1/1

深圳蓝皮书
深圳经济发展报告（2018）
著(编)者：张骁儒　2018年6月出版 / 估价：99.00元
PSN B-2008-112-3/7

四川蓝皮书
四川城镇化发展报告（2018）
著(编)者：侯水平 陈炜　2018年6月出版 / 估价：99.00元
PSN B-2015-456-7/7

四川蓝皮书
2018年四川经济形势分析与预测
著(编)者：杨钢　2018年1月出版 / 定价：158.00元
PSN B-2007-098-2/7

四川蓝皮书
四川企业社会责任研究报告（2017~2018）
著(编)者：侯水平 盛毅　2018年5月出版 / 估价：99.00元
PSN B-2014-386-4/7

四川蓝皮书
四川生态建设报告（2018）
著(编)者：李晟之　2018年5月出版 / 估价：99.00元
PSN B-2015-455-6/7

四川蓝皮书
四川特色小镇发展报告（2017）
著(编)者：吴志强　2017年11月出版 / 定价：89.00元
PSN B-2017-670-8/8

体育蓝皮书
上海体育产业发展报告（2017~2018）
著(编)者：张林 黄海燕
2018年10月出版 / 估价：99.00元
PSN B-2015-454-4/5

体育蓝皮书
长三角地区体育产业发展报（2017~2018）
著(编)者：张林　2018年6月出版 / 估价：99.00元
PSN B-2015-453-3/5

天津金融蓝皮书
天津金融发展报告（2018）
著(编)者：王爱俭 孔德昌
2018年5月出版 / 估价：99.00元
PSN B-2014-418-1/1

图们江区域合作蓝皮书
图们江区域合作发展报告（2018）
著(编)者：李铁　2018年6月出版 / 估价：99.00元
PSN B-2015-464-1/1

温州蓝皮书
2018年温州经济社会形势分析与预测
著(编)者：蒋儒标 王春光 金浩
2018年6月出版 / 估价：99.00元
PSN B-2008-105-1/1

西咸新区蓝皮书
西咸新区发展报告（2018）
著(编)者：李扬 王军
2018年6月出版 / 估价：99.00元
PSN B-2016-534-1/1

修武蓝皮书
修武经济社会发展报告（2018）
著(编)者：张占仓 袁凯声
2018年10月出版 / 估价：99.00元
PSN B-2017-651-1/1

偃师蓝皮书
偃师经济社会发展报告（2018）
著(编)者：张占仓 袁凯声 何武周
2018年7月出版 / 估价：99.00元
PSN B-2017-627-1/1

扬州蓝皮书
扬州经济社会发展报告（2018）
著(编)者：陈扬
2018年12月出版 / 估价：108.00元
PSN B-2011-191-1/1

长垣蓝皮书
长垣经济社会发展报告（2018）
著(编)者：张占仓 袁凯声 秦保建
2018年10月出版 / 估价：99.00元
PSN B-2017-654-1/1

遵义蓝皮书
遵义发展报告（2018）
著(编)者：邓彦 曾征 龚永育
2018年9月出版 / 估价：99.00元
PSN B-2014-433-1/1

地方发展类-社会

安徽蓝皮书
安徽社会发展报告（2018）
著(编)者：程桦　2018年6月出版 / 估价：99.00元
PSN B-2013-325-1/1

安徽社会建设蓝皮书
安徽社会建设分析报告（2017~2018）
著(编)者：黄家海 蔡宪
2018年11月出版 / 估价：99.00元
PSN B-2013-322-1/1

北京蓝皮书
北京公共服务发展报告（2017~2018）
著(编)者：施昌奎　2018年6月出版 / 估价：99.00元
PSN B-2008-103-7/8

北京蓝皮书
北京社会发展报告（2017~2018）
著(编)者：李伟东
2018年7月出版 / 估价：99.00元
PSN B-2006-055-3/8

北京蓝皮书
北京社会治理发展报告（2017~2018）
著(编)者：殷星辰　2018年7月出版 / 估价：99.00元
PSN B-2014-391-8/8

北京律师蓝皮书
北京律师发展报告 No.4（2018）
著(编)者：王隽　2018年12月出版 / 估价：99.00元
PSN B-2011-217-1/1

北京人才蓝皮书
北京人才发展报告（2018）
著(编)者：敏华　2018年12月出版 / 估价：128.00元
PSN B-2011-201-1/1

北京社会心态蓝皮书
北京社会心态分析报告（2017~2018）
北京市社会心理服务促进中心
2018年10月出版 / 估价：99.00元
PSN B-2014-422-1/1

北京社会组织管理蓝皮书
北京社会组织发展与管理（2018）
著(编)者：黄江松
2018年6月出版 / 估价：99.00元
PSN B-2015-446-1/1

北京养老产业蓝皮书
北京居家养老发展报告（2018）
著(编)者：陆杰华 周明明
2018年8月出版 / 估价：99.00元
PSN B-2015-465-1/1

法治蓝皮书
四川依法治省年度报告No.4（2018）
著(编)者：李林 杨天宗 田禾
2018年3月出版 / 定价：118.00元
PSN B-2015-447-2/3

福建妇女发展蓝皮书
福建省妇女发展报告（2018）
著(编)者：刘群英　2018年11月出版 / 估价：99.00元
PSN B-2011-220-1/1

甘肃蓝皮书
甘肃社会发展分析与预测（2018）
著(编)者：安文华 谢增虎 包晓霞
2018年1月出版 / 定价：99.00元
PSN B-2013-313-2/6

广东蓝皮书
广东全面深化改革研究报告（2018）
著(编)者：周林生 涂成林
2018年12月出版 / 估价：99.00元
PSN B-2015-504-3/3

广东蓝皮书
广东社会工作发展报告（2018）
著(编)者：罗观翠　2018年6月出版 / 估价：99.00元
PSN B-2014-402-2/3

广州蓝皮书
广州青年发展报告（2018）
著(编)者：徐柳 张强
2018年8月出版 / 估价：99.00元
PSN B-2013-352-13/14

广州蓝皮书
广州社会保障发展报告（2018）
著(编)者：张跃国　2018年8月出版 / 估价：99.00元
PSN B-2014-425-14/14

广州蓝皮书
2018年中国广州社会形势分析与预测
著(编)者：张强 郭志勇 何镜清
2018年6月出版 / 估价：99.00元
PSN B-2008-110-5/14

贵州蓝皮书
贵州法治发展报告（2018）
著(编)者：吴大华　2018年5月出版 / 估价：99.00元
PSN B-2012-254-2/10

贵州蓝皮书
贵州人才发展报告（2017）
著(编)者：于杰 吴大华
2018年9月出版 / 估价：99.00元
PSN B-2014-382-3/10

贵州蓝皮书
贵州社会发展报告（2018）
著(编)者：王兴骥　2018年6月出版 / 估价：99.00元
PSN B-2010-166-1/10

杭州蓝皮书
杭州妇女发展报告（2018）
著(编)者：魏颖
2018年10月出版 / 估价：99.00元
PSN B-2014-403-1/1

河北蓝皮书
河北法治发展报告（2018）
著(编)者：康振海　2018年6月出版 / 估价：99.00元
PSN B-2017-622-3/3

河北食品药品安全蓝皮书
河北食品药品安全研究报告（2018）
著(编)者：丁锦霞
2018年10月出版 / 估价：99.00元
PSN B-2015-473-1/1

河南蓝皮书
河南法治发展报告（2018）
著(编)者：张林海　2018年7月出版 / 估价：99.00元
PSN B-2014-376-6/9

河南蓝皮书
2018年河南社会形势分析与预测
著(编)者：牛苏林　2018年5月出版 / 估价：99.00元
PSN B-2005-043-1/9

河南民办教育蓝皮书
河南民办教育发展报告（2018）
著(编)者：胡大白　2018年9月出版 / 估价：99.00元
PSN B-2017-642-1/1

黑龙江蓝皮书
黑龙江社会发展报告（2018）
著(编)者：王爱丽　2018年1月出版 / 定价：89.00元
PSN B-2011-189-1/2

湖南蓝皮书
2018年湖南两型社会与生态文明建设报告
著(编)者：卞鹰　2018年5月出版 / 估价：128.00元
PSN B-2011-208-3/8

湖南蓝皮书
2018年湖南社会发展报告
著(编)者：卞鹰　2018年5月出版 / 估价：128.00元
PSN B-2014-393-5/8

健康城市蓝皮书
北京健康城市建设研究报告（2018）
著(编)者：王鸿春 盛继洪
2018年9月出版 / 估价：99.00元
PSN B-2015-460-1/2

江苏法治蓝皮书
江苏法治发展报告No.6（2017）
著(编)者：蔡道通 龚廷泰
2018年8月出版 / 估价：99.00元
PSN B-2012-290-1/1

江苏蓝皮书
2018年江苏社会发展分析与展望
著(编)者：王庆五 刘旺洪
2018年8月出版 / 估价：128.00元
PSN B-2017-636-2/3

民族教育蓝皮书
中国民族教育发展报告（2017·内蒙古卷）
著(编)者：陈中永
2017年12月出版 / 定价：198.00元
PSN B-2017-669-1/1

南宁蓝皮书
南宁法治发展报告（2018）
著(编)者：杨维超　2018年12月出版 / 估价：99.00元
PSN B-2015-509-1/3

南宁蓝皮书
南宁社会发展报告（2018）
著(编)者：胡建华　2018年10月出版 / 估价：99.00元
PSN B-2016-570-3/3

内蒙古蓝皮书
内蒙古反腐倡廉建设报告 No.2
著(编)者：张志华　2018年6月出版 / 估价：99.00元
PSN B-2013-365-1/1

青海蓝皮书
2018年青海人才发展报告
著(编)者：王宇燕　2018年9月出版 / 估价：99.00元
PSN B-2017-650-2/2

青海生态文明建设蓝皮书
青海生态文明建设报告（2018）
著(编)者：张西明 高华　2018年12月出版 / 估价：99.00元
PSN B-2016-595-1/1

人口与健康蓝皮书
深圳人口与健康发展报告（2018）
著(编)者：陆杰华 傅崇辉
2018年11月出版 / 估价：99.00元
PSN B-2011-228-1/1

山东蓝皮书
山东社会形势分析与预测（2018）
著(编)者：李善峰　2018年6月出版 / 估价：99.00元
PSN B-2014-405-2/5

陕西蓝皮书
陕西社会发展报告（2018）
著(编)者：任宗哲 白宽犁 牛昉
2018年1月出版 / 定价：89.00元
PSN B-2009-136-2/6

上海蓝皮书
上海法治发展报告（2018）
著(编)者：叶必丰　2018年9月出版 / 估价：99.00元
PSN B-2012-296-6/7

上海蓝皮书
上海社会发展报告（2018）
著(编)者：杨雄 周海旺
2018年2月出版 / 定价：89.00元
PSN B-2006-058-2/7

社会建设蓝皮书
2018年北京社会建设分析报告
著(编)者：宋贵伦 冯虹 2018年9月出版 / 估价：99.00元
PSN B-2010-173-1/1

深圳蓝皮书
深圳法治发展报告（2018）
著(编)者：张骁儒 2018年6月出版 / 估价：99.00元
PSN B-2015-470-6/7

深圳蓝皮书
深圳劳动关系发展报告（2018）
著(编)者：汤庭芬 2018年8月出版 / 估价：99.00元
PSN B-2007-097-2/7

深圳蓝皮书
深圳社会治理与发展报告（2018）
著(编)者：张骁儒 2018年6月出版 / 估价：99.00元
PSN B-2008-113-4/7

生态安全绿皮书
甘肃国家生态安全屏障建设发展报告（2018）
著(编)者：刘举科 喜文华
2018年10月出版 / 估价：99.00元
PSN G-2017-659-1/1

顺义社会建设蓝皮书
北京市顺义区社会建设发展报告（2018）
著(编)者：王学武 2018年9月出版 / 估价：99.00元
PSN B-2017-658-1/1

四川蓝皮书
四川法治发展报告（2018）
著(编)者：郑泰安 2018年6月出版 / 估价：99.00元
PSN B-2015-441-5/7

四川蓝皮书
四川社会发展报告（2018）
著(编)者：李羚 2018年6月出版 / 估价：99.00元
PSN B-2008-127-3/7

四川社会工作与管理蓝皮书
四川省社会工作人力资源发展报告（2017）
著(编)者：边慧敏 2017年12月出版 / 定价：89.00元
PSN B-2017-683-1/1

云南社会治理蓝皮书
云南社会治理年度报告（2017）
著(编)者：晏雄 韩全芳
2018年5月出版 / 估价：99.00元
PSN B-2017-667-1/1

地方发展类-文化

北京传媒蓝皮书
北京新闻出版广电发展报告（2017～2018）
著(编)者：王志 2018年11月出版 / 估价：99.00元
PSN B-2016-588-1/1

北京蓝皮书
北京文化发展报告（2017～2018）
著(编)者：李建盛 2018年5月出版 / 估价：99.00元
PSN B-2007-082-4/8

创意城市蓝皮书
北京文化创意产业发展报告（2018）
著(编)者：郭万超 张京成 2018年12月出版 / 估价：99.00元
PSN B-2012-263-1/7

创意城市蓝皮书
天津文化创意产业发展报告（2017～2018）
著(编)者：谢思全 2018年6月出版 / 估价：99.00元
PSN B-2016-536-7/7

创意城市蓝皮书
武汉文化创意产业发展报告（2018）
著(编)者：黄永林 陈汉桥 2018年12月出版 / 估价：99.00元
PSN B-2013-354-4/7

创意上海蓝皮书
上海文化创意产业发展报告（2017～2018）
著(编)者：王慧敏 王兴全 2018年8月出版 / 估价：99.00元
PSN B-2016-561-1/1

非物质文化遗产蓝皮书
广州市非物质文化遗产保护发展报告（2018）
著(编)者：宋俊华 2018年12月出版 / 估价：99.00元
PSN B-2016-589-1/1

甘肃蓝皮书
甘肃文化发展分析与预测（2018）
著(编)者：马廷旭 戚晓萍 2018年1月出版 / 定价：99.00元
PSN B-2013-314-3/6

甘肃蓝皮书
甘肃舆情分析与预测（2018）
著(编)者：王俊莲 张谦元 2018年1月出版 / 定价：99.00元
PSN B-2013-315-4/6

广州蓝皮书
中国广州文化发展报告（2018）
著(编)者：屈哨兵 陆志强 2018年6月出版 / 估价：99.00元
PSN B-2009-134-7/14

广州蓝皮书
广州文化创意产业发展报告（2018）
著(编)者：徐咏虹 2018年7月出版 / 估价：99.00元
PSN B-2008-111-6/14

海淀蓝皮书
海淀区文化和科技融合发展报告（2018）
著(编)者：陈名杰 孟景伟 2018年5月出版 / 估价：99.00元
PSN B-2013-329-1/1

河南蓝皮书
河南文化发展报告（2018）
著(编)者：卫绍生　2018年7月出版 / 估价：99.00元
PSN B-2008-106-2/9

湖北文化产业蓝皮书
湖北省文化产业发展报告（2018）
著(编)者：黄晓华　2018年9月出版 / 估价：99.00元
PSN B-2017-656-1/1

湖北文化蓝皮书
湖北文化发展报告（2017~2018）
著(编)者：湖北大学高等人文研究院
中华文化发展湖北省协同创新中心
2018年10月出版 / 估价：99.00元
PSN B-2016-566-1/1

江苏蓝皮书
2018年江苏文化发展分析与展望
著(编)者：王庆五 樊和平　2018年9月出版 / 估价：128.00元
PSN B-2017-637-3/3

江西文化蓝皮书
江西非物质文化遗产发展报告（2018）
著(编)者：张圣才 傅安平　2018年12月出版 / 估价：128.00元
PSN B-2015-499-1/1

洛阳蓝皮书
洛阳文化发展报告（2018）
著(编)者：刘福兴 陈启明　2018年7月出版 / 估价：99.00元
PSN B-2015-476-1/1

南京蓝皮书
南京文化发展报告（2018）
著(编)者：中共南京市委宣传部
2018年12月出版 / 估价：99.00元
PSN B-2014-439-1/1

宁波文化蓝皮书
宁波“一人一艺”全民艺术普及发展报告（2017）
著(编)者：张爱琴　2018年11月出版 / 估价：128.00元
PSN B-2017-668-1/1

山东蓝皮书
山东文化发展报告（2018）
著(编)者：涂可国　2018年5月出版 / 估价：99.00元
PSN B-2014-406-3/5

陕西蓝皮书
陕西文化发展报告（2018）
著(编)者：任宗哲 白宽犁 王长寿
2018年1月出版 / 定价：89.00元
PSN B-2009-137-3/6

上海蓝皮书
上海传媒发展报告（2018）
著(编)者：强荧 焦雨虹　2018年2月出版 / 定价：89.00元
PSN B-2012-295-5/7

上海蓝皮书
上海文学发展报告（2018）
著(编)者：陈圣来　2018年6月出版 / 估价：99.00元
PSN B-2012-297-7/7

上海蓝皮书
上海文化发展报告（2018）
著(编)者：荣跃明　2018年6月出版 / 估价：99.00元
PSN B-2006-059-3/7

深圳蓝皮书
深圳文化发展报告（2018）
著(编)者：张骁儒　2018年7月出版 / 估价：99.00元
PSN B-2016-554-7/7

四川蓝皮书
四川文化产业发展报告（2018）
著(编)者：向宝云 张立伟　2018年6月出版 / 估价：99.00元
PSN B-2006-074-1/7

郑州蓝皮书
2018年郑州文化发展报告
著(编)者：王哲　2018年9月出版 / 估价：99.00元
PSN B-2008-107-1/1

✧ 皮书起源 ✧

“皮书”起源于十七、十八世纪的英国，主要指官方或社会组织正式发表的重要文件或报告，多以“白皮书”命名。在中国，“皮书”这一概念被社会广泛接受，并被成功运作、发展成为一种全新的出版形态，则源于中国社会科学院社会科学文献出版社。

✧ 皮书定义 ✧

皮书是对中国与世界发展状况和热点问题进行年度监测，以专业的角度、专家的视野和实证研究方法，针对某一领域或区域现状与发展态势展开分析和预测，具备原创性、实证性、专业性、连续性、前沿性、时效性等特点的公开出版物，由一系列权威研究报告组成。

✧ 皮书作者 ✧

皮书系列的作者以中国社会科学院、著名高校、地方社会科学院的研究人员为主，多为国内一流研究机构的权威专家学者，他们的看法和观点代表了学界对中国与世界的现实和未来最高水平的解读与分析。

✧ 皮书荣誉 ✧

皮书系列已成为社会科学文献出版社的著名图书品牌和中国社会科学院的知名学术品牌。2016 年，皮书系列正式列入“十三五”国家重点出版规划项目；2013~2018 年，重点皮书列入中国社会科学院承担的国家哲学社会科学创新工程项目；2018 年，59 种院外皮书使用“中国社会科学院创新工程学术出版项目”标识。

中国皮书网

（网址：www.pishu.cn）

发布皮书研创资讯，传播皮书精彩内容
引领皮书出版潮流，打造皮书服务平台

栏目设置

关于皮书：何谓皮书、皮书分类、皮书大事记、皮书荣誉、
皮书出版第一人、皮书编辑部

最新资讯：通知公告、新闻动态、媒体聚焦、网站专题、视频直播、下载专区

皮书研创：皮书规范、皮书选题、皮书出版、皮书研究、研创团队

皮书评奖评价：指标体系、皮书评价、皮书评奖

互动专区：皮书说、社科数托邦、皮书微博、留言板

所获荣誉

2008 年、2011 年，中国皮书网均在全国新闻出版业网站荣誉评选中获得“最具商业价值网站”称号；

2012 年，获得“出版业网站百强”称号。

网库合一

2014 年，中国皮书网与皮书数据库端口合一，实现资源共享。

更多信息请登录

皮书数据库
http：//www.pishu.com.cn

中国皮书网
http：//www.pishu.cn

皮书微博
http：//weibo.com/pishu

皮书微信“皮书说”

请到当当、亚马逊、京东或各地书店购买，也可办理邮购

咨询 / 邮购电话：010-59367028　59367070

邮　　箱：duzhe@ssap.cn

邮购地址：北京市西城区北三环中路甲29号院3号楼
华龙大厦13层读者服务中心

邮　　编：100029

银行户名：社会科学文献出版社

开户银行：中国工商银行北京北太平庄支行

账　　号：0200010019200365434